DIREITOS DA PERSONALIDADE DO TRABALHADOR E PODER EMPREGATÍCIO

RÚBIA ZANOTELLI DE ALVARENGA

Mestra e Doutora em Direito do Trabalho pela Pontifícia Universidade Católica de Minas Gerais — PUC/MG. Advogada. Professora de Cursos de Pós Graduação e de cursinhos preparatórios na área do Direito. Professora de Direito do Trabalho, Previdenciário e Processual do Trabalho da Faculdade Casa do Estudante de Aracruz-ES. Pesquisadora, autora de livros e de mais de quarenta e cinco artigos jurídicos publicados em revistas especializadas em Direito do país.

DIREITOS DA PERSONALIDADE DO TRABALHADOR E PODER EMPREGATÍCIO

EDITORA LTDA.

© Todos os direitos reservados

Rua Jaguaribe, 571
CEP 01224-001
São Paulo, SP — Brasil
Fone (11) 2167-1101
www.ltr.com.br

LTr 4694.1
Maio, 2013

Dados Internacionais de Catalogação na Publicação (CIP)
(Câmara Brasileira do Livro, SP, Brasil)

Alvarenga, Rúbia Zanotelli de

    Direitos da personalidade do trabalhador e poder empregatício / Rúbia Zanotelli de Alvarenga. — São Paulo : LTr, 2013.

    Bibliografia.
    ISBN 978-85-361-2539-8

    1. Contrato de trabalho 2. Direito do trabalho 3. Direitos fundamentais 4. Direitos humanos 5. Personalidade (Direito) 6. Relações de emprego I. Título.

13-03341   CDU-342.7:331

Índices para catálogo sistemático:

1. Proteção aos direitos da personalidade do trabalhador e poder empregatício : Direito do trabalho   342.7:331

Dedicatória
À minha mãe, Mercilene, fonte de amor incondicional e de apoio.
Verdadeira guerreira e incentivadora dos meus sonhos.

Agradecimento

Meu agradecimento ao professor e orientador do curso de Doutorado da PUC Minas Mauricio Godinho Delgado, por iluminar os caminhos da justiça social e por me ensinar a trilhar pelo Direito do Trabalho com equilíbrio e sabedoria.

Posso, tudo posso naquele que me fortalece
Nada e ninguém no mundo vai me fazer desistir
Quero, tudo quero, sem medo entregar meus projetos
Deixar-me guiar nos caminhos que Deus desejou pra mim e ali estar
Vou perseguir tudo aquilo que Deus já escolheu para mim
Vou persistir, e mesmo nas marcas daquela dor
Do que ficou, vou me lembrar
E realizar o sonho mais lindo que Deus sonhou
Em meu lugar estar na espera de um novo que vai chegar
Vou persistir, continuar a esperar e crer
E mesmo quando a visão se turva e o coração só chora
Mas na alma, há certeza da vitória
Eu vou sofrendo, mas seguindo enquanto tantos não entendem
Vou cantando minha história, profetizando
Que eu posso, tudo posso... em Jesus Cristo. (BORGES, 2009).

Sumário

LISTA DE SIGLAS	13
PREFÁCIO — Min. Mauricio Godinho	15
1. INTRODUÇÃO	17
2. O PODER EMPREGATÍCIO NO CONTRATO DE TRABALHO	21
2.1. Poder empregatício e subordinação jurídica	21
2.2. Fundamento do poder empregatício	39
2.3. As formas de exteriorização do poder empregatício	43
2.3.1. *Poder diretivo*	44
2.3.2. *Poder regulamentar*	48
2.3.3. *Poder fiscalizatório*	52
2.3.4. *Poder disciplinar*	55
2.4. Limitações ao poder empregatício	64
3. A PROTEÇÃO AOS DIREITOS DA PERSONALIDADE DO TRABALHADOR NO DIREITO DO TRABALHO	73
3.1. Conceito e classificação	73
3.2. A dignidade da pessoa humana como dimensão dos direitos da personalidade	95
3.3. Características dos direitos da personalidade	104
3.4. Tipos principais de direitos da personalidade	114
3.4.1. *Direito à intimidade*	114
3.4.2. *Direito à vida privada*	116
3.4.3. *Direito à imagem*	119
3.4.4. *Direito à honra*	129

4. A PROTEÇÃO AOS DIREITOS DA PERSONALIDADE DO TRABALHADOR NA FASE PRÉ-CONTRATUAL 133

4.1. O princípio da boa-fé objetiva na fase pré-contratual 134
    4.1.1. *Dever de informação* 136
    4.1.2. *Dever de proteção* 139
    4.1.3. *Deveres de lealdade e de sigilo* 142
    4.1.4. *Dever de não discriminação* 146
4.2. A proteção aos direitos da personalidade do trabalhador na fase pré-contratual 157
    4.2.1. *O procedimento das técnicas de seleção de pessoal* 158
        4.2.1.1. Entrevistas 165
        4.2.1.2. Questionários 173
        4.2.1.3. Testes de conhecimento 175
        4.2.1.4. Testes psicológicos 176
            4.2.1.4.1. Direitos dos investigados 187
            4.2.1.4.2. Dinâmicas de grupo 190
        4.2.1.5. Teste grafotécnico ou grafológico 194
        4.2.1.6. Atestado de antecedentes criminais 200
        4.2.1.7. Atestados de antecedentes civis, creditícios e similares 212
        4.2.1.8. Exames médicos 213

5. A PROTEÇÃO AOS DIREITOS DA PERSONALIDADE DO TRABALHADOR NA FASE DE CUMPRIMENTO DO CONTRATO DE TRABALHO — PARÂMETROS GERAIS 223

5.1. O princípio da boa-fé objetiva na fase de cumprimento do contrato de trabalho 223
    5.1.1. *Obrigações do empregado* 232
    5.1.2. *Obrigações do empregador* 237

6. A PROTEÇÃO AOS DIREITOS DA PERSONALIDADE DO EMPREGADO NA FASE DE CUMPRIMENTO DO CONTRATO DE TRABALHO — ALGUMAS SITUAÇÕES CONCRETAS RECORRENTES 249

6.1. Revistas íntimas 249
6.2. Revistas nos bens de uso pessoal do empregado e nos espaços destinados a guardá-los 260
6.3. Controle sobre a vida extralaboral do empregado 283
6.4. Interferência quanto à aparência física e à vestimenta do empregado . 290
6.5. Interferência quanto a relacionamentos amorosos 296

6.6.	Liberdade de crença religiosa	296
6.7.	Fiscalização por meios eletrônicos	300
	6.7.1. Monitoramento do e-mail corporativo	300
	6.7.2. Monitoramento do e-mail pessoal	311
	6.7.3. Escutas telefônicas	316
	6.7.4. Controle auditivo	317
	6.7.5. Câmeras audiovisuais	318
	6.7.5.1. As câmeras "falsas" ou psicológicas	326
6.8.	Assédio moral individual	329
6.9.	Assédio moral organizacional	352
	6.9.1. Controle da utilização e do tempo de uso do toalete	364
6.10.	Assédio sexual	367
6.11.	O uso do polígrafo	382
	6.11.1. O polígrafo no contrato de trabalho	383
	6.11.2. O polígrafo e o assédio moral vertical descendente	389

7. A PROTEÇÃO AOS DIREITOS DA PERSONALIDADE DO TRABALHADOR NA FASE PÓS-CONTRATUAL ... 397

7.1.	Os princípios constitucionais da valorização do trabalho, em especial o regulado, e o da dignidade da pessoa humana após a extinção do contrato de trabalho	397
7.2.	O princípio da boa-fé objetiva na fase pós-contratual	403
	7.2.1. Dever de proteção	412
	7.2.2. Dever de lealdade	412
7.3.	A proteção aos direitos da personalidade do trabalhador na fase pós--contratual — situações concretas recorrentes	413
	7.3.1. Anotações desabonadoras na CTPS do trabalhador	414
	7.3.2. Comunicação de abandono de emprego em órgão de imprensa	419
	7.3.3. Divulgação de fatos e informações desabonadoras e inverídicas sobre o ex-empregado	422
	7.3.4. Divulgação de fatos e informações desabonadoras e verídicas sobre o ex-empregado	426
	7.3.5 Elaboração das listas sujas	429

8. MECANISMOS EXTRACONTRATUAIS DE TUTELA DOS DIREITOS DA PERSONALIDADE DO TRABALHADOR ... 437

8.1.	Tutela jurisdicional: dano moral	438
8.2.	Tutela extrajudicial sindical	446
	8.2.1. Tutela extrajudicial	454

8.3.	Tutela extrajudicial estatal..	455
	8.3.1. *Auditoria fiscal trabalhista*	455
	8.3.1.1. Emenda Constitucional n. 45/2004: novos matizes	458
	8.3.2. *Ministério Público do Trabalho*....................................	460

9. CONCLUSÃO... 473

REFERÊNCIAS BIBLIOGRÁFICAS.. 477

Lista de Siglas

AIDS	Síndrome da Imunodeficiência Adquirida
ANAMATRA	Associação Nacional dos Magistrados Trabalhistas
CC	Código Civil
CIPA	Comissão Interna de Prevenção de Acidentes
CF	Constituição da República Federativa do Brasil de 1988
CLT	Consolidação das Leis do Trabalho
CNJ	Conselho Nacional de Justiça
CPC	Código de Processo Civil
CTPS	Carteira de Trabalho e Previdência Social
ENAMAT	Escola Nacional de Magistrados Trabalhistas
FAT	Fundo de Amparo ao Trabalhador
FGTS	Fundo de Garantia por Tempo de Serviço
LC	Lei Complementar
MPT	Ministério Público do Trabalho
MTE	Ministério do Trabalho e Emprego
OIT	Organização Internacional do Trabalho
ONU	Organização das Nações Unidas
PASEP	Programa de Formação do Patrimônio do Servidor Público
PIS	Programa de Integração Social
SENAI	Serviço Nacional de Aprendizagem Nacional
SDC	Seção Especializada em Dissídios Coletivos
SPC	Serviço de Proteção ao Crédito
STF	Superior Tribunal Federal
STJ	Superior Tribunal de Justiça
SUS	Sistema Único de Saúde
TRT	Tribunal Regional do Trabalho
TST	Tribunal Superior do Trabalho

Prefácio

As contribuições trazidas pela Constituição de 1988 à ordem jurídica do Brasil ainda não foram inteiramente percebidas, nem seu estudo inteiramente esgotado. A introdução do conceito estruturante de Estado Democrático de Direito, a identificação e o alargamento do princípio da dignidade da pessoa humana, a afirmação de um largo universo de princípios no corpo e na mente constitucionais, a elevação articulada das noções de bem-estar e justiça sociais para o cerne da regência normativa das políticas públicas, da economia e da sociedade, além de inúmeras outras inovações e conquistas, tudo isso tem muito impressionado os juristas nestas últimas duas décadas e meia de evolução histórica.

Entre essas fundamentais e impressionantes contribuições inovadoras do Texto Magno de 1988 encontra-se o descortino de um novo mundo dentro do contexto de clássica e sedimentada relação socioeconômica: o universo dos direitos da personalidade do trabalhador no quadro da relação de emprego e da atuação constante do até então impermeável poder empregatício.

É o que trata, oportunamente, este livro, *Direitos da Personalidade do Trabalhador e Poder Empregatício*, de autoria da Professora Doutora Rúbia Zanotelli de Alvarenga — um estudo sistemático das situações de afirmação dos direitos da personalidade do trabalhador no contexto da relação entre empregadores e empregados.

A obra inicia-se com o exame da teorização acerca do poder empregatício, discorrendo sobre seus fundamentos, suas diversas formas de exteriorização e sua necessária vinculação com a subordinação jurídica.

Assentadas as bases de estruturação e funcionamento do poder empregatício, em um primeiro capítulo, passa a autora a discorrer sobre o novo universo jurídico descortinado pela Constituição da República – a proteção aos direitos da personalidade do trabalhador —, com suas inúmeras manifestações na relação de emprego e no Direito do Trabalho. Em cinco capítulos sequenciais, o livro trata dessa manifestação fática inter-relacional e sua respectiva regência normativa, quer no período precedente ao contrato de trabalho (fase pré-contratual), quer no período de vivência e desenvolvimento desse contrato, quer até mesmo no período pós-contratual, na extensão em que este ainda provoque influência nas relações de poder e de tutela dos direitos da personalidade do ex-empregado.

Eis algumas das múltiplas situações concretas pesquisadas e enfrentadas, juridicamente, pela autora: na fase pré-contratual, os procedimentos das técnicas de seleção de pessoal, com suas entrevistas, testes diversificados, atestados diversos, exames médicos e procedimentos congêneres; na fase de realização efetiva do contrato, as revistas realizadas no empregado ou em seus pertences, os diversos mecanismos de controle sobre o trabalhador, as interferências em múltiplos aspectos da individualidade e vida da pessoa, os diversificados meios de fiscalização e monitoramento eletrônicos, as distintas formas de assédio, tanto moral quanto sexual; na fase pós-contratual, as anotações empresariais na Carteira de Trabalho, as comunicações de abandono de emprego em mídias diversas, a divulgação de fatos ou informações desabonadoras sobre o ex-empregado, a elaboração de *listas sujas*. Em todas as situações analisadas — e são várias outras, além das ilustrativamente citadas —, a autora coteja os princípios constitucionais de 1988, as potencialidades e os limites jurídicos do poder empregatício, a par do princípio da boa-fé objetiva e os deveres dele resultantes.

É interessante observar que, em capítulo específico (de n. 8), ao final da obra, a autora busca sistematizar os diversos mecanismos extracontratuais de tutela dos direitos da personalidade do trabalhador, alguns deles estruturados ou, pelo menos, fortalecidos pela Constituição de 1988. Além da tutela judicial — notavelmente encorpada desde 5.10.1988 e mais ainda com a Emenda Constitucional n. 45, de 2004 —, tratada nos distintos capítulos precedentes, refere-se este capítulo específico à tutela extrajudicial sindical, à tutela extrajudicial promovida pela Auditoria Fiscal Trabalhista e à importante tutela realizada também pelo Ministério Público do Trabalho. Naturalmente que as regras e teorias jurídicas explanadas do Capítulo 3 até o Capítulo 7 também atuam nessas dimensões da tutela extracontratual deferida pela ordem jurídica aos direitos da personalidade do trabalhador, no contexto da dinâmica do contrato empregatício.

O livro é construído a partir de um inventário enorme da doutrina e da jurisprudência trabalhistas dos últimos tempos, buscando refletir e elaborar soluções com suporte em um Direito efetivamente vivo, ao invés de debater hipóteses normativas desde perspectivas prevalentemente abstratas e pouco afetas ao cotidiano do engenho da vida. Esta, a propósito, é uma sua grande virtude, capaz de distinguir a obra ainda mais no desbravamento jurídico de um universo temático novo do Direito do Trabalho.

Trata-se de livro de significativa importância, que certamente passa a marcar presença imprescindível no conjunto dos estudos constitucionais e trabalhistas sobre os direitos individuais e sociais fundamentais presentes no mundo do trabalho.

Brasília, dezembro de 2012.

MAURICIO GODINHO DELGADO

Ex-Professor de Ciência Política e de Direito do Trabalho da UFMG (1978-2000). Ex-Professor do Mestrado e Doutorado em Direito da PUC Minas (2000-2012). Atual Professor da Pós-Graduação em Direito do Centro Universitário IESB. Ministro do Tribunal Superior do Trabalho.

Capítulo 1
Introdução

Os direitos da personalidade do ser humano constituem algo próprio e inerente à sua natureza, da qual irradiam direitos fundamentais à sua plena afirmação e desenvolvimento, sendo imprescindíveis à preservação dos aspectos físicos, psíquicos, morais e intelectuais da pessoa humana. Desta forma, a violação a quaisquer direitos da personalidade do ser humano implica a violação de sua própria dignidade. No plano da relação de emprego, sob a ótica do prestador de serviços, a dignidade da pessoa natural trabalhadora estará sendo violada.

Assim, o objetivo desta obra consiste no estudo da proteção aos direitos da personalidade do trabalhador e das correspondentes limitações ao poder empregatício, evidenciando as formas de exteriorização desse poder — *diretivo, regulamentar, fiscalizatório e disciplinar* — conferido ao empregador e contrapondo a dignidade da pessoa humana como fundamento dos direitos da personalidade, assegurados pela Constituição Federal de 1988 como fonte limitadora de tal poder.

São ainda objetivos da presente obra:

a. Verificar a relação indissociável entre o poder empregatício e a subordinação jurídica do empregado;
b. Apontar o fundamento e as formas de exteriorização do poder empregatício;
c. Abordar as limitações ao poder empregatício;

d. Apontar o conceito, a classificação, o fundamento e os tipos principais de direitos da personalidade;
e. Estudar a importância da boa-fé objetiva nas três fases da relação jurídica contratual: pré-contratual, de cumprimento do contrato de trabalho e pós-contratual;
f. Evidenciar a proteção aos direitos da personalidade do trabalhador na fase pré-contratual;
g. Analisar os parâmetros gerais de proteção aos direitos da personalidade do trabalhador na fase de cumprimento do contrato de trabalho, bem como algumas situações concretas recorrentes de proteção a tais direitos;
h. Pesquisar sobre a proteção aos direitos da personalidade do trabalhador na fase pós-contratual;
i. Proceder à análise dos mecanismos extracontratuais de tutela dos direitos da personalidade do trabalhador.

O problema pesquisado resume-se em encontrar os fundamentos da proteção aos direitos da personalidade do trabalhador por meio do confronto teórico e jurisprudencial, enfatizando-se que, em meio a tamanho poderio econômico e tecnológico que tende a caracterizar as entidades e as dinâmicas empresariais contemporaneamente, não há espaço para a desconsideração ou, até mesmo, para a superação da dignidade da pessoa humana envolvida na relação de emprego inerente às empresas.

A valorização do trabalho humano pelo Direito atua de maneira decisiva sobre o poder empregatício, visto que este não poderá ser exercido sem a observância daquele. Logo, não pode preponderar, isoladamente, a ideia de utilização da propriedade somente para fins lucrativos. É preciso prevalecer a composição de lucro com as devidas condições que coadunam os limites do poder empregatício à efetiva utilização social do direito de propriedade.

A obra está dividida em sete capítulos, que formam, junto com a Introdução, a Conclusão e a seção Referências bibliográficas.

No Capítulo 2, analisa-se a estrutura do poder empregatício, que é inerente ao contrato de trabalho. A primeira parte do capítulo estabelece a relação entre o poder empregatício e a subordinação jurídica do empregado. Nesta etapa, verificam-se as dimensões da subordinação jurídica, bem como o novo critério da *subordinação estrutural*, hoje já incorporado, de certo modo, pela nova redação do art. 6º e parágrafo único da CLT. Na segunda parte do capítulo, procede-se à análise do fundamento do poder empregatício. O texto explica as cinco principais teorias que procuram interpretar o fundamento de tal poder, a fim de encontrar a mais consistente. Ainda na segunda parte do capítulo, estudam-se as formas de exteriorização do poder empregatício, quais sejam: diretivo, regulamentar, fiscalizatório e disciplinar. Ao final do capítulo, faz-se a abordagem sobre as limitações ao poder empregatício, o qual não pode, evidentemente, ser exercido de forma desenfreada.

O Capítulo 3 estuda os direitos da personalidade do trabalhador no Direito do Trabalho, que afirmam sua dignidade dentro da relação de emprego, desenvolvendo-se como dimensão do universo mais amplo dos Direitos Humanos. O estudo inicia-se com a análise do conceito e da classificação dos direitos da personalidade, para, em seguida, estabelecer o princípio da dignidade da pessoa humana como dimensão dos direitos da personalidade. A segunda parte do capítulo apresenta as características e os tipos principais dos direitos da personalidade, sobre as quais são delineados os direitos fundamentais que envolvem a proteção à intimidade, à vida privada, à imagem e à honra do trabalhador.

No Capítulo 4, apresenta-se a proteção aos direitos da personalidade do trabalhador na fase pré-contratual trabalhista. Esta apresentação é feita por meio das técnicas apregoadas nos processos de provimento de pessoal, cuja finalidade é aferir as habilidades profissionais dos candidatos ao emprego e permitir a contratação do trabalhador que a empresa considere mais apto para o preenchimento do posto laborativo ofertado. Ao término do capítulo, destaca-se o papel das entrevistas a que são submetidos os candidatos ao emprego durante o processo de seleção, assim como as indagações estabelecidas no questionário formulado pelo empregador, a finalidade dos testes psicológicos e as situações em que a empresa restringe o acesso à relação de emprego por motivo de antecedentes da mais variada ordem (creditícios, civis e criminais). Neste tópico, analisam-se também os exames médicos, especialmente aqueles feitos em desconformidade com os parâmetros legais.

Os Capítulos 5 e 6 envolvem a fase de realização efetiva do contrato de trabalho. Neles, analisam-se os parâmetros gerais de proteção aos direitos da personalidade do trabalhador, como também algumas situações concretas recorrentes destes direitos na fase de cumprimento do contrato de trabalho. No quadro das situações concretas, destacam-se as seguintes: a) revistas íntimas; b) revistas nos bens de uso pessoal do empregado e nos espaços destinados a guardá-los; c) controle extralaboral pelo empregador; d) interferência quanto à aparência física e à vestimenta do empregado; e) interferência quanto aos relacionamentos amorosos; f) interferência quanto à liberdade religiosa do trabalhador; g) fiscalização por meios eletrônicos (e-mail, escutas telefônicas, controle auditivo e câmeras audiovisuais); h) assédio moral individual; i) assédio moral organizacional; j) assédio sexual; k) uso de polígrafo.

No Capítulo 7, efetiva-se a análise da proteção aos direitos da personalidade do trabalhador na fase pós-contratual. Nesta parte da obra, são analisadas as situações capazes de acarretar a violação aos direitos fundamentais, à honra e à imagem do ex-empregado depois de extinto o seu contrato, especialmente as seguintes: a) anotações desabonadoras na CTPS do trabalhador; b) comunicação de abandono de emprego em órgão de imprensa; c) elaboração de listas sujas; d) divulgação de fatos e de informações desabonadoras e *inverídicas* sobre o ex-empregado; e) divulgação de fatos e de informações desabonadoras e *verídicas* sobre o ex-empregado.

Por fim, o Capítulo 8 tem por objeto os mecanismos extracontratuais de tutela aos direitos da personalidade do trabalhador. Neste contexto, são estudados os meios extracontratuais que podem ser utilizados para a melhor efetivação dos direitos da personalidade do trabalhador nos diversos períodos da realidade do contrato de trabalho (fase pré-contratual, fase de cumprimento do contrato e período pós-contratual). São exemplos mais destacados de tais mecanismos: a) a tutela jurisdicional; b) a tutela extrajudicial sindical (tutela privada); c) a tutela extrajudicial estatal.

A obra ora apresentada é fruto da inquietação de sua autora relativamente à proteção aos direitos da personalidade do trabalhador e das limitações ao poder empregatício, uma vez que a questão é atual e de substantiva relevância para o Direito do Trabalho brasileiro.

A autora percebeu a necessidade de aprofundar a pesquisa nesta área diante da complexidade do tema e da divergência de estudos doutrinários e decisões jurisprudenciais a respeito do tema.

Esta obra, assim, tem a pretensão de contribuir para o desenvolvimento do tema, provocando a comunidade acadêmica e jurídica face à necessidade de se protegerem sempre os direitos da personalidade do trabalhador, tendo em vista que a controvérsia sobre o espaço do exercício do poder de direção é mais um aspecto da correlação de forças entre capital e trabalho, como, aliás, soi acontecer com quase todas as questões decorrentes do Direito do Trabalho.

O Poder Empregatício no Contrato de Trabalho

Capítulo

A projeção e o reflexo do poder empregatício possuem grande relevância no Direito do Trabalho por conferirem enorme influência no âmbito do contrato de trabalho e da própria organização empresarial.

A relação de emprego compreende a relação de trabalho mais significativa do sistema econômico ocidental inaugurado há pouco mais de duzentos anos, motivo pelo qual o conhecimento acerca do poder empregatício torna-se relevante para a sociedade atual.

2.1. PODER EMPREGATÍCIO E SUBORDINAÇÃO JURÍDICA

O Direito do Trabalho surgiu como uma necessidade de correção das desigualdades materiais entre empregados e empregadores, vivenciadas durante o final do século XVIII e durante o curso do século XIX na Europa e nos Estados Unidos.

Essas transformações inseriram a relação de trabalho subordinado como o núcleo motor do processo econômico de produção do sistema capitalista. Por isso, diz-se que o Direito do Trabalho surgiu como consequência do desenvolvimento do modo de produção capitalista.

Nessa ótica, estatui Mauricio Delgado (2010a):

> O Direito do Trabalho é, pois, produto cultural do século XIX e das transformações econômico-sociais e políticas ali vivenciadas. Transformações

todas que colocam a relação de trabalho subordinado como núcleo motor do processo produtivo característico daquela sociedade. Em fins do século XVIII e durante o século XIX se manifestaram, na Europa e Estados Unidos, todas as condições fundamentais de formação do trabalho livre, mas subordinado e de concentração proletária, que propiciaram a emergência do Direito do Trabalho. (DELGADO, M. G., 2010a, p. 113).

Também ensina Schiavi (2011):

> O Direito do Trabalho é um produto do século XIX e surge para garantir a melhoria da condição social do trabalhador, nivelando as desigualdades entre o capital e o trabalho, e, acima de tudo, consagrar a dignidade da pessoa humana do trabalhador, bem como ressaltar os valores sociais do trabalho como fundamentos para uma sociedade justa e solidária. (SCHIAVI, 2011, p. 105).

Conforme Chohfi (2009, p. 11), pode-se considerar, assim, a subordinação jurídica como o próprio Direito do Trabalho por integrar a sua essência e por definir seu grau e campo de incidência.

Segundo Machado (2009, p. 47), a subordinação jurídica representa uma condição necessária para a definição do contrato de trabalho e critério lógico-dedutivo para o reconhecimento da relação de emprego.

Assim, no âmbito das relações entre capital e trabalho, o poder somente pode ser estudado a partir do conceito de subordinação jurídica. A relação de emprego reconhece a subordinação jurídica como elemento intrínseco do contrato de trabalho, uma vez que a todo poder corresponde um necessário dever de subordinação jurídica do empregado face ao empregador. A relação de emprego é, portanto, vínculo socioeconômico que não se compreende sem a subordinação jurídica havida entre empregado e empregador.

De acordo com Murari (2008), a subordinação representa requisito essencial da relação de emprego. Sem ela, a relação de emprego não se caracteriza. Sendo assim:

> No conjunto de regras e princípios que compõem o Direito do Trabalho, o empregador tem o condão de subordinar o empregado para organizar os fatores da produção, ou seja, o seu poder de direção é uma espécie de "competência outorgada pelo Direito e não uma força que deixa mandar, simplesmente". A subordinação é uma situação objetiva direcionada à forma de prestação do trabalho e não uma sujeição pessoal do empregado. (MURARI, 2008, p. 45).

A subordinação é o elemento diferenciador da relação de emprego. É cediço que existem diversas espécies de prestação de trabalho que são concretizadas sem vínculo empregatício. A relação de emprego, por sua vez, somente irá se configurar na medida em que a subordinação se verificar no âmbito laboral. É por meio da relação de emprego que nasce, para o empregador, o poder empregatício e, por consequência, para o empregado, o dever de obediência, que se exterioriza por intermédio da subordinação jurídica.

Coutinho (1999, p. 116) afirma que "o direito do trabalho encobre o poder e mascara a subordinação com o manto contratual, projetando a emergência para a empresa, enquanto organização". O autor (p. 117) ainda destaca que "o direito do trabalho reconhece na empresa a constituição de um espaço de macropoder".

Romita (1979) explica:

> [...] pelo conceito objetivo de subordinação, chega-se à assertiva de que ela consiste em integração da atividade do trabalhador na organização da empresa mediante um vínculo contratualmente estabelecido, em virtude do qual o empregado aceita a determinação, pelo empregador, das modalidades de prestação de trabalho [...]. (ROMITA, 1979, p. 83).

A subordinação jurídica compreende, assim, a sujeição do labor do empregado à vontade do empregador. Na relação empregatícia, o empregador detém os poderes para dirigir, regulamentar, fiscalizar e aplicar penalidades ao trabalhador. É por intermédio do exercício do poder empregatício que se instrumentaliza a subordinação jurídica no contexto da relação de emprego.

Como bem assinala Coutinho (1999):

> A subordinação, por sua vez, é acatada a partir da necessidade de se detalharem as condições de executoriedade da atividade, de conteúdo relativamente indeterminado e pelo estado permanente de sujeição do empregado com sua força de trabalho à vontade e à normatividade empresarial, que impõe uma série de deveres de conduta a esse sujeito contratual em prol dos objetivos da empresa. Tal característica distingue o contrato de trabalho dos demais negócios jurídicos. (COUTINHO, 1999, p. 115).

Conforme Nilson Nascimento (2009), nesse mesmo sentido, pode-se asseverar que:

> A subordinação consiste na situação jurídica que emana da relação de emprego através da qual o empregado permite que sua força de trabalho seja utilizada como fator de produção na atividade econômica exercida por outrem, comprometendo-se a aceitar o poder de direção do empregador no sentido de dirigir a sua prestação pessoal de serviços. (NASCIMENTO, Nilson, 2009, p. 46).

A relação de emprego é marcada pela formalização do contrato de trabalho, do qual decorrem deveres e obrigações entre empregado e empregador. De um lado, está o empregador, que se obriga a remunerar o empregado; enquanto, de outro, o empregado, que se obriga a prestar os serviços ali contratados com diligência, fidelidade, obediência e disciplina.

Como lembra Mauricio Delgado (1994, p. 56): "O poder intraempresarial não é um poder do empregador (e, obviamente, nem do empregado). É uma relação de poder própria a uma realidade socioeconômica e jurídica específica [...]".

Novamente de acordo com Nilson Nascimento (2009, p. 45), é preciso lembrar as obrigações atribuídas às partes na relação de emprego. Entre as destinadas ao empregado, existem: prestação do serviço, obediência às ordens do empregador ou dos superiores hierárquicos, diligência, assiduidade e fidelidade aos fins lícitos perseguidos pelo dirigente empresarial, que também se caracteriza pelo dever de não fazer concorrência desleal ao empregador e, muito menos, revelar segredo de que tenha conhecimento por conta do contrato de trabalho. O empregado se disponibiliza, ainda, à colaboração com os meios de produção utilizados pelo empregador. Entre as obrigações atribuídas ao empregador, existem aquelas que visam a: proporcionar trabalho, pagar salário ao empregado e respeitar as normas de proteção e a dignidade pessoal do trabalhador.

As obrigações decorrentes do contrato de trabalho concedem ao empregador um conjunto de prerrogativas inerentes a esse tipo de contrato que irão garantir o bom funcionamento de seu espaço empresarial.

Dessa forma, pondera Nilson Nascimento (2009):

> Compete ao empregador a iniciativa de tornar possível a execução do trabalho por parte do empregado e a faculdade de aferir a qualidade, a quantidade e a perfeição técnica da prestação dos serviços prestados. Portanto, proporcionar trabalho, fornecer meios para a sua execução, controlar e fiscalizar a prestação dos serviços e receber o trabalho prestado pelo empregado são obrigações do empregador. (NASCIMENTO, Nilson, 2009, p. 40).

Tal poder empregatício conferido ao empregador encontra-se na parte final do art. 2º, da CLT, que aborda o princípio da assunção dos riscos do empreendimento pelo empregador ou da alteridade. "Considera-se empregador a empresa, individual ou coletiva, que, assumindo os riscos da atividade econômica, admite, assalaria e dirige a prestação pessoal de serviço". (NASCIMENTO, Nilson, 2009, p. 65).

O art. 3º, da CLT, por sua vez, estabelece a prestação de serviços do empregado sob a dependência do empregador. Eis o fundamento "que garante ao empregador o direito de atuar na esfera da prestação de serviços do empregado para dirigir, comandar, fiscalizar e subordinar o seu trabalho com vistas a atingir seus objetivos". (NASCIMENTO, Nilson, 2009, p. 65).

Dos preceitos legais ora lembrados, extrai-se o fundamento do poder empregatício, que consiste no conjunto de prerrogativas deferidas às partes, atribuindo-lhes direitos e obrigações oriundas do contrato de trabalho. De um lado da relação jurídica de emprego, está o empregador, que tem a prerrogativa de organizar ou dirigir, regulamentar e controlar o seu negócio no âmbito do espaço empresarial; de outro lado, o empregado, que se compromete a executar a sua atividade laboral de acordo com as disposições do contrato. O dispositivo considera o empregador o detentor exclusivo do poder empregatício e, ao mesmo tempo, o único com titularidade para admitir, assalariar e dirigir a prestação pessoal de serviços no contexto da relação jurídica de emprego. Do artigo supramencionado, pode-se observar ainda que o empregador, ao admitir o empregado, estará assumindo para si todos os riscos inerentes à sua atividade econômica de produção. Por intermédio da subordinação jurídica e da sua ingerência no contrato de trabalho, o empregado fica submetido às ordens do empregador.

Assim, segundo Coutinho (1999):

> O contrato de trabalho cria uma relação jurídica na qual se encontra o empregado em um estado de sujeição à direção do empregador, sendo a subordinação o elemento determinador do perfil empregatício. O objetivo do contrato não se restringe em colocar a força de trabalho à disposição, numa posição meramente passiva, senão ainda fazer com que a força de trabalho esteja sendo realizada conforme as determinações do empregador e colaborando na organização para que o escopo empresarial seja atingido. (COUTINHO, 1999, p. 114).

Importante reiterar que o poder intraempresarial não é um poder do empregador, nem do empregado. Na verdade, conforme Mauricio Delgado (1994):

> É uma relação de poder própria a uma realidade socioeconômica e jurídica específica, a relação de emprego. O poder empregatício é, assim, um poder específico à relação e ao contrato empregatícios e não a um único de seus sujeitos. É relação que assume intensidade e sincronia distintas quanto à participação dos sujeitos envolvidos e conteúdo distinto quanto aos direitos e obrigações resultantes da respectiva relação jurídica contratual de poder. (DELGADO, M. G., 1994, p. 194).

Convém destacar que o art. 2º, da CLT, compreende apenas um dos artigos que fundamentam o exercício do poder empregatício assegurado ao empregador no contexto da relação de emprego, uma vez que a Constituição Federal de 1988 também garante o livre exercício da atividade econômica (art. 170, II, e parágrafo único), o princípio da livre iniciativa (art. 1º, IV) e o da propriedade privada (art. 5º, XXII) como fundamentos deste poder.

Desse modo, o empregado, ao ser contratado para a prestação de serviços, obriga-se a exercer suas atividades em consonância com os objetivos da empresa e sob as ordens e direção da mesma. Daí a sujeição do empregado ao poder empregatício do empregador.

Melhado (2003, p. 128) enfatiza que "a relação de poder entre o capitalista e seus empregados é objetivamente uma relação de poder político e social". E destaca que:

> [...] os trabalhadores obtêm sua subsistência material e intelectual exclusivamente do salário, mas sua única fonte de rendimentos, que é o emprego, é uma realidade precária, não sendo protegida — via de regra — por normas jurídicas de estabilidade. A incerteza do emprego e a imprescindibilidade da contraprestação salarial proporcionam ao tomador de serviços uma situação de privilégio. (MELHADO, 2003, p. 129).

De acordo com Coutinho (1999), tal conceito se sustenta, pois:

> Numa aparente contradição, o direito que se apresenta como decorrência de uma necessidade de proteção, para minimizar a disparidade econômica entre empregado e empregador, erigindo-o como ideia unificadora do sistema jurídico, aponta exatamente para o dever de obediência às ordens do empregador como o primeiro dever do trabalhador. (COUTINHO, 1999, p. 26).

E mais: "O dever de obediência [...] é sempre apresentado inicialmente como pressuposto lógico necessário da existência de uma relação de emprego, e, ainda, como dever jurídico específico decorrente do negócio jurídico realizado" (COUTINHO, 1999, p. 26).

Assim sendo, o poder empregatício representa um direito que é atribuído ao empregador em decorrência do vínculo contratual da atividade do empregado existente na organização da empresa. Logo, ao aceitar o contrato de trabalho, o empregado obriga-se a seguir as instruções emanadas pelo empregador que, como detentor dos meios de produção e titular da empresa, passa a deter o poder empregatício.

Para Melhado (2003), numa visão histórico-social:

> [...] o exercício do poder de mando pelo capitalista, nas relações com seus empregados, é visto como inelutável resultado da inflexão do destino ou algo próprio da natureza das relações sociais de produção. Algo que é assim mesmo, que sempre foi e sempre será uma relação de desigualdade e desequilíbrio de poder. (MELHADO, 2003, p. 13).

Já para Coutinho (1999), é preciso esclarecer que:

> O poder do empregador não é sobre a pessoa ou sobre toda a conduta do empregado, mas tão-só sobre a força produtiva empregada em face da manutenção de um negócio jurídico trabalhista que o empregado coloca à disposição do empregador por meio de um contrato. Não é a sujeição de um homem, inferior, a outro, superior; mas é a carência de detalhamento quanto ao modo e ao tempo de execução das tarefas que vêm a ser completadas pelo empregador. São esses os comandos que devem ser acolhidos pelo empregado exclusivamente na direção das atividades [...]. (COUTINHO, 1999, p. 89).

Então, o poder empregatício compreende a prerrogativa conferida ao empregador para que este possa organizar a estrutura do seu empreendimento, exercer as funções administrativas, editar as regras para controlar a conduta dos seus empregados e aplicar as devidas penalidades àqueles empregados que não cumprem as referidas regras com o escopo de preservar a harmonia do ambiente laborativo.

Viés sob o qual assevera Adilson Pereira (1991):

> [...] em qualquer regime econômico, é fundamental que as unidades produtoras, seja qual for seu porte, se organizem hierarquicamente, com vistas à realização de seus objetivos. O que implica, evidentemente, a inevitável submissão de cada trabalhador, enquanto dura o trabalho, à hierarquia da unidade produtora à qual preste serviços. Ou seja: o que implica o sacrifício de parte da liberdade ou autonomia de cada trabalhador, que deve colocar-se e, realmente, se coloca, durante a prestação de serviços, sob a dependência jurídica do respectivo empregador [...]. (PEREIRA, A. B., 1991, p. 9).

No contrato de trabalho, o empregado passa a se submeter ao poder empregatício do empregador por meio da subordinação. Por isso, a subordinação possui tamanha importância na caracterização do vínculo empregatício no Direito do Trabalho.

Como afirma Adilson Pereira (1991, p. 9): "O empregador enxerga o ato da contratação de um empregado como operação destinada a obter não só prestação de trabalho, mas também subordinação".

Por intermédio do poder empregatício conferido exclusivamente ao empregador, é permitido ao mesmo fixar o horário de trabalho, estipular tarefas, designar a realização de horas extraordinárias, estabelecer metas plausíveis aos empregados, aplicar medidas disciplinares aos empregados, organizar a sua atividade econômica etc. Cabe, ainda, ao empregador, além das prerrogativas que lhe competem em relação à subordinação jurídica do empregado, assumir integralmente o risco gerado pelo seu empreendimento econômico. Da mesma forma, deve o empregador, além de outras obrigações previstas em lei, não só remunerar os empregados e fornecer-lhes todos os instrumentos para a realização de suas tarefas diárias, mas também disponibilizar equipamentos de proteção individual que visem a eliminar ou a minimizar os riscos contra acidentes ou doenças profissionais.

Para a caracterização do poder empregatício, faz-se necessário existir a subordinação, que é condição sem a qual não seria possível a empresa exercer tal poder sobre seus empregados. A subordinação do empregado ao empregador é o mais importante dos elementos do vínculo jurídico de emprego. O empregador, como titular absoluto do poder empregatício, é revelado juridicamente "Por um poder de organização, passando pela direção ou comando, regulamentação, fiscalização e, enfim, por um poder sancionador ou punitivo", como fundamenta Coutinho (1999, p. 25).

Coutinho (1999), neste magistério, ainda destaca:

> Não há igualdade no campo econômico; não há também igualdade no âmbito jurídico. Muito embora seja tutelado pelo direito, que o protege para minimizar as agruras econômicas, o empregado deve juridicamente obediência e fidelidade ao seu empregador, ou seja, está em um estado de submissão da sua vontade à determinação do empregador que detém o poder de dirigi-lo, controlá-lo, fiscalizar a sua conduta e vida e, por conseguinte, puni-lo no próprio interesse. (COUTINHO, 1999, p. 26).

Também Nilson Nascimento (2009, p. 57) afirma que: "O poder diretivo do empregador (art. 2º da CLT) e o estado de subordinação do empregado (art. 3º da CLT) individualizam o contrato de trabalho e o diferem de outros contratos de direito privado".

A CLT aborda o instituto da subordinação por meio da palavra "dependência" quando, em seu art. 3º, define empregado como: "toda pessoa física que presta serviços de natureza não eventual a empregador, sob dependência deste e mediante salário". Desse modo, o termo "dependência", adotado pelo art. 3º, da CLT, corresponde à subordinação jurídica.

Cabe destacar, então, que o principal critério adotado pelo Direito do Trabalho para a distinção entre os vários tipos de relações de trabalho é exatamente a existência de subordinação jurídica.

Em razão deste aspecto, faz-se necessário trazer à baila o pensamento de Porto (2009, p. 267) ao assinalar que é de extrema relevância para o Direito do Trabalho se estabelecer o conceito de subordinação jurídica por constituir este o elemento qualificador essencial da relação de emprego e por compreender esta o instituto basilar do Direito do Trabalho.

Imperioso observar, contudo, que não pode a subordinação jurídica ir além do que é estritamente necessário para a execução dos serviços ou para a condução da atividade econômica por parte do empregador.

Segundo Amauri Nascimento (1989):

> Trabalho subordinado é aquele no qual o trabalhador volitivamente transfere a terceiro o poder de direção sobre o seu trabalho, sujeitando-se como consequência ao poder de organização, ao poder de controle e ao poder disciplinar deste. (NASCIMENTO, A. M., 1989, p. 164).

Para o autor em destaque, a subordinação decorre da relação contratual estabelecida entre as partes, em que há a limitação da autonomia da vontade do empregado, a fim de que seja transferida, ao empregador, a direção da atividade que será por ele desenvolvida (NASCIMENTO, A. M., 1989, p. 165).

Portanto, registre-se o pensamento de Murari (2008):

> A principal característica da relação de emprego é a atividade pessoal e produtiva do empregado, prestada sob subordinação jurídica ao empregador. Esta subordinação, embora não configure uma submissão pessoal, gera um estado de poder para o empregador. (MURARI, 2008, p. 80).

Mauricio Delgado (2010a), ao estabelecer o conceito de subordinação jurídica, assevera:

> A subordinação corresponde ao polo antitético e combinado do poder de direção existente no contexto da relação de emprego. Consiste, assim, na situação jurídica derivada do contrato de trabalho, pela qual o empregado compromete-se a acolher o poder de direção empresarial no modo de realização de sua prestação de serviços. (DELGADO, M. G., 2010a, p. 302).

Também conforme Mauricio Delgado (1994):

> A subordinação seria o polo reflexo e combinado, na relação de emprego, do poder de direção empresarial, também de matriz jurídica. A figura é encarada, pela ordem jurídica, sob um prisma objetivo, atuando sobre o modo de realização da prestação pactuada. A subordinação não gera um estado de sujeição pessoal (prisma subjetivo) do prestador de serviços. Embora esse estado de sujeição possa surgir em exemplos (não são poucos, é verdade) da prática intraempresarial concreta, ele não é da natureza (da substância) da relação jurídica assalariada. A diferença é fundamental por importar em se concluir que o salário pode ser pensado e concretizado sem tal elemento de sujeição (embora que seja inerente à subordinação). (DELGADO, M. G., 1994, p. 105).

Para Sanseverino (1976):

> A subordinação própria do contrato de trabalho não sujeita ao empregador toda a pessoa do empregado, sendo, como é, limitada ao âmbito da execução do trabalho contratado. A subordinação não cria um *status subjectionis*; é, apenas, uma situação jurídica. (SANSEVERINO, 1976, p. 288).

A subordinação jurídica representa, assim, o elemento característico do contrato de trabalho, que permite distingui-lo dos demais contratos afins. Então, é por intermédio da dependência que se extrai a existência da subordinação, que é a jurídica e não a meramente econômica ou técnica no contrato de trabalho.

O critério da subordinação econômica acontece em decorrência de o salário representar o meio de subsistência do empregado. Trata-se, portanto, de um "critério essencialmente monetário, ou seja, haveria relação de emprego em virtude de estar o empregado vinculado ao empregador, pelo salário." (MURARI, 2008, p. 46).

Na subordinação econômica, "o empregado recebe ordens porque depende do salário pago pelo empregador como única ou, pelos menos, a principal fonte de sustento próprio e de sua família." (NASCIMENTO, Nilson, 2009, p. 57).

Ainda de acordo com Nilson Nascimento (2009), a subordinação econômica:

> É concebida de acordo com o grau de dependência econômica do empregado ante o seu empregador e segundo a qual o empregado é economicamente mais fraco em relação àquele que lhe (sic) emprega. O patrão, por ser o dono do capital e dos meios de produção, reúne maior capacidade econômica que os empregados, que por esta razão aceitam se subordinar às ordens do empregador. (NASCIMENTO, Nilson, 2009, p. 58).

Todavia, existem trabalhadores que auferem uma condição econômica mais significativa que a do seu empregador. Saad (2001, p. 48) relata que : "A dependência não deve ser necessariamente de caráter econômico, de vez que não é impossível haver empregado com fortuna maior do que a do seu empregador. A dependência é de natureza jurídica".

Além disso, esse mesmo trabalhador poderá se dedicar a uma outra atividade que lhe renda além do trabalho subordinado. Pode, assim, trabalhar de forma subordinada, bem como prestar serviços de maneira autônoma. Há, também, da mesma forma, a situação dos empregados que laboram para mais de um empregador. Portanto, ainda que o empregado não dependa economicamente do empregador, continuará subsistindo a subordinação jurídica.

Quanto à subordinação técnica, caberiam apenas ao empregador os conhecimentos técnicos e científicos para a realização do trabalho. Convém destacar que, não raras vezes, a qualificação técnica de um empregado é muito maior que a de seu empregador. Assim, quanto maior for o grau de qualificação profissional do empregado, menor será o seu grau de sujeição em relação às ordens do empregador, "chegando ao ponto de o empregador depender tecnicamente da prestação de serviços do empregado e não o contrário." (MURARI, 2008, p. 79).

Desse modo, ainda de acordo com Murari (2008):

> Para o empregado tradicional, o poder diretivo deve ser mais intenso, pois a subordinação é maior, ao passo que, para o empregado altamente qualificado, exercente de cargo de confiança ou gerência, o poder diretivo seria menos intenso, sempre respeitando os limites constitucionalmente assegurados. (MURARI, 2008, p. 79).

Manus (2005, p. 65) acentua que quanto maior o grau de escolaridade exigido pela função e quanto mais qualificado tecnicamente for o empregado mais tênue se torna a subordinação técnica exercida pelo empregador. O autor cita, como exemplo, o trabalho exercido por um técnico em computação eletrônica em uma empresa de metalurgia, cujo empregador desconhece totalmente a atividade desenvolvida por este trabalhador. Do mesmo modo, pode ocorrer com o trabalho executado por médicos, dentistas, advogados, e inúmeros outros, em que o empregador tenha conhecimentos totalmente alheios à formação do empregado.

Essa subordinação mostra-se, então, insuficiente para caracterizar a relação de emprego, não sendo a que melhor caracteriza o contrato de trabalho, em virtude de existirem trabalhadores com maior grau de qualificação que o empregador, pois, "à medida que a empresa se torna mais complexa e o avanço tecnológico se exige um nível de preparação mais elevado, torna-se difícil ao empregador deter maior conhecimento do que todo e qualquer funcionário seu." (GONÇALVES, S. C., 1997, p. 41).

Sendo assim, ainda conforme Simone Gonçalves (1997):

> Em virtude da crescente especialização das profissões, frequentemente muitos empregados detêm maior conhecimento do que seu empregador na parte que concerne aos serviços executados. Tal pode ocorrer, por exemplo, com médicos, advogados, analistas de sistemas, administradores, entre outros. (GONÇALVES, S. C., 1997, p. 41).

A esse respeito, Manus (2005, p. 67) destaca que há uma quase total ingerência do empregador quando a prestação de serviços do empregado é prestada sem qualquer qualificação técnica. Neste caso, torna-se necessário o patrão determinar o que fazer, como fazer e quando fazer. De outro modo, revela que quanto maior for o grau de escolaridade exigido pela função e quanto mais qualificado tecnicamente for o empregado, mais tênue torna-se a sua subordinação hierárquica ou jurídica.

Tal também é a visão de Simone Gonçalves (1997):

> A subordinação está presente em todos os contratos de trabalho, às vezes de forma mais acentuada, às vezes de forma mais diluída. O grau de subordinação é variável, dependendo da natureza da atividade e da função do empregado, do grau de instrução necessário para o desempenho do cargo, do local de trabalho, da organização empresarial etc. A subordinação torna-se menor à medida que o trabalho é mais técnico e intelectual, e acentua-se à medida que é mais manual. (GONÇALVES, S. C., 1997, p. 35).

Portanto, a subordinação jurídica está presente em todos os contratos de trabalho, podendo apenas variar de intensidade em decorrência da atividade que é executada pelo empregado.

A subordinação social também se revela inadequada para fins de caracterização da relação de emprego por demonstrar a ideia de que o empregado somente se insere socialmente por meio da empresa.

Ao apresentar críticas à subordinação social, Murari (2008, p. 48) cita o exemplo do professor de música que é bem posicionado social e economicamente e que, em razão disso, não precisa do empregador para inserir-se socialmente.

Simón (2000, p. 109) assevera que, muito embora a maioria dos trabalhadores dependa economicamente de seu empregador, não há descaracterização do contrato de trabalho pelo fato de o empregado possuir outras fontes de renda. Várias são as relações de emprego nas quais o trabalhador tem conhecimentos técnicos superiores aos de seu empregador. Por isso, tanto a subordinação econômica quanto a técnica podem funcionar como "indícios" da existência de verdadeiro pacto laboral, mas não representam os seus elementos essenciais.

Quanto à subordinação jurídica, esta deve ser vista sob um prisma objetivo, de forma a atuar sobre o modo de realização da prestação de serviços do empregado e não sobre a sua pessoa. Em razão disso, revela-se incorreta a visão subjetiva da subordinação, que faz com que a mesma recaia sobre a pessoa do trabalhador, colocando-o em estado de sujeição perante o empregador. (DELGADO, M. G., 2010a, p. 303).

A esse respeito, assinala Mauricio Delgado (2010a):

> A subordinação jurídica é o polo reflexo e combinado do poder de direção empresarial, também de matriz jurídica. Ambos resultam da natureza da relação de emprego, da qualidade que lhe é ínsita e distintiva perante as demais formas de utilização do trabalho humano que já foram hegemônicas em períodos anteriores da história da humanidade: a escravidão e a servidão. (DELGADO, M. G., 2010a, p. 282).

Também Mauricio Delgado (2006, p. 665), ainda sob tal prisma — o objetivo da subordinação —, defende a subordinação objetiva como elemento integrante da relação de emprego:

> A subordinação objetiva, ao invés de se manifestar pela intensidade de comandos empresariais sobre o trabalhador (conceito clássico), despontaria da simples integração da atividade laborativa obreira nos fins da empresa. Com isso, reduzia-se a relevância da intensidade de ordens, substituindo o critério pela ideia de integração aos objetivos empresariais. (DELGADO, M. G., 2006, p. 665).

Nilson Nascimento (2009) compartilha a mesma visão e afirma:

> Subordinação consiste na integração do trabalhador na organização da empresa, mediante um vínculo contratualmente estabelecido, em virtude do qual o trabalhador submete sua atividade ao poder diretivo do empregador. (NASCIMENTO, Nilson, 2009, p. 59).

Barros (2011, p. 224) aduz que a integração do trabalhador na organização empresarial representa uma tentativa de traçar uma distinção entre o trabalho subordinado e o trabalho autônomo. Segundo a autora, a base para se definir a relação de emprego residiria no fato de o empregado constituir parte integrante da organização. Trata-se, na verdade, da substituição da subordinação-controle ou subjetiva pela subordinação-integração ou objetiva.

Vilhena (2005, p. 233) também lança essa espécie de subordinação jurídica objetiva no Direito do Trabalho. Para o autor, a subordinação integrativa é aquela que se manifesta pela participação integrativa do trabalhador nos fins e objetivos do empreendimento do tomador de serviços.

A relação de emprego, assim, despontaria "como a participação integrativa da atividade do trabalhador na atividade do credor" e, também, "como uma forma de conduta instrumentalmente voltada para um procedimento produtivo". (VILHENA, 2005, p. 228).

Jair Reis (2007, p. 89) comenta que, modernamente, a partir da implementação de novas tecnologias à distância e de telecomunicações ou da informática, o exercício da atividade econômica se distanciou do modelo tradicional de produção, que concentrava máquinas e pessoas no interior de grandes fábricas, onde o trabalhador laborava em tempo integral sob o olhar atento do empregador e sob o método fordista de produção. Em razão dessas mudanças tecnológicas, o Direito do Trabalho passou a ser visto de uma forma redimensionada.

Cumpre ressaltar que, em decorrência do desenvolvimento tecnológico e da descentralização dos processos produtivos no âmbito empresarial, como, por exemplo, o trabalho à distância, o teletrabalho e a alta especialização do conhecimento, o trabalhador tem revelado maior liberdade na execução da prestação de serviços, ocorrendo, então, a relativização da subordinação jurídica do empregado às formas tradicionais de trabalho, o que provoca a necessidade de redefinição e de ampliação do conceito jurídico de subordinação.

Machado (2009, p. 133), ao discorrer sobre o teletrabalho, atesta que este representa uma nova forma de trabalho em domicílio surgida há pouco mais de vinte anos nos Estados Unidos, em decorrência do grande desenvolvimento das tecnologias de informação e de telecomunicações. Representa um trabalho em rede, flexível, à distância, e que faz uso intensivo da tecnologia da informação.

Nesse sentido, o teletrabalho compreende uma nova forma de flexibilizar o emprego típico, que provocou uma mudança radical nas relações de trabalho. O teletrabalho, ao contrário do trabalho em domicílio clássico, maximiza o uso de tecnologia da informação sem a qual não seria viável a sua organização. Além disso, pressupõe um trabalho fora da empresa e também não prestado necessariamente na residência do trabalhador. No Brasil, por exemplo, o teletrabalho tem se constituído à maneira de trabalho precário, informal e de baixa remuneração. (MACHADO, 2009, p. 133).

O teletrabalho se situa nas chamadas "zonas fronteiriças", pois com ele o trabalhador, numa atividade considerada de teletrabalho, tem a condição de ser um trabalhador subordinado ou um trabalhador autônomo.

Conforme Machado (2009), por meio do teletrabalho, tem-se como estratégia das empresas:

> Valorizar e incentivar o teletrabalho como um mecanismo de redução dos custos imobilizados e, é claro, redução do custo da mão de obra. Entre as vantagens catalogadas pela nova administração, o teletrabalho oferece ainda uma maior produtividade, já que vincula a remuneração à produção. Ou seja, o teletrabalho substitui uma obrigação de meio (tempo à disposição na empresa) por uma obrigação de resultado (produção). Com isso, está implícito, na proposta de promoção do teletrabalho, que a redução dos custos da mão de obra se dá pelo enquadramento jurídico de um teletrabalhador independente, portanto, não empregado. (MACHADO, 2009, p. 133).

Segundo Machado (2009, p. 133), o trabalho em domicílio e o teletrabalho possuem em comum um trabalho à distância com obrigação de resultado. Sem controle visual pelo empregador, o recurso às tecnologias da informação (telefone, fax, e-mail, internet, entre outras) propicia uma nova forma de controle e de subordinação do trabalhador. Ao contrário do trabalho em domicílio, o teletrabalho, em razão das facilidades da tecnologia, produz uma "teledisponibilidade", que representa uma forma de subordinação à distância.

Informa, ainda, Machado (2009, p. 134) que os aplicativos e programas de computador desenvolvidos pela engenharia da informática possibilitam não somente inúmeros cálculos, mas também um potencial infinito de controle sobre os meios utilizados na execução do trabalho, a começar pelo controle do tempo de execução de tarefas, produção por hora, dia etc. Tudo *on-line* de forma interativa, em rede e, muitas vezes, em tempo real. O fator distância, portanto, na prestação de serviço, é irrelevante por tornar o computador ou a tecnologia utilizada uma extensão da empresa que invade a vida privada e familiar do trabalhador. Além disso, as possibilidades de o empregador dar ordens ao teletrabalhador se intensificam.

Consoante Machado (2009), por essa razão:

> O teletrabalho é uma atividade executada em forma de uma espécie de telessubordinação, ou seja, uma subordinação jurídica à distância, que se diferencia do trabalho prestado na empresa por tratar-se de um modo particular de organizar o trabalho. Por outro lado, o Direito do Trabalho brasileiro ainda não possui regulamentação do teletrabalho e a jurisprudência tende a tratá-lo como uma modalidade de trabalho autônomo, por vezes, um empregado em domicílio, quando presentes todos os elementos qualificadores da relação de emprego. (MACHADO, 2009, p. 135).

Ocorre que o teletrabalho constitui, efetivamente, uma nova e peculiar forma de atividade, cujas características evidenciam um modo especial de subordinação jurídica, com a inserção plena do trabalhador na atividade produtiva, presentes, ainda, o potencial controle e a direção do trabalho pelo empregador, os quais não ficam descaracterizados pela distância na execução do serviço. (MACHADO, 2009, p. 135).

Em virtude disso, decisões judiciais no Brasil têm defendido a existência da subordinação estrutural, que parte da compreensão da inadequação do modelo tradicional e objetivo da subordinação jurídica para fins de reconhecimento da relação de emprego a determinados trabalhadores que se encontram em determinada zona cinzenta, como é caso do teletrabalhador.

Mauricio Delgado (2006), Ministro do TST e precursor desta teoria, leciona:

> Estrutural é, pois, a subordinação que se manifesta pela inserção do trabalhador na dinâmica do tomador de seus serviços, independentemente de receber (ou não) suas ordens diretas, mas acolhendo, estruturalmente, sua dinâmica de organização e funcionamento. (DELGADO, M. G., 2006, p. 665).

Ainda à luz do que preconiza Mauricio Delgado (2010b):

> [...] nessa dimensão de subordinação, não importa que o trabalhador se harmonize (ou não) aos objetivos do empreendimento, em que receba

ordens diretas das específicas chefias deste: o fundamental é que esteja estruturalmente vinculado à dinâmica operativa da atividade do tomador de serviços. (DELGADO, M. G., 2010b, p. 30).

Com a existência de novas figuras contratuais surgidas frente aos avanços tecnológicos, o conceito de subordinação jurídica não mais se funda exclusivamente no ato pelo qual o empregado se obriga a receber ordens e a obedecer diretamente às ordens do empregador na direção dos serviços prestados para os quais foi contratado.

E como ensina Mauricio Delgado (2006):

> A readequação conceitual da subordinação, sem perda de consistência das noções já sedimentadas, é claro, de modo a melhor adaptar este tipo jurídico às características contemporâneas do mercado de trabalho, atenua o enfoque sobre o comando empresarial direto, acentuando, como ponto de destaque, a inserção estrutural do obreiro na dinâmica do tomador de seus serviços. (DELGADO, M. G., 2006, p. 665).

Nesse sentido, não há mais necessidade de ordem direta do empregador para que seja reconhecida a subordinação jurídica. Basta que o trabalho esteja inserido na atividade produtiva do tomador de serviços por meio da concepção estruturista da subordinação para que seja considerado empregado.

Mauricio Godinho Delgado, Ministro do TST, já proferiu decisão pela 1ª Turma do TRT da 3ª Região, quando Juiz daquela Corte, apresentando a subordinação em três dimensões: clássica, objetiva e estrutural. Segundo ele, estando evidenciada qualquer uma dessas três dimensões, restaria caracterizada a relação empregatícia, veja-se:

> EMENTA: SUBORDINAÇÃO JURÍDICA — DIMENSÕES PERTINENTES (CLÁSSICA, OBJETIVA E ESTRUTURAL) — A subordinação jurídica, elemento cardeal da relação de emprego, pode se manifestar em qualquer das seguintes dimensões: a clássica, por meio da intensidade de ordens do tomador de serviços sobre a pessoa física que os presta; a objetiva, pela correspondência dos serviços deste aos objetivos perseguidos pelo tomador (harmonização do trabalho do obreiro aos fins do empreendimento); a estrutural, mediante a integração do trabalhador à dinâmica organizativa e operacional do tomador de serviços, incorporando e se submetendo à sua cultura corporativa dominante. Atendida qualquer dessas dimensões da subordinação, configura-se este elemento individuado pela ordem jurídica trabalhista (artigo 3º, *caput*, CLT). (MINAS GERAIS, 2006a).

Então, para Mauricio Delgado (2010a), é trabalhador subordinado:

> Desde o humilde e tradicional obreiro que se submete à intensa pletora de ordens do tomador ao longo de sua prestação de serviços (subordinação

clássica), como também aquele que realiza, ainda que sem incessantes ordens diretas, no plano manual ou intelectual, os objetivos empresariais (subordinação objetiva), a par do prestador laborativo que, sem receber ordens diretas das chefias do tomador de serviços, nem exatamente realizar os objetivos do empreendimento (atividade-meio, por exemplo), acopla-se, estruturalmente, à organização e dinâmica operacional da empresa tomadora, qualquer que seja sua função ou especialização, incorporando, necessariamente, a cultura empresarial ao longo da prestação de serviços realizada (subordinação estrutural). (DELGADO, M. G., 2010a, p. 285).

Imperioso observar que, em 15 de dezembro de 2011, foi sancionada a Lei n. 12.551, que introduziu o parágrafo único ao art. 6º, da CLT. O seu objetivo foi o de equiparar, por meio do critério da subordinação estrutural, os efeitos jurídicos da subordinação jurídica exercida por meios telemáticos e informatizados aos da executada por meios pessoais e diretos de comando no local de trabalho, *verbis*:

> Art. 6º.
>
> Parágrafo único. Os meios telemáticos e informatizados de comando, controle e supervisão se equiparam, para fins de subordinação jurídica, aos meios pessoais e diretos de comando, controle e supervisão do trabalho alheio.

Insta destacar que a subordinação clássica, bem como a objetiva, não são mais suficientes para abarcar as novas formas de organização produtiva do empregador que se encontram em determinada zona cinzenta no Direito do Trabalho. Em razão disso, a inovação legislativa teve a finalidade de atribuir à atividade prestada pelo teletrabalhador o *status* de legítima relação de emprego, de modo que o trabalhador possa executar o seu labor de forma não mais autônoma, mesmo porque o critério da subordinação objetiva já não se mostra suficiente para traçar a distinção entre o trabalho autônomo e o subordinado.

Nessa ótica, expressa Uriarte citado por Barros (2011):

> A inserção na organização empresarial, ainda que seja um elemento próprio da relação de trabalho, não é exclusivo da mesma, já que o empregador incorpora ao desenvolvimento da atividade empresarial não só o trabalho de seus próprios trabalhadores, mas também a atividade, contínua, porém autônoma, de colaboradores, que, mesmo não sendo empregados, estão incorporados ao cumprimento da atividade econômica organizada da empresa. (URIARTE *apud* BARROS, 2011, p. 224).

É necessário invocar o critério proposto por Mauricio Delgado (2010b, p. 30), a fim de que o teletrabalhador ganhe contornos bem delineados como empregado quanto à subordinação estrutural, que representa a ampliação do conceito de subordinação e cuja finalidade é acoplar estruturalmente à organização e à dinâmica operacional da empresa tomadora a cultura cotidiana empresarial ao longo da prestação de serviços realizada, qualquer que seja a função do empregado.

Pertinente trazer à baila o azado pensamento de Pavelski (2009, p. 46), segundo a qual, mesmo não estando o empregado conectado às formas tradicionais de trabalho, a tecnologia pode significar maior controle do empregado pelo empregador, aumentando contatos e espaços em que as atividades laborativas se realizam. O tempo de descanso, de recuperação física e mental do trabalhador pode diminuir, tendo em vista que esses meios de comunicação podem fazer com que o indivíduo não se desligue de suas responsabilidades perante o empregador.

Em vista disso, a tecnologia pode tornar-se ainda mais intensa e exigir do candidato ao emprego um perfil mais minucioso.

Em tais condições, Mori (2011, p. 76) conclui que "a tecnologia a cada dia surpreende a sociedade com novos instrumentos eletrônicos, muitos dos quais poderão ser utilizados para controlar o desempenho profissional dos trabalhadores".

Ainda de acordo com Mori (2011):

> No âmbito do contrato de trabalho, instrumentos tecnológicos acabam sendo utilizados como meio de controle da pessoa do trabalhador, seja com objetivo de aumentar a sua produtividade, seja como forma de proteger a propriedade privada e os interesses do empregador. (MORI, 2011, p. 120).

Comenta Robortella (1994, p. 45) que os empregados viajantes, externos ou representantes comerciais, naturalmente, estão menos sujeitos a determinadas exigências, por serem seus trabalhos executados, teoricamente, longe do espaço empresarial e sem controle de horário.

Ocorre, entretanto, que essas modalidades de trabalho não desnaturam, de forma alguma, a superação do poder de direção e de comando exercido pelo empregador no contexto da relação de emprego.

Na mesma direção, assinala Jair Reis (2007):

> Com as modalidades de trabalho à distância, abre-se a possibilidade de mudança do controle do tempo de trabalho para o controle dos resultados, havendo a passagem de uma cultura de "compra do tempo", proveniente da organização tradicional, para a cultura da "compra do resultado", fruto da organização informatizada. Assim, as discussões acerca da separação do tempo de trabalho e do tempo livre passam por um necessário redimensionamento, pois o local de trabalho na empresa tende a perder força. No entanto, a subordinação jurídica continuará a ter o mesmo papel na configuração do vínculo de emprego. (REIS, J. T., 2007, p. 84).

Assegura Pavelski (2009, p. 16) que a pessoalidade do empregado, a marca *intuitu personae*, dessa prestação laborativa, característica dos contratos de trabalho, é mitigada pela possibilidade dos meios de comunicação e de trabalho à distância. É o caso, mais uma vez, do teletrabalho, em que o núcleo familiar do trabalhador ajuda nas tarefas, dependendo do local onde as mesmas se realizam.

Pode-se concluir que a teoria da subordinação estrutural é responsável em trazer para dentro do Direito do Trabalho trabalhadores que se encontram inseridos nas novas formas de organização do trabalho e, por conseguinte, afastados do conceito tradicional e objetivo de subordinação jurídica. É em decorrência das novas formas de gestão administrativa ou de reestruturação produtiva advindas dos efeitos da globalização na organização produtiva e do trabalho que o legislador brasileiro teve o objetivo de traçar o critério de subordinação estrutural, tendo como instrumento a introdução da Lei n. 12.551/2011 ao art. 6º, da CLT.

2.2. FUNDAMENTO DO PODER EMPREGATÍCIO

Na esfera do poder empregatício, existem quatro principais teorias que procuram interpretar o fundamento de tal poder. São elas:

a) *Teoria da propriedade privada*

Segundo Mauricio Delgado (2009, p. 605), esta teoria demonstra o unilateralismo do poder de mando no âmbito empresarial e do estabelecimento, revelando-se como uma das maiores características das primeiras fases do industrialismo capitalista. Representa, assim, a corrente mais antiga que procura fundamentar o exercício do poder empregatício.

Ensina Leda Silva (2006, p. 271) que, para esta teoria, "o empregador manda porque é dono do empreendimento".

Também assevera Mauricio Delgado (1994):

> A teoria da propriedade privada foi construída sumamente impressionada com a estrutura e dinâmica rigidamente unilateral e assimétrica do fenômeno do poder no âmbito da empresa e do estabelecimento — característica exponencial das primeiras fases do industrialismo contemporâneo [...]. (DELGADO, M. G., 1994, p. 165).

Nesta teoria, o poder diretivo do empregador se fundamenta no seu direito de propriedade. Ocorre que o simples fato de o empregador ser o proprietário do estabelecimento ou da empresa não é o suficiente para fundamentar o exercício do poder empregatício. Demonstra, outrossim, superioridade do patrão em relação aos trabalhadores em decorrência da sua condição de proprietário da empresa.

Como destaca Nilson Nascimento (2009, p. 67), a teoria da propriedade privada caiu em desuso por não exprimir com fidelidade a verdadeira essência e o fundamento do poder de direção do empregador. E ressalta que não mais se concebe a ideia de o empregado aceitar se subordinar ao poder diretivo do empregador em razão de o mesmo ser o proprietário da empresa, visto que, modernamente, a atividade empresarial nem sempre é exercida pelos titulares do direito de propriedade da empresa.

Mauricio Delgado (1994) faz críticas a esta teoria entendendora ultrapassada:

> As concepções que atribuem o poder intraempresarial à propriedade dos meios de produção — como sua decorrência inerente — não exprimem com fidelidade o título e o fundamento jurídico desse fenômeno de poder. De início, não absorvem a diferença essencial no que concerne ao poder situado nas relações de produção servis e escravistas perante o poder empregatício. Diferença posta pela ideia de liberdade — só presente na última figura –, com todas as consequências que lhe são resultantes. O reducionismo que subjaz a estas concepções privatísticas — concentrando na propriedade e seus efeitos todo o fenômeno do poder no estabelecimento e na empresa — igualiza situações e relações sumamente diversas, eliminando qualquer fertilidade explicativa a suas propostas teóricas. Ao lado disso, tais concepções privatísticas não absorvem e expressam a complexidade que caracteriza o referido fenômeno, reduzindo-o a um conjunto de prerrogativas unilaterais deferidas pelo estatuto da propriedade a seu titular. Não assimilam, por exemplo, todas as ações que o ser coletivo obreiro pode cumprir nas situações de poder existentes no estabelecimento e na empresa. Por fim, do ponto de vista de um raciocínio estritamente jurídico, as insuficiências dessas concepções são gritantes: afinal, se residisse na propriedade o título jurídico de tal poder ele sequer inexistiria no largo espectro de estabelecimentos e empresas contemporâneas em que a titularidade do empreendimento não repousasse nas mesmas mãos dos titulares do direito de propriedade. (DELGADO, M. G., 1994, p. 167).

b) Teoria institucionalista

Conforme Nilson Nascimento (2009, p. 67), para esta teoria, o poder diretivo do empregador "concebe a empresa como uma instituição, o que autoriza o empregador a proceder como se estivesse governando". Nela, "a empresa é equiparada a uma instituição na qual o empregado tem o dever de colaborar para atingir os objetivos sociais propostos pelo empregador". (NASCIMENTO, Nilson, 2009, p. 67).

Mauricio Delgado (1994) critica a utilização da teoria institucionalista para fundamentar o exercício do poder empregatício:

O institucionalismo também não exprime com fidelidade quer a fundamentação, quer o título jurídico do fenômeno do poder intraempresarial. Trata-se, na verdade, preferencialmente, de concepção justificadora de certo tipo de situação de poder (uma situação bastante assimétrica e despótica) do que de uma concepção explicativa dessa situação. Dissimula a presença da liberdade na relação empregatícia — embora essa liberdade seja-lhe conceitual e distintiva perante as relações de produção anteriormente existentes na história. Nega o caráter dialético do poder nessa relação, reduzindo-o a um instrumento de direção e manipulação uniformes. Dissimula a presença dos sujeitos envolvidos no fenômeno do poder empregatício através da ideia de instituição, supostamente agregadora de vontade e interesses próprios. (DELGADO, M. G., 1994, p. 168).

Aluísio Ferreira (2011, p. 33) também entende que esta teoria não demonstra com fidelidade a fundamentação do poder diretivo do empregador por desconsiderar a presença dos sujeitos envolvidos na relação de emprego e o direito à liberdade. Sendo assim, a teoria institucionalista encontra-se em declive por não levar em consideração as normas, assim como as novas formas de administração que tratam da participação dos empregados na gestão da empresa, a exemplo das comissões internas de prevenção de acidentes.

c) *Teoria da delegação do poder público*

Quanto à teoria da delegação do poder público, vale registrar os ensinamentos de Mauricio Delgado (1994):

> Todas as críticas lançadas ao institucionalismo aplicam-se à concepção publicística, que lhe é, como visto, irmanada. Liberdade, vontade, processo multilateral e dialético são realidades e noções que desaparecem na equação teórica publicística. [...] Além disso, a noção de que o poder é fenômeno cuja origem, concentração e legitimidade política repousam exclusivamente no Estado é indisfarçavelmente autoritária e historicamente errônea. O que a história demonstra é o crescente processo de absorção de poder pela sociedade civil nas experiências democráticas, em contraponto ao centralismo estatal. (DELGADO, M. G., 1994, p. 169).

Ainda segundo Mauricio Delgado (2010a):

> A circunstância de se combater o exercício meramente individual do poder em uma realidade social não conduz à automática transferência para o Estado desse exercício (como sugeriria a explicação autoritária). Em vez disso, conduz à busca de fórmulas de controle e ampliação da participação dos diversos segmentos sociais nesse exercício de poder, mantida ainda a própria seara da sociedade civil para sua realização concreta. (DELGADO, M. G., 2010a, p. 609).

Vê-se que o autor em tela atribui à teoria da delegação do poder público as mesmas críticas lançadas à teoria institucionalista.

d) Teoria contratualista

Quanto à teoria contratualista, afirma Barros (2011) ser esta a mais consistente:

> [...] é a teoria que fundamenta a existência dos poderes do empregador no contrato de trabalho. Esses poderes são consequência imediata da celebração do ajuste entre empregado e empregador, o qual coloca sob a responsabilidade deste último a organização e a disciplina do trabalho realizado na empresa, quer vista sob a forma de empresa capitalista, quer sob o prisma da empresa capitalizada. (BARROS, 2011, p. 460).

A teoria contratualista, portanto, é aquela segundo a qual o poder empregatício encontra suporte no contrato de trabalho.

Nesta teoria, espontaneamente o empregado, ao celebrar o contrato de trabalho, coloca-se em posição de subordinação, aceitando a direção da sua atividade que será exercida em prol do empregador, ao passo que, para este, surge a prerrogativa de fiscalizar a atividade a ser desenvolvida pelo empregado.

É por meio do contrato de trabalho entre empregado e empregador que se origina o fundamento do poder empregatício do empregador, sobre o qual repousam os direitos e os deveres atribuídos a ambos no curso da relação de emprego.

Segundo Nilson Nascimento (2009), funda-se, portanto, o poder diretivo no contrato de trabalho, já que:

> O poder de direção decorre naturalmente do contrato de trabalho, de modo que o empregado, desde o momento da celebração do contrato, tem ciência de que ficará sujeito ao cumprimento de ordens do empregador e, ainda, que este é quem lhe dirigirá a prestação pessoal de serviços. (NASCIMENTO, Nilson, 2009, p. 68).

Desse modo, o fundamento do poder empregatício repousa no contrato de trabalho, tendo me vista que é durante a vigência do contrato de trabalho que o empregado compromete-se a colocar a sua força de trabalho sob a direção do empresário.

Esta é a teoria que melhor se coaduna como fundamento do poder empregatício por encontrar amparo no contrato de trabalho firmado entre empregado e empregador.

Razão pela qual Mauricio Delgado (2010a) demonstra ser esta a teoria que melhor exprime o fundamento jurídico do poder empregatício assegurado ao empregador no contexto da relação de emprego:

> As concepções que atribuem a existência e a reprodução jurídicas do poder intraempresarial ao contrato empregatício consistem naquelas que melhor trazem o fundamento jurídico desse fenômeno. Trata-se das concepções que melhor revelam o título e substratos jurídicos do poder empregatício e melhor explicam a razão de ser jurídica desse fenômeno. É o contrato, de fato, o elemento que melhor confere suporte à origem e à reprodução jurídicas da tal fenômeno de poder. Efetivamente o pacto de vontades (expresso ou tácito), que dá origem à relação de emprego, importa em um conjunto complexo de direitos e deveres interagentes de ambas as partes, em que se integra o poder empresarial interno. (DELGADO, M. G., 2010a, p. 646).

Nilson Nascimento (2009) ensina que o poder de direção representa uma consequência natural da celebração da relação de emprego, por meio da qual o empregado se sujeita ao recebimento de ordens e se coloca sob a responsabilidade do empregador ao qual compete dirigir a atividade laborativa do empregado com vistas à realização dos seus negócios. E destaca:

> A teoria contratual parte do pressuposto de que é do contrato de trabalho e do acordo de vontade do empregado e do empregador que nasce a estrutura em torno da qual de desenvolvem as relações entre as partes contratantes, notadamente as que originam os conceitos de subordinação e de poder de direção. (NASCIMENTO, Nilson, 2009, p. 69).

Nélio Reis (1968, p. 45) assinala que é através do contrato individual de trabalho que o poder diretivo do empregador se torna público, e esse poder, essa subordinação jurídica à vontade patronal, é o que constitui a essência do contrato individual de trabalho subordinado.

2.3. AS FORMAS DE EXTERIORIZAÇÃO DO PODER EMPREGATÍCIO

O poder empregatício engloba o poder diretivo, conhecido também como poder organizativo ou poder de comando; o poder regulamentar; o poder fiscalizatório, também denominado poder de controle; e, por último, o poder disciplinar. O poder empregatício se manifesta na relação jurídica através desses quatro poderes e se insere como um dos efeitos inerentes do contrato de trabalho.

Tal classificação é fruto da teoria lançada por Mauricio Delgado (2010a). Contudo, o autor ressalta que, apesar de o poder empregatício se dividir em poder diretivo, regulamentar, fiscalizatório e disciplinar, as duas dimensões de poder intraempresarial que têm alcançado certa amplitude, consistência e identidade próprias, a ponto de justificarem, pacificamente, sua designação como modalidades específicas do poder empregatício, são os poderes diretivo e disciplinar. Quanto aos poderes regulamentar e fiscalizatório, tem-se questionado a sua real identificação como modalidades específicas do poder empregatício, preferindo-se enxergá-los apenas como manifestações conexas ou extensivas do próprio poder de direção.

Mauricio Delgado (2010a) assegura que o poder regulamentar representa mera expressão do poder diretivo, que somente se concretizaria por intermédio da utilização de meios informais e formais de comunicação com o público intraempresarial. Em suas palavras:

> A linguagem (seja escrita ou verbal) seria instrumento central de exteriorização do poder diretivo, razão por que não poderiam seus instrumentos ser considerados dimensão própria e distinta do poder empregatício — mas mera manifestação do poder diretivo. Nesse contexto, tais diplomas (ordens de serviços, circulares e regulamentos internos) não se compreendem fora do núcleo do fenômeno do poder diretivo — nem se poderia compreender esse poder como limitado a mecanismos de natureza meramente pessoal (ordens diretas, etc.). (DELGADO, M. G., 2010a, p. 600).

Quanto ao poder fiscalizatório, propõe Mauricio Delgado (2010a, p. 603):

> Não se pode negar que a ideia de poder fiscalizatório como poder autônomo perante os demais empregatícios tem certo mérito didático — já que permite reunir para estudo um grupo semelhante de medidas de acompanhamento empresarial interno. Contudo, não há como deixar de se perceber nesse poder fiscalizatório também nada mais do que simples manifestação do poder diretivo, em geral realizada como pressuposto do poder disciplinar. (DELGADO, M. G., 2010a, p. 603).

2.3.1. Poder diretivo

O poder diretivo constitui-se em um conjunto de prerrogativas concedidas ao empregador, decorrentes do contrato de trabalho, em que o mesmo possui a atribuição de organizar a sua atividade econômica de produção.

De acordo com Mantovani Júnior (2010, p. 75), o poder diretivo permite ao empregador "comandar e controlar todos os aspectos do desenvolvimento da atividade por ele desenvolvida [...]".

Como bem estabelece Paulo Oliveira (2010, p. 135): "O poder diretivo é a capacidade de determinar a estrutura técnica, econômica e administrativa da empresa, em função dos objetivos propostos".

Nos ensinamentos de Beltran (2001):

> O poder diretivo consiste em atitudes inseridas no âmbito da ação permitida ao empregador de organizar e regulamentar as atividades empresariais, bem como de informar e determinar ao empregado o modo pelo qual a prestação dos serviços deve ser executada. (BELTRAN, 2001, p. 97).

Emílio Gonçalves (1985, p. 24) define o poder diretivo como "complexo de faculdades de que dispõe o empresário para a organização e a coordenação geral do trabalho na empresa, com vistas aos fins e necessidades da mesma".

Para Pavelski (2009, p. 74), o poder de direção ocorrerá quando o empregador ditar as ordens ao empregado, em relação a quando e como realizar suas atividades, além disso, o local em que as mesmas serão realizadas.

Por meio deste poder, o empregador organiza a atividade a ser executada pelo empregado da forma que melhor corresponda para a realização dos fins a que a empresa se destina.

Nesta linha conceitual, registre-se a opinião de Olea (1984):

> O poder diretivo constitui a faculdade ou direito potestativo, que confere ao empregador o contrato de trabalho, podendo dar ordens sobre o modo, o tempo e o lugar da execução do trabalho. Funciona como poder de ordenação das prestações laborais, compreendendo a faculdade de especificar as prestações devidas de uma larga gama de possibilidades existente. (OLEA, 1984, p. 262).

Também é chamado de poder organizativo ou hierárquico e visa não só a organizar e a controlar a atividade econômica no âmbito empresarial como ainda a emitir ordens gerais ou individuais a respeito da atividade a ser executada pelo empregado.

Trata-se, também, da atribuição conferida ao empregador de estipular orientações técnico-profissionais e administrativas ao empregado no que tange à sua atividade ou ao modo como a prestação de serviços será executada ao longo do contrato de trabalho.

Segundo Nilson Nascimento (2009):

> É através do poder de organização que o empregador fixa as regras que serão adotadas na empresa para o fim de organizar, estruturar e viabilizar as regras gerais e especiais do empreendimento, adequando os fatores de produção — capital e trabalho — e dando um caráter específico à mão de obra de cada trabalhador, adequando-as de acordo com as finalidades almejadas pela empresa. (NASCIMENTO, Nilson, 2009, p. 71).

O mesmo declara ainda que o poder de direção representa uma consequência natural da relação de emprego, através da qual o empregado se sujeita ao cumprimento de ordens emanadas do empregador, a quem compete dirigir a atividade laborativa do empregado com vistas à realização dos seus negócios. (NASCIMENTO, Nilson, 2009, p. 71).

De acordo com Barbosa Júnior (2008):

> Na dinâmica da relação empregatícia, em decorrência do direito de propriedade, o risco da atividade econômica se concentra nas mãos do empresário. Esse direito lhe confere a prerrogativa de comando da atividade empresarial que contém a função de ordenar os insumos de produção, dentre estes, a utilização e a seleção da mão de obra. (BARBOSA JÚNIOR, 2008, p. 65).

Para Mauricio Delgado (2009):

> O poder diretivo é o conjunto de prerrogativas tendencialmente concentradas no empregador dirigidas à organização da estrutura e espaço empresariais internos, inclusive o processo de trabalho adotado no estabelecimento e na empresa, com a especificação e a orientação cotidianas no que tange à prestação de serviços. (DELGADO, M. G., 2009, p. 333).

O poder diretivo compreende, portanto, a faculdade de que dispõe o empregador para exercer todas as atividades gerais relacionadas à prestação de serviços dos empregados. Por intermédio do poder diretivo, o empregador possui a faculdade de estabelecer as normas para o funcionamento da empresa, estipular o objeto da prestação de serviços e a regulamentação das condições de trabalho e editar as normas fiscalizatórias relativas à execução do trabalho ou ao comportamento dos empregados no local de trabalho.

Conforme Olea (1984, p. 172), o poder diretivo compete exclusivamente ao empregador e representa um conjunto de prerrogativas e de direitos que lhe possibilitam organizar a sua atividade econômica de produção. Para o autor:

> Como cessionário dos frutos ou do resultado do trabalho, o contrato de trabalho reserva ao empresário o direito de decidir quais são os resultados que exatamente quer e quais são as atividades que deve o trabalhador executar para consegui-los. (OLEA, 1984, p. 171).

Olea (1984, p. 172) destaca ainda que "o corolário natural e obrigatório do que se acaba de dizer é o reconhecimento, ao empresário, do poder de dar ao trabalhador ordens e instruções sobre seu trabalho". Eis a essência do chamado poder de direção do empresário.

Consoante Nilson Nascimento (2009):

> É com base no contrato de trabalho que o empregador exerce a faculdade de comandar todas as atividades tendentes à direção do seu negócio, planejando sua organização e funcionamento, dando destinação concreta ao trabalho dos empregados e dirigindo e controlando as atividades laborativas. (NASCIMENTO, Nilson, 2009, p. 62).

Ademais, no poder diretivo, também para Nilson Nascimento (2009):

> A obrigação do empregador de proporcionar trabalho tem como desdobramento a obrigação de propiciar condições para o empregado executar suas atividades laborativas. O empregador deve fornecer todos os instrumentos, equipamentos e ferramentas de trabalho adequados e necessários para que o empregado possa executar a sua prestação de serviços. (NASCIMENTO, Nilson, 2009, p. 40).

As ordens ou os comandos técnicos decorrentes do poder diretivo direcionados aos empregados dizem respeito somente à maneira de trabalhar ou à forma de prestação do trabalho e não à sujeição pessoal do empregado em relação ao empregador.

E como afirma Sanseverino, citada por Nilson Nascimento (2009):

> [...] com o exercício do poder diretivo o empregador dá uma destinação concreta (sobretudo em relação à matéria, mas igualmente quanto ao lugar e ao tempo) à energia de trabalho (físico e intelectual) em que o trabalhador é contratualmente obrigado a colocar e conservar a disposição da empresa [...]. (SANSEVERINO apud NASCIMENTO, Nilson, 2009, p. 61).

De acordo com Romita (1979, p. 84): "A subordinação gravita em torno da atividade. Exercita-se, porém, sobre comportamentos de recíproca expressão, que se definem pela integração da atividade do empregado na organização empresarial".

Em razão disso, segundo Nilson Nascimento (2009):

> A atividade do trabalhador é o objeto do contrato e sobre ela se exerce o poder diretivo. Não é uma sujeição pessoal, pois subordinado é o trabalho, não o trabalhador. O trabalhador é subordinado apenas e enquanto deve conformar sua prestação aos critérios diretivos estabelecidos pelo empregador e, em geral, às exigências técnico-administrativas da empresa. (NASCIMENTO, Nilson, 2009, p. 78).

Como se vê, o poder diretivo compreende não só o poder que é atribuído ao empregador para que este organize a sua atividade econômica de produção, mas também a forma pela qual irá definir como será desenvolvida a obrigação do empregado decorrente do contrato de trabalho.

Por sua vez, Amauri Nascimento (1989) enfatiza:

> Subordinação e poder de direção são verso e reverso da mesma medalha, porque é a situação em que fica o empregado perante o destinatário do seu trabalho, que, por ser empregador, exerce sobre a atividade daquele, e não sobre a sua pessoa, o seu poder de direção, que é a faculdade exercida pelo empregador de determinar o modo de execução da prestação do trabalho, para que possa satisfazer o seu interesse em razão da qual paga salário e se submete a diversas restrições legais de finalidade protetiva do subordinado. (NASCIMENTO, A. M., 1989, p. 165).

Nesse contexto, Aluísio Ferreira (2011, p. 30) destaca que subordinação e poder diretivo se completam, mesmo estando em sentidos opostos, na medida em que onde existe alguém com poder de mando, lá se encontrará alguém que se submeterá a este poder, sendo que a recíproca também se verificará.

2.3.2. Poder regulamentar

O poder regulamentar compreende a prerrogativa atribuída ao empregador para a fixação das normas disciplinadoras das condições gerais e específicas relativas à prestação de serviços por parte do empregado no âmbito empresarial. Compreende ainda normas de caráter técnico, às quais o empregado está subordinado, com o objetivo de manter a ordem interna na empresa.

No Direito do Trabalho brasileiro, inexiste dispositivo legal que determine a obrigatoriedade de as empresas possuírem regulamento interno. Também não há necessidade de homologação desse regulamento pelo Ministério do Trabalho. O poder regulamentar materializa-se em cartas, avisos, instruções ou circulares, podendo ser regido pelo regulamento interno da empresa, quando houver. São instrumentos que se efetivam de acordo com as particularidades de cada estabelecimento empresarial.

Consoante ensina Mesquita (1991):

> Existe na empresa um tríplice poder: o legislativo, o executivo e o judiciário, tal como na sociedade política. Pelo primeiro desses poderes, são baixadas as normas de instituição, através de seu estatuto, de seu regulamento interno; pelo segundo, é exercida a sua administração interna e externa, através de ordens de serviço e das medidas de ordem econômica e financeira; pelo terceiro, são sancionadas as faltas disciplinares dos que trabalham no seu interior, por meio de sanções adequadas. (MESQUITA, 1991, p. 31).

O conteúdo do regulamento empresarial deve conter normas de organização do trabalho, sejam de natureza técnica ou administrativa. Em suma, normas relativas a: proteção à saúde, higiene e segurança do trabalho, com vistas à redução de riscos inerentes ao trabalho; medidas referentes à prevenção contra acidentes do trabalho e à eliminação ou à neutralização de agentes nocivos, no tocante ao exercício de atividades penosas, insalubres ou perigosas; utilização de ferramentas e aparelhos; uso de vestiários e armários; critérios e periodicidade de pagamento da remuneração; cláusulas relativas à duração da jornada de trabalho, especificamente quanto a disposições sobre fixação de pausas, intervalos e repousos; normas relativas à fixação de quadro de carreira e aos critérios de hierarquia existentes na empresa. Enfatize-se que tais normas se aplicam a todos os empregados — aos atuais e aos futuros.

De acordo com Nilson Nascimento (2009, p. 77), o empregador, ao exercer o seu poder regulamentar, autolimita o seu poder diretivo ao estabelecer normas indicando a maneira como irá exercê-lo. Isso ocorre quando o empregador cria o regulamento empresarial com a finalidade de regular a atividade empresarial e a prestação de serviços dos empregados que, em razão do contrato de trabalho, colocam sua força de trabalho em prol do empregador, visando à consecução dos objetivos empresariais.

Para Emílio Gonçalves (1985), consiste o regulamento da empresa:

> [...] no conjunto sistemático das normas sobre as condições especiais de trabalho na empresa e sobre as disciplinas das relações entre empregado e seus em empregadores. Nele se enfeixam normas de natureza técnico--profissional, disposições relativas a: segurança do trabalho, utilização de ferramentas e aparelhos, uso de vestiários e armários, serviço médico, — ao lado de cláusulas a respeito das obrigações do empregado, horário de trabalho, critérios e periodicidade de pagamento da remuneração, concessão de férias e licença, infrações disciplinares e respectivas sanções, prazo de aviso prévio de despedida e outros aspectos das relações e condições de trabalho na empresa. (GONÇALVES, E., 1985, p. 35).

Conforme Mauricio Delgado (1996), na elaboração do regulamento da empresa, como regra geral, não há participação dos trabalhadores. Estes simplesmente aderem, por via unilateral, às condições fixadas. Por isso, o regulamento ganha característica de cláusula contratual:

> A liberdade na relação de emprego é sabidamente limitada. Ultrapassada a manifestação de vontade em aderir ao contrato empregatício, o trabalhador tem restringida, substantivamente, a margem de atuação de sua vontade ao longo do vínculo de emprego. Ao ingressar no emprego, adere a um conjunto de cláusulas previamente estabelecidas, consubstanciadoras de típico

contrato de adesão. É verdade que este contrato de adesão emerge, hoje, não somente a partir da exclusiva vontade empresarial, mas também do universo de normas justrabalhistas obrigatórias que incidem sobre o conteúdo do contrato. Essa última circunstância, inquestionavelmente, confere clara atenuação à preponderância da vontade empresarial no âmbito da pactuação empregatícia, embora não seja hábil a eliminar, por certo, essa preponderância. (DELGADO, M. G., 1996, p. 105).

Os regulamentos de empresa podem ser unilaterais, quando elaborados unicamente pelo empregador e impostos aos trabalhadores, ou bilaterais, quando em sua elaboração há discussão de suas cláusulas entre ambos os pactuantes no contrato de trabalho ou quando ocorre participação do sindicato da categoria profissional.

Na hipótese unilateral, instrui Mauricio Delgado (2009):

> O regulamento de empresa ganha a natureza jurídica de cláusulas contratuais, que são incorporadas aos contratos individuais de cada empregado, por decorrerem exclusivamente do exercício unilateral da vontade do empregador. (DELGADO, M. G., 2009, p. 147).

Além disso, as suas regras deverão observar os preceitos mínimos consubstanciados na legislação social trabalhista e nos instrumentos de negociação coletiva.

As cláusulas do regulamento de empresa incorporam-se aos contratos de trabalho, deles passando a fazer parte integrante, obrigando os contratantes ao respectivo cumprimento. Essa integração, entretanto, ocorre em relação aos empregados cujos contratos de trabalho se encontravam vigentes no momento em que foi instituído o regulamento, assim como aos que vierem a ser admitidos posteriormente, desde que a cláusula regulamentar seja mais benéfica ao trabalhador do que as demais normas aplicáveis ao contrato de trabalho. Nada obsta que o empregador, em determinado momento, revogue ou altere as vantagens concedidas em cláusula de regulamento da empresa. Essa revogação ou alteração, entretanto, só produzirá efeitos em relação aos empregados admitidos posteriormente, uma vez que, no tocante aos empregados admitidos anteriormente, a vantagem não poderá ser suprimida.

Consoante Moraes Filho (1979) fica evidenciado que:

> [...] não pode, pois, o empregador alterar o regulamento interno em prejuízo dos antigos empregados, cuja vida, contratual e técnica, social e disciplinar, vinha-se pautando pelos mandamentos do regulamento alterado. Os benefícios ou vantagens do antigo regulamento incorporam-se de vez na dinâmica dos contratos que foram por ele regidos durante algum ou muito tempo. (MORAES FILHO, 1979, p. 149).

Portanto, o regulamento de empresa somente terá validade se o mesmo não acarretar prejuízos diretos ou indiretos ao empregado, nos termos no art. 468, da CLT. A concordância dos empregados relativamente à alteração do regulamento será destituída de eficácia jurídica se acarretar prejuízos diretos ou indiretos aos funcionários.

No que tange à publicação do regulamento empresarial, a empresa deve distribuir um exemplar a cada empregado no ato da admissão, contra-assinado pelo trabalhador, ou deve fixá-lo no quadro de avisos ou em lugar visível do seu estabelecimento, de modo que os trabalhadores possam a todo tempo efetuar a leitura.

Para Magano (1984, p. 87), o poder de regulamentação "constitui a parte mais importante da organização empresarial, já que dele emanam as regras básicas pelas quais se pautam os comportamentos dos empregados e do empregador".

Por intermédio dos atos regulamentares baixados pelo empregador, ficam estabelecidos os princípios e normas de conduta que devem ser seguidos pelos empregados no espaço empresarial.

Sendo assim, de acordo com Mesquita (2003):

> Em matéria de Direito do Trabalho não há apenas um ordenamento jurídico. Há vários, e todos eles necessários. Acima de todos está o ordenamento estatal, consubstanciado nas leis gerais do Estado. Ele não esgotou, porém, a matéria a ser regulada. Por isso, há outro ordenamento abaixo dele, o profissional, expresso na regulamentação dos contratos coletivos. Mas não basta ainda. A célula de trabalho, a unidade econômica da produção — a empresa econômica — tem também a sua lei, tem, igualmente, um ordenamento jurídico, como uma terceira hierarquia decrescente no ordenamento jurídico em geral em matéria de direito do trabalho. (MESQUITA, 2003, p. 264).

O poder regulamentar não pode ser exercido de forma ilimitada. De acordo com o art. 444, da CLT, as regras do regulamento interno de empresa prevalecem, desde que não contravenham os direitos fundamentais do trabalhador e, de modo geral, as disposições de proteção ao trabalho, as cláusulas ajustadas nos contratos de trabalho dos empregados e as decisões das autoridades competentes, como, por exemplo, as sentenças normativas. O regulamento empresarial também não pode contrapor-se às cláusulas da convenção e dos acordos coletivos de trabalho, salvo se contiver condições mais favoráveis ao trabalhador.

O poder regulamentar do empregador deve ser exercido em consonância com as normas fixadas pelo Direito do Trabalho brasileiro, sob pena de nulidade dos preceitos legais de proteção ao trabalho contidos no art. 9º, da CLT, que preceitua: "Serão nulos de pleno direito os atos praticados com o objetivo de desvirtuar, impedir ou fraudar a aplicação dos preceitos contidos na presente Consolidação".

O empregador pode alterar ou modificar unilateralmente as condições de trabalho na empresa, desde que essas modificações não impliquem revogação das vantagens já deferidas aos trabalhadores via regulamento empresarial. As modificações advindas do exercício lícito do poder regulamentar do empregador somente atingirão os empregados admitidos posteriormente à alteração contratual. Assim, a modificação unilateral do regulamento de empresa, consistente na supressão das vantagens deferidas aos empregados, é inoperante, não produzindo efeitos em relação aos empregados admitidos anteriormente à revogação ou alteração, somente atingindo os empregados admitidos em data posterior.

Na visão de Gomes e Gottschalk (2005):

> O poder regulamentar da empresa é ainda a mais eminente prerrogativa de seus dirigentes, a pedra de toque da disciplina interna, o sismógrafo que registra os abalos por que passa a sua estrutura no direito contemporâneo. (GOMES; GOTTSCHALK, 2005, p. 134).

É relevante destacar que o próprio regulamento que estabelece as normas de conduta do empregado limita, de certa forma, o poder empregatício exercido pelo empregador, fazendo com que o mesmo respeite o que foi entabulado, pois, através do regulamento empresarial, são traçadas as normas fundamentais quanto ao modo do exercício do trabalho de todos os integrantes do pacto laboral contratual.

2.3.3. Poder fiscalizatório

O poder fiscalizatório ou poder de controle compreende um conjunto de prerrogativas deferidas ao empregador com o intuito de fiscalizar e de controlar a atividade desempenhada pelo empregado ao longo do contrato de trabalho.

Conforme Nilson Nascimento (2009), através desta faculdade:

> O empregador fiscaliza e controla os passos do empregado durante a jornada de trabalho, com vistas a aferir se as atividades estão sendo executadas conforme pactuado no contrato de trabalho e, ainda, se estão de acordo com os fins almejados pela empresa. (NASCIMENTO, Nilson, 2009, p. 72).

Trata-se, assim, do poder concedido ao empregador para acompanhar e aferir se a atividade desempenhada pelo empregado está sendo realizada de acordo com as diretrizes do contrato de trabalho.

Segundo Mauricio Delgado (2009, p. 631), o poder fiscalizatório, também conhecido como poder de controle, compreende: "o conjunto de prerrogativas dirigidas a propiciar o acompanhamento contínuo da prestação de trabalho e a própria vigilância efetivada ao longo do espaço empresarial interno".

Tal poder permite ao empregador acompanhar, fiscalizar e controlar a atuação e o desempenho das obrigações e dos deveres do empregado, englobando, por exemplo, situações de controle e de frequência da atividade laboral, horário de entrada e saída (art. 74, da CLT) e medidas de controle em portarias. Isso se justifica, mais uma vez, pelo fato de ser o empregador quem assume o risco de sua atividade (art. 2º, *caput*, da CLT). Portanto, permite controlar se os fatores de produção estão em regular e correto exercício.

São formas de aplicação do poder de controle ou fiscalizatório na fase de execução do contrato de trabalho: controle de horário; prestações de conta, inserção de câmeras audiovisuais nas áreas de trabalho; controle de produção (por quantidade de peças, por exemplo), entre outros.

Desse modo, na visão de Nilson Nascimento (2009):

> Através do poder de controle cabe ao empregador a faculdade de fiscalizar e controlar a prestação de serviços do empregado, aferindo a produção, perfeição técnica e a conduta do empregado no ambiente de trabalho, adequando-a de conformidade com o contrato de trabalho e com os propósitos da empresa. (NASCIMENTO, Nilson, 2009, p. 72).

Já sob a ótica de Amauri Nascimento (1989, p. 254), a fiscalização é direcionada tanto ao modo de trabalho executado, quanto ao comportamento adotado pelo empregado. Afirma o autor que esta é a forma como o trabalho deve ser exercido, qual seja: de acordo com a determinação do empregador e não conforme o modo que pretende o empregado.

Assim, o empregador pode, dentro dos limites estabelecidos pelo ordenamento jurídico, verificar se os empregados estão respeitando e cumprindo as exigências e as diretrizes estabelecidas para o desempenho da atividade laborativa.

Imperioso observar que, no caso específico dos empregados que exercem atividade externa, o poder de fiscalização pode perfeitamente ser exercido pelo empregador, que, atualmente, dispõe de modernas tecnologias, inclusive a informatização, podendo se servir de vários meios ou canais de comunicação.

Como destaca Jair Reis (2007):

> As novas tecnologias utilizadas via informática e telecomunicações, por si só, não fazem desaparecer a subordinação como categoria jurídica, mas apenas provocam uma alteração da morfologia do trabalho subordinado clássico, a partir do instante em que se submete o trabalhador a um poder de vigilância por meio de sistemas eletrônicos, permitindo ao empregador, inclusive, fiscalizar o trabalho de seus trabalhadores à distância, teletrabalhadores, caso estes, por exemplo, estejam conectados on-line com a empresa, por videofones ou mesmo por telefone. (REIS, J. T., 2007, p. 56).

E Jair Reis (2007) prossegue:

> Sem dúvida, os novos modos de controle do trabalho implementados pelas novas tecnologias reforçam ainda mais a subordinação do trabalhador à distância, atingindo a vida privada deste, sendo que, em alguns casos, a subordinação pode estar presente de forma muito mais aparente do que em um trabalho realizado nas dependências da empresa. Nesse prisma, essa forma de trabalho acaba criando uma situação *sui generis* e análoga ao do trabalho clássico, podendo o empregador ter o controle da atividade dos trabalhadores à distância em suas diversas modalidades por meio do próprio computador, pelo número de toques, por produção, horário de entrega dos relatórios, etc. Inclusive, algumas empresas britânicas e japonesas instalaram videofones nas residências dos teletrabalhadores com o objetivo de controlá-los, o que possibilita o registro do tempo de ativação do trabalhador, o número de telefonemas dados, gravação de voz e imagem, bem como a quantificação dos tempos de repouso, sendo que tais atos, por óbvio, ferem a imagem do trabalhador e atentam contra a sua intimidade. (REIS, J. T., 2007, p. 57).

Em virtude da proteção aos direitos da personalidade do empregado, assegurada pela Constituição Federal de 1988 (art. 5º, incisos V e X), pela CLT e pelo Código Civil brasileiro (Capítulo II, do Livro I), o poder fiscalizatório não pode ser exercido de forma ilimitada, pois a subordinação jurídica prestada pelo empregado, em decorrência do exercício do poder empregatício exercido pelo empregador nas suas quatro espécies, não pode violar os direitos fundamentais da personalidade do trabalhador, principalmente no que tange à sua dignidade e à sua integridade física e psíquica, moral e intelectual.

A esse respeito, pondera Jair Reis (2007):

> [...] sendo o poder de controle da atividade laboral do trabalhador imanente ao próprio conceito de subordinação jurídica, elemento caracterizador essencial do contrato de trabalho, serão, todavia, proibidos os meios de vigilância e controle dessa atividade para os quais não existia uma razão objetiva, *v.g.* em função de exigências organizativas e/ou de segurança ou da necessidade de tutela do patrimônio do empregador, bem como as modalidades desse controle que (ao menos potencialmente) sejam lesivas da dignidade do trabalhador, máxime por revestir caráter vexatório. (REIS, J. T., 2007, p. 87).

Neste sentido, de acordo com Zeno Simm (2005):

> Quando a atuação patronal extrapola os limites do razoável, do aceitável, do necessário ao desenvolvimento das atividades empresariais, entram em

ação os direitos fundamentais do trabalhador como limitação ao poder empresarial e como forma de limitar a perda das liberdades do empregado, devendo-se buscar a conciliação dos interesses em conflito. (SIMM, 2005, p. 34).

2.3.4. Poder disciplinar

O poder disciplinar compreende a faculdade atribuída ao empregador de aplicar penalidades disciplinares aos empregados em situações de descumprimento de regras contidas no contrato de trabalho, no regulamento de empresa, na norma coletiva e na lei.

Para Nilson Nascimento (2009):

> É natural o reconhecimento do poder disciplinar ao empregador, posto que nada lhe valeria ser detentor do poder de organizar e de controlar a prestação de serviços do empregado se não dispusesse de meios para tipificar condutas irregulares, praticadas em desacordo com os deveres contratuais e aplicar sanções disciplinares ao empregado faltoso. (NASCIMENTO, Nilson, 2009, p. 74).

O direito disciplinar, assim, manifesta-se pela possibilidade de execução de sanções disciplinares aos trabalhadores cujo comportamento se revele incompatível com os seus deveres profissionais.

Concorde Garcia (1995):

> O fundamento do poder disciplinar exercido pelo empresário nas relações laborais é uma faculdade deste, que o mesmo possui e desenvolve por delegação do ordenamento jurídico. A natureza do poder disciplinar é, pois, legal e se exerce como potestade delegada, se bem que por existir um contrato de trabalho. (GARCIA, 1995, p. 531).

Segundo Coutinho (1999):

> Vislumbra-se na pactuação do contrato, um trabalho subordinado. [...] o empregado é investido em uma situação de inferioridade negocial e, assim, em decorrência lógica desta, o poder de direção e aplicação de sanções é atribuído ao empregador. (COUTINHO, 1999, p. 130).

Conforme Nilson Nascimento (2009):

> O poder disciplinar age preventiva e repressivamente na manutenção da ordem da empresa e do bom ambiente de trabalho. Atua preventivamente,

através de medidas profiláticas, defendendo a ordem antes que ocorra a lesão. Atua repressivamente, depois da ocorrência da lesão, através da aplicação das sanções disciplinares, com vistas à restituição da ordem interna e para servir de exemplo ao empregado para que não reitere na prática faltosa. (NASCIMENTO, Nilson, 2009, p. 74).

A punição disciplinar praticada pelo empregador vai desde a advertência, passando pela suspensão contratual (não superior a 30 dias — art. 474, da CLT), até a dispensa por justa causa (art. 482, da CLT) quando houver violação das obrigações de diligência, obediência e fidelidade por parte do empregado.

O poder disciplinar pode, assim, aplicar três medidas: advertência, suspensão contratual e dispensa por justa causa.

A advertência (ou admoestação) pode ser verbal ou escrita. Essa penalidade tem o intuito de comunicar ao empregado que o seu comportamento se deu em desconformidade com os comandos gerais e específicos ditados pelo empregador.

Mesquita (1991, p. 89) diz: "A advertência ou admoestação é um prévio aviso sobre possível irregularidade ou transtorno no serviço. É a mais branda das sanções disciplinares. [...] Seu intento não é, propriamente, punir uma falta, mas preveni-la".

Para Mauricio Delgado (2009, p. 1.101): "[...] a advertência compreende o primeiro instante de exercício do poder disciplinar em situações de conduta faltosa do empregado".

Por isso, a advertência, segundo Krauspenhar (2001):

> Por possuir caráter eminentemente preventivo, tem por objetivo maior a caracterização da negligência, da culpa ou dolo do empregado para futuras condutas praticadas em desacordo com as pré-observações pessoais feitas a sua pessoa e, consequentemente, a possibilidade de puni-las com mais rigor, uma vez que tais condutas já haviam sido previstas e advertidas previamente, mas, mesmo assim, o advertido praticou-as (KRAUSPENHAR, 2001, p. 46).

A suspensão contratual disciplinar, por sua vez, importa no afastamento provisório do empregado que ensejou uma falta de gravidade média e suspensão contratual compreende a proibição do desempenho das atividades contratadas por um período não superior a 30 dias consecutivos, conforme art. 474, da CLT, com prejuízo do recebimento dos salários e da contagem do tempo de serviço, como punição pela prática de um ato faltoso de natureza média. Se exceder esse limite de tempo, ficará configurada a despedida injusta do empregado.

Krauspenhar (2001, p. 49) assegura que a suspensão contratual é aplicada quando da reincidência de falta cometida e já punida anteriormente com advertência escrita, ou seja, no caso da reiteração da mesma falta já punida com medida disciplinar para faltas leves, esta se agrava pela sua repetição, sendo aplicável, assim, a pena de suspensão.

A ruptura contratual por motivo de justa causa representa, por fim, a penalidade máxima aplicada pelo empregador ao empregado no contexto da relação jurídica de emprego.

Deve-se observar que os meios de aplicação de normas disciplinares podem estar devidamente contidos no regulamento interno da empresa, não havendo necessidade de seguir a ordem exposta acima para a sua aplicação. Dessa maneira, cada caso deve ser avaliado de acordo com a sua gravidade. Não há no Direito do Trabalho brasileiro a previsão de se aplicar as sanções de forma gradativa. Um empregado pode ser despedido sem ter sido suspenso, bem como receber uma suspensão sem ter sido jamais advertido.

Importante registrar que Mauricio Delgado (2010a, p. 637) sugere a aplicação do critério pedagógico de gradação de penalidades, que consiste na adoção de medidas punitivas em escala crescente com a finalidade de transmitir ao obreiro a clara noção do desajuste de seu comportamento, permitindo, assim, o melhor alcance de sua ressocialização laborativa.

Portanto, como ensina Mauricio Delgado (2010a):

> As punições aplicadas no âmbito empregatício têm de ser gradualmente dosadas, em proporção crescente, desde a penalidade mais branda até a mais elevada no topo da escala gradativa de punições (ilustrativamente, advertência verbal; advertência escrita; suspensão de um dia; suspensão de alguns dias; dispensa por justa causa). Essa gradação de penalidades, como visto, teria o objetivo de melhor propiciar o alcance dos fins pedagógicos do exercício do poder disciplinar, direcionando esse poder à meta de ajustar o trabalhador à dinâmica empregatícia, sem intuito preponderantemente punitivo, mas essencialmente educacional. (DELGADO, M. G., 2010a, p. 637).

Acrescenta Krauspenhar (2001, p. 52) que, ao cometer o empregado justa causa, o empregador estará autorizado a punir diretamente com a referida sanção. Mas poderá também se utilizar da justa causa quando o empregado reincidir em falta já punida com advertência escrita ou ainda suspensão de vários dias. Desse modo, a prática reiterada de faltas leves pode redundar em falta grave e logicamente em sanção ao trabalhador, tendo em vista que a renovação da falta anteriormente punida é circunstância agravante da nova pena.

Segundo o pensamento dominante na seara jurídica laborativa, não pode haver a interferência do Poder Judiciário Trabalhista no instante da aplicação das penalidades cabíveis aos empregados. À Justiça do Trabalho cabe o papel de elidir ou anular a punição empresarial aplicada ao empregado, não sendo permitido modificar ou dosar as penalidades aplicadas ao empregado pelo empregador. Tal justificativa deduz-se em decorrência da impossibilidade de transferência para o Estado do exercício do poder disciplinar sobre a atividade laborativa do empregado.

De acordo com Krauspenhar (2001):

> A proibição de o Juiz dosar ou modificar a pena justifica-se por ser o poder de punir atos faltosos na esfera administrativa da empresa, ato peculiar do empregador, não podendo a figura do Juiz invadir a vida interna da instituição e avaliar todas aquelas circunstâncias norteadoras da aplicação das sanções disciplinares de modo a modificar a pena já imposta. (KRAUSPENHAR, 2001, p. 55).

Logo, a Justiça do Trabalho não tem a atribuição de converter uma pena disciplinar em outra penalidade mais branda ou mais rigorosa, assim como não lhe assistem poderes para dosar as sanções internas das empresas. Seu poder de controle jurisdicional é apenas para dizer se a penalidade aplicada deve ser mantida ou não.

No entanto, o poder disciplinar não pode ser exercido de forma absoluta. A penalidade escolhida pelo empregador deve ser correspondente com a prática ilícita praticada pelo empregado, sob pena de violação ao critério da proporcionalidade entre a falta e a punição. Nesse sentido, cabe à Justiça do Trabalho decidir a respeito da licitude da medida disciplinar aplicada ao empregado, decretando a nulidade da mesma, quando em desconformidade com a dignidade da pessoa humana do trabalhador e com os direitos da personalidade do empregado.

Portanto, antes de aplicar qualquer tipo de penalidade ao empregado, o empregador deve analisar de forma minuciosa e com proporcionalidade a gravidade do ato faltoso praticado pelo empregado, pois o Poder Judiciário Trabalhista poderá intervir na penalidade aplicada se ocorrer abuso do poder disciplinar. Configura-se abuso do poder disciplinar quando a penalidade ao empregado é aplicada de forma desproporcional ou quando revela um rigor excessivo de tratamento. Se a penalidade aplicada for exorbitante, o Poder Judiciário poderá anular os atos ilegais ou injustos do empregador. À Justiça do Trabalho cabe apenas negar ou confirmar a aplicação da sanção imposta ao empregado pela direção da empresa.

À guisa de ilustração, vale registrar julgados nos quais a penalidade aplicada pelo empregador foi repudiada pelo judiciário, embora com fundamentos antitéticos:

RECURSO DE REVISTA. ATESTADO MÉDICO FALSIFICADO. JUSTA CAUSA. ATO DE IMPROBIDADE. CONFIGURAÇÃO. O empregado que entrega atestado médico falsificado comete, na esfera trabalhista, ato de improbidade (CLT, art. 482, "a"), e pratica, no âmbito penal, o crime de uso de documento falso (CP, art. 304). Contrariamente ao entendimento adotado pelo Tribunal Regional, salvo no que se refere ao controle de legalidade de atos abusivos, não cabe à Justiça do Trabalho dosar a pena aplicada ao empregado, porque isso significa indevida intromissão no poder diretivo e disciplinar do empregador. Praticar o crime de uso de documento falso não é suscetível de ensejar, tão-somente, a pena de advertência, como posto na decisão recorrida. Recurso de Revista conhecido e provido. (BRASIL, 2002a).

RESCISÃO DO CONTRATO DE TRABALHO. JUSTA CAUSA. Não comprovada a alegada falta ensejadora da despedida por justa causa, considera-se como imotivada a rescisão contratual, haja vista que a falta grave deve ser cabalmente comprovada em face das severas consequências que provoca na vida profissional do trabalhador. Ademais, eventual rasura em atestado médico, se comprovada sua autoria, ensejaria uma advertência ou no máximo uma suspensão, mas jamais a despedida por justa causa. (RIO GRANDE DO SUL, 2000).

Cassar (2011, p. 1.106), em valioso estudo sobre os requisitos para a aplicação da justa causa, destaca que é necessário haver, além da proporcionalidade entre a falta e a punição, os seguintes requisitos: a) imediatidade, atualidade ou contemporaneidade; b) *non bis in idem*; c) não discriminação; d) gravidade da falta; e) observância da teoria da vinculação dos fatos ou dos motivos determinantes da punição; f) não ocorrência de perdão tácito.

No critério da imediatidade, atualidade ou contemporaneidade, a punição tem que ser atual, pois o transcurso do longo tempo entre a falta e a penalidade pode acarretar a presunção de perdão ou de renúncia do direito de punir. Trata-se ainda de um requisito recíproco, que é aplicado tanto para as faltas cometidas pelo empregado, quanto para as cometidas pelo empregador. Por isso, logo que o empregador tomar conhecimento da prática de ato faltoso deverá providenciar a aplicação da penalidade por justa causa ao empregado.

Segundo Cassar (2011, p. 1.109), "esta exigência tem como fundamento retirar do patrão o poder de punição, pois poderia usá-la como forma de ameaçar e deixar o trabalhador oprimido, com medo de ser, a qualquer momento, punido". Na visão da autora, se o empregador descobre, após uma auditoria interna, que um empregado desviou grande importância em dinheiro no ano anterior, ainda pode puni-lo, porque só tomou conhecimento da falta e da autoria desta após a auditoria.

Mauricio Delgado (2010a, p. 637), contudo, ressalta que esse prazo pode ampliar-se ou reduzir-se em função da existência (ou não) de algum procedimento administrativo prévio à efetiva consumação da punição. Assim, se houver instalação de comissão de sindicância para apuração dos fatos envolventes à irregularidade detectada, por exemplo, isso irá resultar no alargamento do prazo para a consumação da penalidade, já que o próprio conhecimento pleno do fato, sua autoria, culpa ou dolo incidentes, irá concretizar-se apenas depois dos resultados da sindicância efetivada. O autor destaca ainda que, embora não haja prazo legal prefixado para todas as situações envolvidas, há um parâmetro máximo fornecido pela CLT e, eventualmente, aplicável a algumas situações concretas. Trata-se do lapso temporal de 30 (trinta) dias (Súmula 403, do STF) colocado ao empregador para ajuizamento de ação de inquérito para apuração de falta grave de empregado estável (art. 853, da CLT; Súmula n. 62, do TST).

Também conforme Cassar (2011, p. 1.107), quanto ao critério do *non bis in idem* ou da singularidade da punição, não se pode punir duas vezes a mesma falta sob pena de a última ser elidida. Assim, para cada falta nasce para o empregador o direito de aplicar apenas uma punição. Contudo, poderá o empregador despedir o empregado por justa causa por diversas faltas perpetradas pelo mesmo. Ainda segundo a autora, não se considera dupla penalidade o fato de o empregador descontar do salário os dias referentes às faltas injustificadas que levaram ao abandono ou à desídia. Da mesma forma, não se considera dupla penalidade a faculdade que o empregador possui em descontar do período de férias as faltas injustas que o empregado teve no período aquisitivo e em demitir o trabalhador por desídia. Todavia, as faltas injustificadas que não foram descontadas não poderão ser deduzidas como tal, pois que perdoadas.

De acordo com Cassar (2011, p. 1.110), na não discriminação ou tratamento igual, não pode o empregador punir de forma diversa empregados que praticaram a mesma falta. A palavra "mesma" significa que houve único ato faltoso praticado em coautoria, quando vários empregados participaram em sistema de cooperação. Trata-se de um caso em que a punição a ser aplicada deve ser idêntica para todos os empregados sob pena de discriminar aquele que teve a punição mais severa. A jurista cita o exemplo de três bancários que resolvem, em conjunto, desviar dinheiro dos clientes. Um usa sua senha para a retirada, o outro adultera a contabilidade e o terceiro empresta sua conta corrente para receber o produto do furto. Como as faltas foram praticadas em coautoria, os três empregados devem ser punidos da mesma forma, isto é, com a mesma punição, sem se levar em conta a gravidade *in concreto*. Neste sentido, não deve o intérprete levar em consideração que aquele que utilizou sua senha para o desvio de dinheiro tinha dez anos de serviço, sem nenhuma punição prévia e com produtividade e dedicação ímpar, muito menos considerar que o que adulterou a contabilidade já tinha uma punição disciplinar anterior, cinco anos de serviço e era considerado bom empregado. Do mesmo modo, não pode levar em conta que o que recebeu os valores desviados em sua conta tinha apenas seis meses de casa e já tinha sido punido diversas vezes.

Acerca da gravidade da falta e apreciação da gravidade, a falta que enseja a aplicação da pena máxima da justa causa tem que ser muito grave a ponto de tornar insuportável a continuidade da relação de emprego.

Cassar (2011) instrui:

> A infração que justifica a resolução do contrato por justa causa não torna impossível o prosseguimento do contrato, pois este fato só ocorre nos casos de força maior. Na verdade, a falta grave implica quebra da confiança, da fidúcia ínsita do contrato de trabalho. (CASSAR, 2011, p. 1.118).

A autora em tela estatui que a apreciação da falta do trabalhador deve ser avaliada em cada caso de forma concreta ou subjetiva, isto é, levando-se em consideração a personalidade do agente, a intencionalidade, os fatos que levaram o empregado à prática daquele ato, a ficha funcional pregressa, os antecedentes, as máculas funcionais anteriores, o grau de instrução ou de cultura, a época e o critério social. Como exemplo da aplicação desses critérios, a autora cita o caso de três empregados que, por mera coincidência, faltaram 15 dias consecutivos ao trabalho sem apresentarem qualquer justificativa à empresa. O primeiro tinha apenas oito meses de trabalho, e sua ficha funcional apontava diversas faltas anteriores punidas com advertências e uma suspensão anterior pelo mesmo motivo. O segundo contava com cinco anos de serviço e tinha uma advertência e uma suspensão anterior pelo mesmo motivo. O terceiro empregado tinha 10 anos de serviço e nunca havia faltado de forma injustificada antes do ocorrido. O primeiro foi demitido por justa causa, pois seu comportamento demonstrava sua negligência pelo serviço (desídia). O segundo foi suspenso, pois era bom empregado, mas já tinha punições anteriores pelo mesmo motivo. O terceiro foi advertido, porque seu bom desempenho, dedicação e diligência ao trabalho não permitiram uma punição mais drástica.

Quanto à *teoria dos motivos determinantes*, é necessário que haja entre a falta e a resolução do contrato por justa causa uma relação de causa e efeito, ou seja, um nexo causal.

Desse modo, consoante Cassar (2011):

> Os atos praticados pelo empregado que foram considerados pelo empregador como faltosos são as causas, e a despedida por justa causa, o efeito. O empregador deve comunicar, com precisão, o motivo da extinção do contrato (justa causa) e as causas (faltas) que motivaram tal penalidade, para que o empregado tenha o direito de conhecê-las (e se defender, se for o caso) e para ter a garantia de que o empregador não irá substituí-las por outras posteriormente. A punição imputada decorre da prática de determinado ato faltoso do empregado. Via de consequência, as demais faltas não punidas foram perdoadas, não podendo o empregador, mais tarde, tentar incluí-las naquela punição. Uma vez identificada a falta que ensejou a penalidade máxima, não poderá o empregador incluir ou substituir por outra. (CASSAR, 2011, p. 1.119).

Na mesma esteira de Vólia Cassar (2011), também se defende aqui o pensamento de que a falta tem de ser grave, anterior à punição, determinativa da denúncia do contrato, não podendo ser posteriormente substituída, mesmo que o denunciante descubra outras faltas após a extinção. Trata-se do caso do empregador que demite o empregado por excesso de faltas (desídia). Mais tarde, em juízo, o excesso de faltas não é comprovado, mas resta configurada a improbidade por furto praticado por este mesmo empregado. Como a dispensa por justa causa, no exemplo, ocorreu por excesso de faltas injustificadas (desídia), não poderá o ex-patrão justificar que a dispensa se deu também por furto na peça de defesa, pois esta falta não foi punida.

Contudo, uma corrente contrária defende que a falta não precisa ser determinante da extinção do contrato de trabalho, pois pode ser descoberta, justificada ou substituída após a extinção. (BERNARDES, 1989, p. 104).

Quanto à questão da comunicação do motivo da dispensa, comunga-se aqui o pensamento de Vólia Cassar (2011), para a qual é necessário comunicar o empregado da justa causa, sob pena de se considerar que o trabalhador foi despedido sem justa causa.

Tal debate se dá porque Amauri Nascimento (1989) e Wagner Giglio (1993) entendem que não há necessidade de se comunicar ao empregado os motivos da despedida; mas, se o patrão o fizer, estará vinculado a provar tais fatos.

Cabe registrar que somente as hipóteses constantes no art. 482, da CLT, podem constituir motivos para uma dispensa por justa causa. Assim, todas as infrações laborais referentes à dispensa por justa causa estão expressamente previstas em lei.

Vigora no Direito do Trabalho brasileiro o sistema legislativo de aplicação de penalidade ao empregado. Nele, a lei enumera, de forma limitada e taxativa, quais os casos em que cada uma das partes pode romper o contrato de trabalho por motivo de justa causa.

Quanto a tal questão, discorre Mauricio Delgado (2010a):

> O critério taxativo (ou de tipicidade legal) faz com que a legislação preveja de modo expresso, os tipos jurídicos de infrações trabalhistas. Por tal critério, a ordem jurídica realiza previsão exaustiva e formalística das infrações, fiel ao princípio de que inexistiriam ilícitos trabalhistas além daqueles fixados em lei. Por este critério, o Direito do Trabalho incorporaria o princípio penal clássico de que não há infração sem previsão legal anterior expressa. (DELGADO, M. G., 2010a, p. 666).

E Cassar (2011) também afirma:

> Os fatos a serem punidos não podem extravasar os contornos fixados em lei, pois estes tipos são taxativos, apesar de muito plásticos, pois permitem diversas interpretações. Não há justa causa sem previsão legal. (CASSAR, 2011, p. 1.120).

Por último, consoante Cassar (2011, p. 1.120), há que se destacar o critério da não ocorrência de perdão (expresso ou tácito). O perdão expresso é aquele em que o empregador desculpa o empregado. O perdão tácito, por sua vez, refere-se ao ato praticado pelo empregador incompatível com a punição que deveria aplicar pela falta cometida, de forma que importe na presunção do perdão. Configura, então, em perdão tácito, a demora na punição, assim como a não punição. Ensina a autora que a concessão do aviso prévio faz presumir o perdão das faltas ainda não punidas, mesmo que desconhecidas pelo empregador, pois a ele cabia fiscalizar o trabalho executado pelo trabalhador. Exemplo de perdão expresso acontece quando, após cometida a falta, o empregador emite uma circular comunicando aos colegas que perdoou o empregado faltoso. E exemplo de perdão tácito se dá quando, após cometida a falta, o empregador promove o empregado faltoso, garantindo-lhe um aumento salarial. A autora em referência ainda elenca as faltas genéricas aplicadas a todos os empregados (art. 482, da CLT), bem como as faltas aplicáveis a empregados situados em determinadas categorias específicas.

Todas essas infrações legais estão previstas pelo ordenamento jurídico trabalhista e estão sujeitas à punição máxima. Então, os acordos e as convenções coletivas bem como o regulamento de empresa não poderão estabelecer formas de punição aos empregados.

Portanto, além do art. 482, da CLT, existem outras infrações tipificadas como justa causa:

a) Art. 482, da CLT: estabelece as faltas genéricas para todos os empregados submetidos ao sistema celetista;
b) Art. 240, parágrafo único, da CLT: estipula a justa causa do ferroviário que se recusa a fazer horas extras nos casos de urgência e acidente;
c) Art. 15, da Lei n. 7.783/89: prática de ato faltoso durante o movimento grevista;
d) Art. 158, parágrafo único, da CLT: justa causa pela não utilização do equipamento de proteção individual;
e) Art. 3º, da Lei n. 9.962/00: estipula a justa causa do empregado público;
f) Art. 433, inciso II, da CLT: estipula a justa causa do menor aprendiz;
g) Art. 7º, § 3º, do Decreto n. 95.247/87: estabelece a infração por declaração falsa ou uso indevido do vale transporte;
h) Art. 6-A, da Lei n. 5.859/72: estipula as hipóteses de justa causa cometidas pelo empregado doméstico;
i) Art. 13, da Lei n. 6.019/74: estabelece a justa causa do trabalhador temporário.

Segundo Mauricio Delgado (2009, p. 643), a aplicação de pena pecuniária ou multa é vedada como meio punitivo pelo Direito do Trabalho por afrontar os princípios da intangibilidade e irredutibilidade salariais. Contudo, a Lei n. 6.354/75 (art. 15, § 1º), referente ao contrato de trabalho especial do atleta profissional de futebol, estabelecia, por exceção, a multa pecuniária para o respectivo trabalhador. Esse dispositivo previa que a penalidade pecuniária não poderia ser superior a 40%

do salário percebido pelo atleta, sendo que essa importância deveria ser recolhida diretamente ao Fundo de Assistência ao Atleta Profissional (FAAP), não readquirindo o atleta condição de jogo, enquanto não comprovasse o recolhimento perante a respectiva Confederação, Federação ou Liga. A Lei n. 6.354/75 foi, finalmente, revogada pela Lei n. 12.395, de 2011.

Destaca Mauricio Delgado (2009, p. 644), no que tange à interveniência imperativa de órgão intraempresarial de caráter coletivo (comissão de empresa, representante sindical, etc.) no procedimento de apenação, que: "se alguma formalidade, porém, for prevista por regulamentação empresarial ou regra autônoma (comissão de inquérito para dispensa por justa causa, por exemplo), ela terá, obviamente, de ser respeitada (Súmula n. 77, TST)".

Logo, se o empregador estiver obrigado a obedecer a uma hierarquia na aplicação de penalidades, em decorrência de norma coletiva ou de regulamento de empresa, deverá primeiro advertir, depois suspender e, em seguida, dispensar por justa causa.

Por último, conforme Pavelski (2009, p. 75), o poder disciplinar é necessário à própria organização da atividade empresarial, de forma que os empregados não possam descumprir as ordens dele emanadas no sentido de prejudicar a atividade empresarial. Entretanto, este poder disciplinar possui limites previstos no ordenamento jurídico, tais como, ilustrativamente, a boa-fé objetiva, o abuso de direito e os direitos da personalidade do empregado.

Caso o empregador exerça o poder disciplinar de forma ilegal ou desproporcional, incorrerá em abuso de poder. Assim, não é admitida a utilização de medidas punitivas que atentem contra a dignidade do empregado, sendo proibida a aplicação de punições que possam restringir a liberdade e a igualdade dos empregados ou que atentem contra os seus direitos da personalidade.

De acordo com Nilson Nascimento (2009, p. 74), embora o exercício do poder disciplinar seja indispensável à atuação empresarial, não é absoluto ou incondicionado, tendo em vista que "o empregador deve exercer o poder disciplinar com respeito aos direitos fundamentais do empregado, não podendo invadir a sua privacidade ou a intimidade a pretexto de punir e aplicar-lhe sanções disciplinares".

2.4. LIMITAÇÕES AO PODER EMPREGATÍCIO

O poder empregatício que é conferido ao empregador e que se estabelece no contexto da relação de emprego por meio do exercício dos poderes diretivo, regulamentar, fiscalizatório e disciplinar não pode ser exercido de forma ilimitada.

Merece destaque a observação de Barros (2011):

> Não é o fato de um empregado encontrar-se subordinado ao empregador ou de deter este último o poder diretivo que irá justificar a ineficácia da

tutela à intimidade no local de trabalho, do contrário, haveria degeneração da subordinação jurídica em um estado de sujeição do empregado. O contrato de trabalho não poderá constituir um título legitimador de recortes no exercício dos direitos fundamentais assegurados ao empregado como cidadão; essa condição não deverá ser afetada quando o empregado se insere no organismo empresarial, admitindo-se, apenas, sejam modulados os direitos fundamentais na medida imprescindível do correto desenvolvimento da atividade produtiva. (BARROS, 2011, p. 33).

Ao empregador é lícito e necessário organizar a sua atividade econômica de produção e estabelecer o cumprimento dos demais poderes. Ocorre que os poderes conferidos ao empregador não podem ser exercidos de forma ilimitada, assim como a subordinação jurídica do empregado não se configura de forma incondicional e absoluta.

Para Nilson Nascimento (2009, p. 75), por meio do poder diretivo, o empregador: "organiza a empresa, controla a prestação de serviços e dá destinação concreta à prestação de serviços do empregado, com vistas à realização das finalidades do empreendimento".

Todavia, esse poder não pode ser exercido de forma absoluta, muito menos permite que o empregador possa comandar a empresa de forma unilateral de modo a sufocar a autonomia da vontade dos empregados.

Como bem expressa Barbosa Júnior (2008):

> O poder de mando não deve e não pode, legitimamente, prestar-se apenas a atender aos interesses do patrão, mas, sim, de todos os que compõem a empresa e, também, pela própria natureza do estado social, em benefício da sociedade. (BARBOSA JÚNIOR, 2008, p. 68).

São diversos os limites que despontam perante o poder empregatício, todos convergindo na direção de assegurar certo nível de dignidade, de garantias e de direitos ao trabalhador.

Entre estes limites, destacam-se: a própria existência do Direito do Trabalho, com seus princípios e regras interventivos do contrato; a existência de várias instituições interventivas no contrato de trabalho como sindicatos dos trabalhadores, Auditoria Fiscal Trabalhista, Ministério Público do Trabalho, Justiça do Trabalho; a existência do princípio da proporcionalidade de fundo constitucional; o fortalecimento do conceito jurídico de "abuso do direito"; o novo mundo dos direitos da personalidade do trabalhador — objeto especialmente enfatizado nesta tese.

Segundo Alkimin (2009, p. 78), a subordinação jurídica do empregado não o sujeita ao poder diretivo ilimitado do empregador; na verdade, este poder encontra limites nos direitos da personalidade que compõem as liberdades públicas salvaguardadas pela Constituição Federal de 1988, que veda ao empregador: discriminar o trabalhador (incs. I e VIII); obrigá-lo a fazer ou a não fazer algo expressamente previsto em lei (inc. II); submetê-lo a tortura e a tratamento desumano ou degradante (inc. III); impedir a manifestação do seu pensamento (inc. IV); violar sua liberdade de consciência e crença (inc. VI); além de sua intimidade, imagem, honra e vida privada (inc. X); entre outras liberdades públicas.

Desse modo, avalia-se a questão à luz do pensamento de Nilson Nascimento, (2009, p. 75): "não existem razões de ordem ética, moral ou legal capazes de permitir o acolhimento da ideia de que o empregado que figura como parte em um contrato de trabalho não possa desfrutar os seus direitos fundamentais".

O poder de direção sofre restrições estabelecidas pelos direitos fundamentais que visam a assegurar a proteção aos direitos de personalidade de todas as pessoas. Este poder também irá sofrer limitações pela Constituição, pela legislação, pela convenção coletiva de trabalho e acordo coletivo de trabalho, pelo regulamento interno da empresa e, por último, pelo contrato de trabalho.

Como ensina Nilson Nascimento (2009):

> A atuação do poder diretivo do empregador fica limitada à observância das normas constitucionais que garantem ao trabalhador os seus direitos fundamentais e que possuem repercussão nas suas relações jurídicas da esfera privada. Tendo em vista que o contrato de trabalho é uma relação jurídica privada, evidentemente que deve ser alcançado pela ordem constitucional, razão pela qual as condições contratuais e, consequentemente, os direitos do trabalhador devem estar de acordo com os direitos fundamentais previstos no texto constitucional. (NASCIMENTO, Nilson, 2009, p. 76).

Ainda consoante os ensinamentos de Nilson Nascimento (2009, p. 78), observa-se que o poder diretivo através do qual o empregador exerce o domínio sobre o seu empreendimento não implica afirmar que ele seja detentor de poder absoluto em relação à prestação de serviços do empregado, eis que o trabalhador não está obrigado a se sujeitar a toda e qualquer ordem emanada do empregador.

A subordinação jurídica oriunda da relação de emprego não autoriza o empregador a extrapolar as prerrogativas inerentes ao poder diretivo. Por tal razão, este poder encontra limites nos direitos da personalidade que visam a assegurar a proteção à integridade física e psíquica, moral e intelectual do trabalhador.

Vê-se, então, que o poder diretivo do empregador deve ser exercido de modo que não transponha os limites da boa-fé e dos bons costumes, ou seja, de modo a não ferir a dignidade do trabalhador.

Ademais, torna-se imperioso registrar que o trabalho deve representar um meio de satisfação e de realização pessoal do trabalhador, de modo a propiciar-lhe o desenvolvimento físico, intelectual e moral. É dessa forma que deve ser conduzida e organizada a atividade econômica de produção do empregador.

Fica claro que tanto o exercício do poder diretivo quanto a subordinação jurídica do empregado devem ser pautados por limites. O poder diretivo deve desenvolver-se sempre de forma razoável, de modo a não contrariar a boa-fé objetiva, os direitos da personalidade do trabalhador e a dignidade da pessoa humana.

Como assinala Mauricio Delgado (2010a), no âmbito do poder empregatício:

> [...] rejeita-se todo tipo de prática punitiva que agrida a dignidade do trabalhador ou que atente contra direito individual fundamental. Não há guarida no Direito do Trabalho para condutas ou métodos de fiscalização ou disciplinamento que se choquem contra o exercício, pelo obreiro, de direito individual que lhe seja assegurado pela ordem jurídica. (DELGADO, M. G., 2010a, p. 670).

Destarte, não há como estudar o poder empregatício sem estabelecer o conceito de abuso do direito.

Pelos valiosos ensinamentos de Mauricio Delgado (2010c, p. 173), a ideia de abuso do direito corresponde "ao mau uso de uma vantagem ou prerrogativa jurídica, seu exercício errado, excessivo, descomedido e, portanto, injusto".

Para Edilton Meireles (2005, p. 23), abuso do direito é "exercício de um direito que excede manifestamente os limites impostos na lei, pelo seu fim econômico ou social, pela boa-fé e pelos costumes, decorrente de ato comissivo ou omissivo".

E, para o devido esclarecimento do tema em comento, torna-se pertinente ressaltar o pensamento de Edilton Meireles (2005):

> Comumente se tem como ilícito todo ato antijurídico num conceito amplo que envolve os que são praticados sem respaldo na lei ou em desacordo com sua finalidade, função social e econômica, desrespeito ao princípio da boa-fé e violação aos bons costumes e à moral. E, diante dessa conceituação ampla, não podemos deixar de enquadrar o abuso do direito como ato ilícito. (MEIRELES, E., 2005, p. 28).

Ainda de acordo com Edilton Meireles (2005, p. 32), existem três pressupostos que caracterizam o abuso do direito, quais sejam: a) praticar um ato permitido pelo direito positivo; b) decorrer de um ato comissivo ou omissivo; e c) ultrapassar os limites normais do exercício regular de um direito.

Há que se fazer, neste ponto, a distinção entre abuso do direito e ato ilícito. Também conforme Edilton Meireles (2005, p. 32), o ato ilícito é aquele no qual o sujeito viola frontalmente a norma, agindo de forma antijurídica de maneira direta e objetiva; ao passo que, no abuso do direito, o indivíduo, a pretexto de exercitar seu direito, faz mau uso dele, ultrapassando os limites postos pela norma ou os princípios gerais, praticando verdadeiro ato contrário à lei (na medida em que lhe excede). Assim, por exemplo, ouvir música é lícito, mas até certo volume (limite).

Ainda Edilton Meireles (2005, p. 28) estabelece: "No ato ilícito, o sujeito não exercita qualquer direito; já no abuso do direito, o indivíduo usa o direito de forma a exceder certos limites para tal exercício".

Como expressa Jouvin, citado por Edilton Meireles (2005, p. 23): "O abuso do direito surge quando o titular usa-o de maneira excessiva, desarrazoada, anormal, não costumeira, extraordinária, extravagante, incoerente, irregular ou agravante".

Na visão sempre oportuna de Pavelski (2009, p. 92), abusar do direito significa "exercer um direito conferido pelo ordenamento jurídico de forma que sejam extrapolados limites como a finalidade social ou econômica deste direito, os bons costumes e a boa-fé". A autora estatui que o abuso do direito se encontra previsto de maneira explícita no Direito do Trabalho no art. 14, da Lei de Greve (7.783/89). E continua:

> Não se deve esquecer que, hodiernamente, os direitos e deveres advindos do contrato de trabalho não mais podem ser encarados apenas como a prestação — empregado labora — e a contraprestação — empregador paga salário. É fato que a ligação entre preceitos celetistas, civis e constitucionais permite a aplicação, no contrato de trabalho, de institutos como a função social do contrato e a boa-fé objetiva. (PAVELSKI, 2009, p. 101).

No magistério de Aluísio Ferreira (2011, p. 51), diz-se abuso de direito o exercício irregular do poder de direção de modo a extrapolar os limites impostos pelo seu fim econômico ou social, da boa-fé e dos bons costumes. É aquele, portanto, que se encontra eivado de desproporcionalidade no exercício do poder de direção.

A propósito, o art. 187, do Código Civil, define como ilícito o ato que "excede manifestamente os limites impostos pelo seu fim econômico ou social, pela boa-fé e pelos bons costumes".

Vale ressaltar ainda que o ordenamento jurídico brasileiro incorporou na Constituição Federal de 1988, como um dos fundamentos do Estado Democrático de Direito, o princípio da dignidade da pessoa humana.

Eros Grau (2000), compartilhando deste entendimento, leciona:

> A dignidade da pessoa humana não é apenas o fundamento da República, mas também o fim ao qual se deve voltar a ordem econômica. Esse princípio compromete todo o exercício da atividade econômica, sujeitando os agentes econômicos, sobretudo as empresas, a se pautarem dentro dos

limites impostos pelos direitos humanos. Qualquer atividade econômica que for desenvolvida no nosso país deverá se enquadrar no princípio mencionado. (GRAU, 2000, p. 221).

Já o requisito da subordinação compreende o direito de o empregador comandar, dar ordens, donde nasce a obrigação correspondente de o empregado obedecer a essas ordens, sempre, é claro, nos limites legais e ético-morais.

Ademais, assegura Nunes (2011, p. 35) que a propriedade privada, como fundamento do poder empregatício, apesar de prevista entre os direitos individuais, não mais pode ser vista como legítimo direito individual, uma vez que seu conceito foi relativizado no momento em que passou a fazer parte dos princípios da ordem econômica, integrantes dos ditames da justiça social.

Ainda consoante Nunes (2011):

> Devido à afetação da propriedade privada pela função social, está eliminado o conceito de propriedade como fonte de poder pessoal ilimitado, de forma que a atuação do empregador somente será legítima se voltada à efetiva consecução dos fins e valores da ordem econômica. (NUNES, 2011, p. 35).

O princípio da função social da propriedade impõe ao proprietário da empresa ou a quem detém o poder de controle o dever não apenas de não exercê-lo em prejuízo de outrem, mas de exercê-lo em benefício de outrem. Em vista disso, a função social da propriedade impõe o exercício de comportamentos positivos por parte do detentor em relação à propriedade.

Assim sendo, de acordo com Nunes (2011, p. 36), a empresa não pode visar somente ao lucro, devendo atentar para os interesses do trabalhador e da coletividade, já que o direito de propriedade, como integrante do rol de direitos fundamentais deve ser visto "em conjunto e de forma ponderada com os demais direitos e princípios constitucionais". E mais:

> Os direitos fundamentais alcançam todas as pessoas que atuam no mercado de trabalho, projetando-se sobre os vínculos de emprego, de modo que é preciso que o empregador concilie seu legítimo interesse em defender seu patrimônio com a necessidade do indispensável respeito à dignidade do trabalhador. (NUNES, 2011, p. 36).

O Direito do Trabalho nasceu impulsionado pela preocupação com os direitos sociais do empregado, especialmente numa fase em que, com o advento da Revolução Industrial, os novos meios de produção e o nascedouro do capitalismo chamaram o Estado à obrigação de zelar pelo trabalhador, muitas vezes ofendido em sua condição de ser humano.

Por isso, conforme Nilson Nascimento (2009):

> A incidência dos direitos fundamentais no âmbito do contrato de trabalho se assenta na necessidade de assegurar o respeito à dignidade do trabalhador, fixar limites ao exercício da prerrogativa empresarial e tornar a relação de emprego mais justa e equilibrada. (NASCIMENTO, Nilson, 2009, p. 179).

A prática abusiva ou o exercício ilegal do poder empregatício pelo empregador confere ao empregado o direito de resistência para que possa recusar a submissão quanto a procedimentos invasivos e a ordens arbitrárias do empregador durante a execução do seu labor diário.

Márcio Tulio Viana (1996), ao se expressar em relação ao direito de resistência do empregado, sustenta:

> O contrato de trabalho tem uma peculiaridade — que é o poder diretivo. Pois bem: o *jus resistentiae* é a sua contraface. Não, é claro, no sentido de que ambos possam se efetivar concomitantemente, um anulando o outro. Mas no sentido de que o uso irregular do primeiro faz nascer o segundo. (VIANA, 1996, p. 74).

Logo, havendo estrapolamento quanto ao exercício do poder empregatício conferido ao empregador, cabe ao empregado a denúncia indireta do contrato de trabalho, com fundamento em uma ou mais das alíneas do art. 483 da CLT, sem prejuízo da indenização por danos materiais e/ou morais no caso de decorrente lesão (art. 5º, X, CF/88).

Consoante, Aluísio Ferreira (2011, p. 135) ensina que é necessária a busca do respeito à condição de ser humano do trabalhador, devendo o trabalho se revelar como uma fonte de dignificação e de transcendência da pessoa, jamais podendo se admitir que seja utilizado como forma de abuso e de retrocesso social, preservando-se a estabilidade das relações jurídicas laborais, de maneira que o trabalhador não tenha direitos personalíssimos lesados, e o empregador possa legitimamente exercer os poderes que lhe são inerentes.

Alkimin (2008), acerca da violação aos direitos da personalidade nas relações de emprego, assim se manifesta:

> Quaisquer das violências apontadas (assédio sexual ou moral, discriminação etc.) torna degradante o ambiente do trabalho, tornando insuportável a manutenção do vínculo empregatício ante os constrangimentos e humilhações dirigidos ao trabalhador, o qual tem a faculdade de promover a resolução do contrato de trabalho, tanto nos casos dos atos patronais como de seus subordinados que desmereçam a dignidade do trabalhador ou no caso de qualquer outro descumprimento grave das obrigações contratuais. (ALKIMIN, 2008, p. 168).

Portanto, o poder do empregador não é, absoluto, havendo, por parte do empregado, o direito de resistência, que compreende o direito de não cumprir ordens ilegais, abusivas ou não contratuais. O empregador excede o poder empregatício quando emite uma ordem ilícita ou abusiva, de modo a afrontar os direitos fundamentais do empregado. Diante dessa afronta, surgirá o direito de resistência pelo empregado.

O *jus resistentiae* representa verdadeiro direito fundamental do empregado e traduz-se em exercício regular do direito preconizado pelo art. 188, I, do Código Civil brasileiro. Tal direito será exercido quando os poderes do empregador forem manifestos ilícita ou abusivamente, conferindo ao empregado o direito de resistir desta violação.

A CLT apresenta em seu art. 483, e alíneas, a garantia para o exercício lícito do *jus resistentiae* pelo empregado, nos casos em que: forem exigidos serviços superiores às forças do empregado, defesos por lei, contrários aos bons costumes, ou alheios ao contrato; for tratado pelo empregador ou por seus superiores hierárquicos com rigor excessivo; correr perigo manifesto de mal considerável; praticar o empregador ou seus prepostos, contra ele ou pessoas de sua família, ato lesivo da honra e boa fama ou ofenderem-no fisicamente, salvo em caso de legítima defesa, própria ou de outrem.

Como bem assinala Dallegrave Neto (1998, p. 349), ocorre, contudo, que o direito de resistência assegurado ao empregado, na prática, dificilmente é utilizado pelo trabalhador em decorrência do temor que este tem de perder o emprego, ainda mais em decorrência dos níveis de desemprego. Quando o direito de resistência é exercido pelo empregado, quase sempre o empregador não o tolera e exerce a dispensa ao empregado.

O poder empregatício, portanto, nas suas quatro dimensões (diretivo ou organizativo, regulamentar, fiscalizatório e disciplinar) encontra limites na dignidade básica da pessoa humana do trabalhador e nos direitos da personalidade do empregado. Fundar o Direito sobre a dignidade da pessoa humana, por intermédio da aplicação plena dos Direitos Humanos, representa fazer valer o ideário de justiça social tão preconizado pela Constituição Federal de 1988. Caso contrário torna-se válido e juridicamente protegido o direito obreiro de resistência no âmbito empregatício, que atribui ao empregado a utilização dos mecanismos processuais que visam a eliminar ou a atenuar o uso excessivo e abusivo do poder diretivo no direito do trabalho.

Capítulo 3
A Proteção aos Direitos da Personalidade do Trabalhador no Direito do Trabalho

Analisar a proteção aos direitos da personalidade no âmbito das relações de trabalho é de crucial relevância em decorrência de esses direitos serem considerados dimensões dos Direitos Humanos fundamentais do trabalhador.

Os direitos da personalidade no Direito do Trabalho têm por intento a dignificação do trabalhador e, por consequência, o desenvolvimento e o estudo destes direitos em conjunto com o tema Direitos Humanos.

Desse modo, a proteção aos direitos da personalidade do trabalhador no Direito do Trabalho tem como finalidade primordial resguardar as qualidades e os atributos essenciais do trabalhador, de forma que lhe sejam assegurados a preservação da sua integridade física, psíquica e intelectual, bem como o direito à sua integridade moral.

3.1. CONCEITO E CLASSIFICAÇÃO

A ideia de proteção aos direitos da personalidade do ser humano representa algo próprio e inerente à sua natureza de que irradiam direitos fundamentais ao seu pleno desenvolvimento e necessários à preservação dos seus aspectos físico, psíquico, moral e intelectual. Violados quaisquer direitos da personalidade do trabalhador, estar-se-á violando a sua dignidade.

Como ensina Bittar (2003):

> Os direitos da personalidade são direitos reconhecidos à pessoa humana tomada em si mesma e em suas projeções na sociedade, previstos no ordenamento jurídico exatamente para a defesa de valores inatos no homem, como a vida, a higidez física, a intimidade, a honra, a intelectualidade e outros tantos. (BITTAR, 2003, p. 3).

Os direitos da personalidade visam, assim, a proteger as qualidades e os atributos do ser humano e se projetam mesmo após o óbito, haja vista não se poder denegrir a imagem, a honra e a memória do morto, sob pena de gerar ao cônjuge, ascendente ou descendente do *de cujus*, o direito à reparação por dano moral, além de medidas judiciais que tenham o condão de fazer cessar a ofensa moral perpetrada em face do falecido.

Tais direitos são deferidos a toda e qualquer pessoa humana, a partir do seu nascimento ou concepção, havendo exceção somente quando a sua proteção é atribuida *post mortem,* conforme bem preceitua o parágrafo único do art. 12, do Código Civil:

> Art. 12. Pode-se exigir que cesse a ameaça, ou a lesão, a direito da personalidade, e reclamar perdas e danos, sem prejuízo de outras sanções previstas em lei.
>
> Parágrafo único. Em se tratando de morto, terá legitimação para requerer a medida prevista neste artigo o cônjuge sobrevivente, ou qualquer parente em linha reta ou colateral até o quarto grau.

Então, ao morto, é devido respeito à sua imagem, à sua honra e ao seu direito moral de autor. Sendo assim, a vitaliciedade não representa uma característica absoluta dos direitos da personalidade, pois, apesar de serem vitalícios, eles não terminam, em regra, com o óbito do seu titular.

Nessa direção, pontifica Válio (2006):

> Não só os que possuem personalidade jurídica, como também o nascituro, o morto devidamente representado e a pessoa jurídica são entes legitimados. Ao terem, portanto, aqueles direitos feridos, poderão pleitear em juízo a reparação de danos, bem como a cessação à ameaça. (VÁLIO, 2006, p. 24).

Portanto, como propõe Diniz (2011, p. 30): "Há proteção à imagem e à honra em vida ou *post mortem*, seja ela atingida por qualquer meio de comunicação".

De acordo com Szaniawski (2005):

> A tutela do direito geral da personalidade abarca toda atividade da personalidade humana, protegendo os bens jurídicos da vida, da integridade

corporal, da saúde, da liberdade, da privacidade, entre outros, destinados ao desenvolvimento de todo o homem como ser individual. (SZANIAWSKI, 2005, p. 170).

França (1980, p. 210) define os direitos da personalidade "como as faculdades jurídicas cujo objeto são os diversos aspectos da própria pessoa do sujeito, bem assim as suas emanações e prolongamentos".

Neste sentido, são direitos deferidos à pessoa humana quando do seu nascimento com vida e enquanto ela existir e, excepcionalmente, até mesmo após a sua existência, como é o caso da proteção à honra e à imagem do morto; assegurando, também, certa proteção aos direitos do nascituro por ser este também portador de personalidade e sujeito de direitos, como bem preceitua o art. 2º, do Código Civil:

> Art. 2º A personalidade civil da pessoa começa do nascimento com vida; mas a lei põe a salvo, desde a concepção, os direitos do nascituro.

Quanto à natureza jurídica de direitos subjetivos, Mantovani Júnior (2010, p. 17) assinala que os direitos da personalidade são direitos subjetivos porque propiciam ao ser humano uma vida digna, em suas mais diversas acepções, sem os quais seria impossível o seu desenvolvimento.

Conforme Bittar (2003, p. 17), atribui-se, assim, aos direitos da personalidade a natureza jurídica de direitos subjetivos por serem estes os que visam a proteger os interesses morais das pessoas. O poder reconhecido a uma pessoa para assegurar a proteção de seus interesses morais não é outra coisa senão um direito subjetivo.

Nessa ótica, assegura De Cupis (2004) que direitos subjetivos são aqueles

> [...] cuja função relativa à personalidade se especializa, constituindo o *minimum* necessário e imprescindível ao seu conteúdo. Serve a denominação direitos da personalidade àqueles direitos essenciais por constituírem a medula da personalidade humana. (DE CUPIS, 2004, p. 36).

Enquanto protetores da dignidade da pessoa humana, os direitos da personalidade têm por objeto assegurar os elementos constitutivos da personalidade do ser humano, tomada nos aspectos da integridade física, psíquica, moral e intelectual da pessoa humana. Ademais, são direitos que jamais desaparecem no tempo e nunca se separam do seu titular.

Para Bittar (2003, p. 17), os aspectos físicos se referem aos componentes materiais da estrutura humana. Os aspectos psíquicos dizem respeito a elementos intrínsecos da personalidade, ao passo que os direitos morais visam a tutelar os atributos valorativos ou as virtudes da pessoa na sociedade.

Ainda consoante Bittar (2003, p. 17), os direitos da personalidade preocupam-se com o ser humano em duas circunstâncias distintas. A primeira refere-se à pessoa em si, ou seja, como ser individual, importando-se com o seu patrimônio físico e intelectual. Já a segunda diz respeito à sua posição perante os seres da sociedade, levando em conta o patrimônio moral da pessoa, representado por seu modo de ser e suas projeções na coletividade como um ente social.

Como bem expressa Nilson Nascimento (2009):

> Os direitos da personalidade são os direitos interiores, de que o sujeito do direito necessita para preservar a sua integridade física, intelectual ou moral. São direitos destinados à defesa de valores inatos ao homem, como a vida, a higidez física, a intimidade, a honra, a intelectualidade e outros tantos. (NASCIMENTO, Nilson, 2009, p. 90).

Assim, prefere-se nesta obra classificar os direitos da personalidade entre aqueles que visam a proteger os aspectos físico, psíquico, moral e intelectual do ser humano. O direito à integridade física é aquele, por exemplo, que pretende a tutela do direito à vida, à higidez física, ao alimento, o direito ao próprio corpo e à destinação do cadáver. O direito à integridade psíquica, por sua vez, possui a finalidade de promover a saúde mental do ser humano. O direito à integridade intelectual abrange o direito à liberdade de pensamento e de autoria científica, artística e literária e o direito de inventor. E, por último, o direito à integridade moral almeja proteger a intimidade, a honra, a vida privada, o recato, a liberdade, o nome e o pseudônimo, o segredo profissional e doméstico, a identidade pessoal, familiar e social, a imagem, a moral de autor intelectual e a voz.

Por derradeiro, pode-se afirmar que os direitos da personalidade são inatos e inerentes à pessoa humana e a ela ligados de maneira perpétua e permanente. São direitos que nascem com a pessoa humana e a acompanham durante toda a sua existência, tendo como finalidade primordial a proteção aos atributos da personalidade e à dignidade da pessoa humana — em todos os aspectos (físico, psíquico, moral e intelectual).

De tal modo, possuem uma concepção jusnaturalista, pois são pertencentes ao ser humano pela sua mera condição humana. Isso faz com que independam de previsão normativa.

Corroborando o pensamento jusnaturalista, Bittar (2003, p. 13) conceitua os direitos da personalidade como aqueles que integram a essência do ser humano como condição da sua própria existência, tratando-os como direitos naturais ou direitos inatos, que consistem em atributos ou dotes próprios que individualizam cada pessoa, sendo condizentes com a natureza humana e sendo anteriores ao Estado, que tem o dever de reconhecê-los e de protegê-los em face do poder público e em relação às incursões de particulares, impondo um comportamento negativo através do poder-dever de aplicar sanção, no caso de desrespeito ou ofensa. Para o autor, o ordenamento positivo existe em função do homem em sociedade. E ainda:

> São os direitos que transcendem, pois, o ordenamento jurídico positivo, porque ínsitos à própria natureza do homem, como ente dotado de personalidade. Intimamente ligados ao homem, para sua proteção, independentemente de relação imediata com o mundo exterior ou outra pessoa, são intangíveis, de *lege lata*, pelo Estado, ou pelos particulares. (BITTAR, 2003, p. 12).

Bittar (2003, p. 12) considera os direitos do homem, ou da personalidade, aqueles que o ser humano possui em face de sua própria condição. São, portanto, direitos naturais, ou inatos, impostergáveis, anteriores ao Estado e inerentes à natureza livre do homem.

Em decorrência de tal pensamento, faz-se necessário abordar a diferença entre direitos da personalidade e liberdades públicas.

Para tanto, recorre-se mais uma vez ao pensamento de Bittar (2003, p. 23), para o qual as liberdades públicas distanciam-se dos direitos do homem, tendo em vista que os direitos inatos ou direitos naturais situam-se acima do direito positivo e em sua base. Os direitos da personalidade são inerentes ao homem; o Estado deve respeitá-los e, através do direito positivo, reconhecê-los e protegê-los. Por isso, persistem, mesmo não contemplados pela legislação, em virtude da noção transcendente da natureza humana. Já as liberdades públicas são direitos reconhecidos e ordenados pelo legislador, ou seja, são aqueles que, como reconhecimento do Estado, passam do direito natural para o plano positivo. Sendo assim, segundo Bittar (2003):

> Os direitos humanos subsistem por si, porque, inerentes à natureza humana e em comparação com as liberdades públicas, encontram-se em plano superior. Em outras palavras, esses direitos pairam acima do ordenamento positivo e do próprio Estado, pois encontram a sua raiz no direito natural. (BITTAR, 2003, p. 25).

Em razão disso, consoante Bittar (2003), nem todos os direitos supraestatais estão explicitados na Constituição:

> Ao revés, tem ocorrido apenas uma parcial constitucionalização dos direitos da pessoa, direitos a que o Estado deu força jurídica positiva. Ora, esses direitos assim consagrados é que constituem "liberdades públicas", que, sob esse aspecto, representam os próprios direitos do homem depois de positivados. Têm assim a sua fonte no direito natural, onde se acha, aliás, o fundamento ético do direito positivo. (BITTAR, 2003, p. 25).

Na mesma linha de raciocínio, encontra-se o pensamento de Alkimin (2009), ao estatuir acerca da importância da corrente jusnaturalista para permitir melhor compreensão dos direitos da personalidade nas relações de trabalho:

> O direito natural está acima do direito positivo; dele independe, ao passo que o direito positivo só tem sentido diante da existência do direito natural, sendo que as leis que embasam o direito positivo devem obediência à lei natural, pois expressa conteúdo ético moral, retratando a razão humana e divina, portanto, dotada de validade em si mesma. (ALKIMIN, 2009, p. 54).

Em vista disso, França (1980, p. 214) afirma que os direitos da personalidade não podem ser somente aqueles previstos expressamente pelo ordenamento positivo. Para cumprirem seu fim individual e social, eles não precisam ser concebidos ou reconhecidos pelo Estado. São direitos que se relacionam com atributos inerentes à condição da pessoa humana.

Szaniawski (2005, p. 241) também enquadra os direitos da personalidade no conceito de direito natural por se apoiarem na natureza humana. É o direito natural que assegurará o respeito à dignidade da pessoa humana, donde surgirá a noção de direitos da personalidade em todos os seus aspectos e amplitude.

Ensina Venosa (2007, p. 168): "Esses direitos da personalidade ou personalíssimos relacionam-se com o Direito Natural, constituindo o mínimo necessário do conteúdo da própria personalidade".

Pertinente trazer à baila o pensamento de Miguel Reale (1983), quando propõe a conexão necessária da dignidade humana com o direito natural:

> A dignidade humana, por ser um atributo natural, tem sua base no direito natural, cuja doutrina naturalista cuida da pessoa enquanto valor fonte, atribuindo-se direitos natos compatíveis com a existência humana, tais como, direito à vida, à liberdade, à igualdade, ou seja, direitos inseparáveis da condição humana. (REALE, 1983, p. 211).

De Cupis (2004, p. 41) destaca-se entre os positivistas — os quais esta obra pretende rechaçar —, por atribuir à natureza dos direitos da personalidade sua vinculação à Lei que considera a personalidade não um atributo essencial e inato do homem, mas, sim, um conteúdo fundamental para a existência do homem e para a sua projeção na sociedade, decorrente da sua concepção jurídico-normativa, sendo certo que a ausência desses direitos torna irrealizável e inexercitável a personalidade, por considerá-la uma abstração que só se torna concreta em razão da sua integração ao direito posto. Os direitos da personalidade, sob tal ótica, somente têm validade se forem positivados pelo ordenamento jurídico.

Para Simón (2000):

> Independentemente do enfoque a ser privilegiado, se o jusnaturalista ou o positivista, deve-se considerar, primordialmente, o objetivo da teoria dos direitos da personalidade, que é o de resguardar a dignidade da pessoa humana. (SIMÓN, 2000, p. 62).

Opta-se nesta obra pelo posicionamento jusnaturalista que protege os direitos da personalidade do indivíduo, independentemente de serem reconhecidos pelo ordenamento jurídico brasileiro. A concepção jusnaturalista está ligada à ideia de que os direitos da personalidade transcendem ao direito positivado, porquanto inerentes à condição humana. Por isso, eles não podem ser enumerados de forma taxativa, sendo, portanto, inesgotáveis e ilimitados.

Para compreender ainda o regime de proteção aos direitos da personalidade, bem como a sua importância e as suas limitações, é indispensável reconhecê-los como direitos humanos fundamentais. Cabe, contudo, fazer uma breve distinção entre os direitos humanos e os direitos fundamentais por serem duas expressões comumente consideradas sinônimas. Assim: direitos fundamentais se relacionam com os direitos humanos reconhecidos e positivados na esfera do direito constitucional positivo de determinado Estado.

Quanto aos direitos humanos, assevera Flores, citado por Christiana Oliveira (2010, p. 65): "Mais que direitos propriamente ditos são processos, ou seja, o resultado, sempre provisório, das lutas que os seres humanos põem em prática para poder ter acesso aos bens necessários à vida".

Sarlet (2006a), a respeito do tema, esclarece:

> Em que pese sejam ambos os termos ("direitos humanos" e "direitos fundamentais") comumente utilizados como sinônimos, a explicação corriqueira e, diga-se de passagem, procedente para a distinção é de que o termo "direitos fundamentais" se aplica para aqueles direitos do ser humano reconhecidos e positivados na esfera do direito constitucional positivo de determinado Estado, ao passo que a expressão "direitos humanos" guardaria relação com os documentos de direito internacional, por referir-se àquelas posições jurídicas que se reconhecem ao ser humano como tal, independentemente de sua vinculação com determinada ordem constitucional, e que, portanto, aspiram à validade universal para todos os povos e tempos, de tal sorte que revelam um inequívoco caráter supranacional (internacional). (SARLET, 2006a, p. 36).

Os direitos fundamentais, assim, são os direitos humanos incorporados, positivados, em regra, na ordem constitucional de um Estado. Logo, os direitos fundamentais têm como antecedente o reconhecimento dos direitos humanos.

Christiana Oliveira (2010, p. 65) assevera que os direitos humanos se reportam a categorias normativas destinadas a assegurar a dignidade da pessoa humana, com reconhecimento na seara internacional, independentemente de vinculação a uma ordem jurídica interna específica, e que os direitos fundamentais se referem a categorias normativas tomando em conta os direitos humanos acolhidos, expressa ou implicitamente, na ordem jurídica de determinado Estado.

A respeito do tema, assinala Costa (2010, p. 32) que a distinção mais relevante entre as opções de nomenclatura de direitos humanos e direitos fundamentais cinge-se à questão da "concreção positiva". Os direitos fundamentais possuem sentido preciso, restrito, despido da ideia de atemporalidade e vigência para todos os povos, pois estão juridicamente institucionalizados na esfera do direito positivo de determinado Estado, portanto, também limitados ao lapso temporal de vigência da carta de direitos desse ente. Os direitos humanos, por sua vez, assumem contorno bem mais amplo, porque estão voltados à previsão em declarações e convenções internacionais com a pretensão de perenidade. Este autor destaca existirem constituições que não reconhecem em seus textos a totalidade de direitos humanos consagrados em textos internacionais e a CF/88 ter positivado como direitos fundamentais alguns ainda nem constantes em cartas internacionais.

No mesmo sentido, sustenta Luño, citado por Jane Pereira (2006):

> O termo direitos humanos tem um alcance mais amplo, sendo empregado, de um modo geral, para fazer referência aos direitos do homem reconhecidos na esfera internacional, sendo também entendidos como exigências éticas que demandam positivação, ou seja, como um conjunto de faculdades e instituições que, em cada momento histórico, concretizam as exigências da dignidade, da liberdade e da igualdade, as quais devem ser reconhecidas positivamente pelos ordenamentos jurídicos em nível nacional e internacional. (LUÑO apud PEREIRA, J. R. G., 2006, p. 76).

Desse modo, afirma com exatidão Comparato (2003):

> A vigência dos direitos humanos independe de sua declaração em constituições, leis e tratados internacionais, exatamente porque se está diante de exigências de respeito à dignidade humana, exercidas contra todos os poderes estabelecidos, oficiais ou não. (COMPARATO, 2003, p. 224).

Os direitos humanos, portanto, representam consequências de reivindicações geradas por situações de injustiça ou de agressão a bens fundamentais do ser humano. São os direitos da pessoa humana, pela sua natureza, que transcendem os direitos fundamentais, em decorrência de o seu conteúdo ser dotado de uma ordem de princípios universais, válidos em todos os lugares e em todos os tempos, para todos os povos, independentemente de mera positivação jurídica.

Os direitos da personalidade não representam rol taxativo, uma vez que a sua tutela poderá ser estendida a novos atributos da personalidade, não necessitando, assim, do reconhecimento pelo Estado para que tenham força normativa. Por isso, são considerados direitos humanos fundamentais de todo trabalhador.

Em razão disso, afirma Bittar (2003, p. 23) que os direitos da personalidade são "aqueles que o ser humano tem em face de sua própria condição", ou seja, eles são "direitos naturais, ou inatos, impostergáveis, anteriores ao Estado, e inerentes à natureza livre do homem".

Sendo assim, conforme Aluísio Ferreira (2011, p. 71), não prospera o pensamento positivista que sobressalta a necessidade da positivação dos direitos da personalidade sem a qual inexistiriam direitos meramente inatos que façam exigência de ordem moral por ausência de força normativa.

Neste desiderato, destaca Jabur (2000, p. 28): "Os direitos da personalidade são [...] carentes de taxação exauriente e indefectível. São todos indispensáveis ao desenrolar saudável e pleno das virtudes psicofísicas que ornamentam a pessoa".

Para Carlos Henrique Leite (2007, p. 44): "Os direitos da personalidade são espécies de direitos inerentes à dignidade humana que têm por objeto a proteção da incolumidade física, psíquica e moral da própria pessoa". Por isso, o autor preceitua:

> O contrato de trabalho tem aspectos especiais em relação a outros tipos de contratos. A relação de desigualdade econômica e a subordinação jurídica em que se encontra o trabalhador frente ao empregador é um deles, em função do que há maiores possibilidades de o primeiro ser atingido moralmente por ato ou omissão do segundo. (LEITE, C. H. B., 2007, p. 48).

Como consequência, ainda segundo Carlos Henrique Leite (2007):

> Na relação empregatícia o empregador exerce poderes como corolário do direito de propriedade, ficando o trabalhador num estado de subordinação jurídica e econômica e, em razão disso, o ambiente de trabalho se torna fértil para as lesões aos direitos da personalidade do trabalhador. (LEITE, C. H. B., 2007, p. 52).

Importante pontuar que a Constituição Federal de 1988 protege os direitos da personalidade do trabalhador e a sua condição de dignidade:

> Art. 5º [...]
>
> Inciso X — são invioláveis a intimidade, a vida privada, a honra e a imagem das pessoas, assegurado o direito à indenização pelo dano material ou moral decorrente de sua violação;
>
> [...]

Imperioso ressaltar que os direitos da personalidade arrolados não se esgotam no art. 5º da Constituição Federal de 1988.

Como em Szaniawski (2005, p. 144): "A Constituição tutela outros direitos da personalidade especiais, mediante a inserção de outros princípios e direitos que decorrem diretamente do princípio matriz, o direito à dignidade da pessoa humana".

Neste aspecto, os direitos da personalidade também encontram a sua previsão legal em vários dispositivos constitucionais, quais sejam: art. 5º, *caput*, e incisos I, II, III, IV, V, VI, VIII, IX, X, XI, XII, XIII, XV, XVII, XXVII, XXVIII, *alíneas a e b*, e XXIX e XXXV, fazendo-se mister trazê-los à baila:

Art. 5º Todos são iguais perante a lei, sem distinção de qualquer natureza, garantindo--se aos brasileiros e aos estrangeiros residentes no País a inviolabilidade do direito à vida, à liberdade, à igualdade, à segurança e à propriedade, nos termos seguintes:

I — homens e mulheres são iguais em direitos e obrigações, nos termos desta Constituição;

II — ninguém será obrigado a fazer ou deixar de fazer alguma coisa senão em virtude de lei;

III — ninguém será submetido a tortura nem a tratamento desumano ou degradante;

IV — é livre a manifestação do pensamento, sendo vedado o anonimato;

V — é assegurado o direito de resposta, proporcional ao agravo, além da indenização por dano material, moral ou à imagem;

VI — é inviolável a liberdade de consciência e de crença, sendo assegurado o livre exercício dos cultos religiosos e garantida, na forma da lei, a proteção aos locais de culto e a suas liturgias;

[...]

VIII — ninguém será privado de direitos por motivo de crença religiosa ou de convicção filosófica ou política, salvo se as invocar para eximir-se de obrigação legal a todos imposta e recusar-se a cumprir prestação alternativa, fixada em lei;

IX — é livre a expressão da atividade intelectual, artística, científica e de comunicação, independentemente de censura ou licença;

X — são invioláveis a intimidade, a vida privada, a honra e a imagem das pessoas, assegurado o direito à indenização pelo dano material ou moral decorrente de sua violação;

XI — a casa é asilo inviolável do indivíduo, ninguém nela podendo penetrar sem consentimento do morador, salvo em caso de flagrante delito ou desastre, ou para prestar socorro, ou, durante o dia, por determinação judicial;

XII — é inviolável o sigilo da correspondência e das comunicações telegráficas, de dados e das comunicações telefônicas, salvo, no último caso, por ordem judicial, nas hipóteses e na forma que a lei estabelecer para fins de investigação criminal ou instrução processual penal;

XIII — é livre o exercício de qualquer trabalho, ofício ou profissão, atendidas as qualificações profissionais que a lei estabelecer;

[...]

XV — é livre a locomoção no território nacional em tempo de paz, podendo qualquer pessoa, nos termos da lei, nele entrar, permanecer ou dele sair com seus bens;

XVII — é plena a liberdade de associação para fins lícitos, vedada a de caráter paramilitar;

[...]

XXVII — aos autores pertence o direito exclusivo de utilização, publicação ou reprodução de suas obras, transmissível aos herdeiros pelo tempo que a lei fixar;

XXVIII — são assegurados, nos termos da lei:

a) a proteção às participações individuais em obras coletivas e à reprodução da imagem e voz humanas, inclusive nas atividades desportivas;

b) o direito de fiscalização do aproveitamento econômico das obras que criarem ou de que participarem aos criadores, aos intérpretes e às respectivas representações sindicais e associativas;

XXIX — a lei assegurará aos autores de inventos industriais privilégio temporário para sua utilização, bem como proteção às criações industriais, à propriedade das marcas, aos nomes de empresas e a outros signos distintivos, tendo em vista o interesse social e o desenvolvimento tecnológico e econômico do País;

[...]

XXXV — a lei não excluirá da apreciação do Poder Judiciário lesão ou ameaça a direito.

Seguindo a visão de Válio (2006), o termo "direitos da personalidade" recebeu o adjetivo de princípios constitucionais da personalidade por estes se encontrarem inseridos na classificação dos direitos da personalidade. E assevera o autor:

> Podemos afirmar acerca da existência de princípios constitucionais de personalidade, destacando-se os princípios constitucionais de personalidade da dignidade da pessoa humana, da igualdade, do direito à imagem, do direito à intimidade e da integridade física e moral. (VÁLIO, 2006, p. 33).

Assim, como destaca Válio (2006, p. 33), na Constituição Federal de 1988, vislumbra-se o princípio da dignidade da pessoa humana, no inciso III, do art. 1º; o da igualdade; no *caput*, do art. 5º; o do direito à intimidade; no inciso X, do art. 5º, o do direito à imagem; e no inciso V, do art. 5º, o do direito à integridade física e moral.

Pode-se concluir, então, que os direitos da personalidade apresentam-se como princípios constitucionais do trabalho pela simples proteção conferida pela Constituição Federal de 1988 a tais direitos.

Ainda de acordo com Válio (2006, p. 23), não há como negar o fluxo irradiante dos princípios constitucionais da personalidade no Direito do Trabalho, tendo em vista que o que se pretende é, em suas palavras, "levar certas disposições inseridas na Constituição Federal, que tratam de normas da personalidade, a um patamar mais elevado, dando-lhes a denominação de princípios para uma futura e eficiente tutela".

Além da previsão constitucional, os direitos da personalidade também estão previstos no Código Civil.

O novo Código Civil brasileiro, em consonância com a Constituição Federal de 1988, dedicou um capítulo específico (Cap. II, art. 11 a 21) sobre a proteção aos direitos da personalidade. Dispõe, assim, sobre a intransmissibilidade dos direitos da personalidade (art. 11); sobre a inafastabilidade do controle judicial de lesão ou ameaça a direito da personalidade (art. 12); sobre a proteção dos direitos físicos da personalidade, como o direito à vida, o direito ao corpo e o direito às partes do corpo (art. 13 a 15); sobre o direito ao nome e ao sobrenome, bem como sua utilização por terceiros (art. 16 a 19); sobre a proteção à honra, à boa-fé e à respeitabilidade (art. 20); e sobre a proteção à vida privada (art. 21).

Informa Doneda (2002, p. 35) que a introdução trazida pelo Código Civil de 2002, quanto à tutela aos direitos da personalidade, reflete "uma mudança paradigmática do Direito Civil, que se reconhece como parte de um ordenamento, cujo valor máximo é a proteção da pessoa humana".

Para Chini Neto (2006, p. 50), foi com base no fenômeno da constitucionalização do direito privado, reconhecido pela Lei n. 10.406/2002, que o novo Código Civil disciplinou um capítulo próprio (Cap. II) sobre os direitos da personalidade, ao contrário do Código Civil de 1916. Essa nova proteção trazida pelo Código Civil de 2002, em correspondência às inovações constitucionais de 1988, deu-se em decorrência da necessidade de reconhecimento de valores existenciais da pessoa humana — tão bem expressados pela nova Constituição da República.

Depois que o direito brasileiro elevou a dignidade humana a *status* de princípio fundamental do Estado, elemento central dos direitos da personalidade, a valorização da pessoa fez com que o Código Civil de 1916 se tornasse ultrapassado, surgindo a necessidade de reformulação dos direitos da personalidade, a fim de que fossem devidamente tutelados.

Desse modo, como ressalta Mantovani Júnior (2010, p. 27), a despatrimonialização do direito civil e consequente valorização e proteção do ser humano são frutos da evolução social que deve ser acompanhada pelo Direito.

A respeito da questão, leciona Carlos Velloso (2003):

> O Código, posto não dispor de modo mais holístico sobre o tema, dele cuidou, entretanto, de forma a permitir que a doutrina e, sobretudo, a jurisprudência, exercitem, como é da essência de ambas, a sua função cria-

dora no reconhecimento de outros direitos personalíssimos, na linha e no rumo do princípio maior da ordem jurídico-constitucional brasileira, e que fundamenta o Estado democrático de direito, que é a dignidade da pessoa humana, sede e base dos direitos da personalidade. (VELLOSO, 2003, p. 122).

A proteção aos direitos da personalidade também está prevista em legislações especiais, como a Lei dos Transplantes (Lei n. 9.434/97 e Lei n. 10.211/2001) e a Lei dos Direitos Autorais (Lei n. 9.610/98). Sobre os Direitos Autorais, consultar também o art. 5º, incisos XXVII, XXVIII e XXIX, da CF/88, e o art. 27, *alínea* 2, da Declaração Universal dos Direitos Humanos de 1948.

No âmbito do direito internacional do trabalho, a Organização Internacional do Trabalho não elaborou até o momento qualquer Convenção ou Recomendação que tratasse especificamente dos direitos da personalidade no âmbito das relações de trabalho. Apesar disso, a maioria das convenções internacionais do trabalho contém normas sobre direitos da personalidade, principalmente no campo da saúde, da higiene, da medicina e da segurança no trabalho.

As Convenções Fundamentais da OIT n. 100 e n. 111 (ambas ratificadas pelo Brasil, em 1957 e 1965, respectivamente), abordam, de forma detalhada, a proteção aos direitos da personalidade do trabalhador ao tratarem da eliminação da discriminação em matéria de emprego e ocupação.

A Convenção Fundamental n. 100 da OIT, respeitante à discriminação, com o objetivo de promover a igualdade de possibilidades e de vencimento no domínio do emprego e da profissão sem discriminação baseada nomeadamente na raça, na cor, no sexo, na religião, na opinião política, na ascendência nacional e na origem social, foi adotada pela Conferência Geral da Organização Internacional do Trabalho na sua 34ª sessão, em 29 de junho de 1951, e entrou em vigor no plano internacional em 23 de maio de 1953.

A Convenção Fundamental n. 100 da OIT dispõe sobre a igualdade de remuneração e de benefício entre homens e mulheres por trabalho de igual valor.

O artigo 1º, da Convenção Fundamental n. 100, de 1951, dispõe sobre salário igual para trabalho de igual valor entre homem e mulher:

Art. 1º

§ 2º Para os fins da presente convenção:

a) O termo "remuneração" compreende o salário ou o tratamento ordinário, de base, ou no mínimo, e todas as outras vantagens pagas, direta ou indiretamente, em espécie ou *in natura* pelo empregador ao trabalhador em razão do emprego deste último;

b) A expressão "igualdade de remuneração para a mão de obra masculina e a mão de obra feminina por um trabalho de igual valor" se refere às taxas de remuneração fixas sem discriminação fundada no sexo.

A Convenção Fundamental n. 100 da OIT aplica-se ao salário de base e a qualquer outra vantagem paga, direta ou indiretamente, em numerário ou *in natura*, pelo empregador ao trabalhador, em decorrência da relação de emprego. Esta Convenção ainda prevê que os governos colaborem com as organizações de empregadores e de trabalhadores para que estes deem efeito às suas disposições.

O campo de aplicação da Convenção Fundamental n. 100 da OIT abrange, desse modo, o acesso ao emprego e às diferentes profissões, às condições de emprego, assim como o acesso à formação. A mesma Convenção também prevê a colaboração das organizações de trabalhadores e de empregadores para promulgar leis e encorajar os programas de educação, favorecendo a aceitação e a aplicação da política nacional.

A Convenção Fundamental n. 111 da OIT trata da discriminação no emprego e na profissão. Ela fomenta promover a igualdade de oportunidades e de tratamento e formular uma política nacional que elimine toda e qualquer discriminação no emprego (formação profissional e condições de trabalho por motivo de raça, cor, sexo, religião, opinião pública, ascendência nacional e origem social) e que tenha por efeito destruir ou alterar a igualdade de oportunidades ou de tratamento em matéria de emprego ou profissão.

A Convenção Fundamental n. 111 da OIT foi adotada pela Conferência Geral da Organização Internacional do Trabalho na sua 42ª sessão, em 25 de junho de 1958, e entrou em vigor no plano internacional em 15 de junho de 1960, sendo, pelo Brasil, em 26 de novembro de 1965, que assim estipula:

Art. 1º

§ 1º Para os fins da presente Convenção, o termo "discriminação" compreende:

a) Toda distinção, exclusão ou preferência fundada na raça, cor, sexo, religião, opinião política, ascendência nacional ou origem social, que tenha por efeito destruir ou alterar a igualdade de oportunidades ou de tratamento em matéria de emprego ou profissão.

b) Qualquer outra distinção; exclusão ou preferência que tenha por efeito destruir ou alterar a igualdade de oportunidades ou o tratamento em matéria de emprego ou profissão, que poderá ser especificada pelo Membro interessado depois de consultadas as organizações representativas de empregadores e trabalhadores, quando estas existam, e outros organismos adequados.

[...]

§ 3º Para os fins da presente Convenção, as palavras "emprego" e "profissão" incluem o acesso à formação profissional, ao emprego e às diferentes profissões, bem como as condições de emprego.

Art. 2º

Qualquer Membro para o qual a presente Convenção se encontre em vigor compromete-se a formular e aplicar uma política nacional que tenha por fim promover, por métodos adequados às circunstâncias e aos usos nacionais, a igualdade de oportunidades e de tratamento em matéria de emprego e profissão, com o objetivo de eliminar toda discriminação nessa matéria.

Insta destacar que o direito à vida privada do homem está assegurado pelo art. 12, da Declaração Universal dos Direitos Humanos, de 1948, que assim estabelece:

> Ninguém será sujeito a interferências na sua vida privada, na sua família, no seu lar ou na sua correspondência, nem a ataques à sua honra e reputação. Toda pessoa tem direito à proteção da lei contra tais interferências ou ataques.

Também o Pacto Internacional de Direitos Civis e Políticos de 1966 possui disposição semelhante em seu art. 17, ao estipular:

> Art. 17.
>
> § 1º. Ninguém poderá ser objeto de ingerências arbitrárias ou ilegais em sua vida, em sua família, em seu domicílio ou em sua correspondência, nem de ofensas ilegais à sua honra e reputação;
>
> § 2º Toda pessoa terá direito à proteção da lei contra essas ingerências ou ofensas.

No Direito do Trabalho brasileiro, a CLT prevê norma expressa sobre direitos da personalidade no art. 373-A, VI, introduzido pela Lei n. 9.799, de 26.05.1999, que veda a revista íntima nas empregadas; e os arts. 482, *alíneas j e k*, e 483, *alíneas a, b, c, d, e e f*:

> Art. 373-A. Ressalvadas as disposições legais destinadas a corrigir as distorções que afetam o acesso da mulher ao mercado de trabalho e certas especificidades estabelecidas nos acordos trabalhistas, é vedado:
>
> [...]
>
> VI — proceder o empregador ou preposto a revistas íntimas nas empregadas ou funcionárias.
>
> Art. 482. Constituem justa causa para rescisão do contrato de trabalho pelo empregador:
>
> [...]
>
> j) ato lesivo da honra ou da boa fama praticado no serviço contra qualquer pessoa, ou ofensas físicas, nas mesmas condições, salvo em caso de legítima defesa, própria ou de outrem;
>
> k) ato lesivo da honra ou da boa fama ou ofensas físicas praticadas contra o empregador e superiores hierárquicos, salvo em caso de legítima defesa, própria ou de outrem;
>
> Art. 483. O empregado poderá considerar rescindido o contrato e pleitear a devida indenização quando:
>
> a) forem exigidos serviços superiores às suas forças, defesos por lei, contrários aos bons costumes, ou alheios ao contrato;

b) for tratado pelo empregador ou por seus superiores hierárquicos com rigor excessivo;

c) correr perigo manifesto de mal considerável;

d) não cumprir o empregador as obrigações do contrato;

e) praticar o empregador ou seus prepostos, contra ele ou pessoas de sua família, ato lesivo da honra e boa fama;

f) o empregador ou seus prepostos ofenderem-no fisicamente, salvo em caso de legítima defesa, própria ou de outrem;

[...]

A CLT também faz referência à proteção aos direitos da personalidade do trabalhador quando, em seu art. 29, proíbe o empregador de proceder a qualquer espécie de anotação desabonadora acerca da conduta do empregado em sua CTPS:

Art. 29. A Carteira de Trabalho e Previdência Social será obrigatoriamente apresentada, contra recibo, pelo trabalhador ao empregador que o admitir, o qual terá o prazo de quarenta e oito horas para nela anotar, especialmente, a data de admissão, a remuneração e as condições especiais, se houver, sendo facultada a adoção de sistema manual, mecânico ou eletrônico, conforme instruções a serem expedidas pelo Ministério do Trabalho.

§ 1º As anotações concernentes à remuneração devem especificar o salário, qualquer que seja sua forma de pagamento, seja ela em dinheiro ou em utilidades, bem como a estimativa da gorjeta.

§ 2º As anotações na Carteira de Trabalho e Previdência Social serão feitas:

a) na data-base;

b) a qualquer tempo, por solicitação do trabalhador;

c) no caso de rescisão contratual; ou

d) necessidade de comprovação perante a Previdência Social.

§ 3º A falta de cumprimento pelo empregador do disposto neste artigo acarretará a lavratura do auto de infração pelo Fiscal do Trabalho, que deverá, de ofício, comunicar a falta de anotação ao órgão competente, para o fim de instaurar o processo de anotação.

§ 4º É vedado ao empregador efetuar anotações desabonadoras à conduta do empregado em sua Carteira de Trabalho e Previdência Social.

§ 5º O descumprimento do disposto no § 4º deste artigo submeterá o empregador ao pagamento de multa prevista no art. 52 deste Capítulo. (grifo nosso).

Na seara infraconstitucional do Direito do Trabalho brasileiro, o art. 1º, da Lei n. 9.029/95, proíbe a adoção de qualquer prática discriminatória e limitativa para efeito de acesso à relação de emprego, ou sua manutenção, por motivo de sede, origem, raça, cor, estado civil, situação familiar ou idade, ressalvadas, neste caso, as hipóteses de proteção ao menor, previstas no inciso XXXIII, do art. 7º, da Constituição Federal de 1988.

E, por último, vislumbra-se a disposição contida no art. 216-A, do Código Penal, que tipifica como crime o assédio sexual (*por chantagem*) laboral:

> Art. 216-A. Constranger alguém com o intuito de obter vantagem ou favorecimento sexual, prevalecendo-se o agente da sua condição de superior hierárquico ou ascendência inerentes ao exercício de emprego, cargo ou função.
>
> Pena — detenção de 1 (um) a 2 (dois) anos.
>
> § 2º A pena é aumentada em até um terço, se a vítima é menor de 18 (dezoito) anos.

Importante observar que, uma vez verificada a lacuna da legislação trabalhista no que tange à aplicação dos direitos da personalidade, as disposições contidas no Código Civil de 2002, referentes ao capítulo dos direitos da personalidade, devem-se aplicar ao Direito do Trabalho, desde que em conformidade com o art. 8º, da CLT, que assim estabelece:

> Art. 8º As autoridades administrativas e a Justiça do Trabalho, na falta de disposições legais ou contratuais, decidirão, conforme o caso, pela jurisprudência, por analogia, por equidade e outros princípios e normas gerais de direito, principalmente do Direito de Trabalho, e, ainda, de acordo com os usos e costumes, o direito comparado, mas sempre de maneira que nenhum interesse de classe ou particular prevaleça sobre o interesse público.

Portanto, na seara do trabalho, empregam-se as regras da legislação comum, mediante a aplicação subsidiária dos arts. 11 a 21, do Código Civil, que tratam dos direitos da personalidade.

Devem ser observadas as ponderações de Mauricio Delgado (2010a) quanto ao tema:

> Qualquer dos princípios gerais que se aplique ao Direito do Trabalho sofrerá, evidentemente, uma adequada compatibilização com os princípios e regras próprias a este ramo jurídico especializado, de modo que a inserção da diretriz geral não se choque com a especificidade inerente ao ramo justrabalhista. (DELGADO, M. G., 2010a, p. 192).

Como se verifica, a CLT não tratou de forma sistematizada os direitos da personalidade no âmbito das relações de trabalho. Não existe, portanto, um capítulo específico da CLT que assegure a proteção aos direitos da personalidade no Direito do Trabalho.

Apesar disso, assevera Carlos Henrique Leite (2007):

> Sem embargo da autorização do parágrafo único do art. 8º da CLT para a aplicação subsidiária do Código Civil de 2002, o certo é que a própria Constituição Federal de 1988, por ser a fonte de todo o ordenamento jurídico brasileiro, já é condição suficiente para sanar a lacuna do texto consolidado. (LEITE, C. H. B., 2007, p. 40).

Não obstante a previsão normativa acerca dos direitos da personalidade na Constituição Federal de 1988, no Código Civil brasileiro, na CLT e em legislações infraconstitucionais, tais direitos não são considerados *numerus clausus*.

Hainzenreder Júnior (2009, p. 36) assinala que a não apresentação de um rol exaustivo dos direitos da personalidade representa uma atitude louvável do legislador brasileiro. Relata o autor que não há possibilidade de tutelar todos os reflexos da personalidade nas mais variadas manifestações, em decorrência de a dinâmica das relações sociais ensejar sempre novas formas de proteção ao indivíduo.

Weinert (1990), a respeito do tema, também assinala:

> O tema não se esgotou nem se esgotará jamais, vez que, a cada momento, novas facetas do direito da personalidade poderão ser reveladas, sendo certo, por outro lado, que as conquistas até aqui obtidas são irreversíveis, vez que, guiadas por um movimento em espiral, sem retorno. (WEINERT, 1990, p. 55).

Faz-se necessário registrar, ainda, a disposição contida no § 2º, do art. 5º, da Constituição Federal de 1988, que consagra a tutela aberta aos direitos da personalidade quando estipula que os direitos e garantias expressos no texto constitucional não são exaustivos, admitindo outras manifestações dos direitos fundamentais.

Neste sentido, o § 2º, do art. 5º, da Constituição Federal de 1988 consagra a possibilidade do reconhecimento da fundamentalidade de outros direitos decorrentes do regime e dos princípios por ela adotados, além dos tratados internacionais em que o Brasil figure como parte.

Ensina Mantovani Júnior (2010):

> A sociedade evolui de forma rápida, a evolução tecnológica propicia um crescimento e mudanças profundas nas diversas áreas do conhecimento; o que é considerado atual hoje se torna obsoleto amanhã. Neste mundo de alterações constantes, as relações sociais não estão imunes, pelo contrário, fazem parte do todo e sofrem de forma direta toda essa evolução. Neste contexto, considerar os direitos da personalidade somente aqueles positivados seria despir a pessoa humana da proteção necessária para seu pleno desenvolvimento. (MANTOVANI JÚNIOR, 2010, p. 23).

Apesar de a CLT apresentar lacunas na função de proteger os atributos da personalidade no âmbito das relações de trabalho, essa ausência de proteção específica e direta quanto aos direitos da personalidade do trabalhador, na CLT ou mesmo em leis esparsas de natureza trabalhista, não enfraquece a tutela efetiva das questões relativas à integridade física, psíquica, moral e intelectual no trabalho.

Tendo em vista que, conforme Pavelski (2009):

> A dignidade da pessoa humana, por excelência, é fundamento dessa ausência de *numerus clausus* quando se trata dos direitos da personalidade. Isto porque a dignidade assim entendida não decorre meramente da lei, mas tem seu conteúdo traçado por diversas conquistas históricas, pelas quais o ser humano conseguiu estabelecer parâmetros para se proteger de atos praticados por outros humanos. (PAVELSKI, 2009, p. 129).

É preciso destacar, ainda, que os direitos fundamentais foram abordados no Título II da Constituição Federal de 1988. Trata-se do capítulo que aborda a proteção aos direitos e garantias individuais.

Sendo assim, os direitos da personalidade não podem sofrer qualquer alteração *in pejus* pelo legislador constituinte derivado, na medida em que se encontram devidamente inseridos no rol das cláusulas pétreas, conforme preceitua o art. 60, § 4º, inciso IV, da Constituição Federal de 1988:

> Art. 60. A Constituição poderá ser emendada mediante proposta.
> § 4º Não será objeto de deliberação a proposta de emenda tendente a abolir:
> [...]
> IV — os direitos e garantias individuais.

Por último, os direitos da personalidade não se perfazem apenas no plano individual, pois são aplicáveis, em certa medida, às pessoas jurídicas, conforme o disposto no art. 52, do Código Civil.

A esse respeito, importante registrar a disposição contida no art. 482, *alínea "K"*, da CLT, que tutela os direitos da personalidade do empregador, na condição de pessoa física ou jurídica, em relação à conduta negativa praticada pelo empregado durante o curso do seu contrato de trabalho ou mesmo após o término deste:

> Art. 482. Constituem justa causa para rescisão do contrato de trabalho pelo empregador:
> [...]
> k) ato lesivo da honra ou da boa fama ou ofensas físicas praticadas contra o empregador e superiores hierárquicos, salvo em caso de legítima defesa, própria ou de outrem;
> [...]

Para estabelecer a proteção aos direitos da personalidade do empregador, na condição de pessoa física, é preciso traçar a distinção entre ato lesivo à honra e ato lesivo à boa fama.

Conforme Giglio (2000, p. 326), o ato lesivo à honra compreende o respeito próprio, o decoro e a dignidade pessoal; ao passo que o ato lesivo à boa fama representa a estima social, o respeito de terceiros, o conceito ou a reputação perante terceiros.

O ato lesivo à honra compreende a honra subjetiva; enquanto o ato lesivo à boa fama representa a honra objetiva.

Pertinente trazer à baila os ensinamentos de Bittar (2003, p. 133) quanto à distinção entre honra objetiva e honra subjetiva. Estatui o autor que a honra objetiva compreende o bom nome e a fama que o indivíduo desfruta no seio da coletividade, ou seja, a estima que o cerca nos seus ambientes familiar, profissional, comercial ou outro. Já a honra subjetiva alcança o sentimento pessoal de estima ou a consciência da própria dignidade.

O empregado poderá lesar tanto a honra subjetiva quanto a honra objetiva do empregador pessoa física. Em se tratando de empregador pessoa jurídica, há que mencionar apenas a violação à sua honra objetiva pelo empregado, conforme se vê adiante.

Fundamental observar, segundo Szaniawski (2005), que a proteção aos direitos da personalidade das pessoas jurídicas somente passa a existir após:

> A inscrição de seu ato constitutivo no competente ofício de registro, obtendo, a partir deste instante, ampla tutela no que diz respeito ao seu nome, às suas insígnias, à marca, à honra objetiva, aos segredos, à intimidade etc., podendo fazer cessar qualquer atentado que seja praticado contra a personalidade da mesma, inclusive pleitear a condenação ao pagamento de indenização por danos patrimonais e extrapatrimoniais. (SZANIAWSKI, 2005, p. 193).

Assim, a pessoa jurídica nasce com o registro, subsiste enquanto estiver em atuação e termina com a baixa do registro.

À luz do magistério de Mauricio Delgado (2010a):

> A Constituição fala não somente em valores referentes à pessoa natural (intimidade, vida privada e honra), mencionado também o valor relativo à imagem, é possível acolher-se que possa o dano atingir não apenas as pessoas naturais do empregado e do empregador, como até mesmo a pessoa jurídica posicionada como empregadora da relação empregatícia. (DELGADO, M. G., 2010a, p. 616).

Ao descrever acerca da proteção aos direitos da personalidade do empregador pessoa jurídica, Bittar (2003, p. 13) assinala que eles merecem proteção apenas no que se refere aos atributos intrínsecos à sua essencialidade, como os direitos ao nome, à marca, aos símbolos e à honra.

Já Alkimin (2009, p. 51), em posição contrária, assevera que somente o nome, a imagem e a privacidade da pessoa jurídica merecem proteção através do exercício do direito de ação. Para esta autora, o direito à honra somente existe em razão da pessoa natural, sendo um atributo inerente à pessoa física e não à jurídica, que não pode ter sua honra ofendida, mas, sim, o seu nome jurídico. E ainda:

> Embora o art. 52 do Código Civil ressalte que se aplica à pessoa jurídica, no que couber, a proteção dos direitos da personalidade, não se pode concluir que à pessoa jurídica são garantidos todos os direitos da personalidade; a ela estão afetos apenas o direito ao nome, à imagem e à privacidade (segredo), garantias da pessoa natural e da pessoa jurídica, cabendo ao representante da pessoa jurídica o direito de ação para proteção desses direitos da personalidade contra qualquer tipo de ofensa. (ALKIMIN, 2009, p. 51).

A propósito, o STJ, por meio da Súmula n. 227, já se pronunciou no sentido de cabimento de ação de dano moral sobre o fundamento de lesão moral à personalidade da pessoa jurídica.

Lembra Sérgio Martins (2008, p. 38) que a referida Súmula traz: "A pessoa jurídica tem um nome a zelar no mercado. Seu nome e sua reputação podem ser abalados no mercado em razão de veiculação de ofensas à sua imagem".

Sendo assim, não só o empregador pessoa física pode ser passível de dano moral, como também o empregador pessoa jurídica. E, apesar de posicionamentos bem delineados por Carlos Alberto Bittar (2003) e por Maria Aparecida Alkimin (2009) quanto aos direitos da personalidade atribuídos à pessoa jurídica, segue-se aqui a visão de Maria Helena Diniz (2006).

Diniz (2006, p. 134) entende que as pessoas jurídicas têm direitos da personalidade, destacando, entre eles, o direito ao nome, à imagem, ao segredo e à honra objetiva, que se refere à projeção de valores na sociedade, ou seja, à reputação e ao bom nome da pessoa jurídica. Apenas a honra subjetiva, que compreende o juízo pessoal de atributos inerentes a cada pessoa que somente a pessoa humana possui, estaria excluída da proteção aos direitos da personalidade atribuídos à pessoa jurídica.

Enquanto para Alkimin (2009):

> Não é juridicamente possível a atribuição de honra subjetiva à pessoa jurídica, a qual se traduz no constrangimento, humilhação, dor espiritual, o que somente seria possível ao ser dotado de sensibilidade humana, razão

pela qual à pessoa jurídica deve ser atribuída a tutela a alguns direitos da personalidade como a imagem, o nome, o segredo ligado à privacidade. (ALKIMIN, 2009, p. 102).

Todavia, insta recorrer, mais uma vez, à visão sempre oportuna de Diniz (2004), ao afastar a reparação do dano moral subjetivo às pessoas jurídicas:

> [...] que fere interesses espirituais, por não possuírem capacidade afetiva ou receptividade sensorial. Mas as pessoas jurídicas, públicas ou privadas, poderão sofrer dano moral objetivo, por terem atributos da personalidade reconhecidos jurídica e publicamente como um modo de ser, sujeito à valoração extrapatrimonial da comunidade em que atuam, p.ex., o prestígio, o bom nome, a confiança do público, a probidade comercial, a proteção ao segredo industrial e ao nome comercial, etc. Esta sua boa reputação é uma manifestação particular da honra e transcende as considerações de índole patrimonial. Deveras, o agravo à honra objetiva pode ocorrer sem qualquer consideração a um dano patrimonial, daí o seu direito à reparação desse prejuízo. Assim sendo, a pessoa jurídica poderá propor ação de responsabilidade civil fundada em dano material e moral, advindo de lesão de direito da personalidade. (DINIZ, 2004, p. 135).

Conforme Alkimin (2009, p. 53), o Código Civil de 2002, inclusive ao tratar dos direitos da personalidade nos arts. 11 a 21, refere-se apenas à pessoa natural, o que reforça a ideia de que nem todos os direitos de personalidade se identificam com a pessoa jurídica.

Também é o entendimento de Schiavi (2011, p. 67): "[...] as pessoas jurídicas, por não possuírem intimidade e não terem sentimentos, o dano moral se configura quando há violação à sua honra objetiva, seu nome, sua reputação, sua imagem".

Ainda Schiavi (2011, p. 68) assinala que pessoa jurídica é um ente criado pelo Direito que tem existência própria para cumprir o feixe de papéis institucionalizados para os quais foi criada. Sendo assim, ela não guarda os valores da personalidade ínsitos à pessoa humana, como os sentimentos, a privacidade e a intimidade. Portanto, goza apenas da proteção à honra objetiva (reputação), ao nome e à imagem.

Pertinente trazer à baila o pensamento de Jabur (2000) a respeito do tema:

> Pessoas jurídicas também têm honra, privacidade e imagem. Não desfrutam da subjetividade da honra, naturalmente, atribuível apenas a quem tem alma e sente dor, mas devem contar com a proteção da vertente objetiva da honra, aquela que se manifesta e se projeta perante a sociedade, única capaz de julgá-la. Há, de igual modo, uma imagem a ser resguardada, aquela que traduz aspectos de sua personalidade e identifica elementos de sua composição e atuação, como sinais, símbolos e marcas. (JABUR, 2000, p. 365).

Portanto, conforme Schiavi (2011, p. 115), a pessoa jurídica, embora não tenha intimidade (honra, dignidade e decoro — aspecto interior, porquanto age segundo a vontade das pessoas que a comandam), tem a honra objetiva, que consiste na imagem e na reputação a zelar perante terceiros (aspecto exterior).

Assinala Pamplona Filho (2002):

> A legislação jamais excluiu expressamente as pessoas jurídicas da proteção aos interesses extrapatrimoniais, entre os quais se incluem os direitos da personalidade. Se é certo que uma pessoa jurídica jamais terá uma vida privada, mais evidente ainda é que ela pode e deve zelar pelo seu nome e imagem perante o público, sob pena de perder largos espaços na acirrada concorrência de mercado. (PAMPLONA FILHO, 2002, p. 87).

Destaca Dallegrave (2009, p. 152) que tal entendimento visa a proteger "a imagem (marca comercial) da pessoa jurídica, partindo de um viés patrimonial acerca de exegese do art. 52 do novo Código Civil".

Portanto, o dano moral à pessoa jurídica ocorre somente no caso de violação à sua honra objetiva e não à sua honra subjetiva. Assim já se manifestou o STJ:

> A pessoa jurídica, criação da ordem legal, não tem capacidade de sentir emoção e dor, estando por isso desprovida de honra subjetiva e imune à injúria. Pode padecer, porém, de ataque à honra objetiva, pois goza de uma reputação junto a terceiros, passível de ficar abalada por atos que afetam seu bom nome no mundo civil ou comercial onde atua. (BRASIL, 2002b).

Em igual sentido também decidiu o TRT da 24ª Região:

> É de conhecimento correntio que na quadra atual, de mercado competitivo e concorrência acirrada, as empresas gastam montantes vultosos com o objetivo de consolidar uma imagem eficiente junto à sua clientela. Em outros termos, é crescente a preocupação dos grupos empresariais com a construção da sua boa imagem perante os consumidores, constituindo a confiança desses no fundo de comércio e, portanto, em patrimônio jurídico de tais entes. Desse modo, o fato da reclamada ter procedido a cobranças a seus clientes quando esses já haviam pagado ao recorrente (ex-empregado) que se apropriou indevidamente dos valores não os repassando à empresa, criou um conceito negativo dessa junto a tais clientes, com prejuízos inegáveis, justificando-se plenamente a condenação em danos morais. (MINAS GERAIS, 2007a).

3.2. A DIGNIDADE DA PESSOA HUMANA COMO DIMENSÃO DOS DIREITOS DA PERSONALIDADE

A dignidade da pessoa humana é tratada pela Constituição Federal de 1988 como um dos fundamentos da República Federativa do Brasil (art. 1º, III) e como fim da ordem econômica. Por consequência, foi elevada à categoria de princípio fundamental, assumindo o status de norma estruturante de todo o ordenamento jurídico brasileiro, vinculando as ações da iniciativa privada e do Estado.

Consoante ensina Mauricio Delgado (2010c, p. 39), a Constituição democrática de 1988 alçou o princípio da dignidade da pessoa humana, na qualidade de princípio próprio, ao núcleo do sistema constitucional do país e ao núcleo de seu sistema jurídico, político e social. Passa a dignidade a ser princípio fundamental de todo o sistema jurídico.

Sendo assim, também conforme Mauricio Delgado (2010c, p. 39), a dignidade humana é o "fundamento da vida no país, princípio jurídico inspirador e normativo, e, ainda, fim, objetivo de toda a ordem econômica". Este autor explicita ainda que a Constituição brasileira incorporou o princípio da dignidade humana em seu núcleo e o fez de maneira absolutamente atual. Conferiu-lhe status multifuncional, mas combinando unitariamente todas as suas funções: fundamento, princípio e objetivo. Assegurou-lhe, assim, abrangência a toda a ordem jurídica e a todas as relações sociais. Garantiu-lhe, também, amplitude de conceito, de modo a ultrapassar sua visão estritamente individualista em favor de uma dimensão social e comunitária de formação da dignidade humana.

Para Schiavi (2011, p. 48): "A dignidade é mais que um fundamento e também tem dimensão mais reluzente que um princípio, pois é inata à própria condição humana". Ele ainda propõe:

> A proteção da dignidade da pessoa humana envolve todos os aspectos da pessoa, seja no seu aspecto exterior — papéis que representa na sociedade e, como função profissional, imagem, etc. — como na sua individualidade, privacidade, intimidade (art. 5º, V e X, da CF), assim como o fato de pertencer ao gênero humano, seu aspecto físico, sua etnia, bem como a proteção do meio ambiente. (SCHIAVI, 2011, p. 50).

De acordo com Szaniawski (2005, p. 142), o princípio da dignidade da pessoa humana consiste no ponto nuclear no qual se desdobram todos os direitos fundamentais do ser humano, vinculando o poder público como um todo, bem como os particulares, pessoas naturais ou jurídicas.

Em razão disso, também consoante Szaniawski (2005, p. 144), o princípio da dignidade da pessoa humana atua como "cláusula geral de tutela da personalidade do ser humano, tutelando-a em todas as suas dimensões".

É assim, a propósito, que ainda se manifesta Szaniawski (2011, p. 46): "A dignidade da pessoa humana é uma cláusula geral da Constituição Federal, visando a proteger a pessoa em todos os seus aspectos".

Segundo Moraes (2003, p. 127): "Os direitos das pessoas estão, assim, todos eles, garantidos pelo princípio constitucional da dignidade humana e vêm a ser concretamente protegidos pela cláusula geral de tutela da pessoa humana".

Sob a ótica de Borges (2005, p. 14), a dignidade humana, ao ser incluída como princípio fundamental no corpo da Carta Magna, recebe o tratamento de princípio ou norma de caráter obrigatório a ser observado com grande força jurídica vinculante.

Para Szaniawski (2005, p. 140), o princípio da dignidade da pessoa humana representa o princípio mãe, do qual irradiam todos os direitos fundamentais do ser humano, vinculando o poder público como um todo e também os particulares, pessoas naturais e jurídicas, sendo o direito da pós-modernidade um direito que possui por destinatário primeiro a pessoa humana exercendo uma função social dentro do seu próprio meio. Assim, o direito posto deve ser lido e interpretado à luz da Constituição, segundo os postulados do princípio da dignidade da pessoa humana. Em virtude da suprema importância deste princípio jurídico mãe, o mesmo será como os demais direitos fundamentais que promanam do princípio mencionado e que informam o direito geral da personalidade.

Por isso, ainda conforme Szaniawski (2005, p. 140), a dignidade da pessoa humana representa o "fundamento primeiro e a finalidade última de toda a atuação estatal e mesmo particular, o núcleo essencial dos direitos humanos".

Segundo Piovesan (1998, p. 134), a Constituição de 1988 elegeu o valor da dignidade da pessoa humana como um valor essencial que lhe dá unidade de sentido. Isso significa que o valor da dignidade humana informa a ordem constitucional de 1988 e imprime a ela uma feição particular.

Nesta direção, salienta Mauricio Delgado (2010c):

> A Constituição Brasileira incorporou o princípio da dignidade humana em seu núcleo e o fez de maneira absolutamente moderna. Conferiu-lhe *status* multifuncional, mas combinando unitariamente todas as suas funções: fundamento, princípio e objetivo. Assegurou-lhe amplitude de conceito, de modo a ultrapassar sua visão estritamente individualista em favor de uma dimensão social e comunitária de afirmação da dignidade humana. Enquanto ser social, a pessoa humana tem assegurada por este princípio iluminador e normativo não apenas a intangibilidade de valores individuais básicos, como também um mínimo de possibilidade de afirmação no plano circundante. (DELGADO, M. G., 2010c, p. 121).

Novamente segundo Szaniawski (2005, p. 140), o princípio da dignidade da pessoa humana atua como fundamento dos direitos e das garantias fundamentais estabelecidos no Título II da Constituição Federal de 1988. Trata-se de um princípio que tem como consequência direta a valorização dos direitos da personalidade, constituindo-se em "cláusula geral de proteção da personalidade no Brasil".

Consoante o pensamento de Alkimin (2009):

> A dignidade humana, por ser um atributo natural, tem sua base no direito natural cuja doutrina naturalista cuida da pessoa enquanto valor fonte, atribuindo-lhe direitos natos compatíveis com a existência humana, tais como, direito à vida, à liberdade, à igualdade, ou seja, direitos inseparáveis da condição humana. (ALKIMIN, 2009, p. 39).

Ensina Lewicki (2003, p. 77) que a personalidade, em todos os seus aspectos e desdobramentos, encontra sua garantia na cláusula geral de tutela da pessoa humana, cujo ponto de confluência é a dignidade da pessoa humana, por encontrar-se no ápice do ordenamento jurídico e funcionar como um valor reunificador da personalidade a ser tutelada.

Como bem expressa Szaniawski (2005):

> A dignidade da pessoa humana nasce juntamente com o indivíduo, trata-se, outrossim, do primeiro e do mais importante fundamento de todo o sistema constitucional brasileiro, o primeiro fundamento e o último arcabouço da guarita dos direitos individuais. O princípio da dignidade da pessoa humana constitui-se em um verdadeiro supraprincípio, a chave de leitura e da interpretação dos demais princípios fundamentais e de todos os direitos e garantias fundamentais expressos na Constituição. (SZANIAWSKI, 2005, p. 141).

Desse modo, o estudo dos direitos da personalidade tem como base primordial o princípio da dignidade da pessoa humana.

E assim se manifesta Szaniawski (2005):

> A Constituição Federal edifica o direito geral de personalidade a partir de determinados princípios fundamentais nela inseridos, provenientes de um princípio matriz, que consiste no princípio da dignidade da pessoa humana, que funciona como cláusula geral de tutela de personalidade. A pilastra central, a viga mestra sobre a qual se sustenta o direito geral da personalidade, está consagrada no inc. III, do art. 1º da Constituição, consistindo no princípio da dignidade da pessoa humana. As outras colunas de sustentação do sistema de tutela da personalidade consistem no direito fundamental de toda pessoa possuir um patrimônio mínimo, previsto no Título II, do art. 5º, inciso XXIII, e no Título VII, Capítulos II e III; e os demais princípios, consagrados no Título VIII, garantido, no Capítulo II, a toda a pessoa, o exercício do direito à saúde; no Capítulo VI, o direito ao meio ambiente ecologicamente equilibrado, a fim de poder exercer seu direito à vida com o máximo de qualidade de vida; e. no Capítulo VII, o

direito de possuir uma família e de planejá-la, de acordo com os princípios da dignidade da pessoa humana e da paternidade responsável. Todos estes princípios, segundo podemos constatar, asseguram a tutela da personalidade humana segundo a atuação de uma claúsula geral. (SZANIAWSKI, 2005, p. 138).

Também conforme Szaniawski (2005):

> Os princípios constitucionais, dispostos na Carta Magna, constituem o arcabouço da tutela da pessoa humana em nível constitucional, como um grande sistema de proteção do direito geral de personalidade. Tendo em vista a importância e a extensão do princípio da dignidade da pessoa humana, como princípio matriz, do qual irradiam todos os direitos fundamentais do ser humano, vinculando o poder público como um todo, bem como os particulares, pessoas naturais ou jurídicas e sendo o direito da pós-modernidade um direito que possui por destinatário final a pessoa humana, exercendo uma função social, todo o direito posto deve ser lido e interpretado à luz da Constituição, em especial, segundo os postulados do princípio da dignidade da pessoa humana. (SZANIAWSKI, 2005, p. 120).

Como já estabelecido, direitos da personalidade são inerentes à pessoa humana e a ela se encontram permanentemente vinculados. Por essa razão, a dignidade da pessoa humana apresenta vinculação direta com os direitos fundamentais. Sem tal visão, a dignidade da pessoa humana não se concretiza no Direito do Trabalho.

Pertinente trazer à baila os ensinamentos de Szaniawski (2005) sobre o tema:

> A Constituição brasileira de 1988 traz entre os princípios fundamentais que a informam o princípio da igualdade, inserido em sua parte preambular e no *caput* do art. 5º, e o princípio da dignidade da pessoa, no inciso III, do art. 1º. Ambos os princípios possuem idêntico valor. Estes dois princípios fundamentais conjugados constituem a base, o substrato necessário à constituição dos demais direitos, tutelando a pessoa humana em toda a sua dimensão, uma vez que a mesma é portadora de dignidade e de igualdade, sob seu aspecto formal e material. Verifica-se, pois, que a Constituição em vigor adota a cláusula geral como princípio fundamental da ordem jurídica constitucional brasileira. Nossa Constituição, embora não possua inserido em seu texto um dispositivo específico destinado a tutelar a personalidade humana, reconhece e tutela o direito geral de personalidade através do princípio da dignidade da pessoa, que consiste em uma cláusula geral de concreção da proteção e do desenvolvimento da personalidade do indivíduo. Esta afirmação decorre do fato de que o princípio da dignidade, sendo um princípio fundamental diretor, segundo o qual deve ser lido e interpretado todo o ordenamento jurídico brasileiro, constituindo-se na

cláusula geral de proteção da personalidade, uma vez ser a pessoa natural o primeiro e o último destinatário da ordem jurídica. O constituinte brasileiro optou por construir um sistema de tutela da personalidade humana, alicerçando o direito geral de personalidade pátrio a partir do princípio da dignidade da pessoa humana e de alguns outros princípios constitucionais fundamentais, espalhados em diversos Títulos, que garantem o exercício do livre desenvolvimento da personalidade da pessoa humana. (SZANIAWSKI, 2005, p. 137).

Já pelo magistério de Manoel Jorge e Silva Neto (2005, p. 70), o pressuposto teleológico de todo o sistema normativo brasileiro, que é a dignidade da pessoa humana, é suficiente para fazer eclodir uma rede de proteção aos direitos da personalidade no âmbito da relação de emprego, impedindo que sejam perpetradas transgressões contra os empregados destinadas a limitar os direitos à intimidade, à privacidade, à incolumidade física e à imagem.

Neste sentido, o art. 1º, III, da CF/88, ao consagrar o princípio da dignidade da pessoa humana, visa a tutelar todas as categorias de direitos da personalidade. A dignidade é inerente à pessoa humana e, sendo assim, a proteção aos direitos da personalidade é cabível com a finalidade de eliminar toda e qualquer conduta que possa afrontar a dignidade da pessoa humana do trabalhador, uma vez que não há de se admitir trabalho sem respeito à sua dignidade e ao seu valor.

Assinala Gabriela Delgado (2006, p. 207): "O trabalho não violará o homem enquanto fim em si mesmo, desde que prestado em condições dignas. O valor da dignidade deve ser o sustentáculo de qualquer trabalho humano".

Ainda ressalta Gabriela Delgado (2006, p. 79) que na Constituição Federal de 1988, que confere especial destaque ao trabalho, relacionando-o à dignidade da pessoa humana, à justiça social e ao valor social do trabalho, o valor da pessoa humana manifesta-se por meio do princípio fundamental da dignidade.

Neste quadro, adverte Mantovani Júnior (2010, p. 36) que a dignidade do trabalhador deve ser preservada no desenvolvimento da atividade laborativa. O empregador, muito embora detenha o comando das atividades desenvolvidas no ambiente de trabalho, não pode ignorar a presença deste princípio constitucional que visa a assegurar à pessoa do trabalhador um mínimo impenetrável.

Aduz Paulo Lobo (2001, p. 9) que a Constituição Federal de 1988, assim: "prevê a cláusula geral de tutela da personalidade, que pode ser encontrada no princípio fundamental da dignidade da pessoa humana (art. 1º, III)".

Já segundo Farias (1996):

> O extenso rol de direitos e garantias fundamentais, prescrito pelo Título II da Constituição Federal vigente, traduz uma especificação e massificação

do princípio fundamental da dignidade da pessoa humana (art. 1º, III). Vale dizer: consoante expressa o nosso texto constitucional, os direitos fundamentais são uma primeira e importante concretização desse último princípio. [...] O princípio fundamental da dignidade da pessoa humana funciona ainda como cláusula pétrea, no sentido de respaldar o surgimento de "novos direitos" não expressos na Constituição de 1988, mas nela implícitos em decorrência do regime e princípios por ela adotados, ou em virtude de tratados internacionais em que o Brasil seja parte, reforçando, assim, o disposto no art. 5º, § 2º. (FARIAS, 1996, p. 151).

De acordo com Reale citado por Manoel Jorge e Silva Neto, (2005, p. 98), não há princípio mais elevado que o da dignidade da pessoa humana, pressuposto teleológico de toda a produção normativa.

Conforme Tepedino (2003, p. 38), essa proteção fundamental possui o intuito de garantir ao trabalhador o bem-estar desejado no seio familiar e na sociedade civil, pois, em suas palavras, "a lógica fundante dos direitos da personalidade é a tutela da dignidade da pessoa humana".

Para Amaral (2003), os direitos da personalidade compreendem uma das formas de manifestação da dignidade da pessoa humana, e ainda:

É suporte básico o princípio fundamental expresso no art. 1º, III, da Constituição Brasileira, o da dignidade da pessoa humana. Significa este princípio, que orienta e legitima o sistema jurídico de defesa da personalidade, que a pessoa humana é o fundamento e o fim da sociedade, do Estado e do direito. (AMARAL, 2003, p. 249).

Assim sendo, cabe ao empregador a obrigação de prover o trabalho adequadamente e possibilitar a execução dos serviços de forma harmoniosa, respeitando, sempre, a integridade física, psíquica, moral e intelectual do trabalhador. Esta constitui a razão de destaque quando se trata da valorização do trabalho e da preservação da dignidade do trabalhador, visto que são eles que revelam os atributos inerentes e indissociáveis da pessoa humana.

É neste viés que se considera aqui a dignidade da pessoa como o verdadeiro pressuposto ou o próprio fundamento dos direitos da personalidade.

Romita (2009) estatui com exatidão:

A dignidade da pessoa humana é o fundamento dos direitos humanos. Os direitos fundamentais constituem manifestações da dignidade da pessoa. Quando algum dos direitos fundamentais, qualquer que seja a família a que pertença, for violado, é a dignidade da pessoa que sofre a ofensa. Os direitos fundamentais asseguram as condições da dignidade e, não obstante a violação da norma, apesar da agressão, a dignidade estará preservada, porque ela é um valor intangível. A dignidade não se esgota nos direitos fundamentais, entretanto, só terá sua dignidade respeitada o indivíduo cujos direitos fundamentais forem observados e realizados. (ROMITA, 2009, p. 163).

A dignidade da pessoa humana, inserida da Constituição Federal de 1988, em seu art. 1º, III, como fundamento da República Federativa do Brasil e núcleo axiológico de todo o ordenamento jurídico, atrai a tutela de todas as situações que envolvem violações à pessoa, ainda que não previstas taxativamente, pois parece clara a opção do Constituinte, ao elaborar a regra do parágrafo 2º, do art. 5º, da Constituição brasileira, que assim reza:

Art. 5º

[...]

§ 2º Os direitos e garantias expressos nesta Constituição não excluem outros decorrentes do regime e dos princípios por ela adotados, ou dos tratados internacionais em que a República Federativa do Brasil seja parte.

Neste sentido, pontifica Szaniawski (2005):

A ideia de que todo ser humano é possuidor de dignidade é anterior ao direito, não necessitando, por conseguinte, ser reconhecida juridicamente para existir. Sua existência e eficácia prescindem de legitimação, mediante reconhecimento expresso pelo ordenamento jurídico. No entanto, dada a importância da dignidade, como princípio basilar que fundamenta o Estado Democrático de Direito, esta vem sendo reconhecida, de longa data, pelo ordenamento jurídico dos povos civilizados e democráticos, como um princípio jurídico fundamental, como valor unificador dos demais fundamentos, inseridos nas Constituições, como um princípio jurídico fundamental. (SZANIAWSKI, 2005, p. 142).

Destarte, é a dignidade humana o núcleo essencial que compõe os direitos da personalidade e a fonte ética que confere unidade, sustentáculo e sentido a todo o sistema constitucional social brasileiro.

Logo, são emblemáticos os dizeres de Mauricio Delgado (2010c):

O princípio da dignidade da pessoa humana traduz a ideia de que o valor central das sociedades, do Direito e do Estado contemporâneos é a pessoa humana, em sua singeleza, independentemente de seu *status* econômico, social ou intelectual. O princípio defende a centralidade da ordem juspolítica e social em torno do ser humano, subordinante dos demais princípios, regras, medidas e condutas práticas. (DELGADO, M. G., 2010c, p. 123).

Os direitos da personalidade são direitos essenciais ao desenvolvimento da pessoa humana, representando uma garantia para a preservação de sua dignidade.

Já no esteio de Gabriela Delgado (2006, p. 241), por meio deste prisma assegurado à dignidade do trabalho:

> O homem trabalhador revela a riqueza de sua identidade social, exercendo sua liberdade e a consciência de si, além de realizar, em plenitude, seu dinamismo social, seja pelo desenvolvimento de suas potencialidades, de sua capacidade de mobilização ou de seu efetivo papel na lógica das relações sociais. (DELGADO, Gabriela, 2006, p. 241).

Conforme Sarlet (2006b), em razão disso, a conceituação da dignidade da pessoa humana pressupõe:

> A qualidade intrínseca e distintiva de cada ser humano que o faz merecedor do mesmo respeito e consideração por parte do Estado e da comunidade, implicando, neste sentido, um complexo de direitos e deveres fundamentais que asseguram a pessoa tanto contra todo e qualquer ato de cunho degradante e desumano, como venham a lhe garantir as condições existenciais mínimas para uma vida saudável, além de propiciar e promover sua participação ativa e corresponsável nos destinos da própria existência e da vida em comunhão com os demais seres humanos. (SARLET, 2006b, p. 62).

Na lição de José Afonso da Silva (2005):

> A dignidade é atributo intrínseco, da essência da pessoa humana, único e que compreende um valor interno, superior a qualquer preço, que não admite substituição equivalente. Assim, a dignidade estranha e se confunde com a própria natureza do ser humano. (SILVA, José A., 2005, p. 39).

É por meio dos direitos da personalidade que irá se efetivar a proteção à dignidade da pessoa humana na seara laboral. Como possuem tal intento, ninguém pode, por ato voluntário, dispor deles.

Assim, de acordo com Aluísio Ferreira (2011), é possível entender:

> Os direitos da personalidade têm como fundamento a dignidade da pessoa humana, estando, assim, densamente ligados a tudo o que se relaciona com a personalidade humana, seja de maneira interna, como os aspectos morais e psíquicos; seja de modo externo, como a aparência física e a imagem do indivíduo diante da sociedade, de forma que se revelam um mínimo necessário destinados a garantir à pessoa humana a sua dignidade e o desenvolvimento da sua personalidade. (FERREIRA, A. H., 2011, p. 75).

Como bem explana Schiavi (2011):

> Os direitos da personalidade são direitos que decorrem da proteção da dignidade da pessoa humana e estão intimamente ligados à própria condição humana. Embora a violação a esses direitos possa ter repercussões patrimoniais, são direitos que se distinguem dos direitos patrimoniais, porque estão ligados à pessoa humana de maneira perpétua. (SCHIAVI, 2011, p. 52).

3.3. CARACTERÍSTICAS DOS DIREITOS DA PERSONALIDADE

Os direitos da personalidade são dotados de características próprias e especiais, na medida em que eles são destinados à proteção de todos os seus atributos e à dignidade humana do trabalhador.

As características dos direitos da personalidade estão previstas no art. 11, do Código Civil:

> Art. 11. Com exceção dos casos previstos em lei, os direitos da personalidade são intransmissíveis e irrenunciáveis, não podendo o seu exercício sofrer limitação voluntária.

É importante ressaltar que este dispositivo supracitado, contudo, estabelece apenas as características intransmissíveis e irrenunciáveis.

Percebe-se, então, que o rol previsto no art. 11, do Código Civil, não elenca todas as características referentes aos atributos de proteção inerentes à personalidade do ser humano, visto que suas características não se limitam somente às previstas neste diploma legal, devendo ser levada em consideração, sempre, a construção doutrinária e jurisprudencial sobre a matéria.

Destarte, é preciso lembrar que os direitos da personalidade, além de intransmissíveis e irrenunciáveis, são tipificados ainda em:

a) Caráter absoluto e ilimitado

Os direitos da personalidade são absolutos, no sentido de serem opostos *erga omnes*, impondo à coletividade um dever de respeito e de abstenção.

Lembra, contudo, Perlingieri citado por Lewicki (2003, p. 65) que apenas a oponibilidade imposta a todos é absoluta. O seu exercício não é absoluto, por não existir direito subjetivo ilimitado, já que é atribuído ao exclusivo interesse do sujeito.

É ilimitado também o rol de direitos da personalidade, não compreendendo somente aqueles previstos expressamente na legislação.

Conforme Alkimin (2009, p. 57), por estarem ligados "ao direito natural, ou seja, essência do ser, não se restringem àqueles previstos e tutelados pela legislação constitucional ou infraconstitucional".

Assim, os direitos da personalidade são ilimitados porque as relações de trabalho tendem a se tornar cada vez mais dinâmicas em decorrência da inserção de equipamentos sofisticados e avançados para o desenvolvimento dos meios de produção, bem como em razão das novas técnicas de gestão administrativa que sujeitam o trabalhador a programas de excelência e qualidade total, impulsionando-os à prática de competitividade, contrariando as normas que zelam pela observância da adequação saudável e equilibrada do ambiente de trabalho ao trabalhador.

Eis o magistério de Borges (2005) a respeito:

> Nem os direitos da personalidade presentes na Constituição Federal nem a listagem contida no texto do Código Civil de 2002 são listas exaustivas ou taxativas dos direitos da personalidade, uma vez que estes não são unicamente direitos típicos. Pelo contrário, são listas apenas exemplificativas e refletem dado momento histórico que está em veloz mutação. Lembre-se da regra do art. 5º, § 2º, do texto constitucional, que afirma que os direitos e garantias ali previstos não excluem outros que venham a ser reconhecidos posteriormente. (BORGES, 2005, p. 25).

A cada momento surgem novos direitos que devem ser reconhecidos e tutelados a só tempo pelo Estado, mas também respeitados entre os particulares.

Como lembra Jabur (2000):

> Os direitos da personalidade são, diante de sua especial natureza, carentes de taxação exauriente e indefectível. São todos indispensáveis ao desenrolar saudável e pleno das virtudes psicofísicas que ornamentam a pessoa. (JABUR, 2000, p. 28).

Também adverte Carlos Roberto Gonçalves (2000):

> O progresso econômico-social e científico poderá dar origem também, no futuro, a outras hipóteses a serem tipificadas em norma. Na atualidade, devido aos avanços científicos e tecnológicos (internet, clonagem, imagem virtual, monitoramento por satélite, acesso imediato a notícias e manipulação da imagem e voz por computador), a personalidade passa a sofrer novas ameaças que precisarão ser enfrentadas, com regulamentação da sua proteção. O direito da personalidade vai, pois, além das prerrogativas catalogadas na Constituição e na legislação ordinária. (GONÇALVES, C. R., 2000, p. 157).

b) Caráter inato ou originário

São inatos ou originários os direitos da personalidade, porque são outorgados a todas as pessoas pelo simples fato de existirem. Além disso, acompanham a pessoa desde seu nascimento até sua morte.

Consoante ensina Jabur (2000, p. 42-43), os direitos da personalidade são inatos "porque adquiridos com o simples nascimento com vida, sem a necessidade de concurso de meios legais de aquisição".

Surgem, assim, *"com o primeiro respiro pulmonar humano"*, que representa o nascimento com vida. Por isso, eles independem da vontade humana ou do ordenamento jurídico para a sua existência, cabendo apenas a este último a função de protegê-los.

Imperioso observar que, apesar de o direito moral do autor ser considerado direito da personalidade, ele não pode ser considerado inato, tendo em vista que o fato gerador do direito do autor fica vinculado à criação de obra intelectual. Com o nascimento da pessoa natural, esta adquire apenas o direito de ser autora, caso venha, algum dia, a exteriorizar uma obra intelectual.

Nessa ótica, assinala Szaniawski (2005):

> Nem todos os direitos de personalidade são inatos, a exemplo dos direitos morais do autor e do inventor, que se caracterizam como direitos especiais da personalidade natos. Podendo vir a surgir após o nascimento da pessoa. (SZANIAWSKI, 2005, p. 200).

Em razão disso, todos os direitos inatos são direitos da personalidade, mas nem todos os direitos da personalidade são considerados inatos, a exemplo do direito do autor, conforme já demonstrado.

Os direitos da personalidade também são vitalícios porque são perenes ou perpétuos, ou seja, perduram enquanto perdurar a personalidade, isto é, a vida humana. E, em algumas situações, transcendem a própria vida, pois são protegidos também após o falecimento. Ao morto, assim, deve ser preservado seu direito da personalidade, que são a sua imagem, a sua honra e o seu nome.

c) Caráter de imprescritibilidade

Como afirma Mantovani Júnior (2010, p. 20), os direitos da personalidade são imprescritíveis por serem inatos ao próprio homem e por existirem, em consequência, independentemente do elemento vontade. A sua não utilização pela pessoa humana não exclui esta espécie de direito.

Válio (2006, p. 24), ao defender a imprescritibilidade das ações que versam sobre a proteção aos direitos da personalidade, assinala que "[...] podem ser discutidos em juízo independente (*sic*) de prazos prescricionais e decadência, mesmo havendo grande discussão doutrinária nesse sentido [...]".

Visão também de Paulo Oliveira (2010, p. 170): "Ações que envolvem direito da personalidade [...] que afetam a dignidade do cidadão trabalhador não estão sujeitas a qualquer prazo prescricional, sendo, portanto, imprescritíveis".

Ainda para Paulo Oliveira (2010, p. 170), a prescrição deve receber uma interpretação restritiva. Sendo assim, a regra não deve ser a da estabilização pela prescrição dos direitos, mas a da estabilização pelo respeito aos direitos. Logo, apesar de o objetivo ser a estabilidade das relações sociais, esta não pode ocorrer ao custo da efetivação dos direitos sociais.

Conforme Schiavi (2011, p. 52): "Não existe prazo para serem exercidos. Também não se extinguem pelo não uso. Entretanto, eventuais reparações pecuniárias das violações desses direitos prescrevem".

Contra os direitos da personalidade não corre nenhum prazo prescricional. Essa imprescritibilidade, contudo, não se confunde com as ações judiciais que serão ajuizadas em decorrência da infração desses direitos. Ou seja, os direitos, em si, são imprescritíveis, porém as pretensões de reparação vão vencendo paulatinamente no tempo em conformidade com os prazos prescricionais dessas reparações.

Consoante Mantovani Júnior (2010, p. 20), em razão disso, os prazos prescricionais estabelecidos no ordenamento jurídico para a interposição das demandas judiciais devem ser respeitados.

Como observa Jabur (2000, p. 66): "As relações sociais e a estabilidade do tráfego jurídico não podem ficar a líbito do particular".

E relata Carlos Roberto Gonçalves (2000):

> Já decidiu o Superior Tribunal de Justiça que o direito de ação por dano moral é de natureza patrimonial e, como tal, transmite-se aos sucessores da vítima. Não se pode, pois, afirmar que é imprescritível a pretensão à reparação do dano moral, embora consista em ofensa a direito da personalidade. (GONÇALVES, C. R., 2000, p. 158).

d) *Caráter de inalienabilidade*

A inalienabilidade consiste na impossibilidade de negociar ou de transferir o direito de seu titular para outra pessoa, seja a título gratuito ou oneroso. Como são direitos conferidos a todos os seres humanos, eles não possuem caráter patrimonial, deles não se podendo dispor.

São direitos que estão fora do comércio e, por isso, não possuem valor econômico imediato. Dessa maneira, os direitos da personalidade inadmitem qualquer apreciação pecuniária, não podendo seu titular transmiti-los a outrem, justamente por não serem objeto de comércio.

Portanto, estes direitos não podem ser negociados ante a ausência de caráter patrimonial.

e) *Caráter de intransmissibilidade ou intransferibilidade*

A intransmissibilidade ou a intransferibilidade vem mencionar que os direitos da personalidade são inseparáveis do seu titular. Pertencem à pessoa humana e somente a ela, não se transferindo a outrem, nem mesmo, regra geral, após a morte.

Conforme Alkimin (2009, p. 57): "[...] nascem e morrem com o seu titular, pois se referem a atributos pessoais que não podem ser transferidos ou cedidos para outrem, como a vida, a liberdade, a honra, a intimidade e a integridade".

Nos dizeres de Simón (2000, p. 64), a intransmissibilidade: "[...] é a impossibilidade de mudança do sujeito, por força de um nexo orgânico, ou seja, o objeto é inseparável do sujeito originário".

Sendo assim, os direitos da personalidade são considerados intransferíveis, porque não podem ser transferidos a outrem a título gratuito ou oneroso, salvo nas hipóteses autorizadas pelo art. 12, parágrafo único, e art. 943, do Código Civil, respectivamente:

> Art. 12. Pode-se exigir que cesse a ameaça, ou a lesão, a direito da personalidade, e reclamar perdas e danos, sem prejuízo de outras sanções previstas em lei.
>
> **Parágrafo único. Em se tratando de morto, terá legitimação para requerer a medida prevista neste artigo o cônjuge sobrevivente, ou qualquer parente em linha reta, ou colateral até o quarto grau.**
>
> Art. 943. O direito de exigir reparação e a obrigação de prestá-la transmitem-se com a herança. (grifo nosso).

No mesmo sentido, reza o parágrafo único, do art. 20, do Código Civil:

> Art. 20. Salvo se autorizadas, ou se necessárias à administração da justiça ou à manutenção da ordem pública, a divulgação de escritos, a transmissão da palavra, ou a publicação, a exposição ou a utilização da imagem de uma pessoa poderão ser proibidas, a seu requerimento e sem prejuízo da indenização que couber, se lhe atingirem a honra, a boa fama ou a respeitabilidade, ou se se destinarem a fins comerciais.
>
> **Parágrafo único. Em se tratando de morto ou de ausente, são partes legítimas para requerer essa proteção o cônjuge, os ascendentes ou os descendentes.** (grifo nosso).

Embora os direitos da personalidade terminem com a morte da pessoa, exaurindo-se com o exalar do último sopro vital, contudo, determinados direitos da personalidade se mantêm, quais sejam: a) direito ao corpo ou à parte; b) direito à honra e à imagem do morto; c) direito do autor. Estes são direitos que continuam produzindo efeito *post mortem*. Sob tal prisma, pode-se afirmar serem direitos transmissíveis por sucessão *mortis causa*, cabendo aos herdeiros, ou ao cônjuge sobrevivente, ou a ambos, conforme o caso, promover a sua defesa contra terceiros.

No Direito do Trabalho, se o empregado vier a falecer por motivo de acidente do trabalho, são partes legítimas para requerer a tutela por violação ao direito à vida do empregado falecido os lesados indiretos. Trata-se do dano moral por reflexo ou em ricochete. Esta espécie de dano moral é aquela que atinge pessoa diversa da que sofre diretamente o dano moral, refletindo em pessoa de convivência muito próxima em razão dos laços afetivos que possui com a vítima do dano moral.

A jurisprudência trabalhista já reconhece o dano moral em ricochete:

> ACIDENTE DO TRABALHO. ÓBITO DO EMPREGADO. AÇÃO DE INDENIZAÇÃO POR DANOS MORAIS E MATERIAIS. LEGITIMIDADE ATIVA DOS FILHOS DO DE CUJUS. O dano moral decorrente da violação a um direito personalíssimo. Em um primeiro plano, os herdeiros podem ajuizar a demanda buscando, com base na existência do espólio, a reparação devida, decorrente do acidente fatal, cujo dano decorre da própria morte que é inerente à condição humana. Em um segundo aspecto, os dependentes da vítima, mormente aqueles ligados a ela por relação sanguínea, como, *in casu*, os autores, filhos do *de cujus*, podem reclamar a indenização, pelo dano próprio e pessoal sofrido. Trata-se de dano reflexo ou em ricochete, assim denominado o dano sofrido por pessoa próxima ligada à vítima direta do ato ilícito (MINAS GERAIS, 2007b).

Convém destacar, ainda, na visão de Edilton Meireles (2005, p. 217), que familiares do empregado também podem se sentir prejudicados em relação à revelação de segredo da vida privada familiar. Neste caso, a responsabilidade do empregador não se restringe somente aos seus empregados, podendo se estender a terceiros, por via reflexa, que se sentiram prejudicados pelo ato abusivo praticado pelo empregador.

f) *Caráter de indispensabilidade, irrenunciabilidade e inalienabilidade*

Por serem direitos inerentes à condição humana e vinculados à pessoa de seu titular, necessários à sua existência, os direitos da personalidade são indisponíveis e irrenunciáveis, bastando o nascimento com vida para que passem a existir, sendo proibida a eliminação de tais direitos por vontade do seu titular.

Como bem expressa Fernandes (1984, p. 152), a indisponibilidade ou a inalienabilidade veda ao titular do direito cedê-lo como um todo, podendo a pessoa deixar de exercê-lo, em caráter temporário, mas não renunciá-lo, em caráter permanente.

Para Schiavi (2011), a indisponibilidade significa:

> [...] que nem por vontade própria do indivíduo o direito pode mudar de titular, o que faz com que os direitos da personalidade sejam alçados a um patamar diferenciado dentro dos direitos privados. A expressão abarca tanto a a) intransmissibilidade: impossibilidade de modificação subjetiva,

gratuita ou onerosa — inalienabilidade — quanto a b) irrenunciabilidade: impossibilidade de reconhecimento jurídico da manifestação volitiva de abandono do direito. (SCHIAVI, 2011, p. 52).

Segundo Simón (2000, p. 64), a indisponibilidade representa uma consequência da intransmissibilidade. Para a autora, os direitos da personalidade, pela natureza do próprio objeto, não podem mudar de sujeito, ainda que assim deseje o seu titular. Tal como a personalidade, eles estão subtraídos do poder de disposição do indivíduo.

No mesmo sentido, aponta Carlos Roberto Gonçalves (2000):

> Não podem os seus titulares deles dispor, transmitindo-os a terceiros, renunciando ao seu uso ou abandonando-os, pois nascem e se extinguem com eles, dos quais são inseparáveis. Evidentemente, ninguém pode desfrutar em nome de outrem bens como a vida, a honra, a liberdade. (GONÇALVES, C. R., 2000, p. 156).

Venosa (2005) também assinala:

> Os direitos da personalidade são os que resguardam a dignidade humana. Desse modo, ninguém pode, por ato voluntário, dispor de sua privacidade, renunciar à liberdade, ceder seu nome de registro para utilização por outrem, renunciar ao direito de pedir alimentos no campo de família. (VENOSA, 2005, p. 164).

Nessa ótica, ressalta Gediel (2003, p. 161) não serem válidas as cláusulas de invasão de privacidade, em que o empregado firma documento escrito ou cláusula contratual renunciando voluntariamente ou declarando estar ciente de que sua intimidade não será preservada.

Nem mesmo por intermédio de norma coletiva é possível a criação de cláusula convencional despojando o empregado dos seus direitos da personalidade. Se praticado tal ato, este será absolutamente nulo por afrontar normas de ordem pública. Portanto, não é absoluta por não fazer presunção *jure et de jure* a característica.

Destaca Alkimin (2009):

> Há casos em que um ou outro direito da personalidade pode ser alvo de disposição, não somente para atender a interesse social ou altruístico, como também, por objetivo econômico, como é o caso do direito à imagem *e. g.*, pessoa famosa que cede sua imagem para promoção de produtos ou veiculação de informação, com o objetivo econômico ou não. (ALKIMIN, 2009, p. 57).

A restrição quanto à renunciabilidade dos direitos da personalidade está disposta no art. 11 e no *caput* do art. 20, do Código Civil:

> Art. 11. Com exceção dos casos previstos em lei, os direitos da personalidade são intransmissíveis e irrenunciáveis, não podendo o seu exercício sofrer limitação voluntária.
>
> Art. 20. Salvo se autorizadas, ou se necessárias à administração da justiça ou à manutenção da ordem pública, a divulgação de escritos, a transmissão da palavra, ou a publicação, a exposição ou a utilização da imagem de uma pessoa poderão ser proibidas, a seu requerimento e sem prejuízo da indenização que couber, se lhe atingirem a honra, a boa fama ou a respeitabilidade, ou se se destinarem a fins comerciais.

Esclarece Borges (2005), a respeito, que os direitos da personalidade não são indisponíveis stricto sensu, muito menos transmissíveis ou renunciáveis. A titularidade do direito não é objeto de transmissão. Na verdade:

> A imagem não se separa do seu titular original, assim como sua intimidade. A imagem continuará sendo daquele sujeito, sendo impossível juridicamente e até fisicamente sua transmissão a outrem ou, mesmo, sua renúncia. Mas expressões do uso do direito da personalidade podem ser cedidas, de forma limitada, com especificações quanto à duração da cessão e quanto à finalidade do uso. (BORGES, 2005, p. 121).

Razão pela qual assevera Aieta, citada por Simón (2000, p. 83) que, no caso de consentimento do interessado, "o indivíduo opta por temporariamente deixar de exercer o seu direito (o que pode ser feito, em razão de ser um comportamento ocasional) enquanto a renúncia é duradoura".

Por isso, De Cupis (2004, p. 53) destaca a "possibilidade de consentimento" como uma das características dos direitos da personalidade, que se encontra perfeitamente compatível com outras, tais como a intransmissibilidade, a indisponibilidade e a irrenunciabilidade.

O critério da indisponibilidade não é absoluto e, de acordo com Bittar (2003, p. 12), em determinados momentos, é necessária a sua disponibilidade, com vistas a assegurar a melhor fruição por parte de seu titular, sem, no entanto, afetar os seus caracteres intrínsecos. Trata-se, assim, dos direitos autorais, em razão do interesse do titular em aumentar as suas receitas patrimoniais; do direito à imagem, frente ao acentuado uso de pessoas notórias na promoção de empresas e de produtos comerciais, mediante a remuneração convencionada, mas desde que na exata medida e nos limites ditados pela vontade do titular; e dos direitos ao corpo, ou à parte ou ao órgão, frente a situações altruísticas, ou científicas, que podem ser cedidos em concreto, com a finalidade de possibilitar os transplantes e outras operações de cunho humanístico. O jurista estatui que tais direitos podem ser disponíveis, por via contratual, através da licença de cessão de direitos e outros específicos, podendo vir a ser utilizados por terceiros e nos termos restritos aos respectivos ajustes escritos.

Na mesma linha de pensamento, assinala Barbosa Júnior (2008, p. 45) que não é concebido renunciar a direitos fundamentais por constituírem um núcleo imperativo de atributos próprios e inerentes à condição humana, sem os quais não há como se verificar vida digna. Isso, contudo, não significa que possam deixar de ser exercidos, como o direito de utilização da própria imagem. Um modelo, por exemplo, pode permitir a utilização de sua imagem em campanha publicitária, porém, não por tempo indeterminado, por jamais poder renunciar ao seu direito de imagem, senão a manifestação neste sentido será nula.

Diniz (2006, p. 134) também reforça a relatividade da disponibilidade desde que seja em prol do interesse social. Desse modo, admite a sua disponibilidade nas seguintes situações: a) em relação ao direito da imagem, quando estatui que ninguém poderá recusar que sua foto fique estampada em documento de identidade; b) quando pessoa famosa autoriza a exploração da sua imagem na promoção de venda de produtos, mediante pagamento de uma remuneração convencionada; c) quando em relação ao corpo, para atender a uma situação altruística e terapêutica, alguém venha a ceder, gratuitamente, órgão ou tecido, desde que não agrida o direito da personalidade ligado à integridade física.

Ainda para Diniz (2004, p. 120), os direitos da personalidade poderão ser objetos de contrato, como nos casos de concessão ou licença para uso de imagem ou de marca (se pessoa jurídica); o de edição para divulgação de uma obra ao público; o de merchandising para inserir em produtos uma criação intelectual, com o escopo de comercializá-la, colocando, por exemplo, desenhos de Disney em alimentos infantis para despertar o desejo das crianças por adquiri-los, com o intuito de difundir a publicidade do produto.

Nos dizeres de Alkimin (2009, p. 98), o direito de imagem, apesar de ser um direito da personalidade, representa uma liberdade pública que se caracteriza pela disponibilidade, na qual o titular deste direito pode dela dispor para veiculação em propagandas e comerciais, com intuito altruísta ou econômico.

De acordo com Aluísio Ferreira (2011, p. 86), é preciso lembrar, contudo, que não poderá haver abuso do direito, muito menos violação à boa-fé, aos bons costumes e à dignidade da pessoa humana, quando ocorrer a disponibilidade dos direitos da personalidade por parte do seu titular, tendo em vista que, nas palavras do autor: "sendo a pessoa titular de direitos inerentes à sua personalidade, poderá dela dispor, desde que não afronte o conteúdo absoluto e essencial dos direitos personalíssimos, que é a dignidade da pessoa humana".

g) *Caráter de extrapatrimonialidade*

Os direitos da personalidade são extrapatrimoniais por não possuírem fundo econômico e por não ser possível estimá-los.

Esclarece Venosa (2007) sobre o caráter extrapatrimonial dos direitos da personalidade:

> Os direitos da personalidade são extrapatrimoniais porque inadmitem avaliação pecuniária, estando fora do patrimônio econômico. As indenizações que ataques a eles podem motivar, de índole moral, são substitutivo de um desconforto, mas não se equiparam à remuneração ou contraprestação [...]. (VENOSA, 2007, p. 169).

Sendo assim, ainda em conformidade com Venosa (2007):

> Diferem dos direitos patrimoniais porque o sentido econômico desses direitos é absolutamente secundário e somente aflorará quando transgredidos: tratar-se-á, então, de pedido substitutivo, qual seja, uma reparação pecuniária indenizatória pela violação do direito, que nunca se colocará no mesmo patamar do direito violado. Os danos que decorrem da violação desses direitos possuem caráter moral. Os danos patrimoniais que eventualmente podem decorrer são de nível secundário. Fundamentalmente é no campo dos danos morais que se situa a transgressão dos direitos da personalidade. De fato, em linhas gerais, não há danos morais fora dos direitos da personalidade. (VENOSA, 2007, p. 168).

Tepedino (2004, p. 34) também pontifica: "A extrapatrimonialidade consistiria na insuscetibilidade de uma avaliação econômica destes direitos, ainda que a sua lesão gere reflexos econômicos".

Apesar de os direitos da personalidade não serem passíveis de uma avaliação econômica, nada impede que, como todo direito extrapatrimonial, eles tenham reflexos econômicos.

Como lembra Alkimim (2009, p. 57), em sua análise, os direitos da personalidade "dizem respeito a atributos pessoais, portanto, não valoráveis, tão menos suscetíveis de reposição ao *status quo ante*, servindo a indenização apenas para compensação da dor e não para a reposição do bem perdido ou violado".

Portanto, alguns direitos da personalidade são passíveis de figurar como objeto de atos jurídicos de conteúdo econômico, no âmbito negocial ou contratual, como ocorre, por exemplo, com a cessão do direito de imagem, à voz e com os direitos do autor. É necessário, contudo, que não haja abuso de direito, muito menos violação à dignidade da pessoa humana, à boa-fé objetiva e aos bons costumes.

h) *Caráter de impenhorabilidade e inexpropriabilidade*

Esta característica vem mencionar que os direitos da personalidade não podem ser objetos de penhora em eventual demanda judicial.

Concorde ensina Mantovani Júnior (2010):

> Se são direitos que nascem com o ser humano e, portanto, inerentes à pessoa, não haveria lógica em se vislumbrar a possibilidade de serem penhorados, a fim de satisfazer eventual crédito do autor. A natureza nobre desses direitos retira qualquer possibilidade de que sejam objeto de execução forçada. (MANTOVANI JÚNIOR, 2010, p. 21).

Ainda leciona Mantovani Júnior (2010, p. 21) que, quando os direitos da personalidade passam a manifestar um valor econômico, como é o caso dos direitos autorais ou à imagem, eventuais créditos que surgirem em razão da cessão de seu uso podem ser objeto de penhora. Desse modo, o que se proíbe é a penhora dos direitos da personalidade em si e não quando passam a adquirir repercussão financeira.

Em relação aos direitos da personalidade, não há a possibilidade de penhora dos mesmos. Apenas os créditos que admitem a sua cessão (direito à imagem, à voz e os direitos do autor) podem ser penhorados.

Conforme Paulo Oliveira (2010, p. 28), os direitos da personalidade também são inexpropriáveis, porque não podem ser objeto de expropriação forçada. Em suas palavras, em decorrência da "natureza do próprio objeto, eles não podem mudar de sujeito, nem por vontade do titular, nem por qualquer outra causa".

3.4. TIPOS PRINCIPAIS DE DIREITOS DA PERSONALIDADE

Os tipos principais de direitos da personalidade são os que envolvem a intimidade, a vida privada, a imagem e a honra.

Naturalmente que outros tipos existem, em conformidade com o caráter ilimitado dos direitos da personalidade.

3.4.1. Direito à intimidade

A intimidade atua como uma das espécies dos direitos da personalidade do trabalhador e compreende um direito que lhe é assegurado de não ter a revelação de aspectos pessoais da sua intimidade e dos seus sentimentos e/ou pensamentos a terceiros.

Segundo Edilton Meireles (2005, p. 167), o direito à intimidade "é o direito de ser deixado em paz, de estar só, de manter segredo de sua intimidade, de proteção ao âmago do ser-indivíduo".

De acordo com Nilson Nascimento (2009, p. 87), a intimidade traduz a qualidade daquele que é íntimo e que se expressa no interior da alma e do coração. Mas em sentido mais jurídico, ela consiste na prerrogativa que tem a pessoa de estar só e de evitar que pessoas estranhas se intrometam em sua vida ou que tenham acesso ou conhecimento sobre fatos e coisas de seu foro íntimo e privado.

O direito à intimidade possui, assim, um aspecto mais restrito do que o direito à privacidade, por representar uma parte mais reservada da vida privada que se encontra no mais recôndito do indivíduo.

Consoante ensina Calvo (2009a):

> [...]a intimidade qualquer pessoa tem, em qualquer lugar onde se encontre, pois ela significa a esfera mais íntima, mais subjetiva e mais profunda do ser humano, com as suas concepções pessoais, seus gostos, seus problemas, seus desvios etc. (CALVO, 2009a, p. 62).

No direito à intimidade, o trabalhador, na qualidade de sujeito de direitos, possui a liberdade de escolher as suas convicções religiosas e políticas, as suas tendências sexuais, as suas opções, os seus desejos, e de manifestar livremente seu pensamento ou, da mesma forma, de ocultar ou de guardar segredo acerca das suas ideias e preferências.

Segundo pensamento de Ferraz Júnior (1992, p. 151), a intimidade é o "âmbito do exclusivo que alguém reserva para si, sem nenhuma repercussão social, nem mesmo ao alcance de sua vida privada que, por mais isolada que seja, é sempre um viver entre os outros".

A intimidade, para Cretella Júnior (1989, p. 257), representa "um direito ou liberdade pública de estar só, de não ser importunado, devassado, visto por olhos estranhos".

Para De Cupis (2004, p. 145), o direito à intimidade constitui "o modo de ser da pessoa, que consiste na exclusão do conhecimento alheio de tudo que seja referente à própria pessoa".

Nos dizeres de Manoel Jorge e Silva Neto (2007, p. 112), o direito à intimidade "expressa a esfera recôndita do indivíduo". A intimidade corresponde, assim, ao conjunto de informações, hábitos, vícios e segredos pertencentes ao seu titular.

Ferreira Filho (1997, p. 35), ao estabelecer a distinção entre a intimidade e a vida privada, também assinala que a intimidade está relacionada ao que é mais íntimo da pessoa, sua relações familiares e de amizade; ao passo que a vida privada possui campo maior de abrangência, envolvendo, também, os relacionamentos de trabalho, comerciais e de estudo.

Ensina Barbosa Júnior (2008, p. 60) que o direito à privacidade representa um modo de vida consubstanciado em um conjunto de informações pessoais que estão excluídas do conhecimento alheio; enquanto a intimidade integra a esfera íntima do indivíduo, sendo o repositório dos segredos e das particularidades, cuja mínima publicidade poderá constranger.

Neste sentido, estatui Murari (2008):

> A intimidade é o direito ao segredo, a ter um núcleo restrito de informações, sentimentos, desejos, preferências, costumes, entre outras, que não se deseja compartilhar com ninguém, até com os mais próximos. Já a privacidade é mais ampla, pois envolve os relacionamentos da pessoa com os demais — familiares, trabalho, amigos, entre outros –, mas que ainda se deseja privar do conhecimento público. (MURARI, 2008, p. 113).

3.4.2. Direito à vida privada

A vida privada está diretamente ligada aos relacionamentos de ordem social e familiar estabelecidos pelo empregado para o desenvolvimento das suas relações humanas no seio da sociedade.

Como bem expõe José Afonso da Silva (2006, p. 208): "A privacidade possui uma dimensão maior do que a intimidade, de modo a compreender todas as manifestações da esfera íntima, privada e da personalidade".

O direito à privacidade, enquanto direito da personalidade, visa a resguardar a pessoa natural de interferências externas que possam ser levadas ao espaço público por meio da revelação de fatos sobre a sua intimidade. Logo, estão compreendidos nele todos aqueles comportamentos e acontecimentos que a pessoa natural deseja que não se tornem públicos.

Segundo Nilson Nascimento (2009, p. 89), o direito à vida privada "é o conjunto de atributos que cada pessoa elege para fazer parte de sua vida privada e mantê-la a salvo de intromissões indesejadas de estranhos".

Ensina Romita (2009, p. 290) que a esfera da vida privada é mais ampla e sobrepõe-se à intimidade. Para o autor, nela se encaixam os aspectos que dizem respeito à privacidade do trabalhador. Por privacidade, assim, deve entender-se a faculdade que é assegurada ao empregado de excluir o acesso a informações capazes de afetar a sua sensibilidade.

Ainda consoante Romita (2009, p. 290), a esfera da intimidade, por sua vez, é a interior, a de raio menor, que envolve os aspectos mais recônditos da vida do trabalhador, ou seja, aqueles que ele deseja guardar só para si, isolando-os da intromissão do empregador. A esfera da vida privada sobrepõe-se à da intimidade, porque possui raio maior do que ela. Por privacidade, deve-se entender a faculdade assegurada ao empregado de excluir o empregador do acesso a informações e de impedir a divulgação de informações capazes de afetar sua sensibilidade.

Para Celso Bastos (1989, p. 65), a vida privada compreende um direito fundamental que visa a resguardar "o acesso a informações sobre a privacidade de cada um e também impedir que sejam divulgadas informações sobre esta área da manifestação existencial do ser humano".

Assim, de acordo com Ferraz Júnior (1992, p. 151), a vida privada "abrange situações em que a comunicação é inevitável (em termos de relação com alguém que, entre si, trocam mensagens) das quais, em princípio, são excluídos terceiros".

Ao analisar o direito à privacidade, Jabur (2000) estabelece:

> O direito à vida privada é um agregado do qual também depende a manifestação livre e eficaz da personalidade, porque o bem-estar psíquico do indivíduo, consubstanciado no respeito à sua esfera íntima, constitui inegável alimento para o desenvolvimento sadio de duas virtudes. O resguardo dessa zona reservada, a subtração da curiosidade, é razão para o bem-viver e progresso da pessoa. Por isso é que o direito à vida privada, corolário de outro valor supremo que é — a dignidade da pessoa humana —, deve renovar a preocupação sociojurídica em conter as ameaças e lesões que diariamente sofre. A privacidade é o refúgio impenetrável pela coletividade, devendo, pois, ser respeitada. (JABUR, 2000, p. 254).

Em razão disso, conforme Tepedino (2004, p. 475): "O direito à privacidade consiste em tutela indispensável ao exercício da cidadania".

Já segundo Borges (2005):

> Ao reconhecer o direito à privacidade como direito da personalidade, reconhece-se a necessidade de proteger a esfera privada da pessoa contra a intromissão, curiosidade e bisbilhotice alheia, além de evitar a divulgação das informações obtidas por meio da intromissão indevida ou, mesmo, que uma informação obtida legitimamente seja, sem autorização, divulgada. (BORGES, 2005, p. 162).

A propósito, reza o art. 21, do Código Civil:

> Art. 21. A vida privada da pessoa natural é inviolável, e o juiz, a requerimento do interessado, adotará as providências necessárias para impedir ou fazer cessar ato contrário a esta norma.

Consoante os ensinamentos de Calvo (2009a, p. 63): "A privacidade é uma forma de externar essa intimidade, que acontece em lugares onde a pessoa esteja ou se sinta protegida da interferência de estranhos, como a casa onde mora".

Calvo (2009a, p. 64) também assevera: "O direito à privacidade constitui-se na escolha entre divulgar ou não o que é íntimo, e, assim, construir a própria imagem. A privacidade é um direito natural".

Ao traçar a distinção entre intimidade e vida privada, esclarece Calvo (2009a, p. 64): "Por *íntimo* se deve entender tudo o que é interior ou simplesmente pessoal ('somente seu', como se costuma dizer popularmente); e por *privado*, o caráter de não-acessibilidade às particularidades contra a vontade do seu titular".

Calvo (2009a, p. 65) ainda enfatiza: "O direito fundamental de privacidade e intimidade do empregado amparado constitucionalmente (art. 5º, inciso X, CF e art. 20 e 21 do CC) representa um espaço íntimo intransponível por intromissões de terceiros, principalmente do empregador".

Leda Silva (2005), ao estabelecer a distinção entre a intimidade e a vida privada, assinala:

> O direito à intimidade abrange fatos da vida pessoal do indivíduo que até mesmo sua própria família pode desconhecer, como, por exemplo, suas preferências sexuais, hábitos, vícios, dentre outros, enquanto o que diz respeito à vida privada já abrange suas relações familiares e com terceiros, como interferir em empréstimos feitos junto aos seus familiares ou obter informações sobre o saldo bancário do empregado. (SILVA, Leda, 2005, p. 123).

Em razão disso, conforme Guilherme Bastos (2003, p. 23), a vida privada possui uma conotação mais abrangente do que o direito à intimidade, por alcançar, em suas palavras, "além da parte familiar do indivíduo, as suas amizades mais próximas, bem como os relacionamentos mantidos com determinados grupos fechados".

Na visão azada de Diniz (2005):

> A privacidade não se confunde com a intimidade, mas esta pode incluir-se naquela, por integrarem ambas o direito à vida privada. Por isso, as tratamos de modo diverso, apesar de a privacidade voltar-se a aspectos externos da existência humana — como recolhimento em sua residência sem ser molestado, escolha do modo de viver, hábitos, comunicação via epistolar ou telefônica etc. —; e a intimidade dizer respeito a aspectos internos do viver da pessoa, como segredo pessoal, relacionamento amoroso, situação de pudor, diário íntimo, respeito à enfermidade ou à dor pela perda de pessoa querida. (DINIZ, 2005, p. 47).

Destaca ainda Diniz (2005):

> Há certos aspectos da vida da pessoa que precisam ser preservados de intromissões indevidas, mesmo que se tratar de pessoa notória no que atina à vida familiar, à correspondência epistolar, ao sigilo bancário, ao valor do salário e do patrimônio, ao laudo médico, às faturas de cartão de crédito, aos hábitos de consumo etc. (DINIZ, 2005, p. 32).

Constitui-se, assim, como invasão de privacidade o empregador interferir no tipo de amizade nutrida pelo empregado, se é homossexual, se deseja se casar ou se mantém um relacionamento íntimo com colega de trabalho na mesma empresa.

Diante do exposto, o trabalhador não está obrigado a responder a questões relativas à sua vida íntima ou à sua vida privada e/ou pessoal, seja na fase pré-contratual, de cumprimento do contrato ou pós-contratual, tendo em vista que o direito à intimidade e à privacidade visa a tutelar a liberdade do ser humano em todas as suas dimensões — *pessoal, familiar* e *profissional*.

O empregador, no âmbito da relação de emprego, não pode se intrometer nas escolhas do empregado, pois somente o ser humano, individualmente e de forma plena, é capaz de escolher os relacionamentos que possam lhe trazer o bem-estar e a felicidade e, por conseguinte, uma vida pessoal e social harmônica e saudável.

Entretanto, conforme Belmonte (2004, p. 38), existem casos em que a conduta do empregado em sua vida pessoal e privada pode influir diretamente no seu cotidiano de trabalho. É o caso dos animadores de programa de TV dirigido a crianças, bem como a situação do empregado que participa de filmes pornográficos.

3.4.3. Direito à imagem

Segundo Alkimin (2009, p. 96), a imagem representa um atributo inerente a toda pessoa que impõe ao empregador, no caso da relação de trabalho, o dever de zelar pela imagem do trabalhador, não podendo usá-la, seja para exposição do empregado de forma degradante, seja para obtenção de vantagem econômica.

De acordo com Diniz (2005):

> O direito à imagem é o de ninguém ver seu retrato exposto em público ou mercantilizado sem seu consenso e o de não ter sua personalidade alterada, material ou intelectualmente, causando dano à sua reputação. Abrange o direito: à própria imagem; ao uso ou à difusão da imagem; à imagem das coisas próprias e à imagem em coisas ou em publicações; de obter imagem ou de consentir em sua captação por qualquer meio tecnológico. (DINIZ, 2005, p. 78).

Bittar (1995), também se manifestando sobre o direito à imagem, aduz:

> Consiste no direito que a pessoa tem sobre a sua forma plástica e respectivos componentes distintos (rosto, olhos, perfil, busto) que a individualizam no seio da coletividade. Incide, pois, sobre a conformação física da pessoa, compreendendo esse direito um conjunto de caracteres que a identifica no meio social. Por outras palavras, é o vínculo que une uma pessoa à sua expressão externa, tomada no conjunto, ou em parte significativa (como a boca, os olhos, as pernas, enquanto individualizadores da pessoa). (BITTAR, 1995, p. 87).

Assim, é vedado ao empregador expor ou utilizar indevidamente a imagem do empregado para fins comerciais sem o consentimento do mesmo e sem a estipulação de um contrato de licença de uso de imagem, bem como ofensivas à sua honra, à sua boa fama e à sua respeitabilidade.

Concorde Schiavi (2011), o direito à imagem:

> [...] como sendo um direito inerente à personalidade, não integra o contrato de trabalho, não podendo o empregador se utilizar da imagem do trabalhador. Por isso, antes, durante e depois do contrato de trabalho, tanto o empregado como o empregador devem respeitar, reciprocamente, a imagem um do outro. Desse modo, sem autorização, o empregador não pode utilizar a imagem do empregado ainda que em campanhas educativas ou sem fins lucrativos. (SCHIAVI, 2011, p. 172).

Neste quadro, convém registrar a Súmula n. 403 do STJ, que assim se manifesta: "Independe de prova do prejuízo a indenização pela publicação não autorizada de imagem de pessoa com fins econômicos ou comerciais".

Quanto à fase de cumprimento do contrato de trabalho, vale ressaltar que, quando o empregador utilizar a imagem do empregado com o objetivo de promover o seu negócio, ele deverá conceder determinada vantagem econômica ao empregado. Além disso, deverá haver acordo expresso neste sentido.

Cahali, citado por Baracat (2003, p. 252) relata o caso do proprietário de restaurante que, com o objetivo de dar aspecto de jovialidade ao ambiente, faz divulgação da imagem jovem da empregada por meio de fotos em encartes e pôsteres promocionais.

Segundo Baracat (2003, p. 252): "O direito à imagem, como qualquer outro direito personalíssimo, é um direito irrenunciável, de forma que o empregado não pode renunciar ao seu direito à imagem em favor do empregador".

Por esse motivo, estatui Bittar (1995, p. 10) que os direitos da personalidade devem ser compreendidos como: a) os próprios da pessoa em si (ou originários), existentes por sua natureza, como ente humano, com o nascimento; b) os referentes às suas projeções para o mundo exterior (a pessoa como ente moral e social, ou seja, em seu relacionamento com a sociedade).

Conforme Schiavi (2011):

> O direito à imagem do empregado pode ser utilizado pelo empregador, mediante autorização formal, devendo a cessão ser remunerada caso o empregador veicule a imagem do trabalhador em campanhas comerciais e lucrativas. (SCHIAVI, 2011, p. 172).

Neste aspecto, cumpre destacar as seguintes ementas:

DANO MORAL. UTILIZAÇÃO DA IMAGEM DO EMPREGADO. INDENIZAÇÃO DEVIDA. A utilização da imagem do empregado pelo empregador não pode ser subentendida como decorrente do contrato de trabalho, que não produz efeitos tão amplos, sob pena de gerar locupletamento ilícito; o uso da imagem pode ser ajustado, mas não deflui originariamente do contrato laboral, de maneira que é frágil falar-se, na hipótese, de anuência presumida. Indenização devida. (SÃO PAULO, 2006a).

INDENIZAÇÃO PELO USO INDEVIDO DA IMAGEM. REQUISITOS. Ainda que tenha havido recusa expressa, a veiculação da imagem do empregado, nos meios de comunicação, não afasta o ônus de indenizar, porque, além de o contrato de trabalho não incluir o uso da imagem, a exposição pública do empregado visa à obtenção de lucros e vantagens para a empresa. O dever de indenizar decorre dessa utilização não autorizada, com amparo nas regras dos incisos V e X, art. 5º, da Constituição Federal. Mas o arbitramento do valor deve guardar proporção com a prova existente no processo. Provimento parcial. (SÃO PAULO, 2010a).

Vale registrar que, recentemente, a jurisprudência do Tribunal Regional do Trabalho de Minas Gerais já manifestou entendimento no sentido de considerar violação ao direito de imagem do empregado a empresa utilizar indevidamente a sua imagem para fazer propaganda de produtos e da logomarca de produtos fabricados por seus fornecedores sem a concordância do empregado e sem a estipulação de pagamento de determinada compensação pecuniária ao mesmo, veja-se:

DIREITO DE IMAGEM. UNIFORME COM LOGOMARCAS DE PRODUTOS DE FORNECEDORES DO EMPREGADOR. O fato de o empregador fornecer aos seus empregados o uniforme com logomarca de outras empresas ofende o direito de imagem do empregado, não se tratando a hipótese de nova determinação para uso de uniforme. A utilização da imagem do empregado para realizar propaganda de terceiros estranhos à relação empregatícia, sem anuência deste e sem qualquer contrapartida, configura abuso de direito ou ato ilícito, ensejando a devida reparação, na medida em que não é crível supor que a empregadora não tenha obtido vantagens econômicas pela propaganda efetivada. (MINAS GERAIS, 2011).

O Tribunal Superior do Trabalho também já se manifestou no mesmo sentido:

AGRAVO DE INSTRUMENTO. DANO MORAL. INDENIZAÇÃO POR USO DA IMAGEM. LOJA DE ELETRODOMÉSTICOS. UTILIZAÇÃO DE UNIFORME COM LOGOMARCA DE FORNECEDORES. Caracterizada a divergência jurisprudencial, merece processamento o recurso de revista, na via do art. 896, *a*, da CLT. Agravo de instrumento conhecido e provido. A determinação de uso de uniforme com logotipos de produtos comercializados pelo empregador, sem que haja concordância do empregado ou compensação financeira, viola seu direito de uso de imagem, conforme dispõe o art. 20 do Código Civil. Tal conduta evidencia manifesto abuso do poder diretivo do empregador, a justificar sua condenação ao pagamento de indenização, com fulcro nos art. 187 e 927 do mesmo diploma legal. Recurso de revista conhecido e provido. (BRASIL, 2011a).

Consoante ensina Alkimin (2009, p. 97), no âmbito trabalhista, o trabalhador pode sofrer violação de seu direito à imagem na fase pré-contratual, por meio de consultas e de listas sujas; durante a execução do contrato, por intermédio de ofensas morais e punições injustificáveis, pelo assédio moral e sexual; e, após a extinção do contrato de trabalho, por meio do fornecimento de informações desabonadoras do ex-empregado.

E de acordo com Diniz (2005):

> [...] é o de não ver sua efígie exposta em público ou mercantilizada sem seu consenso e o de não ter sua personalidade alterada material ou intelectualmente, causando dano à reputação. Abrange o direito: a própria imagem; ao uso ou à difusão da imagem; à imagem das coisas próprias e à imagem em coisas ou em publicações; de obter imagem ou de consentir em sua captação por qualquer meio tecnológico. (DINIZ, 2005, p. 79).

Reza o art. 20, do Código Civil:

> Art. 20. Salvo se autorizadas, ou se necessárias à administração da justiça ou à manutenção da ordem pública, a divulgação de escritos, a transmissão da palavra, ou a publicação, a exposição ou a utilização da imagem de uma pessoa poderão ser proibidas, a seu requerimento e sem prejuízo da indenização que couber, se lhe atingirem a honra, a boa fama ou a respeitabilidade, ou se se destinarem a fins comerciais.

Então, durante a fase contratual, o empregador deve tomar todas as precauções no sentido de não denegrir a imagem do empregado com qualquer tipo de ato que implique a sua ridicularização ou ofensa à sua reputação profissional.

Como bem expressa Baracat (2003):

> [...] decorre do princípio da boa-fé objetiva o dever de cuidado do empregador de não expor a imagem do empregado a situações vexatórias ou humilhantes que venham a denegrir sua imagem perante os colegas ou a sociedade, sob pena de reparação de dano moral. (BARACAT, 2003, p. 252).

O direito à imagem representa, assim, o modo ou a impressão que os outros têm a respeito de uma determinada pessoa. Tal juízo de valor se amplia em relação às pessoas que gozam determinada notoriedade pública, em decorrência da sua projeção pública perante a sociedade, como artistas, jogadores de futebol e políticos.

De acordo com França (1988, p. 1.034), como atributo dos direitos da personalidade, o direito de imagem diz respeito às "faculdades jurídicas cujo objeto são os diversos aspectos da própria pessoa do sujeito, bem assim da sua projeção essencial no mundo exterior".

Faz-se mister trazer à baila, neste ponto, a distinção entre imagem-retrato e imagem-atributo.

Segundo Nilson Nascimento (2009, p. 92), a imagem-retrato é a imagem da pessoa, ao passo que a imagem-atributo representa a imagem da pessoa no núcleo das suas relações sociais, ou seja, o conceito pessoal que irradia às pessoas.

Ainda de acordo com Nilson Nascimento (2009, p. 92), as pessoas formam e consolidam a imagem-atributo ao longo de sua vida. É o caso, por exemplo, do bom advogado, do bom pai de família, do bom profissional. São imagens constituídas por qualidades e atributos capazes de levar ao sucesso profissional, pessoal e familiar.

Nos dizeres de Edilton Meireles (2005, p. 197), a imagem-retrato representa a reprodução física, por meio de fotografia, escultura, pintura, filmagem etc.; já a imagem-atributo é o conjunto de características sociais que giram em torno da pessoa, representando, assim, os atributos de competente, relaxado, descuidado, pontual, estudioso, meticuloso, perfeccionista, egoísta etc.

Romita (1979, p. 300) destaca que a imagem-atributo se relaciona com a intimidade, com a vida privada, com a honra, e revela-se no trato das relações sociais mantidas pela pessoa, aproximando-se da reputação, que consiste, em um conjunto de atos, gestos, palavras e ações que podem manchar a imagem-atributo da pessoa. A imagem-retrato, por sua vez, diz respeito à representação da forma ou do aspecto exterior de um ser por meios técnicos (fotografia, cinema, televisão) ou artísticos (desenho, gravura, escultura, pintura).

Manoel Jorge e Silva Neto (2005, p. 67), ao estabelecer essa distinção, ensina que a imagem-retrato diz respeito a aspectos físicos da pessoa, como a pintura, a fotografia, a escultura; enquanto a imagem-atributo decorre da vida em sociedade do indivíduo, ou seja, a forma pela qual as pessoas o consideram, o veem, não importando se são as que com ele convivem ou mantêm algum contato, ou, ainda, conhecem-no pela sua atuação no mundo social.

Bittar (1995, p. 87) também aponta a diferença entre a imagem-retrato e a imagem-atributo, esclarecendo que a imagem-retrato compreende a representação física ou a forma plástica caracterizada pelo corpo da pessoa e seus componentes (boca, nariz, olhos, perfil, sorriso etc.), cujo titular é individualizado e identificável, neste último caso, por meio de fotografia, desenho, televisão, sites etc., sendo ilegal a sua utilização sem a anuência do titular; e que a imagem-atributo, por sua vez, é aquela que se refere aos valores cultivados pela pessoa no seu convívio social, identificando-se com a sua reputação, honra e decoro, sendo esta espécie de imagem também chamada de imagem moral ou conceitual.

Bittar (1995, p. 100) estatui que o direito à imagem sofre, como todos os direitos privados, certas limitações decorrentes de exigências da coletividade, que são as seguintes: a) a notoriedade da pessoa (em que se pressupõe o consentimento), desde que preservada a sua vida íntima; b) o exercício de cargo público (pela necessidade de exposição); c) os serviços de justiça e de política.

Na visão de Diniz (2011):

> A imagem-retrato é a representação física da pessoa, como um todo em partes separadas do corpo (nariz, olhos, sorriso, etc.) desde que identificáveis, implicando o reconhecimento de seu titular, por meio de fotografia, escultura, desenho, pintura, interpretação dramática, cinematografia, televisão, sites etc., que requer autorização do retratado (CF, art. 5º, X). A imagem-atributo é o conjunto de caracteres ou qualidades cultivados pela pessoa, reconhecidos socialmente (CF, art. 5º, V), como habilidade, competência, lealdade, pontualidade, etc. A imagem abrange também a reprodução romanceada em livro, ou novela, da vida de pessoa de notoriedade. (DINIZ, 2011, p. 30).

Diniz (2011, p. 100) destaca certas limitações do direito à imagem, com dispensa da anuência para a sua divulgação. Trata-se das seguintes situações: a) se tratar de pessoa notória desde que a difusão de sua imagem sem seu consentimento esteja relacionada com sua atividade ou com o direito à informação; b) se referir o exercício de cargo público; c) se procurar atender à administração ou serviço da justiça ou de polícia; d) se tiver de garantir a segurança pública, em que prevalece o interesse social requerendo a divulgação da imagem, por exemplo, de um procurado pela polícia; e) se buscar atender ao interesse público, aos fins culturais, científicos e didáticos; f) se houver necessidade de resguardar a saúde pública; g) se obtiver imagem em que a figura é tão somente parte do cenário, congresso, exposição de obras de arte, enchente, praia, tumulto, show, desfile, festa carnavalesca, restaurante etc., sem que se a destaque, pois se pretende divulgar o acontecimento e não a pessoa que integra a cena; h) caso se trate de identificação compulsória ou imprescindível a algum ato de direito público ou privado (por exemplo, fotografia em carteira de identidade). Tais limites, delineados pelo art. 20, *caput*, do Código Civil, são impostos pelo direito à liberdade de informação.

Seguindo ainda o magistério de Diniz (2011, p. 32), o lesado pode pleitear a reparação pelo dano moral e patrimonial provocado por violação à sua imagem-retrato ou à sua imagem-atributo e pela divulgação não autorizada de escritos ou de declarações feitas. Caso a vítima venha a falecer ou for declarada ausente, são partes legítimas para requerer a tutela ao direito à imagem, na qualidade de lesados indiretos, seu cônjuge, ascendentes ou descendentes e, também, o companheiro e o parente colateral, visto terem interesse próprio vinculado a dano patrimonial ou moral a bem jurídico alheio.

Logo, constata-se que o direito à imagem possui duas variações. De um lado, tem-se a imagem-retrato, entendida como o direito relativo à produção gráfica da figura humana, qual seja: o seu retrato, o seu desenho, a sua fotografia e a sua filmagem. E, de outro lado, tem-se a imagem-atributo, aquela que corresponde à exteriorização das características relativas ao conjunto de atributos cultivados pelo indivíduo e reconhecidos pelo conjunto social, ou seja, a forma como a pessoa é vista socialmente.

Portanto, todas as vezes que o empregador fizer uso da imagem-retrato do empregado sem o seu consentimento ou ofender a sua imagem-atributo, agirá com abuso do poder diretivo.

No uso indevido da imagem-retrato do empregado em publicidade da empresa, como a utilização de fotografia alheia em anúncio, em agenda, em embalagem, sem a autorização do empregado, pode este solicitar a retirada de circulação do material violador, bem como a reparação de danos morais.

Quanto à violação da imagem-retrato do empregado, vale registrar a seguinte ementa:

> DANO MORAL. INDENIZAÇÃO POR USO DA IMAGEM. FOTOGRAFIA. PUBLICAÇÃO NÃO CONSENTIDA. A publicação de fotos do trabalhador em site da empresa, mesmo sem caráter depreciativo, sem prévia autorização, gera direito à indenização por danos morais, nos termos do inciso X, do art. 5º, da Constituição Federal. O Superior Tribunal de Justiça já definiu a imagem como sendo "a proteção dos elementos visíveis que integram a personalidade humana, é a emanação da própria pessoa, é o eflúvio dos caracteres físicos que a individualizam" (Resp. n. 58.101/SP). O contrato de emprego existente entre as partes encontra limites e não autoriza a reclamada a utilizar-se da imagem dos trabalhadores sem prévia autorização. Evidente a finalidade lucrativa, pois o que se pretende com a utilização das fotos é a divulgação da eficiência dos serviços da empresa. A reprodução da imagem, direito personalíssimo, só pode ser autorizada pela pessoa a que pertence, sob pena de acarretar o dever de indenizar pela utilização indevida. Recurso ordinário adesivo, conhecido e provido. (SÃO PAULO, 2000a).

Segundo Alkimin (2009, p. 98), é mais comum ocorrerem violações da imagem do trabalhador na fase de execução do contrato de trabalho, seja por razões de perversidade ou autoritarismo, seja por motivos de desestruturação organizativa e má gestão de pessoa empreendida na organização do trabalho, criando um ambiente de trabalho propenso a práticas abusivas sob o manto do poder diretivo do empregador, com ofensas constantes e intensas à imagem-atributo do trabalhador; não se podendo ignorar, ainda, que a concorrência e a competitividade conduzem à necessidade de investimento em *marketing* e utilização dos meios de comunicação falada, escrita e televisionada para divulgação de marcas, produtos e serviços.

Ao empregador, todavia, somente é permitida a utilização da imagem-retrato de seu empregado em informes publicitários mediante o seu consentimento expresso e pagamento de determinada vantagem econômica, por meio da estipulação de um contrato de natureza civil. Caso contrário, será admissível a propositura de ação de indenização pelo empregado que teve a sua imagem-retrato indevidamente divulgada pelo empregador, como, por exemplo, em sites e folders.

Bittar (2009, p. 94) assinala que, na imagem-retrato, é vedada qualquer ação que importe em lesão à honra, à reputação, ao decoro (ou à chamada imagem moral ou conceitual), à intimidade e a outros valores da pessoa que a individualizam no seio da sociedade. Incide, assim, a proteção à imagem sobre a conformação da pessoa física, compreendendo esse direito um conjunto de caracteres que a identificam no seio social. Por isso, a imagem-retrato consiste no vínculo que une a pessoa à sua expressão externa, tomada em conjunto ou em partes significativas, como a boca, os olhos, as pernas, enquanto individualizadoras das pessoas.

De acordo com Leda Silva (2005, p. 62), da mesma forma, o respeito à imagem-atributo do empregado proíbe ao empregador valer-se de instrumentos, como colocar seus ex-empregados em listas sujas, divulgar que são pouco rentáveis ou desidiosos, ou até mesmo colocar seus retratos no ambiente de trabalho sem a devida autorização.

No que se refere à proteção aos direitos da personalidade do trabalhador na fase pós-contratual, há três situações capazes de acarretar a violação ao direito fundamental à imagem do ex-empregado: a) a elaboração de listas sujas; b) a divulgação pelo ex-empregador de fatos e informações desabonadoras e inverídicas do seu ex-empregado para futuros empregadores que pretendem contratá-lo; c) a divulgação pelo ex-empregador de fatos e informações desabonadoras e verídicas do seu ex-empregado para futuros empregadores que pretendem contratá-lo.

Edilton Meireles (2005, p. 17) cita como exemplo de violação da imagem-atributo, na fase de cumprimento do contrato de trabalho, o caso do empregador que se utiliza do nome do seu empregado em publicações ou representações que o exponham ao desprezo público, ainda que não haja intenção difamatória. Ele também apresenta o exemplo do empregador que se utiliza do nome do empregado, especialmente os dos artistas e atletas profissionais, sem autorização, em propaganda comercial. Nessas hipóteses, o lesado poderá exigir que cesse a ameaça ou lesão ao direito da personalidade e reclamar perdas e danos sem prejuízo de outras sanções previstas em lei.

Sob tal aspecto, é vedado ao empregador utilizar a imagem do empregado para fim comercial, salvo se houver autorização expressa do trabalhador, sob pena de gerar dano moral ao mesmo. Desse modo, a divulgação da imagem do empregado efetuada com a finalidade de propiciar à sociedade ou aos consumidores a propagação do produto da empresa ou da excelência dos serviços prestados pelos seus empregados somente poderá ser realizada mediante a prévia anuência do empregado e respectivo pagamento, mediante a estipulação de um contrato de licença de uso de imagem, cuja natureza repousa no âmbito civil, revelando-se, portanto, desvinculada do contrato de trabalho.

A respeito do tema, estipulam os arts. 17 e 18, do Código Civil:

Art. 17. O nome da pessoa não pode ser empregado por outrem em publicações ou representações que a exponham ao desprezo público, ainda quando não haja intenção difamatória.

Art. 18. Sem autorização, não se pode usar o nome alheio em propaganda comercial.

Edilton Meireles (2005, p. 125), discorrendo acerca do art. 17, do Código Civil, explana que são vedadas, salvo se autorizadas ou se necessárias à administração da justiça ou à manutenção da ordem pública, a divulgação de escritos, a transmissão da palavra ou a publicação, a exposição e a utilização da imagem de uma pessoa. Assim, o prejudicado poderá, a qualquer tempo, requerer a cessação da publicação ou do uso da sua imagem, sem prejuízo da indenização que couber, se atingida a honra, a boa fama ou a respeitabilidade ou, ainda, se forem destinadas a fins comerciais.

Assim, caso o empregador utilize o nome do seu empregado em publicações ou representações que o exponham ao desprezo público, mesmo que não haja intenção difamatória, importará em violação ao referido art. 17, do Código Civil.

O mesmo se aplica à utilização pelo empregador do nome do empregado, especialmente de artistas e de atletas profissionais, sem autorização, em propaganda comercial. Em tal situação, o empregado também poderá exigir que cesse a ameaça ou a lesão ao direito de personalidade e reclamar perdas e danos, sem prejuízo de outras sanções previstas em lei, conforme direciona o art. 12, do Código Civil.

Válio (2006, p. 67) também cita a situação do empregador que se utiliza do nome do seu empregado, já falecido, em publicações ou representações que o exponham ao desprezo público, ainda que não haja intenção difamatória. Terá legitimação o cônjuge sobrevivente, ou qualquer parente em linha reta, ou colateral até o quarto grau, para a aplicação da medida protetiva contida no art. 12, do Código Civil.

Nesta direção, o direito à imagem é inalienável e intransmissível, mas não indisponível, tendo em vista a possibilidade de seu titular dispô-lo ou não para que outros a utilizem para certos fins.

Vivian Silveira (2000) defende que se deve observar:

> [...] se o titular do direito à imagem, que tem exclusivamente no seu uso, consentiu ou não para que terceiros dela se utilizem. Sendo assim, se o consentimento não existiu, ou ainda, se existiu o consentimento para determinado uso (limitando-se o meio de comunicação, tempo, modo ou quantidade de atos), mas foi extrapolado, está configurada a violação do direito à imagem. (SILVEIRA, V. M., 2000, p. 230).

Não se inclui na proibição do uso da imagem do empregado a situação do atleta profissional de futebol, tendo em vista que o direito de arena compreende uma espécie de cláusula contratual oriunda da disposição contida no § 1º, do art. 42, da Lei n. 12.395/2011. Sendo assim, a imagem do atleta nos jogos pode ser utilizada mesmo sem a sua anuência, por ser inerente ao exercício da sua profissão.

Estabelece o texto legal supracitado:

Art. 42. Pertence às entidades de prática desportiva o direito de arena, consistente na prerrogativa exclusiva de negociar, autorizar ou proibir a captação, a fixação, a emissão, a transmissão, a retransmissão ou a reprodução de imagens, por qualquer meio ou processo, de espetáculo desportivo de que participem.

§ 1º. Salvo convenção coletiva de trabalho em contrário, 5% (cinco por cento) da receita proveniente da exploração de direitos desportivos audiovisuais serão repassados aos sindicatos de atletas profissionais, e estes distribuirão, em partes iguais, aos atletas profissionais participantes do espetáculo, como parcela de natureza civil.

A disposição normativa supratranscrita estipula que o valor decorrente da incidência dessa porcentagem é partilhado, em partes iguais, entre os participantes. Trata-se, portanto, do direito de arena.

Consoante Romita (2009), no direito de arena:

A lei reserva ao empregador a prerrogativa de negociar a transmissão, mas leva em conta que o desportista profissional é o protagonista do espetáculo e que, em consequência, sua imagem é essencial. (ROMITA, 2009, p. 302).

Mesmo porque de acordo com Romita (2009):

A obrigação do empregador, de pagar a quota denominada direito de arena, decorre de um imperativo de justiça retributiva, pois os jogadores tornam possível o espetáculo: por si só, a entidade patronal seria incapaz de proporcioná-lo. Sem o concurso dos atletas, não haveria espetáculo e, em consequência, não haveria o que transmitir. A compensação pecuniária é apenas uma consequência da exploração da imagem, decorrente da transmissão. Por isso, o direito de arena é o direito assegurado por lei ao desportista profissional de participar do preço da autorização para a transmissão do espetáculo esportivo público com entrada paga. (ROMITA, 2009, p. 302).

Também ensina Romita (2009, p. 302) que o direito de arena deriva da transmissão e não da realização do espetáculo.

É possível, ainda, o atleta ceder a exploração de sua imagem ao clube empregador por meio da estipulação de um contrato de natureza civil.

A esse respeito, assevera Schiavi (2011, p. 178): "A imagem de determinado atleta, muitas vezes, propicia ao clube de futebol fonte de lucro na venda de camisas, álbuns de figurinhas, bolas e até mesmo maior arrecadação nos jogos".

Pode ser firmado um contrato autônomo de cessão de imagem do atleta perante o clube empregador, cuja natureza jurídica repousa na esfera do Direito Civil.

Como bem esclarece Schiavi (2011, p. 178), é possível o contrato de cessão de imagem conviver com o contrato de trabalho do atleta profissional como um contrato acessório de natureza civil, desde que tal contrato tenha destinação específica e real, como, por exemplo, as vendas de camisas do time, figurinhas e comerciais de televisão, e em valores razoáveis que não sirvam para mascarar o pagamento de salários. Conforme este autor:

> Como a imagem é um direito personalíssimo do atleta, o contrato de cessão da exploração de sua imagem tem que ser realizado com o próprio atleta e não com pessoa jurídica pertencente ao atleta. Outrossim, tal contrato deve ser pactuado por prazo determinado, assim como é o contrato de trabalho do jogador de futebol à luz da Lei n. 9.615/1998. (SCHIAVI, 2011, p. 178).

Ainda Schiavi (2011, p. 178): "O contrato de cessão de imagem tem natureza civil, autônoma e acessória ao contrato de trabalho, e o pagamento pela utilização da imagem do atleta, salvo hipótese de fraude, não se confunde com o salário".

Da mesma forma, também rege aqui o entendimento de que as controvérsias que envolvem o contrato de imagem são da competência da Justiça do Trabalho por serem oriundas da relação de trabalho, ou seja, se não houvesse a relação de trabalho, não haveria o contrato de cessão de imagem.

3.4.4. Direito à honra

De acordo com Cretella Júnior (1989, p. 258), honra é a estima devotada às virtudes de alguém. Representa o sentimento referente à dignidade da pessoa.

Já Celso Bastos (1989, p. 65) assevera que "a proteção à honra consiste no direito de não ser ofendido ou lesado na sua dignidade ou consideração social".

No magistério de Nilson Nascimento (2009, p. 90), o direito à honra (evidentemente em sua dimensão objetiva) importa no respeito à boa fama e a estima que a pessoa desfruta nas relações sociais. Representa, assim, o conjunto de qualidades que caracterizam a dignidade, o bom nome, a reputação e a honorabilidade da pessoa. E prossegue:

A moral do indivíduo, como síntese de sua subjetividade, de sua honra, reputação, bom nome, é atributo essencial da vida em sociedade e se constitui em um dos traços marcantes do homem civilizado. Esses direitos são outorgados a toda pessoa, indistintamente, no seu nascimento com vida. (NASCIMENTO, 2009, p. 90).

Para Manoel Jorge e Silva Neto (2005, p. 56), o direito à honra representa a dignidade pessoal, bem como a consideração desfrutada pela pessoa no meio em que ela vive. São os predicados atribuídos à pessoa pelo meio social e a boa reputação.

Também Manoel Jorge e Silva Neto (2005, p. 56) estatui que a honra pode ser dividida em subjetiva e objetiva. A subjetiva diz respeito ao apreço próprio, ou seja, o juízo que cada um faz de si mesmo. A objetiva, por sua vez, trata-se do respeito e da consideração que o meio social devota a uma determinada pessoa.

Consoante Bittar (1995, p. 133), a honra objetiva compreende o bom nome e a fama que a pessoa desfruta no seio da coletividade, ou seja, a estima que a cerca nos seus ambientes familiar, profissional, comercial ou outro. Já a honra subjetiva alcança o sentimento pessoal de estima, ou a consciência da própria dignidade.

Sendo assim, também conforme Bittar (1995, p. 133), no direito à honra objetiva: "O bem jurídico protegido é a reputação, ou a consideração social a cada pessoa devida, a fim de permitir-se a paz na coletividade e a própria preservação da dignidade humana".

Ainda segundo Bittar (1995), no que tange ao direito à honra objetiva:

> A pessoa é tomada frente à sociedade, no círculo social em que se insere, em função do valor ínsito à consideração social. Daí, a violação produz reflexos na sociedade, acarretando, para o lesado, diminuição social, com consequências pessoais (humilhação, constrangimento, vergonha) e patrimoniais (no campo econômico, como abalo de conceito profissional). Com efeito, sendo a honra, objetivamente, atributo valorativo da pessoa na sociedade (pessoa como ente social), a lesão se reflete, de imediato, na opinião pública, considerando-se perpetrável por qualquer meio possível de comunicação (escrito, verbal, sonoro). (BITTAR, 1995, p. 134).

Para Romita (2009), a honra é a boa opinião e fama adquirida por mérito e virtude. Ao traçar a distinção entre a honra subjetiva e a objetiva, assinala:

> A primeira é considerada no indivíduo e se reflete no conceito que alguém faz de si próprio. Em sentido objetivo honra é a reputação, a boa fama, a consideração social com que a pessoa é tratada no meio em que atua. A honra se traduz no sentimento que leva o homem a procurar a boa opinião e fama na estima de seu semelhante, pelo cumprimento de seus deveres e pela prática de boas ações. (ROMITA, 2009, p. 292).

Sérgio Martins (2008, p. 28) assinala ser a honra subjetiva "a imagem ou o conceito que a pessoa tem de si", e ser a honra objetiva "a imagem que a pessoa tem perante a sociedade".

Jabur (2000, p. 273) também estabelece a distinção entre honra objetiva e subjetiva. A honra subjetiva compreende o sentimento de valor pessoal, a autoestima ou a honorabilidade própria. Já a honra objetiva, identifica-se pela ressonância das virtudes ou deméritos pessoais na sociedade e representa a consideração coletiva a respeito da pessoa.

Como se verifica, a honra objetiva corresponde à imagem ou a reputação da pessoa no plano exterior, compreendendo o seu bom nome e a fama que desfruta no seio da sociedade. A honra subjetiva, por sua vez, diz respeito ao sentimento pessoal, à dignidade e ao decoro que cada um faz de si próprio no plano interior.

A respeito da violação à honra subjetiva, vale transcrever os seguintes arestos, proferidos pelo Tribunal Regional do Trabalho da 3ª Região:

> CARACTERIZAÇÃO. DANO MORAL. ATO OFENSIVO À HONRA. A ALCUNHA "LOURA BURRA". CONFIGURAÇÃO. Do ponto de vista objetivo, a inexistência, em tese, de ofensa à reputação da empregada não afasta, por si só, a existência do dano, pois tal lesão é de ordem moral, íntima e psicológica, não se confundindo com o dano à imagem, que é de natureza objetiva. Do ponto de vista da honra subjetiva, a alcunha "loura burra" ultraja iniludivelmente a dignidade da empregada. Tal alcunha, ainda que dita a pretexto de brincadeira, é desrespeitosa e efetivamente tange a intimidade moral da trabalhadora. Não se pode mais compactuar com atitudes que venham a reproduzir preconceitos. O aprimoramento da intangibilidade da sensibilidade moral do cidadão constitui produto alvissareiro do desenvolvimento gradativo dos direitos humanos. (MINAS GERAIS, 2001).

> DANOS MORAIS. VENDEDOR. DESFILE COM VESTIMENTA FEMININA E BATOM PELO NÃO CUMPRIMENTO DE VENDA. VIOLAÇÃO AOS DIREITOS DA PERSONALIDADE. A ordem jurídica vigente assegura, amplamente, os direitos da personalidade, contendo o Código Civil de 2002 um capítulo específico sobre o tema (artigos 11 a 21). Mesmo antes da vigência dessa nova codificação civil, o direito da personalidade já era tutelado, por meio do princípio da dignidade da pessoa humana, arrolado pela Constituição Federal dentre os fundamentos da República Federativa do Brasil (art. 1º, III). Nesse contexto, toda e qualquer violação a esses direitos há de ser repudiada, mormente no âmbito da relação de trabalho, onde as partes devem pautar-se pelo respeito mútuo. Assim, faz jus o laborista à indenização pelos danos morais sofridos, em razão da aquiescência da empregadora com a adoção de situações vexatórias, expondo o reclamante ao ridículo, através de desfiles com vestimenta feminina e usando batom, perante os demais colegas de trabalho e, inclusive, visitantes, por não ter atingido as metas de vendas, em evidente infração à sua dignidade, ao seu respeito próprio e, consequentemente, à sua integridade psíquica e emocional. (MINAS GERAIS, 2004a).

Segundo Mirabete (1995, p. 151), a honra subjetiva pode ser dividida, ainda, em honra dignidade e em honra decoro. A honra dignidade representa o sentimento da pessoa a respeito de seus atributos morais, de honestidade e bons costumes; ao passo que a honra decoro é aquela que se refere ao sentimento pessoal relacionado aos dotes ou qualidades do homem (físicos, intelectuais e sociais).

Insta destacar que a CLT, em seu art. 483, *alínea "e"*, trata da prática de ato lesivo à honra praticado pelo empregador em face do empregado e assim dispõe:

> Art. 483. O empregado poderá considerar rescindido o contrato e pleitear a devida indenização quando:
> [...]
> e) praticar o empregador ou seus prepostos, contra ele ou pessoas de sua família, ato lesivo da honra e boa fama.

Conforme já tratado alhures, a honra subjetiva equivale ao ato lesivo à honra, ao passo que a honra objetiva corresponde ao ato lesivo à boa fama.

De acordo com Barros (2011, p. 504), a honra objetiva consiste, assim, na valoração da personalidade feita pelos membros da sociedade, é a boa reputação que compreende a estima política, profissional, artística, comercial, literária, e de outros âmbitos de respeitabilidade. Traduz respeito e apreço concedidos por terceiro à personalidade de um sujeito. A honra subjetiva, por sua vez, consiste no sentimento de dignidade pela própria pessoa, ou seja, é a autoestima. Neste sentido, a honra subjetiva se identifica com o sentimento que a pessoa tem de sua própria dignidade. É o conjunto de valores morais, como retidão, probidade e lealdade, comuns a pessoas em geral, que o indivíduo atribui a si mesmo.

Capítulo 4

A Proteção aos Direitos da Personalidade do Trabalhador na Fase pré-Contratual

O contrato de trabalho nasce, desenvolve-se por certo tempo e extingue-se em certo instante. Em todas as três fases, é cabível se falar em proteção aos direitos da personalidade do trabalhador. Mesmo na fase pré-contratual, antes de formado o vínculo empregatício, há regras incidentes favoravelmente a essa tutela da ordem jurídica.

De fato, recrutar e selecionar pessoas são duas etapas vitais dos programas de gestão empresarial utilizados pelas empresas para alcançar as suas finalidades econômicas. Por isso, a fase pré-contratual compreende análise de currículo, entrevistas, testes, entre outros aspectos fixados pela empresa no processo de seleção, com a finalidade de aferir as habilidades profissionais dos candidatos e permitir a contratação daquele que a empresa considerar mais apto para o preenchimento do posto de trabalho ofertado. Com a participação do trabalhador no processo seletivo, inicia-se a fase pré-contratual da relação jurídica.

As técnicas apregoadas nos processos de provimento de pessoal não podem afetar, contudo, os parâmetros jurídicos impostos pela Constituição Federal de 1988 e pela legislação infraconstitucional. O uso do poder de organização, derivado do poder diretivo do empregador, deve ser exercido em conformidade com os dispositivos constitucionais e infraconstitucionais de proteção ao trabalhador e nos limites dos mesmos.

4.1. O PRINCÍPIO DA BOA-FÉ OBJETIVA NA FASE PRÉ-CONTRATUAL

A boa-fé objetiva é regra de conduta aplicável a qualquer relação jurídica e, portanto, incidente também no Direito do Trabalho. Trata-se de um princípio e regra cujo âmbito de atuação se dá desde as tratativas que antecedem a formação do contrato até mesmo após o seu término. Seu objetivo é acompanhar o comportamento dos contratantes durante todo o processo obrigacional, estabelecendo-lhes direitos e deveres.

Assinala com propriedade Mauricio Delgado (2010c):

> Este princípio é diretriz geral que instiga a valorização, no plano das relações jurídicas, da sinceridade, retidão e honradez nas condutas dos sujeitos de direito na vida social. É princípio que valoriza, para fins jurídicos, a sinceridade, a retidão e a honradez das pessoas em suas relações com outrem. (DELGADO, M. G., 2010c, p. 170).

Assim, as partes têm o dever de agir de maneira coerente durante toda a relação jurídica formada — *pré-contratual, de cumprimento do contrato de trabalho e pós-contratual*.

Rodrigues (2002, p. 60) ensina que boa-fé "é um conceito ético, moldado nas ideias de proceder com correção, com dignidade, pautando sua atitude pelos princípios da honestidade, da boa intenção e no propósito de a ninguém prejudicar".

Segundo Flávio Martins (2000, p. 7), a boa-fé "é, por si só, um conceito essencialmente ético, que se pode definir como o entendimento de não prejudicar outras pessoas".

De acordo com Soares (2008, p. 136), na fase pré-contratual das tratativas ou negociações preliminares, "onde ainda não há contrato, já existe algo que vincula as pessoas interessadas, como deveres que uma parte precisa ter como correção de comportamento em relação à outra".

Para Baracat (2003, p. 269): "A boa-fé é fonte de deveres jurídicos para as partes, mesmo antes da celebração do contrato de trabalho, durante a execução e mesmo após a extinção".

Rodrigues (2002), ao analisar a importância da boa-fé nas relações contratuais, esclarece ainda:

> Numa acepção genérica, derivada de sua própria etimologia, *bona fides*, a fides seria a honestidade, a confiança, a lealdade, a sinceridade, que deve ser usada pelos homens nas suas relações internegociais. (RODRIGUES, 2002, p. 60).

O art. 422, do Código Civil de 2002, estabelece a cláusula geral de boa-fé objetiva, aplicável a todo direito de cunho obrigacional:

> Art. 422. Os contratantes são obrigados a guardar, assim na conclusão do contrato, como em sua execução, os princípios de probidade e boa-fé.

Inobstante a redação contida no art. 422 se referir à incidência da boa-fé objetiva apenas na fase de cumprimento da relação jurídica contratual, este princípio também incide nas fases das tratativas e na fase pós-contratual.

Convém destacar que, para suprir essa deficiência legislativa, existe o Projeto de Lei n. 6.960/2002 que tramita no Congresso Nacional desde 2002, cuja autoria é do Deputado Federal Ricardo Ferreira Fiuza, visando a incluir no referido art. 422 os termos "nas negociações preliminares" e "na fase pós-contratual", *verbis*:

> Art. 422. Os contratantes são obrigados a guardar, assim **nas negociações preliminares** e conclusão do contrato, como em sua execução e **fase pós-contratual**, os princípios de probidade e boa fé e tudo mais que resulte da natureza do contrato, da lei, dos usos e das exigências da razão e da equidade. (grifos nossos).

A esse respeito, pontifica Soares (2008):

> Mesmo não modificado o artigo em questão, a boa-fé incide também nas fases pré e pós-contratual, uma vez que indiscutivelmente em todas as fases (pré-contratual, contratual e pós-contratual) está ínsito o dever de boa fé e probidade, mesmo porque se trata de cláusula geral, que impõe essa atitude de probidade e correção não somente nas relações contratuais, mas também em qualquer outra relação jurídica, comando esse de ordem pública, consoante estabelecido no parágrafo único do art. 2.035 do novo Código Civil. (SOARES, 2008, p. 91).

Essa também é a visão proposta por Pereira (1996, p. 134), para quem o legislador esqueceu-se de incluir expressamente na fórmula do art. 422 os períodos pré e pós-contratual, dentro dos quais o princípio da boa-fé tem importância fundamental para a criação de deveres jurídicos para as partes, diante da inexistência nessas fases de obrigação a ser cumprida. Apesar disso, tal omissão não implica negação da aplicação da regra da boa-fé para as fases anterior e posterior ao contrato. Cabe, assim, uma interpretação extensiva da norma para abranger também as situações não expressamente referidas no seu espírito.

Segundo Aluísio Ferreira (2011, p. 59), não dar interpretação extensiva ao art. 422 do Código Civil, restringindo-o apenas à fase contratual, não o aplicando aos fatos anteriores e posteriores ao contrato, é desconsiderar por completo o espírito da norma e admitir que o empregador em entrevistas para contratação de um empregado faça exigência de exames que comprovem a esterilização de mulheres, que discrimine por sexo, raça, opção sexual, ou que, após finalização do contrato de trabalho, o empregador repasse informações tendentes a prejudicar o empregado ou elabore e dissemine as comumente chamadas "listas sujas".

Nesse sentido, reza o parágrafo único, do art. 2.035, do Código Civil:

> Art. 2.035. A validade dos negócios e demais atos jurídicos, constituídos antes da entrada em vigor deste Código, obedece ao disposto nas leis anteriores, referidas no art. 2.045, mas os seus efeitos, produzidos após a vigência deste Código, aos preceitos dele se subordinam, salvo se houver sido prevista pelas partes determinada forma de execução.
>
> Parágrafo único. Nenhuma convenção prevalecerá se contrariar preceitos de ordem pública, tais como os estabelecidos por este Código para assegurar a função social da propriedade e dos contratos.

Além da disposição contida no art. 422, do Código Civil, o art. 187 deste mesmo diploma legal também estabelece a estipulação da cláusula de boa-fé no âmbito das relações jurídicas contratuais, sejam elas na fase pré-contratual, de cumprimento ou pós-contratual, *verbis*:

> Art. 187. Também comete ato ilícito o titular de um direito que, ao exercê-lo, excede manifestamente os limites impostos pelo seu fim econômico ou social, pela boa fé ou pelos bons costumes.

Como se vê, o princípio da boa-fé objetiva do Código Civil também impõe regra de comportamento a ser seguida pelos pactuantes, segundo os padrões de honestidade, sigilo, informação, cuidado, ética e equilíbrio na fase pré-contratual. Dentre os deveres contratuais oriundos do princípio da boa-fé objetiva na fase pré-contratual, destacam-se os seguintes: deveres de informação, proteção, lealdade e sigilo e não discriminação.

4.1.1. Dever de informação

Segundo Soares (2008, p. 121), é natural que a boa-fé objetiva, como fonte autônoma de deveres, gere deveres anexos de conduta, entre eles, especificamente, o dever de informar.

O dever de informar tem aplicação não somente durante a vigência de um contrato e na sua execução, mas também na fase pós-contratual. Sendo assim, os deveres de informação e de esclarecimento decorrentes do princípio da boa-fé objetiva devem imperar desde a fase pré-contratual até a celebração definitiva do contrato de trabalho e são estabelecidos, no Direito do Trabalho, tanto a favor do candidato ao emprego quanto do empregador.

Consoante ensina Baracat (2003):

> O dever de verdade de cada uma das partes para com a outra deve nortear a totalidade da relação empregatícia, ou seja, desde antes da celebração do contrato até depois da sua conclusão, uma parte deve comunicar a outra, transparentemente, qualquer informação relevante para o desenvolvimento normal do vínculo. (BARACAT, 2003, p. 253).

Ainda Baracat (2003, p. 236) assevera que o empregador tem o dever de prestar todos os esclarecimentos necessários quanto ao posto de trabalho ofertado, como horário de trabalho, necessidade do labor em domingos e feriados, viagens habituais, existência de insalubridade no local de trabalho, dentre outros relativos às exigências do trabalho. O desrespeito pelo empregador ao dever de informar acarretará a quebra de confiança, possibilitando ao empregado postular judicialmente a rescisão do contrato por justa causa.

Imperioso observar que o empregador, durante a fase de seleção, deve se contentar em obter informações que guardem relação direta com as aptidões profissionais ou com a função a ser exercida pelo candidato ao emprego, sem que reste caracterizada a prática de conduta discriminatória. Durante esse procedimento, também cabe ao trabalhador prestar informações de boa-fé.

Como bem expressa Válio (2006, p. 75), as entrevistas devem pautar-se pelos mais íntegros questionamentos profissionais do candidato ao emprego, revelando somente pontos como: experiência profissional anterior, locais de trabalho anteriores, grau de escolaridade e titulação do candidato.

Desse modo, ao empregador deve interessar apenas a aptidão profissional do trabalhador para a realização da atividade contratada e não aspectos da sua vida íntima e privada.

Na abalizada lição de Barros (2009):

> A empresa deve abster-se de fazer perguntas ao candidato a respeito de origens raciais, opções políticas, convicções religiosas, atividades sindicais, bem como sobre circunstâncias pessoais capazes de gerar discriminação.
> [...]
> É necessário, também, que se reconheça ao candidato ao emprego o direito de ocultar circunstâncias alheias à causa contratual não relacionadas diretamente com o cargo que irá ocupar, diante de situações de imposição coativa. (BARROS, 2009, p. 59-60).

Conforme assegura Baracat (2003, p. 233): "As perguntas formuladas pelo empregador ao candidato devem ser contextualizadas em face da função e da capacidade profissional do candidato".

Caso os questionamentos estejam vinculados à vida privada do candidato ao emprego, como hábitos pessoais, preferências esportivas, religiosas, políticas e sexuais, haverá afronta aos seus direitos da personalidade, restando caracterizada a conduta discriminatória da empresa.

Apesar de a CLT não estabelecer regras claras sobre a licitude das técnicas utilizadas durante a realização do recrutamento e da seleção de pessoal na fase pré--contratual no Direito do Trabalho brasileiro, o empregador, durante esta fase, deve limitar-se a obter dados que tenham a finalidade de apreciar apenas a capacidade profissional do candidato ao emprego para a correspondente função ou as aptidões profissionais a serem exercidas por este.

De acordo com Baracat (2003, p. 227), embora o ordenamento jurídico brasileiro não possua regra própria sobre o procedimento que deve ser considerado lícito no momento da seleção de pessoal, o princípio da boa-fé objetiva, como fonte de obrigações, permite ao juiz verificar, diante das circunstâncias reais, se a pergunta formulada pelo empregador caracteriza ato discriminatório e se a eventual recusa do candidato em respondê-la é legítima.

Assim, o Juiz do Trabalho, ao fixar o dano moral em favor do trabalhador, deve estabelecer um possível nexo de causalidade entre a pergunta formulada pelo empregador durante a fase pré-contratual e o motivo da não contratação do trabalhador.

Em razão disso, indagação sobre o estado de gravidez da candidata ao emprego, por exemplo, fere o princípio da não discriminação, salvo se ela for exercer funções em que a gravidez constitua obstáculo à realização de tarefas, como na situação do trabalho em clínica radiológica.

Desse modo, apenas quando o trabalho acarretar danos à integridade física do trabalhador, será possível a empresa obter informações mais detalhadas sobre a sua vida íntima e privada.

Como esclarece Baracat (2003):

> O descumprimento pelo empregado do dever de informar enseja a quebra da confiança necessária a toda relação empregatícia, abrindo ao empregador a possibilidade de rescindir o contrato por justa causa. (BARACAT, 2003, p. 236).

Portanto, se o candidato ao emprego deixar de prestar as informações necessárias ou as omitir propositadamente ao empregador, irá não só descumprir os deveres de cooperação e colaboração decorrentes do princípio da boa-fé, mas também poderá acarretar danos de natureza econômica à empresa. É o caso, por exemplo, do trabalhador que informa ao empregador durante o procedimento da seleção de pessoal que possui experiência no manejo de determinado equipamento, mas vem a danificá-lo em decorrência da sua incorreta utilização.

Como se constata, dependendo da função a ser desempenhada, há necessidade de certos questionamentos ao trabalhador durante a fase pré-contratual para se evitar uma situação de perigo e risco futuro à sua saúde.

Conforme Alkimin (2009, p. 95), tem-se assim, também como exemplo, o caso do "trabalhador que tem que trabalhar na construção de prédios. Torna-se indispensável a informação se tem ou teve problemas de distirmia (desmaio), sob pena de ser agredida a integridade física e, mesmo, a vida desse trabalhador".

Quanto à exigência do trabalhador de certidão negativa na Justiça do Trabalho para comprovar a existência de ação trabalhista, trata-se de violação ao dever de informação, tendo em vista tratar-se de conduta discriminatória que restringe a inserção do trabalhador no mercado formal de trabalho. Dessa forma, o trabalhador que se recusar a fornecer a certidão e que, por essa razão, não for contratado, sofrerá discriminação.

4.1.2. Dever de proteção

Barros (2009) aponta que o dever de proteção é uma obrigação contratual destinada somente ao trabalhador durante a fase das tratativas preliminares do contrato de trabalho, tendo em vista que, regra geral, concorde a autora:

> Premido da necessidade econômica e pela dificuldade de obtenção de trabalho, não raro o aspirante a um emprego abdica de aspectos de sua personalidade, em garantia da adesão de seu comportamento futuro à vontade ordenadora do empregador. (BARROS, 2009, p. 61).

De acordo com Baracat (2003):

> A falta de liberdade do trabalhador ao celebrar um contrato de trabalho, atualmente, não decorre de seu aprisionamento físico, mas de um "aprisionamento social". Ao contrário do escravo, o trabalhador, via de regra, não está enclausurado em determinado espaço físico, mas não dispõe de opções para celebrar contratos de trabalho. Se lhe surge a oportunidade de trabalho, não lhe é dada a opção de dizer "não aceito esta ou aquela condição", exceto, repita-se, no caso dos altos empregados. O desemprego estrutural do Brasil demonstra que a oferta é infinitamente menor que a quantidade de trabalhadores desempregados. O excesso de contingentes de trabalhadores e, consequentemente, o desemprego, é uma característica do capitalismo, de modo que a liberdade e a vontade real do trabalhador não existem quando da contratação do trabalhador dentro deste sistema. É vazio, e não passa de mera retórica, o argumento de que a liberdade e, por consequente, a vontade do trabalhador consistem na possibilidade da livre escolha de emprego, sendo, portanto, descolado da realidade social. (BARACAT, 2003, p. 114).

De modo geral, trabalhador e empregador, na fase pré-contratual, não estão em situação real de igualdade, pois o empregador apresenta-se como a parte mais forte, normalmente fixando as condições em que o trabalho será realizado, cabendo ao trabalhador aceitá-las ou não.

Ensina Gurgel (2010):

> O contrato de trabalho representa, por sua própria natureza, uma relação desigual. A liberdade contratual do trabalhador se reduz à vontade-necessidade de ingressar ou não na relação laboral, mediante contrato de adesão, cujas condições contratuais são impostas pelo potencial empregador. O trabalhador, hipossuficiente economicamente, muitas vezes se vê obrigado a aceitar os abusos cometidos em nome do poder diretivo e disciplinar, donde sua real necessidade de subsistência se sobrepõe a seu direito de resistência. (GURGEL, 2010, p. 60).

De acordo com Barbosa Júnior (2009, p. 78), enquanto o empregador se encontra em condição pessoal econômica estável, detendo a propriedade e o poder de escolha, o trabalhador dispõe apenas de sua força de trabalho quase sempre em estado de inércia, premido por necessidades alimentícias, temente de que não se concretize sua admissão e de carregar consigo a pecha de não ter sido selecionado, de não servir aos anseios do cargo, ou, ainda, que os motivos de sua recusa sejam divulgados e recebidos negativamente na comunidade.

Segundo Christiane Marques (2002):

> Na fase pré-contratual é preciso maior cuidado, pois há casos em que o candidato, embora qualificado, não desperta simpatia no empregador, ora porque é preconceituoso em relação a alguma conduta, ora porque entende que determinada característica estética pode causar maiores custos, ora porque seus clientes não aceitarão tal pessoa. Enfim, seus motivos são diversos. (MARQUES, C., 2002, p. 37).

Para Zein, citado por Dallegrave Neto (2008, p. 380), um dos momentos mais difíceis para que o trabalhador manifeste sua vontade é o da formação do vínculo. Como bem adverte a autora, a vontade do trabalhador está condicionada às necessidades primárias de subsistência do homem, que acabam sujeitando o mesmo à aceitação de condições inadequadas e que em outra posição talvez não seriam acatadas.

Em razão disso, o empregador abusa na colheita de informações e impõe as condições do contrato, cujas características o tornam assemelhado a um contrato de adesão.

Conforme Dallegrave Neto (2008, p. 380), o contrato de trabalho é, a rigor e simultaneamente, "dirigido e por adesão, o que vale dizer: contém uma parte imposta pelo Estado (normas protetivas cogentes) e outra predeterminada pelo empregador e aderida pelo empregado".

Segundo Barros (2009):

> É notório o estado de inferioridade em que se encontra o indivíduo que aspira a um trabalho e as oportunidades que o empregador tem de violar seu direito à intimidade. Portanto, a necessidade de delimitar o alcance das indagações surge desde as investigações. (BARROS, 2009, p. 68)

Neste contexto, assinala Mauricio Delgado (1996):

> A liberdade na relação de emprego é sabidamente limitada. Ultrapassada a manifestação de vontade em aderir ao contrato empregatício, o trabalhador tem restringida, substantivamente, a margem de atuação de sua vontade ao longo do vínculo de emprego. Ao ingressar no emprego adere a um conjunto de cláusulas previamente estabelecidas, consubstanciadoras de típico contrato de adesão. É verdade que este contrato de adesão emerge, hoje, não somente a partir da exclusiva vontade empresarial, mas também do universo de normas justrabalhistas obrigatórias que incidem sobre o conteúdo do contrato. Essa última circunstância inquestionavelmente confere clara atenuação à preponderância da vontade empresarial no âmbito da pactuação empregatícia, embora não seja hábil eliminar, por certo, essa preponderância. (DELGADO, M. G., 1996, p. 105).

Apesar disso, o autor em tela destaca a importância do papel da liberdade/vontade na conformação da relação empregatícia, sob o ponto de vista do fenômeno democrático, que transparece nas dimensões interna e externa desta relação. Na dimensão interna, a presença da liberdade permite que a relação de produção empregatícia possa cumprir sua função básica no processo produtivo sem o recurso imediato à coerção sobre a pessoa do produtor subordinado. Já sob o ponto de vista de sua projeção externa, a presença da liberdade como elemento nuclear da relação empregatícia permite o surgimento, no mundo contemporâneo, de um novo universo de cidadãos constituído, pela primeira vez na história humana, do segmento social subordinado. Ainda Mauricio Delgado (1996) esclarece, no plano de sua projeção externa e de modo singular na história das sociedades desiguais:

> O segmento social de produtores não independentes (dentre escravos, servos e assalariados), pelo fato de se compor agora de trabalhadores livres, passa a ter possibilidades teóricas (e históricas) de se constituir também de cidadãos, isto é, de agentes políticos ativos na sociedade institucionalizada. Sem a liberdade e o exercício cotidiano da vontade (ainda que contingenciada) seria inviável ao produtor refletir (e conhecer) sobre si, sobre o sistema que o absorve e sobre a sociedade que a ambos envolve. (DELGADO, M. G., 1996, p. 110).

Relevante observar, contudo, que nem sempre o contrato de trabalho será de adesão.

Consoante ensina Edilton Meireles (2005, p. 103), existem situações em que o trabalhador possui condições de negociar com o empregador. É o caso de jogadores de futebol, artistas, jornalistas famosos e altos empregados, que, em decorrência de suas especialidades ou fama, têm força para negociar em condições de igualdade com o pretenso empregador, ao menos na fixação de seus salários e outras vantagens. O autor ainda ressalta que o caráter de adesão do contrato se revela no curso da relação de emprego, quando o empregador impõe novas condições de trabalho (modificação do horário de trabalho, funções etc.), limitando-se o empregado a aceitá-las ou a pedir demissão. É mais comum, assim, o empregado aceitar as diversas modificações introduzidas no seu contrato de forma tácita, aderindo à imposição do empregador.

Na fase de formação do contrato de trabalho, Francisco Araújo (1996, p. 252) destaca que, em alguns casos, as partes não possuem a desigualdade tão acentuada. Em hipóteses mais restritas, principalmente quando da contratação de empregados para cargos de maior hierarquia ou com exigência de maior conhecimento técnico, é possível perceber a contratação ocorrendo em patamares mais próximos, tendo em vista que, normalmente, a subordinação decresce na proporção em que aumenta a pessoalidade, havendo maior discussão sobre as cláusulas contratuais. No caso, o princípio da proteção irá operar com menor intensidade ao passo que o princípio da boa-fé operará com maior amplitude.

Enoque Santos (2003), sob essa ótica, prevê a liberdade de contratar podendo ser exercida por qualquer trabalhador, revestido de capacidade civil, ao passo que a liberdade contratual, que representa a possibilidade de o trabalhador livremente discutir as cláusulas do contrato, nas palavras do autor:

> [...] continuará a ser praticada, no que tange aos contratos individuais, apenas por um número mínimo de trabalhadores altamente qualificados, enquanto a maioria da força de trabalho continuará firmando típicos contratos de adesão (SANTOS, Enoque, 2003, p. 57).

4.1.3. Deveres de lealdade e de sigilo

Ensina Cordeiro citado por Baracat (2003) que os deveres de lealdade e de sigilo vinculam os negociadores a não assumir comportamento que se desvie de uma negociação correta e honesta, sendo que, no âmbito das negociações trabalhistas, devem ser observados os deveres de sigilo, pelo qual as partes não podem desvendar matéria de que tenha tido conhecimento por via da negociação. E, sendo assim:

> Não se deve, de modo injustificado e arbitrário, interromper-se uma negociação em curso, salvo, como é natural, a hipótese de a contraparte,

por forma expressa ou por comportamento concludente, ter sido avisada da natureza precária dos preliminares a decorrer. (CORDEIRO *apud* BARACAT, 2003, p. 237).

Apesar de ninguém ser obrigado a estabelecer o contrato com a pessoa pelo simples fato de ter dado início às negociações, a empresa, durante as negociações preliminares, deverá atuar de acordo com a boa-fé objetiva de forma a não agir deslealmente, desrespeitando a confiança de seus atos e palavras. Por isso, o dano decorrente da ruptura injustificada das tratativas preliminares pode ensejar não apenas o material, mas também, ou apenas, o moral.

Segundo Nilson Nascimento (2009, p. 104), apesar de as conversações preliminares não serem dotadas de obrigatoriedade, quem as celebra, desde o início, prepara-se e age de forma que as condições ajustadas sejam passíveis de cumprimento e espera o mesmo comportamento da outra parte. Para o autor, isso se dá:

> [...] desde o momento da manifestação da vontade de contratar, as partes assumem o compromisso de negociar com confiança mútua, lealdade, honestidade, boa-fé, para que eventual desistência de contratar não venha causar prejuízos financeiros ou morais injustos para a outra parte. (NASCIMENTO, Nilson, 2009, p. 105).

Süssekind, Maranhão e Viana (2002, p. 245) defendem possibilidade de dano material quando durante os entendimentos preliminares à celebração do contrato de trabalho as partes chegam a um nível de entendimento, de modo que possam concluir que o contrato será celebrado, e a empresa se recusa a formalizá-lo sem um motivo justo e razoável. De acordo com o autor, o trabalhador terá o direito ao ressarcimento do dano causado por esse rompimento, desde que prove que, em decorrência de desfazimento da negociação e confiando na previsível conclusão do contrato, realizou despesas em virtude de tais entendimentos ou deixou de aceitar outra oferta tanto ou mais vantajosa.

Afirma Dalazen (1999, p. 74), quanto ao dano moral, tema objeto do presente trabalho, que "da promessa de contratação não concretizada pode sobrevir dano moral".

Dalazen (1999, p. 75) cita o exemplo concreto de um alto executivo: durante as tratativas, foram realizados diversos atos que permitiram suscitar no trabalhador a confiança de que haveria a celebração do contrato de trabalho, tais como a realização de exames médicos, a fixação de benefícios salariais e a transferência de residência para outra cidade, fazendo com que este se demitisse do cargo em outra empresa e rescindisse todos os contratos autônomos de assessoria que prestava a diversos clientes. Como a empresa rompeu com a negociação, gerou a este trabalhador inegável dano moral, já que ele teve de rescindir vários contratos autônomos sob a justificativa de nova contratação. A repentina e injustificável ruptura abalou induvidosamente a reputação profissional do trabalhador junto aos colegas e ao mercado.

Baracat (2003), ao comentar sobre o caso supracitado, assinala:

> [...] é irrelevante se a empresa divulgara alguma insinuação ou se agiu com dolo ou culpa. O simples fato de ter suscitado no trabalhador a confiança da celebração do contrato, permitindo que este tomasse todas as providências referentes a esta celebração, inclusive com a imprescindível comunicação a pessoas no meio social e profissional, é suficiente para demonstrar a responsabilidade pré-contratual, pela falta de lealdade para com a contraparte, causando a esta indiscutível dano moral. [...] se a parte que deixa de celebrar o contrato, após gerar na outra a justa expectativa de que iria concluí-lo, desatente o dever de lealdade, como também os deveres instrumentais de informação, de aviso e de esclarecimento, sendo passível de reparar o correspondente dano. (BARACAT, 2003, p. 240).

Relata Nilson Nascimento (2009, p. 104) que a característica principal das conversações preliminares consiste em serem elas entabuladas sem qualquer propósito de obrigatoriedade. Tais conversações, porém, se não obrigam a concluir o contrato, nem por esse motivo deixam de produzir, em alguns casos, efeitos jurídicos. Assim, se os entendimentos preliminares chegaram a um ponto que faça prever a conclusão do contrato e uma das partes rompê-lo sem um motivo justo e razoável, a outra parte terá o direito ao ressarcimento do dano causado pelo rompimento, quando possa provar que, confiando na previsível conclusão do contrato, fez despesas em virtude de tais entendimentos ou deixou de aceitar outra oferta tanto ou mais vantajosa. Dir-se-á que essa relação não chegou a se completar. Hipoteticamente, o dano se apura, em função de sua previsível formação, e a culpa ocorre na fase preliminar de um contrato de trabalho.

Também conforme Nilson Nascimento (2009), após a consumação de tais tratativas, caso a empresa desista da contratação, poderá acarretar os seguintes prejuízos ao trabalhador:

> a) perda do emprego anterior, deixado em razão da proposta de contratação mais vantajosa que foi feita pela empresa e que não se concretizou; b) perda de outras oportunidades de trabalho, recusadas em razão da proposta de contratação que foi feita pela empresa e que não se concretizou; c) prejuízos financeiros, decorrentes de viagens, hospedagens e demais gastos realizados para deslocamento a local distante da residência para participar do processo seletivo; d) danos morais, se do ato praticado pela empresa resultou algum abalo à honra pessoal e profissional.
>
> [...]

Uma vez concretizada a situação onde o candidato aceita as regras do processo seletivo, avança as etapas, e, ao final, o empregador desiste da contratação, sem justo motivo, fica assegurado ao mesmo o direito de ingressar com ação judicial para que a empresa seja condenada no pagamento de indenização que possua caráter ressarcitório dos prejuízos materiais e ou morais suportados em razão da conduta irregular praticada pela empresa. (NASCIMENTO, Nilson, 2009, p. 107).

Portanto, se isso resultar em prejuízos ao trabalhador, que contava com o emprego e que se desfez de outras obrigações em função do ajuste com o novo empregador, este terá direito às reparações, sejam elas de cunho moral e/ou material.

Consoante Nilson Nascimento (2009), em razão disso:

> Se uma pessoa participa do processo seletivo, ultrapassa fases, participa de dinâmicas, realiza testes psicológicos, participa de entrevistas com futuros superiores hierárquicos, entrega documentos, realiza exames médicos, evidentemente que as tratativas se encontram em um estado de evolução que faz presumir, de forma clara e segura, que houve uma definição da empresa em favor da contratação desta pessoa, fazendo surgir direitos e obrigações recíprocos e próprios da fase pré-contratual, que devem ser respeitados. (NASCIMENTO, Nilson, 2009, p. 107).

Para Nilson Nascimento (2009, p. 108), a atitude praticada pelo empregador que desiste da contratação de trabalhador que se candidatou a um posto de trabalho, sem motivo justificado, após a consumação de procedimentos seletivos que permitiam a conclusão razoável e segura de já haver uma definição em favor deste, importa subjetivismo inaceitável por parte do empresário que pode resultar na violação do patrimônio moral do trabalhador.

Então, a conduta praticada pelo empregador pode resultar tanto em danos materiais em favor do trabalhador, pela perda do posto de trabalho anterior, como em danos morais, pela prática de lesões à sua honra, bem como à sua imagem.

Quanto ao dever de sigilo, este é consequência direta dos deveres de lealdade e de informação, tendo em vista que a empresa, ao obter uma informação relativa ao candidato ao emprego durante a fase pré-contratual, tem o dever de não divulgá-la a terceiros.

Como bem expressa Baracat (2003, p. 237): "A liberdade de expressão da empresa deve ceder diante do direito à intimidade e à vida privada do trabalhador".

Baracat (2003) também destaca que o dever de sigilo decorre do princípio da boa-fé, porque tem como base os ideais de confiança, cooperação, colaboração e lealdade, tendo em vista que as informações prestadas também são norteadas pelas mesmas ideias. E ainda:

Tratando-se o dever de sigilo de uma exceção ou limitação à liberdade de expressão ou do eventual direito de informação de terceiros, impõe-se que também seja avaliado, conforme o caso concreto, à luz do princípio da boa-fé. Seria lícito a empresa fornecer a outra do mesmo grupo econômico informações sobre candidato não contratado? E se essas informações obstarem novamente a contratação do trabalhador? Inequívoco o dano causado ao trabalhador em razão da violação do dever de sigilo, o que não ocorreria se tivesse havido a contratação. (BARACAT, 2003, p. 237).

Já Edilton Meireles (2005), quanto à manutenção de dados e informações dos candidatos a emprego, prevê:

> A empresa não tem nenhuma razão ou direito em manter um banco de dados com as informações obtidas no processo de recrutamento. Quando muito, para futura contratação, pode manter informações quanto à localização do trabalhador (seu endereço) e as suas próprias conclusões em relação ao cargo a que o candidato está habilitado. Nenhuma outra informação pode ser mantida, já que não possui a empresa recrutadora o direito de manter um banco de dados dos candidatos. Se for o caso, porém, de, porventura, necessitar de informações sobre dados anteriormente apresentados, mas que foram destruídos, a empresa deve solicitá-los novamente do candidato antes de efetivar sua contratação. (MEIRELES, E., 2005, p. 184).

Não obstante a ausência de preceito legal acerca dos dados obtidos pela empresa durante a realização das técnicas de seleção de pessoal, o princípio da boa-fé objetiva impõe à empresa o dever de destruir os dados armazenados em seus fichários ou computadores em relação aos candidatos não contratados. Caso a empresa guarde as informações e as divulgue a terceiros, independentemente de tal divulgação acarretar eventual dano ao trabalhador, ela deverá ser responsabilizada por meio da indenização por danos morais pela violação à privacidade do trabalhador.

A manutenção do banco de dados, portanto, revela-se abusiva, visto que violadora do direito à privacidade do trabalhador.

Assim sendo, viola o princípio da boa-fé a empresa que divulga informações obtidas durante a realização das técnicas de seleção de pessoal, e será responsabilizada por danos morais em favor do trabalhador.

4.1.4. Dever de não discriminação

Apesar de todas as conquistas sociais do último século, alguns direitos básicos dos cidadãos carecem de uma base mais sólida para serem incorporados pela população em geral, pelas esferas do Governo e pela iniciativa privada. Um desses direitos é a garantia do acesso livre ao trabalho sem discriminação.

Segundo Gurgel (2011, p. 61), a relação de trabalho é campo fértil para a discriminação. O tomador de serviços possui a faculdade de escolher o trabalhador que irá contratar para exercer atividades conforme sua orientação, de acordo com o seu *jus variandi*. Com isso, diversas pessoas são discriminadas antes de apresentar suas qualidades essenciais ao cargo.

Informa Manoel Jorge e Silva Neto (2005):

> Discriminar o portador de deficiência, os negros, índios, mulheres, idosos, homossexuais e até aqueles trabalhadores que optam por um traço estético peculiar — cabelos longos, barba, cavanhaque, tatuagem, piercing — tem se convertido em prática mais constante do que podemos supor à primeira vista. O mesmo se diga a respeito dos trabalhadores que optam por determinado segmento religioso e são discriminados por isso. (SILVA NETO, M. J., 2005, p. 39).

Na visão do autor em referência, a solução para as práticas discriminatórias empresariais passa necessariamente pela mudança da cultura quanto à diversidade. (SILVA NETO, M. J., 2005, p. 39).

Destarte, é urgente aprofundar uma cultura da justiça social em que a tutela aos direitos da personalidade do trabalhador seja respeitada, pois é para o bem-estar do ser humano que o trabalho se direciona. É para garantir a observância quanto à integridade física, psíquica, moral e intelectual do trabalhador que se deve voltar o trabalho. Isso representa sinônimo de justiça social.

A fase pré-contratual é o momento no qual mais se presencia a discriminação nas relações de trabalho, em virtude da opção de escolha que o empregador possui em relação aos candidatos ao emprego que ocuparão o posto de trabalho ofertado.

Nesse sentido, conforme Gosdal (2003):

> O princípio da não discriminação deve nortear todo o processo seletivo, constituindo limite à invasão da intimidade do empregado. Não é possível ao empregador buscar informações acerca de orientação sexual, preferência religiosa, opinião política, ou qualquer outro aspecto da vida privada do candidato que não interesse direta e objetivamente ao trabalho a ser prestado pelo obreiro na hipótese de contratação. (GOSDAL, 2003, p. 125).

E, como bem expressa Gurgel (2010, p. 50): "O fundamento principal de todo o ordenamento jurídico ocidental é o princípio da dignidade da pessoa humana, agregado ao princípio da igualdade e não discriminação".

Assim, também conforme Gurgel (2010, p. 50), toda e qualquer forma de discriminação baseada em razões como raça, sexo, cor, estado civil, orientação sexual, idade, nacionalidade ou condição física, além de arbitrária, contrariará o princípio da dignidade da pessoa humana.

Ainda segundo Gurgel (2010):

> A discriminação nas relações de trabalho, como fator antissocial, exclui pessoas, desrespeita os direitos de personalidade, a dignidade da pessoa humana, gera humilhação, estresse, o *mobbing* e a depressão (GURGEL, 2010, p. 61).

Então, "não há dúvida de que o princípio da igualdade, especialmente sua vertente negativa — não discriminação —, cerceia o direito de liberdade desenvolvida sob o prisma da autonomia da vontade das partes no Direito do Trabalho." (GURGEL, 2010, p. 61).

O Direito do Trabalho reúne diversas normas jurídicas que possuem a finalidade de eliminar a discriminação na seara laboral.

Segundo Nilson Nascimento (2009, p. 98), a proibição de discriminar "se aplica à relação de emprego em todo o seu contexto e abrange o contrato de trabalho em todas as fases, desde a pré-contratação, vigência até a sua extinção".

O procedimento da não discriminação é consectário do princípio da igualdade. As técnicas usadas pelo empregador na fase pré-contratual devem ser realizadas em conformidade com os princípios da não discriminação e da boa-fé, de modo a não gerar a ocorrência de qualquer tipo de discriminação ao candidato ao emprego, por razões de sexo, idade, cor, estado civil, origem, raça, situação familiar, opinião pública, crença religiosa, filiação sindical, origem étnica, razões estéticas ou psíquicas e opção sexual.

Como bem expõe Christiane Marques (2002):

> Fatores subjetivos, tais como razões físicas (estética) ou psíquicas, cor ou raça, religião, vida pregressa, situação familiar (perguntas sobre o estado civil, realização de aborto, proibição de matrimônio com pessoa do mesmo local de trabalho), maior ou menor simpatia pessoal, ou ainda por intuição, não podem ser avaliados como critérios admissionais. (MARQUES, C., 2002, p. 37).

Também consoante Christiane Marques (2002), quanto a esses fatores subjetivos:

> É comum ser negada a oportunidade de trabalho fundamentada em motivo irreal, para que não se alegue uma conduta de discriminação, quando na realidade o que impede o acesso ao emprego são motivos aparentes, muitos deles substanciados nos fatores subjetivos. Tal comportamento é censurável, pois muitas vezes é seguido de desculpas polidas, evasivas e gentis. (MARQUES, C., 2002, p. 38).

Em razão disso, a qualificação para o critério admissional deve ser avaliada sob o aspecto objetivo, ou seja, deve ser analisado o conjunto de aptidões e o comportamento profissional para o desempenho do cargo a ser ofertado pelo empregador; caso contrário ficará caracterizada a discriminação.

Segundo Murari (2008, p. 110): "O direito à igualdade também impõe limites ao poder de direção do empregador, proibindo tratamentos discriminatórios, desde o ato da contratação, e durante a realização do trabalho".

Nesse sentido, assinala Gurgel (2010):

> Nas relações laborais em que uma das partes é hipossuficiente no que tange à capacidade de negociação quanto às cláusulas contratuais, em decorrência da mais-valia e da aderência às imposições do empregador, o princípio da igualdade e não discriminação, juntamente com o princípio da dignidade da pessoa humana, assumem importante papel de proteção ao trabalhador perante sua fragilidade econômica e social, especialmente quando se trata de grupos vulneráveis, como forma, inclusive, de garantir a liberdade material. (GURGEL, 2010, p. 61).

O art. 3º, IV, da Constituição Federal de 1988, assinala que é objetivo fundamental da República Federativa do Brasil promover o bem de todos, sem preconceitos de origem, raça, sexo, cor, idade e quaisquer formas de discriminação.

Christiane Marques (2002), no que tange à discriminação estética, assinala:

> O empregador, no âmbito do seu poder diretivo, não deve deixar de contratar porque a pessoa é gorda, ou baixa, ou utiliza tatuagem, ou por qualquer outro fator estético. A pessoa deve ser aceita, testada no serviço e, após o desempenho da atividade profissional, ter avaliada sua habilidade. (MARQUES, C., 2002, p. 41).

Discriminação é o nome que se dá para conduta, ação ou omissão, em que se estabelecem diferenças que violam o direito das pessoas com base em critérios ilegítimos e injustos, tais como a raça, o sexo, a idade, a opção religiosa e sexual, entre outros. Trata-se de um tipo de conduta que vai contra o princípio fundamental de justiça e liberdade.

De acordo com Britto (2004), discriminar significa:

> Distinguir negativamente, negativando o outro. É isolar, separar alguém para impor a esse alguém um conceito, uma opinião desfavorável por motivos puramente histórico-culturais, jamais lógicos, jamais racionais, por defecção, por distorção, por disfunção de mentalidade ao longo de um processo histórico cultural. E isso implica humilhação: humilhar o outro. E o humilhado se sente como que padecente de um déficit de cidadania, de

dignidade, acuado pelo preconceito. O discriminado se sente como sub-raça ou sub-povo ou sub-gente, falemos assim, sentindo-se desfalcado não do que ele tem, mas do que ele é. E a sua autoestima fica ao rés do chão. (BRITTO, 2004, p. 54).

Para Lima (2006):

Há discriminação nas relações de trabalho quando um ato ou comportamento do empregador, ocorrido antes, durante e depois da relação de trabalho, implica uma distinção, exclusão, restrição ou preferência, baseado em uma característica pessoal ou social, sem motivo razoável ou justificável, que tenha por resultado a quebra do igual tratamento e a destruição, o comprometimento, o impedimento, o reconhecimento ou o usufruto de direitos e vantagens trabalhistas assegurados, bem como direitos fundamentais de qualquer natureza, ainda que não vinculados ou integrantes da relação de trabalho. (LIMA, 2006, p. 135).

No magistério de Mauricio Delgado (2010c, p. 42), o princípio da não discriminação, compreende "a diretriz geral vedatória de tratamento diferenciado à pessoa em virtude de fator injustamente desqualificante".

Consoante Mauricio Delgado (2010c), discriminação, portanto, consiste:

[...] na conduta pela qual se nega a alguém, em função de fator injustamente desqualificante, tratamento compatível com o padrão jurídico assentado para a situação concreta vivenciada. O referido princípio nega validade a essa conduta discriminatória. (DELGADO, M. G., 2010c, p. 43).

Relata também Mauricio Delgado (2010a):

A causa da discriminação reside, muitas vezes, no cru preconceito, isto é, um juízo sedimentado desqualificador de uma pessoa em virtude de sua característica, determinada externamente, e identificadora de um grupo ou segmento mais amplo de indivíduos (cor, raça, sexo, nacionalidade, riqueza, pobreza etc.). (DELGADO, M. G., 2010a, p. 775).

Logo, de acordo com Edilton Meireles (2005):

Toda e qualquer forma de discriminação, ainda que não esteja citada ou referida expressamente em leis infraconstitucionais, viola direito fundamental, qual seja o da igualdade. Pode-se afirmar, aliás, que antes de ferir o direito à igualdade, a discriminação atinge a dignidade da pessoa humana. (MEIRELES, E., 2005, p. 187).

E, concorde Amauri Nascimento (1989):

> Nas relações de trabalho os poderes empresariais podem facilitar tratamentos discriminatórios do empregado, tanto na admissão ao emprego como no curso do contrato de trabalho e, também, nas dispensas de empregados. (NASCIMENTO, A. M., 1989, p. 305).

Segundo Edilton Meireles (2005, p. 188), em razão disso, a discriminação constitui ato ilícito, tipificado como crime, e que, por isso mesmo, é considerada inválida juridicamente (art. 2º, Lei n. 9.029/1995).

Imperioso observar que a proteção antidiscriminatória nas relações de trabalho erigiu dos princípios da não discriminação e da igualdade, proclamados em diversos instrumentos normativos no âmbito nacional e internacional.

Segundo Mauricio Delgado (2010a, p. 776), o princípio da não discriminação representa princípio de proteção, de resistência, denegatório de conduta que se considera gravemente censurável. Portanto, labora sobre um piso de civilidade que se considera mínimo para a convivência entre as pessoas.

No âmbito nacional, a Constituição Federal de 1988 proíbe em vários dispositivos constitucionais a proteção contra atos ou comportamentos discriminatórios que visem a eliminar o acesso à relação de emprego por motivo de sexo, raça, cor, idade ou quaisquer outros critérios discriminatórios:

> Art. 4º A República Federativa do Brasil rege-se nas suas relações internacionais pelos seguintes princípios:
>
> [...]
>
> VIII — repúdio ao terrorismo e ao racismo;
>
> Art. 5º Todos são iguais perante a lei, sem distinção de qualquer natureza, garantindo-se aos brasileiros e aos estrangeiros residentes no País a inviolabilidade do direito à vida, à liberdade, à igualdade, à segurança e à propriedade, nos termos seguintes:
>
> I — homens e mulheres são iguais em direitos e obrigações, nos termos desta Constituição;
>
> [...]
>
> IV — é livre a manifestação do pensamento, sendo vedado o anonimato;
>
> [...]
>
> VI — é inviolável a liberdade de consciência e de crença, sendo assegurado o livre exercício dos cultos religiosos e garantida, na forma da lei, a proteção aos locais de culto e a suas liturgias;
>
> [...]

VIII — ninguém será privado de direitos por motivo de crença religiosa ou de convicção filosófica ou política, salvo se as invocar para eximir-se de obrigação legal a todos imposta e recusar-se a cumprir prestação alternativa, fixada em lei;

[...]

XLII — a prática do racismo constitui crime inafiançável e imprescritível, sujeito à pena de reclusão, nos termos da lei.

O inciso XXX, do art. 7º, da Constituição Federal de 1988, prevê a proibição de diferenças de salários, de exercício de funções e de critério de admissão por motivo de sexo, idade, cor ou estado civil. Esse mesmo artigo, no inciso XXXII, disciplina a proibição de distinção entre trabalho manual, técnico e intelectual ou entre profissionais respectivos.

A Lei n. 9.029/95, em seu art. 1º, estabelece a proibição de qualquer prática discriminatória e limitativa para efeito de acesso à relação de emprego, ou sua manutenção, por motivo de sexo, origem, raça, cor, estado civil, situação familiar ou idade, ressalvadas as hipóteses de proteção ao menor previstas no inciso XXXIII, do art. 7º, da Constituição Federal de 1988.

O art. 2º, da Lei n. 9.029/1995, também trata da proteção específica da mulher e dispõe que constituem crimes as seguintes práticas discriminatórias:

Art. 2º Constituem crimes as seguintes práticas discriminatórias:

I. a exigência de teste, exame, perícia, laudo, atestado, declaração ou qualquer outro procedimento relativo à esterilização ou a estado de gravidez; II — a adoção de quaisquer medidas, de iniciativa do empregador, que configurem: a) indução ou instigamento à esterilização genética; b) promoção do controle de natalidade, assim não considerado o oferecimento de serviços e de aconselhamento ou planejamento familiar, realizados através de instituições públicas ou privadas, submetidas às normas do Sistema Único de Saúde (SUS).

Havendo crime resultante de preconceito de etnia, raça ou cor, ou qualquer infração oriunda desta Lei, seu art. 3º impõe multa administrativa de 10 (dez) vezes o valor do maior salário pago pelo empregador, elevado em 50 (cinquenta) por cento em caso de reincidência e proibição de obtenção de empréstimo ou financiamento junto a instituições financeiras oficiais.

Nesta direção, também a Lei n. 9.799, de 1999, inserindo novo artigo na CLT (373-A), fixou critérios antidiscriminatórios relevantes no tocante à mulher trabalhadora, criando dispositivos de proteção destinados a corrigir as distorções que afetam o acesso da mulher ao mercado de trabalho e certas especificidades nos acordos coletivos.

O art. 373-A, assim, tipifica várias situações configuradoras de discriminação que afetam o acesso da mulher ao mercado de trabalho, estabelecendo no texto da Lei a vedação às seguintes práticas:

> Art. 373-A. Ressalvadas as disposições legais destinadas a corrigir as distorções que afetam o acesso da mulher ao mercado de trabalho e certas especificidades estabelecidas nos acordos trabalhistas, é vedado:
>
> I — publicar ou fazer publicar anúncio de emprego no qual haja referência ao sexo, à idade, à cor ou situação familiar, salvo quando a natureza da atividade a ser exercida, pública e notoriamente, assim exigir; II — recusar emprego, promoção ou motivar a dispensa do trabalho em razão do sexo, idade, cor, situação familiar ou estado de gravidez, salvo quando a natureza da atividade seja notória e publicamente incompatível; III — considerar o sexo, a idade, a cor ou situação familiar como variável determinante para fins de remuneração, formação profissional e oportunidade de ascensão profissional; IV — exigir atestado ou exame, de qualquer natureza, para comprovação de esterilidade ou gravidez, na admissão ou permanência no emprego; V — impedir o acesso ou adotar critérios subjetivos para deferimento de inscrição ou aprovação em concursos, em empresas privadas, em razão de sexo, idade, cor, situação familiar ou estado de gravidez; VI — proceder o empregador ou preposto a revistas íntimas nas empregadas ou funcionárias.

É preciso pontuar que a justiça é o reconhecimento, a defesa e a promoção da dignidade fundamental do ser humano no Direito do Trabalho.

O Direito, como ciência que trata da vida humana, tem o dever sociocientífico de promover o bem-estar físico, mental, moral e intelectual do trabalhador.

Sendo assim, concorde Márcio Tulio Viana (2009):

> O empregador pode recusar o emprego a um candidato que se revela inábil, ou a um outro que não tem experiência, ou até mesmo a um terceiro que, segundo o seu *feeling*, não seria um bom empregado. Mas não pode fazê-lo por preconceito. (VIANA, 2009).[1]

Desse modo, o empregador não possui plena liberdade de escolha na fase pré-contratual e, no decorrer do exercício do seu poder diretivo, possui a obrigação de não praticar atos discriminatórios que possam ferir os direitos da personalidade do trabalhador.

---

(1) VIANA, Márcio Tulio. *Acesso ao emprego e atestado de bons antecedentes*. Disponível em: <http://www.amatra23.org.br>. Acesso em: 12 ago. 2009.

Observa Alice Barros (2009):

> O princípio da não discriminação possui conexão com a garantia dos direitos da personalidade e atua como limite imposto pela Constituição Federal à autonomia do empregador, quando da obtenção de dados a respeito do candidato ao emprego, e se projeta durante a execução do contrato. (BARROS, 2009, p. 58).

Portanto, perguntas ofensivas à intimidade e à privacidade do empregado durante a seleção de pessoal são passíveis de gerar dano moral. Da mesma forma, a submissão do empregado a testes psicológicos, *dependendo da sua extensão*, grafológicos e ao uso do detector de mentiras são capazes de gerar violação aos direitos da personalidade do trabalhador na fase pré-contratual.

Para Romita (2009):

> O princípio da não discriminação envolve não somente o direito de ser considerado igual perante a lei, mas também a possibilidade de usufruir, sem qualquer discriminação, os direitos fundamentais. Exige que, na aplicação de uma norma geral, não haja discriminação baseada em critérios de distinção cuja utilização seja vedada pela constituição ou pelas leis, tais como o sexo, a raça, a origem nacional, a cor, a língua, a religião, as opiniões políticas, a atuação sindical. (ROMITA, 2009, p. 294).

Luís Roberto Barroso (2000), contudo, adverte:

> As diferenciações serão consideradas juridicamente toleráveis, quando possuírem fundamento razoável e forem destinadas a um fim legítimo; o elemento discriminatório for relevante e residente nas pessoas que estão sendo diferenciadas; houver proporcionalidade entre o valor objetivado e o sacrifício; o meio empregado e o fim buscado for compatível com valores constitucionais. Como exemplo de desequiparação possível traz o da contratação de guardas penitenciários do sexo feminino para presídio feminino; ou o da contratação de artista negro para comemoração do dia da consciência negra. (BARROSO, 2000, p. 224).

Conforme Gurgel (2010, p. 62), portanto, é possível condicionar a contratação dos trabalhadores a suas características (sexo, raça, cor, religião, opção partidária), quando essencial ao exercício da atividade e nunca de forma discricionária e arbitrária. Deve haver, além do respeito à razoabilidade, motivo plausível para a contratação de acordo com as características dos trabalhadores. A autora menciona que é salutar, por exemplo, a contratação de pessoa do sexo feminino para a atividade de enfermeira, por questão de respeito à intimidade do enfermo, se do mesmo sexo.

No âmbito do Direito Internacional do Trabalho, a Convenção n. 111, aprovada pela Organização Internacional do Trabalho (OIT), em 1958, ratificada pelo Brasil em 26 de novembro de 1965 e promulgada pelo Decreto n. 62.150, de 19 de janeiro de 1968, também trata de medidas relativas à proibição de discriminação em matéria de emprego e profissão, e assim conceitua discriminação:

> (1) Para os fins da presente Convenção, o termo "discriminação" compreende; a) Toda a distinção, exclusão ou preferência fundada na raça, cor, sexo, religião, opinião política, ascendência nacional ou origem social, que tenha por efeito destruir ou alterar a igualdade de oportunidades ou de tratamento em matéria de emprego ou profissão; b) Toda e qualquer distinção, exclusão ou preferência que tenha por efeito destruir ou alterar a igualdade de oportunidades ou de tratamento em matéria de emprego ou profissão, que poderá ser especificada pelo Estado-membro interessado depois de consultadas as organizações representativas de patrões e trabalhadores, quando estas existam, e outros organismos adequados. (2) As distinções, exclusões ou preferências fundadas em qualificações exigidas para determinado emprego não são consideradas como discriminação. (3) Para fins da presente Convenção, as palavras emprego e profissão incluem não só o acesso à formação profissional, ao emprego e às diferentes profissões, como também as condições de emprego.

Gurgel (2010, p. 114), ao estabelecer a distinção entre as duas já citadas e mais importantes Convenções da OIT sobre discriminação, assinala que a de n. 100 tem como foco central o tratamento equivalente para homens e mulheres, em especial quanto à questão salarial, ao passo que a Convenção n. 111 demonstra preocupação com todo ser humano e abrange todas as formas de discriminação, não ficando limitada somente à questão salarial. Esta última Convenção tem ainda por objeto o combate a toda e qualquer discriminação, independentemente do contexto sociocultural de cada país. A autora ressalta que a Convenção n. 111 da OIT protege o trabalhador em todos os ambientes de trabalho e em todas as fases da relação laboral — pré-contratual, durante o vínculo de emprego e até mesmo após a cessação do contrato individual de trabalho.

A Declaração Universal dos Direitos do Homem da ONU de 1948 também estabelece a proteção contra atos discriminatórios em seus arts. II, VII e XXIII:

> Artigo II. Toda pessoa tem capacidade para gozar os direitos e as liberdades estabelecidas nesta Declaração sem distinção de qualquer espécie, seja de raça, cor, sexo, língua, religião, opinião política ou de outra natureza, origem nacional ou social, riquezas, nascimento, ou qualquer outra condição.
>
> Artigo VII. Todos são iguais perante a lei e têm direito, sem qualquer distinção, a igual proteção da lei. Todos têm direito a igual proteção contra qualquer discriminação que viole a presente Declaração e contra qualquer incitamento a tal discriminação.
>
> Artigo XXIII.
>
> 1. Toda pessoa tem direito ao trabalho, à livre escolha de emprego, a condições justas e favoráveis de trabalho e à proteção contra o desemprego.

2. Toda pessoa, sem qualquer distinção, tem direito a igual remuneração por igual trabalho.

3. Toda pessoa que trabalhe tem direito a uma remuneração justa e satisfatória, que lhe assegure, assim como à sua família, uma existência compatível com a dignidade humana, e a que se acrescentarão, se necessário, outros meios de proteção social.

Calvet (2008, p. 45) defende, em caso de discriminação na fase pré-contratual, o direito à integração na relação de trabalho por força de decisão judicial. O direito à integração representa mera expressão da reintegração preconizada no art. 4º, da Lei n. 9.029/95, por se tratar do mesmo fenômeno apenas em momento diferente da relação jurídica maculada. Este autor ainda defende a dobra dos valores em caso de sua conversão em indenização por perdas e danos, seja para desestimular o tomador dos serviços a essa prática, seja para não se criar a prática da discriminação já na admissão por ser mais econômico ao tomador abusivo do que quando praticada durante a relação de trabalho.

De acordo com Calvet (2008, p. 45), este direito consiste na percepção dos pagamentos do período de inatividade forçada até o efetivo início do labor, ou no pagamento de indenização por perdas e danos quando o trabalhador é vítima de discriminação na fase pré-contratual. Em se tratando de indenização por perdas e danos, uma vez afastada a integração, deve-se englobar no valor a ser fixado não apenas os danos emergentes, como também os lucros cessantes. O período de inatividade compreende todo o tempo em que o trabalhador não obteve nova colocação no mercado de trabalho após o ato discriminatório, obviamente desde que tenha esse trabalhador mantido uma conduta de boa-fé referente à continuidade de busca de uma ocupação. Na impossibilidade de se mensurar em referidos parâmetros, pode-se imaginar, apenas a título de sugestão, a fixação da indenização por lucros cessantes com base no tempo médio de desemprego obtido em pesquisas oficiais para cada região do país.

Assim, também consoante Calvet (2008), há na perda da relação de trabalho por discriminação:

> Sem qualquer dúvida, um prejuízo direto (danos emergentes) e um indireto (lucros cessantes), já que o trabalhador deixa de auferir o pagamento que seria devido em caso da obtenção do posto de trabalho, o que somente não aconteceu pelo ato ilícito do tomador dos serviços. (CALVET, 2008, p. 46).

Calvet (2008) ainda assinala que, ao lado da integração forçada e da indenização por danos emergentes e lucros cessantes, bem como da compensação por dano moral, há outros tipos de tutela que têm por escopo a obtenção do resultado prático esperado pela vítima:

> A primeira delas refere-se à obrigação de a empresa conseguir novo posto de trabalho para a vítima, com obrigação de manutenção dos pagamentos

da relação de trabalho lesionada até que se consiga a mudança da situação fática em que se encontra o trabalhador. Com tal medida conjuga-se o interesse da obtenção de tutela específica (obrigação de fazer) com a eventual impossibilidade de convivência humana entre a vítima e o agressor, a fim de se evitarem danos futuros caso não ocorra a sonhada pacificação com a decisão judicial. Em segundo lugar, a concessão de tutela antecipada para reserva da vaga recusada à vítima da discriminação, que permite o resultado útil da ação em que se pretenda a integração forçada e, ainda, compele o tomador dos serviços a buscar rápida solução do litígio ante a necessidade de reposição de mão de obra, impedindo qualquer argumentação no sentido de impossibilidade da integração por preenchida a vaga originária. Ainda, constatando-se que a prática discriminatória do tomador dos serviços não se resume a caso isolado, mas atinge um grupo específico de pessoas, as chamadas minorias objeto de preconceito em nossa sociedade, cabe a atuação de entes legitimados na esfera dos direitos coletivos, como associações, Ministério Público do Trabalho etc. para proposição de ação civil pública que tutele a integração dessas pessoas e, mais, estabeleça judicialmente um verdadeiro sistema de cotas — para o caso concreto — como forma de garantir a não ocorrência de discriminações, independente (sic) da indenização por danos individuais e coletivos, inclusive de ordem moral. (CALVET, 2008, p. 47).

Desse modo, a vítima de discriminação na admissão possui como tutela específica o "direito à integração", declarando-se a realização do contrato desde o momento em que deveria ter acontecido, condenando-se o tomador ao pagamento do período de inatividade e, ainda, com a obrigação de fazer, no sentido de se efetivar o labor forçado do trabalhador, integrando-o na empresa, além das indenizações necessárias, inclusive por dano moral. Além disso, em caso de impossibilidade ou de preferência da vítima, caberá a indenização equivalente dobrada, além da indenização por outros danos emergentes, lucros cessantes e compensação por dano moral.

Calvet (2008) também defende a inversão do ônus da prova:

[...] a fim de ser possível a demonstração efetiva do ato discriminatório e dentro dos deveres anexos de conduta decorrentes do princípio da boa-fé objetiva, cabe ao tomador dos serviços informar o motivo do fracasso no processo de seleção, invertendo-se o ônus da prova em juízo de acordo com o princípio do devido processo legal. (CALVET, 2008, p. 47).

4.2. A PROTEÇÃO AOS DIREITOS DA PERSONALIDADE DO TRABALHADOR NA FASE PRÉ-CONTRATUAL

É preciso traçar os limites quanto ao procedimento das técnicas de seleção de pessoal a serem adotadas e aplicadas pelo empregador durante a fase de admissão do trabalhador, tendo em vista que a sua finalidade é a de apenas aferir as habilidades profissionais dos candidatos ao emprego, a fim de permitir a contratação daquele que a empresa considere mais apto para o preenchimento do posto de trabalho ofertado.

Caso a conduta adotada pelo empregador durante a aplicação das técnicas de seleção de pessoal na fase pré-contratual não esteja em consonância com o princípio da boa-fé objetiva, o trabalhador fará jus à indenização por danos morais.

Neste sentido, é preciso destacar o papel das entrevistas a que são submetidos os candidatos ao emprego durante o processo de seleção, quanto à importância das indagações estabelecidas no questionário formulado pelo empregador, os limites quanto à aplicação dos testes psicológicos, as situações em que a empresa restringe o acesso à relação de emprego por motivo de antecedentes criminais e, por fim, os exames médicos.

4.2.1. O procedimento das técnicas de seleção de pessoal

O objetivo das técnicas de seleção de pessoal utilizadas na admissão do trabalhador é aferir as habilidades profissionais dos candidatos ao emprego, possibilitando a contratação daquele que a empresa considerar mais apto para o preenchimento do posto de trabalho ofertado. Em razão disso, os questionários e as entrevistas realizadas pelo empregador devem guardar relação com o emprego de que se trate. Veda-se, assim, o tratamento vexatório ou desumano, bem como a criação de falsas expectativas, que poderão ensejar, além da indenização por perdas e danos, pedidos de reparação por dano moral.

Consoante ensina Francisco Araújo (1996), durante o processo de recrutamento e de seleção de pessoal, é necessário:

> Alcançar um equilíbrio entre a esfera privada do candidato e o interesse do empresário em levar uma política racional de recrutamento de pessoal, atendendo, sobretudo, a interesses da sociedade, assim como às valorações do legislador constantes da legislação protetiva do empregado e do cidadão. (ARAÚJO, F. R., 1996, p. 242).

Os procedimentos de seleção de pessoal são aqueles que visam a analisar as qualidades e as características profissionais, além da qualificação técnico-profissional do candidato ao emprego durante a sua contratação.

De acordo com Oswaldo Santos (1985, p. 72), a seleção de pessoal compreende "o processo pelo qual são escolhidas as pessoas adaptadas a uma determinada ocupação ou esquema operacional".

Oswaldo Santos (1985, p. 72) assevera ainda que "seleção nem sempre significa escolher os que revelam aptidões ou capacidades nos seus índices mais elevados [...] e, sim, os mais adequados a uma situação predeterminada".

Para Júlio Lobos (1979), a seleção de pessoal representa:

> O processo de administração de recursos humanos, por meio do qual a empresa procura satisfazer sua necessidade de recursos humanos, escolhendo aqueles que melhor ocupariam determinado cargo na organização, com base em uma avaliação de suas características pessoais (conhecimentos, habilidades etc.) e de suas motivações. (LOBOS, 1979, p. 57).

Já Chiavenato, citado por Cogo (2006, p. 81) considera a seleção como "um processo pelo qual uma organização escolhe, de uma lista de candidatos, a pessoa que melhor alcança os critérios de seleção para a posição disponível".

Pontes (2008, p. 136) afirma que cada pessoa possui necessidades diferentes. Em razão disso, é preciso avaliar se as necessidades fisiológicas, sociais e de segurança, de estima e de autorrealização do candidato ao emprego serão satisfeitas no cargo e na empresa.

As técnicas ou os procedimentos de seleção podem consistir em: preenchimento de uma ficha pelo candidato, entrevistas, questionários, dinâmicas de grupo, simulação de desempenho, análise de currículo; bem como testes de conhecimento, de personalidade, psicológicos e grafológicos; e, ainda, exames médicos, toxicológicos e genéticos.

Consoante Leite e Rios (2008, p. 169): "Diante da inexistência de previsão legal, a seleção e seus métodos devem seguir o princípio da boa-fé, de modo que do empregador é exigida uma atitude lícita na utilização dos métodos de investigação".

Em razão disso, o candidato ao emprego deve ser previamente comunicado acerca das técnicas de seleção que serão aplicadas pelo empregador durante a realização dos testes e dos exames.

Quando as informações solicitadas pelo empregador nos procedimentos de seleção de pessoal são estranhas às aptidões profissionais a serem exercidas pelo interessado à vaga, ficarão constatados constrangimentos e prejuízos à autoestima e à dignidade do trabalhador. Além disso ficará caracterizado tratamento diferenciado entre os candidatos ao emprego durante tal procedimento, restando violado o art. 5º, *caput*, da Constituição Federal de 1988, que assim aduz:

> Todos são iguais perante a lei, sem distinção de qualquer natureza, garantindo-se aos brasileiros e aos estrangeiros residentes no País a inviolabilidade do direito à vida, à liberdade, à igualdade, à segurança e à propriedade [...].

Acerca deste dispositivo, Cogo (2006, p. 31) diz: "A garantia constitucional vigente de que todos são iguais perante a lei é a base para toda a proteção do indivíduo, que aqui queira viver em liberdade e trabalhar com dignidade".

Motta, citado por Cogo (2006, p. 67), apesar da disposição expressamente contida no art. 5º, *caput*, da Constituição Federal de 1988, que visa a afastar qualquer tipo de discriminação realizada durante a fase pré-contratual no Direito do Trabalho, informa que o moderno mundo dos negócios é marcado pela complexidade e pelos particularismos, destacando que o desenvolvimento de tecnologias e a necessidade de mudanças rápidas e profundas na organização da empresa e no desenvolvimento do trabalho produtivo exigem posturas agressivas.

Ainda Motta, citado por Cogo (2006, p. 68), afirma que, na teoria geral da administração, o papel do administrador é o de estudar e de determinar o comportamento humano e a forma de produção, a fim de se atingir a maior eficiência possível, considerando como molas propulsoras a capacidade das máquinas e dos trabalhadores.

Em razão de tal pensamento, Cogo (2006, p. 68) adverte que as organizações empresariais, para alcançarem os desafios cotidianos do mercado, bem como a maximização dos lucros, implementam programas de excelência em todos os ramos da administração, como em planejamento estratégico, produção, vendas, finanças, logística, comportamento organizacional e gestão de pessoas.

Percebe-se, assim, que o processo de gestão e de administração empresarial existente no atual mundo dos negócios pretende baixar os custos e maximizar os lucros.

Em face disso, assevera Paulo Paim (1991):

> De uns tempos para cá, esses métodos de recrutamento têm sido aplicados com algumas distorções, a ponto de provocar danos morais aos candidatos que são obrigados a realizar atividades vexatórias e atentatórias de sua honra e dignidade. (PAIM, 1991). [2]

Desse modo, é inegável que, em decorrência dos poderes conferidos ao empregador no contexto da relação de emprego, os direitos da personalidade acabem por ser violados, tendo em vista tal poder ser exercido, não raras vezes, de forma abusiva, afrontando preceitos constitucionais fundamentais. Para se evitar a violação a tais direitos que assistem ao trabalhador, torna-se necessária cautela por parte do empregador de forma que possa garantir, de um lado, o exercício do poder empregatício sem abusividade e, de outro, a observância dos direitos da personalidade do trabalhador.

A consagração do direito de propriedade como caracterizador do regime capitalista condensou nas mãos do detentor do poder empregatício um poder ameaçador da garantia da intimidade e, em geral, do respeito aos direitos fundamentais do trabalhador.

---

(2) PAIM, Paulo. *Excerto do Projeto de Lei n. 5.566/91*. Disponível em: <http://www.senadorpaim.com.br>. Acesso em: 25 abr. 2010.

Além disso, esclarece Simón (2000):

> [...] é extremamente delicada a situação de um trabalhador candidato a um emprego. Ainda que se trate do acerto de um contrato, onde deveria imperar a autonomia da vontade, pelas circunstâncias específicas que envolvem a relação de emprego, o trabalhador fica numa posição de inferioridade. (SIMÓN, 2000, p. 129).

Sandra Lia Simón (2000, p. 129) ainda destaca que o contrato de trabalho se assemelha a um contrato de adesão, e o empresário, detentor dos meios de produção e no exercício do seu direito de propriedade, acaba impondo as condições que regerão o contrato de trabalho, mesmo porque o trabalhador, dispondo apenas de sua força de trabalho, necessita do emprego para a sua subsistência própria e a de sua família. A situação se complica quando se soma a isso o fantasma do desemprego que ronda a sociedade capitalista.

Motivos pelos quais Simón (2000, p. 129) enfatiza que a ocorrência de lesão do direito à intimidade e à vida privada, sem haver resistência por parte do trabalhador, é muito mais evidente durante o processo seletivo. Em um primeiro plano, o candidato pode temer que a sua contratação deixe de se concretizar; e, em um segundo plano, porque, além de não se concretizar, a empresa pode informar sua eventual resistência a outras empresas, que também poderão deixar de admiti-lo por tal motivo.

Em recente pesquisa realizada sobre a finalidade das dinâmicas de grupo no processo de contratação de pessoal, foi vislumbrada a possibilidade de trabalhadores sofrerem constrangimentos de ordem moral durante a atividade ou técnica em questão, veja-se:

> A dinâmica de grupo é mais uma etapa do processo de seleção que avalia as questões de comportamento do candidato diante dos demais concorrentes. Nesse processo, não são analisados conhecimentos técnicos, mas a capacidade de expressar ideias e integrar-se. O objetivo é avaliar o desempenho do candidato e como desenvolve o trabalho em grupo, verificar algumas habilidades que são necessárias para o preenchimento da vaga. [...]
>
> O candidato deve ter jogo de cintura para lidar com imprevistos e saber improvisar, saber ouvir e principalmente saber se colocar, expor e defender suas ideias. Na dinâmica de grupo, normalmente os candidatos enfrentam situações desafiadoras e precisam representá-las de diversas formas, como: fazer propagandas, dramatizações e se colocar publicamente. **O candidato deve saber que tudo o que for feito será avaliado e não deve se preocupar com os <u>constrangimentos</u> e sim com a vaga que irá ocupar.** (PESQUISA..., 2011, grifo nosso).[3]

---

(3) Pesquisa sobre Recursos Humanos na Empresa. Disponível em: <http://www.cipo.org.br/rotadotrampo>. Acesso em: 20 jan. 2011.

Já em relação a uma outra técnica de seleção, interessante é o caso registrado pela jurisprudência referente a dano pré-contratual em virtude do uso de polígrafo para fins admissionais. Manoel Cândido Rodrigues, Professor Doutor da UFMG e então Desembargador do Tribunal Regional do Trabalho da 3ª Região, em brilhante decisão no ano de 2004, condenou o uso do polígrafo como instrumento durante o procedimento das técnicas de seleção de pessoal. Para o referido Magistrado, o uso do polígrafo representa um ato de constrangimento pessoal, além de ser considerado um critério inadequado e evidentemente falho quando utilizado no âmbito das relações de trabalho, veja-se:

> USO DE POLÍGRAFO COMO INSTRUMENTO TÉCNICO DE AVALIAÇÃO PARA FINS ADMISSIONAIS DE EMPREGO. CONFIGURAÇÃO DE DANO MORAL. Por certo que o uso de meios técnicos, para fins de avaliação da idoneidade da pessoa, como critério inadequado e evidentemente falho, por si só, acaba por representar um ato de constrangimento pessoal — ainda que desprezado, aqui, o *modus procedendi*, de acoplagem de aparelhos capazes de identificar reações de sudorese, batimentos cardíacos e reações emocionais. Comprimido pela necessidade de um emprego, qualquer cidadão de melhor índole e sensibilidade, só pela certeza da falha desse critério e pelo receio de não vir a alcançar o objetivo perseguido, por certo que se encontra extremamente exposto a reações daquela ordem — sem que, nem por isso, as mesmas guardem qualquer relação com a meta da verdade perseguida. De tanto se pode concluir, pois, inequivocamente, tratar-se de método duplamente atentatório contra a dignidade da pessoa: em si, como ato vexatório; e quanto ao seu resultado, enquanto que eventualmente oposto à realidade examinada. A todos os títulos, portanto, afrontoso à privacidade da pessoa e que fere, frontalmente, a sua dignidade — substrato e fundamento do direito à reparação por dano moral, melhor dito dano não patrimonial. (MINAS GERAIS, 2004b).

Coelho (2008), acerca da submissão do candidato ao emprego por meio de entrevistas invasivas, testes psicológicos de personalidade e dinâmicas de grupo que ultrapassem os limites acessíveis do empregador, enfatiza:

> Deve-se ter em mente a condição peculiar do indivíduo que se submete a testes psicológicos e dinâmicas de grupo, ou, indo mais além, a testes genéticos ou polígrafos, entrevistas avançadas com mais de uma pessoa, uma vez que o candidato é a parte fragilizada na relação, quer e depende da aprovação na vaga para emprego essencial para a sobrevivência digna. Não estão fora de questão, ainda, como se viu pelas tendências do mercado atual, testes grafológicos e utilização de técnicas diversas, por profissionais não habilitados, visando selecionar candidatos a emprego (COELHO, 2008, p. 67).

Barros (2009, p. 61), no que tange aos procedimentos de seleção de pessoal adotados no âmbito empresarial no decorrer da fase pré-contratual, assevera que o empregador deve limitar-se a obter dados somente no que se refere à capacidade profissional do empregado e, quando não se contenta e decide invadir a vida privada do candidato, por investigar as suas características pessoais sem qualquer conexão com a natureza da prestação de serviços ou com a organização do trabalho, restará clara a conduta discriminatória praticada pelo empregador.

De acordo com Pontes (2008, p. 141), a discriminação "representa o cerceamento das potencialidades do ser humano, visto que, num prejulgamento errôneo, não é dada à pessoa a oportunidade de comprovar suas potencialidades".

Convém registrar ainda o pensamento de Coelho (2008), em razão do preconceito ou da discriminação, muitas vezes operados pelo empregador em desfavor do candidato ao emprego durante as técnicas de seleção pessoal:

> O chamado perfil ou cara da empresa pode indicar discriminação, seja estética, seja por personalidade. Afinal, não admitido por tendências agressivas, ou por excessiva sociabilidade, deve o candidato, no mínimo, obter conhecimento de tal diagnóstico, seja por discriminação, no caso, por exemplo, de rejeição por tendências homossexuais, seja porque deve existir plausibilidade entre a rejeição e o perfil do candidato. (COELHO, 2008, p. 46).

Em tal sentido, somente em situações excepcionais o empregador poderá adentrar, com prudência, durante o processo da contratação, em informações sobre a vida pessoal do candidato ao emprego. São informações inerentes ao cargo que, caso não sejam verificadas, poderão colocar em risco a segurança da coletividade ou do próprio trabalhador. Trata-se, por exemplo, das funções que exigem o manuseio de arma de fogo e a autorização prévia da autoridade competente para o exercício de tal atividade.

Nesta direção, a presente tese se mostra pertinente na medida em que visa a analisar as questões que envolvem o abuso aos direitos da personalidade do trabalhador no decorrer das técnicas de seleção de pessoal durante a fase pré-contratual, seja através das entrevistas ou mesmo pela descabida exigência de informações sobre a vida pessoal do trabalhador que ultrapassem para além das atividades profissionais do candidato ao emprego, mesmo porque reza o art. 3º, inciso IV, da Constituição Federal de 1988: "Constituem objetivos fundamentais da República Federativa do Brasil: promover o bem de todos, sem preconceitos de origem, raça, sexo, cor, idade e quaisquer outras formas de discriminação".

O objetivo ora colimado é corroborar o pensamento de Sandra Negri Cogo (2006), que assim destaca:

> [...] o homem da pós-modernidade não é apenas um, ao contrário, está no coletivo, necessita além da liberdade e igualdade, ainda, de um meio ambiente desenvolvido e saudável, para então promover a fraternidade na aldeia global onde está inserido. (COGO, 2006, p. 33).

Cumpre-se, neste ponto, asseverar que entidades religiosas também não podem restringir o acesso à relação de emprego em face de os trabalhadores que participam do procedimento de seleção de pessoal na fase pré-contratual não professarem a fé religiosa abraçada pelo seu estabelecimento. Regra geral, é vedado às instituições contratar exclusivamente empregados que professem a fé por elas abraçadas. Não podem, assim, elaborar questionários, bem como entrevistas durante a fase de seleção de pessoal no sentido de indagar ao candidato ao emprego sobre a sua liberdade de crença ou religião.

Relata Lewicki (2003, p. 157) que é muito comum as organizações de tendência, a exemplo dos colégios religiosos e dos partidos políticos, restringirem o acesso à relação de emprego por motivos de pensamento ideológico, filosófico ou religioso.

Para Barros (2009, p. 112), a convicção política ou a fé religiosa do empregado devem estar em consonância com a orientação ideológica e a crença difundidas pela organização empregadora. Entretanto, é necessário que tal fato não implique atentado à liberdade de consciência do trabalhador. Para a autora, indagações sobre opiniões ideológicas devem estender-se apenas aos que forem exercer tarefas cujo pensamento filosófico ou político seja indispensável ao desenvolvimento da organização.

E ainda conforme Gurgel (2010, p. 62): "É perfeitamente razoável que escola religiosa condicione a contratação de professor para o ensino de catecismo ao fato de ser da mesma religião".

Recorrendo ao pensamento de Simón (2000), quanto ao tema da discriminação por empresas de tendência, estas devem ser atingidas pela redução substancial que sofre o poder de controle do empregador fora do local e do horário de trabalho:

> A única hipótese que justificaria uma maior interferência na intimidade e na vida privada do trabalhador seria a de que seu pensamento influenciasse não no desenvolvimento da organização, mas diretamente na sua prestação de serviços. Todavia, o juízo de ponderação que determinará até que ponto referido direito da personalidade deverá ser sacrificado, dependerá da análise específica do caso concreto. (SIMÓN, 2000, p. 171).

Segue-se aqui a visão de Sandra Lia Simón (2000). Desse modo, se a escola de fundo religioso decide determinar a leitura da Bíblia ou a inclusão da disciplina de teologia na grade curricular, não poderá adotar critérios de contratação de empregados baseados exclusivamente na sua crença religiosa. Apenas se o seu pensamento influenciar negativamente o cumprimento da sua prestação de serviços se torna inviável a sua contratação, sob pena de despontar violado o direito à igualdade de condições.

Com relação aos empregados sabatistas, aqueles que professam religiões que guardam o sábado, nada impede, em princípio, a sua contratação, desde que o empregador tenha conhecimento do fato e não se oponha a ele.

De acordo com Murari (2008, p. 111), contudo, caso se trate de uma atividade em que o trabalho aos sábados é essencial, como restaurantes, o empregador pode deixar de contratar o candidato sabatista por ser incompatível com seus interesses, não sendo possível falar-se, neste caso, em discriminação.

Se o trabalhador se omitir sobre a religião sabatista para assegurar a vaga de emprego e, após a contratação, relatar ao empregador que não poderá trabalhar aos sábados, entende-se que há má-fé deste trabalhador, o que poderá justificar a sua dispensa diante da incompatibilidade de horário, caso o labor aos sábados seja essencial.

Portanto, também concorde Murari (2008):

> [...] não se demonstra arbitrária a dispensa de empregado que regularmente trabalhava aos sábados (porque se sabia não professar religião alguma) e, a partir de um determinado dia, diz ao empregador não poder mais laborar nesses dias, porque se converteu à religião sabatista. (MURARI, 2008, p. 112).

Em síntese, a regra geral que deriva da ordem jurídica é a vedação, em processos seletivos, à diferenciação injustificável nas contratações trabalhistas. Consideram-se injustificáveis diferenciações por gênero (sexo), etnia, cor, idade, nacionalidade, orientação sexual, profissão religiosa ou não religiosa, profissão política e inúmeros outros fatores (art. 5º, *caput*, I, CF; Lei n. 9.029/1995; Convenção n. 111, OIT).

Contudo, sendo comprovadamente fundamental à estrutura, ao funcionamento e aos objetivos da instituição certo tipo de diferenciação, sua observância no processo seletivo não será tida como discriminatória.

Finalmente, seja autorizada ou não autorizada a diferenciação seletiva, o processo de seleção, em si, não pode se concretizar ou envolver métodos, elementos, práticas ou critérios que, por sua natureza ou efeitos, agrida a intimidade, a dignidade e a inviolabilidade da pessoa humana.

4.2.1.1. Entrevistas

As entrevistas destinadas à contratação do trabalhador situam-se na fase pré-contratual, ou seja, na fase que antecede a celebração do contrato de trabalho.

Assim, nas entrevistas a que são submetidos os candidatos ao emprego durante o processo de seleção, as perguntas formuladas pelo empregador no exercício do seu poder de direito, devem se pautar por questões relacionadas às atividades, às experiências e às aptidões profissionais do candidato ao emprego para o desempenho do cargo.

Questionamentos não condizentes com as habilidades do interessado à vaga, ou, como nas palavras de Nilson Nascimento (2009, p. 109), "com a finalidade de descobrir aspectos que guardem relação com a personalidade do candidato e com a sua esfera de intimidade e de privacidade", acarretarão a prática de ato de discriminação por parte do empregador e implicarão responsabilidade civil pré-contratual pelo prejuízo decorrente da violação do seu direito da personalidade conforme art. 5º, inciso X, da Constituição Federal de 1988, portanto, dano moral.

Para Teixeira Filho (1999), dano moral é:

> [...] sofrimento humano provocado por ato ilícito de terceiro que molesta bens imateriais ou magoa valores íntimos da pessoa, os quais constituem o sustentáculo sobre o qual a sua personalidade é moldada e a sua postura nas relações em sociedade é erigida. (TEIXEIRA FILHO, 1999, p. 636).

Já Medeiro Neto (2007) considera o dano moral ou extrapatrimonial:

> [...] lesão injusta imprimida a determinados interesses não-materiais, sem equivalência econômica, porém concebidos como valores jurídicos protegidos, integrantes do leque de proteção interna ou externa, inerentes à personalidade do ser humano, podendo também alcançar valores extrapatrimoniais reconhecidos pelo sistema legal à pessoa jurídica ou a uma coletividade de pessoas. (MEDEIRO NETO, 2007, p. 57).

Os direitos da personalidade são inerentes à pessoa humana e a ela estão vinculados. Tais direitos estão insculpidos, conforme já visto, na Constituição Federal de 1988, que consagrou a defesa dos direitos da personalidade como valores supremos. Sem essa proteção constitucional, a dignidade da pessoa humana não se concretiza na ordem justrabalhista brasileira.

Coelho (2008), ao demonstrar a importância da aplicação da teoria da responsabilidade pré-contratual, quando constatada a não razoabilidade quanto ao uso das técnicas de seleção de pessoal pelo empregador, adverte:

> A lógica do mercado pode tornar-se, facilmente, a lógica da discriminação: dentre outras, a estética, na medida em que exclui obesos, etária, porque exclui os mais velhos, e, porque não dizer, psíquica, na medida em que exclui, pelo prisma negativo, os não dinâmicos, os não ambiciosos, os não expansivos... Pergunta-se: quem estará apto para trabalhar e, afinal, o mercado serve ao homem ou inverteu-se a equação e, agora, o mercado é o grande irmão que exclui o ser humano em seus planos de longo prazo? A solução desse problema está, portanto, na utilização, com a máxima efetividade, da teoria da responsabilidade pré-contratual aplicada ao direito do trabalho. (COELHO, 2008, p. 62).

A tutela aos direitos da personalidade tem como finalidade primordial resguardar as qualidades e os atributos essenciais do trabalhador nas relações de trabalho.

Como assevera Cogo (2006, p. 45): "Os direitos da personalidade se apresentam como guardiões, entre outros: da vida humana, da igualdade, da intimidade, da honra, da imagem e da liberdade".

A Constituição Federal de 1988 protege os direitos fundamentais à intimidade e à privacidade e, por consequência, a sua condição de dignidade no que tange à tutela aos direitos da personalidade do trabalhador. Em razão disso, os direitos da personalidade representam emanações do princípio da dignidade da pessoa humana e estão inseridos no título dos direitos e das garantias fundamentais.

Consoante ensina Leite e Rios (2007, p. 44): "Os direitos de personalidade são espécies de direitos inerentes à dignidade humana que têm por objeto a proteção da incolumidade física, psíquica e moral da própria pessoa".

Essa proteção fundamental possui o intuito de garantir ao trabalhador o bem-estar desejado em todos os âmbitos da sua vida social e profissional.

Como destaca Tepedino (2003, p. 524): "A lógica fundante dos direitos da personalidade é a tutela da dignidade da pessoa humana".

De acordo com Sarlet, citado por Cogo (2006):

> Os princípios constitucionais, essência da Constituição, são o fio condutor de todas as interpretações tendentes a extrair do sistema jurídico pátrio a proteção dos direitos elementares da vida humana, dentre eles o da intimidade, para salvaguarda das informações mais basilares de sua própria existência: as psíquicas. (SARLET *apud* COGO, 2006, p. 36).

E assim instrui Barros (2009):

> O princípio da não discriminação possui conexão com a garantia dos direitos da personalidade e atua como limite imposto pela Constituição Federal à autonomia do empregador, quando da obtenção de dados a respeito do candidato ao emprego, e se projeta durante a execução do contrato.
>
> [...]
>
> Deverá o empregador, em princípio, abster-se de fazer perguntas ao candidato a respeito de suas origens raciais, opções políticas, convicções religiosas, atividades sindicais. É necessário, também, que se reconheça ao candidato ao emprego o direito de ocultar circunstâncias alheias à causa contratual não relacionadas diretamente com o cargo que irá ocupar diante de situações de imposição coativa. (BARROS, 2009, p. 61).

Pontes (2008) também orienta da seguinte forma:

> [...] Permita que o candidato fale livremente, dando a ele liberdade de expressão, e ajude-o a preencher as omissões quando necessário. Tanto o entrevistador como o candidato devem sentir-se bem com a experiência, portanto o clima da entrevista deve ser agradável, natural e humano. (PONTES, 2008, p. 164).

De tal modo, as perguntas formuladas pelo empregador devem cingir-se a informações estritamente necessárias sobre a vida profissional do candidato ao emprego e manter-se em relação direta com o cargo a que o empregado se dispõe a exercer no ambiente de trabalho.

Nessa direção, enfatiza Simón (2000):

> Além de observar o princípio da não discriminação, o empregador, no exercício do poder de direção, deverá limitar-se a tomar informações relacionadas às atividades profissionais que o candidato desempenhará se contratado, para aferir as suas aptidões. Consequentemente, não devem ser admitidos métodos que, sub-repticiamente, têm por objetivo "desvendar" aspectos da personalidade do candidato no que diz respeito à sua esfera íntima e privada. (SIMÓN, 2000, p. 132).

Segundo Mauricio Delgado (2010a, p. 432), o combate a todas as formas de discriminação e a sua eliminação são medidas fundamentais para se garantir o pleno exercício dos direitos civis, políticos, sociais, econômicos e culturais, ou seja, para se assegurar o pleno exercício da cidadania, próprio dos regimes democráticos de direito.

No mesmo sentido, assinala Schiavi (2011):

> Não são pertinentes perguntas sobre hábitos sexuais, motivo do desligamento da empresa em que trabalhava, situação familiar, orientação sexual, preferências política e religiosa, filiação sindical e origem étnica, sob pena de violação da intimidade do candidato.
>
> [...]
>
> A fim de não ferir a intimidade do candidato ao emprego, as perguntas e testes dirigidos ao candidato devem restringir-se à avaliação da aptidão do candidato para o cargo. São pertinentes perguntas como experiências obtidas, diplomas, empregos anteriores na mesma função e outras perguntas ligadas à capacidade profissional (SCHIAVI, 2011, p. 120).

Entretanto, conforme Edilton Meireles (2005, p. 190), existem perguntas, contudo, que guardam pertinência lógica com a função a ser exercida pelo candidato ao emprego. Trata-se, por exemplo, do caso da emissora de televisão que precisa de um ator negro para exercer determinado "papel" em uma novela; ou, ainda, da empresa que necessita de empregado branco para apresentar shows folclóricos da cultura alemã ou de empregado negro para espetáculos reveladores da cultura africana.

Para Mauro Schiavi (2011, p. 120), a exigência de atestados criminais pode ser feita em determinadas atividades, como, por exemplo, o bancário, que lidará com o dinheiro do empregador, ou do vigilante, que zelará pelo patrimônio dos clientes do empregador.

Do mesmo modo, pode acontecer com o serviço que demanda determinada força física elevada, como o de estiva. A contratação, nesse caso, pode privilegiar apenas os homens, em virtude da compleição física e, também, por força de lei, que proíbe o trabalho da mulher em locais que demandem força física acima de 20 quilos para trabalho noturno e de 25 quilos para trabalho ocasional. Não é, portanto, um caso de discriminação.

Concorde ensina Nilson Nascimento (2009),

> [...] todas e quaisquer informações obtidas neste procedimento de avaliação devem ser relacionadas apenas com as atividades profissionais do trabalhador e com o objeto de sua prestação de serviços. Trata-se, portanto, de nítido e legítimo limite imposto pela ordem constitucional ao limite de alcance do exercício do poder diretivo do empregador. (NASCIMENTO, Nilson, 2009, p. 110).

O autor em tela ainda estabelece que o procedimento de entrevista deve se limitar a obter informações sobre o candidato ao emprego, de acordo com os seguintes aspectos: a) histórico escolar e profissional; b) experiência, qualificações e aptidões profissionais; c) organização de trabalho; d) desenvolvimento de atividades; e) outros assuntos relacionados com o perfil da vaga e com o objeto da prestação de serviços. (NASCIMENTO, Nilson, 2009, p. 110).

Nesta ótica, Barros (2009) assinala com exatidão:

> A licitude desses métodos dependerá das cautelas que forem adotadas para não interferir na esfera privada do candidato, além do que for necessário. Logo, nesse sentido devem ser dirigidas as entrevistas e os questionários. As perguntas formuladas precisam estar diretamente relacionadas com a aptidão profissional exigida para a prestação do trabalho oferecido. O candidato, por sua vez, deverá responder às indagações com sinceridade, agindo ambos em clima de boa-fé e respeito. O aspirante ao emprego poderá, entretanto, recusar-se a responder a questões sobre aspectos pessoais, desde que a veracidade da informação não seja de fundamental importância para a execução do serviço. (BARROS, 2009, p. 63).

Como se constata, no procedimento das entrevistas não poderá haver intromissões na esfera íntima e privada do candidato ao emprego, tais como perguntas ou opiniões que desrespeitam os aspectos da personalidade do candidato (opinião política, opção sexual, crença religiosa).

Segundo Válio (2006):

> As entrevistas devem pautar-se nos mais íntegros questionamentos profissionais, revelando somente pontos como: a experiência profissional anterior do candidato, locais de trabalho anteriores, grau de escolaridade, titulação do candidato. (VÁLIO, 2006, p. 75).

Esclarece, ainda, Válio (2006, p. 75): "O que se deve evitar são exposições do candidato ao ridículo, no momento em que apresenta suas intimidades, com reflexos em sua dignidade e honra".

Os direitos da personalidade não podem ser dispostos livremente pelas partes. Na celebração do contrato de trabalho, ou na sua execução, mesmo que haja consentimento do trabalhador, atos capazes de gerar a violação a tais direitos em razão do exercício abusivo do poder diretivo deverão sofrer limitações de ordem pública, de modo que seja preservado o seu núcleo intangível.

Como elucida Paulo Oliveira (2010):

> Se o empregador indagar ao candidato sobre suas preferências sexuais, este tem todo o direito de omiti-las ou ocultá-las, caso entenda necessário, uma vez que se trata de opção individual situada na esfera da intimidade. (OLIVEIRA, Paulo, 2010, p. 91).

Consoante ensina Mallet (2005, p. 33), se o empregador formula questão em torno de assunto que lhe é defeso investigar, como convicção política, preferências sexuais ou crença religiosa do candidato ao emprego, há não apenas o direito de não responder à indagação, como a falsa resposta caracterizará legítima defesa do trabalhador contra ato de intromissão indevida em sua intimidade.

Conforme Gurgel (2010, p. 151), em razão disso, a liberdade de escolha do empregador não é ilimitada. Sofre limitações em razão da função social do contrato, de acordo com o art. 421, do Código Civil em vigor, e o art. 170, III, da Constituição Federal de 1988, além do necessário respeito aos princípios fundamentais da dignidade da pessoa humana e da igualdade e não discriminação.

Assim, caso o entrevistador viole o direito à intimidade e à vida privada do candidato ao emprego durante a realização da entrevista, o entrevistado poderá esquivar-se de responder ao que lhe foi questionado, ou mesmo responder falsamente ou omitir as informações necessárias para o preenchimento da vaga de emprego.

Nessa situação, deve-se invocar a teoria da responsabilidade civil pré-contratual ao candidato que fora excluído de uma vaga de emprego por ter resistido contra a prática abusiva de seus direitos da personalidade pelo empregador durante tal fase.

Todo comportamento que se baseia em critérios proibidos por lei e que tem a finalidade de produzir efeito de distinção prejudicial à pessoa humana incidirá em juízo de reprovabilidade de conduta, caracterizando em conduta discriminatória.

Em consonância com Alkimin (2009), é importante destacar que a liberdade de pensamento, prevista no art. 5º, IV, da Constituição Federal de 1988, envolve a esfera íntima da pessoa, ou seja:

> A prerrogativa de não expressar ideias, opiniões e sentimentos, como também envolve a prerrogativa de exteriorizar ideias, opiniões e sentimentos para outrem ou determinado grupo, limitando a projeção do exercício da liberdade na esfera privada. (ALKIMIN, 2009, p. 99).

O referido direito expressa, portanto, um direito da personalidade que integra o rol das liberdades públicas, merecendo proteção no âmbito da relação de trabalho, sendo garantida ao trabalhador a livre manifestação de pensamento.

Ainda de acordo com Alkimin (2009):

> A própria liberdade de trabalho avoca a liberdade de pensamento e de expressão do trabalhador, de sorte que o trabalhador, exercendo sua liberdade de pensamento e expressão, não está obrigado a se manifestar sobre sua preferência sexual, credo, opinião política. (ALKIMIN, 2009, p. 100).

Nesse sentido, assinala Nilson Nascimento (2009, p. 145) que o empregado não está obrigado a responder às perguntas formuladas pelo empregador que estejam relacionadas com a sua intimidade e com a sua vida privada, estando dissociadas do objeto do contrato de trabalho e nada tendo a ver com o trato das obrigações contratuais.

Sendo assim, todas e quaisquer informações obtidas no procedimento das entrevistas devem estar relacionadas apenas com as atividades profissionais do trabalhador e com o objeto de sua prestação de serviços.

Portanto, as entrevistas devem ser destinadas, única e exclusivamente, aos fatos profissionais decorrentes das exigências técnicas para o preenchimento do cargo, sendo proibida qualquer diferenciação e discriminação quanto a sexo, raça, cor, crença religiosa e idade.

Como bem destacam Leite e Rios (2008, p. 171): "Durante a entrevista de emprego, há o direito à informação do empregador e o direito à privacidade do empego".

Assim, ainda consoante Leite e Rios (2008, p. 171), nenhuma pergunta pode ir além do que se considera requisito para o preenchimento adequado da vaga de emprego. Os direitos à intimidade e à vida privada são violados quando as perguntas são abusivas e não têm qualquer relação com a avaliação do candidato ao cargo disponível. Também serão abusivas quando refletem preconceito ou mesmo quando requerem respostas tão pessoais que chegam a constranger o candidato.

Moreira, citado por Leite e Rios (2008) considera a entrevista como:

> Diálogo entre o candidato ao trabalho e o empregador ou um seu representante tendo por objeto identificar o que melhor se adéqua ao posto de trabalho, sendo uma técnica bastante habitual e com a vantagem de ser simples, permitindo aos trabalhadores obter maior intercâmbio de informação e aos empregadores uma observação direta das reações espontâneas daqueles. (LEITE; RIOS, 2008, p. 171).

A entrevista "revela legítima forma de manifestação do poder diretivo do empregador que contrata força de trabalho compatível com a necessidade empresarial, visando à obtenção dos resultados esperados". (NASCIMENTO, Nilson, 2009, p. 108).

Reza o art. 5º, *caput*, e inciso IV, da Constituição Federal de 1988:

> Art. 5º Todos são iguais perante a lei, sem distinção de qualquer natureza, garantindo-se aos brasileiros e aos estrangeiros residentes no País a inviolabilidade do direito à vida, à liberdade, à igualdade, à segurança e à propriedade, nos termos seguintes:
> [...]
> IV — é livre a **manifestação do pensamento, sendo vedado o anonimato;** (grifo nosso).

Portanto, o empregador não pode realizar questionamentos sobre aspectos da vida íntima e privada do candidato, muito menos acerca de suas opiniões políticas, filosóficas e outras mais.

Como assevera Simón (2000, p. 130): "A primeira regra que deve nortear um processo de seleção é a da não discriminação, corolário do princípio da igualdade".

Consoante ensina Nilson Nascimento (2009, p. 109): "As normas jurídicas servem para o fim de coibir e eliminar as condutas discriminatórias praticadas pelo empregador e promover a igualdade de participação a todos os trabalhadores".

Então, caracterizam perguntas discriminatórias e vexatórias durante a entrevista, por exemplo: *Você é heterossexual? É portador de alguma patologia? É filiado a algum partido político? Pertenceu ou pertence à diretoria de algum tipo de sindicato? Você faz que tipo de leitura: jornal, revista, romances e obras técnicas? Na sua família, há histórico de câncer, alzheimer ou parkinson? Você é ou já foi um simpatizante do comunismo?*

No magistério de Pontes (2008, p. 138), a entrevista de seleção "visa a averiguar a qualificação, o potencial e a motivação do candidato ao cargo". Portanto, para o autor, a entrevista possui a seguinte finalidade:

> [...] verificar com profundidade se o candidato possui a qualificação necessária para a ocupação do cargo aberto, além, é claro, de avaliar globalmente o candidato. É importante salientar que essas entrevistas permitem à empresa conhecer melhor o candidato e também permitem que o candidato conheça melhor a empresa e sua cultura. (PONTES, 2008, p. 138).

Por fim, vale registrar o pensamento de Barros (2009):

> O ideal seria submeter as indagações ao sindicato de classe ou ao Ministério do Trabalho, para aferição da relevância das perguntas formuladas, no que tange ao normal desenvolvimento das atividades a serem desempenhadas. Note-se, todavia, que tal procedimento não é observado, inexistindo disposição legal a respeito. (BARROS, 2009, p. 63).

4.2.1.2. Questionários

Da mesma forma que as entrevistas, as indagações estabelecidas no questionário formulado pelo empregador devem se ater às aptidões profissionais do candidato ao emprego pretendidas. Assim, indagações sobre opiniões políticas, religiosas ou decorrentes da situação familiar e recreativa contidas no questionário para o candidato à vaga de emprego irão configurar abuso em seu conteúdo.

Leite e Rios (2008, p. 177) orientam no sentido de mencionar que a finalidade única do questionário como meio de seleção de pessoal é a de aferir as capacidades do candidato ao emprego para o fim de escolher aquele que melhor se encaixe nas exigências do cargo a ser ocupado. Destacam as autoras, ainda, que a sua utilização é proibida e discriminatória quando visa a obter informações sobre a vida privada do indivíduo.

Moreira, citado por Leite e Rios (2008) também instrui relativamente à utilização do questionário como meio de seleção de pessoal:

É necessário ter em atenção um elementar princípio de proporcionalidade que impõe que as perguntas formuladas ao candidato, quando intrusivas da sua vida privada, sejam proporcionais à importância que o aspecto tem para o desempenho normal da atividade. Mas, mais uma vez, há que atender que se trata de situações excepcionais e que a regra geral é a da total irrelevância da vida privada do trabalhador na valoração da sua aptidão profissional e que, por isso, se o empregador pode realizar questionários para averiguar a capacidade dos candidatos, não pode efetuar perguntas que excedam o necessário para obter este fim, sendo-lhe proibido imiscuir-se na esfera privada destes. (MOREIRA *apud* LEITE; RIOS, 2008, p. 177).

Para o questionário ser considerado um método lícito de seleção de trabalhadores durante o pré-contrato de trabalho, é necessário que o empregador formule questões diretamente vinculadas à formação profissional do candidato ao emprego, como informações atinentes a trabalhos anteriormente realizados, ao cargo, à experiência profissional no cargo que irá exercer, aos certificados e diplomas já obtidos e à capacidade profissional do candidato para o exercício da função, sob pena de ferir o direito à intimidade e à privacidade do trabalhador.

Assim, no caso dos questionários, o candidato ao emprego pode falsear informação ou mesmo se recusar a responder a perguntas que estejam relacionadas diretamente com a atividade profissional que será desenvolvida no cargo para o qual disputa a vaga.

Leite e Rios (2008) esclarecem:

> Pode-se considerar que, neste caso, o candidato agirá com o que os romanos chamavam de *dolus bonus*, em razão da finalidade da atitude dolosa, isso em razão de que o candidato não terá a finalidade de prejudicar, mas, pelo contrário, de proteger sua intimidade de uma intromissão ilegítima e injustificada do empregador. (LEITE; RIOS, 2008, p. 178).

Vale ressaltar que a Lei n. 9.029/95, que dá providências sobre a discriminação no trabalho, estipula, em seu art. 1º, que fica proibida a adoção de qualquer prática discriminatória e limitativa para efeito de acesso à relação de emprego por motivo de sexo, origem, raça, cor, estado civil, situação familiar ou idade.

Viana (2010), sobre a previsão normativa estipulada no art. 1º, da Lei n. 9.029/95, ensina:

> Se a lei dá ao empregador a faculdade de escolher entre João e Pedro, é em atenção ao princípio da propriedade privada, mas também em razão do seu fim social — tantas vezes declarado e tão poucas vezes cumprido. Se o em-

pregador se vale daquela faculdade para dar vazão aos seus preconceitos, estão, não apenas traindo o destino daquela norma, mas ferindo a liberalidade de outra norma — exatamente a que impede, em todos os níveis, a discriminação. Daí o artigo em questão, que surge como uma terceira norma, fazendo uma espécie de silogismo: se todos são iguais perante a lei e se a liberdade de contratação tem o fim de atender às necessidades da empresa, quem escolhe A ou B com propósitos discriminatórios age ilicitamente. (VIANA, 2010, p. 361).

4.2.1.3. Testes de conhecimento

Os testes de conhecimento compreendem uma espécie de técnica de seleção de pessoal utilizada pelas empresas com a finalidade de avaliar o nível de conhecimento profissional do candidato ao emprego para o desempenho do cargo a ser exercido pelo mesmo no âmbito empresarial.

Pontes (2008, p. 157) assevera que os testes de conhecimento "visam a analisar o grau de conhecimento e as habilidades do candidato adquiridos por intermédio do estudo ou da prática".

Segundo Chiavenato (1983, p. 56), os testes de conhecimento "são instrumentos para avaliar objetivamente os conhecimentos e as habilidades adquiridos através do estudo, da prática ou do exercício". Para este autor, as provas podem ser orais, escritas e de realização. As provas orais e escritas são aquelas que buscam respostas específicas. As provas de realização visam à execução de algum trabalho ou tarefa.

Chiavenato (1983, p. 56) também classifica os testes quanto à área de conhecimento. Nesta última classificação, as provas podem ser gerais e específicas. As provas gerais se destinam à averiguação de cultura geral e generalidades de conhecimento, ao passo que as específicas se destinam à aferição de conhecimentos técnicos, diretamente relacionados ao cargo que será ocupado pelo candidato ao emprego.

E Chiavenato (1983, p. 57), ainda no que se refere à classificação dos testes, apresenta a classificação quanto à forma. Nesta classificação, as provas podem ser elaboradas de forma tradicional e objetiva. As provas tradicionais são do tipo expositivo, que não exigem planejamento, porém respostas longas e elaboradas. As provas objetivas, por sua vez, são aquelas estruturadas na forma de testes objetivos, com aplicação rápida e fácil, exigindo um minucioso planejamento.

Já Pontes (2008, p. 76) entende que as provas de conhecimento podem ser aplicadas de forma escrita ou oral. Para ele, os testes de conhecimento podem ocorrer por meio dissertativo ou através de testes objetivos do tipo alternativas verdadeiras ou falsas, múltipla escolha, preenchimento de lacunas, associações de pares e ordenação.

Conforme Pontes (2008, p. 77), no que tange às provas dissertativas, elas podem trazer "uma ou mais perguntas sobre assuntos específicos ou gerais, como, por exemplo: discorra sobre as etapas de uma entrevista de seleção ou discorra sobre o processo de recrutamento e seleção de pessoal".

Pontes (2008, p. 76) ainda instrui acerca dos cuidados que devem ser tomados na elaboração dos testes de conhecimento. Para ele, as frases devem ser preferencialmente curtas e não devem ter duplo sentido; deve ser evitado um número grande de testes; cada pergunta deve abranger um campo específico do conhecimento a ser medido.

O teste de desempenho, por sua vez, visa a avaliar a capacidade ou a habilidade do candidato ao emprego para o desempenho de certas tarefas, como, por exemplo: noções de informática; testes de datilografia, de desenho, de inglês, de montagem e desmontagem de equipamentos, de redação e de direção de veículos.

Tanto os testes de conhecimento quanto os de desempenho somente serão considerados procedimentos lícitos de averiguação durante a seleção de pessoal se o princípio da boa-fé objetiva, que se reveste nos deveres de cuidado, lealdade, clareza de linguagem, não indução a erro e sigilo quanto às informações prestadas, imperar na fase prévia do contrato de trabalho.

4.2.1.4. Testes psicológicos

Além das entrevistas, dos questionários e dos testes de conhecimento, o candidato a determinado emprego pode ser submetido a testes psicológicos. Sua aplicação deve ser vista com cautela, de modo que não constitua motivo para a exploração da personalidade do trabalhador.

A realização de testes psicológicos decorre do exercício do poder empregatício conferido ao empregador. Assim, em princípio, não se podem considerar inválidos os testes psicológicos na fase pré-contratual, uma vez que o contratante tem o direito de conhecer minimamente as características e os atributos de seu contratado que sejam relevantes ao bom cumprimento do pactuado.

O empregador, como titular do poder diretivo empresarial, não pode explorar amplamente o aspecto íntimo do trabalhador, seja na sua admissão, seja quando de sua promoção hierárquica, visto que, como assegura Barros (2009, p. 56), o empregador deve "limitar-se a obter dados sobre a capacidade profissional do empregado sem macular os direitos fundamentais inscritos no texto constitucional e preservando o respeito à dignidade da pessoa".

Apesar de o objeto de estudo da psicologia consistir, em sua grande maioria, na identificação e revelação do desconhecido, ou seja, nas categorias invisíveis que envolvem a multiplicidade do universo humano, a aplicação dos testes psicológicos somente será amparada pela Constituição Federal de 1988 se o empregador se limitar a obter informações centradas na capacidade profissional do empregado. (SILVA NETO, N. A.; SANTOS, E., 2000, p. 112).

Estudo realizado por Cogo (2006, p. 90), acerca dos testes psicológicos existentes no mercado, revela ser possível considerá-los todos invasivos, mesmo que sejam observados todos os cuidados protocolares. Segundo a autora, todos os testes psicológicos são suscetíveis a erros de diagnóstico.

Cogo (2006, p. 93) ainda assevera que a precisão e a fidedignidade dos instrumentos aplicadores dos testes psicológicos estão intimamente ligadas à possibilidade de erro de diagnóstico.

Este também é o pensamento de Norberto Abreu Silva Neto e Ernesto Santos (2000):

> Os testes hoje disponíveis, em sua maioria, apresentam dificuldades para fins diagnósticos [...] não podemos ter medo de criticar os testes psicológicos, à sombra da descaracterização da identidade profissional, uma vez que eles são, por lei, exclusivamente da nossa profissão. (SILVA NETO, N. A.; SANTOS, E., 2000, p. 72).

Conforme Coelho (2004, p. 21), todos os dias, milhares de candidatos são submetidos a testes psicológicos, entrevistas, dinâmicas de grupo e outras técnicas variadas, visando ao preenchimento de uma vaga para emprego. Ele adverte que os referidos testes devem ser operados por psicólogos, os quais deverão possuir a qualificação necessária. Outras técnicas são aplicadas por profissionais dos mais diversos ramos, inclusive pedagogos e administradores. No tocante especificamente aos testes psicológicos, como os mesmos devem ser revalidados pelo Conselho Federal de Psicologia, um teste aplicado a um candidato hoje pode ser considerado não válido posteriormente. Reportando-se à avaliação realizada pelo Conselho Federal de Psicologia, muitos dos testes avaliados foram reprovados.

Em razão disso, o Conselho Federal de Psicologia demonstrou preocupação com a precisão e com a validade dos testes psicológicos existentes no mercado ao editar a Resolução n. 02/2003, que define e regulamenta o uso, a elaboração e a comercialização dos testes psicológicos, bem como a necessidade de validação e de revalidação dos mesmos, *verbis*:

> Art. 4º Para efeito do disposto no artigo anterior, são requisitos mínimos e obrigatórios para os instrumentos de avaliação psicológica que utilizam questões de múltipla escolha e outros similares, tais como "acerto e erro", "inventários" e "escalas":
>
> I — apresentação da fundamentação teórica do instrumento, com especial ênfase na definição do construto, sendo o instrumento descrito em seu aspecto constitutivo e operacional, incluindo a definição dos seus possíveis propósitos e os contextos principais para os quais ele foi desenvolvido;
>
> II — apresentação de evidências empíricas de validade e precisão das interpretações propostas para os escores do teste, justificando os procedimentos específicos adotados na investigação;

III — apresentação de dados empíricos sobre as propriedades psicométricas dos itens do instrumento;

IV — apresentação do sistema de correção e interpretação dos escores, explicitando a lógica que fundamenta o procedimento, em função do sistema de interpretação adotado, que pode ser:

a) referenciada à norma, devendo, nesse caso, relatar as características da amostra de padronização de maneira clara e exaustiva, referencialmente comparando com estimativas nacionais, possibilitando o julgamento do nível de representatividade do grupo de referência usado para a transformação dos escores;

b) diferente da interpretação referenciada à norma, devendo, nesse caso, explicar o embasamento teórico e justificar a lógica do procedimento de interpretação utilizado.

V — apresentação clara dos procedimentos de aplicação e correção, bem como as condições nas quais o teste deve ser aplicado, para que haja a garantia da uniformidade dos procedimentos envolvidos na sua aplicação;

VI — compilação das informações indicadas acima, bem como outras que forem importantes, em um manual contendo, pelo menos, informações sobre:

a) o aspecto técnico-científico, relatando a fundamentação e os estudos empíricos sobre o instrumento;

b) o aspecto prático, explicando a aplicação, correção e interpretação dos resultados do teste;

c) a literatura científica relacionada ao instrumento, indicando os meios para a sua obtenção.

De acordo a Resolução n. 02/2003, do Conselho Federal de Psicologia, os dados empíricos dos testes psicológicos devem ser revisados quanto à sua validade e precisão pelo Conselho Federal de Psicologia a cada *vinte anos*. É o que aduz o art. 14 da referida resolução:

> Art. 14. Os dados empíricos das propriedades de um teste psicológico devem ser revisados periodicamente, não podendo o intervalo entre um estudo e outro ultrapassar: 10 (dez) anos, para os dados referentes à padronização, e 20 (vinte) anos, para os dados referentes à validade e à precisão.

Além disso, vale transcrever os dados estatísticos apresentados por Cogo (2006):

> [...] dos mais de 100 testes psicológicos que circulam no mercado, apenas 52,4% foram validados pelo Conselho. Isso quer dizer que muitos dos testes aplicados pelas empresas não se prestam para o fim a que se destinam, apresentam problemas de validade e precisão dos diagnósticos. (COGO, 2006, p. 94).

E de acordo com Coelho (2004, p. 20), em informação de 07 de novembro de 2003, no Jornal Folha de São Paulo, 52,4% dos 103 testes verificados foram reprovados, ou seja, mais da metade; o que, segundo o mesmo jornal, acabou acarretando uma investigação por parte do Ministério Público Federal.

Desse modo, quando o teste psicológico tiver o objetivo de revelar o patrimônio moral dos interessados à vaga de emprego sob o pretexto de averiguar se os mesmos se enquadram no "perfil" da política econômica de gestão de pessoal adotada pela empresa, o direito fundamental à intimidade inscrito no art. 5º, inciso X, da Constituição Federal de 1988, restará violado.

Mesmo porque, como bem assevera Cogo (2006, p. 85), no âmbito da administração de empresas, "estar envolvido emocionalmente com os objetivos da organização tornou-se a pedra de toque para os candidatos ao emprego".

Convém destacar que, durante o processo de recrutamento e de técnicas de seleção de pessoal, os empregadores irão contar com a participação dos psicólogos do trabalho especializados em comportamento humano para efetuar a aplicação de testes.

Como os testes psicológicos revelam aspectos de natureza pessoal acerca da intimidade do candidato ao emprego, devem ser aplicados somente na situação de não haver outro meio para aferição de determinada característica e sempre com base no critério da proporcionalidade, pois descortinam os traços da intimidade do candidato, como a sua inteligência, a sua capacidade de raciocínio e de concentração, as suas características emocionais, as suas frustrações, os seus interesses e as suas motivações.

E como lembra Urabayen, citado por Giannotti (1987, p. 8): "A intimidade é um sentimento que brota do mais profundo do ser humano, um sentimento essencialmente espiritual".

Como bem destaca Nilson Nascimento (2009, p. 115), não resta dúvida de que "o que se pretende através dessas avaliações é investigar a personalidade do candidato e aferir se está de acordo com o perfil buscado pela empresa".

Cogo (2006, p. 80) ensina que o psicólogo, a serviço do empregador, desempenha importante papel no controle do comportamento do trabalho. Mas, por outro, através do resultado da aplicação dos testes psicológicos, desnuda-se o íntimo do subordinado.

Para Cogo (2006, p. 73), o perfil psicológico do empregado denuncia atributos que irão interferir no desenvolvimento de suas tarefas cotidianas, como a negociação, a comunicação, a empatia e a motivação. Trata-se de atributos que são visíveis e que se exteriorizam através do comportamento corporal e do poder de raciocínio do empregado.

Chiavenato (1999, p. 83) enfatiza que todos os testes psicológicos ou psicodiagnósticos se prestam a indicar as aptidões dos candidatos. Portanto, descortinam os traços da intimidade do candidato, como as emoções; as frustrações; os interesses; as motivações. Segundo ele, para que haja um bom resultado, é necessário que o aplicador seja um psicólogo especialista na área trabalhista.

Consoante ensina Nilson Nascimento (2009):

> [...] o resultado desses exames permite aferir não somente se o candidato tem aptidão para realizar as tarefas exigidas para o cargo, mas também, e principalmente, todas as suas características psíquicas, abrindo margem para a invasão da esfera da intimidade e da privacidade do candidato. (NASCIMENTO, N. O., 2009, p. 115).

Para Pontes (2008, p. 86), os testes psicológicos são aqueles que visam a analisar os aspectos individuais do candidato ao emprego em relação aos requisitos do cargo, como a sua personalidade (caráter, temperamento, equilíbrio emocional, frustrações, ansiedades), a sua inteligência e as suas aptidões pessoais (capacidade de concentração e memorização, memória visual e aptidão mecânica) para o desempenho do cargo.

Ainda Pontes (2008, p. 86) estipula que os testes psicológicos possuem a finalidade de mensurar "a possibilidade de adaptação do candidato ao cargo e empresa".

Como bem ensina Cogo (2006, p. 74): "Além do acúmulo de conhecimentos técnicos ou do quanto se é inteligente (QI), igualmente interessa ao empregador o quanto pode usufruir da inteligência emocional (IE) do empregado".

Nos ensinamentos de Goleman (1999), a inteligência emocional compreende:

> [...] a capacidade de perceber os próprios sentimentos e emoções, manipulá-los de forma positiva, motivar a si próprio para melhor executar tarefas laborativas. Da mesma sorte, implica saber entender o outro mesmo em seus sentimentos não verbalizados e lidar com reações emocionais dos outros. Em síntese: autoconhecimento; administração das emoções; automotivação; empatia e aptidões sociais. (GOLEMAN, 1999, p. 45).

Para Gardner, citado por Cogo (2006), a inteligência representa a capacidade de resolver problemas. Para este educador e professor de neurologia, existem oito tipos de inteligência:

> a) musical (capacidade de interpretar sons); b) corporal-cinestésica (usar o corpo para expressar emoção); c) lógico-matemática (capacidade de raciocínio lógico); d) linguística (facilidade em idiomas e oratória); e) espacial (percepção de espaço); f) interpessoal (fácil relacionamento); g) intrapessoal (controle sobre os humores); h) naturalista (interação com o meio ambiente). (GARDNER apud COGO, 2006, p. 74).

Segundo o psicólogo americano MacClellad, citado por Cogo (2006, p. 75), o empregado precisa saciar três necessidades sociais: a de realização (busca de desafios e resolução de problemas); b) a de poder (influenciar os outros); c) a de afiliação (estabelecer e manter amizades).

Daubler, citado por Francisco Araújo (1996), estabelece alguns critérios baseados na jurisprudência alemã para que seja permitida a aplicação dos testes psicológicos:

> a) que o candidato concorde com a sua realização; b) que se indique ao candidato a forma de realização do teste e quais são os dados que se desejem obter a respeito de sua pessoa; c) que se trate de conhecer os dados relativos ao posto de trabalho; d) que os dados em questão não se possam obter por outro procedimento (ex.: por um certificado); e) que a prova seja realizada por um psicólogo com a devida habilitação. (DAUBLER *apud* ARAÚJO, F. R., 1996, p. 249).

Pachés, citado por Leite e Rios (2008, p. 182), também apresenta alguns critérios para que seja realizado o teste psicológico. Para ele, o candidato deve manifestar sua conformidade a submeter-se à sua realização; deve ser cientificado sobre a forma de realização do teste; deve conhecer quais são as qualidades psicofísicas necessárias e requeridas para o cargo pleiteado. Por fim, o autor também assevera que o teste psicológico deve ser realizado por pessoas especializadas, a fim de garantir que os resultados sejam analisados com base em critérios estritamente profissionais.

De acordo com Leite e Rios (2008, p. 180), o teste psicológico está sendo cada vez mais utilizado pelas empresas, quer diretamente, quer por empresas especializadas nesse tipo de testes. Através deles, o empregador pode conhecer não apenas a capacidade do candidato para o posto do trabalho, mas também características da sua personalidade, atingindo, assim, a esfera da vida privada.

Em razão disso, é preciso ter muita cautela em sua aplicação, pois, como aponta Viana (2009),[4] os testes utilizados para revelar com profundidade o "perfil" ou mesmo a personalidade do trabalhador podem ter o objetivo oculto de avaliar até que ponto o empregado é cooptável, ou seja, se está efetivamente pronto para *vestir a camisa da empresa* — requisito indispensável para o empregado se ajustar às novas técnicas de gestão de mão de obra, como os programas de "Qualidade Total".

Cogo (2006) destaca:

> As organizações, diante da dinâmica do mercado, necessitam, cada vez mais, de empregados e colaboradores comprometidos com a filosofia da empresa, além do compromisso moral de que esteja disponível ao trabalho em qualquer hora do dia ou da noite. (COGO, 2006, p. 81).

---

(4) VIANA, Márcio Tulio. *Acesso ao emprego e atestado de bons antecedentes*. Disponível em: <http://www.amatra23.org.br>. Acesso em: 12 ago. 2009.

Para Charan (2001), doutor em administração com MBA pela Harvard Business School:

> Todo presidente de empresa já sabe que no mundo dos negócios não existe linha de chegada. Os líderes devem apresentar bons resultados dia após dia, de forma incansável, ao longo de um grande período. A apresentação de resultados é o que dá energia a uma empresa, enche as pessoas de confiança e gera e atrai os recursos para se ir além. [...] Um líder de negócio sabe o que fazer, um líder de pessoas sabe o que fazer para que as coisas aconteçam: estimular os esforços de outras pessoas, expandir a capacidade delas e sincronizar para que esses esforços atinjam os resultados. [...] Ao longo dos anos, tenho perguntado a um grande número deles qual foi o maior erro que eles cometeram com pessoas. A resposta mais frequente? Demorar muito para remover um subordinado que não se encaixa nas suas funções. (CHARAN, 2001, p. 126).

Welch Jr., mestre em planejamento estratégico e defensor da eficiência total no mundo da administração, citado por Cogo (2006, p. 86), ainda em relação ao controle dos empregados, dita que "na gestão de empresas, as pessoas são avaliadas todos os dias, de maneira tácita e informal — nos refeitórios, nos corredores e em todas as reuniões".

Em razão disso, atesta Gosdal (2003):

> A contratação de empregados pela empresa pode ser analisada de distintos pontos de vista. Do ponto de vista da empresa, o que importa é a busca do lucro, a redução de custos e a competitividade de seus produtos. O empregado a ser contratado deve ser aquele que, além de qualificado para o emprego, represente menores custos e riscos. Assim, acredita a empresa que pode legitimamente imiscuir-se em questões afetas à intimidade do empregado e sua vida privada, na proteção de seus interesses e de seu patrimônio. Dentro desta perspectiva se inserem os testes seletivos em que são realizadas amplas intromissões na vida do candidato e sua personalidade (em alguns casos extremos até com realização de mapa astral do candidato e análise da personalidade pela letra). (GOSDAL, 2003, p. 125).

Em pensamento contrário ao de Charan (2001) e de Welch Jr, citado por Cogo (2006), Coelho (2004) expõe com exatidão:

> Basta, assim, uma mera consulta a revistas de administração ou livros de autoajuda que preenchem as prateleiras de bancas e livrarias para encontrar conselhos ao desempregado: "recicle-se", "seja eficaz", "concentre-se", "seja dinâmico"... são alguns dos chavões de sempre, que geralmente só funcionam para enriquecer gurus, consultores e outras figuras que surfam

nas ondas do mercado perverso e que de vez em quando são engolidos por elas, sem conseguir utilizar para si mesmos os próprios conselhos. Na realidade, nada disso resolve, é tudo falácia. O desemprego vai desde o que nada estudou e nada faz até aquele que sempre procura seguir os ditames da modernização. Pouco importa o que se faça. O mercado é um animal irracional sem lógica e sem emoção. (COELHO, 2004, p. 20).

Arantes e outros (2000, p. 30) asseveram, complementando o pensamento acima referenciado, que o mundo vivencia, sob o lado econômico, uma época de desregulamentação e, sob o lado político, uma época de regressão da civilização e de expropriação de direitos. A política econômica, por sua vez intocável, produz e reproduz a todo instante a hegemonia do capital financeiro e a desregulamentação econômica do capital financeiro, incluindo todas as consequências sociais e subjetivas que isso possa trazer. Inclusive, afirmam os autores que o maior atentado à capacidade das pessoas de reproduzir com a mínima dignidade sua vida é a expropriação do direito ao trabalho. No Brasil, a maior parte das pessoas não tem carteira de trabalho assinada. Esta é uma questão essencial, porque se expropria das pessoas um contrato de direitos e deveres com a sociedade. Portanto, durante longo tempo, ocorreu verdadeira regressão no mercado formal de trabalho, com inúmeras pessoas sem acesso ao direito formal de um contrato de direitos e deveres com a sociedade, e isso era extremamente grave.

Segundo Mauricio Delgado (2008, p. 67), no Brasil, na década de 1990, o índice de formalização trabalhista teve desempenho pífio, mantendo na informalidade a grande maioria de trabalhadores brasileiros ocupados. Apenas posteriormente àquela década, já no século XXI, é que se acelerou o índice de formalização trabalhista da força de trabalho ocupada no Brasil, reduzindo-se também os níveis de desemprego.

De acordo com Cogo (2006, p. 92), até o computador tornou-se uma importante ferramenta de recolhimento de informações do investigado na aplicação e na execução dos testes psicológicos, especialmente na psicometria. Com o auxílio do computador, ficou mais fácil a realização dos cálculos estatísticos necessários nos testes de inteligência. Na realidade, o computador, como ferramenta de aplicação dos testes, substitui o folheto do teste e a folha de resposta.

Para Pasquali (2003, p. 56), o computador apresenta as seguintes vantagens: "maior uso de gráficos, medida exata do tempo de resposta e uso de multimídia (vídeos, sons e realidade virtual)".

Cogo (2006, p. 92) enfatiza, ainda, que "com o uso do computador como executor de testes psicológicos, tem-se a possibilidade de otimizar e de adaptar a testagem para cada indivíduo em especial".

Case (2004, p. 24) diz que empresas especializaram-se nesse tipo de serviços e, através da rede mundial de computadores, é possível levar os testes psicológicos até a casa dos investigados.

Segundo Fontana, citado por Cogo (2006, p. 23), empresas armazenam dados dos investigados e, através do perfil, procuram, mediante pagamento, colocação dos clientes testados no mercado de trabalho.

Cogo (2006, p. 93) complementa, exemplificando o caso da empresa Catho, em São Paulo, com escritório central na Avenida Paulista, em que é possível localizar, *on-line*, inúmeros testes à disposição dos interessados, a fim de avaliar a inteligência emocional, as habilidades numéricas e verbais, o perfil de competências, o alinhamento de competências 360 graus e o *feedback*.

Na visão de Coelho (2004, p. 26), os testes *on-line* da Catho foram criados para facilitar e otimizar o processo de pré-seleção de seus candidatos. Desenvolvidos por doutores em Psicologia, os 35 diferentes testes *on-line* da Catho avaliam: Inteligência Geral, Personalidade e Adequação Executiva, Conhecimentos de Informática e Conhecimentos Específicos (Idiomas, Marketing e Matemática Financeira). É possível, ainda, a empresa selecionar os testes a serem ministrados ou utilizar as recomendações que constam no *site* da Catho e são de acordo com o nível hierárquico e a área de atuação do candidato. Os testes poderão ser aplicados nas dependências da empresa ou enviados para o e-mail do candidato, proporcionando comodidade para a sua realização. Os relatórios e laudos ficam disponíveis imediatamente após a realização e são divulgados de três formas distintas: tabela comparativa de candidatos; tabela/laudo resumo dos testes de cada candidato; laudo individual de cada teste aplicado. São exemplos de indagações realizadas aos candidatos: *Você, em geral, recebe de boa vontade a censura de seus amigos? Você acha que um grande amor seria a melhor compensação para os sofrimentos da vida? Você, às vezes, tem a impressão de que suas fantasias, esperanças e sonhos acabarão por realizar-se? Você já pensou que, às vezes, é impulsionado em seus atos e atitudes por um mal disfarçado desejo de mandar?*.

Diante do que se expõe, Cogo (2006) ensina:

> [...] o poder de direção do empregador está camuflado na bem elaborada sedução dos trabalhadores. A manipulação da intimidade dos empregados é a melhor das ferramentas para o efetivo controle dos indivíduos. (COGO 2006, p. 87).

Já Coelho (2004, p. 20), em estudo aprofundado sobre a realização de testes psicológicos na fase pré-contratual, descreve alguns dos "sintomas" decorrentes dos critérios adotados durante a seleção de pessoal. Segundo o autor, o aumento na procura por empregos e a saturação do mercado de trabalho fizeram com que as grandes empresas brasileiras exigissem um perfil especial de profissionais. Os critérios de seleção foram mudando, e hoje não basta ter um ótimo currículo, experiência, diploma, curso de informática e conhecer uma língua estrangeira. Como boa parte dos candidatos já atende a esses requisitos, os funcionários de recrutamento avaliam outras qualidades. Contam pontos a capacidade de comunicação, a iniciativa e até mesmo a autoestima do candidato, atributos que estão sendo bastante valorizados no mercado profissional. Alguns critérios subjetivos também podem definir a contratação. Na avaliação da equipe de seleção de algumas grandes empresas, o espírito de iniciativa revela a capacidade de adaptação e de trabalho em grupo. Valoriza-se, também, a segurança com que o candidato se expressa nas dinâmicas de grupo.

Nesse sentido, Coelho (2007) expressa com exatidão:

> A lógica do mercado de trabalho pode, facilmente, tornar-se a lógica da discriminação: dentre outras, a estética, na medida em que exclui obesos, etária, porque exclui os mais velhos, e, porque não dizer, psíquica, na medida em que exclui, pelo prisma negativo, os não dinâmicos, os não ambiciosos, os não expansivos... pergunta-se: quem estará apto para trabalhar e, afinal, o mercado serve ao homem ou inverteu-se a equação e, agora, o mercado é o grande irmão que exclui o ser humano em seus planos de longo prazo? A solução desse problema está, portanto, na utilização com a máxima efetividade, de uma teoria da responsabilidade civil pré-contratual aplicada ao Direito do Trabalho. (COELHO, 2007, p. 67).

Massucci, psicóloga que trabalha como analista de recursos humanos da empresa Ford New Holland, citada por Coelho (2004), afirma ser o profissional mais procurado o que é "pró-ativo", e, em suas palavras, define:

> É muito grande a procura por pessoas que busquem o seu próprio desenvolvimento profissional e sua maturidade dentro da empresa. Além disso, devem ter dinamismo, vontade de crescer e de desenvolver novos projetos. (MASSUCCI apud COELHO, 2004, p. 20).

Já Goldani, diretor de produção da Copel Geração, também citado por Coelho (2004, p. 20), diz que a pessoa tem de ter um bom relacionamento interpessoal, pensamento crítico, ousadia e autoestima.

A cada momento surgem novos modelos de gestão, e o trabalhador deve ser flexível a novos métodos. A cada novidade surgida, exige-se que o trabalhador renuncie aos seus valores individuais e ao seu modo de ser em prol do atingimento às novas técnicas oriundas da administração de empresas.

Sennet (2003, p. 9), ao tratar do significado de capital flexível, explica que se exigem trabalhadores com perfil que se adeque cada vez mais às novas tendências do mercado, ou seja, que sejam ágeis e estejam abertos a mudanças em curto prazo, que assumam riscos continuamente e que dependam cada vez menos de leis e de procedimentos formais.

Também para Sennet (2003, p. 9), como resultado desse processo de inversão de valores no universo do trabalho e do emprego, tem-se que "talvez a corrosão de caracteres seja uma consequência inevitável".

Em função disso, Aluísio Ferreira (2011, p. 27) alerta para a chamada "coisificação" da pessoa, pela qual o trabalhador é tratado como um mero objeto de lucro ou mercadoria, sem que haja limites para que a essência do ser humano não seja destruída. Por meio dessa "coisificação", o trabalhador torna-se um objeto "robotizado", sem qualquer capacidade crítica, e a sua personalidade é aos poucos aniquilada no ambiente de trabalho.

Nesse sentido, não se pode perder de vista, conforme assegura Coelho (2004, p. 20), a visão de que a proteção da personalidade, como já mencionado, é fundada na dignidade da pessoa humana. Com efeito, a dignidade alcança um amplo leque de direitos, dentre os quais decorre o respeito à integridade física e psíquica, a qual, neste aspecto, não pode ser ameaçada na composição entre desenvolvimento tecnológico e poder econômico. Como Coelho, muito bem orienta, apesar de não existir no Brasil uma legislação que proteja o candidato contra o vazamento de informações sobre a personalidade, a não contratação pode ensejar a prática de atos discriminatórios pelo empregador, mais precisamente a chamada "discriminação por personalidade".

Sendo assim, à luz do pensamento de Coelho (2007):

> No contexto demonstrado, muitas vezes, o chamado "perfil ou cara da empresa" pode indicar discriminação, seja estética, seja por personalidade. Afinal, não admitido por "tendências agressivas", ou por "excessiva sociabilidade" deve o candidato, no mínimo, obter conhecimento de tal "diagnóstico", seja por discriminação, no caso, por exemplo, de rejeição por "tendências homossexuais", seja porque deve existir plausibilidade entre a rejeição e o perfil do cargo. (COELHO, 2007, p. 68).

Ademais, a Constituição Federal de 1988 dispõe expressamente no *caput* do art. 5º, o respeito ao princípio da igualdade, sendo oferecido a todos os cidadãos o direito a tratamento igualitário.

Coelho (2004, p. 20) cita os casos de uma empresa que só contrate pessoas expansivas, de outra que só contrate pessoas com "espírito de liderança" elevado, e de outra que afaste candidatos com estima em baixa. E destaca, a propósito, de forma curiosa, que o mercado quer empregados com estima elevada, mas, como é notório, o desemprego em geral acarreta uma baixa justamente nesse aspecto.

Convém ressaltar, entretanto, que, em alguns casos, a seleção de pessoal poderá ser realizada de forma mais rigorosa com o trabalhador, de tal sorte que o teste psicológico poderá ser aplicado de modo mais detalhado, quando certos fatores psicológicos forem fundamentais para a execução do trabalho. É o que se passa, por exemplo, com pilotos de avião, cujo teste poderá avaliar com mais minúcia a estabilidade emocional desse trabalhador, eis que ele poderá passar por situações em que a sua inteligência emocional seja colocada em causa.

Tem-se, também como exemplo, a contratação na função de vigilância, visto que, nos termos do art. 19, II, da Lei n. 7.102/83, os empregados para tal atividade têm direito a porte de arma quando em serviço. O art. 16, V, da Lei n. 7.102/83 ainda estabelece como um dos requisitos obrigatórios para ingressar na empresa de vigilância como vigilante a aprovação em exame de saúde física, mental e psicotécnica.

O propósito, alerta Manoel Jorge e Silva Neto (2007), é:

> [...] impedir que trabalhador com nível de agressividade acima do normal seja admitido para execução de trabalho de vigilância ostensiva na medida em que se reserva àquele o direito ao porte de arma em serviço. (SILVA NETO, M. J., 2007, p. 150).

Cogo (2006, p. 75) destaca que a vantagem de conhecer as necessidades e o perfil do trabalhador é a de que informação é poder. Para a autora, quem consegue reconhecer e entender as necessidades dos outros está habilitado a perceber o que está além das questões declaradas. Em razão disso, poderá prever de forma mais acertada quais serão as ações e reações dos subordinados.

Como bem expressa Cogo (2006, p. 75): "O empregador, ao reconhecer e dominar o perfil do empregado, torna-se favorecido para a manipulação psicológica do subalterno".

Cabe aqui destacar Coelho (2004, p. 20), ao enfatizar que "os testes de personalidade ou projetivos invadem a esfera psíquica do indivíduo".

Assim, é preciso rememorar sempre os ensinamentos de Coelho (2004, p. 26): "Se existe um direito psíquico, derivado da personalidade, que é irrenunciável, não se justifica, juridicamente, hoje, em todas as situações, a aplicação de testes aos candidatos a emprego, mesmo que por profissional qualificado".

Portanto, ainda para Coelho (2004, p. 26): "Inexiste o direito absoluto de não contratar com base em um resultado de teste".

É importante ressaltar também o pensamento de Moreira (2004, p. 134) no que se refere à obtenção dos dados por intermédio da realização do teste psicológico: "Em não havendo contratação, os dados obtidos devem ser destruídos sob pena de realização de um armazenamento ilícito de dados que só dizem respeito à pessoa do trabalhador".

4.2.1.4.1. Direitos dos investigados

Durante a realização dos testes, é necessário que o candidato ao posto de trabalho seja esclarecido sobre as técnicas a serem utilizadas que visam a averiguar as suas características psicológicas.

Como afirma Cogo (2006, p. 86): "O trabalhador possui o direito de não responder a perguntas indiscretas, ou mesmo o de ocultar fatos que não apresentem relevância para a tarefa que for executar".

Entretanto, Cogo (2006) assevera que, na prática, não existe o exercício do direito de recusar pelo candidato ao emprego:

> A recusa seria legitimada pelo ordenamento jurídico e apresentada ao mundo real, que fará do trabalhador, seguramente, mais um desempregado na multidão. Na prática, não existe o exercício do direito de recusar. O trabalhador se submete às leis do mercado. A sobrevivência resta condicionada na submissão da dignidade da pessoa humana. (COGO, 2006, p. 97).

Por isso, Cogo (2006, p. 97) ainda leciona: "O desemprego e o medo de perder o emprego geram inúmeros conflitos para o trabalhador. O medo é um poderoso estímulo, capaz de viciar qualquer tomada de decisão".

Apesar disso, nem o consentimento expresso do candidato ao emprego na aplicação dos testes psicológicos autorizando a intromissão do empregador em sua esfera íntima e privada poderá ser considerado válido em decorrência de os direitos de personalidade serem irrenunciáveis.

Gediel (2003), em sentido contrário, entende ser possível o trabalhador expressar o consentimento livre de vício. Para ele:

> A imagem, a vida privada e o trabalho são elementos ou aspectos indissociáveis do trabalhador. [...] Na vida privada, está incluída a intimidade [...] e só mediante consentimento esclarecido e expresso pode-se admitir a intromissão justificada e não abusiva do empregador. (GEDIEL, 2003, p. 163).

Cogo (2006) assim se manifesta em suas palavras elucidativas:

> Com o devido respeito, não há como admitir que um trabalhador possa vencer as barreiras da coação moral e da necessidade física e emitir consentimento esclarecido autorizador da devassa de sua intimidade. (COGO, 2006, p. 100).

Coelho (2004) também expressa:

> Um teste levanta muito mais do que fatores correlacionados com a função, assim, se o chamado "perfil profissiográfico" da função deve levar em conta aspectos subjetivos e situações circunstanciais, é possível identificar os limites da invasão na esfera privada em um caso específico, e, portanto, aí, há um direito violado. (COELHO, 2004, p. 20).

Cogo (2006), ao se afastar o consentimento expresso do candidato ao emprego quanto à realização dos testes psicológicos, destaca que:

> [...] o empregador saberá mais sobre os registros contidos no universo moral (intimidade) do trabalhador do que ele próprio. Além do que, ocorre ataque ao princípio da dignidade da pessoa humana; esta não pode ser negociada, diminuída ou segregada. (COGO, 2006, p. 98).

Alexandre Moraes (2008) assevera que a República Federativa do Brasil tem como fundamento:

> *A dignidade da pessoa humana*: concede unidade aos direitos e garantias fundamentais, sendo inerente às personalidades humanas. Esse fundamento afasta a ideia de predomínio das concepções transpessoalistas de Estado e Nação, em detrimento da liberdade individual. A dignidade é um valor espiritual e moral inerente à pessoa, que se manifesta singularmente na autodeterminação consciente e responsável pela própria vida e que traz consigo a pretensão ao respeito por parte das demais pessoas, constituindo-se um mínimo invulnerável que todo estatuto jurídico deve assegurar, de modo que, somente excepcionalmente, possam ser feitas limitações ao exercício dos direitos fundamentais, mas sempre sem menosprezar a *necessária* estima que merecem as pessoas enquanto seres humanos. (MORAES, A., 2008, p. 21).

Branco (2007), seguindo a linha de pensamento de Alexandre Moraes (2008), que consagra a dignidade como fundamento, corrobora com o entendimento de que:

> No Princípio Constitucional da Dignidade da Pessoa Humana que, agregando em si a qualidade de princípio constitucional e de fundamento da República, não há de tolerar qualquer descaso ou desrespeito cometido contra ele, exprimindo a adoção de uma postura de insubordinação a este valor fundamental e, via de consequência, um comportamento tendente à corrosão da estrutura da própria Ordem firmada. (BRANCO, 2007, p. 59).

Desse modo, como bem assevera Cogo (2006):

> Não haverá, para o trabalhador, esclarecimento capaz de retirá-lo do manto da coação moral; toda a manifestação de vontade será turbada, consequentemente, nulo será o negócio jurídico a partir dessa manifestação.
> [...]

O bem-estar dos investigados que sofrem o ataque dos testes psicológicos é resguardado como direito fundamental pelo texto constitucional, a depender de um intérprete capacitado e comprometido na defesa da dignidade humana. (COGO, 2006, p. 100).

4.2.1.4.2. Dinâmicas de grupo

Convém ressaltar que, em 2001, tramitou no Congresso Nacional o Projeto de Lei n. 5.566/91, lamentavelmente retirado da pauta para arquivamento em 04 de dezembro de 2002, dispondo sobre a proibição do uso de métodos de recrutamento de pessoal que possam causar danos à honra e à dignidade do trabalhador. O autor do projeto, atual senador federal do Partido dos Trabalhadores (PT), Paulo Paim, sugeriu a alteração do art. 442 da Consolidação das Leis Trabalhistas (CLT), quando dispôs acerca da proibição do uso de métodos de recrutamento de pessoal que possam causar danos à honra e à dignidade do trabalhador.

De acordo com o art. 2º, do Projeto de Lei n. 5.566/91, o art. 442, da CLT, passaria a vigorar com a seguinte redação:

Art. 442. [...]

§ 1. Fica proibida a utilização de métodos de recrutamento de pessoal que possam causar dano à honra e à dignidade do trabalhador.

§ 2. Pelo efetivo dano à honra e à dignidade do trabalhador candidato a uma vaga no quadro de pessoal da empresa, nos termos do § 1 deste artigo, é devida uma indenização no valor de dez a cem vezes o salário estabelecido para o cargo a ser pago pelo empregador ou pelo recrutador. (PAIM, 1991).[5]

Como bem orienta o senador Paulo Paim, as novas formas de administração empresarial, focadas na alta competitividade e exigidas hoje para os empreendimentos no contexto da interdependência socioeconômica mundial, ou mesmo globalização, estão implementando novos métodos de recrutamento de pessoal. Entre os novos mecanismos advindos do processo de globalização da economia, há as dinâmicas de grupo, por meio das quais muitos candidatos a uma vaga de emprego são avaliados ao mesmo tempo pela empresa.

Para Gil (2001, p. 67), a técnica de dinâmica de grupo busca reunir todos os candidatos e confrontá-los entre si e, com situações hipotéticas (jogos psicológicos), retirar-lhes informações relativas à capacidade de liderança, à sociabilidade, à iniciativa, à espontaneidade e à capacidade de análise.

Minicucci (1987, p. 89) destaca: "As dinâmicas procuram identificar posicionamentos diante de situações adversas: retraimento, racionalidade nas decisões, agressividade, verborragia, obsessividade, viscosidade".

---

(5) PAIM, Paulo. *Excerto do Projeto de Lei n. 5.566/91*. Disponível em: <http://www.senadorpaim.com.br>. Acesso em: 25 abr. 2010.

Robbins (2004, p. 78) assevera que a simulação de desempenho representa uma eficaz ferramenta para se avaliar o desempenho do candidato, submetido a forte pressão no cumprimento de ordens e na aplicação de técnicas de negociação.

Segundo Paim (2011), é discutível que as dinâmicas de grupo sejam atividades eficazes para se medir as capacidades de autocontrole, de criatividade, de iniciativa, de comando etc., consideradas indispensáveis aos gerentes e aos executivos de empresas inseridas em mercado altamente competitivo.

Explana, ainda, o referido senador pelo PT, ao justificar as razões da edição do Projeto de Lei n. 5.566/91:

> O trabalhador candidato a uma vaga no quadro de pessoal da empresa, nessas dinâmicas de grupo, é tratado com desprezo e incúria ao ser submetido, por exemplo, a testes nos quais é obrigado a imitar o comportamento e a atitude de animais ou a realizar atividades infantis por meio de jogos conhecidos popularmente como cabra-cega, brincadeira de roda etc. [...] Essas atividades não levam em conta a idade, a religião, o sexo e a formação moral e intelectual das pessoas avaliadas, compelindo-as e arrastando-as ao desconforto e à humilhação perante os demais candidatos. [...] É inconcebível que numa sociedade voltada para a valorização dos direitos e garantias individuais se permita tal afronta à honra e à dignidade de um trabalhador que se candidate a uma vaga em uma empresa. (PAIM, 1991).[6]

Paulo Paim (1991) instrui que os direitos e as garantias fundamentais estabelecidos aos trabalhadores não podem ser submetidos à lógica do mercado que comanda a tudo e a todos, passando por cima da ética e da dignidade dos trabalhadores, a ponto de os mesmos serem tratados como simples peças de uma engrenagem empresarial como se desprovidos de sentimentos e de emoções.

A deputada federal Vanessa Grazziotin, em parecer favorável ao Projeto de Lei n. 5.566/91, também se manifestou contrária à aplicação das dinâmicas de grupo na fase pré-contratual:

> São averiguadas por meio das chamadas dinâmicas de grupo (encenação de psicodramas), que objetivam também analisar se o candidato deve estar harmonizado com os valores da empresa. São intermináveis entrevistas e tarefas que, muitas vezes, abalam psicologicamente o candidato, principalmente se são realizadas em grupo, expondo-o ao ridículo perante os demais participantes da dinâmica. Ou seja, um verdadeiro exagero. [...] A seleção de pessoal, em alguns casos, é tão apurada que se chega ao absurdo de a empresa ficar com vagas ociosas, como aconteceu com a Natura em 2000. Segundo reportagem da Revista Isto é, do dia 23 de maio de 2001, a referida empresa dispunha de 21 vagas, mas somente 14 foram preen-

---

(6) PAIM, Paulo. *Excerto do Projeto de Lei n. 5.566/91*. Disponível em: <http://www.senadorpaim.com.br>. Acesso em: 25 abr. 2010.

chidas, apesar dos 8.088 candidatos. [...] Dessa forma, entendemos que o trabalhador, já humilhado pela falta de emprego, obrigado a aceitar as mais variadas ofensas aos seus direitos trabalhistas para conseguir uma colocação no mercado de trabalho, não precisa ainda passar por mais atos atentatórios de sua dignidade ao realizar atividades vexatórias, constantes dos processos de seleção de pessoal das grandes empresas (PAIM, 1991).[7]

A propósito, Sônia das Dores Dionísio, Juíza do Tribunal Regional do Trabalho da 17ª Região, numa decisão proferida em novembro de 2005, já condenou a prática das chamadas técnicas de dinâmica de grupo. Para a referida Juíza, a sua aplicação desvirtuada ou inconsequente pode caracterizar a prática de assédio moral, veja-se:

ASSÉDIO MORAL DINÂMICA GRUPAL. DESVIRTUAMENTO. VIOLAÇÃO AO PATRIMÔNIO MORAL DO EMPREGADO. ASSÉDIO MORAL. INDENIZAÇÃO. A dinâmica grupal, na área de recursos humanos, objetiva testar a capacidade do indivíduo, a compreensão das normas do empregador e gerar a sua socialização. Entretanto, sua aplicação inconsequente produz efeitos danosos ao equilíbrio emocional do empregado. Ao manipular tanto a emoção, como o íntimo do indivíduo, a dinâmica pode levá-lo a se sentir humilhado e menos capaz que os demais. Impor pagamentos de prendas publicamente, tais como dançar a dança da boquinha da garrafa, àquele que não cumpre sua tarefa a tempo, configura assédio moral, pois o objetivo passa a ser o de inferiorizá-lo e torná-lo diferente do grupo. Por isso golpeia a sua autoestima e fere o seu decoro e prestígio profissional. A relação de emprego cuja matriz filosófica está assentada no respeito e na confiança mútua das partes contratantes impõe ao empregador o dever de zelar pela dignidade do trabalhador. A CLT, maior fonte estatal dos direitos e dos deveres do empregador e do empregado impõe a obrigação de o empregador abster-se de praticar lesão à honra e à boa fama do seu empregado (art. 483). Se o empregador age contrário à norma, deve responder pelo ato antijurídico que praticou, nos termos do art. 5º, X, da CF/88. (ESPÍRITO SANTO, 2005).

Como se pode verificar, as dinâmicas de grupo, quando realizadas na fase pré-contratual, representam uma técnica investigativa da personalidade do trabalhador, sendo capazes de acarretar violação à sua dignidade e à sua intimidade.

Concorde Válio (2006, p. 76), não resta dúvida: a dinâmica de grupo representa uma avaliação efetivada pelo empregador demolidora da tutela da intimidade do trabalhador, pois revela de forma detalhada os traços pessoais e íntimos do candidato ao emprego.

Até porque, segundo Manoel Jorge e Silva Neto (2007, p. 153), o direito à intimidade tem "conteúdo próprio. A sua proteção se identifica à tutela da porção mais recôndita do indivíduo. Vícios, hábitos, aventuras amorosas, tudo isso se insere na salvaguarda à intimidade".

---

(7) *Ibidem.*

Em razão disso, é preciso estabelecer limites à atuação patronal em relação ao uso das técnicas de seleção adotadas pelo empregador durante a fase pré-contratual, pois a legislação trabalhista não estipula estes limites e vislumbra-se, na ementa supratranscrita, um caso de assédio moral.

Assim, para Hirigoyen (2002), tem-se constatado que:

> [...] o mundo do trabalho está se tornando cada vez mais penoso, onde se exige cada vez mais das pessoas, que se trabalha cada vez mais e em condições que são psicologicamente cada vez mais duras [...] (HIRIGOYEN, 2002, p. 67).

A situação se agrava quando o empregado, muitas vezes devido à necessidade econômica, abdica ao seu direito da personalidade do Direito do Trabalho na fase pré-contratual, permitindo a invasão de sua intimidade e de sua integridade moral pelo empregador.

Em virtude de tal situação, adverte Sein, citado por Barros (2009):

> Premido da necessidade econômica e pela dificuldade de obtenção de trabalho, não raro o aspirante a um emprego abdica de aspectos de sua personalidade, em garantia da adesão de seu comportamento futuro à vontade ordenada do empregador. (SEIN apud BARROS 2009, p. 60).

Como o ordenamento jurídico brasileiro continua não emitindo leis ordinárias capazes de assegurar as situações que podem acarretar violação ao patrimônio moral do trabalhador, é necessária a aplicação de mecanismos com a finalidade de possibilitar a neutralização da coação moral sofrida pelo trabalhador, a fim de possibilitar a manifestação de vontade deste sem qualquer vício.

Portanto, é necessário ser regulamentada uma lei vigendo sobre o caso do trabalhador que não tem acesso ao emprego devido à sua reprovação em um teste psicológico cujo padrão não seja validado posteriormente pelo Conselho Federal de Psicologia. Na mesma linha, deve também ser editada uma lei para a situação do trabalhador que se recusa a fazer o teste psicológico e que, por isso, não tem acesso ao emprego; caso contrário, esse trabalhador terá direito a danos morais por motivo de discriminação e de violação à sua intimidade.

Além disso, assevera Cogo (2006, p. 100) que é fundamental a estipulação de sanções tributárias e comerciais para empresas que violam o sigilo dos resultados obtidos a partir da aplicação da testagem psicológica, pois, conforme a autora sabiamente estatui, deveria ser prevista a regulamentação e a fiscalização dos testes psicológicos por intermédio do Ministério da Saúde, mediante a colaboração do Conselho Federal de Psicologia, como muito bem já adota o Ministério da Saúde em suas regras sobre medicina e segurança do trabalho.

4.2.1.5. Teste grafotécnico ou grafológico

Os testes grafológicos são aqueles que, por meio da letra/escrita, analisam características da personalidade do trabalhador. A grafologia compreende um teste psicológico, tendo em vista que a escrita espelha aspectos do caráter e da personalidade do candidato ao emprego.

Com as mudanças registradas no final do século XIX, em decorrência das novas exigências derivadas dos atuais programas de gestão empresarial, o modelo econômico de produção — a globalização econômica — exige dos candidatos ao posto de trabalho um perfil que se adeque aos programas de eficiência e de qualidade total. Em razão disso, as empresas vêm se utilizando dos mais variados processos para encontrar, no mercado de trabalho, os trabalhadores mais eficientes para o desempenho de determinada função.

De acordo com os ensinamentos de Cogo (2006, p. 91), a testagem através da grafologia remonta aos gregos desde o ano 300 a.C., quando Demétrio dizia "estar seguro de que a escrita refletia a alma do indivíduo". No século XIV, na Espanha, o rabino Samuel Hangid também estudava a forma como os fieis escreviam bilhetes no confessionário.

Segundo Robbins (2004),

> O grafológico consegue reunir informações acerca da personalidade, capacidade, aptidões, interesse e integridade moral do candidato. É possível a verificação do quociente de inteligência, bem como das competências em relação à inteligência emocional. (ROBBINS, 2004, p. 83).

O exame grafotécnico e grafológico, sem dúvida alguma, como bem lembra Cogo (2006, p. 82), possui a finalidade de revelar as características da personalidade do candidato ao emprego por intermédio da verificação da sua escrita. Para a referida autora, até mesmo o preenchimento de uma ficha contendo os dados biográficos, culturais e familiares do candidato é capaz de revelar o seu perfil histórico e ser usada, por conseguinte, como forma inicial de eliminação dos interessados.

Barros (2009), ao discorrer sobre o assunto, esclarece: A grafologia é a ciência que se ocupa em estudar o comportamento através da letra. Esta ciência apresenta sinais de sua existência há mais de 500 anos. (BARROS, 2009, p. 65)

Para Manoel Jorge e Silva Neto (2007), a grafologia compreende "o estudo das características da caligrafia do indivíduo relacionadas com as respectivas atitudes comportamentais". A grafologia, portanto, para o referido autor, representa:

> [...] uma ciência completamente amparada pela psicologia, não cabendo a si nenhuma interpretação peculiar se não a da própria interpretação com-

preendida pelos padrões científicos já oficializados. (SILVA NETO, M. J., 2007, p. 153).

Lembra, por sinal, Propato (2011) que: "A letra 'a' em forma de triângulo indica um temperamento agressivo e autoritário; um 'c' enrolado é sinal de egoísmo; o 'j' com a perna sinuosa mostra uma pessoa traumatizada e rancorosa".[8]

Complementando, Swartzman (1996, p. 14) diz que: "A grafia dos gays apresenta sinais inconfundíveis como floreios, coqueterias e excesso de curvas. Já as lésbicas exigem ângulos pontiagudos nas letras".

Em razão disso, Manoel Jorge e Silva Neto (2007, p. 153) assevera que a grafologia se funda em bases nitidamente científicas e com o propósito de auxiliar a empresa na contratação daquele trabalhador que ela considerar ser o mais apto para o exercício da atividade empresarial.

Para Mauricio Oliveira (2001, p. 129): "A análise gráfica já é adotada como cirtério de seleção de pessoal por uma entre cada três companhias instaladas no Brasil".

As empresas estão buscando cada vez mais a contratação não apenas de trabalhadores mais capazes para o exercício da função, mas também a contratação daqueles que se encontram subjetivamente mais adequados ao desempenho do cargo.

Manoel Jorge e Silva Neto (2007) assevera:

> Na condição de processo destinado à inserção de novos trabalhadores na empresa, a grafologia comparece com o espantoso percentual atinente a índice de acerto à ordem de 85%. Significa o seguinte: os trabalhadores que realizam o exame têm desvendada a sua personalidade na esmagadora maioria das hipóteses em que se submetem a tais exames. (SILVA NETO, M. J., 2007, p. 153).

Consoante ensina Süssekind (1995):

> A prova grafológica é, em tese, demolidora da tutela à intimidade. Partindo da escrita do candidato, visa desnudar seus recados, revelar, por uma fórmula-matriz, o caráter, a personalidade da pessoa. Sua invasividade é evidente. E a lesão ao direito não está no vazamento do resultado da prova, mas na aplicação do teste em si, já que a recusa do pretendente a emprego de submeter-se aos desígnios da grafologia tolherá a possibilidade de sua contratação. (SUSSEKIND, 1995, p. 597).

---

(8) PROPATO, Valéria. *As letras não mentem*. Disponível em: <http://www.grafologia-sp.com.br>. Acesso em: 20 abr. 2011.

De acordo com Medeiros citado por Leite e Rios (2008, p. 182), o grafoanalista pode diagnosticar mais de trezentas características da pessoa investigada, se assim a grafia permitir. Ele ainda relaciona os aspectos que podem ser investigados quando da realização do teste grafológico, arrolando-os em seis grandes grupos (de "a" até "f"):

a) Quanto aos aspectos intelectuais: mentalidade criadora, perspicácia, métodos e processos, tipo de raciocínio (lógico, concreto, intuitivo, abstrato, teórico), imaginação, memória, atenção, curiosidade intelectual, razão, tempo de resposta ao meio, mente ativa e passiva, capacidade de análise e síntese;

b) Quanto aos aspectos interpessoais e capacidade de interação em equipe: inteligência emocional, equilíbrio, clareza de ideias e de julgamento, introversão, extroversão, comunicação, eloquência, persuasão, discrição, energia para se impor, agressividade, diplomacia, timidez, necessidade de popularidade, pessoa profunda ou superficial, pensamento e sentimento em harmonia, prudência ou ousadia nos contatos, habilidades sociais;

c) Quanto à energia: atuação sob pressão, fadiga física ou mental, perseverança;

d) Quanto aos aspectos de liderança: autoridade, sensatez em suas decisões, assertividade, autonomia, iniciativa, proatividade, capacidade de criar um clima saudável, sinérgico e que tenha qualidade ao mesmo tempo, motivador, focado em resultados efetivos que gerem receita para a empresa, persuasão, ousadia profissional, competência para lidar com pessoas de personalidades diferentes, relação entre causa e efeito, visão de conjunto, planejamento;

e) Quanto aos aspectos intrapsíquicos: autoimagem, autoconceito, *marketing* pessoal, vaidade, ambição, perfeccionismo, comunicação, clareza e objetividade ao expor as suas ideias, eloquência, fluência, diplomacia, agressividade, firmeza nos contatos, capacidade de se impor com moderação, flexibilidade, tolerância a pontos de vista diferentes;

f) Quanto à confiabilidade: senso de justiça, retidão moral, ética, transparência em seus atos, lealdade.

Leite e Rios (2008, p. 183), seguindo tal raciocínio, asseveram que a grafologia oferece a análise de diversas características de personalidade que, muitas vezes, não são fornecidas por outros testes. Assim, por meio da interpretação e do cruzamento de diferentes informações, o grafólogo pode projetar quarenta tipos de personalidade. Entre as informações, estão: a forma, a dimensão e a inclinação das letras, bem como a pressão e a velocidade da escrita.

Cabe ressaltar que o art. 11, do Código Civil, estabelece: "Com exceção dos casos previstos em lei, os direitos da personalidade são intransmissíveis e irrenunciáveis, não podendo o seu exercício sofrer limitação voluntária".

Significa dizer que o direito à intimidade, assim como os demais direitos da personalidade, estão fora do comércio jurídico, não podendo ser objeto de contrato, salvo as hipóteses taxativamente previstas na legislação (como é o caso do atleta profissional de futebol, cuja Lei n. 12.395/2011 permite a celebração de contrato de licença de uso da imagem do atleta por parte da agremiação esportiva).

Sendo assim, mesmo que haja espontânea manifestação de vontade do candidato ao emprego quanto à sua submissão ao referido exame, ficará constatado abuso de direito e violação ao caráter irrenunciável do direito da personalidade pelo empregador, se tal exame for realizado no sentido de denegrir a sua intimidade, visto que certamente será descoberta a sua personalidade.

Conforme assegura Válio (2006, p. 32): "Atribui-se, ainda, aos direitos da personalidade, a característica de irrenunciáveis, por impossibilidade jurídica de reconhecimento de manifestação volitiva de abandono do direito".

Convém destacar, entretanto, que tal não é o pensamento de Manoel Jorge e Silva Neto (2007), para quem:

> Ainda que o direito à intimidade deva ser objeto de tutela específica nas relações de trabalho, nada impede que o trabalhador, desde que ciente da natureza do exame e da destinação que se dará ao respectivo resultado, opte pela sua realização sem que o comportamento possa induzir à existência de renúncia. (SILVA NETO, M. J., 2007, p. 154).

Lamentavelmente, Manoel Jorge e Silva Neto (2007) noticia:

> Milhões de desempregados são submetidos a diversos processos seletivos, mas sequer têm qualquer inclinação ou gosto pela atividade posta à disposição pela unidade empresarial, quer porque a função não é atraente, quer porque não o é o salário oferecido; pouco importa, fazem os exames apenas porque os ditames da sobrevivência os impelem a tanto. Pergunta: se soubessem que o exame grafológico que fizeram promoverá o desnudamento de sua personalidade, consentiriam, ainda assim, com a manipulação dos resultados pela empresa ou pelos consultores de recursos humanos que o aplicaram? (SILVA NETO, M. J., 2007, p. 154).

Certamente isso se dá em decorrência da necessidade econômica e do aumento do desemprego que assolam muitos seres humanos desprovidos dos bens necessários básicos de sobrevivência digna e respeitosa.

Como bem assevera Manoel Jorge e Silva Neto (2007, p. 152), é fato notório a dificuldade com que os pretendentes a postos de trabalho se envolvem para conseguir uma colocação no mercado de trabalho. E é tal dificuldade que torna o trabalhador vulnerável à ofensa de sua condição humana, já que a recusa de realizar o exame acaba acarretando, por consequência, renúncia à vaga de emprego.

Em tal direção, caso o empregador venha a submeter o trabalhador a testes grafológicos ou grafotécnicos como condição de admissão no emprego, ele incidirá na intromissão indevida da intimidade do candidato ao emprego e na sua incompatibilidade com o princípio constitucional da dignidade da pessoa humana.

E é também com lastro na dignidade da pessoa humana que deve haver a proteção para todo exame a ser feito pelos trabalhadores. Em qualquer tipo de avaliação psicotécnica, impõe-se à empresa cientificar os trabalhadores a respeito da natureza do teste a que serão submetidos, pois a dignidade da pessoa humana, princípio fundamental inserido na Constituição Federal de 1988, representa a base de proteção dos direitos da personalidade de todo trabalhador, impossibilitando, assim, qualquer supressão pelo titular desses direitos.

Logo, a submissão do trabalhador a testes grafológicos ou grafotécnicos ensejará a violação aos direitos constitucionais e fundamentais estampados no inciso X, do art. 5º, da Constituição Federal, que consagra a proteção aos direitos da personalidade do trabalhador, em especial à sua intimidade e à sua dignidade.

Neste sentido, cabe registrar os ensinamentos de Nilson Nascimento (2009):

> O dispositivo constitucional em comento proíbe o empregador de submeter o trabalhador a testes grafológicos ou grafotécnicos, assegurando-lhe o direito à inviolabilidade da intimidade e da vida privada e à não discriminação, colocando-os fora dos limites de alcance de atuação do poder diretivo. (NASCIMENTO, Nilson, 2009, p. 117).

Assim, o exame grafológico se mostra incompatível com os princípios constitucionais do trabalho, dentre os quais o da dignidade da pessoa humana, além de vulnerar direitos individuais do candidato ao posto de trabalho, como o pertinente à intimidade.

Como bem expressa Manoel Jorge e Silva Neto (2007):

> A margem de acerto da metodologia utilizada em casos tais, além de construir para a contratação do empregado certo para a função certa, termina por desenvolver uma série de consequências ofensivas a princípios constitucionais, de modo específico ao da dignidade da pessoa humana. (SILVA NETO, M. J., 2007, p. 151).

Entende Coelho (2004, p. 20) que técnicas abusivas, como a chamada "avaliação 360 graus", sistemas de "testes *on-line*", dinâmicas de grupo aleatórias, ampliam sobremaneira a possibilidade de divulgação indevida e violação de intimidade. Tais questões precisam ser pensadas e repensadas pelo Direito e pela sociedade para que não se repita a frase de Ripert: "Quando o Direito ignora a realidade, esta se vinga e ignora o Direito".

No mesmo raciocínio, prossegue Coelho (2004), ao relatar histórias reais de violação aos direitos da personalidade do trabalhador:

> Francisco de Souza (o nome é fictício), 27 anos, é executivo de uma empresa multinacional. Ele não quis revelar sua identidade por medo de sofrer represálias, mas nos contou a experiência de ser submetido a uma das chamadas "avaliações 360 graus". "Tive que responder a 5 mil perguntas, durante o período de quatro dias, para ser avaliado", disse. Eis algumas das questões que ele teve de responder: Sua mulher já se masturbou? Se a resposta for "sim", quantas vezes por semana? O que você acha disso? Você já brincou de enterro? (COELHO, 2004, p. 26).

A Constituição Federal de 1988 plasmou, à guisa de fundamento da República Federativa do Brasil como Estado Democrático de Direito, a dignidade da pessoa humana, retratando o reconhecimento de que o ser humano há de constituir o objetivo primacial da ordem jurídica, cuja função de diretriz hermêutica lhe é irrecusável.

Como assevera Manoel Jorge e Silva Neto (2007):

> Não se pode pensar em interpretação constitucional ou, de resto, interpretação de qualquer dispositivo do ordenamento jurídico nacional à revelia do valor "dignidade da pessoa humana", fundamentalmente porque se põe como inexcedível teleológico a partir do qual devem ser extraídas todas as proposições do aplicador do direito. (SILVA NETO, M. J., 2007, p. 151).

A atual Constituição Federal de 1988 arrola como direitos e garantias fundamentais, entre outros, a inviolabilidade da intimidade, a vida privada, a honra e a imagem da pessoa. E a proteção à dignidade da pessoa humana representa o fundamento maior de todos os demais direitos fundamentais expressos na Carta Magna.

Com a vigência da Constituição Federal de 1988, o núcleo basilar do ordenamento jurídico passou a ser a dignidade da pessoa humana.

Nesta direção, Gambá (2010) dispõe:

> É necessário entender a dignidade humana como um "superprincípio", ou seja, um instrumento para a interpretação e a aplicação das normas que regem as relações jurídicas, sendo fundamental para permitir a completude do ordenamento jurídico e proceder à incessante busca por um país mais democrático e participativo. (GAMBÁ, 2010, p. 144).

Portanto, é necessário que sejam utilizadas técnicas de seleção de pessoal no sentido de afastar qualquer conduta do empregador que venha a agredir a intimidade e a dignidade dos interessados ao posto de trabalho.

Cogo (2006) destaca que uma leitura detalhada do currículo já é suficiente para apresentar sinais como:

> [...] indicadores de competência profissional; experiência prática; adequação ao futuro grupo de trabalho; desejo de permanência no emprego; vontade de trabalhar e de aceitar novos desafios; e disponibilidade em melhorar o desempenho profissional [...] (COGO, 2006, p. 82).

Face ao exposto, avaliadas as implicações de cada método de testagem, torna-se mister resguardar o princípio da integridade da pessoa humana acima de quaisquer interesses da empresa ou do empregador.

Em assim sendo, os testes de conhecimento, psicológicos e grafológicos, bem como as dinâmicas de grupo somente serão válidos e efetivamente legais se, e somente se, medirem, avaliarem ou testarem características do candidato ao emprego que sejam de fato inerentes às funções e às atividades concernentes ao cargo a ser ocupado.

Logo, serão considerados impertinentes testes psicológicos e grafológicos que invadem a intimidade do candidato ao emprego, assim como dinâmicas de grupo que o submetam a situação vexatória, desrespeitando ou afrontando a sua dignidade humana. Serão validados apenas os testes de conhecimento que se atenham a mensurar habilidades e competências necessárias ao exercício do cargo pretendido respeitando o que preceitua a Constituição Federal de 1988.

4.2.1.6. Atestado de antecedentes criminais

É sabido que o ex-infrator sofre muitas sequelas em face de sua condenação criminal. Os presídios não possuem nenhuma infraestrutura e há uma resistência por parte da sociedade e das empresas em participar do processo de reinserção desse cidadão no mercado formal de trabalho. Por isso, os detentos costumam sair da prisão com mais problemas do que tinham antes do encarceramento.

Segundo Pastore (2011):

> A disposição das empresas para contratar ex-detentos é muito pequena, mesmo se comparada com outros grupos de difícil colocação, caso dos portadores de deficiência. Neste, há preconceito. No caso de ex-detentos, há preconceito e medo. (PASTORE, 2011, p. 62).

Além disso, no Brasil, ainda não foram implementadas políticas públicas pelo Estado que sejam suficientes para propiciar a plena integração do ex-detento na vida social. O único projeto foi desenvolvido até o momento, em termos de reinserção social do ex-infrator no mercado formal de trabalho, é o "Começar de Novo", instituído pelo Conselho Nacional de Justiça no ano de 2008.

Conforme Pastore (2011), percebe-se que, no Brasil,

> [...] domina o voluntariado, com raras exceções. Essa prática tem a vantagem de ser bem recebida pelos infratores, que veem na atitude dos voluntariados uma vontade genuína de ajudá-los a voltar à vida normal. Mas tem a desvantagem de sofrer descontinuidade e de operar em bases cientificamente limitadas. (PASTORE, 2011, p. 105).

De acordo com Pastore (2011, p. 11), a maioria dos cidadãos teme o convívio com ex-criminosos. Os egressos de presídios são geralmente vistos como pessoas não confiáveis e a resistência dos empregadores e da sociedade para reabsorvê-los é enorme, pois as pessoas têm dificuldades para dar uma segunda chance a quem cometeu um delito. Ademais, os egressos dos presídios, na maioria dos casos, estão pouco preparados para entrar em uma empresa e se comportar de acordo com as regras.

Ainda consoante Pastore (2011, p. 12), importante é observar que "o trabalho produtivo é uma das medidas que mais ajudam os excluídos a reconstruir suas vidas".

De acordo com Válio (2006):

> O fato do candidato ao emprego já ter sido condenado criminalmente não afasta a presunção de que é uma pessoa que possa executar seus serviços honestamente, com até maior qualidade e eficiência do que uma pessoa que nunca tenha adentrado, na vida, em uma delegacia de polícia. (VÁLIO, 2006, p. 76).

Conforme Pastore (2011, p. 74), pesquisas demonstram que os detentos que recebem treinamento em profissões e atividades contemporâneas (digitação, programação, bancos de dados, eletrônica, projetos etc.) tendem a conseguir empregos mais bem remunerados e neles permanecer por mais tempo, o que reduz drasticamente o risco de reincidência.

Sendo assim, segundo Pastore (2011):

> Quando um ex-detento não encontra formas de se sustentar, a probabilidade de reincidir é grande. A autoestima não é restabelecida, a vida fica sem atração, e a busca de um novo ilícito é tentadora. (PASTORE, 2011, p. 74).

Relata ainda Pastore (2011, p. 12) que, antes de serem condenados, os delinquentes, em sua maioria, vivem mergulhados em problemas pessoais, econômicos e sociais. O desajuste familiar e a falta de amor na infância e adolescência são frequentes. O envolvimento com drogas acomete inúmeros infratores. Problemas de ordem mental também existem. O convívio com gangues e facções criminosas é sério agravante. O despreparo educacional e profissional é generalizado. Por isso, os ex-presidiários são duplamente deficientes, por carregarem problemas psicossociais complexos e por carecerem de instrução para o mundo do trabalho.

Portanto, o trabalho de reinserção dos ex-infratores tem de reconstruir várias dimensões de suas vidas, quais sejam: educacional, profissional, comportamental e familiar.

Existem ações que podem trazer resultados positivos no processo de reinserção do ex-infrator ao mundo do trabalho. Eis as sugestões de Pastore (2011):

> O atendimento das necessidades básicas nos primeiros dias de libertação (alimentação, moradia, higiene, locomoção etc.) revela-se crucial para evitar a reincidência e favorecer a recuperação. A oferta de emprego à altura das competências desses indivíduos é um passo realista. A preparação em profissões que se ajustam ao seu nível educacional ajuda na colocação e na permanência nos empregos. A satisfação no trabalho, assim, como o apoio social e emocional, é elemento positivo nessa empreitada. Os egressos que recebem acompanhamento e aconselhamento durante os primeiros meses de trabalho têm mais chances de se recuperar. (PASTORE, 2011, p. 13).

Na visão de Pastore (2011, p. 12), por conseguinte, além da simples contratação, os ex-infratores necessitam de orientação. Isso inclui a observação cuidadosa dos seus relacionamentos sociais, inclusive com os familiares. Para os que possuem um bom convívio com a família e que participam de uma rede de contatos sociais que valorizam o trabalho, a probabilidade de o trabalho estável e prazeroso dar certo é bem maior.

Neste sentido, também consoante Pastore (2011):

> O estabelecimento de regras claras no ambiente de trabalho favorece a reinserção de ex-infratores. Seu conhecimento também pela companheira ou companheiro é de fundamental importância, uma vez que estes exercem uma ação de enaltecimento do valor do trabalho. Todos precisam saber que nesse ambiente existem gratificações e exigências. (PASTORE, 2011, p. 13).

Portanto, ainda de acordo com Pastore (2011):

> A qualidade do emprego pesa na recuperação. Empregos de baixa satisfação competem com os grupos do crime, que, à sua moda, oferecem

segurança, recompensa e autoestima para o egresso delinquir novamente. (PASTORE, 2011, p. 14).

Não obstante as ponderações de José Pastore, é preciso ressaltar que a intenção de ressocialização e recuperação do ex-detento por meio do trabalho e do emprego não autoriza que o empregador passe a se imiscuir na vida privada e familiar do ex-detento; tamanha intervenção privada não é compatível com a Constituição da República.

Para o Ministro do Tribunal Superior do Trabalho, Emmanoel Pereira, em decisão proferida em 2010, a pesquisa de antecedentes criminais relativa a candidatos a emprego revela-se discriminatória, configurando-se como verdadeiro abuso de poder e violação da sua intimidade:

RECURSO DE REVISTA. EMPRESA DE BANCO DE DADOS. OBTENÇÃO DE INFORMAÇÕES SOBRE ANTECEDENTES CRIMINAIS, TRABALHISTAS E CREDITÍCIAS RELATIVAS A EMPREGADOS OU CANDIDATOS A EMPREGO. DANO MORAL COLETIVO. I. Trata-se de discussão que envolve o direito de informação do empregador, diante da contratação pela empresa de serviços Innvestig, que vendia informações acerca de antecedentes criminais, trabalhistas e creditícias de candidatos a vagas de emprego, versus, o direito à intimidade. II. O constituinte de 1988, ao estabelecer um capítulo na Carta Magna dedicado exclusivamente aos Direitos e Deveres Individuais e Coletivos, em nenhum momento conferiu a qualquer deles um caráter absoluto. E, não tendo conferido nenhuma hierarquia entre os direitos fundamentais, a solução a ser utilizada é a ponderação de interesses. III. Observa-se, pois, que a pesquisa de antecedentes criminais, trabalhistas e creditícias relativa a empregados ou candidatos a emprego revela-se discriminatória, configurando-se como verdadeiro abuso de poder e violação da intimidade das pessoas, tendo em vista a constatação de que a obtenção das informações era realizada a revelia dos candidatos. IV. A Subseção I Especializada em Dissídios Individuais consagrou a tese de que, em se tratando de danos morais, e não materiais, a única prova que deve ser produzida é a do ato ilícito, se presentes os pressupostos legais para a caracterização da responsabilidade civil, quais sejam, a culpa e o nexo de causalidade, porquanto tal dano constitui, essencialmente, ofensa à dignidade humana (art. 1º, inciso III, da Constituição da República), sendo desnecessária a comprovação do resultado, porquanto o prejuízo é mero agravante do lesionamento íntimo. IV. Diante disso, tem-se que o ato da reclamada, ao contratar uma empresa para investigar os antecedentes criminais, trabalhistas e creditícias, viola o artigo 5º, X, da Constituição Federal. Recurso de revista conhecido e provido. (BRASIL, 2010a).

Não obstante, pela decisão acima consubstanciada, entende-se ser lícito ao empregador ter o direito à informação quanto aos antecedentes criminais do candidato ao emprego, tendo em vista, segundo Clesse e Bertrand citados por Baracat (2003, p. 232), que o dever à informação "corresponde à primeira manifestação da boa-fé no contrato de trabalho".

Cordeiro, citado por Baracat (2003, p. 232) atesta que "os deveres de informação adstringem as partes à prestação de todos os esclarecimentos necessários à conclusão honesta do contrato".

Para Válio (2006):

> A busca de antecedentes criminais e civis, perante os distribuidores dos foros em geral, é permitida, desde que haja requerimento expresso por parte do interessado, sem a necessidade de autorização da pessoa que teve o seu nome consultado. (VÁLIO, 2006, p. 75).

De acordo com Baracat (2003):

> É perfeitamente lógico que o empregador tenha interesse nesta informação, partindo-se da concepção de que poderá haver reincidência dos atos delituosos no ambiente de trabalho. Não há de negar, todavia, o preconceito existente em relação àqueles que foram condenados por crimes. A dificuldade de reinserção destas pessoas demonstra esse fato. Não se pode, contudo, aceitar que as informações relativas a antecedentes criminais sejam utilizadas com caráter discriminatório. (BARACAT, 2003, p. 235).

Apesar disso, é necessário um comprometimento e esforço social por parte dos empregadores, dos recrutadores, dos chefes, dos colegas do trabalho, assim como de seus familiares no processo de reinserção social de ex-infratores no mercado formal de trabalho, de modo que eles sejam recuperados da exclusão social.

Novamente à luz do pensamento de Pastore (2011):

> O encarceramento, por si só, é insuficiente para a recuperação socioeducativa ou para a reintegração na vida em liberdade. A maioria dos egressos das prisões enfrenta situações muito aflitivas. Poucos são os que contam com recursos econômicos para as suas necessidades imediatas. Muitos não têm onde se abrigar e se alimentar nos primeiros dias de liberdade. Há casos em que falta dinheiro para tomar um ônibus e chegar a eventuais oportunidades de emprego. Estudos baseados em metodologias rigorosas mostram que o não atendimento dessas necessidades imediatistas constitui um dos principais desencadeantes da reincidência e da nova prisão. (PASTORE, 2011, p. 26).

Pastore (2011, p. 30) destaca ainda que estudos indicam que a reincidência diminui quando os egressos são apoiados por instituições especializadas, pois estas atuam na redução dos riscos sociais de um novo crime, ajudando os ex-infratores a se colocar no mercado de trabalho. Dados recentes informam que, no Brasil, a reincidência entre ex-infratores que trabalham cai de 70% (média nacional) para

48%. Os dados para o Estado de São Paulo mostram uma queda para 20%, quando os ex-detentos entram logo no trabalho e nele permanecem. Também em outros Estados, a reincidência diminui entre ex-detentos que trabalham.

Neste sentido, conforme Pastore (2011):

> Ainda que a punição e o encarceramento sejam necessários para assegurar a proteção e a justiça, as sociedades modernas precisam ir além, fazendo o possível para reinserir os condenados no trabalho produtivo, tanto dentro como fora dos presídios. (PASTORE, 2011, p. 31).

Este autor relata ainda que o trabalho tem-se revelado como um dos fatores mais efetivos para reconstruir a dignidade da pessoa e para efetivar a sua reintegração na família e na sociedade. Isso vale para o período do cumprimento da pena como também para os tempos de liberdade.

Para que os antecedentes criminais não sejam obstáculo à contratação do ex-infrator e para que haja menor resistência das empresas quanto à sua contratação, é necessário que a função a ser exercida pelo candidato ao emprego não esteja relacionada com o delito praticado, sob pena de caracterizar em conduta discriminatória, prevista no art. 5º, inciso XLI, da Constituição Federal de 1988, que assim preceitua:

> Art. 5º Todos são iguais perante a lei, sem distinção de qualquer natureza, garantindo-se aos brasileiros e aos estrangeiros residentes no País a inviolabilidade do direito à vida, à liberdade, à igualdade, à segurança e à propriedade, nos termos seguintes:
> [...]
> XLI — a lei punirá qualquer discriminação atentatória dos direitos e liberdades fundamentais;

Trata-se, por exemplo, do candidato ao emprego que concorre à vaga na função de motorista já tendo várias condenações relativas ao trânsito.

Assim se manifesta Moreira, citado por Leite e Rios (2008):

> Deve-se analisar o tipo da tarefa que o trabalhador irá realizar e a própria natureza da empresa, podendo apenas solicitar os antecedentes que tenham uma estreita conexão com a função a ser desempenhada. Aspectos não relacionados a essa função não influenciam a capacidade profissional. Apesar disso não se pode determinar ao empregador não questionar o candidato sobre esse assunto. Pode-se aceitar que, em casos muito especiais, seja solicitada certidão negativa de antecedentes criminais, desde que indicado o fim e demonstrado o legítimo interesse. (MOREIRA apud LEITE; RIOS, 2008, p. 208).

Alberto Luiz Bresciani de Fontan Pereira, Ministro do TST, em decisão proferida em 2011, entende que a consulta a antecedentes criminais não caracteriza discriminação quando tal providência guarda pertinência com as condições objetivamente exigíveis para o trabalho oferecido ao candidato ao emprego:

> I. RECURSOS DE REVISTA DAS RECLAMADAS MOBITEL S/A E VIVO S/A. DANO MORAL. EXIGÊNCIA DE EXIBIÇÃO DE CERTIDÃO DE ANTECEDENTES CRIMINAIS. AUSÊNCIA DE SITUAÇÃO QUE A RECLAME PELA NATUREZA DO EMPREGO E DAS ATIVIDADES. PRÁTICA DISCRIMINATÓRIA. LEI N. 9.029/95. PRINCÍPIO DA ISONOMIA. OFENSA À DIGNIDADE DA PESSOA HUMANA. VIOLAÇÃO DE INTIMIDADE, VIDA PRIVADA E HONRA. CONSTITUIÇÃO FEDERAL, ARTS. 1º, III, E 5º, X. A Constituição Federal fixa a dignidade da pessoa humana como fundamento da República (art. 1º, inciso III), ao mesmo tempo proclamando a igualdade jurídica (art. 5º, *caput*) e dizendo — invioláveis a intimidade, a vida privada, a honra e a imagem das pessoas, assegurado o direito à indenização pelo dano material ou moral decorrente de sua violação — (art. 5º, X). Trazendo a relação de emprego a tal ambiente, a Lei n. 9.029, de 13 de abril de 1995, veda — a adoção de qualquer prática discriminatória e limitativa para efeito de acesso à relação de emprego, ou sua manutenção, por motivo de sexo, origem, raça, cor, estado civil, situação familiar ou idade, ressalvadas, nestes casos, as hipóteses de proteção ao menor previstas no inciso XXXIII do art. 7º da Constituição Federal — (art. 1º). Embora o preceito não alcance, em sua enumeração, a situação em foco, pode-se entrever, no seu claro intuito, a efetividade dos princípios e garantias constitucionais que protegem contra a discriminação e valorizam a intimidade, vida privada e honra dos trabalhadores, assim autorizada a sua evocação, mesmo que a título de analogia (CLT, art. 8º). A relação de emprego em exame, destinada ao teleatendimento de clientes, não alcança padrão suficiente a reclamar tratamento diferenciado àqueles que a postulam, escapando de possíveis casos em que tal se justifique, dentro de padrões de razoabilidade. **Ao exigir a oferta de certidão de antecedentes criminais, sem que tal providência guarde pertinência com as condições objetivamente exigíveis para o trabalho oferecido, o empregador põe em dúvida a honestidade do candidato ao trabalho, vilipendiando a sua dignidade e desafiando seu direito ao resguardo da intimidade, vida privada e honra, valores constitucionais.** A atitude ainda erige ato discriminatório, assim reunindo as condições necessárias ao deferimento de indenização por danos morais, esta fixada dentro de absoluta adequação. Recursos de revista não conhecidos. II — RECURSO DE REVISTA DA RECLAMADA VIVO S/A. 1. RESPONSABILIDADE SUBSIDIÁRIA. ALCANCE. EMPRESA TOMADORA DOS SERVIÇOS. SÚMULA N. 331, IV, DO TST. A empresa tomadora de serviços tem responsabilidade subsidiária pelas obrigações trabalhistas não adimplidas pela empresa prestadora (Inteligência da Súmula n. 331, item IV, do TST). Recurso de revista não conhecido. (BRASIL, 2011b, grifo nosso).

Portanto, a investigação acerca dos antecedentes criminais é pertinente e não contrária à intimidade do empregado, *quando a eventual conduta criminal tiver qualquer relação com a função a ser exercida no cargo ofertado.*

A legislação trabalhista brasileira prevê duas hipóteses em que o empregador pode exigir a apresentação de atestado de bons antecedentes.

A primeira hipótese é regida pelo art. 16, VI, e pelo art. 17, da Lei n. 7.102/83, que assim menciona, respectivamente:

Art. 16. Para o exercício da profissão, o vigilante preencherá os seguintes requisitos:

I — ser brasileiro;

II — ter idade mínima de 21 (vinte e um) anos;

III — ter instrução correspondente à quarta série do primeiro grau;

IV — ter sido aprovado, em curso de formação de vigilante, realizado em estabelecimento com funcionamento autorizado nos termos desta lei;

V — ter sido aprovado em exame de saúde física, mental e psicotécnico;

VI — não ter antecedentes criminais registrados; e

VII — estar quite com as obrigações eleitorais e militares.

Parágrafo único — O requisito previsto no inciso III deste artigo não se aplica aos vigilantes admitidos até a publicação da presente Lei

Art. 17. O exercício da profissão de vigilante requer prévio registro no Departamento de Polícia Federal, que se fará após a apresentação dos documentos comprobatórios das situações enumeradas no art. 16. (grifos nossos).

Vale destacar que o art. 12 desta mesma Lei exige que, nas empresas de vigilância, todos os diretores e demais empregados também não tenham antecedentes criminais registrados:

Art. 12. Os diretores e demais empregados das empresas especializadas não poderão ter antecedentes criminais registrados.

A segunda hipótese é a regida pelo inciso II, do art. 2º, da Lei n. 5.859/72, que assim se manifesta:

Art. 2º Para admissão ao emprego deverá o empregado doméstico apresentar:

I — Carteira de Trabalho e Previdência Social;

II — Atestado de boa conduta;

III — Atestado de saúde, a critério do empregador.

Para Gosdal (2003, p. 126), apenas nas situações elencadas nas Leis ns. 7.102/83 e 5.859/74, será possível haver a pesquisa de antecedentes criminais e, por consequência, a sua não contratação, caso seja verificada a ocorrência de ato criminoso já praticado pelo candidato ao emprego.

Da seguinte forma analisa Gosdal (2003):

> No caso dos vigilantes, a Lei n. 7.102/83 estabelece no art. 16, inciso VI, o requisito não ter antecedentes criminais para o exercício da profissão. O vigilante realiza atividade de segurança e transporte de valores, tendo inclusive o porte de arma, o que faz com que a exigência não seja, neste caso, discriminatória. Com respeito ao empregado doméstico, a lei 5859/72 estabelece no art. 2º, inciso II, o atestado de boa conduta como documento que deverá o empregado apresentar para a admissão. O trabalhador doméstico é aquele que presta serviços à pessoa ou família no âmbito residencial desta, o que torna razoável a exigência legal. (GOSDAL, 2003, p. 125).

E continua Gosdal (2003):

> Deixar de contratar o candidato a emprego por constar da folha de antecedentes que contra ele há ou houve inquérito policial, ou ação penal em curso, é atentar contra o princípio da presunção da inocência, pois o mesmo é descartado de imediato, ainda que não seja ao final criminalmente responsabilizado. (GOSDAL, 2003, p. 127).

Sendo assim, Gosdal (2003, p. 128) assevera que buscar informação acerca da existência de antecedentes criminais de candidato a emprego, sem o seu conhecimento, sem a sua autorização e sem a ciência de tal informação condicionar sua admissão, é violar o princípio da boa-fé objetiva. Para a autora, constitui verdadeira violência aos direitos fundamentais do candidato a emprego a busca desta informação por empresa interposta, sem o conhecimento ou a autorização do trabalhador. A autora ainda destaca que o candidato a emprego também pode violar o dever lateral de informação decorrente da boa-fé objetiva quando, possuindo mandado de prisão em aberto — o que impediria a formação do vínculo laboral por impossibilidade da prestação do trabalho — deixar de informar o fato ao futuro empregador.

Viana (2009), por sua vez, entende que a constitucionalidade destas Leis é discutível. E acrescenta: "Mas, ainda que assim não se entenda, o simples fato de haver previsão em casos específicos já sinaliza no sentido de que, nos casos gerais, a solução terá de ser diferente."

Ainda concorde assinala Viana (2009):

> Em matéria penal, todo cidadão é inocente, até prova em contrário. Desse modo, a não contratação pode ser vista como discriminatória. O próprio empregador prejulga o indiciado ou o réu e condena-o inapelavelmente a uma pena não prevista de modo formal. (VIANA, 2009).

Também destaca Viana (2009) que a contratação de um empregado sempre envolve um risco que a CLT atribui ao empregador em seu art. 2º:

> É verdade que a contratação de um trabalhador nessa situação implica algum risco à empresa. Mas esse risco não será maior do que os outros que a empresa corre diariamente, como o de um concorrente baixar os preços, um fornecedor se atrasar na entrega ou um cliente denunciá-la ao Procon. E este risco é muito mais justificável do que qualquer outro, já que, na outra ponta da linha, há uma pessoa em situação ainda mais perigosa; e não só a Constituição declara a "função social da propriedade", como o novo Código Civil apregoa a "função social do contrato". (VIANA, 2009).

Edilton Meireles (2005, p. 192), em sentido contrário à visão de Viana (2009) quanto à constitucionalidade das Leis n. 7.102/83 e n. 5.859/74, entende que as duas hipóteses são carregadas de características próprias que justificam a restrição ao direito à proteção da vida privada.

Edilton Meireles (2005, p. 192) pondera que, em relação ao doméstico, é preciso enfatizar que este prestará serviço na residência de outrem. É razoável, assim, que se exija desse trabalhador um atestado de boa conduta, por estarem-se abrindo as portas para uma pessoa nunca antes vista pelo empregador. Já em relação ao vigilante, trata-se de um serviço que exige conduta idônea, por isso, é de se exigir que não tenha antecedentes criminais, mesmo porque o egresso poderá exercer outras profissões, tendo oportunidade de se reinserir na sociedade.

Contudo, Edilton Meireles (2005) destaca que é preciso dar uma interpretação razoável à lei nesta hipótese, visto que:

> Existem inúmeros tipos de ilícitos penais que, ao certo, não tornam a pessoa inidônea ao exercício da profissão de vigilante. Da mesma forma, outros delitos cometidos em certas circunstâncias também não conduzem à inidoneidade da pessoa para exercício da referida profissão. Imaginamos, por exemplo, o crime de adultério, a prática da contravenção que proíbe o jogo do bicho, os crimes contra animais e, ainda, o homicídio culposo (por atropelo) etc. Será que em todas essas hipóteses, tendo a pessoa antecedentes criminais registrados, pode-se afirmar que ela se tornou inábil ao exercício da profissão de vigilante? Ao certo que não. (MEIRELES, E., 2005, p. 193).

Então, para Edilton Meireles (2005, p. 193), a lei, em verdade, quis afastar do exercício da profissão aqueles que praticaram crimes contra o patrimônio, crimes dolosos contra a pessoa, crimes contra os costumes e outros relacionados a atos que o vigilante deva reprimir ou que lhe seja exigível comportamento contrário ao tipo penal (peculato, concussão, corrupção, contrabando, desobediência etc.).

Ainda destaca Edilton Meireles (2005, p. 193) que a lei, de modo geral, não impõe qualquer vedação ao exercício da função em virtude dos antecedentes criminais. Sendo assim, não pode a empresa fazer qualquer pesquisa sobre ocorrência criminal, sob pena de violação a direito fundamental, agindo a empresa em abuso do direito. Ademais, se a lei exige apenas o atestado de bons antecedentes aos vigilantes e aos domésticos é porque, nas demais hipóteses, a conduta deve ser outra.

Entretanto, no presente trabalho, não se adota a visão traçada por Theresa Cristina Gosdal (2003), Márcio Tulio Viana (2009) e Edilton Meireles (2005).

Defende-se nesta obra o fato inconteste de existirem determinadas profissões em que a consulta ou mesmo a exigência de bons antecedentes criminais torna-se pré-requisito à contratação por estas requererem do candidato ao emprego uma conduta ilibada para o exercício da função a ser desempenhada. Trata-se, por exemplo, da função de professora de educação infantil. É mais do que razoável averiguar se a pessoa candidata ao emprego possui antecedentes criminais relacionados ao crime de pedofilia. O mesmo se diga de entidade financeira que rejeita candidato a emprego por este ter praticado o crime de estelionato.

Eis que aqui se segue, portanto, o pensamento de Luciano Augusto de Toledo Coelho (2007):

> A contratação de vigilantes, vigias, pessoas que irão exercer cargos de responsabilidade de cuidado com patrimônio, deve ser precedida de verificação de antecedentes. Pessoas que cuidam de crianças, ou mesmo de adolescentes, devem ser submetidas a testes ou investigações para verificação de aptidão para a função, antecedentes, referências. Trata-se de procedimento normal, usual e aceitável, no sentido do julgado. (COELHO, 2007, p. 62).

Nos casos mencionados, poderá haver a restrição quanto ao acesso à relação de emprego por motivos de antecedentes criminais mesmo que não tenha havido ainda o trânsito em julgado da sentença penal condenatória (art. 5º, LVII, CF/88).

De tal modo, em decorrência do dever de informação que norteia a fase pré-contratual, entende-se ser possível a verificação da vida pregressa de trabalhador que concorre à vaga de emprego, quando as funções a serem exercidas por ele exigirem um passado livre de incidentes. Trata-se do exemplo do trabalhador que irá exercer a função de vigilante, do trabalhador doméstico e daquelas outras funções que guardam conexão direta com a conduta delituosa praticada pelo candidato ao emprego, o que, evidentemente, colocam em desproporcional risco o contratante.

Portanto, mostra-se mais do que razoável a verificação de antecedentes criminais para o exercício de determinadas funções, como demonstra a decisão relatada pelo Ministro do TST, João Batista Brito Pereira, adiante transcrita:

AÇÃO CIVIL PÚBLICA. OBRIGAÇÃO DE NÃO-FAZER. EMPRESA DE BANCO DE DADOS. OBTENÇÃO DE INFORMAÇÕES PESSOAIS DOS CANDIDATOS A EMPREGO. DANO MORAL COLETIVO NÃO CONFIGURADO. 1. A controvérsia, diz respeito à exigência de informações pessoais dos candidatos a emprego. O Tribunal Regional reformou em parte a sentença, a fim de excluir da condenação a determinação para que a reclamada se abstenha de exigir de empregados e candidatos a empregos em seus quadros certidões ou atestados de antecedentes criminais; e excluir da condenação o pagamento de indenização por danos morais coletivos. 2. Assinalou o Tribunal que não se pode negar o direito da ré de obter informações acerca dos antecedentes criminais de candidatos a emprego. A empresa não pode ser surpreendida por um ato ilícito de seu empregado, quando podia ter se precavido neste sentido. Esclareceu, ainda, que a reclamada tem interesse no acesso às informações criminais, porquanto seus empregados têm acesso ao interior das residências de clientes **em razão de sua atividade estar ligada à instalação de linhas telefônicas. Parece, pois, razoável que a ré tenha restrição quanto à eventual contratação de um candidato à vaga de instalador que tenha em seus antecedentes criminais registro de condenação por furto (artigo 155 do CP).** A meu juízo, o Tribunal conferiu interpretação razoável às normas legais pertinentes, o que atrai o óbice da Súmula 221, II, desta Corte. Por essa razão tenho por inútil a arguição de violação às disposições legais e constitucionais mencionadas. Recurso de Revista de que não se conhece. (BRASIL, 2010b, grifo nosso).

Imperioso observar que o Conselho Nacional de Justiça, reconhecido como órgão de controle externo do Poder Judiciário, definiu uma política pública permanente em relação ao problema do egresso. O marco dessa política está na Resolução n. 96/2009, que implementou o Projeto "Começar de Novo" no âmbito do Poder Judiciário, com o objetivo principal de reinserir socialmente o egresso do sistema carcerário no mercado formal de trabalho.

A implantação deste projeto conta com a participação da *Rede de Reinserção Social*, formada por todos os órgãos do Poder Judiciário e pelas entidades públicas e privadas, inclusive patronatos, conselhos da comunidade, universidades e instituições de ensino fundamental, médio e técnico-profissionalizante.

Os Tribunais de Justiça deverão celebrar parcerias com tais instituições. E todas as Cortes Judiciárias, tenham ou não competência criminal, poderão promover ações de reinserção, sobretudo no tocante à contratação de presos, egressos e cumpridores de medidas e de penas alternativas.

Além disso, o Conselho Nacional de Justiça criou e disponibilizou em seu *site* o Portal "Oportunidades do Projeto Começar de Novo", que oferece várias funcionalidades. Entre elas, o cadastramento das entidades integrantes da Rede de Reinserção Social, a relação de cursos, as ofertas de emprego, os estágios e o contato com entidades cadastradas e aceitas em cada Estado e Comarca.

Previu-se, também, a formação de grupos de monitoramento e de fiscalização do sistema carcerário, com finalidades múltiplas para a concretização do

Projeto, a cargo de cada Tribunal de Justiça. Essas Cortes deverão diligenciar para que os Conselhos da comunidade sejam efetivamente instalados e funcionem regularmente.

Com a referida resolução, o Conselho Nacional de Justiça consolidou a orientação prevista na Recomendação n. 21/2008, que sugeriu aos Tribunais de Justiça a celebração de termos de cooperação técnica, a exemplo do celebrado entre o CNJ e o SENAI, em relação à qualificação profissional de presos e egressos do sistema prisional.

Como se vê, o Projeto "Começar de Novo" investe no papel político do Poder Judiciário, ao atribuir aos Tribunais de Justiça, além da função julgadora, a iniciativa em termos de políticas públicas.

Conforme Pastore (2011), com tal estratégia, o Projeto "Começar de Novo":

> Visa estimular o maior número de empresas a contratar detentos e ex--detentos, depositando grande esperança no trabalho produtivo como meio de recuperação dos criminosos. Os Tribunais de Justiça terão a importante responsabilidade de supervisionar o encaminhamento dos egressos às empresas privadas. (PASTORE, 2011, p. 58).

4.2.1.7. Atestados de antecedentes civis, creditícios e similares

No que diz respeito à pesquisa empresarial relativa a atestados de antecedentes civis (ações cíveis e protestos, por exemplo), atestados de antecedentes creditícios (SPC e SERASA, por exemplo) e outras pesquisas similares, não pode haver dúvida sobre seu caráter discriminatório, caso inseridas como pressuposto à contratação trabalhista.

A jurisprudência não tem ainda posição inteiramente pacífica a esse respeito, havendo até mesmo decisões que não enxergam essa dimensão discriminatória.

Não obstante a falta de pacificação dos tribunais quanto a esse tema, está claro que a criação de tal requisito para a inserção do trabalhador no mercado de trabalho é manifestamente discriminatória, por ser exigência que não consta da ordem jurídica às contratações trabalhistas, sendo abuso de direito empresarial. A Constituição, como se sabe, proíbe qualquer forma de discriminação (art. 3º, IV, *in fine* e art. 5º, XLI, CF/88), sendo abusiva a restrição do mercado de trabalho ao indivíduo por conta de fatores evidenciadores de sua debilidade econômico-financeira.

À guisa de encerramento, pode-se estabelecer a seguinte diferenciação quanto a esse aspecto relativo à pesquisa de informações pregressas sobre os trabalhadores. Tratando-se de dados fornecidos por entidades privadas e de notório substrato econômico (SPC, SERASA e congêneres), além de certidões meramente civis, a coleta de tais informações é abusiva, regra geral, configurando discriminação (art. 3º,

IV, *in fine*, CF/88): Afinal, como relata Viana (2009) em frase mencionada por um trabalhador em noticiário da TV: "Como é que a gente paga as dívidas, se não pode trabalhar?".

Tratando-se, porém, de dados oficiais, públicos, decorrentes de processos judiciais relativos a crimes cometidos por pessoas, o direito à informação sobre tais dados é mais amplo do que no caso correspondente. É que o *direito à informação* é também direito constitucional fundamental (art. 5º, XIV: *é assegurado a todos o acesso à informação e resguardado o sigilo da fonte, quando necessário ao exercício profissional*, CF/88), sendo o fornecimento de informações públicas *dever do Estado* (art. 5º, XXXIII, CF), tudo em contexto de ser a *segurança* também direito fundamental constitucionalmente (Preâmbulo da Constituição; art. 5º, *caput*, CF).

Por essa razão, desponta neste quadro, no mínimo, uma colisão de valores, princípios e regras, que tem de conduzir, com proporcionalidade (CF/88), a certa ponderação e adequação de diretrizes jurídicas.

Desse modo, pode-se dizer que o acesso a tais informações processuais criminais será válida nas seguintes situações: a) quando explicitamente já enfatizados por lei, como nos casos dos *contratos de serviços domésticos* e de *serviços de vigilância*; b) quando envolvam contraposição lógica e relevante de condutas, ou seja, a conduta ilícita configurada no tipo criminal processado e a essência da conduta laborativa inerente ao contrato de trabalho (ilustrativamente, condenação por agressões físicas, maus tratos e outras formas de violência em contraponto à função de *cuidador* de idosos em asilos); c) outras informações criminais que, em face do caso concreto e das circunstâncias empregatícias envolvidas, demonstrem não ter ocorrido abuso de prerrogativas empresariais mas exercício moderado, prudente, razoável e proporcional do poder empregatício e do direito à informação pública.

Não se nega ou se diminui o dever do Estado de concertar políticas públicas para a ressocialização dos egressos do sistema penal. No campo dessas políticas públicas cabe, inclusive, aculturar a sociedade para a mais ampla contratação trabalhista de ex-presos ou condenados. Porém, o dever estatal de gerar e conferir efetividade a tais políticas públicas não tem o condão de, simplesmente, eliminar o direito fundamental à informação sobre processos e eliminar também o direito fundamental público e individual à segurança.

É importante, portanto, que haja ponderação de valores e princípios, mas sem eliminação de uns pelos outros.

4.2.1.8. Exames médicos

Em âmbito geral, o exame médico é obrigatório, quer na admissão do empregado, quer ao longo do contrato, quer na ruptura contratual, conforme estatui o art. 168, da CLT:

Art. 168. Será obrigatório exame médico por conta do empregador, nas condições estabelecidas neste artigo e nas instruções complementares a serem expedidas pelo Ministério do Trabalho:

I — na admissão;

II — na demissão;

III — periodicamente;

§ 1º O Ministério do Trabalho baixará instruções relativas aos casos em que serão exigidos exames:

a) por ocasião da demissão;

§ 2º Outros exames complementares poderão ser exigidos, a critério médico, para apuração da capacidade ou aptidão física e mental do empregado para a função que deve exercer.

§ 3º O Ministério do Trabalho estabelecerá, de acordo com o resto da atividade e o tempo de exposição, a periodicidade dos exames médicos.

§ 4º O empregador manterá no estabelecimento o material necessário à prestação de primeiros socorros médicos, de acordo com risco da atividade.

§ 5º O resultado dos exames médicos, inclusive o exame complementar, será comunicado ao trabalhador, observados os preceitos da ética médica.

O trabalhador deve, assim, submeter-se aos exames médicos descritos nos incisos I, II e III, do art. 168, da CLT, seja na fase pré-contratual, de cumprimento ou pós-contratual.

Contudo, há certos exames específicos cuja exigência pode configurar discriminação.

Configuram hipóteses de afronta à intimidade do trabalhador e, por consequência, ao princípio da igualdade, exigências de alguns procedimentos, exames ou testes como: exigência de testes de gravidez à mulher[9]; exame *antidoping*; exame que tenha por objetivo identificar o código genético[10]; teste de HIV e a apresentação de testes ou exames médicos para comprovação das condições físicas e psíquicas do candidato ao emprego. Tais exigências ferem a dignidade da pessoa humana e o princípio da não discriminação.

---

(9) O art. 1º, da Lei n. 9.029/95, proíbe a adoção de quaisquer práticas discriminatórias e limitadoras do acesso à relação de emprego. Esta Lei considera crime a prática da exigência de teste, exame, perícia, laudo, atestado, declaração ou qualquer outra forma para demonstrar a esterilização ou a não gravidez, estipulando pena de detenção de 1 (um) a 2 (dois) anos e multa.

(10) Cumpre destacar que Barros (2009, p. 56) aponta apenas uma exceção quanto à realização de exame que tenha por objetivo a identificação do código genético: quando o empregado correr risco de morte na execução da prestação de serviços. Assim, seria aplicável o exame para os cargos de piloto de avião, maquinista de trem ou motorista de ônibus coletivos, na situação de eventual tendência de o indivíduo ser acometido de ataque cardíaco.

A realização de exames médicos no ato da contratação do trabalhador possue apenas a finalidade de fazer com que o empregador tome conhecimento do estado geral de saúde do seu futuro empregado, para verificar se este se encontra apto a desenvolver a função para a qual será contratado.

Existem algumas situações, contudo, em que é necessária a realização do exame para se constatar se o trabalhador possui capacidade para o exercício da função ou quando é necessário verificar se existe risco à sua saúde ou de outrem. É o caso dos atletas profissionais, por haver interesse do empregador em verificar se o empregado possui condições físicas para o exercício da função. Do mesmo modo, acontece em relação aos pilotos de avião e aos motoristas.

Consoante Edilton Meireles (2005, p. 174), nesses casos, há necessidade de se verificar se este trabalhador possui tendência a ser acometido por ataque cardíaco.

Edilton Meireles (2005), com razão, ainda considera válida a realização de exames de *antidoping* para os atletas profissionais, desde que previstos contratualmente:

> Entidades desportivas às quais estão vinculadas ficam sujeitas às penalidades das leis desportivas caso constatado o doping. Pertinente, assim, a realização dos exames médicos *antidoping* dos atletas profissionais, pelos próprios empregadores. É indispensável, todavia, o pacto contratual neste sentido, pois não se pode ter que essa invasão à privacidade decorra de "cláusula implícita". (MEIRELES, E., 2005, p. 176).

Edilton Meireles (2005, p. 174) também atenta para o fato de que o exame antidoping é realizado pelo empregador e não pela entidade organizadora da prática desportiva. Além disso, depende de acerto contratual entre empregado e empregador. O exame realizado pela entidade organizadora da prática desportiva decorre de regras estabelecidas pelas entidades que controlam o exercício da profissão dos atletas, a saber: as Federações.

Assim sendo, conforme Simón (2000, p. 144): "A imposição de exames desse tipo extrapola o poder de direção do empregador, provocando injustificada lesão ao direito à intimidade e à vida privada".

Como bem expressa Baracat (2003, p. 229), *a obrigatoriedade de realização de exames deve estar rigorosamente relacionada à função a ser exercida pelo trabalhador*, sendo que qualquer desvio desta finalidade contrariará os deveres de cooperação e lealdade que decorrem da boa-fé, ensejando a prática de ato discriminatório.

A admissão de mulheres em determinados empregos pode acarretar discriminação por parte das empresas em decorrência da gravidez. A realização de testes de gravidez, com a finalidade de restringir o acesso à relação de emprego, compreende procedimento discriminatório, que determina a quebra do princípio isonômico e a violação aos direitos da personalidade do nascituro ainda em fase de gestação.

O art. 2º, da Lei n. 9.029/95, tipifica como crime a exigência de teste, exame, perícia, laudo, atestado, declaração ou outro procedimento relativo à esterilização ou ao estado de gravidez. Por seu turno, este mesmo artigo também tipifica como crime a adoção de quaisquer medidas de iniciativa do empregador que configurem: a) indução ou instigamento à esterilização genética; b) promoção do controle de natalidade, não considerando o oferecimento de serviços de aconselhamento ou planejamento familiar realizados através de instituições públicas ou privadas, submetidas às normas do Sistema Único de Saúde (SUS).

O art. 373-A, da CLT, também prevê situações que prejudicam o acesso da mulher ao mercado de trabalho através do inciso IV:

> Art. 373-A. Ressalvadas as disposições legais destinadas a corrigir as distorções que afetam o acesso da mulher ao mercado de trabalho e certas especificidades estabelecidas nos acordos trabalhistas, é vedado:
> [...]
> IV — exigir atestado ou exame, de qualquer natureza, para comprovação de esterilidade ou gravidez, na admissão ou permanência no emprego;

Segundo Alkimin (2009, p. 117), há rejeição em grande escala da mulher quando esta disputa posições, funções ou cargos de destaque. As empresas que buscam produtividade e lucratividade, com redução de encargos, priorizam o sexo masculino devido à maternidade.

De acordo com Paulo Oliveira (2010):

> Esse tipo de discriminação é bastante comum e se manifesta dia a dia, por meio de diversas práticas, como a exigência de exames prévios de não gravidez ou de esterilização, em que pese mesmo a violação legal para que isso ocorra. (OLIVEIRA, P. E. V., 2010, p. 93).

Neste sentido, também concorde Paulo Oliveira (2010, p. 92), não se pode exigir atestado ou exame para o fim de verificação de gravidez, muito menos que o médico transmita ao empregador qualquer informação nesse sentido, limitando-se a dizer se aquela candidata se encontra, ou não, apta para a função à qual se destina.

Ainda de acordo com Paulo Oliveira (2010, p. 93), a candidata ao emprego, em princípio, pode ocultar seu estado gravídico, não importando tal comportamento em violação ao princípio da boa-fé objetiva. Apenas nas situações em que a gravidez representar obstáculo ao exercício das funções e realização das tarefas, é que a trabalhadora não poderá ocultar seu estado gravídico. É o caso do labor em usinas nucleares ou clínicas radiológicas, tendo em vista que, em tais situações, a radiação será fator teratogênico, podendo causar a malformação do feto.

Ainda consoante Paulo Oliveira (2010), cabe salientar:

> Se a mulher, empregada ou candidata ao emprego for obrigada a submeter-se a exame laboratorial que ateste sua condição de não grávida, estará configurada a prática de crime por parte do empregador, além de estar a empresa violando o direito de intimidade, podendo ser condenada a pagar indenização pelo dano pessoal causado. (OLIVEIRA, P. E. V., 2010, p. 93).

A pena estipulada para o crime é de 1 (um) a 2 (dois) anos de detenção, além da multa administrativa, em valor correspondente a 10 (dez) vezes o maior salário pago pelo empregador, elevado em 50 % na hipótese de reincidência, e a proibição de obter empréstimo ou financiamento em instituições financeiras oficiais.

O art. 391, da CLT, estabelece que o fato de a mulher ter se casado ou encontrar-se em estado de gravidez não constituem motivos para a rescisão de seu contrato de trabalho. O seu parágrafo único ainda proíbe que regulamentos, convenções coletivas e contratos de trabalho restrinjam o direito da mulher ao emprego por tais motivos.

Neste sentido, assevera Paulo Oliveira (2010, p. 95) que indagação à mulher sobre se pretende casar-se não precisa ser respondida pela candidata, e se for, não pode constituir-se em motivo de recusa da contratação, sob pena de violação à sua intimidade.

A Convenção n. 100 da OIT, ratificada pelo Brasil em 26 de novembro de 1965, dispõe sobre igualdade de remuneração entre a mão de obra masculina e a mão de obra feminina, estabelecendo a isonomia salarial, que pode ser observada, de acordo com o seu art. 2º:

> Art. 2º Cada Membro deverá, pelos meios adaptados aos métodos em vigor para a fixação das tabelas de remuneração, encorajar e, na medida em que tal é compatível com os referidos métodos, assegurar a aplicação a todos os trabalhadores do princípio de igualdade de remuneração entre a mão de obra masculina e a mão de obra feminina por um trabalho de igual valor. Este princípio poderá ser aplicado por qualquer dos seguintes meios: a) Da legislação nacional; b) De todo o sistema de fixação da remuneração estabelecido ou reconhecido pela legislação; c) De convenções colectivas negociadas entre patrões e trabalhadores; d) De uma combinação dos meios acima mencionados.

A Convenção n. 111 da OIT, ratificada pelo Brasil, por meio do Decreto n. 62.150, de 19 de janeiro de 1968, também dispõe sobre a proibição de discriminação no trabalho, em seu art. 1º:

> Art. 1º (1) Para os fins da presente Convenção, o termo discriminação compreende: a) Toda a distinção, exclusão ou preferência fundada na raça, cor, sexo, religião, opinião política, ascendência nacional ou origem social, que tenha por efeito destruir

ou alterar a igualdade de oportunidades ou de tratamento em matéria de emprego ou profissão; b) Toda e qualquer distinção, exclusão ou preferência que tenha por efeito destruir ou alterar a igualdade de oportunidades ou de tratamento em matéria de emprego ou profissão, que poderá ser especificada pelo Estado-membro interessado depois de consultadas as organizações representativas de patrões e trabalhadores, quando estas existam, e outros organismos adequados. (2) As distinções, exclusões ou preferências fundadas em qualificações exigidas para determinado emprego não são consideradas como discriminação. (3) Para fins da presente Convenção, as palavras emprego e profissão incluem não só o acesso à formação profissional, ao emprego e às diferentes profissões, como também as condições de emprego.

Importante observar que não caracteriza abuso de direito a mera indagação sobre o estado de gravidez da candidata ao emprego, se a função a ser exercida é, por exemplo, a de auxiliar de radiologia, ou de mineiro de mina de subsolo, ou de qualquer outra função considerada insalubre que possa prejudicar a sua gravidez. A contratação de uma trabalhadora sem tal cuidado para exercer função insalubre fere a boa-fé, pela violação ao dever de proteção que impera em prol do trabalhador durante as tratativas.

Em razão disso, a gravidez da mulher pode ser óbice à sua contratação, *quando o cargo a ser exercido colocar em risco a proteção à sua maternidade e à integridade física da criança em gestação.*

Então, não é possível à candidata ao emprego praticar a recusa em relação à indagação sobre o seu estado de gravidez, quando a função a ser exercida pela mesma acarretar prejuízo à sua maternidade e à integridade física do nascituro. No caso, o direito à informação deve ser exercido em favor do empregador, no sentido de que este possa tomar conhecimento do estado gravídico da candidata ao emprego.

Consoante ensina Baracat (2003, p. 228): "A empresa deverá esclarecer à empregada o tipo de exame e a sua finalidade, sob pena de se presumir o ato discriminatório".

Somente neste caso a candidata ao emprego terá a obrigação de informar à empresa seu estado de gravidez.

Quanto aos testes de genoma, estes possuem a finalidade de identificar enfermidades que futuramente podem vir a atacar o indivíduo. O ordenamento justrabalhista brasileiro repele tal tipo de teste, podendo ser enquadrado na vedação prevista no art. 1º, da Lei n. 9.029/95, que assim preceitua:

Art. 1º. Fica proibida a adoção de qualquer prática discriminatória e limitativa para efeito de acesso à relação de emprego, ou sua manutenção, por motivo **de sexo, origem, raça, cor, estado civil, situação familiar ou idade**, ressalvadas, neste caso, as hipóteses de proteção ao menor previstas no inciso XXXIII, do art. 7º, da Constituição Federal. (grifo nosso).

Desse modo, o teste de genoma caracteriza prática limitativa e discriminatória para efeito de acesso à relação de emprego, ou sua manutenção, pois dificilmente um empregador contrataria um trabalhador cujo exame revelasse bagagem genética deficiente.

Consoante Pachés, citado por Baracat (2003, p. 230), os genes informam tudo sobre as características físicas e psíquicas de cada pessoa, inclusive doenças que o trabalhador pode contrair, criando, assim, uma condição insuperável para a contratação do indivíduo.

Segundo Baracat (2003, p. 78), com o avanço científico e o desenvolvimento de novas tecnologias, o exame genético nos Estados Unidos tornou-se mais fácil e barato, disseminando-se por todas as grandes e pequenas empresas, o que leva a se antever um futuro sombrio, com a criação de uma nova categoria — os geneticamente excluídos. O autor relata ainda que, nos Estados Unidos, esta categoria já começa a se formar, pois candidatos a emprego têm sido obrigados a aceitar a prática do exame genético, visto que a recusa tem levado à negativa da contratação.

Conforme preceitua Simón (2000, p. 141): "O empregador não poderá exigir de seus empregados ou 'candidatos' a emprego a realização de exame que tenha por objetivo o código genético, sob pena de extrapolar o exercício do poder diretivo".

A análise do código genético do candidato ao emprego representa, assim, prática de ato de discriminação na seara laboral, tendo em vista que, por meio de tal exame, a empresa obtém uma detalhada leitura genética do trabalhador, possibilitando-lhe o conhecimento daqueles que possuem maior facilidade para adquirir determinadas doenças. Nesse sentido, nem mesmo com a concordância do trabalhador é possível a exigência de realização de exames genéticos.

Em se tratando de doença infectocontagiosa, capaz de atingir outras pessoas no local de trabalho, o candidato ao emprego somente deve se submeter a realizar o exame de identificação do vírus HIV ou congênere se a atividade a ser por ele exercida colocar em risco de contágio a coletividade.

A empresa pode estabelecer como um dos requisitos ao exercício da função a apresentação do teste de HIV de sorologia negativa, tratando-se das seguintes funções: médicos, enfermeiros, dentistas cirurgiões, laborista que trabalha na coleta de sangue em laboratório e profissionais do sexo que laboram na realização de filmes de pornografia. São, portanto, situações em que trabalhadores poderão expor a comunidade ao risco de contágio de doenças.

Todavia, é preciso ressaltar que, independentemente do resultado do teste de HIV, o exame deve ser apresentado ao médico do trabalho encarregado da averiguação, limitando-se este ao comentário sobre a aptidão positiva ou negativa para o exercício da atividade. Portanto, deve ser respeitada a privacidade e a intimidade do trabalhador, de modo que seja guardado sigilo absoluto acerca do resultado do teste de HIV, bem como dos dados pessoais do trabalhador.

O poder diretivo concedido ao empregador para que este organize a sua atividade econômica de produção não pode violar os direitos da personalidade do trabalhador; porém, em alguns casos, é possível ser verificada a ofensa em razão da especificidade do serviço prestado. Assim, se a atividade desenvolvida apresenta risco de contágio à coletividade, como é o caso, por exemplo, do trabalhador que irá laborar no banco de sangue de um hospital manuseando diretamente os instrumentos e o sangue colhido e que venha a ser portador do vírus HIV, torna-se autorizativa a exigência de exame de sangue prévio.

De acordo com Simón (2000, p. 82), questões relacionadas à saúde pública funcionam como fator limitador à intimidade e à vida privada, pois a pessoa que sofre de doença grave e contagiosa tem esses direitos relativizados em decorrência do interesse da coletividade em não ser alastrada tal doença.

Imperioso apontar, ainda, que não caracteriza abuso de direito a exigência emitida pelo empregador para que estes trabalhadores efetuem o exame de HIV de forma trimestral em mais de um laboratório no decorrer da sua prestação de serviços. Trata-se de uma medida acertada, plenamente compatível com o princípio da proporcionalidade.

Não havendo o risco à coletividade, torna-se abusiva a realização do exame para verificação de Aids ou mesmo qualquer outro questionamento relativo a esta doença.

Admite-se, ainda, a realização de testes e de exames médicos de forma mais detalhada na fase pré-contratual, quando os mesmos tiverem o objetivo de verificar a aptidão física do candidato ao emprego. É o caso do exame cardíaco efetuado para praticantes de atividades profissionais desportivas. A finalidade do referido exame é proteger a saúde do trabalhador, com o objetivo ou propósito de se evitar a ocorrência de eventual acidente do trabalho, tendo em vista que a atividade contratada a ser desenvolvida tem como requisito essencial a boa saúde do trabalhador.

É necessário, contudo, que o empregador informe os tipos de exames a serem realizados durante a fase pré-contratual.

Neste contexto, estabelece Simón (2000):

> Mesmo que o legislador infraconstitucional determine que o resultado seja conhecido pelos trabalhadores, é imprescindível que eles tomem ciência dos tipos de exames a que se submeterão, antes da realização dos mesmos. Dessa maneira, se a exigência extrapolar o poder de direção do empregador, eles, além de se recusarem a realizá-los, poderão tomar as medidas judiciais cabíveis. (SIMÓN, 2000, p. 133).

Sendo assim, o empregado deve conhecer as razões da exigência do exame pelo empregador. Trata-se do dever de informação atribuído ao empregador em detrimento do empregado.

Ao cabo das considerações expendidas, resta que só é possível a exigência de testes e de exames médicos com um rigor maior, quando as informações ou resultados ali obtidos puderem influenciar o cumprimento do contrato de trabalho a ser executado pelo empregado.

Neste sentido, exigir exames médicos, sem justificativa e fora das situações autorizativas na fase pré-contratual, representa prática discriminatória. Cabe reafirmar que pode o empregador, nos termos do art. 168, da CLT, exigir exames médicos apenas para averiguação da capacidade física e mental do trabalhador ao cargo ou à função a ser executada.

Insta destacar que o Conselho Federal de Medicina editou a Resolução n. 1.359/92 que proíbe aos médicos da empresa revelar ao empregador o diagnóstico do empregado ou candidato ao emprego, devendo apenas informar sobre a capacidade física e mental para desempenhar determinada atividade ou função, além de terem o dever legal de comunicar à saúde pública para a adoção de medidas preventivas necessárias, mantendo o empregado no anonimato.

Cumpre ainda ressaltar que o médico não pode, sem o consentimento do trabalhador, divulgar resultados de exames médicos realizados por qualquer motivo, nem mesmo na fase pré-contratual, devendo apenas informar se o candidato está ou não apto para a função a que se destina ou se o empregado pode ou não continuar trabalhando naquela função.

Assim, estabelece o Código de Ética Médica, em alguns de seus dispositivos:

Art. 11. O médico deve manter sigilo quanto às informações confidenciais que tiver conhecimento no desempenho de suas funções. O mesmo se aplica ao trabalho em empresas, exceto nos casos em que seu silêncio prejudique ou ponha em risco a saúde do trabalhador ou da comunidade.

[...]

É vedado, ainda, ao médico:

Art. 102. Revelar fato de que tenha conhecimento em virtude do exercício de sua profissão, salvo por justa causa, dever legal ou autorização expressa do paciente;

[...]

Art. 105. Revelar informações confidenciais obtidas quando do exame médico de trabalhadores, inclusive por exigência dos dirigentes de empresas ou instituições, salvo se o silêncio puser em risco a saúde dos empregados ou da comunidade;

[...]

Art. 108. Facilitar manuseio e conhecimento dos dirigentes, papeletas e demais folhas de observações médicas sujeitas ao segredo profissional, por pessoas não obrigadas ao mesmo compromisso.

Barros (2009), ao versar sobre a legislação em comento, assinala:

> O Conselho Federal de Medicina, através da Resolução n. 1.359/92, após prever a obrigatoriedade de os médicos atenderem os pacientes portadores do HIV, assevera estarem esses profissionais, quando prestam serviços à empresa, proibidos de revelar ao empregador o diagnóstico de empregado ou candidato a emprego, cabendo-lhe informar, exclusivamente, quanto à capacidade ou não de exercer determinada função (art. 3 da Resolução n. 1.359, publicada do DOU de 19.11.1992). O rompimento do sigilo por parte do médico só pode acontecer quando resultar em sério risco à coletividade. (BARROS, 2009, p. 89).

Por último, vale reiterar a obrigação do empregador em resguardar as informações médicas obtidas por meio dos exames realizados seja na fase de admissão, seja na de cumprimento, ou na de ruptura do contrato de trabalho. A finalidade desta reserva é garantir a proteção à intimidade do trabalhador e evitar o uso de prática discriminatória pelo empregador, quando do exercício de seu poder diretivo.

Capítulo 5

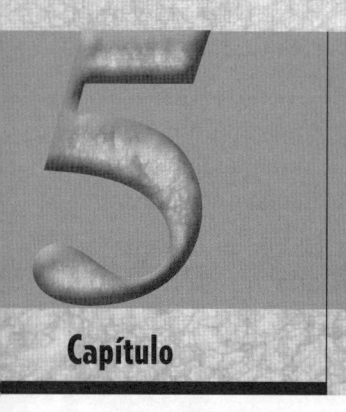

A PROTEÇÃO AOS DIREITOS DA PERSONALIDADE DO TRABALHADOR NA FASE DE CUMPRIMENTO DO CONTRATO DE TRABALHO — PARÂMETROS GERAIS

O período de cumprimento do contrato de trabalho é, sem dúvida, regra geral, a fase mais longa e relevante no que tange às questões envolventes aos direitos da personalidade do trabalhador com os mecanismos de tutela a elas deferidos.

A larga dimensão do tema quanto a esse período, com a multiplicidade de situações nele vivenciadas, recomenda ao pesquisador realizar uma separação didática de análises: de um lado, os parâmetros gerais que a ordem jurídica estabelece com respeito a tal problemática; de outro lado, o exame particularizado de importantes situações concretas vividas durante o cumprimento do contrato empregatício.

O primeiro aspecto será estudado no presente capítulo; o segundo será objeto de estudo no capítulo seguinte.

5.1. O PRINCÍPIO DA BOA-FÉ OBJETIVA NA FASE DE CUMPRIMENTO DO CONTRATO DE TRABALHO

Empregado e empregador devem agir com boa-fé tanto na fase preliminar como na fase de formação do contrato de trabalho. Não só na etapa de seleção de pessoal, como também durante o período de realização do próprio vínculo em si, ambos devem obedecer aos ditames da lealdade, da probidade e da confiança, tendo em vista, conforme Baracat (2003, p. 52) que "do contrato de trabalho decorre uma relação de totalidade entre empregado e empregador, pautada nos ideais de cooperação e lealdade".

Concorde Alípio Silveira (1941, p. 22), a boa-fé é considerada como a convicção de não prejudicar ou de agir em conformidade com os deveres de honestidade, lealdade, fidelidade e confiança.

Para Rogério Gomes (2004, p. 180), a boa-fé objetiva representa um "dever de agir de acordo com determinados padrões, socialmente recomendados, de correção, lisura, honestidade, para não frustrar a confiança legítima da outra parte".

Em razão disso, atesta com propriedade Renata Soares (2008, p. 80) que "a boa-fé objetiva está essencialmente ligada à conduta do indivíduo, que deve seguir padrões de comportamento ditados pelo direito natural, positivados ou não".

E continua Soares (2008):

> [...] gera deveres que criam para as partes um padrão de comportamento a ser cumprido de acordo com parâmetros de lealdade e honestidade, ou seja, de acordo com conceitos éticos que devem estar presentes numa relação contratual. (SOARES, 2008, p. 155).

Claudia Marques (1999), ao estabelecer o conceito da boa-fé objetiva, aduz:

> [...] significa uma atuação refletida, uma atuação refletindo, pensando no outro, no parceiro contratual, respeitando-o, respeitando seus interesses legítimos, suas expectativas razoáveis, seus direitos, agindo com lealdade, sem abuso, sem causar lesão ou vantagens excessivas, cooperando para atingir o bom fim das obrigações: o cumprimento do objetivo contratual e a realização dos interesses da partes. (MARQUES, C. L., 1999, p. 106).

A atuação de boa-fé compreende, assim, uma exigência das partes à conduta leal e à confiança recíproca que deve imperar tanto ao empregado quanto ao empregador. Em outras palavras, o princípio da boa-fé objetiva cria na relação contratual trabalhista deveres às partes (empregado e empregador).

Para Soares (2008, p. 36), o princípio da boa-fé objetiva "impõe um comportamento ético e leal aos contratantes, estabelecendo deveres a serem cumpridos por eles, ou seja, estabelecendo limites à liberdade dos contratantes".

Por isso, ainda conforme Soares (2008, p. 79): "A boa-fé tem vários significados. Etimologicamente, vem de *fides*, do latim, que significa honestidade, lealdade, fidelidade". E mais:

> A boa-fé objetiva possui dois significados diferentes: um sentido negativo e um positivo. O primeiro diz respeito à obrigação de lealdade, isto é, de impedir a ocorrência de comportamentos desleais; o segundo, diz respeito

à obrigação de cooperação entre os contratantes, para que seja cumprido o objeto do contrato de forma adequada, com todas as informações necessárias ao seu bom desempenho e conhecimento. (SOARES, 2008, p. 83).

Sob tal aspecto, também pontifica Silva Filho (2003):

> A boa-fé objetiva aponta para a necessidade de se agir conforme, não apenas ao direito ou dever principal fixado no negócio, mas também de acordo com deveres que zelam pelo cumprimento digno daquilo que foi estipulado. Tal inteligência parte do enfoque da relação obrigacional como um processo, e não como um vínculo estático. A incidência deste princípio nas relações obrigacionais, portanto, significa um limite à autonomia da vontade, na medida em que as partes devem agir não conforme a vontade declarada e que desemboca na obrigação principal, mas também em consonância com deveres objetivos, que, como aponta o próprio nome, independem da vontade declarada, constituindo um elemento essencial de justeza da avença. (SILVA FILHO, 2003, p. 255).

Em se tratando da fase de cumprimento do contrato de trabalho, o princípio da boa-fé tem especial relevância, pois, nesta fase, há punição para o rompimento culposo quando há violação ao referido princípio. Portanto, durante tal período, tanto o empregador quanto o empregado devem atuar com transparência, cooperação, lealdade, honestidade e probidade no exercício de seus direitos e no estabelecimento de suas obrigações. Trata-se de uma obrigação inerente a ambos os contratantes no decorrer do cumprimento do contrato de trabalho.

Sobre o dever de cooperação, Baracat (2003, p. 194) cita o exemplo do empregado que está fazendo curso profissionalizante, cujas aulas são ministradas exclusivamente no período da manhã e cuja alteração de turnos acarreta a impossibilidade de o empregado concluí-lo. Em princípio, a alteração contratual é lícita, por não contrariar qualquer regra prevista nos arts. 5º e 7º, da CF/88, nem Lei ordinária, instrumento coletivo, norma interna e cláusula contratual. Desse modo, o empregado não tem direito de se opor à ordem, decorrente do *jus variandi* e do poder diretivo do empregador.

Acontece que, de acordo com o princípio da boa-fé, o empregador não agiu com lealdade e cooperação que devem informar o contrato de trabalho, mormente no sentido de que a finalidade deste também é a de propiciar o desenvolvimento pessoal, profissional e social do empregado.

O curso profissionalizante acrescentaria conhecimento técnico, permitindo o desenvolvimento do trabalhador. Nesse sentido, o ato do empregador de alterar o turno de trabalho do empregado, embora não seja ilícito, contraria a boa-fé, permitindo o exercício do direito de resistência do empregado.

Soares (2008, p. 139) relata que o princípio da autonomia da vontade já não é mais exercido de maneira absoluta. Sua atuação é mitigada pelo princípio da boa-fé objetiva, porque a liberdade de contratar não pode ser exercida de forma ilimitada, deve estar condicionada à observância dos deveres laterais decorrentes da boa-fé, como os deveres de informar, de lealdade, de correção, de clareza e de segredo.

Segundo Mori (2011, p. 104), o respeito ao princípio da boa-fé nesta fase impede que o empregador exerça seu poder empregatício de modo a comprimir o exercício dos direitos do trabalhador além do necessário para o cumprimento do contrato de trabalho que os une.

De acordo com Baracat (2003, p. 268), como a relação de emprego deve ser vista como uma ordem de cooperação entre as partes que atuam no sentido de alcançar um objetivo comum, o emprego deve ser concebido não apenas como a única maneira lícita de que o trabalhador dispõe para obter os meios necessários para sua subsistência e de sua família, mas também como forma de inserção socioeconômica. O princípio da boa-fé auxilia nesta proposta, visto que permite irrigar no ordenamento jurídico os princípios constitucionais do pleno emprego e da valorização do trabalho humano.

Não existe, no âmbito da CLT, um dispositivo que disponha acerca da aplicação do princípio da boa-fé no processo de formação e desenvolvimento do contrato de trabalho. Em razão disso, os valores da boa-fé objetiva e de seus deveres anexos, previstos nos arts. 187 e 422, do CC, de 2002, integram o conteúdo do contrato de trabalho, como fonte subsidiária, em decorrência do disposto contido no parágrafo único do art. 8º, da CLT, que assim preceitua:

> Art. 8º As autoridades administrativas e Justiça do Trabalho, na falta de disposições legais ou contratuais, decidirão, conforme o caso, pela jurisprudência, por analogia, por equidade e outros princípios e normas gerais de direito, principalmente do Direito do Trabalho e, ainda, de acordo com os usos e costumes, o direito comparado, mas sempre de maneira que nenhum interesse de classe ou particular prevaleça sobre o interesse público.
>
> Parágrafo único. O direito comum será fonte subsidiária do direito do trabalho, naquilo em que não for incompatível com os princípios fundamentais deste.

Couto e Silva, citado por Baracat (2003, p. 50) estatui que a inexistência de lei prevendo a incidência do princípio da boa-fé no Direito do Trabalho não impede sua aplicação, tendo em vista que este princípio é fundamental e que a sua presença independe de recepção legislativa.

Trata-se de uma cláusula que acresce deveres adicionais (confiança, lealdade, honestidade) de comportamento às partes voltadas para a observância dos fins econômicos e sociais do contrato, limitando a autonomia privada de tais partes.

De acordo com Francisco Araújo (1996, p. 270), por meio da subordinação jurídica, o empregado abre mão de porção de sua liberdade individual quando se obriga a prestar serviço por conta de outro e segundo os desígnios de um determinado empregador. Os parâmetros a limitar abusos no tratamento do empregado são as garantias individuais, o princípio da boa-fé e as cláusulas contratuais, que, como informa o autor, impedem que durante a execução do contrato o empregador ultrapasse os limites do que foi avençado, evitando, assim, a inserção de cláusulas abusivas.

Por exigir que os contratantes, na execução do contrato, guardem a probidade e a boa-fé, o Código Civil autoriza a imposição de uma série de deveres de conduta que são exigíveis para ambos os contratantes. O seu objetivo é estabelecer aos sujeitos da relação jurídica contratual um comportamento condizente com o exercício de seus direitos, conforme os fins econômicos e sociais subjacentes a estes últimos.

Segundo Engel (2003, p. 79), viola o dever de boa-fé o empregador que, por exemplo, exige trabalho sem dar condições para a sua realização. São os casos de atividades que demandam, por parte do empregador, a entrega de instrumentos que são necessários à sua execução normal, ou de uma tarefa que só poderá ser realizada coletivamente. Em tais situações, a exigência do trabalho, sem os meios adequados ou sua realização individual, denota má-fé patronal. E ainda:

> Se do lado do empregado a boa-fé se atualiza no dever de fidelidade deste, considerando um dos deveres de maior exigência, do lado do empregador implica no agir com reta intenção, com diligência, promovendo o justo equilíbrio entre os interesses da empresa e aqueles ligados à pessoa do trabalhador. (ENGEL, 2003, p. 122).

Assim, o empregado deve exercer suas atribuições com diligência, assiduidade e probidade, cumprindo as diretrizes do empregador, desde que não abusivas. O empregador, por sua vez, deve atuar seguindo o dever de cuidado, bem como o da proteção, no sentido de preservar o empregado de danos que possam afetar a sua integridade física ou psíquica.

Portanto, empregado e empregador devem portar-se em todo o *iter contratual* no sentido de assegurar a observância dos deveres contratuais, de modo que seja realizado o princípio da boa-fé objetiva. Este princípio cria deveres secundários às partes, muitas vezes não expressamente pactuados no contrato, mas que as obrigam a agirem por meio de uma conduta positiva ou negativa em relação ao vínculo de emprego.

Consoante Baracat (2003), é o princípio da boa-fé objetiva:

> O instrumento adequado para permitir a abertura do sistema e a efetivação das normas constitucionais, como também de princípios de Direito do Trabalho. [...] É o instrumento pelo qual os princípios constitucionais fluem em direção à realidade latente. (BARACAT, 2003, p. 49).

Também concorde Baracat (2003, p. 152), o princípio da boa-fé representa um instrumento indispensável para uma interpretação constitucional do direito obrigacional em geral e do contrato de trabalho em particular. Por isso, o princípio da boa-fé interessa como forma de permitir a mudança de mentalidade social, no sentido de que o lucro deve coexistir com o salário digno e de que a empresa só tem sentido para criar empregos.

E ainda Baracat (2003, p. 267): "A boa-fé permite ao juiz individualizar a norma ao caso concreto, por meio de uma operação lógico-axiológica, em que os princípios constitucionais e de Direito do Trabalho encontram-se no vértice do sistema".

No contrato de trabalho, a obrigação principal do empregado é a prestação de trabalho, enquanto a do empregador é a remuneração. Em torno dessas obrigações principais derivam obrigações acessórias, que consistem nos deveres anexos à boa-fé objetiva.

Monteiro, citado por Edilton Meireles (2005, p. 65), ensina que os deveres de lealdade e de confiança são mútuos. Portanto, não só o empregador deve manter-se leal e observar a confiança que lhe é depositada pelo empregador, como este assim também deve agir em relação àquele.

A boa-fé objetiva compreende, então, princípio contratual que se impõe como determinante e de lealdade.

Conforme Souza (2008, p. 126): "O Código Civil brasileiro estabelece, no art. 422, a obrigação acessória de agir segundo os princípios da probidade e da boa-fé, independentemente de previsão no regulamento contratual ou de qualquer outro ajuste".

Sendo assim, o princípio da boa-fé objetiva possui o propósito de completar o regulamento da convenção, estabelecendo regras complementares para integrar o negócio jurídico. Tais obrigações acessórias determinam um comportamento ético, leal e direcionado ao esperado cumprimento das obrigações.

Souza (2008, p. 126) estabelece com exatidão a distinção entre a boa-fé objetiva e a função social do contrato. Ambas impõem condutas socialmente esperadas pelas partes, mas a partir de valores diversos. A boa-fé refere-se a valores éticos, ambicionando a lealdade das partes no cumprimento da obrigação. E a eticidade é concretizada com valores retirados do meio social, a fim de se estabelecerem os elementos que permitirão o cumprimento da avença. A execução da função social é, porém, mais ampla e condiciona o cumprimento do contrato a um projeto social amparado na dignidade humana e no solidarismo.

Azado observar que o art. 170, da Constituição Federal de 1988, também estabelece limites para a atuação dos particulares na condução de seus negócios. Mesmo porque, ao lado da livre iniciativa, da função social da propriedade, da defesa do consumidor, da defesa do meio ambiente, da redução das desigualdades regionais e sociais e da busca pelo pleno emprego, a dignidade do trabalho representa princípio da ordem econômica.

Como expressa Hely Meirelles, citado por Souza (2008, p. 27), os contratos são fenômeno econômico-social. Por isso, a sua função é promover o bem-estar e a dignidade dos homens, por todas as razões econômicas e pedagógicas.

Pretende-se, então, a proteção e a defesa do direito a um meio ambiente de trabalho ecologicamente equilibrado, que promova o bem-estar e que resguarde a integridade física e psíquica do empregado no ambiente de trabalho.

A boa-fé, além de estar presente na considerada cláusula geral dos contratos do art. 422, do CC, vem citada também nos arts. 113 e 187, do CC, que assim preceituam, respectivamente:

> Art. 113. Os negócios jurídicos devem ser interpretados conforme a boa-fé e os usos do lugar de sua celebração.
>
> Art. 187. Também comete ato ilícito o titular de um direito que, ao exercê-lo, excede manifestamente os limites impostos pelo seu fim econômico ou social, pela boa-fé ou pelos bons costumes.

Além disso, segundo Costa (2010, p. 76): "A boa-fé objetiva dá ensejo também a deveres — não abrangidos pela prestação principal que compõe o objeto obrigacional — chamados de laterais, anexos ou secundários".

Assim, não se pode mais ter em mente apenas os deveres principais, quais sejam, o de trabalhar, pelo empregado, e o de pagar o salário, pelo empregador. O contrato de trabalho ainda deve ser pautado pela boa-fé objetiva em sua totalidade.

O princípio da boa-fé funciona como limitador da autonomia da vontade, de modo a resguardar o equilíbrio contratual. Seu objetivo é estabelecer deveres acessórios que excedem à prestação principal das partes, tais como: correção, sigilo, informação, segurança, cooperação, lealdade, cuidado e proteção.

A conduta estabelecida às partes, assim, no contrato de trabalho, conforme Pavelski (2009, p. 109), será caracterizada pela cooperação e pela colaboração entre os contratantes de uma forma sinalagmática e equilibrada. Ademais, a boa-fé é corolária desta atuação das partes na medida em que determina deveres e formas de agir às partes, que, se não respeitados, gerarão consequências às mesmas.

Mauricio Delgado (2010c, p. 168) ensina que o princípio da boa-fé incide tanto sobre o empregado, quanto sobre o empregador. Assim, está subjacente a diversas figuras de justas causas do obreiro. Deixando o empregado de agir de boa-fé no contrato de trabalho, ele incorrerá em falta trabalhista ensejadora da ruptura culposa do pacto. Da mesma forma, o princípio em análise está subjacente a diversas figuras que propiciam a extinção do contrato por culpa do empregador.

Para que haja maior incidência do princípio da boa-fé no contrato de trabalho é necessário que a sua atuação seja em conformidade com os princípios específicos do Direito do Trabalho.

Assevera Mauricio Delgado (2010c, p. 142) que o princípio da boa-fé, por ser considerado um princípio geral do Direito, deve sofrer certas adaptações e limitações para que possa atuar no âmbito do Direito do Trabalho, tendo em vista as características e as peculiaridades especiais que regem a relação de emprego. E ensina que qualquer dos princípios externos importados pelo Direito do Trabalho sofrerá, evidentemente, uma adequada compatibilização com os princípios e regras próprias a este ramo jurídico especializado, de modo que a inserção da diretriz geral não se choque com a especificidade inerente ao ramo justrabalhista. Tratando-se, assim, de atos de disponibilidade obreira no curso do contrato, prevalece o princípio especial vedatório justrabalhista em detrimento do princípio jurídico geral da boa-fé.

Por fim, convém destacar que a boa-fé subjetiva não possui o mesmo significado que a boa-fé objetiva.

Leciona Baracat (2003, p. 51) que a boa-fé subjetiva compreende um estado de ignorância, de crença errônea (ainda que escusável), de uma pessoa que se crê titular de um direito, mas que em princípio não o é, ou ainda que ignora estar lesando direito alheio. Antitética à boa-fé subjetiva está a má-fé, também vista subjetivamente como a intenção de lesar outrem. O autor aponta ainda que a boa-fé subjetiva possui aplicação muito restrita no contrato de trabalho, sofrendo incidência apenas em sede de execução trabalhista em que terceiro "de boa-fé", ignorando que contra o vendedor existe processo trabalhista capaz de reduzi-lo à insolvência (art. 593, II, CPC), adquire bem do executado após o ajuizamento da ação.

Consoante Godoy (2004, p. 72), a boa-fé subjetiva, portanto, "representa um estado psicológico, um estado anímico de ignorância da antijuricidade ou do potencial ofensivo de determinada situação jurídica".

Baracat (2003) considera a boa-fé objetiva, assim como os demais princípios de direito, inequívoca norma, visto que:

> [...] atua como regra que imputa deveres de conduta às partes, sendo que as condutas impostas às partes decorrem de juízos de valor formulados de acordo com exigências básicas de justiça e moral, formadas em função de uma consciência jurídica da comunidade [...] (BARACAT, 2003, p. 67).

Como o contrato de trabalho é sinalagmático, tendo como obrigação principal do empregado a prestação de serviços e a do empregador o pagamento da remuneração pelo trabalho prestado, ao lado desta obrigação principal existem deveres acessórios de conduta cuja finalidade é evitar danos mútuos às partes.

Apesar de a obrigação da prestação de trabalho a cargo do empregado e a obrigação da contraprestação de remuneração a cargo do empregador constituírem as obrigações principais inerentes ao contrato de trabalho, ao lado delas existem obrigações que exigem um comportamento condizente com a boa-fé objetiva.

Entre as obrigações que são atribuídas ao empregado no contexto da relação de emprego, destacam-se o dever de obediência, diligência, fidelidade e lealdade; quanto ao empregador, são aplicados os deveres de fornecer trabalho, o de respeitar a integridade física e psíquica do empregado e o de cumprir o Direito do Trabalho.

A CLT não define expressamente quais são obrigações do empregado e do empregador no contexto da relação de emprego. Apesar desta omissão, é possível afirmar que tais deveres podem ser extraídos da análise conjunta dos arts. 482 e 483, da CLT, quando arrolam as faltas ensejadoras para a aplicação da justa causa, não só do empregado, mas também do empregador, respectivamente:

Art. 482. Constituem justa causa para rescisão do contrato de trabalho pelo empregador:

a) ato de improbidade;

b) incontinência de conduta ou mau procedimento;

c) negociação habitual por conta própria ou alheia sem permissão do empregador, e quando constituir ato de concorrência à empresa para a qual trabalha o empregado, ou for prejudicial ao serviço;

d) condenação criminal do empregado, passada em julgado, caso não tenha havido suspensão da execução da pena;

e) desídia no desempenho das respectivas funções;

f) embriaguez habitual ou em serviço;

g) violação de segredo da empresa;

h) ato de indisciplina ou de insubordinação;

i) abandono de emprego;

j) ato lesivo da honra ou da boa fama praticado no serviço contra qualquer pessoa, ou ofensas físicas, nas mesmas condições, salvo em caso de legítima defesa, própria ou de outrem;

k) ato lesivo da honra ou da boa fama ou ofensas físicas praticadas contra o empregador e superiores hierárquicos, salvo em caso de legítima defesa, própria ou de outrem;

l) prática constante de jogos de azar.

Art. 483. O empregado poderá considerar rescindido o contrato e pleitear a devida indenização quando:

a) forem exigidos serviços superiores às suas forças, defesos por lei, contrários aos bons costumes, ou alheios ao contrato;

b) for tratado pelo empregador ou por seus superiores hierárquicos com rigor excessivo;

c) correr perigo manifesto de mal considerável;

d) não cumprir o empregador as obrigações do contrato;

e) praticar o empregador ou seus prepostos, contra ele ou pessoas de sua família, ato lesivo da honra e boa fama;

f) o empregador ou seus prepostos ofenderem-no fisicamente, salvo em caso de legítima defesa, própria ou de outrem;

g) o empregador reduzir o seu trabalho, sendo este por peça ou tarefa, de forma a afetar sensivelmente a importância dos salários.

5.1.1. Obrigações do empregado

A principal obrigação do empregado é a de prestar serviços, pessoalmente, ao empregador. Trata-se de uma obrigação própria do contrato de trabalho, na medida em que o empregado deve prestá-la de maneira infugível e personalíssima.

Como o contrato de trabalho é marcado pelo elemento da confiança, a pessoalidade, como um dos elementos fáticos jurídicos da relação de emprego, resulta na impossibilidade de o empregado transferir o objeto da sua prestação de serviços, por sua iniciativa e sem consentimento do empregador, para outro trabalhador.

Consoante ensina Nilson Nascimento (2009, p. 32), as obrigações do empregado se caracterizam basicamente em obrigações de fazer. Consistem em deveres de conduta que impõem o cumprimento de atividades inerentes ao objeto do contrato de trabalho.

Conforme já mencionado, a obrigação principal do empregado é a de prestar serviços. Ocorre que, além da obrigação de trabalhar, o empregado também tem o dever de cumprir determinadas obrigações acessórias que são oriundas do contrato de trabalho, que serão vistas logo a seguir.

Várias dessas obrigações acessórias exigem determinada obrigação ao empregado, que se caracteriza em obrigações de não fazer ou em comportamento negativo deste, por serem condizentes com o instrumento de fidúcia na sua relação com o empregador no contrato de trabalho.

a) Dever de obediência

Pelo dever de obediência e pelo estado de subordinação em que se coloca, o empregado é obrigado a acatar as ordens de seu empregador, assumindo o dever de obediência quanto às ordens deste ou dos superiores hierárquicos na relação de emprego.

Concorde ensina Nilson Nascimento (2009, p. 33), a obrigação de obediência decorre da subordinação, que é a marca característica do contrato de trabalho. Ao empregador compete assumir os riscos da atividade econômica e dirigir a prestação pessoal de serviços do empregado, razão pela qual ao empregado cabe a obrigação de acatar a disciplina, respeitar as normas do regulamento e cumprir as ordens e diretrizes concretas fixadas pelo empregador quanto ao objeto da prestação de serviços. Assim:

> É através de atos de obediência que se concretiza a subordinação do empregado. Na medida em que o empregado deixar de cumprir a obrigação de obediência incide na prática de falta capaz de levar à rescisão de contrato de trabalho por justa causa tipificada pela insubordinação ou indisciplina, conforme previsto na letra "h" do art. 482 da CLT. (NASCIMENTO, Nilson, 2009, p. 35).

Entretanto, existem limites quanto ao dever de obediência que é estabelecido pelo empregador ao empregado no contexto da relação de emprego. Este dever precisa sofrer restrições quando o empregado se recusa a cumprir qualquer ordem que não seja lícita, que importe em perigo ao empregado, que seja impossível de se cumprir, que extrapole a ordem pública e os bons costumes. Em outras palavras, ordens que desrespeitem simplesmente os direitos do empregado.

Ao direito do empregador de dirigir e de comandar a atuação do empregado corresponde o dever de obediência por parte deste. Nos casos, contudo, de empregados altamente qualificados, o dever de obediência do empregado torna-se mais rarefeito, sem intensidade de ordens, em decorrência da sua autonomia que se dá no decorrer do desenvolvimento de sua atividade.

b) Dever de diligência

Pelo dever de diligência deve o empregado exercer o seu trabalho com zelo, cuidado, atenção, assiduidade e probidade, cumprindo as ordens que lhe forem dadas.

A obrigação de diligência está, assim, segundo Nilson Nascimento (2009, p. 36), "relacionada com o dever de colaboração que o empregado deve nutrir em prol da empresa para a qual trabalha". Para o autor:

> A atitude do empregado que se recusa a executar as atividades que fazem parte do contrato de trabalho com zelo e dedicação viola a obrigação de diligência que pode caracterizar justa causa para rescisão do contrato de trabalho. (NASCIMENTO, Nilson, 2009, p. 35).

Age, assim, com desídia, o empregado que labora com negligência, preguiça, má vontade, omissão, desatenção e relaxamento no seu labor.

c) Dever de fidelidade

Ainda seguindo o magistério de Nilson Nascimento (2009, p. 261), a fidelidade importa em princípio moral, ínsito no caráter do homem, sendo termo relativo à vida humana, que o Direito toma em conta para valorar situações suscetíveis de produzirem consequências jurídicas.

O dever de execução do contrato com fidelidade possui, assim, significação moral. A fidelidade ainda é recíproca, ou melhor, é deferida tanto a favor do empregado quanto do empregador. Ambas as partes devem corresponder à expectativa da outra, colaborando para a boa execução do contrato de trabalho.

Por meio do dever de fidelidade, o empregado tem o compromisso moral de não divulgar notícias que possam causar danos morais e materiais ao empregador. Representa, assim, uma consequência direta da boa-fé objetiva na execução do contrato de trabalho.

Segundo Nilson Nascimento (2009):

> O empregado se integra à empresa e tem o dever de ser fiel e de seguir todos os princípios pela mesma, executando suas atividades laborativas de acordo com a confiança que lhe foi outorgada pelo empregador. (NASCIMENTO, Nilson, 2009, p. 36).

Também consoante Nilson Nascimento (2009, p. 36), a obrigação de fidelidade se traduz, assim, no compromisso profissional, moral e ético assumido pelo empregado de não difundir notícias que possam redundar em prejuízos morais e materiais à empresa.

Para Simone Gonçalves (1997):

> O dever de fidelidade na prestação de trabalho consubstancia-se no princípio de boa-fé inerente a qualquer contrato. O dever de fidelidade é amplo, no sentido de que o empregado deve ser leal não só com a pessoa do empregador, mas também ao empreendimento do qual participa. (GONÇALVES, S. C., 1997, p. 43).

De acordo com Francisco Araújo (1996, p. 261), o dever de fidelidade atribuído ao empregado compreende o empenho de cooperar com o interesse objetivo da empresa. Também deve ser considerado na medida da confiança depositada na atividade do empregado, ou seja, quanto mais intenso for o elemento da pessoalidade na relação de labor maior será o seu dever de fidelidade.

O dever de fidelidade compreende ainda tolher atitudes negativas, como tirar proveito pessoal em decorrência de sua própria atividade, principalmente se consistente no encaminhamento de negócios por conta do empregador, embora sob a forma de percentuais, subornos ou outros presentes oferecidos espontaneamente por terceiros. No dever de fidelidade, o empregado também não deve aceitar propinas ou vantagens indevidas com o intuito de fazê-lo descumprir seus deveres derivados do contrato de emprego.

Assim, ainda conforme Francisco Araújo (1996, p. 261), se o empregado tem poder de intervenção ou conclusão de negócios em nome do empregador, aquele não pode receber nenhuma gratificação sem o conhecimento deste.

O empregado também deve manter segredo ou informação sigilosa e confidencial quanto à exploração e aos negócios do empresário, já que esta obrigação guarda relação com o dever de não concorrência.

A atitude do empregado que revela segredo ou informação confidencial ou sigilosa da empresa ao público, acarretando prejuízo moral e financeiro à empresa, representa violação à obrigação de fidelidade, caracterizando-se, assim, em falta grave para rescisão do contrato de trabalho, como previsto na *alínea "g"*, do art. 482, da CLT, que preceitua:

> Art. 482. Constituem justa causa para rescisão do contrato de trabalho pelo empregador:
> [...]
> g) violação de segredo da empresa;
> [...]

Imperioso observar que o dever de guardar segredo não alcança o encobrimento de irregularidades praticadas pelo empregador. O empregado tem o dever de noticiar à autoridade competente por estar em jogo o interesse público. Tal atitude encontra respaldo no direito de resistência do empregado, que consiste na possibilidade de este desobedecer a ordens do empregador quando elas não encontrarem respaldo na legislação.

É proibido ao empregado revelar segredos de fabricação ou segredos comerciais dos quais ele possa ter tido conhecimento no curso da duração do trabalho. Tal obrigação, não se extingue com o contrato, perdurando mesmo após a sua extinção, e representa uma decorrência da fidelidade, que, por seu turno, é corolário do princípio da boa-fé.

Quanto ao dever de não concorrência, cabe ao empregado não concorrer com a atividade do empregador, tanto durante a fase de cumprimento do contrato de trabalho, quanto após o seu encerramento. Constituem atos de concorrência desleal que se dão na fase de execução do contrato de trabalho, por exemplo, a captação de clientela do empregador para outro empreendimento, a captação de companheiros de trabalho para ocuparem postos de trabalho na empresa concorrente e a fabricação de produtos análogos.

Na visão de Francisco Araújo (1996), concorrência desleal:

> É a dedicação a atividades laborais da mesma natureza ou ramo de produção que se estão executando em virtude do contrato de emprego, sempre que as mesmas, ao gerar interesses contraditórios ao trabalhador, prejudiquem o empresário. O requisito essencial é a existência de prejuízo — real ou potencial —, sem o qual a proibição seria um entrave intolerável ao princípio de liberdade de trabalho e da liberdade humana (Constituição Federal, art. 5, XIII). (ARAÚJO, F. R., 1996, p. 263).

Este mesmo autor, para findar, assevera que o trabalho prestado para outra empresa da mesma natureza ou atividade e a existência de prejuízo são os elementos essenciais para que se verifique a violação do princípio da boa-fé pela violação do dever de fidelidade.

Portanto, novamente em consonância com o magistério de Nilson Nascimento (2009, p. 37), pratica concorrência desleal o empregado que, valendo-se de sua atividade laborativa, de forma habitual, explora atividade da mesma natureza ou ramo de produção do seu empregador, sem a permissão deste, causando-lhe prejuízos e agindo de forma prejudicial ao bom andamento da execução dos seus serviços. Caso o empregado incida nesta conduta funcional cometerá justa causa, nos moldes da *alínea "c"*, do art. 482, da CLT.

d) Dever de lealdade

A lealdade também representa um dever acessório oriundo da boa-fé objetiva e do dever de confiança atribuído a ambos os contratantes na relação de emprego.

Simón (2000) destaca:

> A partir do momento que o trabalhador é contratado para prestar serviços a determinada empresa, depois de um processo de seleção, estabelece-se entre eles um elo de confiança, que é fundamental para o desenvolvimento da relação laboral. Se assim não fosse, o processo de trabalho seria inviável. (SIMON, 2000, p. 149).

Fradera, citada por Baracat (2003, p. 177), estatui que o princípio da confiança é "fonte de vários deveres, dos quais o mais importante é o de agirem as partes, na relação contratual, com lealdade", razão pela qual a fidúcia recíproca constitui uma obrigação contratual, cuja falência autoriza a ruptura do vínculo pela parte que não deu causa à sua perda.

Conforme Baracat (2003, p. 178), é por isso que "a confiança é um dos elementos que formam o conteúdo substancial da boa-fé".

Portanto, o segredo da empresa deve sempre ser preservado pelo empregado.

5.1.2. Obrigações do empregador

Além da obrigação fundamental de pagar o salário, o empregador também tem outras obrigações que são oriundas do contrato de trabalho, como a de fornecer trabalho e a de respeitar a integridade física e psíquica do empregado.

É ainda obrigação empresarial o cumprimento da gama de regras trabalhistas e previdenciárias inerentes à relação de emprego, que são responsáveis pela circunstância de o contrato de trabalho elevar as condições de pactuação da força de trabalho no sistema socioeconômico capitalista. Cumprir o Direito do Trabalho é, sob tal preceito, importante obrigação do empregador, cujo inadimplemento grave pode constituir, inclusive, infração apta a propiciar a ruptura contratual (art. 483, "d", CLT: "não cumprir o empregador as obrigações do contrato").

Quanto à retribuição do trabalho prestado, cabe destacar que o salário compreende toda retribuição econômica devida pelo empregador ao empregado, por este colocar à disposição daquele a sua força de trabalho. Ao dever do empregado de prestar trabalho contrapõe-se o dever do empregador de prestar salário. A todo trabalho executado corresponde o salário contraprestado. É em torno desta obrigação principal que gravitam todas as demais prestações existentes na relação de emprego, tendo em vista que trabalho *versus* salário compreendem as obrigações básicas derivadas do contrato de trabalho. Assim, para que as duas obrigações possam imperar, respectivamente, tanto em detrimento do empregado quanto em favor do empregador, é necessária a incidência do princípio da boa-fé objetiva entre ambos os pactuantes.

Sinaliza Nilson Nascimento (2009, p. 40) que "na maioria das vezes, o salário é a principal motivação pela qual o empregado se oferece para trabalhar para o empregador". Sendo assim:

> Para uma grande massa de trabalhadores, o salário se constitui na única fonte de renda e de subsistência da família. Daí a origem da natureza alimentar da prestação e a razão pela qual se constitui na mais importante obrigação a ser adimplida pelo empregador no contexto do contrato de trabalho. (NASCIMENTO, Nilson, 2009, p. 40).

A seguir, propõe-se a análise das principais obrigações do empregador, além da cardeal referente ao pagamento de salários, quais sejam:

a) Fornecer trabalho

O empregador tem a obrigação de dar trabalho e de proporcionar ao empregado todas as condições para que possa haver um bom adimplemento das suas atividades. Cabe, assim, ao empregador fornecer todos os instrumentos necessários para o empregado desenvolver o seu trabalho.

Nesta ótica, Nilson Nascimento (2009, p. 40) apregoa: "Proporcionar trabalho, fornecer meios para a sua execução, controlar e fiscalizar a prestação de serviços e receber o trabalho prestado pelo empregado são obrigações do empregador". E, ao discorrer sobre esta obrigação, o autor pontifica:

> O empregador tem a obrigação de determinar as funções a serem executadas pelo empregado, que fica vinculado ao cumprimento de uma obrigação de fazer. Não basta ao empregador o simples pagameto do salário, eis que o empregado não se coloca na posição de escolher as atividades que pretende executar e nem pode ficar indefinidamente aguardando que suas funções sejam fixadas pelo empregador. (NASCIMENTO, Nilson, 2009, p. 40).

O inadimplemento da obrigação de fornecer o trabalho coloca o empregador em mora, facultando ao empregado o direito de propor ação com pedido de rescisão indireta do contrato de trabalho com base na *alínea "d"*, do art. 483, da CLT, por não ter-lhe proporcionado trabalho, mesmo que tenha havido o pagamento regular do salário, como reza o referido texto:

> Art. 483. O empregado poderá considerar rescindido o contrato e pleitear a devida indenização quando:
> [...]
> e) não cumprir o empregador as obrigações do contrato;
> [...]

Importante registrar que naturalmente, por exceção, há situações de não fornecimento do trabalho, como o contrato de inação, as licenças remuneradas etc.

b) Respeitar a integridade física e psíquica do empregado

A proteção à saúde e, por consequência, a proteção às condições de trabalho, à higiene, à segurança, à medicina e ao bem-estar físico e mental do empregado constituem deveres do empregador oriundos do contrato de trabalho.

Segundo Válio (2006, p. 50): "A integridade físico-corporal é bem vital do indivíduo. Proteger o corpo e a mente consiste em opor-se a qualquer atentado que venha atingi-los. Ou seja, é direito fundamental do homem".

Válio (2006, p. 51) destaca que "a Constituição da República tratou de deixar claro que o direito à vida gera o direito da pessoa de não ser molestada física e moralmente, prestigiando o princípio de sua dignidade inconteste".

Os trabalhadores, em geral, por necessidade econômica e por medo do desemprego, acabam se sujeitando a condições degradantes de trabalho, abdicando de seus direitos da personalidade.

Como lembra Mantovani Júnior (2010), percebe-se, continuamente, que o detentor do capital, não raras vezes,

> [...] impõe sua vontade em razão de seu poderio econômico, sujeitando a parte mais fraca da relação de trabalho a aceitar suas imposições por uma questão de sobrevivência. Em razão disso, assolados pelo medo do desemprego, os empregados com muita frequência se submetem a qualquer condição imposta pelo empregador, mesmo que o exponha a situações extremamente vexatórias. Entre a luta pela sobrevivência e a sua dignidade, muitas vezes o trabalhador opta pela primeira. (MANTOVANI JÚNIOR, 2010, p. 56).

O art. 5º, III, da CF/88, protege o direito à integridade física do indivíduo, ao estabelecer que "ninguém será submetido a tortura nem a tratamento desumano ou degradante". E o inciso XLIII deste mesmo artigo ainda estipula:

> Art. 5º
> XLIII — a lei considerará crimes inafiançáveis e insuscetíveis de graça ou anistia a prática da tortura, o tráfico ilícito de entorpecentes e drogas afins, o terrorismo e os definidos como crimes hediondos, por eles respondendo os mandantes, os executores e os que, podendo evitá-los, se omitirem.

Portanto, é dever do empregador respeitar a dignidade humana do trabalhador, por via da preservação de um meio ambiente do trabalho sadio e equilibrado. O trabalho a ser executado pelo trabalhador deve ser digno em todos os sentidos, ou melhor, não só no plano material, mas também no aspecto imaterial.

O princípio da prevenção, aplicável aos ambientes em geral, representa regra inafastável na proteção ambiental e surge para evitar, prevenir e coibir possíveis danos ao meio ambiente, estabelecendo obrigação de indenizá-lo e de restaurá-lo, inibindo danos a este. Sua atenção, portanto, está voltada para momento anterior ao da consumação do dano.

Conforme assinala Fiorillo (2000), *prevenção* é a palavra de ordem com relação à proteção do meio ambiente. De acordo com o autor:

> Adota-se, com inteligência e absoluta necessidade, o princípio da prevenção do dano ao meio ambiente como verdadeira chave-mestra, pilar e sustentáculo da disciplina ambiental, dado o objetivo fundamentalmente preventivo do Direito Ambiental. (FIORILLO, 2000, p. 140).

Neste sentido, Milaré (1999) afirma:

> O princípio da prevenção é basilar em Direito Ambiental, concernindo à prioridade que deve ser dada às medidas que evitem o nascimento de atentados ao ambiente, de molde a reduzir ou eliminar as causas de ações suscetíveis de alterar a sua qualidade. (MILARÉ, 1999, p. 35).

Para tanto, no que se refere à prevenção no meio ambiente do trabalho, põe-se como meta fundamental a consciência em se preservar a todo o custo o material humano, proporcionando aos trabalhadores os meios e os equipamentos, além, é claro, da preparação suficiente para libertá-los das contingências desfavoráveis no ato de execução do labor. A prevenção dos acidentes profissionais, nesse sistema, aprioristicamente, integra o conjunto de métodos e de conjuntos destinados a evitá-los — princípio e fim da segurança do trabalho. De sorte, devem ser tomadas determinadas medidas, como adaptação dos equipamentos e do maquinário em geral à capacidade física das pessoas, diminuição da exposição aos ruídos, à poluição, aos agentes insalubres e perigosos em geral etc.

Vale ressaltar o papel da Comissão de Prevenção de Acidentes do Trabalho (CIPA) na execução do princípio da prevenção, prevista na CLT, nos moldes dos arts. 163 a 165. A referida Comissão, composta por representação paritária de trabalhadores e empregadores, busca estabelecer condições adequadas para a consecução do trabalho e, ao mesmo tempo, zelar pela manutenção do equilíbrio ambiental do trabalho, procurando, em sua atividade, detectar problemas e encontrar soluções, orientando os empregados na adoção de condutas compatíveis com o risco ambiental (NRR n. 3, da Portaria 3.067/88).

Mantovani Júnior (2010) argumenta:

> O contrato de trabalho não deve visar apenas à realização de seus fins econômicos, vai além: funda-se na nobre missão também de propiciar o desenvolvimento da dignidade de seus colaboradores e realizar a sua função social. (MANTOVANI JÚNIOR, 2010, p. 57).

Conforme Válio (2006, p. 50): "O direito à integridade física acompanha o indivíduo desde a concepção até a morte, alcançando tanto o nascituro como o cadáver, [...] agredir o corpo humano é um modo de ofender o direito à vida".

Concorde leciona Mauricio Delgado (2010c, p. 48), a expressão *existência digna de seres humanos* é ampla, abrangendo não somente a dimensão física, mas também a psicológica e ética dos indivíduos. Esta ampla abrangência não pode, ainda, obscurecer a proteção normativa à saúde e ao bem-estar do corpo humano, estuário da realização da vida da pessoa em todas as suas dimensões.

De acordo com Alkimin (2009):

> O direito à saúde integra a categoria dos direitos da personalidade fundamental de toda pessoa, e nesse sentido dispõe o art. 196 da CF/88. Nesse diapasão, todo trabalhador deve ter resguardado o direito à saúde, sendo um direito de interesse individual e coletivo, tanto que o empregador é obrigado a adotar medidas de proteção, segurança e prevenção, protegendo o meio ambiente do trabalho contra ocorrências que atentem à higidez física e mental dos trabalhadores, portanto, deve zelar e preservar a saúde dos trabalhadores. (ALKIMIN, 2009, p. 125).

Assim sendo, para Szaniawski (2005, p. 468): "A proteção da saúde do indivíduo consiste no desenvolvimento de sua personalidade, ou seja, num meio de explicação e potenciamento da personalidade".

Ainda segundo Szaniawski (2005, p. 469), uma doença ou qualquer ato que cause uma diminuição da integridade física do indivíduo são capazes de acarretar uma diminuição da capacidade de trabalho, das atividades normais e do relacionamento social, impedindo o desenvolvimento de sua personalidade. Desse modo, é necessária uma visão ampla e uma tutela ao direito à integridade física de modo genérico, a fim de assegurar o livre desenvolvimento da personalidade e da dignidade humana.

Sobre o conceito de saúde, reza o art. 3º, *alínea "e"*, da Convenção n. 155, da OIT:

> Art. 3º Para os fins da presente Convenção:
> [...]
> e) o termo "saúde", com relação ao trabalho, abrange não só a ausência de afecção ou de doenças, mas também os elementos físicos e mentais que afetam a saúde e estão diretamente relacionados com a segurança e a higiene no trabalho.

Sebastião Oliveira (2002, p. 98), ao discorrer sobre a Convenção n. 155, da OIT, assinala que é a mais importante em matéria de proteção à saúde do trabalhador, por estabelecer normas e princípios a respeito da segurança, da saúde e do meio ambiente de trabalho. Ademais, dispõe sobre a indispensabilidade de uma política nacional em matéria de segurança, higiene e meio ambiente do trabalho, além de trazer um conceito de saúde mais objetivo e abandonar o conceito ditado pela OMS que se limitava a "completo bem-estar", inovando para abranger, especificamente, a saúde mental, tão relevante na era do crescimento do estresse.

De todas as convenções internacionais do trabalho, a Convenção n. 155, aprovada em Genebra, por ocasião da Conferência Internacional do Trabalho, em 22 de junho de 1981, é o documento que merece maior destaque no âmbito da saúde.

A Constituição Federal de 1988 protege a saúde do trabalhador ao estatuir em seus arts. 7º, XXII, e 225 o seguinte:

> Art. 7º São direitos dos trabalhadores urbanos e rurais, além de outros que visem à melhoria de sua condição social:
> [...]
> XXII — a redução dos riscos inerentes ao trabalho, por meio de normas de saúde, higiene e segurança.
> Art. 225. Todos têm direito ao meio ambiente ecologicamente equilibrado, bem de uso comum do povo e essencial à sadia qualidade de vida, impondo-se ao Poder Público e à coletividade o dever de defendê-lo e preservá-lo para as presentes e futuras gerações.

Referindo-se ainda às atribuições do Sistema Único de Saúde (SUS), estabelece a Constituição que a ele cabe "*colaborar na proteção do meio ambiente, nele compreendido o do trabalho*" (art. 200, VIII, CF/88, grifo nosso).

Note-se que a decisão constitucional de inserir o meio ambiente do trabalho no conceito amplo de meio ambiente vivido reforça a tutela jurídica da saúde e do bem-estar do empregado, elevando o nível das atribuições e responsabilidades do empregador na área de saúde e segurança obreiras.

A Consolidação das Leis do Trabalho (CLT) dedica o seu Capítulo V à segurança e à medicina do trabalho; e, no âmbito administrativo do Ministério do Trabalho, há que se destacar a Portaria n. 3.214/78, que também trata das questões relativas à segurança e à medicina do trabalho.

Alkimin (2009) destaca:

> A proteção à integridade física e psíquica (moral) do trabalhador integra o direito à saúde, que constitui uma garantia fundamental, componente da dignidade humana do trabalhador, cabendo ao empregador a obrigação de zelar pela integridade física, psíquica e social do trabalhador, devendo organizar o trabalho com eliminação, redução ou neutralização dos riscos e agressões à saúde do trabalhador, ou seja: deve proporcionar-lhe um ambiente de trabalho livre de riscos e agressões, isto é, com qualidade de trabalho para se alcançar a qualidade de vida. (ALKIMIN, 2009, p. 81).

Para Szaniawski (2005, p. 469), a integridade da pessoa humana envolve todos os seus aspectos, sejam físicos ou psíquicos, constituindo uma unidade chamada de integridade psicofísica. Logo, a saúde envolve tanto o perfil psíquico do indivíduo quanto o perfil físico.

Ainda conforme Szaniawski (2005):

> A saúde não é, tão somente, um perfil estático e individual, mas se relaciona ao livre desenvolvimento da pessoa constituindo um todo com a mesma.

Razão pela qual o direito à saúde constitui-se em uma cláusula geral de tutela da personalidade humana. (SZANIAWSKI, 2005, p. 469).

Entre as obrigações, portanto, assumidas pelo empregador por força do contrato de trabalho, figura a de respeitar a integridade física e psíquica do empregado na sua dignidade de pessoa humana. Seu objetivo é evitar a ocorrência de acidentes do trabalho, de doenças profissionais ou mesmo a ocorrência do assédio sexual, do assédio moral individual, coletivo (*individual homogêneo, difuso e coletivo*) e organizacional e de todas as situações capazes de gerar danos à saúde física e mental do empregado.

Alves (2008), ao discorrer sobre o assédio sexual, assevera:

> A relação de trabalho entre as partes, empregado-empregador, deve necessariamente ser uma relação em que haja mútuo respeito, favorecendo, assim, a obtenção de um ambiente de trabalho satisfatório. Há a necessidade de se evitarem desgastes nas relações interpessoais, empregado-empregador, porquanto estas se constituem em instrumento de deterioração do relacionamento no âmbito interno da entidade empresarial, acarretando, em regra, insatisfação e consequente redução da capacidade laborativa. (ALVES, 2008, p. 39).

Em razão disso, também consoante Alves (2008, p. 39): "Inúmeras são as causas de deterioração e degradação das relações que implicam em (*sic*) quebra do desempenho de trabalho, e entre elas encontra-se o assédio sexual".

Sendo assim, para Alves (2008, p. 69), os empregados que são vítimas de assédio sexual no emprego apresentam inúmeros comportamentos resultantes do trauma sofrido pelo assédio sexual, como ansiedade, depressão, cansaço, dores de cabeça e de estômago, necessitando de tratamento médico e psicológico, além de apresentarem, também, diminuição de produtividade e de interesse pelo trabalho. Este autor sugere a transferência de local ou de setor de trabalho do empregado assediado após a comunicação ao empregador.

Quanto à prática do assédio moral, Edilton Meireles (2005, p. 197) assinala que, em decorrência do princípio da boa-fé objetiva, cabe ao empregador manter o trabalho em condições socialmente dignificantes e propícias à realização pessoal, proporcionando ao empregado boas condições de trabalho, tanto do ponto de vista físico quanto moral. Ao assediar moralmente o empregado, o empregador estará violando o princípio da boa-fé.

De acordo com Nilson Nascimento (2009):

> Como desdobramento da obrigação de respeitar a dignidade pessoal do trabalhador, figura a obrigação do empregador de manter a moralidade no ambiente de trabalho. É no ambiente de trabalho que o empregado passa

grande parte de sua vida, razão pela qual o empregador tem a obrigação de preservá-lo dentro das melhores condições de moralidade. (NASCIMENTO, Nilson, 2009, p. 42).

Alkimin (2009, p. 83) afirma que existem fatores humanos que interferem na higidez do trabalhador, como a nova ordem produtiva e competitiva chamada *trabalho sob pressão*, responsável pela desestabilização do ambiente de trabalho, propiciando a desestabilização emocional do trabalhador, bem como a sua saúde psíquica, além de outras agressões que afetam a organização produtiva e a vida pessoal, profissional e social do trabalhador.

Conforme Bittar (2003, p. 91), a integridade física, portanto, é o "direito de manter a higidez física e a lucidez mental do ser, opondo-se a qualquer atentado que venha a atingi-las, como direito oponível a todos", sendo também "indissociável da integridade psíquica ou moral que é o direito à incolumidade da mente, que se destina a preservar o conjunto pensante da estrutura humana".

Segundo Alkimin (2009):

> Os direitos da personalidade integram o contrato de trabalho como cláusula obrigacional de conteúdo personalíssimo, competindo ao empregador, zelar, preservar e garantir a integridade física e moral do trabalhador, eliminando ou reduzindo os riscos e perigos à vida e à saúde do trabalhador. (ALKIMIN, 2009, p. 81).

Então, o empregador tem o dever de proteger a saúde física e psíquica do trabalhador. A partir das determinações constitucionais já mencionadas (art. 7º, XXII; art. 196; art. 225; art. 200, VIII, CF/88), a CLT estabelece caber às empresas "cumprir e fazer cumprir as normas de segurança e medicina do trabalho" (art. 157, I, CLT), agindo de modo a "instruir os empregados, através de ordens de serviço, quanto às precauções a tomar no sentido de evitar acidentes do trabalho ou doenças ocupacionais" (art. 157, II, CLT).

Cabe ao empregador, ainda, exigir o uso dos equipamentos de proteção individual, consistindo justa causa para o rompimento do contrato a negativa do uso por parte do empregado, conforme o art. 158, da CLT, que assim preceitua:

> Art. 158. Cabe aos empregados:
> I — observar as normas de segurança e medicina do trabalho, inclusive as instruções de que trata o item II do artigo anterior;
> II — colaborar com a empresa na aplicação dos dispositivos deste Capítulo.
> Parágrafo único. Constitui ato faltoso do empregado a recusa injustificada:
> a) à observância das instruções expedidas pelo empregador na forma do item II do artigo anterior;
> b) ao uso dos equipamentos de proteção individual fornecido pela empresa. (grifos nossos).

O empregado, contudo, pode negar-se a trabalhar se houver risco fundado de dano à sua saúde ou à sua integridade física. Assim estabelece o art. 483, *"c"*, da CLT:

> Art. 483. O empregado poderá considerar rescindido o contrato e pleitear a devida indenização quando:
> [...]
> c) correr perigo manifesto de mal considerável;
> [...]

Imperioso observar, na seiva de Szaniawski (2005, p. 474), um aspecto de suma importância: "O direito à integridade da pessoa humana é um direito absoluto. Todos têm o dever de respeitar a incolumidade anatômica do indivíduo e sua saúde, não podendo atentar contra estes bens jurídicos, de modo algum".

Assim, incube ao empregador preservar a saúde e a dignidade do trabalhador, de modo a afastar, reduzir ou neutralizar qualquer lesão que possa colocar em risco a sua integridade física e psíquica.

Como assegura Alkimin (2008):

> O meio ambiente sadio e equilibrado é elementar para garantir a dignidade da pessoa e o desenvolvimento de seus atributos pessoais, morais e intelectuais, constituindo sua preservação e proteção meio para se atingir o fim que é a proteção à vida e à saúde do trabalhador, referindo-se esta última ao aspecto da integridade física e psíquica, e, consequentemente, garantir a qualidade de vida de todo cidadão. (ALKIMIN, 2011, p. 27).

Ainda a respeito do tema, estipula o art. 163, da CLT:

> Art. 163. Será obrigatória a constituição de Comissão Interna de Prevenção de Acidentes — CIPA —, de conformidade com instruções expedidas pelo Ministério do Trabalho, nos estabelecimentos ou locais de obra nelas especificadas.
> Parágrafo único. O Ministério do Trabalho regulamentará as atribuições, a composição e o funcionamento das CIPAs.

Baracat (2003), ao discorrer sobre a disposição contida no artigo acima transcrito, assinala:

> É dever do empregador observar o cumprimento das regras relativas à formação da Comissão Interna de Prevenção de Acidentes (CIPA), como também as orientações por ela emitidas. Dentro dessa perspectiva, observando o dever de lealdade e cooperação, o empregador não poderá praticar qualquer ato tendente a obstruir ou dificultar a atuação da CIPA. Os repre-

sentantes dos empregados na CIPA, por outro lado, dentro da concepção de colaboração e cooperação, deverão auxiliar o empregador a realizar os procedimentos que impliquem na (sic) eliminação ou diminuição dos riscos na atividade laboral. (BARACAT, 2003, p. 242).

Cabe ao empregador, portanto, propiciar ao empregado sempre melhores condições de trabalho, por meio da adoção de medidas preventivas adequadas no local de trabalho, onde haja segurança, qualidade no ambiente e respeito à sua saúde (*física e mental*) e à sua dignidade. Constitui, ainda, dever do empregador informar e esclarecer ao empregado como manusear os equipamentos de trabalho.

Concorde Engel (2003):

> O princípio da boa-fé impõe-lhe o dever de informar, de esclarecer os seus empregados sobre as condições em que se desenvolve o trabalho: direitos e garantias legais, responsabilidades decorrentes do contrato de trabalho e seu exercício, os riscos à saúde e segurança dos trabalhadores nas atividades que desempenham e as medidas necessárias à sua proteção etc. (ENGEL, 2003, p. 61).

É também dever do empregador reduzir os níveis de insalubridade e risco no local de trabalho, e, caso não seja possível, fornecer os equipamentos de proteção individual, de modo a eliminar ou a reduzir os prejuízos ocasionados à saúde do empregado, fiscalizando a sua correta utilização, conforme art. 166, da CLT:

> Art. 166. A empresa é obrigada a fornecer aos empregados gratuitamente, equipamento de proteção individual adequado ao risco e em perfeito estado de conservação e funcionamento sempre que as medidas de ordem geral não ofereçam completa proteção contra os riscos de acidentes e danos à saúde dos empregados.

A propósito, estabelece a Súmula n. 289, do TST:

> **Fornecimento do Aparelho de Proteção do Trabalho. Adicional de Insalubridade.** O simples fornecimento do aparelho de proteção pelo empregador não o exime do pagamento do adicional de insalubridade, cabendo-lhe tomar as medidas que conduzam à diminuição ou eliminação da nocividade, dentre as quais as relativas ao uso efetivo do equipamento pelo empregado.

Como se vê, e à luz de Pavelski (2009, p. 114), no decorrer do contrato de trabalho, os contratantes devem guardar, ambos, às suas pessoas, sua integridade física, como a seus patrimônios e seus instrumentos de trabalho, cooperando com a segurança e com a proteção uns dos outros.

Neste contexto, assinala Muçouçah (2011, p. 107) que um ambiente de trabalho sadio não envolve apenas a prevenção de riscos ocupacionais, mas também a promoção de um completo bem-estar físico e mental dentro das empresas.

Como bem expressa Toledo (2011):

> O Direito do Trabalho não pode se limitar a ver o contrato apenas como um meio útil capaz de permitir a sobrevida do trabalhador. Deve, ao contrário, em conformidade com o seu papel de instrumento emancipatório, lutar para funcionalizá-lo na prática, de modo a garantir a proteção da integridade psíquica e intelectual dos trabalhadores, eis que elementos essenciais à constituição e à manutenção de sua identidade pessoal. (TOLEDO, 2011, p. 126).

Fundamental destacar que o direito à saúde, à segurança e à higiene, no ambiente de trabalho, demonstra-se mais interligado aos direitos da personalidade, aos direitos coletivos e, também, aos direitos difusos, variando caso a caso.

Ocorre que o tema saúde, segurança e higiene no trabalho e a prevenção de seus riscos comporta um estudo que foge ao objetivo do estudo ora empreendido. Há uma gama de proteções legislativas no Brasil e no âmbito internacional que dispõe sobre a saúde, a segurança, a medicina e a higiene no local de trabalho, visando a salvaguardar a integridade física e psíquica do empregado no ambiente de trabalho. O objetivo aqui é o de apenas traçá-los como espécies dos direitos da personalidade, por se relacionarem com o princípio da boa-fé, tendo em vista a obrigação do empregador de oferecer um trabalho que seja sempre prestado de forma saudável, segura e equilibrada.

c) Cumprir o Direito do Trabalho

O Direito do Trabalho é um complexo de regras, princípios e institutos jurídicos que regulam o contrato de emprego. Seu objetivo central é aperfeiçoar e elevar as condições de pactuação da força de trabalho no sistema socioeconômico capitalista, como assaz enfatiza Mauricio Godinho Delgado em suas obras.

De tal modo, é importante obrigação contratual do empregador — além de ser um dever legal — cumprir a ordem jurídica trabalhista, com seus direitos laborativos fixados pela Constituição, pelas Convenções da OIT, por diplomas legais cardeais, Convenções Coletivas e Acordos Coletivos do Trabalho, se houver, e dispositivos contratuais.

O cumprimento dos direitos trabalhistas é, portanto, fundamental obrigação contratual do empregador, cujo descumprimento pode ensejar, até mesmo, a rescisão contratual por culpa do empresário (art. 483, "d", CLT).

Em corolário a esta obrigação e dever legal, desponta o cumprimento do Direito Previdenciário, no que for cabível ao empregador. Eis que a inclusão social propiciada pelo Direito do Trabalho somente se completa por meio da inclusão previdenciária, efeito imperativo inerente à relação de emprego.

Não se desconhece que o cumprimento da ordem jurídica não é simplesmente uma obrigação contratual, porém, com ênfase, um dever legal. Cumprir a ordem jurídica é, antes de tudo, dever legal de todos os que habitam a República Federativa do Brasil e aqui realizam atos jurídicos. Todavia, no caso do Direito do Trabalho, torna-se também uma obrigação contratual, porque as normas trabalhistas, de maneira geral, criam vantagens e proteções jurídicas em favor do empregado, proteções e vantagens estas que passam a compor o seu patrimônio em virtude do pacto empregatício celebrado.

Por essa razão, o descumprimento das obrigações do contrato referido no art. 483, "*d*", da CLT (rescisão indireta), envolve a noção não apenas de cláusulas obrigacionais do contrato entre as partes, abrangendo também o conteúdo contratual absorvido da ordem jurídica heterônoma existente.

Capítulo 6
A Proteção aos Direitos da Personalidade do Empregado na Fase de Cumprimento do Contrato de Trabalho — Algumas Situações Concretas Recorrentes

O período de cumprimento do contrato de trabalho é, como se sabe, aquele em que ocorrem as mais variadas situações de tensão entre a tutela e o desrespeito aos direitos da personalidade do trabalhador na vida empregatícia.

O presente capítulo traz à análise diversas das mais expressivas situações de tensão que caracterizam a prática concreta contratual trabalhista.

6.1. REVISTAS ÍNTIMAS

Considera-se revista íntima aquela que é realizada na pessoa do trabalhador, mediante a coerção para se despir ou mediante qualquer ato de molestamento físico realizado por funcionário da empresa para que o empregado ponha à mostra ou exponha o seu corpo, ainda que de modo parcial.

As revistas realizadas diariamente, ou não, na pessoa do empregado inequivocamente adentram na esfera da sua intimidade, tendo em vista que a simples exposição do seu corpo já configura invasão da sua intimidade e, por consequência, desrespeito à sua dignidade humana.

De acordo com Nunes (2011):

> Não existe respeito em exigir que um empregado fique nu, contra sua vontade, para a prática de revista, pois a exposição do corpo consiste na

invasão da intimidade. Mesmo quando não se exige a nudez completa se configura a invasão à intimidade do trabalhador. (NUNES, 2011, p. 76).

O art. 373-A, VI, da CLT, contém norma incisiva sobre a proibição de o empregador ou preposto proceder a revistas íntimas nas empregadas a cuja infringência se deduz a ofensa à sua dignidade, honra e intimidade como indivíduos, *verbis*:

> Art. 373-A. Ressalvadas as disposições legais destinadas a corrigir as distorções que afetam o acesso da mulher ao mercado de trabalho e certas especificidades estabelecidas nos acordos trabalhistas, é vedado:
>
> [...]
>
> VI — proceder o empregador ou preposto a revistas íntimas nas empregadas ou funcionárias.

Note-se que, embora o preceito legal refira-se efetivamente à mulher, não há razão jurídica para não considerar a vedação também extensiva ao homem, pois a privacidade e a intimidade são bens constitucionalmente tutelados tanto às mulheres quanto aos homens (art. 5º, *caput*, e I; art. 5º, III; art. 5º, X, todos da CF/88).

Assim, é atentatória à intimidade e à honra do empregado a revista na qual se exige que o mesmo se desnude, completamente ou não, ainda que perante pessoas do mesmo sexo, e seja submetido a exame detalhado.

Na abalizada lição de Nunes (2011, p. 76), é pura falácia a tese de que a revista íntima feita por pessoa do mesmo sexo não é prejudicial, tendo em vista não ser natural que alguém se sinta à vontade quando tem seu corpo revistado por quem quer que seja, em especial no caso das revistas íntimas realizadas contra a vontade do trabalhador e por pessoa com a qual o trabalhador não possui intimidade.

A ANAMATRA, o TST e a ENAMAT promoveram, em novembro de 2007, a Primeira Jornada de Direito Material e Processual na Justiça do Trabalho. Entre os 79 enunciados aprovados acerca de temas relevantes em direito material e processual do trabalho, destaca-se o enunciado n. 15, que estabelece a ilicitude da revista nos empregados, veja-se:

> 15. REVISTA DE EMPREGADO
>
> I. REVISTA. ILICITUDE. Toda e qualquer revista, íntima ou não, promovida pelo empregador ou seus prepostos em seus empregados e/ou em seus pertences, é ilegal, por ofensa aos direitos fundamentais da dignidade e intimidade do trabalhador.

O referido enunciado, em seu item II, determina que a norma contida no art. 373-A, VI, da CLT também se aplique aos homens em face da igualdade entre os sexos, inscrita no art. 5º, *caput*, I, da Constituição Federal de 1988:

15. REVISTA DE EMPREGADO

II. REVISTA ÍNTIMA. VEDAÇÃO A AMBOS OS SEXOS. A norma do art. 373-A, inc. VI, da CLT, que veda revistas íntimas nas empregadas, também se aplica aos homens em face da igualdade entre os sexos inscrita no art. 5º, I, da Constituição da República.

Verifica-se, então, que em face do critério isonômico contido no art. 5º, *caput*, I, da Constituição Federal de 1988, não há porque recusar-se a incidência da regra também em benefício aos homens. Trata-se de um critério de interpretação que deve ser analisado de forma sistemática, de modo que seja adequado ao princípio citado. De tal modo, o art. 373-A, VI, da CLT, deve ser aplicado também aos trabalhadores do sexo masculino, uma vez que, nos termos do art. 5º, *caput*, I, da Constituição Federal de 1988, todos são iguais perante a lei.

As revistas íntimas constituem, assim, agressão à honra e à intimidade do empregado. Sua prática representa claríssimo abuso do poder diretivo do empregador. Embora caiba a este dirigir e fiscalizar a prestação pessoal de serviço, não lhe é dado exceder-se no exercício deste poder a ponto de atingir os valores íntimos da pessoa humana.

Segundo Maria Celina Moraes (2003, p. 101), a integridade psicofísica institui o direito à saúde, compreendida esta como o completo bem-estar psicofísico e social. Assim, compreende violação ao princípio da integridade psicofísica, além dos chamados danos corporais, os danos causados à imagem, à honra, à privacidade, entre outros, que caracterizam a categoria dos danos psíquicos.

Além disso, a Constituição Federal de 1988 consagrou a dignidade da pessoa humana como princípio fundamental e lhe atribui valor supremo de alicerce de toda a ordem jurídica democrática.

Consoante ensina Souza (2008):

> O prisma de análise das relações jurídicas da atualidade deve ser o da dignidade da pessoa humana e preservação de sua intimidade. Mesmo o trabalho subordinado e a proteção da propriedade privada, sustentáculos do sistema capitalista, devem se curvar a tais postulados ético-normativos. (SOUZA, 2008, p. 176).

Vale registrar jurisprudências dos Tribunais Regionais do Trabalho a respeito do tema:

DANO MORAL. DIREITO À INTIMIDADE. A realização de revista íntima nas dependências da empresa, sujeitando o obreiro à nudez perante seus colegas e a comentários e gracejos, subverte ilicitamente o direito à intimidade do empregado, dando lugar para a reparação do dano moral decorrente desse ato ilícito, sendo irrelevante o fato de tal revista ter sido requerida pelos próprios trabalhadores. Mesmo que a reclamada tivesse produzido prova efetiva disso nos autos, a realização da revista, com o objetivo declarado de buscar numerário desaparecido do caixa da empresa e devidamente autorizada pela gerência, configura igual e repreensível abuso de direito. Irrelevante ainda o fato de o reclamante não ter postulado a rescisão indireta do seu contrato de trabalho, preferindo demitir-se aproximadamente um mês após a lesão perpetrada; isso não retira a ilicitude do ato, sendo a rescisão indireta simples faculdade do empregado, da qual, contudo, decidiu abrir mão. (MINAS GERAIS, 2004c).

DANO MORAL. EMPREGADA SUBMETIDA À SITUAÇÃO VEXATÓRIA E HUMILHANTE. CABIMENTO. Restando comprovado nos autos que a revista imposta pela reclamada a seus empregados, submetia-os à situação constrangedora e humilhante — pois exigia que desabotoassem a calça, levantassem a blusa e tirassem os sapatos, para em seguida serem apalpados —, configurada resta a hipótese de dano moral, agasalhada pelos incisos V e X do artigo 5º da Constituição, pois com tal procedimento a empregadora desrespeitou a individualidade e a dignidade dos mesmos. Recurso da reclamada provido para deferir-lhe o direito à indenização por dano moral. (PARANÁ, 1998).

Por implicar a exposição de partes do corpo do empregado, a revista íntima consiste em meio fiscalizatório de caráter vexatório, e a situação se agrava quando realizada na presença dos demais empregados da empresa, conforme se depreende do seguinte julgado:

DANO MORAL. REVISTA CONSTRANGEDORA, INDENIZAÇÃO. Comprovado nos autos que a reclamada obrigava os empregados a se despirem para revista ao final do expediente, o que era presenciado pelos demais empregados da empresa, abusiva e ilegal é a sua atitude, o que gera para o empregado o direito ao recebimento de indenização por dano moral, mormente porque a empresa já se utilizava de outros meios de proteção de seu patrimônio. (MINAS GERAIS, 2000).

Neste sentido, a prática de revista íntima representa um procedimento de controle exercido pelo empregador que viola a dignidade, a intimidade e a honra do empregado, mesmo que realizada por pessoas do mesmo sexo e em local apropriado.

Os poderes diretivo e fiscalizatório assegurados ao empregador no contexto da relação de emprego não podem ser exercidos a despeito dos direitos da personalidade assegurados constitucionalmente ao trabalhador (art. 5º, X, da CR/88), sobretudo porque a Constituição da República de 1988 erigiu a dignidade da pessoa humana como um dos fundamentos do Estado Democrático de Direito (art. 1º, III, da CR/88).

De acordo com Maria Celina Moraes (2003, p. 15), a expressão jurídica do princípio fundamental da dignidade da pessoa humana é encontrada em aspectos determinantes da personalidade do ser humano, como a igualdade, a liberdade, a integridade psicofísica e a solidariedade social.

Para Maria Celina Moraes (2003, p. 32), os princípios fundamentais expressos no ditado constitucional, especialmente o da dignidade humana e o da solidariedade social, dão o "tom" personalista ao ordenamento jurídico brasileiro.

É forte a jurisprudência do TST ao qualificar como dano moral a realização de revista íntima. O Ministro do TST João Oreste Dalazen assevera que o constrangimento, ainda que em menor grau, continua persistindo em face deste tipo de revista, mesmo que a supervisão seja empreendida por pessoa do mesmo sexo. Para o referido Ministro, a mera exposição do corpo no trabalho, seja ela parcial ou total, já caracteriza grave invasão à intimidade do empregado, veja-se:

DANO MORAL. PRESENÇA DE SUPERVISOR NOS VESTIÁRIOS DA EMPRESA PARA ACOMPANHAMENTO DA TROCA DE ROUPAS DOS EMPREGADOS. REVISTA VISUAL. 1. Equivale à revista pessoal de controle e, portanto, ofende o direito à intimidade do empregado a conduta do empregador que, excedendo os limites do poder diretivo e fiscalizador, impõe a presença de supervisor, ainda que do mesmo sexo, para acompanhar a troca de roupa dos empregados no vestiário. 2. O poder de direção patronal está sujeito a limites inderrogáveis, como o respeito à dignidade do empregado e à liberdade que lhe é reconhecida no plano constitucional. 3. Irrelevante a circunstância de a supervisão ser empreendida por pessoa do mesmo sexo, uma vez que o constrangimento persiste, ainda que em menor grau. A mera exposição, quer parcial, quer total, do corpo do empregado, caracteriza grave invasão à sua intimidade, traduzindo incursão em domínio para o qual a lei franqueia o acesso somente em raríssimos casos e com severas restrições, tal como se verifica até mesmo no âmbito do direito penal (art. 5º, XI e XII, da CF). 4. Despiciendo, igualmente, o fato de inexistir contato físico entre o supervisor e os empregados, pois a simples visualização de partes do corpo humano, pela supervisora, evidencia a agressão à intimidade da Empregada. 5. Tese que se impõe à luz dos princípios consagrados na Constituição da República, sobretudo os da dignidade da pessoa, erigida como um dos fundamentos do Estado Democrático de Direito (art. 1º, inciso III), da proibição de tratamento desumano e degradante (art. 5º, inciso III) e da inviolabilidade da intimidade e da honra (art. 5º, inciso X). 6. Recurso de revista de que se conhece e a que se dá provimento para julgar procedente o pedido de indenização por dano moral. (BRASIL, 2004).

Tal qual foi o entendimento da Desembargadora Maria Doralice Novaes, quando convocada para atuar no TST:

DANOS MORAIS. REVISTAS COLETIVAS. ABUSO DE DIREITO DO PODER DE DIREÇÃO DO EMPREGADOR. CONSTRANGIMENTO. VIOLAÇÃO DA INTIMIDADE DA RECLAMANTE. OFENSA AOS ARTS. 1º, III, E 5º, X, DA CF E 373-A, VI, DA CLT. 1. O dano moral constitui lesão de caráter não material ao patrimônio moral do indivíduo, integrado por direitos da personalidade. Tanto em sede constitucional (CF, art. 5º, *caput* e V, VI, IX, X, XI e XII) quanto em sede infraconstitucional (CC, arts. 11-21), os direitos da personalidade albergam os bens de natureza espiritual da pessoa, que são, basicamente, os direitos à vida, integridade física, liberdade, igualdade, intimidade, vida privada, imagem, honra, segurança e propriedade, que, pelo grau de importância de que se revestem, são tidos como invioláveis. 2. Nos termos do art. 1º, III, da CF, a República Federativa do Brasil, formada pela união indissolúvel dos Estados e Municípios e do Distrito Federal, constitui-se em Estado Democrático de Direito e tem como fundamentos, dentre outros, a dignidade da pessoa humana. Já o art. 373-A, VI, da CLT estabelece, em proteção especificamente aos direitos das mulheres, que é vedado ao empregador e a seu preposto proceder a revistas íntimas em suas empregadas ou funcionárias. 3. O entendimento majoritário desta Corte Superior segue no sentido de que a exposição do trabalhador a revistas íntimas, em que é obrigado a se desnudar na frente de supervisores, do chefe ou até de outros colegas, revela-se abusiva e excede o poder diretivo do empregador, ofendendo a dignidade da pessoa humana e o direito à intimidade do empregado. 4. Na hipótese dos autos, o tipo de revista realizada pela Reclamada, em caso de sumiço de peças, da forma como consignada pelo Regional, ultrapassa por completo os limites de razoabilidade esperados. O que se verificou, ao contrário do que assentou a Corte *a quo*, foi verdadeira falta de comedimento e desrespeito à intimidade da Reclamante, razão pela qual merece ser restabelecida a sentença que condenou a Reclamada ao pagamento de indenização por danos morais. Recurso de revista provido. (BRASIL, 2010c).

Logo, percebe-se que a jurisprudência prevalecente do TST também acolheu o entendimento de que a exposição do trabalhador por meio das revistas íntimas, nas quais o empregado é obrigado a se desnudar na frente de supervisores, do chefe ou até de outros colegas, é abusiva e excede o poder diretivo do empregador, ofendendo a honra, a intimidade e a dignidade do trabalhador.

Kátia Magalhães Arruda, Ministra do TST, em decisão proferida, também afasta a prática de revistas íntimas no local de trabalho. Vale transcrever trecho de seu parecer:

> A violação do direito constitucional à intimidade não pressupõe necessariamente o contato físico entre empregado e supervisor, sendo suficiente para configuração do ato abusivo a revista visual, em que o trabalhador é constrangido a exibir seu corpo nu, ou em roupas íntimas, não sendo atenuante, nesse caso, o fato de o supervisor ser do mesmo sexo do empregado. (BRASIL, 2011a).

Portanto, também será abusiva a revista efetuada pelo empregador nas roupas de seus empregados, mesmo que não haja contato físico, por expor o empregado à situação constrangedora, na qual o mesmo deve se submeter a ficar apenas com roupas íntimas em frente de seu supervisor.

É certo que o empregador detém o poder diretivo e fiscalizatório, que lhe permite traçar as diretrizes para o atingimento do bom funcionamento da sua atividade econômica de produção. Todavia, esta prerrogativa não se sobrepõe ao princípio da dignidade da pessoa humana.

A Ministra do TST Kátia Magalhães Arruda mais uma vez assinala:

[...] o regular exercício do direito (poder de direção, art. 2º, da CLT) não se confunde com o exercício abusivo do direito (art. 187, do CC/2002), assim considerado aquele que vai além da prática normal pertinente à relação de trabalho. (BRASIL, 2011a).

Cabe destacar o enunciado n. 1, principalmente em sua parte final, editado pela Primeira Jornada de Direito Material e Processual do Trabalho na Justiça do Trabalho, organizada, conjuntamente, pela ANAMATRA, pelo TST e pela ENAMAT no Brasil, em novembro de 2007:

1. DIREITOS FUNDAMENTAIS, INTERPRETAÇÃO E APLICAÇÃO. Os direitos fundamentais devem ser interpretados e aplicados de maneira a preservar a integridade sistêmica da Constituição, a estabilizar as relações sociais e, acima de tudo, a oferecer a devida tutela ao titular do direito fundamental. No Direito do Trabalho, deve prevalecer o princípio da dignidade da pessoa humana.

Na visão de Mori (2011, p. 100), tanto a revista íntima praticada em trabalhadores, quanto a revista em seus pertences não constituem meio adequado de proteção ao patrimônio da empresa, nomeadamente quando existe apenas suspeita sobre uma possibilidade de eventual subtração de bem móvel alheio. Assim, não é adequado que trabalhadores submetam sua intimidade aos olhos alheios apenas pelo risco de ofensa à propriedade privada.

Segundo Baracat (2003, p. 244), do contrato de trabalho origina uma relação obrigacional, na qual as partes devem, mutuamente, trabalhar para atingir um desenvolvimento econômico, mas desde que o vértice axiológico seja a dignidade da pessoa humana e, apenas após, o direito à propriedade.

No caso das revistas íntimas, as prerrogativas que se inserem no âmbito fiscalizatório do empregador objetivando a salvaguarda do seu patrimônio não incluem a exposição do empregado à revista íntima, visto que se revela abusiva e excede o poder diretivo do empregador por ofender a dignidade da pessoa humana — *fundamento basilar do Estado Democrático de Direito*.

Slaibi Filho, citado por Maria Celina Moraes (2003, p. 316) assevera que a ordem jurídica protege a honra não como concessão que o direito faz à pessoa, mas como reconhecimento da individualidade do ser humano, sujeito do universo e da história.

Também será íntima a revista que exige que o empregado abaixe a calça, desabotoe a camisa, tire os sapatos ou levante as barras da calça, mesmo que não haja contato físico sobre a sua pessoa.

Desse modo, toda revista realizada de forma pessoal no empregado, independentemente de haver exposição de partes do seu corpo pode ser considerada, dentro de uma ótica mais abrangente, revista íntima, uma vez que a simples vistoria do seu corpo, mesmo que vestido, viola a sua honra, a sua intimidade e a sua dignidade.

Assim, para o caso das revistas íntimas, faz-se mister que o art. 5º, X, da Constituição Federal de 1988, seja interpretado em conjunto com o princípio da dignidade da pessoa e com o princípio constitucional contido também no art. 5º, III, preceituando que ninguém será submetido a tortura nem a *tratamento desumano ou degradante*.

Segundo Nunes (2011):

> As revistas pessoais agridem a dignidade da pessoa humana, fundamento da República Federativa do Brasil (art. 1º, III), a valorização do trabalho humano e a função social da propriedade (arts. 1º, III e IV, 5º, XIII, 170, *caput* e III). Além disso, a Constituição Federal veda todo e qualquer tratamento desumano ou degradante (art. 5º, III), e garante a todos a inviolabilidade da intimidade (art. 5º, X). (NUNES, 2011, p. 117).

Souza (2008, p. 176) também considera abusiva a prática das revistas íntimas. O autor afirma ser abusiva a prática empresarial quando inserida na relação de emprego, pouco importando o consentimento do empregado. A prática é desqualificada pelo caráter de ser atentatória à dignidade do trabalhador. A modalidade de "revista íntima" forma o ápice da promoção do desrespeito ao trabalhador, levando o poder de direção do empregador às consequências mais agressivas ao patrimônio de seu funcionário. Assim, nas revistas íntimas, a revolta causada é muito mais evidente. O autor também chama a atenção para as revistas não íntimas, ao considerá-las ilegítimas, antijurídicas e atentatórias aos direitos de intimidade pessoal. Em razão disso, não se pode admitir uma renúncia válida do empregado na formação do seu contrato.

Tal também é a visão traçada por Nunes (2011, p. 119). Para a autora, é indiferente que as revistas pessoais ocorram diante de clientes ou demais funcionários, ou realizadas em local de absoluto resguardo, pois a incolumidade física e moral dos trabalhadores não está sujeita à relativização no curso do contrato de trabalho.

Ademais, com o avanço tecnológico existem outros meios para que o empregador verifique se existem pertenças ou produtos da empresa junto ao empregado, sem precisar recorrer às revistas íntimas. Além disso, é possível evitar a revista íntima através do uso de vestimentas especiais enquanto o empregado desenvolve o seu trabalho, como, por exemplo, o uso do macacão sem bolso.

Conforme Simón (2000, p. 147): "Parece difícil acreditar que, nos dias de hoje, com a grande evolução tecnológica, não exista outra forma de controle sobre os produtos que saem furtivamente da empresa". A autora em destaque ainda assinala que na prática das revistas íntimas:

O princípio da igualdade (art. 5º, *caput*) é flagrantemente desrespeitado. Privilegia-se o empregador, autorizando-o a tomar medida para defesa de seu patrimônio que nenhuma outra pessoa pode adotar, e prejudica-se o empregado, pelo simples fato de encontrar-se numa relação de subordinação. (SIMON, 2000, p. 148).

Como bem expressa a Ministra do TST Kátia Magalhães: "Pode e deve a empresa utilizar todos os meios necessários à fiscalização eficaz, exceto aqueles que avancem sobre a intimidade dos empregados". (BRASIL, 2011a).

De acordo com o Ministro do TST Alberto Luiz Bresciani, o poder diretivo do empregador, que se manifesta por meio do controle, da vigilância e da fiscalização dos seus empregados, encontra limites legalmente traçados. Por isso, assevera que "ninguém pode tudo". Prossegue o Ministro Alberto Luiz Bresciani:

> Os poderes de qualquer indivíduo, de qualquer instituição, para além do que trace o ordenamento, estão limitados não só pelo que podem os outros indivíduos e instituições, mas, ainda, pelo que, legitimamente, podem exigir na defesa de seus patrimônios jurídicos. (BRASIL, 2009a).

O referido Ministro do TST assinala que o empregador, ao assumir os riscos de seu empreendimento, toma para si a obrigação de adotar providências que garantam a segurança de seu patrimônio, iniciativa que encontra larga resposta na tecnologia moderna. De tal modo, não existe nada e nenhuma norma que autorize o empregador ou seus prepostos a obrigar os empregados ao desnudamento para a prática das revistas íntimas. Em razão disso:

> Não há revista íntima razoável. O ato em si constitui abuso de direito e, diante do regramento constitucional, é ilícito. O direito de propriedade não se estende a ponto de permitir ao empregador dispor da intimidade de seus empregados, submetendo-os, cruelmente, a humilhações, às quais se curvam pela necessidade de conservação do emprego. Não é razoável tolerar-se a recusa a valor tão básico, cuja reiteração, por certo, redunda em rigorosa modificação do espírito e em irrecusável sofrimento para o trabalhador. Pergunta-se como reagiriam empregador, seus prepostos e, ainda, aqueles que sustentam tal comportamento, acaso submetidos a diárias revistas íntimas. Não se crê que, então, sustentassem-nas com tal vigor. São inapreensíveis por outrem os direitos pessoais à preservação da dignidade, intimidade, privacidade e honra. Infligindo dano moral, obriga-se o empregador à indenização correspondente (CF, art. 5º, V). (BRASIL, 2009a).

Segundo Barbosa Júnior (2008):

> Não há como resguardar a dignidade humana procedendo-se a revistas físicas nos corpos ou em espaços reservados. Interpretação diversa torna o

sistema incoerente. O simples fato de submeter alguém a tais constrangimentos, por si só, é idôneo bastante à aplicação de compensações diversas. É legitimar o cometimento de assédio às honras dos empregados e um desrespeito à função social da propriedade, que, em se verificando no âmbito da propriedade imóvel, enseja sua desapropriação. (BARBOSA JÚNIOR, 2008, p. 90).

Não obstante a revista íntima ser vedada pelo art. 373-A, VI, da CLT, e, por consequência, afastada a sua prática pela jurisprudência dos TRTs e do TST, a Ministra Maria de Assis Calsing, em decisão proferida pelo TST em 2011, considerou lícita e não abusiva a prática de revistas íntimas em agente de disciplina de presídio. (BRASIL, 2011b).

Trata-se de uma decisão coerente e condizente com os critérios que visam a estabelecer os limites quanto à eficácia horizontal dos direitos fundamentais no Direito do Trabalho, uma vez que a situação concreta é absolutamente peculiar.

De acordo com a Ministra Maria de Assis Calsing, o detector de metais e o aparelho de raio-x não permitem que seja averiguada com efetividade a entrada de drogas que porventura possam ser postas no ânus de uma pessoa, pois podem ser envolvidas em pedaços de pão ou pizza, e, assim, serem confundidas no aparelho de raio-x com os alimentos ou com as fezes. Por isso, entende pela prática da revista íntima, por tratar-se de um local onde a entrada de drogas é feita justamente pelos que lá trabalham. (BRASIL, 2011b).

Assegura, ainda, a Ministra Maria de Assis Calsing que não existe outro meio para que seja substituída a revista no agente de presídio. Apesar de haver outros meios para se detectar a presença de drogas na entrada dos presídios, como, por exemplo, cães farejadores, câmeras de segurança e portal detector de drogas e explosivos que acusam a presença de substância entorpecente pela emanação do calor humano, não há como se cogitar de que cão farejador possa, pelo olfato, cheirar, no ânus de alguém, droga envolta em pão ou pizza, em razão da presença de odores bem mais fortes na localidade. Além disso, as câmeras de segurança também não podem ser colocadas nos banheiros dos presídios, onde as drogas uma vez transportadas são liberadas. E, com relação ao portal detector de drogas pela emanação do calor humano, o seu preço, infelizmente, torna inviável a sua aquisição imediata e genérica para uso nos presídios brasileiros. Além do que os referidos aparelhos estão apenas em fase de teste pela Polícia Federal. (BRASIL, 2011b).

Segue a ementa na íntegra:

RECURSO DE REVISTA. REVISTA ÍNTIMA. AGENTE DE DISCIPLINA DE PRESÍDIO. PRINCÍPIO DA PROPORCIONALIDADE. RELAÇÕES ESPECIAIS DE SUJEIÇÃO. PREVALÊNCIA DO INTERESSE COLETIVO. DANOS MORAIS INEXISTENTES.
I. As premissas fáticas consignadas pelo Regional e, portanto, imutáveis nesta esfera (Súmula n. 126) foram: a) o Autor, como agente de disciplina trabalhando em pre-

sídio, era submetido a revista íntima onde tinha de se desnudar, agachar três vezes e abrir a boca botando a língua para fora; b) essa revista era feita em uma sala fechada, perante dois colegas que deixavam o turno e era de pleno conhecimento do Autor desde o curso preparatório para o ingresso na função; c) o próprio Autor ao deixar o turno também vistoriava os que entravam para lhe render; d) o detector de metais e aparelho raio-x que havia no presídio não se prestavam a detectar a entrada de droga. II. Nesse panorama, a questão que se coloca é se a pretexto da defesa da segurança ou de um interesse coletivo, a intimidade de um indivíduo, direito fundamental, pode ser afrontada na forma como acima foi exposta. Os direitos fundamentais, que se assentam na própria Constituição da República, podem sofrer limitação quando estiver em jogo a necessidade de se viabilizar o funcionamento adequado de certas instituições — são as situações chamadas de relações especiais de sujeição. É o princípio da proporcionalidade que vai traçar a legalidade ou não de determinada conduta quando estiver na balança esta mesma conduta em oposição a um direito fundamental individual. E as dimensões do princípio da proporcionalidade têm sido pontuadas pela doutrina (a partir de decisões da Corte Constitucional alemã) em três critérios: a adequação, a necessidade ou vedação de excesso e de insuficiência e a proporcionalidade em sentido estrito. Estando presentes estes três critérios, há possibilidade de se limitar um direito fundamental. III. Do que ficou assentado, a revista era necessária porque o raio-x não detectava a entrada de drogas no presídio. Portanto, nem o detector de metais nem o aparelho de raio-x poderiam substituir a revista que era procedida. Ademais, extrai-se, com facilidade, do acórdão regional, que o motivo que ensejou a adoção do procedimento ora questionado foi exatamente a inadequação da aparelhagem para coibir a entrada de drogas no presídio. A revista íntima procedida foi adequada e a possível para atingir o resultado que se pretendia, isto é, não permitir a entrada de drogas no presídio. IV. Não há de se questionar que a revista a que eram submetidos os empregados da Reclamada enquanto agentes de disciplina era no mínimo constrangedora. O que se deve perquirir é se havia maneira menos onerosa moralmente para se evitar que a fiscalização para coibir a entrada de drogas fosse realizada dessa forma. E, aqui, há de se considerar que a Reclamada prestava serviço a uma penitenciária do estado que, portanto, era quem disponibilizava os meios de fiscalização. E esses meios, detector de metais e aparelho de raio-x, não permitiam que se averiguasse a entrada de drogas, porque eram ineficazes. Ademais, à época, não havia mesmo outro meio mais suave ou menos constrangedor para se atingir o fim pretendido. V. Por fim, ainda resta analisar o último viés do princípio da proporcionalidade: o benefício alcançado pela revista íntima buscou preservar valores mais importantes do que os protegidos pelo direito que tal medida limitou? E a resposta a esta última indagação exsurge cristalina no sentido afirmativo, porque o objetivo da revista era nada menos do que garantir a segurança dos presídios, em benefício de toda a população, inclusive dos que ali trabalham. A razão pública aqui suplanta a limitação da intimidade do Autor. Violações não configuradas. Recurso de Revista não conhecido. (BRASIL, 2011b).

Diante das manifestações aqui arroladas, pode-se concluir que, regra geral, as revistas íntimas, sejam muito ou pouco invasivas, são proibidas pelo Direito, especialmente pela Constituição da República, quer quanto às mulheres, quer quanto aos homens.

Porém, excepcionalmente, em situações que envolvam crucial *interesse público* (e não meramente privado), *sendo também inviável a eficaz utilização de outro meio de controle (caso de presídios, por exemplo), pode-se conferir validade a tal tipo de revista*.

A exceção, entretanto, não se estende aos casos em que apenas há interesse privado empresarial envolvido, nem aqueles em que o uso de outro conjunto de mecanismos e equipamentos mostre-se eficiente para resguardar os interesses patrimoniais do empregador.

6.2. REVISTAS NOS BENS DE USO PESSOAL DO EMPREGADO E NOS ESPAÇOS DESTINADOS A GUARDÁ-LOS

O problema da revista realizada pelo empregador nos bens de uso pessoal do empregado, bem como nos espaços cedidos por aquele para que este possa guardar os seus objetos pessoais possui ampla relação com o direito à privacidade — examinado no tópico 6.1 deste capítulo.

Ao se analisar, contudo, a possibilidade ou não de revista por parte do empregador, é necessário estabelecer a diferença entre a revista íntima e a revista realizada sobre os bens de uso pessoal do empregado, assim como a que é praticada nos espaços cedidos pelo empregador para o empregado guardar seus objetos pessoais. Tal diferenciação é relevante porque o art. 373-A, VI, da CLT, ao vedar a prática de revistas em relação às mulheres empregadas, não traz qualquer indicação a respeito do completo significado da expressão "revistas íntimas".

A revista praticada nos bens de uso pessoal do empregado é aquela que o sujeita a abrir seu veículo, suas bolsas, sacos, sacolas e a despejar o conteúdo deles sobre uma mesa. Já a revista realizada sobre os espaços cedidos pelo empregador para o empregado guardar os seus objetos pessoais é aquela que o sujeita a abrir armários e gavetas no local de trabalho. O objetivo de ambas as revistas é averiguar a possível ocorrência de furto pelo empregado na empresa e a possibilidade de o empregado entrar no local de trabalho com algum objeto proibido.

Naturalmente que tal situação de revista não se enquadra, regra geral, para a maioria da jurisprudência no conceito de revista íntima, inserido no art. 373-A da CLT.

Como a Lei n. 9.799, de 26 de maio de 1999, ao inserir o art. 373-A, VI, da CLT, não definiu de forma exata o significado da expressão "revista íntima", aqui se entende que a sua vedação deve ser aplicável a quaisquer de suas modalidades, seja a revista realizada na pessoa do trabalhador, seja a realizada em seus bens de uso pessoal, ou mesmo nos espaços cedidos pelo empregador para que o empregado possa guardar os seus objetos pessoais.

Apesar de no presente estudo se seguir esse raciocínio, Souza (2008, p. 174) assinala que "com lamentável frequência, grandes empresas — em especial lojas de departamentos — promovem diariamente revistas a seus funcionários".

Relata Souza (2008, p. 174) que é tolerada a prática de se permitir que o segurança da loja veja o que há dentro das bolsas e bolsos dos empregados. Além de normalmente haver previsão nos regulamentos de empresa sobre o fato. Os contratos individuais de trabalho vêm estabelecendo a permissão para tal tipo de intromissão do empregador na intimidade dos seus funcionários. Neste sentido:

> Argumentam as empresas que se trata de prerrogativa advinda do poder de proteção de seu patrimônio, que não há vedação na legislação trabalhista e que o próprio trabalhador adere à rotina. Evidentemente, trata-se de cláusula contratual — ou regulamentar — a que adere o empregado, sem possibilidade de discussão. A inadequação da cláusula contratual não ocorre simplesmente porque é imposta, mas em vista da sua abusividade e lesividade. (SOUZA, 2008, p. 174).

Quanto à revista realizada em bens de propriedade da empresa, argumenta Mori (2011, p. 96) que, em muitas situações, os armários e as gavetas são abertos pelos chefes e supervisores sem a presença e a autorização do trabalhador. Mesmo que esse espaço seja concedido pelo empregador para que o trabalhador possa guardar objetos de uso pessoal, tal espaço reservado ao trabalhador dentro da empresa integra o seu direito à privacidade.

Percebe-se, assim, que o empregador realiza as duas modalidades de revista nos empregados como uma forma de assegurar a proteção ao seu patrimônio. Algumas empresas sorteiam os empregados a serem revistados, outras as realizam diariamente em todos os seus empregados, mesmo quando não há suspeita de prática de ato ilícito no ambiente de trabalho.

Informa Nunes (2011, p. 95) que a maior parte das empresas praticam a revista atuando com forte e visível discriminação. Assevera que a sua prática recai quase em sua totalidade nos empregados de baixa qualificação. Para a autora, além do erro cometido durante a prática dessas revistas, o empregador ao praticá-las comete também o ilícito da discriminação.

Abreu (2006, p. 66) sugere que as revistas sejam feitas normalmente na saída e excepcionalmente na entrada do local de trabalho.

Não obstante inexistam no ordenamento jurídico brasileiro regras claras que disciplinem a revista sobre os bens de uso pessoal do empregado ou sobre os espaços destinados aos trabalhadores no local de trabalho para que possam guardar os seus objetos pessoas, todas elas integram o patrimônio da intimidade do trabalhador.

Consoante ensina Mori (2011, p. 99), a proteção da propriedade privada do empregador e de outros colegas de trabalho não justifica a realização de tais revistas. A revista de diversos trabalhadores (muitos dos quais inocentes, ou mesmo a sua totalidade) constitui meio não eficaz e não adequado para proteger o direito de propriedade do empregador, visto que há risco de não ser encontrado nenhum objeto junto ao empregado, sendo ele submetido a constrangimento de forma desnecessária.

Ensina Nilson Nascimento (2009, p. 124) que, apesar de não existir uma regulamentação específica da CLT sobre a possibilidade de o empregador promover revistas no ambiente de trabalho, o domínio do empregador sobre a empresa não significa que este detenha poder absoluto em relação aos empregados e que estes tenham de ser obrigados a se sujeitar a toda e qualquer ordem emanada do seu empregador.

Para Simón (2000), quando as revistas são praticadas:

> O princípio da igualdade (art. 5º, *caput*) é flagrantemente desrespeitado. Privilegia-se o empregador, autorizando-o a tomar medida para defesa de seu patrimônio que nenhuma outra pessoa pode adotar, e prejudica-se o empregado, pelo simples fato de encontrar-se numa relação de subordinação. (SIMON, 2000, p. 86).

Para a autora citada, por intermédio da prática das revistas, retira-se do Estado a exclusividade da função policial que tem por objetivo preservar o bem e a segurança privada. O poder de revistar é típica função da polícia e a partir do momento em que é exercido pelo empregador, este passa a assumir característica de polícia privada.

Consoante ensina Baracat (2003, p. 243), a revista, seja ela em armários, bolsas e até mesmo em roupas, mesmo que em partes íntimas do corpo do empregado, tem sido defendida pelos empregadores, sob a alegação de defesa ao patrimônio contra os empregados. O autor demonstra que o argumento que sufraga a revista do empregado pelo empregador é falho e contraditório, além de ferir o dever de cuidado decorrente do princípio da boa-fé objetiva. E ainda:

> É contraditório, porque quando se celebra um contrato de trabalho, presume-se um mínimo de confiança entre as partes, mormente do empregador em relação ao empregado. Ninguém contrata um empregado sem que exista essa confiança ou desconfiando que esse empregado possa vir a furtar-lhe um bem. (BARACAT, 2003, p. 243).

Desse modo, o empregador que submete o empregado à revista contraria o princípio da boa-fé objetiva, que consiste numa regra obrigatória do Direito do Trabalho, do qual emanam os deveres de cooperação, colaboração e lealdade entre as partes.

Para Baracat (2003, p. 244), a revista do empregado, seja pessoal, seja em armários ou bolsas, viola o princípio da igualdade entre as partes, uma vez que o empregador, com o argumento da dispensa, coage o empregado a permitir a revista. Este autor também assevera, com exatidão, que a revista viola a intimidade do trabalhador e, por consequência, o princípio da dignidade da pessoa humana. Para ele, não importa se a revista é feita nas partes íntimas ou no armário, a ofensa à intimidade e à dignidade da pessoa humana haverá em qualquer das hipóteses, em virtude da humilhação a que é submetido o empregado, por ter sua honestidade questionada dentro de uma relação de confiança, que é a de emprego.

Nunes (2011, p. 76) também entende que as revistas devem ser rechaçadas do ambiente de trabalho, caso contrário haverá desestabilização das relações laborais, e destaca que "a desconfiança extrema não condiz com a fidúcia inerente ao contrato de trabalho, o ambiente de trabalho não pode se tornar um ambiente de desconfiança generalizada".

Na mesma linha, tem-se a visão de Gosdal (2010, p. 126). Para a autora, a revista realizada em bolsas e pertences do empregado é ilícita por acarretar danos psíquicos ao trabalhador por ofender-lhe a sua dignidade e a sua honra.

Para Gurgel (2010, p. 168), a revista nos pertences do empregado afronta o direito à propriedade privada do trabalhador.

Segundo Válio (2009, p. 45): "É impossível conceber o homem trabalhador sem as devidas garantias aos seus direitos humanos e de personalidade".

Ainda consoante Válio (2009, p. 52): "Os direitos fundamentais repousam sobre o valor básico do reconhecimento da dignidade da pessoa humana. Sem este reconhecimento, inviabiliza-se a própria noção de direitos fundamentais".

Segue-se aqui, portanto, o pensamento dos autores que afastam a prática das revistas realizadas nos bens de uso pessoal do empregado, assim como nos espaços cedidos pelo empregador para que o empregado possa guardar os seus objetos pessoais, tendo em vista a esfera privada, particular e íntima do trabalhador compreender não apenas o seu corpo, mas também aquela destinada aos bens de uso pessoal e aos espaços destinados a guardá-los no local de trabalho. Todas essas práticas submetem o trabalhador a constrangimento. Além disso, a falta de confiança mútua entre os contratantes constitui fator capaz de abalar a boa-fé instituída na relação de emprego, e a desconfiança não condiz com a fidúcia inerente ao contrato de trabalho.

Evidente, contudo, que podem existir situações excepcionalíssimas nas quais o tipo de atividade empresarial imponha maior controle sobre as entradas e as saídas das empresas. Ilustrativamente: indústrias fabricantes de drogas lícitas, de substâncias tóxicas ou explosivas, por demandarem controle das autoridades e por implicarem risco à sociedade. Do mesmo modo, empresas que lidem com joias e armamentos. Importante observar, contudo, que, nestes casos exceptivos, a revista deve ser o mais cuidadosa possível de modo a equilibrar o respeito ao indivíduo com o imperativo fiscalizatório.

Então, em situações excepcionais, é preciso que a revista seja realizada com prudência, razoabilidade e em harmonia com os princípios que visam a assegurar a proteção aos direitos da personalidade do empregado. Ademais, essas revistas devem representar o último recurso para satisfazer ao interesse empresarial à falta de outros meios. Portanto, somente em tais casos a revista se justifica. Mesmo assim, é necessário que haja forte suspeita e não mera desconfiança sobre a prática de ato de improbidade praticado pelo empregado no trabalho.

Consoante ensina Maschietto (2010, p. 88), existem determinados segmentos do ramo farmacêutico que possuem, entre seus produtos industriais, determinadas drogas que, se o desvio não for eficazmente coibido, poderão ser objeto de comércio ilegal. A utilização de meios rigorosos para que seja realizada a fiscalização com a finalidade de impedir a saída ilícita do medicamento do estabelecimento representa uma forma de obrigação da empresa. Ela deve impedir ou ao menos contribuir para que tais medicamentos não sejam desviados e comercializados indiscriminadamente no mercado negro, em decorrência do risco de afetarem a saúde pública. Esta é uma hipótese cabível de permissão da revista na empresa, já que o seu propósito seria o de evitar o desvio de medicamentos legalmente controlados.

Ainda conforme Maschietto (2010, p. 88), no que tange à indústria de armamentos, a revista também se justifica pela sua finalidade de coibir o furto de armas, bem como de objetos que coloquem em risco a paz social.

É preciso observar, contudo, que nos casos supraelencados, qualquer limitação aos direitos da personalidade do empregado deve estar fundada no princípio da razoabilidade e da proporcionalidade, tendo em vista que é preciso estabelecer limite ao exercício do poder diretivo do empregador, bem como a possibilidade de limitação aos direitos da personalidade do empregado no Direito do Trabalho.

Para tanto, faz-se necessário recorrer, nos exemplos traçados por Maschietto (2010), à atuação conjugada e unitária da aplicação dos princípios da proporcionalidade e da razoabilidade, para que sejam afastados os abusos decorrentes do exercício do poder diretivo durante o procedimento das revistas realizadas sobre os bens de uso pessoal do empregado ou sobre os espaços cedidos pelo empregador para que o empregado possa guardar os seus objetos pessoais.

De acordo com Mauricio Delgado (2010c, p. 41), o princípio combinado da proporcionalidade e da razoabilidade fornece poderosíssimo instrumental de análise e avaliação jurídicas tanto de normas de Direito como de condutas humanas e sociais. Ambos os princípios devem ser utilizados conjuntamente, por meio de uma combinação harmônica de suas proposições diretivas.

Ainda concorde Mauricio Delgado (2010c, p. 43): "Sua utilização conjugada, como se tratasse na verdade de princípio da proporcionalidade e razoabilidade, alarga e potencializa o instrumental analítico do Direito e da vida nas mãos do operador jurídico". E, neste prisma:

> Pelo princípio da proporcionalidade e razoabilidade, os comandos resultantes das normas jurídicas devem ser interpretados segundo critério que pondere o adequado equilíbrio entre meios e fins a elas vinculados, de acordo com um juízo de verossimilhança, sensatez e ponderação. (DELGADO, M. G., 2010c, p. 43).

Da mesma forma que em relação às revistas íntimas, deve o empregador investir em tecnologia para fiscalizar o seu patrimônio sem precisar recorrer às revistas realizadas sobre os bens de uso pessoal do empregado ou sobre os espaços cedidos pelo empregador para que o empregado possa guardar os seus objetos pessoais. O atual estágio da evolução tecnológica oferece uma gama de métodos capazes de propiciar uma fiscalização eficaz sem que haja a necessidade de revistar os bens de uso pessoal dos empregados para a efetivação do exercício do poder fiscalizatório do empregador.

Portanto, em respeito ao princípio da função social da empresa, o empregador deve investir em tecnologias para a fiscalização de seu patrimônio. É possível ao empregador exercer seu poder de fiscalização mediante a utilização de determinados métodos tecnológicos, tais como a colocação de etiquetas magnéticas em seus produtos, o controle de entrada e saída de estoque, as filmagens por meio de circuito interno ou o uso de detectores de metais, sem ter de realizar as revistas sobre os bens de uso pessoal do empregado ou sobre os espaços que são cedidos pelo empregador para o empregado guardar os seus bens pessoais.

Segundo Nunes (2011):

> A tecnologia apresenta hoje inúmeras formas para o controle do patrimônio do empregador, somente sendo possível a revista em objetos pessoais dos empregados caso não seja possível o alcance de solução por meio da tecnologia. (NUNES, 2011, p. 119).

Como bem expressa Mori (2011, p. 100), não é necessário que homens e mulheres retirem suas roupas ou parte delas em frente a outras pessoas, ou abram suas bolsas, armários e gavetas de uso pessoal, ou ainda veículos próprios para demonstrar que nada furtaram, quando existem diversas outras possibilidades de proteção da propriedade privada. Além disso, o controle de estoque permite saber o exato fluxo de bens contidos no espaço empresarial. Sendo assim:

> A tecnologia permite a detecção de materiais existentes na matéria-prima, evitando que produtos ou pertences da empresa passem pela porta de saída

de uma fábrica, tal como ocorre nas portas das bibliotecas e nos aeroportos, sem agredir com isto a intimidade do transeunte. Ainda, se as câmeras de vídeo não podem servir para controlar o desempenho profissional do trabalhador, podem servir para controlar a matéria-prima e os equipamentos da empresa, desde que observadas as formalidades legais para sua instalação. (MORI, 2011, p. 100).

A tecnologia, por meio da colocação de etiquetas magnéticas em livros e roupas, torna desnecessária a inspeção em bolsas e sacolas dos empregados.

Neste sentido, destaca-se decisão proferida pelo Ministro do TST Mauricio Godinho Delgado em 2011:

É público e notório que grandes redes de lojas dispõem de vigilância constante através de aparelhos eletrônicos, não só para fiscalizar seus empregados e colaboradores, mas também seus clientes. E diante deste monitoramento é injustificável a manutenção de revista pessoal dos empregados. A preservação do patrimônio não pode se sobrepor à dignidade da pessoa humana. (BRASIL, 2011c).

Souza (2008) compartilha a mesma visão. Para este autor, diversos outros meios podem ser utilizados para impedir riscos de funcionários, como a colocação de dispositivos de segurança eletrônica (câmeras, sensores). Destaca o autor que as empresas, infelizmente, preferem os mais baratos e os mais indignificantes, como a humilhação de seus funcionários por meio da prática das revistas, tendo em vista que o objetivo é conservar o seu patrimônio, evitando gastos com equipamentos, mesmo que por meio da readequação do espaço físico de suas lojas à custa da dignidade de seus colaboradores.

Pertinente trazer à baila o pensamento de Nunes (2011), ao também apontar como sugestão:

A utilização de armários externos, fora dos vestiários, com a presença de segurança se for o caso, para guarda de bens pessoais dos trabalhadores, o uso de uniformes para prevenir a ocorrência de furto, as portas giratórias com detectores de metais, contagem de estoque no início e no término das jornadas, dentre outros meios que visem à proteção do patrimônio do empregador, sem ferir o patrimônio íntimo do empregado. (NUNES, 2011, p. 120).

A respeito das filmagens, estas só poderão ser realizadas em áreas comuns, sendo proibidas aquelas reservadas e íntimas dos empregados, como nos vestiários, banheiros, refeitórios e dormitórios, ou em quaisquer outros locais em que se exija ter o empregado preservada a sua intimidade.

De acordo com Barros (2009, p. 75), a tecnologia deve ser utilizada para evitar ou reduzir os efeitos da revista na intimidade dos empregados. Para a autora, a colocação de etiquetas magnéticas em livros e roupas também torna desnecessária a inspeção em bolsas e sacolas nos estabelecimentos comerciais.

Vale registrar decisão já destacada, na qual Mauricio Godinho Delgado, Ministro do TST, considerou ilícita a revista realizada nos bens de uso pessoal do empregado:

> Não se olvida que o poder empregatício engloba o poder fiscalizatório (ou poder de controle), entendido este como o conjunto de prerrogativas dirigidas a propiciar o acompanhamento contínuo da prestação de trabalho e a própria vigilância efetivada ao longo do espaço empresarial interno. Medidas como o controle de portaria, as revistas, o circuito interno de televisão, o controle de horário e frequência e outras providências correlatas são manifestações do poder de controle. Por outro lado, tal poder empresarial não é dotado de caráter absoluto, na medida em que há em nosso ordenamento jurídico uma série de princípios limitadores da atuação do controle empregatício. Nesse sentido, é inquestionável que a Carta Magna de 1988 rejeitou condutas fiscalizatórias que agridam a liberdade e dignidade básicas da pessoa física do trabalhador, que se chocam, frontalmente, com os princípios constitucionais tendentes a assegurar um Estado Democrático de Direito e outras regras impositivas inseridas na Constituição, tais como a da "inviolabilidade do direito à vida, à liberdade, à igualdade, à segurança e à propriedade" (art. 5º, *caput*), a de que " ninguém será submetido (...) a tratamento desumano e degradante" (art. 5º, II, I) e a regra geral que declara "invioláveis a intimidade, a vida privada, a honra e a imagem da pessoa, assegurado o direito à indenização pelo dano material ou moral decorrente de sua violação" (art. 5º, X). Todas essas regras criam uma fronteira inegável ao exercício das funções fiscalizatórias no contexto empregatício, colocando na franca ilegalidade medidas que venham cercear a liberdade e a dignidade do trabalhador [...]. (BRASIL, 2011c).

E prossegue com exatidão:

> Sob uma interpretação sistemática e razoável dos preceitos legais e constitucionais aplicáveis à hipótese, este Relator entende que a revista diária em bolsas e sacolas, por se tratar de exposição contínua da empregada a situação constrangedora no ambiente de trabalho, que limita sua liberdade e agride sua imagem, caracteriza, por si só, a extrapolação daqueles limites impostos ao poder fiscalizatório empresarial, mormente quando o empregador possui outras formas de, no caso concreto, proteger seu patrimônio contra possíveis violações. Destarte, as empresas, como a Reclamada, têm plenas condições de utilizar outros instrumentos eficazes de controle de seus produtos, como câmeras de filmagens e etiquetas magnéticas. Tais procedimentos inibem e evitam a violação do patrimônio da empresa e, ao mesmo tempo, preservam a honra e a imagem do trabalhador. (BRASIL, 2011c).

Apesar de se defender aqui o entendimento quanto ao afastamento da prática das revistas que são realizadas sobre os bens de uso pessoal do empregado, bem como sobre os espaços cedidos pelo empregador para empregado guardar os seus bens de uso pessoal, parte prevalecente da doutrina e da jurisprudência trabalhista brasileira tem se mostrado favorável a essa prática, desde que realizada na medida da razoabilidade. A justificativa para tal posicionamento reside na faculdade oriunda do poder diretivo do empregador para a salvaguarda do seu patrimônio. O fundamento também reside no fato de que a revista ao final da jornada não é capaz de gerar o direito à indenização por constrangimento ou violação à intimidade do trabalhador, a menos que seja praticada de forma abusiva, vejam-se:

> DANO MORAL. REVISTA. INDENIZAÇÃO INDEVIDA. A Reclamada reconheceu que realizava revistas em sacolas ou bolsas transportadas pelos empregados. Entretanto, tal conduta não pode ser considerada como ilícita, pois as revistas eram direcionadas a todos os empregados e eram procedidas de forma superficial, sem qualquer abuso. Ademais, não restou comprovado qualquer prejuízo à integridade moral do Reclamante, de forma que é indevida a indenização postulada. (PARANÁ, 2007).

> INDENIZAÇÃO POR DANOS MORAIS. REVISTA EM BOLSAS E SACOLAS. 1. A obrigação de indenizar encontra-se condicionada à comprovação do dano sofrido, à culpa do empregador e ao nexo causal entre eles, sendo esses requisitos essenciais para se atribuir a responsabilidade civil. 2. A revista aos pertences dos empregados, por si só, não constitui violação à intimidade e à honra. Trata-se de faculdade do empregador o controle e a fiscalização, estando inserida em seu poder diretivo, não configurando prática excessiva a revista de bolsas, sem qualquer contato físico ou exposição da reclamante a situações constrangedoras. 3. Não tendo a Reclamante se desincumbido do ônus da prova de que a Reclamada teria agido ilicitamente ao proceder a revista de sua bolsa e que este ato gerou danos à sua pessoa, improcede o pedido indenização por danos morais. (MINAS GERAIS, 2010a).

Para Barros (2009, p. 73), a insubordinação do empregado contra a revista dá margem à presunção de culpa do mesmo, autorizando o reconhecimento da justa causa. Neste sentido:

> Não basta a tutela genérica da propriedade; deverão existir circunstâncias concretas que justifiquem a revista. É mister que haja, na empresa, bens suscetíveis de subtração e ocultação, com valor material, ou que tenham relevância para o funcionamento da atividade empresarial e para a segurança das pessoas. (BARROS, 2009, p. 73).

Em outra obra, Barros (2011) ainda menciona:

> Em face das peculiaridades que envolvem o assunto e para limitar esse poder de fiscalização do empregador, recomenda-se que tais revistas

ocorram, preferencialmente, na saída do trabalho, por meio de critério objetivo (sorteio, numeração etc.), não seletivo, mediante certas garantias, como a presença de um representante dos empregados, ou, na ausência deste, de um colega de trabalho, para impedir abusos. Em determinadas circunstâncias, sugere-se, até mesmo, que a revista se faça na presença de colegas do mesmo sexo, para se evitarem situações constrangedoras. (BARROS, 2011, p. 468).

De acordo com Maschietto (2010, p. 87), a realização das revistas encontra fundamento legal no direito de propriedade, bem como na livre iniciativa do empregador. Várias empresas, sob a justificativa de aumento da produção, de segurança do negócio, de controle de estoque, de fiscalização e de comando dos empregados, monitoram os passos e as atividades dos seus empregados, gerando, assim, a necessidade de realização das revistas. Em suas palavras:

> Não sem razão, já que em alguns segmentos a empresa tem o dever de fiscalização não só para com ela mesma e seus acionistas, mas também para com o Estado e com toda a sociedade. Trata-se de um dever social. (MASCHIETTO, 2010, p. 87).

Abreu (2006), na mesma linha de raciocínio, assinala:

> A revista realizada em sacolas de compras realizadas pelo empregado junto ao próprio empregador, em conformidade com as regras observadas em relação a todos os empregados, quando praticada de forma respeitosa e discreta, não configura qualquer ofensa aos direitos da personalidade. Nesse caso, o desconforto pessoal causado pelo procedimento, sem que haja qualquer circunstância excepcional que demonstre a ocorrência de excessos suscetíveis de macular a honra subjetiva do empregado ou mesmo o seu conceito moral no universo pessoal a que pertence, não é suficiente para justificar a reparação patrimonial. (ABREU, 2006, p. 56).

E Nilson Nascimento (2009), nesta ótica, adverte:

> O empregador deve realizar as revistas com prudência, urbanidade e razoabilidade. As revistas pessoais, quando necessárias, devem ser realizadas a partir de critérios claros, de conhecimento geral, sem discriminações, de forma reservada, sem excessos, evitando agressões morais e exposições a vexames no ambiente de trabalho e preservando os direitos fundamentais do trabalhador. (NASCIMENTO, Nilson, 2009, p. 126).

Antônio Carlos Oliveira (2011, p. 125) também defende a prática das revistas, desde que haja na empresa bens suscetíveis de subtração e ocultação. O autor admite a sua prática às empresas que lidam com mercadorias extremamente vulneráveis de serem subtraídas, a exemplo de supermercados e lojas de departamento que comercializam produtos dos mais variados tamanhos e preços. Segundo ele, tais produtos têm como matéria-prima os mais diversos componentes, a exemplo de plásticos, metais e pedras. Do mesmo modo, o autor também admite a realização de revistas nos hotéis, em que os empregados acessam as dependências e os pertences variados dos hóspedes.

Para Antônio Carlos Oliveira (2011, p. 125), em se tratando, contudo, de revistas em lojas que comercializam veículos motorizados, como carros, motocicletas e lanchas, não há motivo à sua realização. Para ele, trata-se de uma situação na qual a circulação de empregados não implicará risco de subtração das mercadorias comercializadas, sendo a revista, nesta situação, abusiva.

O Ministro do TST Luiz Philipe Vieira de Mello Filho também entende pertinente a realização das revistas sobre os bens de uso pessoal do empregado, bem como sobre os espaços cedidos pelo empregador para que o empregado possa guardar os seus objetos pessoais. Adiante, trecho de sua decisão:

> Não há que falar em ofensa ao princípio da dignidade da pessoa humana ou à presunção geral de inocência, porquanto o ato empresarial revela exercício regular de proteção de seu patrimônio, consistindo em prerrogativa do empregador, tendo em vista o seu poder diretivo, não caracterizando prática excessiva de fiscalização capaz de atentar contra a dignidade do empregado, mormente por seu caráter generalizado, sendo incapaz de acarretar constrangimento ou lesão à privacidade dos inspecionados. (BRASIL, 2011d).

Observa-se que a jurisprudência prevalecente do TST vem se posicionando favoravelmente quanto à prática das revistas sobre os bens de uso pessoal do empregado, bem como sobre os espaços que são cedidos pelo empregador para que o empregado possa guardar os seus objetos pessoais no ambiente de trabalho, desde que realizada de modo impessoal, geral e sem contato físico, como sinalizam diferentes julgados:

> DANO MORAL. OFENSAS RELACIONADAS À IDADE DA RECLAMANTE. REVISTA VISUAL DE BOLSAS E SACOLAS 1. O Tribunal Regional consignou que as ofensas relacionadas à idade da Reclamante não foram comprovadas e que, portanto, o dano alegado pela Autora não foi demonstrado. 2. Quanto às revistas, este Tribunal tem reiteradamente entendido que a inspeção visual de bolsas, pastas e sacolas dos empregados, sem contato corporal ou necessidade de despimento, e ausente qualquer evidência de que o ato possa natureza discriminatória, não é suficiente para, por si só, ensejar reparação por dano moral. (BRASIL, 2009b).

REVISTA REALIZADA EM BOLSAS DOS EMPREGADOS. DANO MORAL. NÃO CONFIGURAÇÃO. Esta Corte tem entendido que o poder diretivo e fiscalizador do empregador permite a realização de revista em bolsas e pertences dos empregados, desde que procedida de forma impessoal, geral e sem contato físico ou exposição do funcionário à situação humilhante e vexatória. Desse modo, a revista feita exclusivamente nos pertences dos empregados não configura, por si só, ato ilícito, sendo indevida a reparação por dano moral. No caso dos autos, o Regional não informou a existência de eventual abuso de direito, mas apenas concluiu, a partir dos fatos narrados, pela existência de dano moral por entender que a prática realizada pela empresa, *a priori* e por si só, expunha o empregado à situação vexatória e constrangedora, passível de reparação. Estando essa conduta amparada pelo poder diretivo do empregador, à vista do quadro fático delineado pelas instâncias ordinárias, e se constatando ter havido abuso de direito, deve ser reformada a decisão em que se reconheceu a existência de dano moral bem como condenou a reclamada ao pagamento a ele correspondente. Recurso de revista conhecido e provido. (BRASIL, 2011e).

Percebe-se, por meio dos julgados transcritos, que revistas sobre os bens de uso pessoal do empregado e sobre os espaços cedidos pelo empregador para o empregado guardar os seus objetos pessoais no ambiente de trabalho têm sido toleradas tanto pela doutrina quanto pela jurisprudência trabalhista brasileira. A análise dos julgados trazidos à baila permite a conclusão de que a revista deve ser admitida, desde que exercida dentro dos limites do Direito.

Apesar de a doutrina e a jurisprudência trabalhistas brasileiras dominantes se posicionarem de modo a favorecer o procedimento de tais modalidades de revista nos empregados, inclina-se aqui no sentido de não assegurar a sua possibilidade de realização. Ainda que não haja contato físico, a revista nos bens de uso pessoal do trabalhador implica exposição indevida à sua intimidade e inegável violação à sua honra e à sua dignidade. Além disso, a revista realizada em objetos de uso pessoal do empregado faz presumir a desonestidade deste trabalhador que está sendo revistado, o que viola, portanto, o princípio geral da boa-fé objetiva no contrato de trabalho.

Como bem explana Marilda Silva (2007, p. 778): "São criadas na relação de emprego obrigações de ordem pessoal, onde a confiança recíproca é necessária, e a boa-fé torna-se indispensável".

Assim sendo, a prática das revistas sobre os bens de uso pessoal do empregado não se coaduna com a função social a que se destina o contrato de trabalho, que corresponde à aplicação do princípio da proteção ao trabalhador, parte economicamente mais fraca da relação de emprego, com vistas a assegurar a sua dignidade.

Qualquer modalidade de revista viola o direito à intimidade e os princípios da presunção de inocência e da dignidade do trabalhador, causando constrangimento e desconforto ao empregado. Como o empresário é o legítimo detentor do poder empregatício, cabe a ele não só o dever de investir em outros meios para proteger o seu patrimônio, mas também o de assumir os riscos de sua atividade econômica.

Outrossim, o exercício do poder fiscalizatório do empresário, fundamentado no direito de propriedade, encontra substanciais limites nos princípios constitucionais que visam a tutelar a intimidade, a honra e a dignidade do trabalhador.

Importante observar que, com o advento da Constituição Federal de 1988, fixou-se a prioridade na proteção da dignidade da pessoa humana no âmbito das relações de trabalho. Portanto, não se pode admitir a revista sobre os bens de uso pessoal do empregado, tendo em vista que a Constituição Federal eleva, por meio do seu art. 1º, III, o foco à pessoa humana e sua dignidade.

Neste sentido, defende Souza (2008):

> O argumento de legitimidade de proteção do patrimônio da empresa é hipócrita. Não há dúvidas de que, sendo a propriedade privada garantida constitucionalmente, cabe aos titulares obrarem para sua perpetuação. Mas desde a superação do liberalismo clássico de constitucionalismo garantidor dos chamados direitos de primeira geração (os direitos de liberdade), a propriedade não é mais o paradigma vigente. (SOUZA, 2008, p. 175).

Portanto, caracteriza nítido e evidente constrangimento a imposição de revista sobre os bens de uso pessoal do empregado, pois estabelece a presunção de culpa deste em face da suspeita da empresa de que possa estar sendo furtada.

Recorrendo à visão assaz bem traçada de Desembargador Gerson Paulo Taboada Conrado (2008), o fato de todos os empregados estarem sujeitos à revista não desnatura a violação à dignidade da pessoa humana, à boa-fé, porque uma conduta ilícita não o deixa de ser pelo fato de ser aplicada a todos indistintamente.

Nesta ótica, apresenta-se o pensamento de Simón (2000):

> A indispensabilidade para a tutela do patrimônio é requisito que limita a própria realização da revista. Se há, por exemplo, outro tipo de controle (entrada e saída de estoque, filmagens através de circuito interno, colocação de etiquetas magnéticas, vigilância feita por serviços especializados etc.), não há justificativa para efetivação das revistas. (SIMÓN, 2000, p. 147).

Logo, os procedimentos de revista a empregados, mesmo que realizados com ponderação e apenas com a abertura da bolsa para averiguação pelo segurança da empresa, são vexatórios e configuram, por si só, condutas ensejadoras a direito à indenização por danos morais, porquanto sua prática viola preceitos constitucionais fundamentais erigidos pela Carta Magna de 1988.

Souza (2008) também considera falho o argumento daqueles que defendem a prática da revista mesmo que apenas com a abertura de bolsas para averiguação no local de trabalho, pelas seguintes razões:

Primeiro, porque, se não fosse prática humilhante, todos os clientes seriam revistados. Segundo, porque as bolsas, mochilas e pastas não são transparentes por um motivo óbvio. Há diversos objetos de uso pessoal que podem causar vergonha caso mostrados a desconhecidos: remédios, absorventes íntimos, preservativos e outros métodos contraceptivos são apenas os mais óbvios. Apenas a particularidade psicológica de cada indivíduo pode afirmar o que lhe causa vergonha. Sobre a intimidade dos objetos pessoais do trabalhador, o empregador não tem poder diretivo ou fiscalizatório. O que se leva consigo na bolsa é para uso pessoal, não compartilhado, que faz da individualidade de cada sujeito; mostra-se o que se quer, para quem se quer e quando se desejar, não é o empregador quem decide. (SOUZA, 2008, p. 176).

Azado destacar-se posicionamento do Ministro do TST Mauricio Godinho Delgado de que este tipo de ato praticado pelo empregador parte do pressuposto equivocado de presunção de má-fé de seus empregados e colaboradores. Os poderes de direção, regulamentação, disciplinamento e fiscalização do empregador não justificam atos que firam a dignidade da pessoa do trabalhador, submetendo-o a situações constrangedoras. Neste sentido, não resta dúvida, veja-se:

> Obrigar o empregado a mostrar seus pertences, notoriamente fere a dignidade do ser humano, mesmo não havendo contato físico entre o segurança e o vistoriado. O trabalhador na revista fica exposto a situação vexatória e flagrantemente constrangedora sem poder contra ela se indispor porque sabe que se assim o fizer perderá a fonte de sua subsistência, aumentando a fila de desempregados. (BRASIL, 2011c).

Portanto, a revista em bolsas e sacolas dos empregados, mesmo que realizada de modo impessoal, geral e sem contato físico no empregado, submete este à situação vexatória, sendo capaz de abalar o princípio da presunção da boa-fé no âmbito das relações de trabalho.

Pertinente trazer à baila ainda o pensamento de Barbosa Júnior (2008):

> As revistas representam uma maneira simplista e acomodada e, acima de tudo, ilegítima e ilegal de defesa da propriedade privada, já que violam preceito fundamental do ordenamento pátrio, que coloca a dignidade humana como fundamento da República Federativa do Brasil. Nesse sentido, a prática viola o princípio da presunção de inocência, posto no inciso LVII, do art. 5º da Constituição Federal, até porque, se aos acusados são garantidos o contraditório e a ampla defesa (art. 5º, LV), como excluir da incidência deste dispositivo os simples suspeitos? (BARBOSA JUNIOR, 2008, p. 82).

Na exposição sempre oportuna de Barbosa Júnior (2008, p. 82), vê-se que a prática das revistas sobre os bens de uso pessoal do empregado viola o princípio da igualdade, pois posiciona o empresário sob o aspecto de importância em patamar acima ao do trabalhador, valorizando o patrimônio como bem superior ao da dignidade pessoal, o que é inaceitável na Democracia. Ademais:

> É função da polícia investigar e punir possíveis furtos. Assim está estruturado o Estado brasileiro. Dessa maneira, ao desenvolver tal atividade, o empresário passa a agir como policial em atitude de fiscalização pessoal eventual, há casos também de rotina da revista sem nenhum indício de crime. Neste caso, além de desenvolver ilegitimamente a função reservada à polícia, passa a perpetrar verdadeiro assédio moral. (BARBOSA JUNIOR, 2008, p. 82).

Defende-se na presente tese, portanto, o posicionamento da 6ª Turma do TST, bem como da doutrina justrabalhista que afasta a prática das revistas que são realizadas sobre os bens de uso pessoal do empregado, ainda que exista autorização em norma coletiva ou previsão em regulamento empresarial para assim proceder o empregador, haja vista interferir na intimidade, honra e dignidade do trabalhador.

De forma lapidar, destaca o Ministro do TST Mauricio Godinho Delgado:

> Submeter os empregados e colaboradores à revista diária é partir do princípio da má-fé e o ato danoso reside exatamente neste pressuposto-regra de que o empregado e colaborador está furtando bens e produtos da loja. Ou seja, a revista decorre da presunção de que todos os empregados e colaboradores são suspeitos de ato ilícito. (BRASIL, 2011c).

Assinala ainda Edilton Meireles (2005, p. 119) com extrema propriedade: "Aplicar o direito a partir da proteção do patrimônio é típico do sistema liberal de índole individualista e não de um sistema que está fincado no Estado Social de Direito — que foi agasalhado pelo Brasil".

Recorrendo-se mais uma vez ao pensamento de Mantovani Júnior (2010):

> Não pode o empregador colocar como regra de sua relação com o empregado a desconfiança e, em razão dela, passar a realizar atos, sobretudo em razão de seu poder diretivo de fiscalização, que coloquem o trabalhador na condição de suspeito. (MANTOVANI JÚNIOR, 2010, p. 67).

Há, portanto, uma relação de confiança que é estabelecida entre empregado e empregador, que nasce no momento de celebração do contrato de trabalho e que perdura no decorrer da prestação de serviços. Esta obrigação de confiança, conforme já vastamente demonstrado, representa um dos deveres oriundos do contrato de trabalho.

Ademais, como já também amplamente ilustrado, existem meios de fiscalização disponíveis ao empregador, capazes de promover a detecção automática de objetos potencialmente nocivos sem que haja a inspeção sobre os bens de uso pessoal do empregado, evitando-se, assim, situações de constrangimento ou de violação à sua intimidade, honra e dignidade.

Neste aspecto, somente em situações excepcionais, a revista poderá ser realizada, desde que necessária e de forma equilibrada, sobretudo para salvaguardar produtos da empresa de valor elevado, bem como a segurança da sociedade. Tal possibilidade deverá ser levada em conta mediante a atuação conjunta dos princípios da proporcionalidade. E tal observância faz-se necessária para evitar o excesso do poder fiscalizatório. Trata-se do caso das indústrias do ramo farmacêutico, de armamentos e de joias.

Assim sendo, eventual cláusula contratual institucionalizada no contrato de trabalho com a finalidade de fazer com que o empregado se obrigue a se submeter à revista, seja ela íntima ou sobre os bens de uso pessoal, como também sobre os espaços cedidos pelo empregador para o empregado guardar os seus objetos pessoais, deve ser considerada abusiva.

Conforme bem descreve Edilton Meireles (2005, p. 117), a referida cláusula fere o princípio da função social do contrato, na medida em que restringe direito fundamental à intimidade do empregado assegurado por lei. Nesse sentido, deve ser considerada ilegítima, mesmo que autorizada pela parte contratada ao anuir ao contrato em todos os seus termos. E mais: "a cláusula, nula no seu nascedouro, não tem como produzir efeitos quaisquer que sejam frente aos princípios que norteiam a nulidade dos atos jurídicos".

Portanto, qualquer cláusula contratual estabelecida no contrato de trabalho do empregado, ou mesmo na negociação coletiva, por meio de um sistema acertado com o representante sindical, estipulando quaisquer das modalidades de revista, deve ser considerada ilícita e abusiva, tendo em vista que a dignidade da pessoa humana e a sua intimidade representam direitos indisponíveis, não se admitindo a renúncia, muito menos a invasão da esfera íntima do trabalhador.

Para o caso da empresa que dispõe de informações privilegiadas e de questões afetas à segurança industrial por fabricar equipamentos aeronáuticos para a indústria civil e militar, o Ministro do TST Mauricio Godinho Delgado, em decisão proferida pelo TST em 2011, estabelece que as revistas, quando realizadas, não podem ser consideradas abusivas ou arbitrárias, tendo em vista o fornecimento de armários pelo empregador na entrada da empresa para aqueles empregados que fazem a opção pela não realização da revista. Ressalta o referido Ministro do TST que, neste caso, não existe colisão entre o direito de propriedade com o direito à inviolabilidade da intimidade, por tratar-se de um uso moderado do poder fiscalizatório para o resguardo do seu patrimônio, cuja finalidade é resguardar as informações sigilosas e confidenciais da empresa. Além disso, repita-se, abriu-se ao trabalhador a possibilidade de evitar, plenamente, tais revistas. Vale registrar trecho do seu acórdão:

> [...] é inquestionável que a Carta Magna de 1988 rejeitou condutas fiscalizatórias que agridam a liberdade e a dignidade básicas da pessoa física do trabalhador, que se chocam, frontalmente, com os princípios constitucionais tendentes a assegurar um Estado Democrático de Direito e outras regras impositivas inseridas na Constituição, tais como a da inviolabilidade do direito à vida, à liberdade, à igualdade, à segurança e à propriedade (art. 5º, *caput*), a de que ninguém será submetido (...) a tratamento desumano e degradante (art. 5º, III) e a regra geral que declara invioláveis a intimidade, a vida privada, a honra e a imagem da pessoa, assegurado o direito à indenização pelo dano material ou moral decorrente de sua violação (art. 5º, X). Todas essas regras criam uma fronteira inegável ao exercício das funções fiscalizatórias no contexto empregatício, colocando na franca ilegalidade medidas que venham cercear a liberdade e a dignidade do trabalhador. Há, mesmo na lei, proibição de revistas íntimas a trabalhadoras — regra que, evidentemente, no que for equânime, também se estende aos empregados, por força do art. 5º, *caput* e I, CF/88 (Art. 373-A, VII, CLT). Nesse contexto, e sob uma interpretação sistemática e razoável dos preceitos legais e constitucionais aplicáveis à hipótese, este Relator entende que a revista diária em bolsas e sacolas, por se tratar de exposição contínua da empregada a situação constrangedora no ambiente de trabalho, que limita sua liberdade e agride sua imagem, caracterizaria, por si só, a extrapolação daqueles limites impostos ao poder fiscalizatório empresarial, mormente quando o empregador possui outras formas de, no caso concreto, proteger seu patrimônio contra possíveis violações. Contudo, na hipótese, o eg. TRT deixou consignado que a Reclamada **fornecia armários na entrada da empresa para os empregados que optassem por não ser revistados, ou seja, havia a possibilidade de os empregados evitarem as revistas**. Ressalte-se ter sido também assentado pelo Regional que as revistas se justificavam pelo fato de a Reclamada dispor de **informações privilegiadas** e de questões afetas à **segurança industrial**, pelo fato de produzir **equipamentos aeronáuticos para a indústria civil e militar**. Assim, em face das particularidades do caso concreto, conclui-se que as revistas realizadas não podem ser consideradas abusivas ou arbitrárias. Incólumes, portanto, os dispositivos tidos por violados no recurso de revista. (BRASIL, 2011f, grifos nossos).

Cabe destacar neste ponto que as mesmas conclusões relativas às revistas efetivadas sobre os bens de uso pessoal do empregado também se aplicam às revistas realizadas sobre os bens de propriedade da empresa (armários, gavetas de secretaria e outros espaços), que compreendem os espaços cedidos pelo empregador para que o empregado possa guardar os seus bens de uso pessoal.

Neste sentido, segue a visão de Mori (2011):

> Os bens dos trabalhadores por estes transportados para o local de trabalho tais como bolsas, sacos e veículos, são continentes de objetos que podem revelar a intimidade da pessoa. No mesmo sentido, armários e gavetas de uso pessoal têm estas funções. Ainda que nestes últimos casos se possa

argumentar que os continentes são de propriedade do empregador, deve-se considerar que houve temporária cessão de uso pessoal ao trabalhador, especialmente quando o empregador admite que tais compartimentos sejam trancados pelo usuário. Todos os cidadãos, homens e mulheres, são livres e têm em relação a seus bens uma legítima expectativa de privacidade sobre o conteúdo destes bens materiais. (MORI, 2011, p. 99).

Apesar de a doutrina e a jurisprudência também serem permissivas em relação às revistas realizadas sobre os bens de propriedade da empresa, Simón (2000, p. 151) assinala: "Tem o agravante de que a noção constitucional de domicílio abrange os objetos, bens e locais reservados ao empregado pelo empregador, de maneira que gozam da (sic) proteção insculpida no art. 5º, XI, da Constituição Federal".

Simón (2000) considera:

> Da mesma forma que o direito de propriedade não autoriza que o locador adentre no imóvel alugado, o empregador não poderá fiscalizar, sem o consentimento do empregado, esses bens e locais. Trata-se de dar nova dimensão à noção constitucional de domicílio, que é ampla e não pode ser confundida com uma mera conceituação teórica, pois a sua essência concentra-se na função que representa o indivíduo. (SIMON, 2000, p. 150).

Barbosa Júnior (2008) também entende que a nova dimensão da noção constitucional de domicílio não deve estar atrelada ao conceito de residência. Para o autor, a noção de domicílio não compreende apenas o âmbito de recolhimento para proteção da intimidade, mas, sob avaliação constitucional, compreende-se também como entidade que permite a exclusão de pessoas indesejadas, mesmo que não se esteja se referindo à moradia habitual, incluído aí o automóvel. Nesse sentido:

> Estão incluídos não só as habitações como as adjacências e outros lugares mesmo que de natureza precária e meramente ocasional, seja fixada moradia, assim sendo, sedes de associações de qualquer natureza dos estabelecimentos industriais. (BARBOSA JÚNIOR, 2008, p. 90).

É exatamente este o entendimento adotado pelo STF, ao fazer referência ampla à noção de casa ao proferir julgamento na Ação Penal n. 307-3-DF e decidir que o *conceito de residência, para fins de proteção à inviolabilidade é amplo no sentido de proteger a liberdade e a privacidade pessoal do indivíduo*.[11]

Desse modo, conforme Edilton Meireles (2005, p. 118): "Não se tem apenas a residência do empregado como protegida de invasões, mas, também, os locais onde exercer seu direito à privacidade, ainda que não destinados à moradia".

---

(11) STF, Pleno, Ação Penal n. 307-3-DF, Serviço de Jurisprudência do STF, Ementário STJ n. 18.094-11.

Simón (2000, p. 150), ao comentar a referida decisão, afirma que essa noção de casa se revela plenamente consentânea com a exigência constitucional de proteção à esfera de liberdade individual e de privacidade pessoal. É por essa razão que a doutrina, ao destacar o caráter abrangente desse conceito jurídico, adverte que o princípio da inviolabilidade estende-se ao espaço em que alguém exerce, com exclusão de terceiros, qualquer atividade de índole profissional.

Também aqui se acolhe e se defende o entendimento dos autores que afastam a prática das revistas realizadas sobre os espaços cedidos pelo empregador para que o empregado possa guardar os seus bens de uso pessoal, como armários, mesas, gavetas, escrivaninhas, escaninhos, veículos e outros. Quando o empregador destina espaços exclusivos para os empregados agasalharem alguns objetos ou locais de uso pessoal, para seu uso e gozo, estes também passam a integrar a sua esfera íntima e privada, o que obriga, automaticamente, o empregador a respeitar a sua intimidade.

Como esclarece Barros (2009, p. 77): "A partir do momento em que o empregador concede aos obreiros espaços exclusivos, obriga-se, implicitamente, a respeitar sua intimidade".

Para Manoel Jorge e Silva Neto (2005, p. 118), não assiste razão à empresa que instala equipamentos de fiscalização eletrônica e paralelamente pratica a revista íntima em seus empregados, seja pessoal ou em seus pertences e armários. Desse modo:

> Se há fiscalização da planta industrial e de local qualquer onde se dá a execução do serviço, é com convicção que concluímos a respeito do rigor excessivo da empresa ao determinar as revistas, abrindo-se a possibilidade, destarte, para a rescisão indireta do contrato de trabalho, de iniciativa do empregado, conforme faculta o art. 483, "b", da CLT, face à desproporcionalidade da atitude do empregador. (SILVA NETO, M. J., 2005, p. 118).

Deve prosperar a lição traçada por Mori (2011, p. 101) quanto ao tema em comento. Segundo o autor, não se pode concordar que somente sejam proibidas as revistas íntimas. Estatui ele com exatidão que o regime de proteção da revista íntima deve ser igual em relação às revistas de bens de propriedade ou de uso pessoal dos trabalhadores. Apesar de a exposição do corpo a terceiros e a submissão a contatos físicos indesejados sejam circunstâncias que atingem valores muito mais íntimos que aquelas que submetem os bens das pessoas a uma publicidade indesejada na escala progressiva bipolar que define a privacidade, ainda assim a exposição do conteúdo desses bens a terceiros, apenas pela subordinação jurídica de uma das partes à outra decorrente de um contrato de trabalho, não deixa de representar um desrespeito à intimidade da pessoa. Entender de forma contrária reduz eficazmente o sistema de proteção ao trabalhador. Este autor assevera que as suspeitas graves também não justificam a realização de revista diretamente pelo empregador. Sugere, assim, que as graves suspeitas sejam investigadas pela autoridade pública.

Ora, o dano moral, como bem lembra Cavalieri citado por Maria Celina Moraes (2003, p. 131), "à luz da Constituição, nada mais é do que violação do direito à dignidade".

Conforme Maria Celina Moraes (2003, p. 160), o dano moral é aquele que, independentemente de prejuízo material, fere direitos da personalidade, isto é, todo e qualquer atributo que individualiza cada pessoa, tal como a liberdade, a honra, a atividade profissional, a reputação, as manifestações culturais e intelectuais, entre outros. O dano será considerado ainda moral quando os efeitos da ação, embora não repercutam na órbita de seu patrimônio material, originam angústia, dor, sofrimento, tristeza ou humilhação à vítima, trazendo-lhe sensações e emoções negativas. A autora adverte que o constrangimento, a tristeza, a humilhação, devem atingir determinada intensidade de forma a poderem facilmente distinguir-se dos aborrecimentos e dissabores do dia a dia, situações comuns a que todos se sujeitam como aspectos normais da vida cotidiana.

Assim sendo, para o caso das revistas que são realizadas sobre os bens de propriedade da empresa, não se pode dar maior ênfase ao patrimônio econômico do empregador em detrimento do patrimônio moral do trabalhador.

Segundo Barbosa Júnior (2008):

> Uma relação em que um homem presta serviços a outro somente poderá ser considerada saudável e, assim, capaz de produzir um mundo caracterizado pelo bem-estar, no qual esteja respeitada a dignidade humana e seus direitos fundamentais, se obedecer a uma pertinente hierarquização de valores, em que a dignidade humana ocupe o patamar mais elevado. (BARBOSA JUNIOR, 2008, p. 92).

Como bem expressa Souza (2008, p. 178), a revista é exigida aos empregados, porque estes se colocam em situação de hipossuficiência econômica. Dessa forma, lembra que o cliente, quando revistado, não volta à loja e elege outro varejista; ao passo que o empregado que não admite a revista é despedido. O primeiro não é humilhado, pois dele depende a empresa; já o segundo sofre a humilhação, porque da empresa ele depende. E mais:

> O próprio empregador, na medida em que não revista aqueles de quem depende para a continuidade de sua atividade — o consumidor —, confirma a prática como desrespeitosa. *A relativização de certos direitos de cidadania e dignidade humana, é verdade, não são absolutos.* (sic) Podem ser, em determinadas situações, momentaneamente afastados como forma de promover ou garantir outros direitos de mesma ordem. A revista em eventos culturais e esportivos é prática corriqueira, mas aceita moral e juridicamente, ainda que provoque certa vergonha no revistado. A revista é a mesma, mas o bem tutelado com a prática é de interesse de toda a comunidade e, portanto,

juridicamente válida. O objetivo, nessas situações, não é o de proteção do patrimônio com o sacrifício da dignidade do indivíduo, mas a promoção da segurança de toda a coletividade, evitando-se o ingresso de armas ou outros objetos e/ou substâncias de uso coletivamente reprovado. A intenção da revista produzida por empresas a seus funcionários não tem altruísmo, busca apenas auxiliar na promoção da conservação de seu patrimônio e o faz à custa da dignidade de seus trabalhadores. (SOUZA, 2008, p. 175, grifo nosso).

Percebe-se, ainda, que a questão relativa às revistas realizadas sobre os bens de uso pessoal do empregado, bem como sobre os espaços cedidos pelo empregador para o empregado guardar os seus objetos pessoais, coloca em confronto dois direitos fundamentais. De um lado, o direito à intimidade do empregado; e, de outro, o direito de propriedade e livre iniciativa assegurado ao empregador durante o exercício do seu poder diretivo.

É fato que o direito à propriedade privada é igualmente protegido pelo art. 5º, no inciso XX, tal qual o direito à intimidade no inciso X. Trata-se, portanto, de dois direitos reconhecidos pela ordem constitucional. O conflito acontece em razão da possível violação à intimidade que pode ser cometida ao empregado por ter de se submeter às revistas no ambiente de trabalho, e a solução do conflito pode se fazer por meio da aplicação do princípio da proporcionalidade.

Entretanto, adverte com exatidão Mori (2011, p. 100) que "não há proporcionalidade entre o fim de proteção do patrimônio particular e o meio de revista pessoal de trabalhadores e seus pertences".

Mori (2011, p. 100) pontifica, ainda, que a revista em trabalhadores e em seus bens de uso pessoal não é necessária, adequada e proporcional em relação à propriedade privada. Trata-se de um problema relacionado à confiança, que deve ser inerente à relação jurídica de emprego, e ainda com apresentação da boa-fé no cumprimento do contrato de trabalho. Além disso:

> Deve ser considerado o princípio de que a boa-fé das partes contratantes deve ser presumida. O tratamento das pessoas de forma digna exige esta presunção. A confiança é suporte imprescindível à manutenção do contrato de trabalho. Estes pressupostos impedem a adoção de medidas extremas, como a realização de revistas de pessoas e inspeção de bens. (MORI, 2011, p. 101).

Assaz pertinente a visão traçada por Barbosa Júnior (2008), ao destacar sobre o elo de confiança que norteia a relação entre empregado e empregador:

> Deverá ser destinada uma consideração de confiança total aos empregados, mantendo-os livres de constrangimentos fiscalizatórios em seus corpos e roupas, em seus espaços privativos e sobre seu patrimônio material

e imaterial, observada a sua presunção de inocência e honestidade, pois o inverso caracteriza uma afronta desrespeitosa à incolumidade moral e social humana. (BARBOSA JÚNIOR, 2008, p. 92).

Caso seja suscitada, assim, a possibilidade de eventual conflito entre o direito do empregador de proteção ao seu patrimônio e o direito à dignidade da pessoa humana dos empregados, deverá prevalecer a dignidade da pessoa humana, tendo em vista que possíveis furtos não justificam a revista sobre os bens de uso pessoal do empregado ou sobre os espaços cedidos pelo empregador para que o empregado possa guardar os seus bens de uso pessoal, visto que violadora da sua intimidade, honra e dignidade.

Como bem destaca Simón (200, p. 148), a opção da doutrina e da jurisprudência brasileiras em tolerar a realização de revistas, como expressão do poder de direção do empregador, ainda que com observância de alguns requisitos, não é feita com base no juízo de ponderação que norteia a solução das colisões de princípios e direitos. Para a autora, o entendimento até hoje dominante a respeito da revista não surgiu de um correto juízo de ponderação, visto que protege apenas o direito de propriedade em detrimento do direito à intimidade e à vida privada, bem como de todos os demais valores constitucionais (honra, imagem, igualdade, presunção de inocência, garantias dos acusados, monopólio estatal da segurança). Ao se permitir, assim, a prática de revistas, estar-se-á negando a premissa idealizada pelos autores Canotilho e Moreira (1998), segundo a qual, no confronto entre direitos, devem-se encontrar formas para se buscar a máxima observância e a mínima restrição. E mais:

> Interpretando-se a Constituição como um todo e não um dispositivo isolado (princípio da unidade da Constituição), automaticamente busca-se a harmonização entre os seus preceitos, objetivando a máxima concretização dos direitos (princípio da concordância prática). Dessa forma, ao fazer prevalecer um direito sobre o outro, a restrição deve ser proporcional ao valor dos bens envolvidos (princípio da proporcionalidade). Só assim haverá justificativa para a prevalência do outro direito. (SIMÓN, 2000, p. 148).

Quanto à possibilidade de recusa do trabalhador em se submeter à revista imposta pelo empregador, Mori (2011, p. 102) argumenta que se trata de exercício regular de um direito. Nesse sentido, nenhum efeito prejudicial poderá surtir sobre o contrato de trabalho deste obreiro. Tampouco pode ser presumido que o trabalhador, por meio da negativa de se submeter à revista íntima ou à revista sobre os seus bens de uso pessoal, está a praticar algum ato delituoso. Adverte este autor que, mesmo em ordenamentos jurídicos que admitem as revistas dos trabalhadores ou as revistas em seus bens em determinadas circunstâncias, como é o caso da Espanha (conforme art. 18, do ET), a doutrina espanhola, capitaneada por José Luis Goñi Sein, segue o entendimento de que em nenhum caso a recusa do trabalhador pode fazer supor uma presunção de transgressão da boa-fé ou a imputação do feito.

Quanto à possibilidade da revista ser admitida pela via da negociação coletiva, Barros (2011) acolhe tal prerrogativa:

> Quando utilizada, a revista deve ser em caráter geral, impessoal, para evitar suspeitas, por meio de critério objetivo (sorteio, numeração, todos os integrantes de um turno ou setor), mediante ajuste prévio com a entidade sindical ou com o próprio empregado, na falta daquela, respeitando-se, ao máximo, os direitos da personalidade (intimidade, honra, entre outros). (BARROS, 2011, p. 464).

Não obstante a quase isolada opinião doutrinária citada, releva-se em conduta dotada de abusividade a previsão de limites referentes à eficácia dos direitos fundamentais do empregado pela via da negociação coletiva. Entende-se não ser válida a criação de cláusula normativa na convenção coletiva de trabalho ou no acordo coletivo de trabalho prevendo a prática de qualquer modalidade de revista no empregado. A negociação coletiva não pode ser responsável pela atribuição de retrocesso social dos direitos fundamentais do trabalhador, estejam eles previstos ou não em lei.

A proibição de retrocesso social dirige-se não só ao legislador brasileiro, mas também aos sujeitos envolvidos no processo negocial coletivo.

Por isso, conclui-se que a norma coletiva, seja a convenção ou o acordo coletivo, não pode limitar a aplicação dos direitos fundamentais do trabalhador por meio de cláusula autorizando a realização de revista no empregado, seja ela íntima, sobre os bens de uso pessoal do empregado, ou sobre espaços cedidos pelo empregador para o empregado guardar os seus bens de uso pessoal, em decorrência da preservação da intimidade, da honra e da dignidade da pessoa do trabalhador, que são direitos da personalidade considerados irrenunciáveis.

Daniela Muradas Reis (2010), em estudo sobre o princípio da vedação do retrocesso no Direito do Trabalho, leciona:

> Os direitos humanos, com lastro nos valores universais da dignidade da pessoa, liberdade, igualdade e fraternidade que figuram como conquistas históricas definitivas da humanidade, reclamam uma tutela vigorosa. Relativamente aos direitos econômicos, sociais e culturais exige-se ainda uma realização sempre progressiva, razão pela qual acerca destes direitos não se pode admitir o retrocesso. (REIS, D. M., 2010, p. 126).

Assim sendo, ainda concorde o pensamento de Daniela Reis (2010):

> A proteção que se defere à pessoa por força da sua excelência, na dimensão econômica, social e cultural, exige uma contínua promoção, sem supressão das garantias já afiançadas pelas ordens jurídicas nacional ou internacional. (REIS, D. M., 2010, p. 127).

O progresso, e não o retrocesso social, é que se relaciona com o princípio da proteção ao trabalhador — pedra angular do Direito do Trabalho.

Também de acordo com Daniela Reis (2010, p. 20) o princípio da proteção ao trabalhador grava a originalidade do Direito do Trabalho, ao enunciar o seu sentido teleológico. Com lastro na dignidade da pessoa humana e no valor ínsito ao trabalho humano, o princípio tutelar enuncia ser a missão deste ramo jurídico a proteção do trabalhador.

Neste sentido, a disponibilidade dos direitos dos trabalhadores por meio da negociação coletiva encontra limites nos direitos fundamentais do empregado, que têm como base a proclamação da dignidade da pessoa humana e, portanto, são insusceptíveis de renúncia em sede coletiva. Não podem, portanto, ser negociados direitos como à honra, à intimidade, à imagem e à vida privada do trabalhador em processo negocial coletivo.

É óbvio, contudo, que existem situações excepcionalíssimas em que o tipo de atividade empresarial impõe maior controle sobre entradas e saídas das empresas, conforme já exposto neste item 6.2, ilustrativamente, como indústrias fabricantes de drogas lícitas, de substâncias tóxicas, explosivas, além de empresa que lide com joias e armamentos. Em tais casos, é possível que a revista sobre os bens de uso pessoal do empregado, bem como sobre os espaços cedidos pelo empregador para que o empregado possa guardar os seus bens de uso pessoal seja efetuada somente na saída dos locais de trabalho, mediante acordo entre o empregador e a representação sindical dos trabalhadores.

6.3. CONTROLE SOBRE A VIDA EXTRALABORAL DO EMPREGADO

O controle extralaboral é aquele que é realizado sobre a vida pessoal do trabalhador fora do local e do horário de trabalho. Em princípio, a submissão do trabalhador ao poder diretivo da empresa deve se limitar aos exatos contornos da execução das atividades laborativas estabelecidas em seu contrato de trabalho. Logo, a vida pessoal do empregado não é relevante nem se encontra sob o manto do poder empregatício.

Desse modo, não cabe ao empregador interferir na vida pessoal ou extralaboral do empregado fora do horário e do local de trabalho, tendo em vista que o trabalhador é livre para conduzir a sua vida pessoal da maneira que entender conveniente. Além disso, a vida pessoal do empregado é protegida pelo direito à privacidade e pelo direito à intimidade.

As atividades do empregado fora do contexto do contrato de trabalho, relacionadas com a sua vida privada, escapam da autoridade empresarial, desde que não repercutam prejudicialmente no contrato de trabalho e no exercício das atividades laborativas.

A vida pessoal do empregado somente será relevante ao empregador na medida em que prejudique o cumprimento do seu contrato de trabalho. Assim, só haverá relevância das condutas extralaborais do empregado para fins de caracterização da sua dispensa por justa causa, se este comportamento acarretar a inviabilidade da subsistência da sua relação de emprego.

Existem, nesse sentido, determinadas funções que autorizam uma fiscalização do empregador fora do horário e do local de trabalho sobre a vida pessoal do empregado. É o caso, por exemplo, do empregado que labora no setor de segurança. Trata-se de labor que exige um comportamento extralaboral condizente com a função exercida.

Mantovani Júnior (2010, p. 102) entende possível o empregador, no exercício de seu poder diretivo, fiscalizar a vida privada do trabalhador em setor de segurança, a fim de verificar se o comportamento adotado por este trabalhador está de acordo com os princípios legais e morais. Negar ao empregador esta prerrogativa é colocar em risco a atividade por ele desenvolvida.

Aqui se concorda com o referido autor. Todavia, é imprescindível enfatizar-se que todo controle exercido sobre a vida pessoal do empregado deve ser realizado de forma justificada e equilibrada, tendo em vista que a aplicação indiscriminada e absoluta desse controle pode conduzir o trabalhador a uma inadmissível situação de sujeição permanente ao interesse contratual do empresário.

Além disso, conforme Baracat (2003, p. 156), o art. 5º, X, da Constituição Federal de 1988, estabelece limites ao exercício do poder de direção que se dá além dos muros da empresa.

Existem situações especiais em que o controle extralaboral exercido sobre a vida pessoal do empregado é necessário para tornar viável o atendimento dos interesses e fins pretendidos pelo empregador. Trata-se dos casos em que a conduta extralaboral do empregado praticada fora do local e do horário de trabalho interfere negativamente em seu contrato de trabalho.

De acordo com Baracat e Mansur (2008, p. 233), esse controle será válido desde que esteja relacionado exclusivamente com as atividades profissionais do empregado e envolva hábitos socialmente reprováveis que possam estar vinculados à atividade econômica que é desenvolvida pelo empregador.

A respeito do tema, ensina Mori (2011):

> Os interesses protegidos do empregador referem-se à correta execução do contrato de trabalho. Se o trabalhador tem uma vida desregrada, tal conduta somente será relevante ao empregador na medida em que prejudique o cumprimento do contrato de trabalho. E é este prejuízo ou consequência que deve ser considerado nas decisões tomadas pelo empregador, e não as causas relacionadas com a vida extralaboral do trabalhador. (MORI, 2011, p. 106).

Ramalho (2006) também destaca que, para haver o controle do empregador sobre a vida privada do empregado, é necessário que exista:

> [...] uma conexão objetiva entre as referidas condutas pessoais ou as restrições a direitos fundamentais e um dever especificamente laboral ou a existência de um interesse relevante da empresa, que possa ser colocado em perigo por aquelas condutas. (RAMALHO, 2006, p. 815).

São, pois, situações capazes de assegurar o regular cumprimento do contrato de trabalho ao qual se obrigou o empregado em relação ao empregador, bem como o correto funcionamento da atividade empresarial e o bom atendimento da prestação de serviços pelo empregado ao empregador.

Na lição de Mori (2011, p. 105), o controle sobre a vida pessoal do empregado ocorre em decorrência de "circunstâncias excepcionais, necessárias, adequadas e proporcionais para o cumprimento do contrato".

Edilton Meireles (2005, p. 171) também assinala que esse controle pode ser feito por meio da pactuação de cláusulas restritivas à conduta do empregado. Tal inserção decorre do princípio da boa-fé, uma vez que o empregado deve manter o seu estado de saúde e a sua capacidade produtiva para melhor desenvolver a atividade contratada.

A cláusula restritiva de liberdade do empregado impõe a este um dever de lealdade que será estipulado pelo empregador em relação ao cumprimento do seu contrato de trabalho. Sua finalidade é assegurar, por exemplo, a preservação das condições físicas do atleta que lhe permitirão participar da competição desportiva, obtendo o melhor desempenho possível.

Edilton Meireles (2005, p. 171) cita o exemplo da empresa desportiva que investe milhões na contratação de um jogador e exige deste um comportamento extralaboral compatível com a manutenção de sua saúde e capacidade física, com o objetivo de evitar riscos de acidente. O autor apresenta o caso do litígio havido entre o jogador Romário e o Valencia Futelo na Espanha, quando ocorreu a interferência deste clube sobre a capacidade física do esportista, por conta da sua participação em partidas de futevôlei na praia, pois poderia trazer o risco de aparecimento de alguma contusão ou de desgaste muscular.

Assim, em situações especiais, a empresa pode não só exigir contratualmente uma vida pessoal condizente com o trabalho a ser executado pelo empregado, como também manter este tipo de controle durante o cumprimento do seu contrato de trabalho.

Consoante ensina Edilton Meireles (2005, p. 172), todas as vezes que a saúde e a capacidade do trabalhador forem essenciais para o melhor desenvolvimento das atividades empresariais, a restrição quanto à vida pessoal do empregado se mostrará razoável, especialmente quando a empresa correr o risco de sofrer enormes ou irreparáveis prejuízos, como a perda da partida ou do campeonato. E ainda:

Ora, para a entidade desportiva (e para a torcida) não interessa punir o jogador. O que importa, sim, é que o jogador esteja plenamente apto para laborar, defendendo a entidade esportiva em cada partida. Daí porque, em situações tais, admite-se a regra de exceção. (MEIRELES, E., 2005, p. 172).

Este autor assevera que também se enquadram nesta exceção os trabalhos especiais prestados pelas modelos de empresa de desfile, pelos locutores esportivos, pelo maestro de orquestra, pelos artistas.

No caso do atleta profissional de futebol, a entidade desportiva poderá exigir que este evite qualquer atividade que possa reduzir o seu bom estado de saúde, bem como a sua capacidade produtiva, e exigir recolher-se ao domicílio a partir de determinada hora, não ingerir determinados alimentos ou bebidas alcoólicas e seguir um regime durante as férias, caso contrário, poderá sofrer punições ou até mesmo ser dispensado por justa causa.

Os atletas profissionais, desse modo, possuem a obrigação de se manterem permanentemente em boa forma física, tendo seus hábitos alimentares controlados mesmo em gozo de férias. Até nos dia de folga esses atletas podem ser monitorados por meio de dieta ingerida e até por imposição de restrições à ingestão de bebidas alcoólicas.

Como bem relata Barros (2011, p. 578), o poder diretivo varia de acordo com a natureza da relação de emprego. Assim, no tocante aos empregados ocupantes de cargo de confiança, o poder diretivo do empregador é muito tênue, ao passo que no trabalho desportivo é mais rigoroso.

Quanto à aplicação da justa causa, somente há relevância das condutas extralaborais do trabalhador para a configuração da justa causa para fins de despedimento quando tais condutas, por sua gravidade e consequências, tornarem praticamente impossível a subsistência da relação de trabalho.

Para Mori (2011, p. 107): "Não são atos relativos à vida íntima e privada do trabalhador que justificam alguma punição disciplinar ao desportista, mas os efeitos verificados nas suas condições físicas que evidenciam o desrespeito ao dever legal".

Determinados hábitos do atleta poderão influenciar sobremaneira a sua capacidade e resistência física, nomeadamente o consumo de bebidas alcoólicas, de tabaco e de drogas, a alimentação inadequada e a inobservância das condições de repouso, ou mesmo circunstâncias ligadas à vida sexual. Apesar de esses hábitos apresentarem ligações com a vida pessoal do indivíduo, o empregador terá o direito de ingerência sobre tais aspectos do praticante desportivo. Desse modo, o clube de futebol pode determinar ao jogador que se abstenha de sair à noite e de ingerir bebidas alcoólicas durante os dias de concentração, que são 3 (três) dias por semana, conforme estatui a Lei n. 12.395/2011.

Consoante ensina Edilton Meirelles (2005):

> É isto que faz com que a subordinação jurídica do atleta profissional de futebol seja distinta em relação à subordinação jurídica dos contratos de trabalho em geral. O contrato de trabalho do atleta profissional de futebol apresenta um caráter mais amplo em sua subordinação, que não é estendida às demais relações empregatícias. Nela se inclui o controle do poder diretivo em relação aos aspectos pessoais e íntimos da vida privada do atleta, da sua alimentação, do uso de bebidas, das horas de sono, do peso e do seu comportamento sexual. (MEIRELES, E., 2005, p. 172).

Jean Marcel Oliveira (2009) também assinala que a subordinação jurídica do atleta profissional de futebol:

> [...] possui traços muito mais acentuados que aquela inerente ao contrato de trabalho em geral, vez que a atuação do atleta tem interferência direta nos espectadores de uma eventual partida e também nos demais companheiros de equipe, posto que (sic) o futebol profissional é eminentemente de rendimento, buscando sempre resultados positivos. Uma falta praticada por um atleta compromete não somente sua imagem, mas também a da equipe como um todo. (OLIVEIRA, J. M. M., 2009, p. 115).

Assim, tratando-se do período de concentração do atleta profissional de futebol, o aspecto amplo da sua subordinação jurídica passa a ter maior intensidade, por compreender este período algo destinado à potencialização do rendimento do atleta, por ser um momento em que ele deverá descansar, alimentar-se corretamente, observar as horas de sono, abster-se da ingestão de bebidas alcoólicas, visto que tal período visa a resguardar a obtenção de melhor atuação no momento de sua competição e o equilíbrio de seu aspecto físico e psicológico.

Conforme expõe Jean Marcel Oliveira (2009, p. 52), o contrato de trabalho do atleta profissional de futebol compreende uma "modalidade profissional puramente intelectual, na qual toda a técnica para a realização do esporte é fruto da habilidade e criatividade do próprio atleta".

Portanto, quando a conduta extralaboral do trabalhador repercutir de modo grave sobre o contrato de trabalho, o empregador poderá reger a sua vida pessoal, estabelecendo deveres acessórios de conduta e exigindo que o empregado observe determinado comportamento em sua vida pessoal. Esta situação compreende uma espécie de limitação aos direitos da personalidade do empregado no Direito do Trabalho.

Neste contexto, pertinente a lição de Ramalho (2006):

> Em contraposição aos princípios gerais de respeito pela vida privada, familiar e social do trabalhador, e o respeito pelos direitos da personalidade

do trabalhador, pode-se justificar a imposição de limites ao exercício dos direitos da personalidade do trabalhador e às suas atuações privadas, em razão da necessidade de compatibilizar estes direitos do trabalhador com direitos da personalidade do empregador, com as suas necessidades organizacionais, por força do caráter *intuitu personae* do contrato de trabalho, mesmo por força dos princípios da boa-fé e do abuso do direito, concretizados na ideia de que os direitos devem ser exercidos de forma adequada aos fins para os quais foram concedidos. (RAMALHO, 2006, p. 815).

Sabe-se que os direitos da personalidade do empregado podem ser limitados quando possuírem a finalidade de salvaguardar a imagem da empresa. A esse respeito, discorre Cassar (2011):

> O empregador não pode e nem deve interferir na vida pessoal do empregado. Entretanto, a vida social do empregado também não pode influenciar na relação de emprego. Os aspectos da vida privada do empregado são irrelevantes para o empregador, salvo quando refletirem negativamente na empresa. Em razão disso, o nexo causal entre a conduta social do trabalhador e o emprego é de extrema importância, pois representa exceção. (CASSAR, 2011, p. 1.122).

Quando a prática de atos de libertinagem, de pornografia, ou o próprio desregramento da conduta sexual do trabalhador, dependendo da função exercida por este no local de trabalho, interferir na sua prestação de serviços de modo a refletir negativamente na imagem da empresa e no próprio ambiente de trabalho, tornando inviável o cumprimento do seu labor e o bom funcionamento da atividade econômica de produção, haverá necessidade de controle do empregador sobre a conduta extralaboral deste empregado. Trata-se do caso da professora de educação infantil ou da apresentadora de programa infantil que participa de revistas ou de filmes de pornografia. Esse comportamento irá criar e influenciar, sobremaneira, em seu labor, podendo ser dispensada por justa causa, por motivo de incontinência de conduta ou mau procedimento, conforme estatui a *alínea "b"*, do art. 482, da CLT.

Cassar (2011, p. 1.122), ao discorrer sobre a incontinência de conduta, relata o caso do empregado que habitualmente aparece na mídia invadindo festas, comemorações e passeatas para, desautorizadamente, beijar o aniversariante, a autoridade, o atleta ou o artista, podendo ter sua imagem social maculada. Se ficar conhecido como o beijoqueiro e exercer função de relevância na empresa, como a de diretor executivo de uma multinacional, negociando diretamente com os clientes, colocará sua posição e/ou a da empresa em situação de descrédito.

Como bem expressa Edilton Meireles (2005, p. 122), espera-se de determinados empregados certa coerência entre sua vida privada e os interesses da empresa.

É necessário, assim, que a restrição aos direitos fundamentais seja justificada pela intenção de se evitar um dano grave à empresa, mas desde que também não cause uma grave lesão ao empregado.

Esse também é o entendimento de Abrantes (2005, p. 162). Para o autor, fatos da vida extraprofissional não podem constituir causa real e séria para o despedimento de um trabalhador, a não ser que a sua conduta, em virtude da natureza das funções que exerce e da finalidade própria da empresa, criar uma verdadeira perturbação no seio desta. É considerado, assim, legítimo o despedimento de um funcionário de uma empresa de segurança que cometeu um furto na empresa cliente da sua empregadora, onde exercia funções de vigilância. Ora, a natureza daquelas funções e a finalidade própria da empresa justificam, no caso concreto, um especial rigor, até devido à circunstância de o ato do trabalhador repercutir negativamente no crédito e na reputação da sua entidade patronal.

Quanto à limitação atribuída ao direito à liberdade pessoal do empregado fora do horário e do local de trabalho, o pensamento aqui é de que o empregador não poderá restringi-la. É o caso, por exemplo, de uma multinacional que proíbe seu alto executivo de participar, na sua vida pessoal, de almoços ou jantares com executivos de empresas concorrentes ou de se relacionar afetivamente com altos empregados de empresas concorrentes. Trata-se de proibição que extrapola os limites do poder de direção do empregador, pois este fato não inviabiliza o correto funcionamento da atividade econômica de produção do empregador, muito menos a reputação da empresa perante a sociedade.

No que se refere à liberdade de consumo do empregado, fora do ambiente e da jornada de trabalho, também se entende aqui como abusiva a conduta do empregador que proíbe o empregado de consumir produtos de empresas concorrentes em local público. Como exemplo, pode-se citar o caso de uma empresa fabricante de famosa marca de cerveja que obriga seus funcionários, não altos empregados, a somente consumir a bebida fabricada por esta.

Cabe destacar, contudo, que em se tratando de empregada considerada garota-propaganda de marca de cervejas, reconhecida nacionalmente, a proibição quanto ao consumo de bebidas de outras marcas em público se revela legítima, nos dizeres de Murari (2008):

> [...] por acarretar prejuízos à imagem da empregadora, abalando a fidelidade dos seus clientes, atuando como contrapropaganda do produto. Entretanto, quando a garota-propaganda está recolhida à sua privacidade e intimidade, é livre para consumir os produtos que bem entender, sem qualquer restrição. (MURARI, 2008, p. 117).

Também aqui se considera válida a limitação atribuída à liberdade de consumo fora do local e do horário de trabalho aos empregados exercentes de cargo de chefia, direção ou supervisão na empresa, em decorrência do caráter de fidúcia que resguarda esta relação jurídica.

Segundo Murari (2008, p. 117): "Quanto menor a subordinação, maior a autonomia privada do empregado para negociar limitações à sua liberdade [...]".

Nesse aspecto, é possível um diretor de uma multinacional fabricante de automóveis firmar com o seu empregador cláusula contratual estabelecendo a obrigatoriedade de circular somente com o veículo da marca que é fabricada pelo seu empregador. Tal limitação atribuída à liberdade de aquisição de veículo de outra marca é estabelecida com a finalidade de assegurar a proteção à imagem da empresa e a credibilidade do produto perante os consumidores. Essa situação, contudo, não deve ser estabelecida a um empregado não exercente de alto cargo, por não abalar a imagem da empresa.

Edilton Meireles (2005) apresenta essa mesma visão. Para o autor, os altos empregados personificam a figura do empregador, tendo em vista que:

> A compra, o uso de produtos ou a prática de atos em benefício da concorrente causa sério dano à imagem do empregador. Seria hipótese do diretor-empregado de montadora de veículo que adquirisse automóvel da concorrente, do diretor-empregado que preferisse viajar em companhia aérea concorrente ou mesmo de apresentador de noticiário que manifestasse maior simpatia pelo programa similar do concorrente, sem um motivo suficientemente forte para justificar tal conduta. (MEIRELES, E., 2005, p. 122).

6.4. INTERFERÊNCIA QUANTO À APARÊNCIA FÍSICA E À VESTIMENTA DO EMPREGADO

O empregador poderá interferir na maneira de vestir do empregado, bem como na sua apresentação pessoal no local de trabalho, desde que tal interferência tenha relação direta com a função a ser exercida no trabalho e sirva para estabelecer o atendimento de determinadas condições de higiene e de apresentação, principalmente em se tratando de empregados que têm contato com o público.

Segundo Abrantes (2005):

> É, por exemplo, legítima a imposição de um vestuário de segurança, tal como o trabalhador estará também obrigado a usar um vestuário adequado ao serviço, que pode, para certos tipos de atividades, ir até à própria uniformização. Mas, mesmo nessas situações, a regra contínua a ser é a de que a imposição de determinado vestuário ou de qualquer outra limitação à aparência exterior do trabalhador só deverá prevalecer na medida do estritamente necessário às exigências do serviço. (ABRANTES, 2005, p. 156).

Conforme Baracat (2008, p. 237), trata-se, portanto, da exigência relativa ao uso do uniforme. É lícita a sua exigência pelo empregador, por estar relacionada a motivo de higiene ou de segurança no trabalho e por servir como critério de identificação do trabalhador e personalização da empresa.

Ainda consoante ensina Baracat (2008):

> A imposição de determinada vestimenta ao empregado, sobretudo de uniformes, deve estar relacionada ao trabalho realizado ou à organização das atividades da empresa, cuja finalidade é permitir a identificação do empregado pelo cliente (grandes lojas de departamento, restaurantes), ou até para efeitos de proteção e higiene do trabalho, tais como jalecos, aventais e macacões (oficinas mecânicas, laboratórios, hospitais). (BARACAT, 2003, p. 251).

Imperioso observar que o empregador pode exigir o uso do uniforme, desde que às suas custas. Assim já se manifestou a jurisprudência trabalhista brasileira:

> UNIFORME E ROUPA PADRÃO. Inegável que o uniforme é uma roupa padronizada. A exigência de cor, figurino, peças comuns já caracteriza por si uniforme, mesmo que não exista a marca, o timbre e/ou o logotipo da empresa. A exigência de roupa padronizada por parte da reclamada custeada pelo empregado junto à própria empresa configura o uso de uniforme e implica transferir para o empregado o custo com uma exigência que é daquela, empresa, enquanto dona do negócio e por parte de quem deve existir a assunção dos meios para a execução do serviço. Pertinente a indenização do ex-empregado com os gastos havidos sob este título. (MINAS GERAIS, 2010b).

De acordo com Baracat (2003, p. 251), somente será legítima a exigência efetuada pelo empregador quanto aos tipos de vestimentas usadas pelo empregado no local de trabalho quando não caracterizar violação à intimidade dele, como uniformes que expõem partes íntimas do corpo; nem a sua honra, no caso de uniformes contendo temas que façam o trabalhador se sentir humilhado no local de trabalho.

Desse modo, não pode o empregador impor ao empregado o uso de vestimentas que sejam ofensivas ou humilhantes ao empregado, tais como minissaias ou blusas decotadas a garçonetes ou vendedoras, sob pena de violação ao direito da imagem do trabalhador. É necessário, portanto, que o uniforme não viole a intimidade do empregado, por meio da exposição de partes íntimas, muito menos a sua honra, com temas que façam o trabalhador se sentir humilhado.

Caso o uniforme concedido pelo empregador também não revele compatibilidade com o ambiente de trabalho, haverá abuso do direito. Algumas empresas estabelecem como regra a ser observada pelo empregado o uso de determinadas roupas em serviço, seja para demonstrar melhor aparência, seja para revelar os dotes físicos do trabalhador (geralmente empregadas), de modo a atrair a clientela.

Para Edilton Meireles (2005), esta obrigação contratual, no entanto:

> [...] a par de se revelar em algumas situações altamente subjetiva do ponto de vista do que seja mais atraente ou conveniente, é abusiva por interferir na intimidade do empregado quanto ao seu modo de se vestir e se portar em público. Viola as regras dos bons costumes e da função social do contrato. (MEIRELES, 2005, p. 130).

Segundo Edilton Meireles (2005, p. 139), esta situação difere daquela na qual a empresa estabelece que seus empregados, em serviço, utilizem uniformes fornecidos pelo próprio empregador, sem ferir os bons costumes. Trata-se de situação em que a empresa exige que o empregado compareça ao serviço com vestimentas próprias ou que faça uso daquelas fornecidas pela empresa para sua melhor aparência.

É preciso destacar, ainda conforme Edilton Meireles (2005):

> Há um certo padrão de comportamento que impõe às pessoas o uso de determinados trajes em certas circunstâncias ou locais. Da mesma forma que não se admite o uso de sunga ou biquíni numa missa, não se tolera em ambiente de trabalho formal o traje de roupas sumárias. Os usos e costumes decidirão em cada caso concreto. (MEIRELES, E., 2005, p. 130).

Portanto, não pode o empregado se apresentar em trajes provocantes, de modo a excitar o instinto sexual dos clientes como meio de atraí-los para a empresa. No caso, o abuso se revela na violação da moral e dos bons costumes.

Sendo assim, como propõe Edilton Meireles (2005, p. 130): "Impor o uso de roupas indecentes, inadequadas ou inconvenientes constitui ato abusivo, ainda que respaldado em cláusula contratual".

Logo, a imposição de determinada vestimenta ao empregado, sobretudo de uniformes, pode ser realizada, desde que tal exigência não seja ofensiva ou humilhante ao direito de imagem do empregado.

Como bem expressa Pavelski (2009):

> Não se olvide que há um padrão médio de vestimentas nos locais de trabalho, sendo de bom senso justamente evitar roupas que despertem comportamentos de cunho sexual por parte de clientes, terceiros e até mesmo para que se evite, por exemplo, o assédio sexual ou mesmo o moral. (PAVELSKI, 2009, p. 159).

É importante ressaltar que o uso de roupas está limitado aos usos e bons costumes do local de trabalho. Assim, não é possível um alto executivo ou um empregado de agência bancária exercer o seu trabalho com vestimentas não condizentes com as funções contratadas. Em tais situações, o empregado deverá agir com certo discernimento para não extrapolar os limites impostos pelos bons costumes no local de trabalho; caso contrário poderá incorrer em abuso de direito, quando, ao violar os bons costumes, vestir-se ou apresentar-se com aparência inadequada para as suas funções ou para o local de trabalho onde deve exercer suas tarefas.

Quanto à interferência na aparência física do empregado, imperioso registrar que não cabe ao empregador interferir nas transformações realizadas pelo empregado em seu corpo. Tais transformações dizem respeito às tatuagens e à introdução de pedaços de madeiras ou de metal em orifícios em seu corpo, como brincos e *piercings*. Tal controle revela-se abusivo e discriminatório, porque configura não somente intromissão na esfera íntima do empregado, mas também em sua liberdade pessoal. Ademais, a referida transformação não interfere no bom funcionamento da atividade empresarial.

Segundo Pavelski (2009, p. 158), referida intromissão somente será considerada válida quando revelar certa influência na realização da atividade a ser desenvolvida no local de trabalho, por colocar em risco a sua própria integridade física. É o caso, por exemplo, do empregado que usa *piercings* no rosto ou nos pulsos e nas mãos e trabalhe com o manuseio de máquinas cujas operações sejam próximas ou passem próximas de tais objetos do corpo do empregado. E ainda:

> Por questões flagrantes de segurança no local de trabalho, porque a máquina ou o produto nela fabricado correm o risco de engatar nesses objetos, causando ferimentos ao empregado, é acentuado. Nesse sentido, ordens do empregador quanto à não utilização dos adereços estarão estritamente dentro de seu poder diretivo, porque, inclusive, respeitando o dever de proteção da integridade psicofísica do empregado, decorrente da boa-fé objetiva. (PAVELSKI, 2009, p. 159).

O empregador poderá, ainda, interferir na aparência física do empregado, quando este trabalha na cozinha como garçom de um restaurante e faz uso da barba e das unhas das mãos grandes. A empresa, no exercício do seu poder diretivo, pode determinar que a barba deste empregado seja raspada e que as suas unhas sejam cortadas a fim de serem observadas as normas relativas à proteção da higiene no local de trabalho.

Segundo Baracat e Mansur (2008, p. 236), a imposição do empregador de que o empregado possua determinada aparência física, seja em relação ao corte de cabelo, seja no tocante à proibição de utilização de barba, pode-se fazer necessária desde que seja adequada ao serviço, por questões de higiene na empresa ou para atender requisitos importantes para a atividade econômica.

Apesar de o aspecto físico do empregado englobar a sua individualidade e o direito de autodeterminar a sua própria imagem estar assegurado pelo art. 5º, X, da Constituição Federal de 1988, é possível, em certa medida, a interferência sobre a sua aparência física, bem como sobre a sua vestimenta, desde que seja estritamente necessária ao desenvolvimento da função para a qual foi contratado.

Pachés, citado por Baracat e Mansur (2008, p. 233) sustenta que o aspecto exterior do trabalhador pertence a sua esfera mais privada. Entretanto, assinala que é preciso a empresa exigir que certos tipos de serviço estabeleçam determinadas restrições à liberdade pessoal do empregado no local de trabalho. Assim, apenas quando o empregado desempenha tarefas que o fazem estar diretamente em contato com o público, será lícito a empresa exigir certas atitudes relacionadas à sua higiene, à sua vestimenta e à sua apresentação pessoal.

Pertinente trazer à baila os comentários de Pavelski (2009) a respeito do tema:

> Se as atividades demandarem um padrão de higiene e o empregador pedir para que o empregado mantenha seu cabelo preso ou utilize toucas, assim como mantenha as unhas aparadas, curtas e limpas, bem como para que a barba seja curta, então poderá ser tido como sem abusividade, ante a peculiaridade das atividades realizadas pelo empregado. Cite-se como exemplo um abatedouro de frangos, uma empresa de manipulação de alimentos, uma cozinha industrial, um restaurante. (PAVELSKI, 2009, p. 159).

Fora das situações acima delineadas, além das similares, não é possível o empregador interferir na aparência física, nas roupas ou na maneira de se vestir do empregado, tendo em vista que o inciso X, art. 5º, da Constituição Federal de 1988, estabelece a inviolabilidade do direito à imagem das pessoas.

Desse modo, consoante Manoel Jorge e Silva Neto (2005):

> Não é aceitável o comportamento de empresário quando determina ao seu empregado, negro, que corte rente o cabelo estilo rastafari, notadamente porque o penteado é emblemático da cultura negra, traço característico que se tornou bastante popular por meio do cantor jamaicano Bob Marley, responsável pela criação e divulgação do reggae — música essencialmente negra e movida pela marca do protesto contra a discriminação. (SILVA NETO, M. J., 2005, p. 32).

Apenas quando a aparência física e a vestimenta do empregado prejudicarem a atividade empresarial será possível esse efetivo controle. Caso contrário, a proibição quanto ao uso de barba, *body piercing*, tatuagem e cabelos longos no local de trabalho excederá os limites impostos quanto ao exercício do poder empregatício.

Segundo Manoel Jorge e Silva Neto (2005, p. 32), é comum bancos, empresas de vigilância e hotéis imporem certo padrão estético aos seus empregados. Não são poucos os exemplos de instituições financeiras que determinam aos trabalhadores exercentes de função de caixa que não tenham barba, bigode ou cavanhaque. Por isso, há denúncias de que barbas e bigodes são proibidos para caixas, mas permitidos para gerentes e supervisores.

Manoel Jorge e Silva Neto (2005, p. 32) cita o caso de uma empresa que proibiu o uso da barba aos seus empregos do seguinte modo: *Você ainda não pode usar a barba, mas se ficar conosco por anos a fio, demonstrando competência, produtividade, bom relacionamento etc., um dia, também poderá ostentar a sua bela barba.* Em razão disso, revela que a Procuradoria Regional do Trabalho da Bahia já celebrou Termo de Ajuste de Conduta com tal empresa, constando em uma das cláusulas proibição de a empresa fixar em norma interna vedação ao uso de barba, bigode, costeleta e cavanhaque pelos trabalhadores.

Convém destacar, ainda, que a interferência sobre a vestimenta e a aparência física do empregado deve acontecer somente no local de trabalho e durante a jornada de trabalho. Não é cabível tal interferência quando o empregado deixa o espaço laboral. Nesse sentido, a interferência em relação à roupa que vai usar ou à maneira como vai pentear-se, fora do local de trabalho, fere a sua liberdade pessoal e o direito à sua privacidade.

Conforme expõe Pavelski (2009):

> Se o comando do empregador não tem ligação com as atividades, poderá ser considerado como abusivo, porque contrário à finalidade social do contrato, limitando o direito do empregado à autodeterminação da própria imagem. (PAVELSKI, 2009, p. 159).

Viola, assim, a liberdade pessoal, bem como a privacidade do empregado, a exigência estabelecida pela empresa para que, por exemplo, uma vendedora de vestes femininas se vista com roupas comercializadas pela empregadora fora do local e do horário de trabalho com a intenção de divulgá-las.

A liberdade pessoal do empregado quanto ao tipo de vestimenta ou à maneira de se vestir compreende um direito fundamental relacionado à liberdade fora do local de trabalho que não pode sofrer restrições, tendo em vista que o aspecto exterior do trabalhador dificilmente irá interferir nos aspectos relacionados ao funcionamento da atividade econômica de produção desenvolvida pelo empregador.

A exigência da empresa quanto ao uso pelo empregado de roupas por ela comercializadas com o intuito de divulgá-las à sociedade ou aos consumidores não torna inviável a execução da prestação de serviços pelo empregado, nem o funcionamento da empresa. Existem técnicas de gestão, como o *marketing* empresarial, que podem ser utilizadas pela empresa para que esta possa divulgar o seu "produto" ou a sua "marca" a terceiros sem ter de recorrer à perturbação da imagem ou da liberdade do empregado fora do local e do ambiente de trabalho.

6.5. INTERFERÊNCIA QUANTO A RELACIONAMENTOS AMOROSOS

Do mesmo modo do examinado item precedente, não tem o empregador a prerrogativa jurídica de interferir nos relacionamentos amorosos de seus empregados, dentro ou fora da empresa.

Conforme bem estatui Lewicki (2008), não cabe também à empresa interferir nos relacionamentos amorosos que venham a ocorrer no ambiente de trabalho por não acarretarem qualquer desassossego na empresa.

Assim já se manifestou o Juiz do Trabalho José Vasconcelos da Rocha:

> Envolvimento afetuoso no trabalho não enseja justa causa e não configura incontinência de conduta. Como pena máxima aplicada ao trabalhador, há de estar transparentemente comprovada, não restando dúvida sobre o ato ilícito e restrita aos termos do art. 482 do texto consolidado. O mau procedimento ou incontinência de conduta como causa ensejadora da justa causa deve acarretar dolosamente prejuízo real ou potencial à empresa. A Justiça do Trabalho estaria se imiscuindo na discricionariedade da vida privada das pessoas se aplicasse como justa causa tal comportamento, do momento que não prejudicou a relação de trabalho subordinado. (RIO GRANDE DO NORTE, 1998).

Portanto, o estabelecimento de cláusulas no contrato de trabalho com o propósito de restringir o namoro ou a opção amorosa de empregados, tanto no local de trabalho como fora dele, mostra-se abusivo por violar o direito à liberdade e à intimidade do empregado.

Nesse mesmo sentido, conforme Barros (2009, p. 115), será considerado abusivo o estabelecimento de cláusula que impede casamento de empregado com pessoa que trabalha em empresa concorrente ou mesmo que obriga o trabalhador a não se separar ou se divorciar como condição indispensável à manutenção da relação de emprego.

Como bem destaca Meireles (2005, p. 185), toda cláusula contratual firmada entre empregado e empregador que tenha por sentido restringir direito ou garantia fundamental deve ser tida como abusiva, por se distanciar da finalidade social do contrato, salvo se a ingerência na intimidade ou vida privada guardar pertinência com os serviços a serem executados ou com a atividade desenvolvida pela empresa.

6.6. LIBERDADE DE CRENÇA RELIGIOSA

O fator crença religiosa, previsto no art. 5º, VI e VIII, CF/88, não pode ser utilizado para estabelecer diferença de tratamento entre empregados. Nas relações de trabalho são intoleráveis atos discriminatórios e humilhantes impingidos ao empregado por conta da sua liberdade de opção religiosa, liberdade esta que impede que o empregado seja assediado para professar a crença do empregador.

A liberdade representa um direito fundamental e essencial para a dignidade humana, seja ela de pensamento, expressão, manifestação, crença, política, locomoção ou trabalho. O princípio da liberdade individual se consubstancia no local de trabalho numa perspectiva de privacidade e de intimidade no Direito do Trabalho.

Edilton Meireles (2005, p. 180) apresenta três controvérsias quanto à liberdade de crença religiosa no local de trabalho. A primeira é quando a empresa convoca seus empregados para participar de culto religioso. A segunda é quando o empregado se ausenta do trabalho por causa de suas convicções religiosas. E a terceira é quando as organizações religiosas discriminam os trabalhadores que não professam a fé por elas defendida.

Imperioso registrar que organizações de tendência são aquelas entidades empregadoras que, por sua própria natureza, possuem determinada e específica linha ideológica, filosófica ou religiosa. Incluem-se aí os sindicatos, os colégios religiosos, os partidos políticos, entre outros.

Discorrendo sobre a primeira situação apontada por Edilton Meireles (2005), Manoel Jorge e Silva Neto (2005, p. 51) relata: "Inaugurações de filiais e festas de final de ano se convertem em velada ofensa à liberdade religiosa dos trabalhadores, quando o empresário escolhe a celebração de culto de sua preferência".

Dessa forma, assinala Manoel Jorge e Silva Neto (2005, p. 51) que a empresa está obrigada a assumir uma postura imparcial quanto aos segmentos religiosos. O proprietário pode ter religião, mas a empresa, enquanto coletividade destinada à satisfação material e profissional de todos a ela vinculados, está proibida de abraçar uma dada religião. Assim, o convite endereçado aos trabalhadores a fim de que todos participem de culto por ocasião de Natal representa flagrante desrespeito à liberdade de religião. Em razão disso, à exceção dos cultos ecumênicos, que funcionam como elemento integrativo das confissões religiosas, qualquer outra celebração na empresa está vedada pela Constituição Federal de 1988. E prossegue:

> O empregador não pode "convidar" empregados para a participação em cultos de segmento religioso, ainda que seja um simples "convite", especialmente porque, no âmbito das relações de trabalho, a expressa recusa ou ausência ao evento por parte do trabalhador poderá soar não como um ato representativo da sua liberdade religiosa, mas sim como demonstração explícita de rebeldia. [...] À exceção dos cultos ecumênicos, que funcionam como elemento integrativo das confissões religiosas, qualquer outra celebração na empresa está vedada pelo sistema constitucional, competindo precipuamente ao Ministério Público do Trabalho, por conta da sua vocação institucional, atuar no sentido de impedir a realização dos eventos, instando, para isso, o Judiciário Trabalhista para a proteção do interesse transindividual. (SILVA NETO, M. J. 2005, p. 52).

Edilton Meireles (2005), contudo, pensa de forma contrária, e segue-se aqui o seu posicionamento. Para o autor, convidar o empregado a participar de culto ou festa religiosa não representa ato abusivo. Sendo assim:

> O fato de a empresa convidar seu empregado para participar de evento que tenha conotação religiosa (festa natalina, festa de São João, inaugurações com culto religioso etc. não atinge, por si só, a liberdade religiosa. Feriria esse direito fundamental a obrigação de comparecer ao evento. (MEIRELES, E., 2005, p. 181).

Se o convite contiver *conotação de ordem*, restará caracterizado o abuso do direito, se o empregador punir ou despedir o empregado por não aceitar a referida convocação.

Como salienta Edilton Meireles (2005, p. 181), estar-se-á diante de ilicitude propriamente dita, se a punição ou despedida decorrer da discriminação religiosa e frente ao abuso do direito, se ela não decorrer da discriminação, mas do inconformismo para com o ato de "rebeldia".

Na segunda situação, quando o empregado se ausenta do trabalho em decorrência das suas convicções religiosas, entende-se que, no trabalho executado em dias religiosos, é cabível o empregado eximir-se da sua prestação de serviços à empresa em data tida por inadequada por sua corrente religiosa, mesmo não sendo feriado reconhecido por lei. Entretanto, é necessário que o empregado efetue comunicação prévia ao empregador, no sentido de informá-lo a respeito da impossibilidade de comparecimento naquele dia, efetuando, assim, a devida compensação em outro dia da semana. É preciso destacar, contudo, que a referida compensação somente será viável se o funcionamento da empresa tiver outros horários para que o empregado possa compensar a sua ausência em outro dia da semana. De todo modo, o trabalhador tem a obrigação de informar ao empregador na fase pré--contratual que irá se ausentar do trabalho por motivo de crença religiosa, pois, em muitas situações, em decorrência do seu horário de funcionamento, a empresa não terá outros horários dentro da semana para que o empregado possa compensar a sua ausência. Caso contrário, este empregado poderá ser dispensado sem justa causa.

Portanto, não se propugna nesta obra a visão de Edilton Meireles (2005), que professa a visão de Manoel Jorge e Silva Neto (2005) e a de Antônio Cordeiro Menezes (2002).

Manoel Jorge e Silva Neto (2005, p. 52) entende que o empregado pode se ausentar, informando previamente ao empregador, desde que compense a sua ausência em data a ser estipulada. E, caso este não aceite o pleito, estaria abrindo a via para o empregado requerer judicialmente a rescisão indireta do contrato de trabalho, com base na *alínea "b"*, do art. 483, da CLT, além de outras providências que possam e devam ser adotadas com o fim de salvaguardar a garantia fundamental dos trabalhadores à liberdade religiosa.

Menezes, citado por Edilton Meireles (2005, p. 78), e o próprio autor comungam a ideia de que, da mesma forma que o empregado não é obrigado a aceitar convite formulado pelo empregador para participar de evento religioso, este não é obrigado a tolerar as ausências ao serviço em função de sentimentos religiosos. Para ambos os autores, a empresa pode até concordar com a ausência, mas não está obrigada a assim se comportar com a compensação. Por isso, não está tratando com rigor excessivo seu empregado. Se não for dessa maneira, relatam os autores, poder-se-ia chegar à intolerável situação da pessoa que professasse uma religião que proibisse o trabalhador ter direito a receber salário sem prestar serviços, em nome da liberdade de consciência. Em tal situação, a intolerância da empresa não se mostra reveladora de qualquer abuso do direito.[12]

Quanto à questão das organizações religiosas discriminarem os trabalhadores que não professam a fé por ela defendida quando da contratação, Alice Barros (2009, p. 62), Sandra Simón (2000, p. 87) e Edilton Meireles (2005, p. 183) admitem a legalidade de cláusula contratual, desde que a mesma guarde pertinência com o desenvolvimento da organização ou, ainda, com a própria prestação de serviços do empregado. Trata-se das organizações de tendência que seguem determinada religião. É o caso, por exemplo, de um colégio católico que contrata apenas professor de teologia ligado à religião católica.

Revela-se uma discriminação justificável, pois não é justo impor à empresa a contratação de empregado professor de teologia que professa outra religião em um colégio cuja religião é a católica.

Como bem destaca Edilton Meireles (2005, p. 182), é razoável a objeção, pois todo professor acaba por difundir para seus alunos suas convicções, sejam religiosas ou ideológicas. Para este autor, ninguém consegue atuar com total imparcialidade em questões religiosas. É natural que todo colégio religioso queira em seu quadro de trabalhadores pessoas que professam a religião respectiva, sob pena de a instituição se afastar de seu objetivo principal enquanto entidade religiosa, que é a difusão de sua fé.

Manoel Jorge e Silva Neto (2005, p. 53), por sua vez, pensa de forma contrária. Para este autor, as entidades religiosas, com o escopo de atingimento dos seus propósitos institucionais, necessitam contratar trabalhadores. E, neste momento, entende que não é possível restringir o universo dos eventuais contratados àqueles que professam a fé religiosa abraçada pela organização. Nem mesmo em questionários e/ou entrevistas para admissão de trabalhadores é possível indagar a respeito de crença do candidato ao posto de trabalho, proibição que se estende a todo e qualquer procedimento admissional.

---

(12) O pensamento de António Cordeiro Menezes (2002) se encontra na obra citada de Edilton Meireles (2005).

Quanto à prática de proselitismo de determinado segmento religioso no local de trabalho e à manutenção de templo religioso na unidade empresarial, Manoel Jorge e Silva Neto (2005, p. 52) as considera intoleráveis. Para o autor, há violação ao direito à liberdade religiosa, agindo o empregado em incontinência de conduta quando faz proselitismo religioso, por atingir a liberdade religiosa do colega de trabalho e por acarretar profundo mal-estar no local de trabalho.

Não se adere nesta oportunidade à visão acima propugnada. Da mesma forma que Edilton Meireles (2005, p. 147), aqui se entende que a prática de proselitismo religioso não ofende ou restringe a liberdade de outrem em não ter uma religião ou em professar outra religião, mesmo porque ninguém é obrigado a ouvir os sermões religiosos de outros. O indivíduo os escuta se quiser e se sentir vontade, e, muitas vezes, até para estabelecer um diálogo harmonioso entre tantos temas ligados à religião.

Quanto ao templo religioso no local de trabalho, o fato de a empresa mantê-lo em sua unidade laboral também não fere a liberdade religiosa do empregado.

Como bem relata Edilton Meireles (2005, p. 185), o empregador, neste caso, não estará descumprindo a função social da propriedade, muito menos atingindo direito fundamental do empregado. Abusivo, no entanto, será o ato da empresa em obrigar o empregado a comparecer ao templo para participar de culto religioso. Mas, por si só, a manutenção do templo pela empresa não é ilícito, nem abusivo.

Portanto, não é razoável a visão exposta por Manoel Jorge e Silva Neto (2005, p. 52) ao sustentar que seria tolerável apenas se o templo fosse um espaço ecumênico, do contrário, seria imperiosa a sua demolição.

6.7. FISCALIZAÇÃO POR MEIOS ELETRÔNICOS

Existem procedimentos de natureza organizacional derivados do poder empregatício que são adotados pelo empregador como forma de proteger o seu patrimônio e de fiscalizar a prestação de serviços dos empregados. Entre os vários procedimentos existentes, cabe destacar a verificação do e-mail, a utilização das escutas telefônicas e das câmeras audiovisuais, que podem ensejar abusos pelo empregador.

6.7.1. Monitoramento do e-mail corporativo

O e-mail pode ter cunho corporativo ou particular. Este último é utilizado pelos internautas de maneira pessoal e íntima, sendo o seu acesso livre por qualquer meio de comunicação eletrônico. Além disso, sua finalidade não se destina ao trabalho, mas sim ao trato de assuntos pessoais. Já o e-mail corporativo é aquele que é acessado no computador fornecido pela empresa aos empregados, estando, desse modo, relacionado a assuntos estritamente profissionais, a menos que exista consentimento expresso do empregador no sentido da utilização do e-mail corporativo par fins particulares. A fiscalização restringe-se apenas aos e-mails que pertencem à empresa e desde que seja dada ciência ao trabalhador.

Sobre isso, afirma Calvo (2009): "As empresas devem permitir um uso mínimo do correio eletrônico corporativo para fins particulares ou alternativamente o acesso ao próprio e-mail particular do empregado de forma moderada e razoável".[13]

Segundo Belmonte (2004):

> As novas tecnologias, entre elas o computador, a informática e a telemática, aliadas a fatores como a globalização, o barateamento dos custos e a massificação do crédito, instauraram a sociedade de consumo municiada pela informação, impondo grandes modificações no mercado e no ambiente de trabalho. (BELMONTE, 2004, p. 116).

As novas tecnologias, em especial a informática, desencadearam não só o aparecimento de novas relações de trabalho (trabalho à distância e teletrabalho), mas também novas formas de controle sobre a prestação de serviços do empregado, como o monitoramento do correio eletrônico e a introdução das câmeras audiovisuais no local de trabalho.

Sob o manto do poder diretivo, passaram os empregadores a monitorar a utilização da internet e dos e-mails de seus empregados, com a finalidade de verificar se o tempo gasto na internet é utilizado para o trabalho ou para fins particulares, bem como se os e-mails recebidos ou enviados pelos trabalhadores são utilizados de acordo com orientações da empresa.

Relata Doneda (1999) que a utilização do e-mail corporativo

> Melhora as condições de trabalho instantaneamente de muitas empresas. Os empregados podem se comunicar instantaneamente, sem a necessidade de deslocamento, e não é necessário que as partes estejam imediatamente disponíveis — como seria no caso de uma chamada telefônica. O uso de papel diminui, visto que comunicações internas podem ser enviadas por meio digital, a considerar a existência de uma rede de correio eletrônico interna [...]. (DONEDA, 1999, p. 84).

A legislação trabalhista não possui uma normatização específica acerca do monitoramento do e-mail no ambiente de trabalho. Por essa lacuna, o caso fica à mercê do exercício do poder regulamentar, que é conferido ao empregador. Tal modalidade de poder compreende a prerrogativa atribuída ao empregador para a fixação das normas disciplinadoras das condições gerais e específicas relativas

---

(13) CALVO, Adriana. *Breves considerações sobre a decisão do TST relativa ao uso do correio eletrônico.* Disponível em: <http://www.calvo.pro.br>. Acesso em: 30 maio 2012.

à prestação de serviços por parte do empregado no âmbito empresarial. Compreende, também, normas de caráter técnico, às quais o empregado está subordinado, com o objetivo de manter a ordem interna na empresa. O poder regulamentar materializa-se por meio de cartas, avisos, instruções ou circulares e pode ser regido pelo regulamento interno da empresa, quando houver. São instrumentos que se efetivam de acordo com as particularidades de cada estabelecimento empresarial.

Entretanto, é relevante destacar que o próprio regulamento, ao estabelecer as normas de conduta do empregado, de certa forma limita o poder empregatício do empregador, fazendo com que o mesmo respeite o que foi entabulado, pois, através do regulamento empresarial, são traçadas as normas fundamentais quanto ao modo de exercício do trabalho por todos os integrantes do pacto contratual.

Estabelece Barros (2009) que:

> Embora o Direito do Trabalho não faça menção aos direitos à intimidade e à privacidade, por constituírem espécie dos direitos da personalidade consagrados na Constituição, são oponíveis contra o empregador, devendo ser respeitados, independentemente de encontrar-se o titular desses direitos dentro do estabelecimento empresarial. É que a inserção do obreiro no processo produtivo não lhe retira os direitos da personalidade, cujo exercício pressupõe liberdades civis. (BARROS, 2009, p. 23).

Em decorrência das inovações constantes da tecnologia, notadamente nos meios de comunicação e de monitoramento visual nas relações de trabalho, surgiram novas formas de controle e de vigilância em variados ramos de labor.

Assevera Ribeiro (2008):

> A introdução de certos meios tecnológicos no âmbito laboral, *v.g.* internet, correio eletrônico, videocâmaras, telefonia fixa e móvel, *webcams*, fax, dentre outros, fez crescer a potestade fiscalizadora e controladora do empregador, repercutindo na vida privada do trabalhador, a ponto de causar-lhe sérios danos psicológicos, bem como alguns transtornos fisiológicos, por sentir-se continuamente monitorado na prestação laboral. (RIBEIRO, 2008, p. 49).

Contudo, ao mesmo tempo em que a tecnologia representou um avanço, ela acarretou uma ameaça aos direitos da personalidade do empregado, especialmente ao direito fundamental à liberdade, à privacidade e à intimidade. É preciso estabelecer, também, as possibilidades, assim como os limites do poder fiscalizatório exercido pelo empregador, no que tange ao monitoramento do e-mail no ambiente de trabalho, de modo que não seja afetada, em momento algum, a dignidade da pessoa humana do trabalhador.

Segundo Calvo (2009):

> [...] dentro do cenário atual de pressão por diminuição de custos devido à crescente concorrência empresarial, a comunidade deve tomar o cuidado de não acabar privilegiando a esfera patrimonial-financeira da empresa em detrimento da dignidade do empregado. [...] O empregado antes de tudo é cidadão e deve ter respeitada a sua dignidade humana, já que este é o princípio máximo de uma sociedade pluralista e democrática, que todos temos o dever de defender e proteger. (CALVO, 2009).[14]

Atestando o entendimento de Barbosa Júnior (2008):

> Todo jurista deve manter compromisso com a defesa dos direitos humanos, direcionando a exegese do texto legal e das situações passíveis de enquadramento jurídico no sentido de dar máxima proteção aos direitos fundamentais, rechaçando condutas que ameacem esses direitos, através de uma interpretação restritiva. (BARBOSA JÚNIOR, 2008, p. 100).

É cediço que, em razão do uso intensivo dos equipamentos tecnológicos postos à disposição do empregado, independentemente da sua presença física no local de trabalho, o empregador passou a controlar o envio e o recebimento de e-mails utilizados pelos empregados.

Face a tal realidade, observa-se que tem aumentado o controle efetuado pelos empregadores em relação ao uso da internet pelos empregados, pois é sua a prerrogativa de organizar a atividade produtiva e de fiscalizar a correta utilização dos instrumentos de trabalho colocados à disposição do empregado para o exercício de sua atividade profissional.

Para Belmonte (2004, p. 61), uma das razões que leva à prática do rastreamento pelas empresas das navegações na internet e à verificação de e-mails está relacionada à associação do mau uso do bom nome e da boa imagem do estabelecimento.

O correio eletrônico é um meio de correspondência ou de comunicação eletrônica em que é armazenado o depósito de mensagens eletrônicas enviadas para um endereço virtual.

Belmonte (2004, p. 63) afirmando que o correio eletrônico "é um meio de comunicação muito utilizado pelas empresas em razão do baixo custo, da rapidez e da economia de papel".

A esse respeito, relata Lewicki (2003, p. 113) que, apesar de a tecnologia ter revolucionado o meio eletrônico, o correio eletrônico representa um canal de

---

(14) CALVO, Adriana. *Breves considerações sobre a decisão do TST relativa ao uso do correio eletrônico*. Disponível em: <http://www.calvo.pro.br>. Acesso em: 30 maio 2012.

comunicação de relativa garantia de privacidade, tendo em vista que a mensagem transmitida por uma série de pontos antes de chegar ao destinatário pode ser interceptada nesse percurso. Ademais, o e-mail pode ser recuperado a partir de vários "lugares" após ser recebido, incluindo o disco rígido do remetente ou do destinatário, ou o servidor da empresa onde ele fica armazenado, como no *backup*, mesmo após ter sido deletado por quem o recebeu.

Assim, por meio do correio eletrônico pode-se facilmente rastrear, interceptar e monitorar as mensagens enviadas por e-mail.

Tal fato potencializou a problemática relativa ao controle da correspondência virtual utilizada pelo empregado para a execução da sua prestação de serviços. Além disso, os novos tempos apontam para o surgimento de um novo ambiente de trabalho, originado do avanço da informática e da automação que dispensam a presença física do empregado no local de trabalho. Contudo, o empregado ainda permanece conectado ao poder diretivo do empregador e tem o seu trabalho virtualmente controlado através de programas computacionais em decorrência do aparecimento dos novos fatores de produção.

Segundo Belmonte (2004):

> Hoje o ambiente de trabalho é diferente daquele em que as normas trabalhistas protetivas tiveram a sua gestação: a sociedade — globalizada, diga-se — busca a eficiência econômica em um ambiente racional no qual é indispensável a utilização de novas ferramentas de trabalho, que operam no pressuposto do conhecimento continuado e em necessidade da presença física do trabalhador. (BELMONTE, 2004, p. 63).

Belmonte (2004, p. 28) ainda enfatiza que "está cada vez mais difícil delimitar o espaço do trabalho, pela mistura crescente entre os elementos relacionados ao trabalho ou à vida profissional com os relacionados à vida íntima do empregado".

Em razão disso, o monitoramento de e-mail pelo empregador acarretou o conflito que envolve o confronto entre *os direitos fundamentais à intimidade e à privacidade* do empregado e *os direitos à propriedade privada e à livre iniciativa* assegurados ao empregador.

Assim, havendo controvérsia entre os direitos fundamentais à intimidade e à privacidade do empregado com os direitos de propriedade e de livre iniciativa do empregador, deve o intérprete e aplicador do Direito do Trabalho invocar o princípio da ponderação como critério solucionador entre os direitos em choque.

Seguindo o pensamento de Belmonte (2004, p. 73), o juízo de ponderação visa a estabelecer a solução de tal conflito, fundamentando-se em três princípios, quais sejam: o da unidade da Constituição, que consiste na interpretação sistemática das normas e dos princípios; o da concordância prática, obtida por meio da harmonização que permita o melhor equilíbrio possível entre os princípios colidentes na busca da máxima concretização dos direitos envolvidos; e o da proporcionalidade, que objetiva, por meio do balanceamento e do estabelecimento de limites, a prevalência de um direito sobre o outro, quando absolutamente necessário para a resolução do conflito. E ainda:

> Utilizados os critérios de resolução de colisão de direitos, conclui-se que o direito à propriedade do empregador, do qual resulta o poder diretivo, e o direito à intimidade do empregado têm por limite a dignidade do empregado. Mas ambos precisam, diante das características próprias e especiais das relações de trabalho, ser exercidos conforme as necessidades do serviço, o que justifica a harmonização ou a prevalência diante da máxima operacionalidade conforme as circunstâncias. (BELMONTE, 2004, p. 73).

De acordo com Belmonte (2004, p. 28), o empregado, ao ser contratado, inicia o seu contrato abrindo mão de uma parcela de sua intimidade em decorrência da vigilância que é exercida sobre a sua pessoa pelo uso da máquina. Essa vigilância atua de três formas básicas: a) através do acesso às informações pessoais armazenadas no computador; b) por intermédio do acesso ao conteúdo e registros dos e-mails enviados e recebidos e web *pages* visitadas; c) e o acesso ao registro de uso, possibilitando saber como o empregado utiliza o computador, medindo-se tanto a quantidade quanto a qualidade do trabalho realizado.

É cediço que o correio eletrônico representa um instrumento de comunicação e de tansmissão de informações que auxilia o desenvolvimento da atividade laborativa executada pelo empregado. Ele compreende um meio pelo qual o empregador, através do controle da sua atividade econômica, possa tornar indispensável o alcance das suas atividades funcionais empresariais. Na relação de emprego, como é o empregador que detém o direito de propriedade e que assume os riscos do empreendimento, respondendo pelos danos causados pelos empregados a outros empregados, bem como a terceiros, ele tem o objetivo de preservar as confidências relacionadas ao seu estabelecimento empresarial. Entretanto, esse meio não pode ser utilizado pelo empregador no sentido de acarretar a intromissão na esfera íntima da vida privada do trabalhador.

Toda conduta empresarial constrangedora ou desagradável, capaz de acarretar uma situação vexatória ao empregado em virtude do controle indevido do uso do seu e-mail, caracterizará transgressão à sua privacidade e à sua intimidade.

O e-mail corporativo é o fornecido pela empresa ao empregado como ferramenta de trabalho para este desempenhar o seu labor. Não se pode olvidar, contudo, que o empregado deve ter ciência da fiscalização do empregador.

Quando o e-mail for corporativo, por se tratar de ferramenta de trabalho, porque destinado à realização do serviço, será possível ao empregador acessar o conteúdo material do mesmo por meio de rastreamento, desde que haja prévia comunicação ao empregado da fiscalização no regulamento da empresa e desde que não o faça de forma abusiva. Como a sua conta é fornecida pelo empregador, a sua utilização deve ser estritamente relacionada ao trabalho.

Segundo Ribeiro (2008, p. 85): "O controle do e-mail corporativo ou profissional, insistimos, é livre para o empregador, que tem a liberdade, inclusive, de limitar ao conhecimento de quem lhe convier a senha de acesso à internet". E ainda:

> Se o correio eletrônico é de uso exclusivo da empresa, o empregado não pode utilizá-lo para nenhum fim pessoal, tanto menos para fins distorcidos, tipo divulgação de fotos discriminatórias atentatórias à moral e aos bons costumes, que até colocam em risco os aparelhos da empresa pela possibilidade de invasão por vírus, causando prejuízo econômico à entidade patronal. (RIBEIRO, 2008, p. 85).

Conforme Ribeiro (2008, p. 56), visto que a relação de emprego deve pautar-se pela boa-fé, pela lealdade e pela transparência, é necessário que o empregador informe ao trabalhador a existência de meios de controle de fiscalização laboral com o objetivo de evitar surpresas desagradáveis, como a intromissão na sua esfera pessoal, por mais que a existência de atividades com monitoramento eletrônico seja indispensável à proteção da propriedade e à segurança dos trabalhadores.

Através do e-mail corporativo concedido ao empregado para a execução do seu labor, o empregador poderá controlar os *sites* visitados pelo empregado, bem como ter acesso às mensagens eletrônicas enviadas e recebidas pelo mesmo, já que é da propriedade do empregador o correio eletrônico profissional de que se vale o funcionário apenas como instrumento de trabalho.

Tal procedimento se faz necessário para proteger o patrimônio do empregador, no sentido de evitar possível divulgação de informações sigilosas, disseminação de vírus de computador, distribuição de fotos pornográficas, assim como o mau uso dos equipamentos colocados à disposição do empregado.

O empregado possui o dever de obedecer às formas de exteriorização do poder empregatício (*poder diretivo, regulamentar, fiscalizatório e disciplinar*), conferidas ao empregador, como consequência do art. 2º, da CLT, tendo em vista que, violando o dever que lhe compete no contrato de trabalho, estará sujeito às punições disciplinares pertencentes ao empregador — *advertência, suspensão contratual não superior a 30 dias (art. 474, CLT) e justa causa (art. 482, CLT)*.

Em que pese inexistir lei específica acerca dos limites do poder empregatício quanto à atuação do controle patronal nas comunicações eletrônicas, o empregador poderá fazer uso de seu poder fiscalizatório para monitorar os e-mails enviados e recebidos pelos empregados, *apenas quando se tratar de e-mail corporativo*, ou seja, de correspondência eletrônica destinada somente à execução de conteúdos estritamente profissionais e derivados de assuntos ligados ao contrato de trabalho do empregado, desde que, no regulamento empresarial, o mesmo seja previamente comunicado pelo empregador. Nessa hipótese, haverá limitação quanto ao exercício dos direitos da personalidade. O direito à intimidade e à vida privada se relativizará em prol do poder empregatício e do direito de propriedade, no sentido de conferir ao empregador a prerrogativa de adoção de medidas adequadas para vigilância e verificação do correio eletrônico corporativo.

Diante disso, o e-mail corporativo deve ser utilizado exclusivamente para o desempenho da função exercida pelo empregado.

Como justifica Barbosa Júnior (2008):

> As empresas que utilizam os recursos da internet passam por situações de má utilização da rede de computadores pelos empregados: são casos de acesso a sites pornográficos, envio de mensagens ofensivas, humorísticas ou pornográficas que podem acarretar um desconforto no ambiente do trabalho e produzir queda da produtividade, pois, com tais práticas, há relativa desconcentração e desvirtuamento das atividades laborativas sem uma justificativa razoável, desperdiça-se tempo com assuntos não relacionados ao trabalho, além de se tornar improdutivo sob qualquer ótica. (BARBOSA JÚNIOR, 2008, p. 96).

O procedimento fiscalizatório encontra fundamento no poder diretivo do empregador, que tem por finalidade organizar e controlar a atividade econômica no âmbito empresarial e emitir ordens gerais ou individuais a respeito da atividade a ser executada pelo empregado. É a atribuição conferida ao empregador de estipular orientações técnico-profissionais e administrativas ao empregado no que tange à sua atividade ou ao modo da prestação de serviços que será executada pelo mesmo ao longo do contrato de trabalho.

Segundo Belmonte (2004):

> Deve a empresa dar ciência aos empregados das condutas que não são admitidas pela empresa; de eventuais limitações no uso dos equipamentos eletrônicos e penalidades decorrentes da transgressão; bem como conscientizar os seus empregados, de forma a evitar a prática de atos que possam lhe causar prejuízos. A empresa responde, junto a terceiros, pelos danos causados pelo empregado e deles ressarcirá em caso de culpa ou dolo. (BELMONTE, 2004, p. 92).

Pode-se verificar, através do julgado abaixo transcrito, a situação de verificação de e-mail corporativo destinado aos empregados pelo empregador:

PROVA ILÍCITA. E-MAIL CORPORATIVO. JUSTA CAUSA. DIVULGAÇÃO DE MATERIAL PORNOGRÁFICO. 1. Os sacrossantos direitos do cidadão à privacidade e ao sigilo de correspondência, constitucionalmente assegurados, concernem à comunicação estritamente pessoal, ainda que virtual (e-mail particular). Assim, apenas o e-mail pessoal ou particular do empregado, socorrendo-se de provedor próprio, desfruta da proteção constitucional e legal de inviolabilidade. 2. Solução diversa impõe-se em se tratando do chamado e-mail corporativo, instrumento de comunicação virtual mediante o qual o empregado louva-se de terminal de computador e de provedor da empresa, bem assim do próprio endereço eletrônico que lhe é disponibilizado igualmente pela empresa. Destina-se este a que nele trafeguem mensagens de cunho estritamente profissional. Em princípio, é de uso corporativo, salvo consentimento do empregador. Ostenta, pois, natureza jurídica equivalente à de uma ferramenta de trabalho proporcionada pelo empregador ao empregado para a consecução do serviço. 3. A estreita e cada vez mais intensa vinculação que passou a existir, de uns tempos a esta parte, entre internet e/ou correspondência eletrônica e justa causa e/ou crime exige muita parcimônia dos órgãos jurisdicionais na qualificação da ilicitude da prova referente ao desvio de finalidade na utilização dessa tecnologia, tomando-se em conta, inclusive, o princípio da proporcionalidade e, pois, os diversos valores jurídicos tutelados pela lei e pela Constituição Federal. A experiência subministrada ao magistrado pela observação do que ordinariamente acontece revela que, notadamente o e-mail corporativo não raro sofre acentuado desvio de finalidade, mediante a utilização abusiva ou ilegal, de que é exemplo o envio de fotos pornográficas. Constitui, assim, em última análise, expediente pelo qual o empregado pode provocar expressivo prejuízo ao empregador. 4. Se se cuida de e-mail corporativo, declaradamente destinado somente para assuntos e matérias afetas ao serviço, o que está em jogo, antes de tudo, é o exercício do direito de propriedade do empregador sobre o computador capaz de acessar a internet e sobre o próprio provedor. Insta ter presente também a responsabilidade do empregador, perante terceiros, pelos atos de seus empregados em serviço (Código Civil, art. 932, III), bem como que está em xeque o direito à imagem do empregador, igualmente merecedor de tutela constitucional. Sobretudo, imperativo considerar que o empregado, ao receber uma caixa de e-mail de seu empregador para uso corporativo, mediante ciência prévia de que nele somente podem transitar mensagens profissionais, não tem razoável expectativa de privacidade quanto a esta, como se vem entendendo no Direito Comparado (EUA e Reino Unido). 5. Pode o empregador monitorar e rastrear a atividade do empregado no ambiente de trabalho, em e-mail corporativo, isto é, checar suas mensagens, tanto do ponto de vista formal quanto sob o ângulo material ou de conteúdo. Não é lícita a prova assim obtida, visando a demonstrar justa causa para a despedida decorrente do envio de material pornográfico a colega de trabalho. Inexistência de afronta ao art. 5º, X, XII e LVI, da Constituição Federal. 6. Agravo de Instrumento do Reclamante a que se nega provimento. (BRASIL, 2005a).

A verificação de e-mail corporativo do empregador deverá ser realizada de modo razoável.

Conforme menciona Válio (2006, p. 98): "O direito à intimidade não é absoluto, como qualquer liberdade pública, todavia, isso não leva ao absolutismo do poder diretivo do empregador".

Ainda adverte Nilson Nascimento (2009):

> Embora o empregador seja detentor do poder de direção e tenha o direito de dirigir a prestação pessoal e subordinada de serviços do trabalhador, resta claro que não possa exercê-lo indiscriminadamente e em descompasso com os limites fixados pelas normas jurídicas em respeito aos direitos fundamentais do trabalhador. (NASCIMENTO, Nilson, 2009, p. 136).

Deve o empregador, através do seu poder regulamentar, mencionar os limites da utilização da correspondência eletrônica pelo empregado no ambiente de trabalho, mesmo em se tratando de e-mail corporativo. Todos os empregados devem ter conhecimento das condutas que são exigidas pelo empregador referentes ao modo de utilização do e-mail corporativo. Se houver abuso de direito no exercício do poder empregatício conferido ao empregador, principalmente na situação de desconhecimento do empregado quanto à forma de utilização da correspondência eletrônica, afetados serão os direitos da personalidade do empregado e, por consequência, os aspectos da sua vida íntima e privada. Ao trabalhador, será assegurada a rescisão indireta do contrato de trabalho, com base nas situações enumeradas no art. 483, da CLT, e o mesmo poderá ser recompensado por intermédio do ressarcimento por danos morais.

Segundo Belmonte (2004, p. 92), então, não apenas o trabalhador terá direito de ser ressarcido pela violação à sua intimidade e à sua vida privada, como também a empresa poderá pleitear, judicialmente, ressarcimento dos danos morais e materiais, quando prejudicada economicamente pelo uso indevido das tecnologias de comunicação e de informação por conduta ilícita de seu empregado.

É o caso, por exemplo, do empregado que ingressa em *chats* obscenos para enviar mensagens de conteúdo de interesse particular sem qualquer conexão com o fim da atividade laboral

Assim, se o empregado se utilizar do e-mail corporativo do empregador para remeter mensagens pornográficas ou mensagens com vírus a pessoas estranhas ao contrato de trabalho e acarretar prejuízos, o seu empregador poderá ser responsabilizado pelo ressarcimento decorrente de eventuais danos materiais ou morais. Como é o empregador quem assume os riscos da atividade econômica (art. 2º, *caput*, da CLT), ele responde pela culpa *in vigilando* e *in eligendo* pelos atos de seus empregados. Nesse sentido, há responsabilidade direta ou indireta do empregador por atos de empregados conforme disposto no art. 932, III, do CC.

Como os e-mails profissionais enviados pelo empregado podem acarretar danos a terceiros, justificando a responsabilização do empregador, em decorrência do art. 932, inciso III, do CC, o poder diretivo conferido ao empregador autoriza o monitoramento do e-mail corporativo colocado à disposição do empregado para a realização de seu labor profissional.

Segundo Calvo (2009):

> No local de trabalho, o empregador tem uma preocupação legítima para que o empregado não divulgue informações confidenciais da empresa a outrem ou que não transmita correios eletrônicos com conteúdo não apropriado que não sejam relacionados ao trabalho, tais como materiais pornográficos ou piadas para vão sobrecarregar a rede da empresa causando, em alguns casos, a perda de conexão resultando no não recebimento de arquivos importantes ou na necessidade de aquisição de placas de memória para ampliação da capacidade dos sistemas. (CALVO, 2009).[15]

Para Belmonte (2004, p. 95), o rompimento culposo do contrato de trabalho do empregado, em decorrência da má utilização de e-mail corporativo, está prevista no art. 482, *alínea "b"*, da CLT. Tal dispositivo trata da dispensa por justa causa do empregado por motivo de mau procedimento, em virtude de ter havido violação do seu dever de fidelidade. Também poderá ocorrer o rompimento contratual culposo com base na prática de negociação habitual e concorrência desleal praticada pelo empregado (art. 482, *"c"*, da CLT). Nesta última hipótese, como exemplo, tem-se a utilização dos meios eletrônicos disponibilizados pelo empregador ao empregado para a realização de negócios alheios ao contrato ou a utilização da posição ou do horário de trabalho para a realização de negócios do mesmo ramo empresarial. Em tais situações, vê-se a má-fé contratual do empregado.

Da mesma forma, o empregado poderá ser advertido, suspenso, ou até mesmo dispensado, por ato de indisciplina (art. 482, *"h"*, da CLT), caso desrespeite cláusula normativa prevista em regulamento da empresa, estipulando a restrição do uso do e-mail corporativo para fins pessoais.

Nesse sentido, o e-mail corporativo concedido ao empregado como ferramenta de trabalho e mantido pelo próprio provedor da empresa pode ser fiscalizado, uma vez que o empregador pode ser responsabilizado por eventuais danos morais causados a terceiros por mensagens enviadas pelo empregado através do seu e-mail corporativo. Além disso, a utilização do e-mail corporativo com desvio de finalidade pode acarretar danos à imagem da empresa.

Como é o empregador quem assume os riscos da atividade econômica (art. 2º, *caput*), sendo o detentor do poder de direção, responde nas hipóteses de culpa *in vigilando* e *in eligendo*, pelos atos dos seus empregados. O STF, por meio da Súmula n. 341, já pacificou a questão, dispondo que é "presumida a culpa do patrão ou comitentes pelo ato culposo do empregado ou preposto". O empregado, contudo, deve ser informado por escrito de que o e-mail corporativo cedido a ele será monitorado.

---

(15) CALVO, Adriana. *Breves considerações sobre a decisão do TST relativa ao uso do correio eletrônico.* Texto sem publicação impressa. Disponível em: <http://www.calvo.pro.br>. Acesso em: 30 maio 2012.

As correspondências eletrônicas de uso estritamente profissional dos empregados não estão abrangidas pela inviolabilidade do sigilo de correspondência tradicional (art. 5º, XII, CF/88).

Torna-se válida, portanto, a prova exigida em juízo pelo empregador consistente em rastrear o e-mail corporativo e seu provedor de acesso à internet pela divulgação de e-mails não condizentes com a atividade desenvolvida pelo empregado, a partir de seus equipamentos e sistemas de informática.

Vale registrar ementa a respeito:

> RESOLUÇÃO CONTRATUAL. SISTEMA DE COMUNICAÇÃO ELETRÔNICA. UTILIZAÇÃO INDEVIDA. ENVIO DE FOTOS PORNOGRÁFICAS. SIGILO DE CORRESPONDÊNCIA. QUEBRA. INOCORRÊNCIA. Se o e-mail é concedido pelo empregador para o exercício das atividades laborais, não há como equipará-lo às correspondências postais e telefônicas, objetos da tutela constitucional inscrita no artigo 5º, inciso XII, da CF/88. Tratando-se de ferramenta de trabalho, e não de benefício contratual indireto, o acesso ao correio eletrônico não se qualifica como espaço eminentemente privado, insuscetível de controle por parte do empregador, titular do poder diretivo e proprietário dos equipamentos e sistemas operados. Por isso o rastreamento do sistema de provisão de acesso à internet, como forma de identificar o responsável pelo envio de fotos pornográficas a partir dos equipamentos da empresa não denota quebra de sigilo de correspondência (art. 5º, inciso XII, da CF/88), igualmente não desqualificando a prova assim obtida (art. 5º, inciso LVI, da CF/88), nulificando a justa causa aplicada (CLT, art. 482). (SÃO PAULO, 2002b).

6.7.2. Monitoramento do e-mail pessoal

O e-mail pessoal é aquele que não é fornecido pelo empregador, sendo de propriedade do empregado, e é utilizado pelo empregado para tratar de assuntos estritamente pessoais e particulares, não relativos a assuntos atinentes ao local em que trabalha.

No tocante à verificação de e-mail pessoal ou particular do empregado, não é possível a fiscalização pelo empregador do conteúdo contido nas mensagens enviadas e recebidas durante o seu horário de trabalho, muito menos dos endereços que foram utilizados para o envio e para o recebimento dessas mensagens eletrônicas de caráter pessoal. Caso o empregador não queira que seus empregados utilizem a internet ou os e-mails pessoais durante o horário ou no local de trabalho, poderá utilizar-se de programas de computador que são adquiridos para bloquear o acesso a determinados locais da rede. Caso contrário, o empregador estará violando os direitos fundamentais à privacidade e à intimidade do empregado; o que assegurará ao trabalhador rescisão indireta do contrato de trabalho e indenização por dano moral e/ou material.

Em razão disso, o empregador poderá estabelecer, através do exercício do seu poder regulamentar, limites quanto ao uso do computador da empresa, ao restringir, ou até proibir, a utilização do e-mail pessoal quando em horário de trabalho. Caso o empregado utilize o computador para acessar o seu e-mail pessoal e desrespeite as normas traçadas pelo empregador, poderá sofrer os efeitos decorrentes da manifestação do poder disciplinar deste. Afinal, entende-se que, por intermédio de seu poder regulamentar, o empregador, em decorrência do exercício do seu poder diretivo, pode restringir ou mesmo proibir o acesso do empregado ao seu e-mail pessoal. Assim sendo, a empresa poderá limitar o acesso à internet e ao e-mail particular para fins pessoais durante a realização do trabalho.

O poder disciplinar compreende a faculdade atribuída ao empregador destinada à aplicação de penalidades disciplinares aos empregados em situações de descumprimento de regras contidas no contrato de trabalho, no regulamento de empresa, na norma coletiva e na lei. O direito disciplinar se manifesta pela possibilidade de execução de sanções ou faltas disciplinares aos trabalhadores cujo comportamento se revele incompatível com os seus deveres profissionais. A punição disciplinar aplicada pelo empregador vai desde a advertência, passando pela suspensão contratual (não superior a 30 dias — art. 474, CLT), até a dispensa por justa causa (art. 482, CLT), quando houver violação das obrigações de diligência, obediência e fidelidade por parte do empregado.

Conforme Ribeiro (2008, p. 80), há mensagens eletrônicas enviadas pelos trabalhadores que não chegam diretamente ao destinatário, por transitarem, antes, pelo servidor do correio empresarial, que as memoriza e as conserva. Esse sistema de comunicação utilizado pelo empregador viola a privacidade do empregado, pois o conteúdo do e-mail passa a ser de conhecimento da empresa através de programas e de outros meios instalados no processador da mesma.

Segundo Belmonte (2004, p. 79), o e-mail particular representa um meio de comunicação estritamente pessoal, inviolável e intransponível. Somente poderá ser interceptado mediante prévia autorização do empregado ou judicialmente. Nesta hipótese, para fins de prova, nos processos de natureza processual penal, civil e trabalhista. Qualquer intromissão não autorizada pelo empregado será considerada invasão de intimidade e quebra de sigilo de correspondência.

A Constituição Federal, em seu art. 5º, inciso XII, garante a inviolabilidade do sigilo de correspondência e das comunicações telegráficas, de dados e das comunicações telefônicas, como forma de preservar a intimidade e a privacidade, salvo, em último caso, por ordem judicial, nas hipóteses e na forma em que a lei estabelecer para fins de investigação criminal ou instrução processual penal, *verbis*:

Art. 5º
XII — é inviolável o sigilo da correspondência e das comunicações telegráficas, de dados e das comunicações telefônicas, salvo, no último caso, por ordem judicial, nas hipóteses e na forma que a lei estabelecer para fins de investigação criminal ou instrução processual penal.

Para Belmonte (2004, p. 79), pode, por exemplo, justificar a autorização judicial para a quebra do sigilo de correspondência eletrônica uma conversa que o empregador involuntariamente ouve, na qual o empregado admite estar utilizando o e-mail particular em serviço para fazer negócios particulares. Da mesma forma, o recebimento e/ou o envio de grande quantidade de mensagens, capturado via controle formal para endereço postal eletrônico de um concorrente do empregador ou pessoa sabidamente não ligada ao serviço prestado pelo empregador.

Simón (2000, p. 158), corroborando o entendimento acima consubstanciado, assevera que "os e-emails particulares dos trabalhadores poderão ser checados, se houver fundado receio da prática de atividades irregulares ou ilícitas, já que as liberdades públicas não se prestam ao acobertamento destas [...]".

Como se vê, o e-mail pessoal está abrangido pela proteção da privacidade e da intimidade, não possuindo os mesmos efeitos jurídicos do e-mail corporativo, que é colocado à disposição do empregado para a execução das suas tarefas. Em nenhum momento, o empregador poderá monitorar o conteúdo das mensagens enviadas ou recebidas por intermédio do e-mail pessoal do empregado, como se extrai do aresto transcrito a seguir:

> AGRAVO DE INSTRUMENTO. JUSTA CAUSA. O Tribunal de Origem entendeu que o uso de email particular para envio de mensagens pessoais não caracteriza justa causa. Entender diversamente encontra óbice na Súmula n. 126/TST. Sustenta a Recorrente que todo empregado contratado é orientado a não utilizar sites de entretenimento na internet ou enviar mensagens eletrônicas (e-mails) particulares, afirmando que o próprio Recorrido reconheceu em seu depoimento que foi dispensado por justa causa porque ofendeu o supervisor através de e-mail que passou para seus amigos, devendo ter validade a dispensa por justa causa, julgando-se improcedente o pedido de diferenças de verbas rescisórias e indenização relativa ao suposto período de estabilidade. Não lhe assiste razão. Essencial destacar, para o deslinde da controvérsia, que a rede mundial de computadores (internet) e as correspondências eletrônicas (e-mails) incorporam-se ao cotidiano das pessoas, como uma forma rápida de comunicação e acesso à informação, motivo pelo qual, no âmbito das relações empregatícias, deve haver uma ponderação de interesses entre o sigilo das comunicações e dados do empregado com o direito de propriedade e livre iniciativa da empresa. Ambos com amparo em normas fundamentais da Constituição Federal (arts. 1º, IV, e 5º, XII e XXII, CF). Em importante julgamento proferido recentemente pelo C. Tribunal Superior do Trabalho (RR n. 613/00.7), o ilustre Ministro João Oreste Dalazen esclareceu brilhantemente em seu voto que os direitos do empregado à privacidade e ao sigilo de correspondência concernem à comunicação estritamente pessoal, ainda que virtual, ressaltando que apenas o e-mail pessoal ou particular do empregado desfruta da proteção constitucional, o que não ocorre com o e-mail corporativo, por se tratar de endereço eletrônico que lhe é disponibilizado pela empresa, visando à transmissão de mensagens de cunho estritamente profissional, ostentando natureza jurídica equivalente à de uma ferramenta de trabalho proporcionada pelo empregador ao empregado para a consecução do serviço. A disparidade de tratamento jurídico, conforme

as lições do próprio Ministro João Oreste Dalazen, decorre do fato de ser o e-mail corporativo destinado somente para assuntos e matérias afetas ao serviço, envolvendo o exercício do direito de propriedade do empregador sobre o computador capaz de acessar a rede mundial de computadores (internet) e sobre o próprio provedor, levando-se em conta também a responsabilidade do empregador, perante terceiros, pelos atos de seus empregados em serviço (art. 932, III, CC), bem como que está em xeque o direito à imagem do empregador, igualmente merecedor de tutela constitucional. Evidente que o empregado, ao receber uma caixa de e-mail de seu empregador para uso corporativo, mediante ciência prévia de que nele somente podem transitar mensagens profissionais, não tem razoável expectativa de privacidade quanto a esta, podendo o empregador monitorar e rastrear a atividade do empregado no ambiente de trabalho, o que não se justifica em se tratando de e-mail particular, pois nesta hipótese o direito à intimidade protege a vida privada do empregado, salvaguardando um espaço íntimo não passível de intromissões ilícitas externas (art. 5º, X, CF), inclusive por parte de seu empregador. Compulsando o caderno processual, verifica-se que a dispensa por justa causa aplicada ao Reclamante, de acordo com a informação trazida com a Reclamada (CBCC — Participações S/A), decorreu do envio de mensagens eletrônicas não relacionadas ao seu trabalho para pessoas da sua relação de emprego, restando esclarecido em audiência de instrução que em uma ocasião houve ofensa a honra e boa fama de superior hierárquico, enquadrando-se na hipótese prevista no art. 482, K, da CLT. Entretanto, ainda que o empregador possa tipificar a justa causa para fins de resolução do contrato de trabalho, não se afasta a posterior averiguação pelo Poder Judiciário (art. 5º, XXXV, CF), levando-se em conta o princípio da razoabilidade e a gravidade do ato praticado pelo empregado, o que não restou comprovado no caso subjudice, uma vez que a suposta ofensa perpetrada pelo empregado teria ocorrido através de e-mail particular (conta no Yahoo, fls. 723/724), não passível de acesso por parte do empregador (art. 5º, LVI, CF), inexistindo qualquer elemento nos autos que demonstre a prévia ciência do Reclamante quanto à suposta proibição de utilização de correio eletrônico para tratar de assuntos pessoais. (BRASIL, 2009a).

Diante do exposto, conclui-se que os e-mails particulares não podem ser objeto de fiscalização por parte do empregador, pois estão protegidos pelo direito fundamental à intimidade e à privacidade do empregado, caso contrário, estará caracterizada a violação direta à intimidade e à vida privada deste, e, por conseguinte, aos seus direitos da personalidade. Caso esses direitos sejam ameaçados ou lesados pelo empregador, o empregado poderá pleitear judicialmente indenização pela violação dos direitos fundamentais à sua intimidade e à sua privacidade para obter o ressarcimento dos danos morais e/ou materiais.

O correio eletrônico pessoal do empregado não é passível de fiscalização pelo empregador em decorrência dos direitos fundamentais à intimidade e à privacidade assegurados ao empregado. Em razão disso, o empregador possui a prerrogativa de restringir ou até de proibir o acesso ao correio eletrônico pessoal em horário de trabalho. Caso o empregador conceda ao empregado o direito de uso de e-mail particular no ambiente de trabalho, não poderá fiscalizar o conteúdo das mensagens enviadas e recebidas por ele, sob pena de violação à sua intimidade.

No que concerne ao correio eletrônico corporativo, por se tratar de mera ferramenta de trabalho, não está abrangido pela inviolabilidade do sigilo de correspondência (art. 5º, XII, CF/88). Assim, é possível a sua fiscalização pelo empregador, mesmo porque o empregado pode utilizá-lo de forma abusiva ou ilegal, acarretando prejuízos à empresa. Na ponderação de direitos, deve prevalecer a tutela do direito de propriedade e de livre iniciativa do empregador em detrimento ao da privacidade e da intimidade do empregado, desde que respeitada a dignidade da pessoa humana. Por isso, é imprescindível o conhecimento prévio do empregado no ato da contratação, sob pena de violação de sua privacidade ou de sua intimidade.

Assim, revela-se compreensível a medida empresarial de bloqueio do acesso a determinados *sites* da internet, bem como a de mecanismos que impeçam o download de arquivos de músicas ou filmes no local de trabalho, visto que a utilização da internet para estes fins pelo trabalhador não é adequada muito menos necessária quanto ao cumprimento dos seus deveres no local de trabalho.

De acordo com Barbosa Júnior (2008):

> A utilização da internet no ambiente de trabalho pode ser controlada por meio de uma série de ações do empregador, como programas espiões os quais acompanham os passos dos empregados no sistema, verificam os sites navegados e os conteúdos das mensagens, com o intuito de impedir o uso indevido durante a jornada de trabalho. (BARBOSA JÚNIOR, 2008, p. 98).

Ainda segundo Barbosa Júnior (2008, p. 96), houve um aumento da ação fiscalizadora dos empregadores por meio do monitoramento das ações dos empregados no local de trabalho com relação ao acesso à internet, inclusive por meio do controle dos hábitos de navegação, de verificação do destino e até do conteúdo das mensagens eletrônicas.

Conforme Barbosa Júnior (2008, p. 96), isso se deu porque as empresas que utilizam os recursos da internet passam por situações de má utilização da rede de computadores pelos empregados. São os casos de acesso a *sites* pornográficos, envio de mensagens ofensivas, humorísticas ou pornográficas que podem acarretar um desconforto no ambiente de trabalho e produzir queda da produtividade. Tais práticas acarretam relativa desconcentração e desvirtuamento das atividades laborativas sem uma justificativa razoável e desperdiça-se tempo com assuntos não relacionados ao trabalho, além de se tornar improdutivo sob qualquer ótica.

Diante das considerações mencionadas, o empregador poderá exercer o seu poder fiscalizatório das ferramentas de trabalho eletrônicas, como computadores, internet e correio eletrônico, colocadas à disposição do empregado para a realização de seu labor, desde que não haja violação dos direitos da personalidade do empregado.

6.7.3. Escutas telefônicas

Quanto às comunicações telefônicas, merecem elas a proteção do sigilo previsto no inciso XII, do art. 5º, da CF/88, que assim aduz:

> Art. 5º
>
> XII — é inviolável o sigilo da correspondência e das comunicações telegráficas, de dados e das comunicações telefônicas, salvo, no último caso, por ordem judicial, nas hipóteses e na forma que a lei estabelecer para fins de investigação criminal ou instrução processual penal;
>
> [...]

Daí se dizer que só devem ser admitidas no local de trabalho aquelas relacionadas com a prestação do serviço, como ocorre, por exemplo, no *telemarketing*, porque, nesse caso, o poder de direção do empregador respalda tal procedimento que tem por escopo acompanhar o processo de execução do serviço oferecido. Sendo assim, não cabe ao empregador ouvir, gravar, registrar, interceptar, utilizar ou divulgar o conteúdo das comunicações telefônicas no local de trabalho.

Simón (2000, p. 153) esclarece que a escuta pura e simples das conversações telefônicas é flagrantemente inconstitucional, mas possível quando o telefone é utilizado para a execução do trabalho.

A esse respeito, observam Cardoso e Zancanella (2008, p. 216) que, em algumas modalidades de prestação de serviço, a escuta telefônica é útil e necessária, como ocorre com os denominados *calls centers*, em que é razoável o empregador acessar o conteúdo das ligações, como forma de verificar a qualidade dos serviços prestados ao consumidor.

Ainda conforme Cardoso e Zancanella (2008, p. 216), é apenas com o acompanhamento e com a gravação das chamadas que a empresa consegue comprovar com exatidão as informações repassadas aos consumidores, bem como a aceitação e formalização de contratos.

O art. 5º, XII, da Constituição Federal de 1988 assegura a proteção à intimidade do trabalhador, por meio da proteção ao sigilo da correspondência e das comunicações telegráficas, de dados e das comunicações telefônicas. De acordo com este dispositivo constitucional, o empregador somente poderá fazer uso de alguma forma de escuta quando o telefone for utilizado para a estrita execução do trabalho.

Portanto, segue-se aqui a visão assaz bem delineada de Simón (2000):

> Se o telefone integra o conjunto dos meios de produção, ou seja, se é utilizado para o desenvolvimento da prestação de serviços, como, por exemplo, no telemarketing, o empregador, dando ciência ao trabalhador, pode instalar

aparelhos para gravação das respectivas conversas, pois o poder de direção justifica essa interferência. Se, porém, as ligações feitas pelo empregado não dizem respeito diretamente ao trabalho, incidirá a proteção insculpida no art. 5º, inciso XII, da Constituição Federal. (SIMÓN, 2000, p. 154).

No mesmo sentido está o azado parecer de Barbosa Júnior (2008), ao destacar que o art. 5º, XII, respeita a dignidade e a intimidade humanas. Ele defende que:

> A quebra do sigilo não pode ser interpretada de modo diferente da gênese do sistema, muito menos de que o estado de subordinação a legitimaria, deve ser observada a hierarquia lógico-jurídica de normas e valores. Não há nenhuma disposição normativa de hierarquia idônea que possa contrariar ou mitigar o sentido de seus termos para ser aplicado com ressalvas ou condicionamentos. (BARBOSA JÚNIOR, 2008, p. 93).

Ainda concorde Barbosa Júnior (2008, p. 93), caso haja necessidade de colocação das escutas telefônicas no ambiente de trabalho, que é o caso do trabalho em *telemarketing*, é necessário que sejam estabelecidos limites quanto ao uso das mesmas no ambiente de trabalho, de modo que sejam evitados prejuízos pessoais aos empregados com a adoção de medidas para conter abusos, como bloqueios de ligações para celular ou limite de tempo de duração das chamadas, com o fim de garantir o nível de produtividade e de economia da empresa.

Como bem expressa Nunes (2011):

> Se a função das câmeras é verificar se há ocorrência de furto no ambiente de trabalho, basta a função de vídeo, não havendo qualquer necessidade da invasão na privacidade dos trabalhadores com a gravação de suas conversas diárias. (NUNES, 2011, p. 79).

Beltran (2002, p. 215), em sentido contrário, entende que a adoção das escutas telefônicas no local de trabalho utilizadas para gravar conversas com clientes ou para vigiar os empregados são legais, desde que não sejam feitas sem que os empregados saibam.

6.7.4. Controle auditivo

Quanto ao controle auditivo no local de trabalho, ressalta com exatidão Edilton Meireles (2005, p. 171) que a sua possibilidade somente existe quando houver pertinência com o labor, especialmente se relacionada à transmissão de informações, à segurança do serviço ou quando a fala do empregado tem por objetivo o público. É o caso do piloto de aeronave (transmissão de dados ou informações), dos operadores de *telemarketing* (controle e segurança das vendas) e dos locutores esportivos (publicidade).

A utilização, portanto, de instrumentos de captação sonora é ilícita, desde que eles sejam necessários para transmitir dados alusivos ao sistema operativo, como ocorre com o piloto de aeronave no caso aludido.

Abusiva, assim, é a colocação de microfones no ambiente de trabalho para gravação e escuta das conversas dos empregados quando não tenha tal controle qualquer pertinência com a atividade.

Neste sentido, é abusivo exigir que o empregado trabalhe com um microfone na lapela, sendo legítima a sua recusa em usá-lo, salvo quando relevante ao exercício da atividade.

6.7.5. Câmeras audiovisuais

A introdução de novas ferramentas de controle no ambiente laboral, como vídeos, filmadoras em câmeras de televisão, circuitos internos ou outros meios eletrônicos nos interiores do recinto empresarial, compreende uma forma de manifestação do poder empregatício que é exercido para fiscalizar a prestação de serviços dos empregados e otimizar o processo de reestruturação produtiva da atividade econômica.

Ressalta Mantovani Júnior (2010, p. 83) que a tecnologia do mundo contemporâneo contribuiu de forma significativa para que o empregador possa realizar sua atividade fim com maior qualidade, produtividade e rentabilidade. Os meios eletrônicos se tornaram importante ferramenta de controle e de fiscalização no ambiente de trabalho.

As relações de trabalho passaram por profundas mudanças em virtude do aparecimento de novas tecnologias no ambiente laboral. Em decorrência do aumento da produtividade e da competitividade que se deu após o processo de difusão da globalização econômica, as empresas, para se adequarem ao mercado econômico, buscaram adotar novos critérios de excelência na produção de bens e na prestação de serviços ofertados à coletividade, em prol da máxima qualidade e produtividade em seus ramos de atividade.

Ribeiro (2008) ressalta:

> A introdução de certos meios tecnológicos no âmbito laboral, v.g. internet, correio eletrônico, videocâmaras, telefonia fixa e móvel, webcams, fax, dentre outros, fez crescer a potestade fiscalizadora e controladora do empregador, repercutindo na vida privada do trabalhador, a ponto de causar--lhe sérios danos psicológicos, bem como alguns transtornos fisiológicos, por sentir-se continuamente monitorado durante a prestação laboral. (RIBEIRO, 2008, p. 49).

Portanto, o contrato de trabalho vê-se afetado em decorrência das finalidades econômicas a serem alcançadas pelas empresas em virtude dos novos modos de produção e circulação de bens e serviços.

Neste sentido, a monitoração audiovisual acontece em decorrência do surgimento de novas tecnologias nas empresas e das consequentes mudanças nas relações de trabalho. Tal fato possibilitou o aparecimento de uma realidade que permite ao empregador maior amplitude nas formas de monitoramento da prestação de serviços do empregado, facilidade na fiscalização de seus empregados e maximização dos resultados da empresa.

Para Mantovani Júnior (2010):

> A sociedade evoluiu de forma rápida, a evolução tecnológica propicia um crescimento e mudanças profundas nas diversas áreas do conhecimento; o que é considerado atual hoje se torna obsoleto amanhã. Neste mundo de alterações constantes, as relações sociais não estão imunes, pelo contrário, fazem parte do todo e sofrem de forma direta toda essa evolução. (MANTOVANI JÚNIOR, 2010, p. 33).

Segundo Cassar (2010, p. 827), a tecnologia tem permitido ainda a instalação de câmeras ligadas aos computadores e à internet no ambiente de trabalho, o que possibilita o acesso à distância do labor desenvolvido pelo empregado.

Como exemplo de monitoração audiovisual à distância, tem-se o teletrabalho, por ser efetuado *on-line* pelo empregado, desconectado do ambiente interno de trabalho e controlado à distância pelo empregador. Trata-se de um controle direto exercido pelo empregador sobre a liberdade e a vida privada do trabalhador.

Consoante ensina Ribeiro (2008):

> O avanço tecnológico, sobretudo da eletrônica, permitindo a captação de fatos por processos sub-reptícios, pode comprometer certos direitos fundamentais impostergáveis do ser humano. Daí resultam os casos de intromissão na intimidade, hoje sistematicamente protegida pela generalidade dos textos constitucionais e pela formação doutrinária do Direito Constitucional moderno. (RIBEIRO, 2008, p. 53).

Ribeiro (2008, p. 189), ao traçar os limites da monitoração audiovisual, ainda assevera que o avanço da tecnologia, notadamente dos meios de comunicação e da monitoração visual eletrônica, representa uma constante ameaça à privacidade do trabalhador, por controlar a produtividade, a qualidade, a disciplina e o desempenho dos trabalhadores no cumprimento da sua prestação laboral.

Consoante Mantovani Júnior (2010, p. 28), é sabido que as cláusulas do contrato de trabalho são estabelecidas pelo empregador e, em virtude de ele deter os meios de produção e o capital, possui o condão de estipular as condições de trabalho. Em razão disso, surge a ameaça ou o medo do desemprego por parte de vários trabalhadores, o que os leva a se sujeitar a todo e qualquer tipo de situação, para garantir, o mínimo possível, sua sobrevivência e a de seus familiares. Nesse sentido, há situações em que o empregador se utiliza de forma desproporcional do seu poder empregatício.

Mantovani Júnior (2010) instrui:

> A Constituição Federal do Brasil, em seu art. 5º, X, prescreve que um dos direitos fundamentais da pessoa é o respeito à sua intimidade e à vida privada, princípio este que também deve ser respeitado nas relações de trabalho, não podendo o empregador, na condução da atividade econômica desenvolvida, furtar-se à observância do preceito constitucional. (MANTOVANI JÚNIOR, 2010, p. 29).

Com o intuito de controlar a atividade laboral, o empregador vem utilizando meios tecnológicos, como a instalação de circuito interno de vídeo ou televisão, para fiscalizar os fatores de sua produção, acompanhar a prestação de serviços dos seus empregados e proteger o seu patrimônio. Contudo, determinados comportamentos oriundos da conduta empresarial podem acarretar abuso de direito na relação de emprego. É a situação do empregador que faz uso de equipamentos no local de trabalho voltados para o desenvolvimento de suas atividades, mas em desconformidade com os direitos da personalidade do empregado.

Segundo Nilson Nascimento (2009):

> Observados os limites do respeito à intimidade e à privacidade do empregado, sempre foi permitido ao empregador exercer o controle direto sobre a execução das atividades prestadas pelo trabalhador, pessoalmente ou através de gerentes, supervisores, chefes ou prepostos indicados para o fim de aferir a produção e a qualidade dos serviços do trabalhador. (NASCIMENTO, Nilson, 2009, p. 119).

Como asseveram Cardoso e Zancanella (2008, p. 217), a fiscalização não se restringe ao modo como o trabalho é executado, mas visa também a avaliar o comportamento do trabalhador. Convém ressaltar que muitos trabalhadores passam por situações vexatórias e constrangedoras em virtude da utilização clandestina e incondicionada dos equipamentos audiovisuais no local de trabalho.

De acordo com André (2008, p. 299), o princípio constitucional da proporcionalidade é essencial instrumento de preservação e de efetividade dos próprios direitos fundamentais, como dignidade da pessoa humana e valorização do trabalho. E ainda:

> O poder de direção do empregador deve ser exercido com o respeito aos direitos fundamentais do empregado. Para tanto, o empregador deve estar sempre atento ao senso de equilíbrio (proporcionalidade), na relação trabalhista, dando maior ênfase ao princípio da dignidade da pessoa humana. (ANDRÉ, 2008, p. 300).

Apesar de a legislação trabalhista brasileira ser omissa quanto ao uso dos meios eletrônicos no âmbito do trabalho, tal controle não é proibido, mesmo porque a implantação de sistemas visuais com câmeras de vídeo representa uma manifestação do poder fiscalizatório conferido ao empregador no contexto do contrato de trabalho.

Segundo Ribeiro (2008):

> Em que pese a lei admitir o poder de controle do empreendedor, para com seus subordinados, tal controle deve ser exercido com total boa-fé, evitando-se condutas abusivas, a fim de salvaguardar seus interesses, bem como os direitos fundamentais dos trabalhadores controlados. (RIBEIRO, 2008, p. 126).

Assim, no caso específico das câmeras que são colocadas nos locais de trabalho para monitorar as atividades desenvolvidas pelos empregados, sua adoção somente será considerada legal, se eles tomarem ciência de que estão sendo filmados, conforme estabelecem os acórdãos a seguir:

> EMENTA. DANO MORAL. VIOLAÇÃO DA INTIMIDADE DO EMPREGADO. A instalação de câmera no local de trabalho, **com prévia ciência dos empregados**, cientes inclusive de onde estão, por medida de segurança patrimonial de todos, **não ofende o direito** à inviolabilidade da intimidade assegurado no inciso X do art. 5º da Constituição da República. (MINAS GERAIS, 2003, grifo nosso).
>
> DANO MORAL. VIOLAÇÃO DA INTIMIDADE. A instalação de câmera filmadora no local de trabalho, **sem comunicação prévia aos empregados**, ainda que se trate de medida de segurança, **ofende o direito** à inviolabilidade da intimidade assegurado no inciso X do art. 5º, da Constituição da República, fazendo incidir a norma insculpida no inciso V do aludido dispositivo constitucional (SANTA CATARINA, 2002a, grifo nosso).

Consoante Barros (2009, p. 83), o legislador brasileiro não proibiu, em nenhum momento, a fiscalização e o controle por meio de aparelhos audiovisuais, visto serem uma decorrência lógica do avanço da tecnologia, podendo consistir em instrumento probatório valioso na avaliação da conduta do empregado. E assevera:

> A redução da esfera da privacidade do empregado, admitida pela legislação ordinária, ao reconhecer o poder diretivo do empregador, do qual são corolários o poder de controle e o poder de fiscalização, autoriza, em princípio, os procedimentos visuais, auditivos e revistas pessoais, por necessidade técnica (funcionamento dos meios de produção), para melhor funcionamento do sistema operacional ou para segurança da empresa e do próprio empregado. Esses procedimentos devem ser usados com o conhecimento do empregado e nunca de forma clandestina, a título de espionagem, sob pena de se ferir a dignidade do indivíduo, menosprezando seu senso de responsabilidade. (BARROS, 2009, p. 83).

Pelo pensamento de Mantovani Júnior (2010, p. 30), convém ressaltar que o monitoramento por intermédio da instalação de câmeras audiovisuais no local de trabalho adotado pelo empregador deve ser executado da forma menos invasiva possível e em consonância com os critérios da razoabilidade. Vale destacar que a ninguém é dado o direito, mesmo que a outra parte consinta livremente, de adentrar no núcleo intangível dos direitos da personalidade e possa reduzir a capacidade da pessoa de se desenvolver plenamente.

Mauricio Delgado (2010c) assegura:

> A Constituição da República brasileira, em consonância com os princípios da valorização do trabalho e da justiça social — a par do próprio princípio constitucional máximo, da dignidade da pessoa humana —, reconhece o sistema capitalista no país, a propriedade privada dos meios de produção e de qualquer bem material ou imaterial, mas, inquestionavelmente, submete tal propriedade à sua função social e, na mesma medida, função ambiental. (DELGADO, M. G., 2010c, p. 592).

Maria Cristina Irigoyen Peduzzi, Ministra do Tribunal Superior do Trabalho, em decisão proferida em agosto de 2006, posicionou-se no sentido de que o monitoramento com a instalação de câmeras para fins de segurança não ofende a intimidade e a privacidade dos trabalhadores. Para a ilustre Ministra do TST, quando tal monitoramente tiver a finalidade de salvaguardar a segurança contra a ação criminosa, ele estará em conformidade com os poderes diretivo e fiscalizatório do empregador:

> Constata-se que as câmeras de vídeo que instalou em suas dependências (fotografias de fls. 65/70) não estão posicionadas em locais efetivamente reservados à intimidade dos empregados como banheiros, cantinas, refeitórios ou salas de café, nos quais, aí sim, seria inadmissível a prática de fiscalização eletrônica por parte do empregador, sob pena de violação aos referidos direitos fundamentais de seus empregados. Pelo contrário, foram postas em locais onde notoriamente é mais provável a ação de criminosos, como a portaria, a tesouraria ou o estacionamento da instituição de ensino. Além do mais, os documentos de fls. 60/64 comprovam que os obreiros têm ciência da instalação do equipamento audiovisual, de modo que as filmagens não são feitas de modo sorrateiro, evitando, assim, que haja gravação de eventual situação inocente, porém constrangedora aos empregados. (fls. 119) (BRASIL, 2003).

Diante do julgado supracitado, percebe-se que o monitoramento com câmeras audiovisuais poderá ser realizado em locais onde efetivamente o empregado efetue o seu trabalho. Em contrapartida, não poderá haver esse monitoramento em locais de privacidade, *como refeitórios, cantinas, salas de café, ambientes de repouso ou descanso, banheiros e vestuários*, pois, se houvesse, estaria caracterizado o uso exacerbado do poder fiscalizatório do empregador.

De acordo com Cardoso e Zancanella (2008):

> A instalação e o uso de câmeras de vídeo e de televisão, no ambiente de trabalho, podem ser realizados como instrumentos de monitoramento do processo produtivo, mas jamais como meio de fiscalização de aspectos íntimos da vida do empregado. (CARDOSO; ZANCANELLA, 2008, p. 215).

A título de exemplificação, devem ser citados os julgados do Tribunal Regional do Trabalho de Minas Gerais, que considerou violação à intimidade do trabalhador a instalação de câmeras de vídeo nas dependências do banheiro no local de trabalho utilizado pelos empregados:

> DANO MORAL. INSTALAÇÃO DE CÂMERAS DE VÍDEOS NO BANHEIRO. CARACTERIZAÇÃO DANO MORAL. INSTALAÇÃO DE CÂMERA DE VÍDEO NO BANHEIRO DA EMPRESA. VIOLAÇÃO À INTIMIDADE DO EMPREGADO. Extrapola os limites do poder diretivo e fiscalizador, a empresa que instala câmera de vídeo nos banheiros, porque viola a intimidade do empregado, acarretando-lhe, por óbvio, constrangimentos. Por decorrência de tal ato, deve a empresa ser responsabilizada pelo pagamento de indenização por dano moral, à luz do inc. X do art. 5º da Constituição Federal. (MINAS GERAIS, 2004d).
>
> PODER DE DIREÇÃO. USO DE APARELHOS AUDIOVISUAIS EM SANITÁRIOS. INVASÃO DA INTIMIDADE DO EMPREGADO. A legislação brasileira permite que o poder de fiscalização conferido ao empregador, em determinadas circunstâncias, se verifique, por meio de aparelhos audiovisuais, como decorrência do avanço tecnológico, desde que o empregado deles tenha ciência. Inadmissível é entender que o conjunto de locais do estabelecimento esteja sob total controle do empregador e autorizar a introdução desses aparelhos, indistintamente, como no banheiro, lugar que é privado por natureza. A utilização de câmera de vídeo nos sanitários gera compensação por dano moral, em face da flagrante violação ao direito à intimidade do empregado, assegurado por preceito constitucional (art. 5º, X) e conceituado como a faculdade concedida às pessoas de se verem contra o sentido dos outros, principalmente dos olhos e dos ouvidos. A vigilância eletrônica poderá ter um futuro promissor, desde que usada de forma humana, combatendo-se os abusos na sua utilização. Instalação de aparelho audiovisual no banheiro caracteriza o que a OIT denomina "química de intrusão", comportamento repudiado pelo ordenamento jurídico nacional e internacional. (MINAS GERAIS, 2004e).

O Tribunal Superior do Trabalho tem-se posicionado em consonância com esse entendimento. Se há instalação de câmeras em locais reservados à intimidade do empregado, imediatamente se revela um atentado contra os direitos da personalidade do empregado, o que acarretará o pagamento de indenização por danos morais, consoante se extrai, mais uma vez, do julgado adiante transcrito:

AGRAVO DE INSTRUMENTO. RECURSO DE REVISTA. DANO MORAL RECONHECIDO. RATIFICAÇÃO. Nos termos do eg. Regional, revelando-se incontroversa a instalação de equipamentos, câmeras de filmagem, nas dependências dos banheiros de utilização dos empregados, mais especificamente na porta de entrada dos vasos sanitários e mictórios, tal situação, por si só, gera constrangimento moral e social, caracterizando o dano moral. [...] Diante desta constatação, não se tem dúvida de que a instalação das aludidas câmeras configura prática de ato lesivo, desrespeito à dignidade e intimidade do trabalhador, que gerou constrangimento moral e social, caracterizando o dano. Basta imaginar que, ao ir ao banheiro, a fim de satisfazer suas necessidades fisiológicas, esteja sendo filmado para conhecimento do patrão e demais interessados. Ainda que seja admitida a culpa da empresa contratada, não há como afastar a responsabilidade patronal, cuja culpa decorre da negligência de não ter monitorado a prestação de serviço contratado. O ato negligente permitiu a instalação de câmeras (verdadeiras ou falsas, não importa, porque a consequência é a mesma) no ambiente de trabalho do reclamante, provocando, repita-se, constrangimento moral e social, além de ser vexatório. [...]. (BRASIL, 2005b).

Como se vê, as referidas câmeras devem ser instaladas *em locais onde o trabalho é desenvolvido*, excluindo-se, assim, aqueles que servem para descanso ou uso exclusivo do trabalhador.

Na situação do uso do banheiro pelos empregados no local de trabalho, o poder fiscalizatório somente deixará de ser limitado quando o empregado violar as suas obrigações e passar um tempo claramente desnecessário no banheiro para fumar, ler ou realizar outras atividades.

Conforme Simón (2000, p. 150), caso a instalação de câmeras tenha por objetivo a segurança do patrimônio da empresa, a colocação dos aparelhos deverá limitar-se aos locais de acesso de pessoas estranhas ao serviço, pois a filmagem jamais pode ter a conotação de estar servindo para espionar os empregados. Em razão disso, os trabalhadores devem tomar ciência da instalação do equipamento para evitar que eles se vejam em qualquer tipo de situação inocente ou constrangedora que passaria despercebida se inexistisse o referido controle.

Já segundo Ribeiro (2008, p. 89), como a relação de emprego se baseia na boa-fé, na lealdade e na transparência, o empregador deve informar ao trabalhador o uso de eventual controle por intermédio das câmeras audiovisuais para evitar surpresas desagradáveis, como a intromissão na esfera pessoal do empregado, por mais que a existência de atividades com monitoração eletrônica seja indispensável à proteção da propriedade e à segurança dos trabalhadores.

Segundo Mantovani Júnior (2010):

> O trabalhador, como pessoa humana, está acima de qualquer valor econômico e, em razão disso, deve ser protegido contra qualquer ato atentatório a sua dignidade, proporcionando a ele um ambiente saudável de trabalho além de promover a sua inclusão social. (MANTOVANI JÚNIOR, 2010, p. 37).

Para Nilson Nascimento (2009, p. 78), a validade do controle por intermédio das câmeras audiovisuais no local de trabalho pelo empregador deve respeitar os seguintes parâmetros: a) os equipamentos devem ser instalados apenas nos locais onde ocorre o controle da produção ou dos serviços ou da segurança, tanto do patrimônio da empresa como dos próprios trabalhadores; b) todos os trabalhadores devem ter ciência da adoção desse tipo de controle; as imagens e os sons gravados somente poderão ser utilizados em situações estabelecidas; c) os trabalhadores, quando desejarem, devem ter acesso às imagens e aos sons gravados.

Simón (2000) ainda esclarece:

> A filmagem não pode ser sorrateira, nem ter a conotação de estar servindo para "espionar" os empregados. Por isso, eles devem ter ciência da instalação do equipamento, para poderem evitar qualquer tipo de situação inocente, mas constrangedora, que passaria despercebida se inexistisse o referido controle. (SIMÓN, 2000, p. 152).

O poder diretivo encontra fundamento no direito de propriedade, bem como na livre iniciativa, e seu objetivo primordial é zelar pelo bom desempenho empresarial. Todavia, esse zelo não pode ferir a integridade moral dos empregados, que devem tomar conhecimento, no ato da contratação, da instalação das câmeras audiovisuais no ambiente de trabalho.

Nilson Nascimento (2009) enfatiza:

> O empregador precisa conciliar o seu legítimo interesse em defesa do seu negócio, controlando e fiscalizando a execução das atividades dos seus empregados, com o indispensável respeito à dignidade do trabalho e à esfera de intimidade e de privacidade dos trabalhadores. Esse é o equilíbrio que se reconhece legítimo para autorizar a adoção desse mecanismo de controle. (NASCIMENTO, Nilson, 2009, p. 122).

Em decisão proferida, no dia 8 de dezembro de 2010, pelo Ministro do TST Walmir Oliveira da Costa, relator do processo RODC: 310100-61.2007.5.04.0000, a Seção Especializada em Dissídios Coletivos (SDC) do TST proibiu o uso de câmeras nos vestiários dos trabalhadores. Lembra o Ministro que o art. 5º, X, da Constituição da República, assegura o direito à intimidade, à vida privada, à honra e à imagem. Além disso, a instalação de câmeras filmadoras é largamente utilizada como meio eficaz de vigilância para atender à segurança dos bens e das pessoas em diversos segmentos da vida cotidiana. Ressalta, ainda, em sua decisão, que o próprio Estado se utiliza de câmeras de controle de tráfego das vias urbanas. Destaca também que a presença de câmeras é corriqueira em aeroportos, centros comerciais, elevadores e condomínios. Nesse contexto, desde que não cause constrangimentos ou intimidação, o Ministro considera legítimo o empregador utilizar-se de câmeras e de outros meios de vigilância que visem à proteção ao patrimônio, porém de forma auxiliar, e à segurança dos empregados. Desse modo, considera a instalação de tais aparatos em vestiários violação à intimidade do empregado, devendo, por isso, ser coibida.

6.7.5.1. As câmeras "falsas" ou psicológicas

As câmeras psicológicas são aquelas que permanecem desligadas durante a prestação de serviços pelo empregado, sem que ele saiba. São, por isso, utilizadas para provocar os efeitos de uma câmera normal, quando ligada.

Em 26 de outubro de 2005, em decisão proferida pela 4ª Turma do Tribunal Superior do Trabalho, o Desembargador convocado Luiz Antonio Lazarim, relator do processo AIRR n. 78/2004-103-03-40.1, considerou a instalação das câmeras falsas ou psicológicas no banheiro dos empregados como uma forma utilizada pelo empregador para intimidar e amedrontar os seus funcionários no local de trabalho. Segue o entendimento do TST:

> [...] Se eventualmente eram "falsas" tais câmeras (o que não foi provado), o caso se agravaria, a meu ver, porque constituiria um procedimento ardiloso e covarde (veja o depoimento do preposto da Reclamada, no processo 01262/2003, fl. 334: "as câmeras nos banheiros não eram acionadas, sendo apenas câmeras "psicológicas"); que câmeras psicológicas representam apenas o efeito de que as pessoas estariam sendo observadas à intimidação ilegal de seus empregados, quando seu preposto declarou, textualmente, à f. 342 (depoimento colhido no processo 01727-2003): "que houve contratação para instalação de câmeras reais e psicológicas"). A propósito, a Constituição da República é bastante clara, em seu artigo 5º, item X: "São invioláveis a intimidade, a vida privada, a honra e a imagem das pessoas, assegurado o direito a indenização pelo dano material ou moral decorrente de sua violação [...]. (BRASIL, 2005c).

Assim, se o empregador pretende fazer uso deste monitoramento, deverá realizar a instalação do aparelho em locais onde, de fato, o trabalho é executado. Por último, mas não menos importante, o trabalhador deve ter ciência de tal monitoramento no ato de sua contratação, conforme preconiza o seguinte acórdão:

> PODER DE DIREÇÃO. USO DE APARELHOS AUDIOVISUAIS EM SANITÁRIOS. INVASÃO DA INTIMIDADE DO EMPREGADO. A legislação brasileira permite que o poder de fiscalização conferido ao empregador, em determinadas circunstâncias, se verifique, por meio de aparelhos audiovisuais, como decorrência do avanço tecnológico, desde que o empregado deles tenha ciência. Inadmissível é entender que o conjunto de locais do estabelecimento esteja sob total controle do empregador e autorizar a introdução desses aparelhos, indistintamente, como no banheiro, lugar que é privado por natureza. A utilização de câmera de vídeo nos sanitários gera compensação por dano moral, em face da flagrante violação ao direito à intimidade do empregado, assegurado por preceito constitucional (art. 5º, X) e conceituado

como a faculdade concedida às pessoas de se verem protegidas "contra o sentido dos outros, principalmente dos olhos e dos ouvidos". A vigilância eletrônica poderá ter um futuro promissor, desde que usada de forma humana, combatendo-se os abusos na sua utilização. Instalação de aparelho audiovisual no banheiro caracteriza o que a OIT denomina "química da intrusão", comportamento repudiado pelo ordenamento jurídico nacional e internacional. (MINAS GERAIS, 2004f).

O empregador tem a faculdade de estabelecer meios para monitorar os seus empregados, desde que a intimidade e a privacidade do empregado sejam preservadas no local de trabalho, pois os direitos da personalidade representam emanações do princípio da dignidade da pessoa humana e dos direitos e garantias fundamentais.

Neste contexto, assevera Pavelski (2009):

> Se a atividade empresarial (pautada na livre iniciativa) deve resguardar a dignidade da pessoa humana, e ela (empresa) é que origina o contrato de trabalho e este, por sua vez, o poder diretivo do empregador, está claro que se espraia para este contrato e para as relações entre empregadores e empregados a mesma dignidade da pessoa humana mencionada. (PAVELSKI, 2009, p. 145).

Desse modo, todas as vezes que o empregador exceder os limites que lhe são impostos em decorrência do exercício abusivo do seu poder fiscalizatório, pelo uso do monitoramento audiovisual em locais privativos do trabalhador no ambiente de trabalho, ou mesmo fazer uso de câmeras falsas ou psicológicas, o empregado fará jus à indenização por danos morais, concorde estabelece o art. 5º, inciso X, da Constituição Federal de 1988.

Dano moral, nos ensinamentos de Cassar (2010):

> [...] é o resultado de uma ação, omissão ou decorrente de uma atividade de risco que causa lesão ou magoa bens ou direitos da pessoa, ligados à esfera jurídica do sujeito de direito (pessoa física, pessoa jurídica, coletividade etc.). É o que atinge o patrimônio ideal da pessoa ou do sujeito de direito. (CASSAR, 2010, p. 734).

Ao descrever sobre o dano moral, Cavalieri, citado por Maria Celina Moraes (2003) assevera:

> Na tormentosa questão de saber o que configura o dano moral, cumpre ao juiz seguir a trilha da lógica do razoável, em busca da sensibilidade ético--social normal. Deve tomar por paradigma o cidadão que se coloca a igual distância do homem frio, insensível, e o homem de extremada sensibilidade. Nessa linha de princípio, só deve ser reputado como dano moral a dor, vexame, sofrimento ou humilhação que, fugindo à normalidade, interfira

intensamente no comportamento psicológico do indivíduo, causando-lhe aflição, angústia e desequilíbrio em seu bem-estar, não bastando mero dissabor, aborrecimento, mágoa ou sensibilidade exacerbada. (MORAES, M. C. B., 2003, p. 43).

O dano moral, portanto, corresponde a todo dano de natureza extrapatrimonial capaz de gerar, para quem o sofre, dor, tristeza, mágoa profunda, constrangimento, vexame, humilhação e sofrimento.

Simón (2000, p. 158) também defende que todas as vezes que o empregador exceder os limites do seu poder fiscalizatório por efetuar uma fiscalização direta e constante sob a prestação de serviços do empregado, o trabalhador poderá dar por rescindido o contrato de trabalho, por justa causa do empregador, em virtude de este ter praticado o rigor excessivo (art. 483, "*b*", da CLT) no exercício do poder de direção. O rigor excessivo atinge a higidez psíquica e moral do trabalhador, lesando a sua personalidade e a sua dignidade. A autora cita, como exemplo, a situação da recepcionista que permanece durante todo o seu expediente sob a mira de uma máquina filmadora. Para a autora, o controle da execução do trabalho pode ser feito de várias outras formas (como a verificação da produção diária e dos atendimentos efetuados), e a segurança deve limitar-se ao controle dos locais de acesso de pessoas estranhas, ou, na situação dessa recepcionista, a filmagem deve ser feita na pessoa que está sendo atendida.

A Consolidação das Leis do Trabalho, em seu art. 483, estabelece parâmetros para o exercício do poder empregatício, ao proteger a honra e a boa fama do empregado e ao proibir o tratamento com rigor excessivo do empregador ao empregado. Tal dispositivo legal dá ensejo à indenização por danos morais em favor do empregado e à rescisão indireta do contrato de trabalho.

A esse respeito, vale registrar a seguinte decisão judicial proferida pelo Tribunal Regional do Trabalho de Minas Gerais:

> INDENIZAÇÃO POR DANO MORAL. DIREITO CONSTITUCIONAL À INTIMIDADE. O trabalhador, ao ingressar em uma empresa na qualidade de empregado, não se despe dos direitos e garantias fundamentais asseguradas pela Constituição da República a todos os cidadãos, dentre os quais figura com destaque a inviolabilidade de sua intimidade, de sua honra e de sua imagem (art. 5º, inciso X, do Texto Fundamental). A instalação de câmeras de vídeo nas dependências do banheiro da empresa afronta o direito à intimidade dos seus empregados, dando lugar para a reparação do dano moral decorrente desse ato ilícito, sendo irrelevante o fato de as câmeras não terem estado conectadas à energia elétrica. Mesmo que a Reclamada tivesse produzido prova efetiva disso nos autos, o que não ocorreu, a instalação de tais câmeras, como o alegado objetivo de produzir apenas "efeito psicológico", deu-se para intimidar seus empregados, o que configura igual e repreensível abuso de direito. Irrelevante ainda o fato de as referidas câmeras terem permanecido por pouco tempo no banheiro da empresa: isso não retira a ilicitude do ato, atuando tão só na consideração do valor

da reparação. A fixação dessa indenização, de difícil reparação por critérios estritamente objetivos, deve atentar, por um lado, à necessidade de seu valor mitigar a ofensa causada pela vulneração abusiva do patrimônio moral ofendido, mas, por outro, emprestar à sanção jurídica aplicada sobre a ofensora efetivo caráter pedagógico, com o fim de desestimular esta e outras empresas a reincidir na prática de condutas ilícitas como a que constitui objeto da presente ação. Se a bem elaborada decisão de primeiro grau já atendeu a todos esses aspectos, o recurso empresário deve ser desprovido por inteiro. (MINAS GERAIS, 2004g).

Diante do exposto, conclui-se que a implantação de sistemas visuais com a adoção de câmeras de vídeo no local de trabalho representa um mecanismo utilizado pelo empregador para preservar o seu patrimônio. Nota-se, contudo, que tal meio de controle usado pelo empregador em detrimento dos empregados para fiscalizar a produção e a qualidade do trabalho não pode esbarrar nos limites impostos pelos direitos da personalidade do empregado.

Conforme Pavelski (2009, p. 120), a dignidade da pessoa humana, fundamento do Estado Brasileiro, deve aparecer priorizada não somente entre relações, mas também nas consequências pessoais da atuação do indivíduo.

6.8. ASSÉDIO MORAL INDIVIDUAL

O assédio moral na esfera trabalhista, ao lado da lesão à imagem, à hora, à intimidade, à privacidade, e das medidas desrespeitosas de controle e de vigilância da atividade laboral, da violação de e-mails, da utilização do polígrafo, do assédio sexual, das práticas que impliquem discriminação no local de trabalho, bem como das revistas realizadas sobre as pessoas, sobre os bens de uso pessoal do trabalhador e sobre espaços cedidos pelo empregador para empregado guardar os seus objetos pessoais, configura abuso do exercício dos poderes reconhecidos ao empregador e, por consequência, violação aos direitos da personalidade do trabalhador.

Informa Pamplona Filho (2006, p. 1.086) que o assédio moral recebe diferentes nomenclaturas no direito comparado. Na Itália, na Alemanha e em países escandinavos, o assédio moral é chamado de *mobbing*; na Inglaterra, de *bullying*; nos Estados Unidos, de *harassment*; na França, de *harcelèment moral*; no Japão, de *Ijime*; em países de língua espanhola, de *psicoterro laboral* ou *acoso moral*; e, em países de língua portuguesa, de *terror psicológico* ou *humilhações no trabalho*.

O assédio moral pode ser individual, coletivo (*individual homogêneo, difuso e coletivo*) e organizacional. O assédio moral individual é o cometido contra trabalhador individualmente considerado, ao passo que o assédio moral organizacional é o que se verifica contra grupo ou comunidade de trabalhadores na empresa, com vistas ao atingimento de campanhas de produtividade, com penalidades para a não obtenção de metas.

São várias as formas pelas quais o empregado sofre constrangimento no trabalho, sendo a mais notória o assédio moral.

Com as mudanças tecnológicas, a reestruturação produtiva e o advento do ideário neoliberal, o ambiente de trabalho mostrou-se mais propício para práticas abusivas do poder diretivo do empregador, principalmente em decorrência da exigência empresarial relativa à adaptação da produção às necessidades do mercado. A atual conjuntura econômica e os novos modelos de gestão impõem a necessidade constante de superação de metas como critério para a seleção e a permanência no emprego, o que faz com que os trabalhadores se sintam mais inseguros em seus postos de trabalho.

Bonilha (2004) destaca que vários fatores de ordem econômica influenciam a ocorrência do assédio moral:

> O assédio moral nas relações de trabalho é um dos problemas mais sérios enfrentados pela sociedade atual. Ele é fruto de um conjunto de fatores, tais como a globalização econômica predatória, vislumbradora somente da produção e do lucro, e a atual organização do trabalho, marcada pela competição agressiva e pela opressão dos trabalhadores através do medo e da ameaça. Esse constante clima de terror psicológico gera, na vítima assediada moralmente, um sofrimento capaz de atingir diretamente sua saúde física e psicológica, criando uma predisposição ao desenvolvimento de doenças crônicas, cujos resultados a acompanharão por toda a vida. (BONILHA, 2004, p. 37).

Sônia Nascimento (2009, p. 104) também assinala que, em face do cenário econômico exposto — globalização, as empresas querem ter seu custo cada vez mais reduzido, assim como a submissão dos trabalhadores a situações consideradas abaixo do mínimo legal, mesmo porque o desemprego é um dos pontos que mais atormentam a sociedade. Isso certamente contribui para a falta de solidariedade entre os colegas de trabalho, criando-se um ambiente propício ao desenvolvimento de políticas perversas entre os trabalhadores na intenção de preservar seu emprego a qualquer custo.

Hirigoyen (2002, p. 25) assevera que o trabalhador, para manter o seu emprego, deve formatar-se ao modelo da empresa à qual se vincula, ou seja, deve renunciar às suas ideias, sugestões e até ao seu modo de ser, em prol de regras diretivas previamente formatadas como um modelo pronto e padronizado.

Como bem expressa Barbosa Júnior (2008, p. 33), seres humanos cujas dignidades sejam desprezadas sob qualquer justificativa em contexto laborativo sob o poder diretivo empresarial tornam-se empregados desprovidos de motivação, criatividade, capacidade de liderança, espírito de equipe e com poucas chances de se manterem empregáveis e mesmo vivos.

O assédio moral, segundo Nilson Nascimento (2009, p. 156), é consequência da atual fase do sistema econômico, que vislumbra somente a produção e o lucro, sendo também derivado da atual organização de trabalho, marcada pela competição agressiva e pela opressão dos trabalhadores através do medo e da ameaça. Esse constante clima de terror psicológico, consequentemente, gera para a vítima assediada moralmente um sofrimento capaz de atingir diretamente sua saúde física e psicológica, criando uma predisposição ao desenvolvimento de doenças crônicas, cujos resultados a acompanharão por toda a vida.

Corroborando o pensamento de Nilson Nascimento (2009), assevera Alkimin (2009, p. 163) que o moderno mundo globalizado, acompanhado do avanço técnico-científico, traz à tona o constante conflito entre capital e trabalho. O capital, representado não apenas pelo poder, mas também pela livre concorrência em nível internacional, impõe produtividade e qualidade para a conquista do mercado altamente competitivo, sempre visando ao lucro e com manifesto sacrifício da força de trabalho humano e do equilíbrio do meio ambiente, haja vista que no próprio ambiente de trabalho se instala uma organização competitiva. Como consequência, muitos trabalhadores são submetidos à pressão psicológica para atingirem metas produtivas e assumem grande sobrecarga de trabalho, diante de jornadas intensas e da necessidade de ajuste constante a diversas funções. Assim, a pessoa humana e seus valores acabam sendo relegados a segundo plano.

Nos oportunos dizeres de Aluísio Ferreira (2011):

> A necessidade de amoldamento do trabalhador à realidade vivida a cada momento, refazendo os seus próprios projetos pessoais e o seu modo de viver, que devem ser totalmente flexíveis a todo tipo de sorte imposta pela economia. (FERREIRA, A. H., 2011, p. 27).

Segundo Aluísio Ferreira (2011, p. 26), percebe-se, nos dias atuais, uma nítida supressão da personalidade do trabalhador, que deve ser flexível o bastante para se amoldar aos padrões de gestão praticados, visto que a flexibilidade tornou-se condição necessária para a manutenção do emprego na pós-modernidade por conta da globalização da economia, vez que a empresa constantemente deve se amoldar ao mercado.

Martinez, citado por Sônia Nascimento (2009, p. 105), aponta que as estruturas internas de organização das empresas impõem uma hierarquização rígida, segundo a qual os trabalhadores da base produtiva encontram-se a uma distância enorme dos órgãos dirigentes da companhia. Isso acaba dificultando o relacionamento interno e inviabilizando a percepção pelo empregador do assédio moral.

Ademais, conforme Belmonte (2009):

> No Brasil, por não existir proteção à despedida arbitrária ou sem justa causa em meio ao desenvolvimento do contrato, o problema é ainda mais grave. O assediante largamente se utiliza, implícita ou explicitamente, do medo do desemprego, criando um ambiente de trabalho autoritário, aético, hostil e atemorizante. (BELMONTE, 2009, p. 78).

Como consequência, vislumbra-se a ocorrência de abusos e assédios cometidos no ambiente de trabalho. Tais condutas ensejam assédio moral, violando os direitos da personalidade do trabalhador, como na seguinte ementa:

ASSÉDIO MORAL. AUMENTO DE PRODUTIVIDADE E LUCRATIVIDADE EM DETRIMENTO DA DIGNIDADE DA PESSOA HUMANA. CARACTERIZAÇÃO DO DANO MORAL. INDENIZAÇÃO DEVIDA. O ato de humilhar a Autora praticado por preposto da Reclamada, no intuito de pressioná-la a aumentar a produtividade, revela-se inaceitável, além de traduzir-se em inevitável ofensa a princípios constitucionais, em especial, a dignidade da pessoa humana, previsto no artigo 1º, III, da Carta Magna. Mesmo na competitividade, o ambiente de trabalho deve ser preservado de sorte a proporcionar a todos salubridade física e emocional, viabilizando um convívio harmonioso. Num contexto capitalista, o aumento de produtividade e, por consequência, de lucratividade, é desiderato de todos os empresários, porém, não deve ser alcançado por meio de ofensa à integridade emocional de seus empregados. A atitude assediante (assédio moral), de preposto da Reclamada, representa, sem dúvida, dano moral à Autora que era obrigada a trabalhar em ambiente desgastante e inóspito, permeado de humilhações perante os demais colegas e a sociedade. (PARANÁ, 2005a).

Pertinente trazer à baila lapidar conceito de Candido (2011):

O assédio moral nada mais é do que a inteligência malévola de perseguir insidiosamente uma pessoa, aviltando, humilhando, constrangendo, expondo ao ridículo, excluindo, isolando, desrespeitando, de modo insistente, com o intuito perverso de desmoralizar e desestabilizar a vítima, resultando em reações que se caracterizam por perdas evidentes de saúde psíquica e física, perda de identidade, autodesvalorização e degradação intelectual e que venha resultar em danos a ponto de não conseguir medir a dor moral, insere-se em uma modalidade de ofensa que aflige a dignidade do assediado, o que hoje só se consegue definir como dano moral previsto no art. 5º, X, da Constituição Federal, no capítulo dos Direitos e Deveres individuais e coletivos. (CANDIDO, 2011, p. 94).

E concorde o pensamento de Pavelski (2009):

Assédio moral é toda e qualquer conduta abusiva (gesto, palavra, escritos, comportamentos, atitude etc.) que, intencional e frequentemente, atinja a dignidade ou fira a integridade física ou psíquica de uma pessoa, ameaçando o emprego ou degradando o ambiente de trabalho. (PAVELSKI, 2009, p. 162).

E ainda Pavelski (2009) cita as condutas mais comuns capazes de gerar a ocorrência do assédio moral:

a) expedir instruções confusas e imprecisas ao trabalhador; b) dificultar o trabalho; c) atribuir erros imaginários ao trabalhador; d) exigir, sem necessidade, trabalhos urgentes; e) impor sobrecarga de tarefas; f) propiciar constrangimento a trabalhador, tratando-o com menosprezo; g) impor horários diferenciados sem justificativa plausível; h) retirar, injustificadamente, os instrumentos de trabalho; i) agredir física ou verbalmente; j) realizar revista vexatória; l) restringir o uso de sanitários para determinado trabalhador; m) ameaçar ou insultar; n) propiciar o isolamento. (PAVELSKI, 2009, p. 162).

Assinala Dallegrave Neto (2009, p. 214) que o assédio praticado pelo empregador, além de caracterizar descumprimento de obrigação contratual, afeta a honra e a boa fama do empregado, ficando autorizado ao mesmo deixar o emprego para postular a rescisão indireta do contrato, com base no art. 483, *alíneas "d" e "e"*, da CLT.

Para Sônia Nascimento (2009, p. 1): "Todas as medidas de constrangimento no trabalho possuem uma única finalidade: causar dano à moral e à dignidade ínsita à pessoa do trabalhador e, no limite, forçar que a vítima peça demissão".

De acordo com Hirigoyen (2002):

> Assédio moral no trabalho é definido como qualquer conduta abusiva (gesto, palavra, comportamento, atitude...) que atente, por sua repetição ou sistematização, contra a dignidade ou integridade psíquica ou física de uma pessoa, ameaçando seu emprego ou degradando o clima de trabalho. É uma violência sub-reptícia, não assinalável, mas que, no entanto, é muito destrutiva. Cada ataque tomado de forma isolada não é verdadeiramente grave; o efeito cumulativo dos microtraumatismos frequentes e repetidos é que constitui a agressão. (HIRIGOYEN, 2002, p. 17).

No assédio moral, "não se morre diariamente de todas as agressões, mas perde-se parte de si mesmo. Volta-se para casa, a cada noite, exausto, humilhado, deprimido". (HIRIGOYEN, 2002, p. 18).

Maria Cristina Peduzzi (2007), Ministra do TST, apresenta exemplos de procedimentos omissivos e comissivos que decorrem da prática do assédio moral:

> [...] a) indiferença em relação ao outro; b) ignorar a vítima; c) atitudes de desprezo; d) silêncio. E de atos concretos: a) rigor excessivo no trato com o trabalhador; b) exigência de cumprimento de tarefas desnecessárias ou exorbitantes; c) tratamento desrespeitoso, humilhante; d) imposição de isolamento ao empregado; e) ausência de atribuição de serviços, inação compulsória; f) constranger, ameaçar; g) expor, a terceiros, a intimidade da vítima; h) cercear o exercício de mister habitual; i) restringir a atuação profissional; j) impor jogo de prendas, que resulta em exposição ao ridículo; entre tantas outras modalidades. (PEDUZZI, 2007, p. 139).

Concorde Peduzzi (2007, p. 139), o assédio moral, nas palavras da Ministra do TST, tem a finalidade de desestimular, desacreditar, deprimir, isolar e fragilizar a autoestima do assediado.

No âmbito do Direito do Trabalho, tais fins se dirigem, na maior parte das vezes, à extinção do contrato de trabalho por iniciativa do trabalhador.

Em azado magistério de Sônia Nascimento (2009), o assédio moral é:

> Conduta abusiva, de natureza psicológica, que atenta contra a dignidade psíquica, de forma repetitiva e prolongada, e que expõe o trabalhador a situações humilhantes e constrangedoras, capazes de causar ofensa à personalidade, à dignidade ou à integridade psíquica, e que tem por efeito excluir o empregado de sua função ou deteriorar o ambiente de trabalho. (NASCIMENTO, Sônia, 2009, p. 3).

Sônia Nascimento (2009) também lista as práticas mais comuns de assédio moral:

> [...] a) desaprovação velada e sutil a qualquer comportamento da vítima; b) críticas repetidas e continuadas em relação à sua capacidade profissional; c) comunicações incorretas ou incompletas quanto à forma de realização do serviço, metas ou reuniões, de forma que a vítima faça o seu serviço de forma incompleta, incorreta ou intempestiva, e ainda se atrase para reuniões importantes; d) apropriação de ideias da vítima para serem apresentadas como de autoria do assediador; e) isolamento da vítima de almoços, confraternizações ou atividades junto aos demais colegas; f) descrédito da vítima no ambiente de trabalho mediante rumores ou boatos sobre a vida pessoal ou profissional; g) exposição da vítima ao ridículo perante colegas ou clientes, de forma repetida e continuada; h) alegação pelo agressor, quando e se confrontados, de que a vítima está paranoica, com mania de perseguição ou não tem maturidade emocional suficiente para desempenhar as suas funções; i) identificação da vítima como "criadora de caso" ou indisciplinada. (NASCIMENTO, Sônia, 2009, p. 3).

Essa listagem apontada pela autora é meramente exemplificativa. Destaca-se, ainda, a inatividade compulsória, que é uma forma de isolamento intencional do trabalhador no ambiente de trabalho, de modo a diminuir a sua autoestima, uma vez que o trabalho existe, mas lhe é negado.

Para Barreto (2000), psicóloga, o assédio moral pode ser definido como:

> A exposição dos trabalhadores e trabalhadoras a situações humilhantes e constrangedoras, repetitivas e prolongadas durante a jornada de trabalho e no exercício de suas funções, sendo mais comuns em relações hierárquicas

e assimétricas, em que predominam condutas negativas, relações desumanas e aéticas de longa duração, de um ou mais chefes dirigida a um ou mais subordinado(s), desestabilizando a relação da vítima com o ambiente de trabalho e a organização, forçando-a a desistir do emprego. (BARRETO, 2000, p. 76).

Já segundo Stadler (2008):

O assédio moral se caracteriza como toda e qualquer conduta abusiva, de natureza psicológica, que atente contra a dignidade psíquica do indivíduo, de forma repetitiva e prolongada, que possa causar danos à integridade física ou psíquica de uma pessoa, buscando a exclusão da vítima do ambiente social. (STADLER, 2008, p. 72).

E, quanto ao assédio moral, assevera Dallegrave Neto (2009):

Não se negue que o forte abalo psicológico infligido à vítima ofende o seu direito da personalidade, máxime a sua honra e intimidade. Ademais, a submissão a constante tortura psicológica implicará sensível vulnerabilidade emocional da vítima perante seus colegas e familiares, afetando, por conseguinte, a sua imagem pessoal. (DALLEGRAVE NETO, 2009, p. 209).

Dallegrave Neto (2009, p. 210) ainda afirma que tanto o assédio sexual quanto o moral são admitidos apenas na forma dolosa, vez que o assediante quando molesta a vítima o faz com o objetivo deliberado de se satisfazer sexualmente ou de destruir emocionalmente a vítima. O constrangimento necessário à caracterização do assédio se dá pelo comportamento reiterado do agente e pela postura indesejada e constrangedora da vítima. No assédio sexual, o agente visa a dominar a vítima pela chantagem, colimando satisfazer algum desejo pessoal de ordem sexual. No assédio moral, o assediante visa a discriminar ou mesmo a excluir a vítima do ambiente de trabalho, utilizando-se para tanto da execrável prática do psicoterror.

Dentre os elementos que irão caracterizar o assédio moral no ambiente de trabalho, destacam-se: a) conduta abusiva; b) natureza psicológica que atente contra a dignidade psíquica do indivíduo; c) reiteração de conduta; d) intenção de excluir a vítima.

De acordo com Belmonte (2009, p. 78), caracterizam, assim, o assédio moral "a abusividade, a reiteração da conduta, a natureza psicológica da ofensa à dignidade do ofendido e a finalidade de humilhar ou subjugar a vítima".

Logo, ato isolado, embora possa se constituir em conduta ilícita e capaz de gerar a violação aos direitos da personalidade do empregado, não caracteriza assédio moral.

O assédio moral, portanto, exige a prática reiterada e sistemática por parte de superiores hierárquicos ou colegas de trabalho de atos que possam desestabilizar emocionalmente o empregado a ponto de ferir a sua dignidade ou a sua integridade física ou mental. Trata-se de uma atitude lesiva do empregador que excede os limites do poder diretivo e fiscalizatório.

Consoante ensina Menezes (2008):

> O assédio moral é um processo, conjunto de atos, procedimentos destinados a expor a vítima a situações incômodas e humilhantes. De regra, é sutil, no estilo "pé de ouvido". A agressão aberta permite um revide, desmascara a estratégia insidiosa do agente provocador. (MENEZES, 2008, p. 291).

A esse respeito, vale destacar a ementa:

> ASSÉDIO MORAL. CARACTERIZAÇÃO. DANOS MORAIS. O assédio moral, no âmbito do trabalho, é uma violência sutil, não evidente à primeira vista, mas que possui poder degenerativo a ponto de inviabilizar o prosseguimento da relação de trabalho. Para sua caracterização é necessária a prática reiterada do ato ilícito, o qual deve revestir-se de tal poder lesivo que acabe por causar um mal real e efetivo dano à saúde psíquica da vítima. É o caso dos autos. Dos fatos descritos observa-se um reiterado comportamento de pressão de preposto do Reclamado sobre o Autor que submetia este a uma situação de efetivo dano à sua saúde psíquica. Ademais, o fato de o referido preposto ligar para a esposa do Reclamante caracteriza invasão da privacidade do obreiro. (SÃO PAULO, 2010c).

Neste mesmo contexto, afirma Schiavi (2011):

> O assédio moral se configura em pressão psicológica contínua (habitual) exercida pelo empregador a fim de forçar o empregado a sair da empresa, ou minar a sua autoestima. Se expressa por meio de procedimentos concretos como o rigor excessivo, confiar ao empregado tarefas inúteis ou degradantes, desqualificação, críticas em público, isolamento, inatividade forçada, dentre outros. (SCHIAVI, 2011, p. 138).

Lobregat, citado por Schiavi (2011, p. 133) assinala que ao empregador incumbe a obrigação de distribuir o trabalho que deva ser desenvolvido por seus empregados, não podendo impor a nenhum deles qualquer espécie de ociosidade forçada, ainda que sob o pagamento de salários, sob pena de colocar o obreiro em situação vexatória submetido ao crivo de comentários maldosos, além de lesivos ao seu patrimônio.

Conforme Schiavi (2011, p. 132), percebe-se, assim, que o "assédio moral é a repetição de atitudes humilhantes praticadas contra uma pessoa, muitas vezes pequenos ataques que, pela repetição, vão minando sua autoestima".

Neste sentido, adverte Luiz Silva (2004):

> O principal elemento característico da ilicitude do *mobbing* consiste na repetição das ações que denotam a conduta agressiva, devendo a perseguição ter uma frequência quase diária. O outro elemento ou requisito de relevância jurídica é representado pela ilícita finalidade de discriminar, marginalizar ou, de qualquer outro modo, prejudicar o trabalhador. Sem a concordância desses elementos não se configura o assédio moral como ato ilícito, pressuposto essencial da ocorrência de dano moral indenizável. (SILVA, L. P. P., 2004, p. 102).

Informa Schiavi (2011, p. 134) que não há ainda na doutrina e na jurisprudência um parâmetro temporal para as repetições dos atos para se configurar o assédio moral. Para o autor, o requisito da repetição da conduta ou habitualidade tem que ser aferido conforme o caso concreto, as características do ofensor e da vítima, as condições de tempo e lugar, o nível de instrução da vítima, a função ocupada por ela e as características da conduta do ofensor. Sendo assim, dependendo do caso concreto, uma conduta *repetida de forma sistemática em um único dia de trabalho*, pode, no seu entender, configurar a prática do assédio moral.

Segundo Dallegrave Neto (2009), no assédio moral, não se pode negar que:

> A atitude do empregador ou preposto (ou mesmo o grupo de colegas de trabalho que maquinem em conjunto), visando a constranger reiteradamente seu subalterno (ou colega) para obter espúria satisfação libidinosa (assédio sexual) ou mesmo para excluir ardilosamente a vítima do ambiente do trabalho (assédio moral), ofende em cheio a personalidade do assediante, além de violar a boa-fé e a confiança negocial esperada pelas partes nas relações obrigacionais (art. 422, CC). (DALLEGRAVE NETO, 2009, p. 211).

Como bem expressam Giannattasio e Prebianca (2001, p. 80), o assédio moral conduz "à prática de condutas que, ao visarem à sujeição psicológica do empregado, são veiculadas por ações ofensoras da psique do trabalhador, de modo negativo, por meio de expressas pressões psicológicas".

Dessa forma, também consoante Giannattasio e Prebianca (2001):

> A empresa que, por ação ou omissão, permite a ocorrência de assédio moral dentro do seu ambiente de trabalho, acaba por descumprir a sua função social e negar o princípio da igualdade previsto constitucionalmente, ao viabilizar o aviltamento manifesto da integridade e da higidez psicológica do empregado. (GIANNATTASIO; PREBIANCA, 2011, p. 80).

Neste sentido, de acordo com Belmonte (2009), o assédio moral decorre:

> [...] do modo abusivo de relacionamento no trabalho e que termina submetendo o trabalhador a atitudes, tratamentos, exigências ou condições ofensivas de sua dignidade. O abuso do direito no exercício do poder de comando, caracterizado por atos ou omissões degradantes do ambiente de trabalho, tem a natureza de ilícito trabalhista decorrente da ofensa a direitos da personalidade do trabalhador, que são juridicamente tutelados para dignificá-lo e valorizar o seu trabalho. (BELMONTE, 2009, p. 77).

Hirigoyen (2002) divide os diversos atos hostis em quatro categorias:

> 1) deterioração proposital das condições de trabalho (retirar da vítima a autonomia; não lhe transmitir mais informações úteis para a realização das tarefas; contestar sistematicamente todas as suas decisões; criticar seu trabalho de forma injusta ou exagerada; privá-la do acesso aos instrumentos de trabalho: telefone, fax, computador; retirar o trabalho normal que lhe compete; dar-lhe permanentemente novas tarefas; atribuir-lhe proposital e sistematicamente tarefas superiores ou inferiores às suas competências; pressioná-la para que não faça valer seus direitos; agir para impedir sua promoção; atribuir-lhe tarefas perigosas ou incompatíveis com sua saúde; dar-lhe instruções impossíveis de executar; induzir a vítima em erro); 2) isolamento e recusa de comunicação (a vítima é interrompida sistematicamente; superiores hierárquicos e colegas não dialogam com ela; a comunicação é unicamente por escrito; recusa de qualquer contato, até mesmo visual; separação física da vítima; todos ignoram sua presença; os colegas são proibidos de falar com ela; ela não pode falar com ninguém; a direção recusa pedido de entrevista); 3) atentado contra a dignidade (utilizar insinuações desdenhosas para qualificá-la; fazer gestos de desprezo diante dela, com suspiros, olhares desdenhosos; desacreditá-la perante os colegas, superiores e subordinados; espalhar rumores a seu respeito; atribuir-lhe problemas psicológicos; zombar de sua deficiência ou aspecto físico; criticar sua vida privada, origem, deficiência; atribuir-lhe tarefas humilhantes; injuriá-la com termos obscenos e degradantes); e 4) violência verbal, física ou sexual (ameaçar com violência física; agredi-la fisicamente ainda que de forma leve; falar com a vítima aos gritos; invadir sua vida privada com ligações telefônicas ou cartas; seguirem-na na rua ou em seu domicílio; fazer estragos em seu automóvel; assediá-la ou agredi-la sexualmente, por gestos ou propostas; não levar em conta seus problemas de saúde). (HIRIGOYEN, 2002, p. 109).

Hirigoyen (2002, p. 109) reconhece o assédio moral desde as condutas sutis (como gestos e suspiros) até atos mais ostensivos (como isolamento, avaliações rigorosas, obstrução da atividade por meio da sonegação de informações e equipamentos necessários ou exigência acima ou abaixo da função contratada e condutas de explícita agressão verbal, sexual e física, ainda que leves). Historicamente, na seara justrabalhista, o Tribunal Regional do Trabalho da 17ª Região julgou o primeiro caso em que se reconheceu a violação à dignidade da pessoa humana e, por consequência, a indenização por danos morais decorrente de assédio moral:

> ASSÉDIO MORAL. CONTRATO DE INAÇÃO, INDENIZAÇÃO POR DANO MORAL. A tortura psicológica, destinada a golpear a autoestima do empregado, visando forçar (sic) sua demissão ou apressar sua dispensa através de métodos que resultem em sobrecarregar o empregado de tarefas inúteis, sonegar-lhe informações e fingir que não o vê, resultam (sic) em assédio moral, cujo efeito é o direito à indenização por dano moral, porque ultrapassa o âmbito profissional, eis que minam (sic) a saúde física e mental da vítima e corrói a sua autoestima. No caso dos autos, o assédio foi além, porque a empresa transformou o contrato de atividade em contrato de inação, quebrando o caráter sinalagmático do contrato de trabalho, e por consequência, descumprindo a sua principal obrigação que é a de fornecer trabalho, fonte de dignidade do empregado. (ESPÍRITO SANTO, 2002).

Para Schiavi (2011), como se vê:

> O assédio moral atinge a chamada honra subjetiva da vítima, pois ela mesma diante do processo desencadeado pelo assédio acaba se autodestruindo, perdendo seu sentimento de autoestima, de dignidade, bem como sua capacidade física e intelectual. (SCHIAVI, 2011, p. 138).

Conforme já analisado no Capítulo 3 da presente tese, a honra pode ser objetiva e subjetiva. A honra objetiva compreende o bom nome e a boa fama que o indivíduo desfruta no seio da coletividade, ou seja, representa a estima que o cerca nos seus ambientes familiar, profissional, comercial e outros. A honra subjetiva, por sua vez, alcança o sentimento pessoal de estima ou a consciência que o indivíduo tem acerca da sua própria dignidade.

Concorde o pensamento de Mirabete (1995, p. 151), traduz-se a honra subjetiva, portanto, no apreço próprio, na estima a si mesmo ou no juízo que cada um faz de si. Esta honra subjetiva ainda se divide em honra dignidade e honra decoro. A honra dignidade representa o sentimento da pessoa a respeito de seus atributos morais, de honestidade e bons costumes, ao passo que a honra decoro se refere ao sentimento pessoal relacionado aos dotes ou qualidades do homem, nos planos físico, intelectual e social.

Segundo Aluísio Ferreira (2011, p. 25), o trabalho passa a ser tortuoso a partir do sentimento de indignidade e inutilidade do trabalhador, mediante a atividade a ser desempenhada. Sendo assim:

> Obter um emprego em uma empresa, atualmente, não significa somente ter conseguido ser o melhor em um concorrido processo de seleção. Estar

empregado, hoje, consiste em renunciar a valores individuais, a ideias próprias e mudança do modo de agir, para formatar-se àquilo que a empresa exige, aceitando sua maneira de pensar e suas normas. (FERREIRA, A. H., 2011, p. 25).

Sabe-se que a desigualdade econômica entre empregado e empregador, assim como a significativa diferença havida entre estes dois sujeitos da relação jurídica laboral, acaba contribuindo para a produção de um conjunto de sentimentos negativos ao empregado pela prática do assédio moral, capazes de acarretar-lhe no decorrer do seu labor: insegurança, medo, angústia, revolta, baixa autoestima, depressão, ansiedade, desânimo, entre outros.

Ademais, consoante Alkimin (2009), todos os sentimentos negativos produzidos pela prática do assédio moral são capazes de gerar inúmeras outras consequências no plano físico do empregado, como:

> [...] cefaleia, enxaqueca, distúrbio no aparelho digestivo, distúrbio do sono, enfim, uma sobrecarga sobre a pessoa do trabalhador, provocando a perda da autoestima funcional e pessoal, queda da produtividade, absenteísmo, contaminando o ambiente de trabalho e culminando com a sua exclusão da organização do trabalho. (ALKIMIN, 2009, p. 150).

Segundo Barbosa Júnior (2008, p. 32), o terror psicológico provoca na vítima danos emocionais e doenças psicossomáticas, como alteração do sono, distúrbios alimentares, diminuição da libido, aumento da pressão arterial, desânimo, insegurança, entre outros, podendo acarretar, ainda, quadros de pânico e de depressão. Em casos extremos, tais quadros podem levar à morte ou ao suicídio.

De acordo com o médico do trabalho Mauro Moura, citado por Barbosa Júnior (2008):

> Os primeiros sintomas são os problemas clínicos devido ao estresse. O funcionário começa a dormir mal, a ter tremores, palpitações, pressão alta, problemas de pele, aumenta ou diminui de peso abruptamente. Uma pessoa que não possui diabetes pode desenvolver a doença, e quem possui pode descompensar o sintoma. Em alguns casos, distúrbios hormonais também são verificados. Nas mulheres, alterações na menstruação. Nos homens, impotência. Depois começa a ser afetada a parte psicológica. A primeira reação é achar que o assediador tem razão [...]. A autoestima da pessoa começa a entrar em declínio — e não raras vezes o sujeito pensa em suicídio como única maneira de se salvar. Não se morre diretamente das agressões, mas se perde parte de si a cada momento. Volta-se para casa, a cada noite, exausto, humilhado, deprimido. E é difícil recuperar-se. (BARBOSA JÚNIOR, 2008, p. 33).

Sônia Nascimento (2009) também aponta problemas psicológicos registrados pelas vítimas do assédio moral:

> [...] obsessão; atitude hostil, cínica e de suspeita em relação ao entorno; sentimento crônico de nervosismo, de que se está em perigo constante; isolamento e solidão: a pessoa não se sente parte da sociedade (efeito alienante); hipersensibilidade com as injustiças e uma constante identificação com o sofrimento dos outros de forma obsessiva e patológica; depressão e sensação de vazio, de resignação e desesperança; incapacidade para experimentar alegria nos acontecimentos cotidianos; e risco constante de abuso de psicofármacos. (NASCIMENTO, Sônia, 2009, p. 123).

Candido (2011) também elenca traumas físicos e psíquicos causados pelo assédio moral:

> Danos à integridade psíquica e física como um todo, sentimento de inutilidade, transtorno de estresse pós-traumático, cefaleias agudas, dores generalizadas, sensação de mal-estar, palpitações, taquicardias, sensação de pressão no peito, falta de ar, tremores, crises de choro, fadiga crônica, insônia ou sonolência excessiva, depressão, apatia, angústia, melancolia, raiva, ansiedade generalizada, transtorno de personalidade, sensação de opressão, inquietação, desconfiança sem fundamento real, nervosismo, dores abdominais, diminuição da libido, sede de vingança, irritabilidade, impaciência, aumento de pressão arterial, problemas hormonais, problemas de memória, confusão mental, pesadelos relacionados ao trabalho, distúrbios digestivos, problemas de pele com alergias, problemas musculoesqueléticos, coceiras, tiques nervosos, agorafobia, consumo de drogas, consumo de álcool, hipertensão arterial, medo, descontrole emocional, mania de perseguição, sentimento de culpa, fobias, isolamento social, problemas nas relações familiares, dificuldade de interagir em equipe, competição exagerada, tristeza, síndrome de *burnout*, síndrome do pânico, absteísmo, baixa autoestima, atitudes agressivas, falta de ar, suores, ideação suicida, tentativa de suicídio. (CANDIDO, 2011, p. 73).

É mais comum o assédio moral ser cometido entre sujeitos de posição hierárquica diversa, podendo ser tanto vertical ascendente quanto descendente. Será vertical descendente, quando é praticado pelo empregador ou superior hierárquico subordinado contra o empregado. Esta espécie de assédio moral caracteriza-se como a ofensa reiterada ao relacionamento saudável, perpetrada por superior hierárquico ou pelo próprio empregador contra o empregado. Será, por sua vez, vertical ascendente, quando for praticado pelo empregado contra superior hierárquico. Trata-se da modalidade mais rara de assédio moral no ambiente de trabalho.

De acordo com Belmonte (2009), esta espécie de assédio moral:

> Caracteriza-se pela prática de atos vexatórios contra o superior hierárquico. Desobediência ou hostilização a ordens pelos subalternos em relação a superior inexperiente ou inseguro, visando desacreditá-lo para desestabilizá-lo no cargo. (BELMONTE, 2009, p. 79).

Todavia, o assédio moral também poderá ser praticado por colega de trabalho contra colega de trabalho, ou seja, entre sujeitos que se encontram na mesma posição hierárquica, eis que será o caso do assédio moral horizontal.

Conforme Belmonte (2009), esta espécie de assédio moral:

> Costuma ocorrer quando o empregador tolera o clima aético caracterizado por práticas individualistas, discriminações pela improdução e o fomento de rumores e "rasteiras" entre colegas de mesmo patamar hierárquico. (BELMONTE, 2009, p. 79).

Consoante Stadler (2008), é o tipo de assédio que:

> Ocorre quando dois empregados disputam a obtenção de um mesmo cargo ou uma promoção, ou quando o empregador, buscando maior produtividade, impulsiona a competição entre os colegas, ou ainda, por inveja e inimizade pessoais. (STADLER, 2008, p. 77).

Belmonte (2009, p. 80) estatui que o assédio moral pode atingir, conforme a hipótese, os aspectos moral, físico e psíquico da personalidade do trabalhador. É o caso das revistas que são realizadas no ambiente de trabalho e que compreendem uma espécie de assédio ofensivo do aspecto moral, assim como gritos, grosserias e outras humilhações impostas ao trabalhador consideradas degradantes do relacionamento e atentatórias à sua dignidade.

Para Belmonte (2009, p. 80), já a difusão de críticas ou de rumores, as desautorizações, a exposição de fragilidades, os atos de ridicularização, a negativa de atribuição de tarefas, a redução do salário ou da quantidade de trabalho quando medido por produção e as remoções para lugares longínquos visando a tornar insuportável a permanência do trabalhador no cargo ou a forçá-lo a pedir demissão ofendem o aspecto psíquico da personalidade.

Também conforme Belmonte (2009, p. 80), a submissão, por sua vez, a condições degradantes em ambiente de trabalho autoritário, hostil, aético, atemorizador, extremamente competitivo e exigente pode gerar danos à saúde do trabalhador e levá-lo à exaustão emocional ou estresse, atingindo assim o aspecto físico da personalidade.

Atém-se, contudo, a presente tese apenas ao *assédio moral vertical descendente*, por ser vítima do assédio moral, normalmente, o empregado, individual ou coletivamente considerado. Esta espécie de assédio representa uma afronta direta à saúde, à dignidade pessoal, à honra e à imagem do empregado, bem como ao dever de conduta consistente na proteção psicofísica do empregado, decorrente da boa-fé objetiva. É o caso, por exemplo, do estabelecimento de prendas como vestir fantasias, cantar e dançar na frente de colegas quando não é atingida uma meta estabelecida pela empresa ou de uma fiscalização ostensiva sobre a atividade do empregado no sentido de controlar as suas necessidades fisiológicas, entre outras situações.

A forma mais comum de assédio moral, portanto, é aquela que parte de um superior hierárquico do empregado assediado — denominada assédio moral vertical descendente.

A esse respeito, assinala Stadler (2008):

> O assédio moral é mais comum em relações hierárquicas autoritárias e assimétricas, em que predominam relações desumanas de longa duração, de um ou mais chefes, dirigidas a um ou mais subordinados. São atitudes que desestabilizam o ambiente de trabalho, forçando a desistir do emprego. (STADLER, 2008, p. 69).

De acordo com Alessandra Loyola Mistrongue e Felipe de Oliveira Kersten, citados por Barbosa Júnior (2008, p. 96), o assédio moral constitui-se na exposição dos trabalhadores e trabalhadoras a situações humilhantes e constrangedoras, repetitivas e prolongadas durante a jornada de trabalho e no exercício de suas funções, sendo mais comum em relações hierárquicas autoritárias e assimétricas, em que predominam condutas negativas, sem ética, relações desumanas de longa duração de um ou mais chefes dirigidas a um ou mais subordinados, desestabilizando a relação da vítima com o ambiente de trabalho, forçando-a a desistir do emprego.

Toda prática ofensiva ou ostensiva, realizada normalmente de forma reiterada, que expõe o trabalhador de forma prolongada ou não a situações humilhantes e constrangedoras caracterizará assédio moral, por violação à dignidade e à personalidade do empregado. Portanto, não se considera o requisito da frequência ou da continuidade como obrigatório para que seja caracterizado o assédio moral. Um único ato ou conduta isolada é plenamente capaz de engendrar uma situação de assédio moral, desde que a conduta do assediante acarrete uma gravidade insuperável.

Schiavi (2011, p. 139) apresenta outra modalidade de assédio moral chamada de estratégico. Trata-se de uma prática que se encontra ligada a uma determinada política empresarial, como, por exemplo, a reestruturação da empresa, com plano de demissões voluntárias e substituição de mão de obra de determinado setor. Tal estratégia consiste em atitudes destinadas a minar a autoestima destes trabalhadores com a finalidade de que eles mesmos acabem aderindo a um plano de demissão voluntária ou pedindo demissão por acharem que não se enquadram no perfil da empresa. Nessa forma de assédio, não há uma vítima específica, mas um grupo determinado de trabalhadores. Portanto, assemelha-se ao assédio vertical por vir de cima para baixo e por ser a vítima determinada.

Guedes (2003, p. 36) também estudou o assédio moral estratégico. Estatui a autora que o termo *bossing* foi introduzido na psicologia por Brikmann, em 1955, e significa uma ação executada pela direção de pessoal da empresa para aqueles empregados considerados incômodos. Trata-se de uma estratégia da empresa para reduzir o número de pessoal ou, buscando conter custos, para substituir o quadro por pessoas mais jovens e, consequentemente, pagar salários mais baixos. A empresa organiza sua estratégia de modo tal a levar o empregado a demitir-se. É o que os italianos denominam *mobbing strategico*.

Belmonte (2009), ao se referir ao assédio moral estratégico ou motivado, assinala que é o cometido visando a uma finalidade específica e costuma verificar-se por meio da utilização de estratégias como:

> a) vigilância acentuada e constante da prestação de serviços, atos de responsabilização pública por queda de índices de desempenho, de estímulo a desenfreada e desregrada competição e ameaças constantes ao emprego, visando aumento de produtividade; e, b) zombarias, ironias, desqualificação, menosprezo, difusão de críticas ou rumores, desautorização, inferiorização, exposição de fragilidade, rebaixamento, ridicularização ou submissão a situações vexatórias, negativa de atribuições de tarefas, redução do salário ou da quantidade de trabalho quando medido por produção, visando fragilizar a autoestima do trabalhador, com a finalidade de retaliar ou tornar insuportável a permanência do trabalhador no cargo ou forçá-lo a pedir demissão. Como exemplos da hipótese "a", as campanhas com penalidades diversas para a não obtenção de metas, como fazer publicamente flexões, dançar na boquinha da garrafa, usar vestimentas ridículas durante o expediente ou a submissão à exposição pública de mau desempenho; advertências e suspensões em casos de faltas justificadas, e o monitoramento desmedido do trabalho; como exemplo da hipótese "b", a remoção de empregado de uma unidade para outra, longínqua, com a finalidade de retaliação, para a obtenção de uma conduta submissa ou a perseguição a empregado estável, reabilitado ou autor de reclamação trabalhista, visando forçá-lo à demissão. (BELMONTE, 2009, p. 79).

Todo empregador possui a obrigação de zelar pela integridade física e psicológica do trabalhador, bem como de manter o ambiente de trabalho moralmente sadio. Caso não cumpra com suas obrigações patronais, deverá ele responder de forma objetiva por meio da satisfação de danos morais e materiais pela conduta abusiva decorrente do assédio moral.

De acordo com Candido (2011, p. 35), o medo, a ansiedade, o sentimento de inutilidade, as crises de choro, as dores de cabeça constantes, a hipertensão, a palpitação, a sensação de falta de ar, a fadiga, os problemas digestivos, além das manifestações psíquicas, como transtornos de personalidade, depressão, pânico, aversão ao trabalho, fugas da realidade, sede de vingança e ideia de suicídio são algumas das várias queixas que os trabalhadores assediados apresentam.

Com base nos sintomas acima descritos, Candido (2011, p. 73) chega à conclusão de que tais enfermidades ocasionadas no local de trabalho em decorrência da prática do assédio moral podem vir a ser equiparadas a uma doença do trabalho ou acidente do trabalho, conforme prescrevem os arts. 19 e 20, da Lei n. 8.213/91.

É preciso lembrar, no esteio de Nunes (2011, p. 20), que "o trabalho não pode ser visto como mero meio de sobrevivência do trabalhador, ele deve ser fonte de prazer e de realização do ser humano". E ainda:

> O local de trabalho é o lugar onde a maioria das pessoas passa a maior parte do seu tempo. Devido a tal fato, é de grande importância que o trabalho seja desenvolvido em um ambiente saudável e longe de pressões que possam trazer desconforto na execução das atividades e consequentes prejuízos à saúde do trabalhador. (NUNES, 2011, p. 20).

Corroborando tal entendimento, assevera Válio (2006, p. 38) que "tratar dignamente uma pessoa é respeitar o próximo e a si mesmo, assegurando assim uma vida saudável de respeito e moralidade".

Acentua Hirigoyen (2002, p. 198): "O trabalho desempenha um papel central na estruturação da identidade, é nele que se afirmam as competências e é por meio dele que se realizam os projetos de vida ou a concretização dos sonhos".

Portanto, conforme Alkimin (2009), deve o empregador assegurar:

> Um meio ambiente do trabalho sadio e equilibrado, de modo a garantir a saúde física e psíquica do trabalhador, bem como a intimidade, honra e privacidade, considerados bens personalíssimos que são lesados, concomitante ou separadamente, quando se pratica o assédio moral no ambiente de trabalho. (ALKIMIN, 2009, p. 148).

No magistério de Sônia Nascimento (2009, p. 179), uma empresa que zela pela saúde física e mental de seus empregados zela pelo seu próprio futuro como instituição e cumpre com a sua função social. Por isso, é essencial o preparo prévio das pessoas que venham a ocupar cargos de gerência ou de administração, para que saibam usar de maneira adequada e construtiva a autoridade que lhes foi atribuída.

Sob o aspecto preventivo, as empresas devem adotar uma política de recursos humanos que claramente coíba o terror psicológico no ambiente de trabalho e puna tempestiva e adequadamente a sua prática.

As hipóteses de caracterização de assédio moral indicadas são apenas exemplificativas e não esgotam a relação das causas que podem levar à configuração dessa ação abusiva no ambiente de trabalho.

O assédio moral compreende um tipo de agressão psicológica, por submeter o trabalhador, repetidamente, a gradativa hostilização e humilhação na natureza emocional no cotidiano laboral. Destarte, o assédio moral acarreta danos nocivos à saúde do trabalhador, por ocasionar lesão efetiva à integridade psíquica (e, comumente e por decorrência, física) do empregado vitimado pela conduta abusiva do agente.

Para Aluísio Ferreira (2011, p. 126), por meio da prática do assédio moral, o empregador produz comportamentos negativos com a finalidade de denegrir, expor ao ridículo, menosprezar, constranger, humilhar ou atingir a honorabilidade do empregado, destruir a sua autoestima, acarretando-lhe instabilidade emocional, e afronta os "direitos necessários para que possa gozar de (*sic*) um bom convívio social, considerados como inerentes à personalidade humana".

Segundo Nunes (2011, p. 120): "Empregado que exerce suas atividades em um ambiente hostil, desagradável, de eterna desconfiança e desrespeito à sua dignidade, coloca sua saúde em situações de sérios riscos".

Também conforme Nunes (2011, p. 120), em vista disso: "O ambiente de trabalho, mesmo visando à produção, deve ser um ambiente saudável, distante de pressões ou desconfianças".

Como bem atesta Hirigoyen (2002):

> Uma prevenção eficaz do assédio moral e de todas as formas de desvios relacionados pode produzir valor agregado e resultados. Quando se maltrata o funcionário, desperdiça-se talento. Por um lado, destrói-se a saúde de alguém e, por outro, diminuem-se os resultados econômicos. (HIRIGOYEN, 2002, p. 321).

Ainda concorde Hirigoyen (2002, p. 321), outra motivação também considerada relevante para que as empresas façam a prevenção é o fato de desfrutarem uma boa imagem ou simplesmente evitarem uma imagem negativa na mídia e, consequentemente, um retorno negativo aos acionistas.

Concluindo, o art. 483, da CLT, ao elencar as hipóteses de justas causas resilitórias do contrato de trabalho por ato do empregador, faz referência, em suas *alíneas "a", "b", "c", "d", "e", "f"* e *"g"*, às hipóteses de atentado contra higidez moral e psíquica do trabalhador. Dessa maneira, resta ao aplicador da lei, à luz da proteção constitucional atinente aos direitos da personalidade, aplicar estas normas da

CLT em conjugação com as demais citadas relativas à tutela da personalidade no âmbito empregatício.

Caso o assédio moral seja praticado pelo empregado contra colega de trabalho do mesmo nível hierárquico ou contra o empregador, será aplicado o art. 482, *caput*, *alíneas "b", "j" e "k"*, da CLT.

Segundo Alkimin (2009, p. 150), em se tratando de assédio moral vertical, será aplicada a rescisão indireta do contrato de trabalho. No assédio moral horizontal e ascendente, será aplicada a dispensa por justa causa, sem excluir a reparação por dano moral e por dano material em ambas as situações "no caso de comprovada perda material, como é o caso do dispêndio com tratamento de saúde".

De acordo com Schiavi (2011, p. 139), o empregado vítima do assédio poderá se valer do seu direito de resistência ou rescindir indiretamente o contrato de trabalho (art. 483, CLT), postulando na Justiça do Trabalho a reparação por danos morais e patrimoniais em razão do assédio moral sofrido.

Guedes (2003), por sua vez, defende a aplicação analógica ao art. 4º, da Lei n. 9.029/95:

> A aplicação analógica da Lei n. 9.029/95, em nome da equidade, pode ser invocada para amparar a decisão de assegurar à vítima do assédio moral direito de permanecer no emprego, recebendo salários, até o trânsito em julgado da decisão de ressarcimento por danos morais; havendo o despedimento, o direito de optar pela readmissão com ressarcimento integral e atualizada remuneração de todo o período ou percepção em dobro equivalente à remuneração corrigida do período em que esteve afastada. (GUEDES, 2003, p. 104).

Continua Guedes (2003, p. 105): "Deixar, todavia, ao trabalhador, vítima da violência psicológica, a rescisão indireta do contrato, com a percepção de uma indenização irrisória, se afigura (sic) um castigo ainda maior".

Concorda-se nesta investigação acadêmica com a autora mencionada, em razão da função social de direitos que é atribuída ao trabalho, em especial, ao regulado.

Aluísio Ferreira (2011, p. 115) também defende a aplicação analógica do art. 4º, da Lei n. 9.029/95, quando os trabalhadores forem discriminados ou assediados moralmente. O objetivo é fazer com que o emprego seja protegido de atos que não são compatíveis com a boa-fé na execução dos contratos de trabalho.

Para Schiavi (2011, p. 145), quanto ao empregador que é vítima do assédio moral, este poderá se valer do poder disciplinar que decorre do art. 2º, da CLT, de modo a aplicar uma penalidade ao empregado: advertência, suspensão etc., e, em casos mais graves, dispensá-lo por justa causa em razão do mau procedimento ou por atentado contra a honra do empregador, sem prejuízo da reparação por danos patrimoniais e morais.

Imperioso observar que a responsabilidade do empregador pela prática de assédio moral no ambiente de trabalho é objetiva. O art. 932, do Código Civil, trata da responsabilidade solidária entre o agente causador do dano e as pessoas designadas em seu inciso III. Há solidariedade entre o empregado (agente causador do dano) e o empregador. Desse modo, a vítima pode exigir reparação contra um ou contra todos os devedores solidários, facultando-se à mesma o direito de eleger aqueles que possuem maior poder econômico para suportar o pagamento da indenização. Sendo que o empregador demandado possui o direito de regresso em face de seu empregado, conforme aduz o art. 934, do Código Civil:

> Art. 934. Aquele que ressarcir o dano causado por outrem pode reaver o que houver pago daquele por quem pagou, salvo se o causador do dano for descendente seu, absoluta ou relativamente incapaz.

Há casos, contudo, nos quais o direito de regresso do empregador pode ser repelido pelo empregado que causou o dano.

De acordo com Orlando Gomes (1999, p. 295), nessa situação, o empregador "perde o direito de reembolso, como acontece, por exemplo, quando dá falsas instruções ao empregado, lhe entrega (sic) instrumentos defeituosos, ou lhe oculta malevolamente a ilicitude do ato que lhe o encarregou".

Portanto, a responsabilidade do empregador por assédio moral praticado por preposto ou empregado de mesmo nível hierárquico é objetiva e independe de culpa, bastando apenas a ocorrência do ato ilícito praticado pela empresa.

Como bem atesta Shiavi (2011, p. 24), a responsabilidade do empregador por atos de seus prepostos é objetiva, não havendo que se falar mais na presunção *juris tantum* de culpa.

Antes do Código Civil, o STF, por meio da Súmula 341, havia sumulado o entendimento no sentido de que era presumida a responsabilidade do empregador por atos de seus prepostos ou empregados. O Código Civil de 2002, contudo, estabeleceu a responsabilidade objetiva do empregador por atos de seus prepostos, não havendo que se falar mais na presunção *juris tantum* de culpa, e sim na responsabilidade pelo risco da atividade econômica que exerce o empregador (art. 2º, CLT), conforme aduz os arts. 932, III, c/c 933 e 942, do Código Civil.

A esse respeito, destaca Venosa (2006):

> O patrão ao se valer de um preposto ou de um empregado, está, na verdade, prolongando sua própria atividade [...] o patrão ou proponente assume a posição de garantia da indenização perante o terceiro ofendido porque, na maioria das vezes, o empregado ou preposto não terá meios de reparar o dano. (VENOSA, 2006, p. 78).

Sendo assim, devem ser invocados, quanto à prática do assédio moral praticado por empregado ou preposto do empregador, os arts. 932, IIII, c/c 933 e 942, todos do Código Civil.

Conforme Alkimin (2009), essa responsabilização contida no art. 933, do Código Civil, independe da ocorrência de culpa. Sendo assim:

> Em qualquer situação de subordinação, responde o empregador pelos atos praticados por seus subordinados, cuja responsabilidade subsiste se o agente causou a conduta no exercício do trabalho ou por ocasião dele. (ALKIMIN, 2009, p. 174).

Insta destacar, ainda, na visão de Schiavi (2011), que o assédio moral não se confunde com o assédio sexual, porquanto:

> Neste, a intenção do agente é obter um favor sexual junto à vítima, enquanto no assédio moral, a intenção do agente é minar a autoestima da vítima. Entretanto, um estado inicial de assédio sexual pode desencadear um procedimento de assédio moral. (SCHIAVI, 2011, p. 145).

Schiavi (2011) apresenta algumas medidas que devem ser adotadas pelo empregador para neutralizar a ocorrência do assédio moral no ambiente de trabalho:

> a) direito à informação dos trabalhadores, supervisores, sobre o que é assédio moral e as formas de sua configuração, bem como sobre os valores sociais do trabalho e da proteção à dignidade da pessoa humana; b) investimento em estratégias para valorizar os empregados na empresa e melhoria do meio ambiente de trabalho; c) investimentos em cursos de reciclagem profissional; d) diálogo entre empregados e superiores hierárquicos sobre as condições de trabalho; e) educar as pessoas para que sejam corretas no cotidiano com seus companheiros de trabalho; f) contratação de profissionais especializados para melhoria das relações entre os trabalhadores e superiores hierárquicos; g) instituição de normas de condutas em regulamento de empresas, com a participação de representantes de trabalhadores; h) atuação sindical dentro da empresa, com a presença constante do dirigente sindical no local de trabalho. (SCHIAVI, 2011, p. 144).

Por fim, vale destacar que as profissões ou atividades estressantes não caracterizam assédio moral.

Trata-se, como bem assevera Benevides (2002, p. 30-31) em estudo acerca da Síndrome de Burnout, de atividades que acarretam certo desgaste emocional, como, por exemplo, os serviços médicos. Estas atividades não guardam relação com as práticas de assédio moral, mas com as condições específicas de tais ocupações, ou, ainda, com a forma de organização de trabalho.

O conflito entre colegas e/ou chefias também não configura assédio moral. A respeito do tema, assinala Alkimin (2009):

> Não caracteriza o assédio moral um conflito temporal no ambiente de trabalho, tão menos uma agressão pontual partida do seu superior hierárquico ou colega de serviço, posto que, no conflito, há interesses contrapostos, preponderando o binômio ataque-resistência, nada impedindo que pela repetição, uma das partes ceda e passe a ser vítima do assédio moral; ao passo que no caso da agressão pontual, esta esgota-se em si mesma, não implicando perseguição ou discriminação na relação de trabalho. (ALKIMIN, 2011, p. 51).

De acordo com Hirigoyen (2002, p. 24), mesmo que as condições de conflito sejam desagradáveis e inoportunas para a empresa, o conflito é útil, pois se origina da necessidade de mudança, que permite mobilizar energias, modificar alianças e reunir pessoas.

Conforme Barros (2011, p. 887), nesse sentido, o assédio moral não se confunde com outros conflitos, que são esporádicos, nem mesmo com más condições de trabalho, pois pressupõe o comportamento (ação ou omissão) por um período prolongado, premeditado, que desestabiliza psicologicamente a vítima.

Portanto, discussões eventuais não caracterizam assédio moral, mas o comportamento agressivo e a falta de urbanidade no trato com determinado empregado na tentativa de que este deixe o emprego são, por exemplo, caracterizadores do assédio moral.

A esse respeito, Amauri Nascimento, citado por Sônia Nascimento (2009), destaca:

> A prática do assédio se caracteriza pela repetição de gestos, palavras e comportamentos que, isoladamente considerados, podem parecer inofensivos. A agressão moral e pontual, ainda que única, atinge a dignidade do indivíduo. É aberta, direta e identificável. Ela pode até ensejar uma indenização por danos morais. Mas não se confunde com a prática do assédio moral. (NASCIMENTO, A. M. apud NASCIMENTO, Sônia, 2009, p. 4).

Para Alkimin (2008), do mesmo modo, não caracterizam assédio moral:

> As más condições de trabalho, como espaço exíguo, precariedade nas instalações e iluminação etc., embora representem um fator preponderante para gerar o stress profissional, não são, por si só requisitos para caracterização do assédio moral, salvo se o agente ativo, intencionalmente, destinar más condições de trabalho com o intuito de isolar e desqualificar a vítima. (ALKIMIN, 2008, p. 55).

Alkimin (2008, p. 55) ressalta que o assediador poderá sutilmente se valer das más condições de trabalho para atingir a pessoa do empregado, com clara intenção de afastá-lo do ambiente de trabalho.

Nesse sentido, violações ao direito à intimidade do empregado, tais como revistas íntimas, controle de tempo de utilização do sanitário, vigilância de e-mails sem a ciência do empregado e de forma discriminatória, investigação da saúde ou da vida privada do empregado, ainda que passíveis de indenização por danos morais, se praticadas isoladamente, não configuram a prática do assédio moral no trabalho.

Sônia Nascimento (2009, p. 34), por sua vez, destaca que atos do empregador como transferências, mudanças de funções, avaliações de desempenho, imposição de metas, cobranças e críticas ao trabalho, se realizados de modo objetivo e respeitoso, representarão em firmas legítimas de manifestação do poder diretivo do empregador, não configurando assédio moral, salvo se tais condutas apresentarem nítido caráter retaliatório.

Um único ato humilhante não caracteriza, portanto, assédio moral, mas é suficiente à condenação de indenização por dano moral.

Mister observar que o assédio moral pode resultar, além da reparação do prejuízo moral, eventualmente em reparação material. Neste último caso, o assediador deverá indenizar a vítima das despesas de tratamento (médico, psicólogo, remédios etc.), além dos lucros cessantes em razão da incapacidade, ainda que temporária, para a atividade laborativa até o fim da convalescença.

Para Alkimin (2011, p. 56), se o assédio moral, além de atingir a dignidade e a personalidade da vítima, reduzir à condição de desemprego, com flagrante prejuízo econômico e até alimentar para o empregado, vítima do constrangimento, haverá dano moral e material.

A respeito do assunto, estabelece a Súmula n. 37 do STJ: "São cumuláveis as indenizações por dano material e dano moral oriundos do mesmo fato".

Quanto à responsabilização do assediante na esfera penal, apesar da falta de regulamentação legal como conduta criminal típica, expõe Dallegrave Neto (2009) que o assediante poderá incorrer nas seguintes figuras delituosas previstas no Código Penal:

> crimes contra a honra (arts. 138 a 140); crimes contra a liberdade individual (arts. 146 a 149); crimes contra a proteção à inviolabilidade da correspondência e de outros meios de comunicação (arts. 151 a 154); perigo de vida e da saúde (arts. 130 a 136); induzimento ao suicídio (art. 122); lesão corporal e homicídio (arts. 129 e 122). (DALLEGRAVE NETO, 2009, p. 217).

O autor ainda adverte que, em tais situações, o estatuto penal deve ser invocado a fim de acumular a ação penal com a ação civil indenizatória.

6.9. ASSÉDIO MORAL ORGANIZACIONAL

Além do assédio moral individual, que tem como objetivo a exclusão da vítima do mundo do trabalho, discriminando-a perante o grupo, há também o assédio moral denominado organizacional, que tem por objetivo a sujeição de um grupo de trabalhadores às agressivas políticas mercantilistas da empresa por meio do estabelecimento abusivo de metas.

A moderna organização do trabalho tem como objetivo a instauração do mercado globalizado, através da competitividade e de grandes resultados a baixos custos.

A reestruturação e reorganização do trabalho fizeram com que o trabalhador se adequasse a novas características, ou seja: qualificação, polivalência funcional, visão sistêmica do processo produtivo, autonomia e flexibilização, entre outras. Nessa nova perspectiva filha da globalização, exigem-se do trabalhador maior escolaridade, competência, eficiência, competitividade, criatividade, tudo com o objetivo de produzir mais e com o menor custo possível.

Dessa forma, o trabalhador atual está submetido a um ambiente laboral com características completamente competitivas, obrigando-os a também se tornarem muito competitivos, sob pena de não se desenvolverem no local de trabalho.

De acordo com Alkimin (2011):

> No interior das organizações do trabalho, constantemente, são implantadas novas políticas de gestão dos fatores produção-trabalho, para ajustamento ao mercado competitivo que demanda maior produtividade, com grande qualidade, rapidez, pronto atendimento e baixo custo, exigindo do trabalhador, nem mercado de escassez de trabalho formal e pleno emprego, capacidade técnico-profissional e grande empenho para adaptação às reestruturações produtivas e organizativas, inclusive no que tange às mudanças e inovações introduzidas por medidas flexibilizadoras das condições de trabalho. (ALKIMIN, 2011, p. 69).

O assédio moral organizacional compreende, assim, um conjunto sistemático de práticas reiteradas, provindas dos métodos de gestão empresarial, que tem por finalidade atingir determinados objetivos empresariais relativos ao aumento de produtividade e à diminuição do custo do trabalho, por meio de pressões, humilhações e constrangimentos aos trabalhadores na empresa.

Diante das novas formas de gestão administrativa ou de reestruturação produtiva advindas dos efeitos da globalização na organização produtiva e do trabalho, as empresas precisam se reestruturar para adotarem padrões internacionais de qualidade a fim de enfrentar a competitividade e a lucratividade. Por isso, vivencia-se hodiernamente a era do controle da qualidade total, cujo resultado é a busca cada vez mais desordenada de obtenção do lucro, que acontece através do estabelecimento de metas, por sua vez, abusivas.

Conforme as palavras de Cavalcante e Jorge Neto (2011): "A globalização, com base em novas técnicas de seleção, inserção e avaliação do indivíduo no trabalho, fez uma reestruturação nas relações do trabalho".

Também concorde Cavalcante e Jorge Neto (2011): "O novo paradigma é o 'sujeito produtivo', ou seja, o trabalhador que ultrapassa metas, deixando de lado a sua dor ou a de terceiro. É a valorização do individualismo em detrimento do grupo de trabalho". E mais:

> A valorização do trabalho em equipe assume um valor secundário, já que a premiação pelo desempenho é só para alguns trabalhadores, ou seja, os que atingem as metas estabelecidas, esquecendo-se que o grupo também é o responsável pelos resultados da empresa. O individualismo exacerbado reduz as relações afetivas e sociais no local de trabalho, gerando uma série de atritos, não só entre as chefias e os subordinados, como também entre os próprios subordinados. O implemento de metas, sem critérios de bom senso ou de razoabilidade, gera uma constante opressão no ambiente de trabalho, com a sua transmissão para os gerentes, líderes, encarregados e os demais trabalhadores que compõem um determinado grupo de trabalho. (CAVALCANTE; JORGE NETO, 2011).

Não obstante a opinião de Cavalcante e Jorge Neto, sabe-se que o mundo do trabalho hoje também valoriza as ações e dinâmicas coletivas criando grupos de trabalho nos estabelecimentos e empresas para a realização de tarefas específicas. Entretanto, mesmo nesses grupos de trabalho ou entre eles podem surgir práticas de assédio moral organizacional dirigidas a uma única pessoa ou a um grupo de pessoas.

Vale registrar a decisão proferida pelo Tribunal Regional do Trabalho da 5ª Região sobre assédio moral organizativo:

> ASSÉDIO MORAL ORGANIZACIONAL. CARACTERIZAÇÃO. POSSIBILIDADE DE RESSARCIMENTO DE DANO CAUSADO AO EMPREGADO. O assédio moral organizacional caracteriza-se pelo emprego de "condutas abusivas, de qualquer natureza, exercida de forma sistemática durante certo tempo, em decorrência de uma relação de trabalho, e que resulte no vexame, humilhação, constrangimento de uma ou mais vítimas com a finalidade de se obter o engajamento subjetivo de todo o grupo às políticas e metas da administração, por meio de ofensa aos seus direitos fundamentais, podendo resultar em danos morais, físicos e psíquicos", os quais podem ser objeto de reparação em virtude da responsabilidade social atribuída às empresas, a partir da função social ostentada no art. 170 da Constituição. A desumanização das relações de trabalho está impregnada dos valores organizacionais brasileiros. ESTRATÉGIAS DE VENDAS. PARTICIPAÇÃO DO EMPREGADO EM COMPETIÇÃO DE PAINT BALL E USO DE BÓTONS COLORIDOS PARA IDENTIFICAR O ATINGIMENTO DE METAS ESTABELECIDAS NA EMPRESA. LIMITES AO PODER DIRETIVO DO EMPREGADOR. AUSÊNCIA DE POSSIBILIDADE DE RECUSA. DANO MORAL

CARACTERIZADO. As modernas estratégias de venda adotadas pelas empresas com a finalidade de identificar as reações das pessoas diante de imprevistos não podem deixar de lado as individualidades de cada um e até mesmo as fobias que podem decorrer da participação compulsória, capaz de produzir lesões psíquicas de natureza grave. Atualmente, estudos na área de Psicologia e Neurociências comprovam a possibilidade de ocorrência de lesão física produzida por agentes psíquicos, sobretudo no que toca ao estresse crônico, capaz de produzir danos irreversíveis no sistema imunológico do indivíduo. (BAHIA, 2009).

De acordo com Gênova (2009, p. 38), os velhos processos produtivos (fordismo/toyotismo) estão sendo substituídos por outros processos de produção (neofordismo/neotoyotismo), em que novas sistemáticas de trabalho emergem, no cronômetro e na produção em série e de massa, constando uma substituição pela flexibilização na produção, pela especialização flexível, por novos padrões de busca de produtividade, por formas de adequação da produção à lógica do mercado.

Em razão disso, as empresas procuram se intensificar, no âmbito organizacional, por meio da terceirização, da redução de encargos trabalhistas e previdenciários e pela busca incessante da produtividade através da mão de obra que vem se tornando cada vez mais barata e exigente. Não basta que as empresas de grande porte fiquem mais enxutas e que aumentem a sua produtividade, é necessário que o operário seja qualificado, executor de inúmeras tarefas e integrado ao núcleo de pessoas.

Para Gênova (2009), como consequência dessas novas formas de gestão:

> O polivalente operário defronta em pleno século XXI com o intenso ritmo de trabalho gerado pelos novos sistemas ou novas formas de gestões. Essa intensidade de trabalho, as grandes mudanças e a forte pressão são fatores determinantes para o esgotamento físico e psicológico. (GÊNOVA, 2009, p. 40).

Ainda conforme Gênova (2009, p. 42), em razão disso, a reestruturação produtiva reduz emprego e ainda causa inúmeras doenças em virtude do excesso de trabalho exigido pelas empresas.

Consoante ensina Alkimin (2009, p. 206), a moderna organização do trabalho centrada no ideário capitalista e liberal aliada à nova política de concorrência e de competitividade que norteia o mundo globalizado impõe a busca da produtividade à custa do sacrifício da mão de obra humana, exigindo do trabalhador alta produtividade, resistência às mudanças, polivalência e multifuncionalidade. Todos esses fatores tornam o ambiente de trabalho propenso às práticas de trabalho degradantes, humilhantes e exploradoras.

Portanto, com o novo modo de produção capitalista, cobram-se maior produção, melhores resultados, maior eficiência, mais comprometimento, maiores responsabilidades, mesmo que a saúde física e mental no ambiente de trabalho não seja respeitada.

Segundo Candido (2011):

> O trabalhador passou a ser um instrumento de uso. Ficou relegado a um segundo plano o caráter humano. Sem maiores óbices, construiu-se uma postura de exigências excessivas, por parte daquele que detém o poder e o capital, instalando-se uma permissividade de desmandos imoderados. Logo, o assédio moral rompeu as barreiras da moralidade em vista das condições do mercado de trabalho, onde manda quem pode, obedece quem necessita. (CANDIDO, 2011, p. 33).

De acordo com Franco Filho (2001, p. 31), os padrões do fordismo, taytismo e até mesmo do toyotismo já estão sendo superados, fala-se em uma era cuja ordenação econômica caracteriza-se pela rapidez e pela eficiência obtidas mediante o uso dos computadores e de programas inteligentes alcunhada por *gatismo*[16], de Bill Gates. Nesta nova era, tudo acontece em uma velocidade alucinante, e o tempo de resposta e as oportunidades diminuem cada vez mais.

De acordo com Candido (2011), observa-se, assim, que:

> A política neoliberal provocou uma mudança radical nas relações interpessoais, estabelecendo um novo paradigma; os conflitos hoje fazem parte de um novo ambiente organizacional, em que se instituíram metas, resultados, produção dirigida de acordo com a balança comercial e a busca pela estabilização financeira. As propostas produzidas pela globalização por si só favorecem o enraizamento do assédio moral. As novas técnicas de gestão vinculando o caráter da pessoa ao perfil da empresa é uma evidente demonstração do dirigismo neoliberal, no qual prevalecerão os mais fortes. Os empregados com menos condições de competição serão esfacelados de imediato, ou então serão futuras vítimas de assédio moral pela falta de características impostas pela organização. (CANDIDO, 2011, p. 44).

Também para Candido (2011), como consequência desse processo, vê-se que:

> O estímulo à produção mediante a competitividade gera um contexto profissional perfeito para o aparecimento do assédio moral. Num sistema em que as pessoas são instigadas todo o tempo, a defenderem o que é seu — seu emprego, sua produção, sua promoção, sua premiação — a todo o custo, as demais pessoas que as rodeiam deixam de ser consideradas colegas de trabalho e passam a ser encaradas como inimigos em potencial. Daí

---

(16) O termo *gatismo* é uma expressão derivada de Gates (Bill), dono da Microsoft, maior empresa de informática do mundo, e significa a nova ordem econômica mundial orientada pelo uso da informática.

nasce o tratamento hostil, que muitas vezes desencadeia um processo tão grave como o assédio moral, produzindo profissionais infelizes. (CANDIDO, 2011, p. 51).

Emerick (2009) assegura que, para absorverem eficazmente os postulados da "Qualidade Total":

> As empresas precisam racionalizar todas as suas forças componentes, de modo que tudo e todos aspirem ao resultado desejável: aumento da produtividade e redução dos custos. Entre estas forças/elementos componentes da empresa, encontram-se os trabalhadores, que precisam, pois, ser seduzidos, conquistados e convencidos a deixar de lado seus interesses particulares em nome de um bem maior: o bem da empresa. (EMERICK, 2009, p. 110).

No assédio moral organizacional, tem-se como finalidade, assim, o aumento da produtividade, a diminuição dos custos e a exclusão de trabalhadores que a empresa não deseja manter em seus quadros.

Neste sentido, destaca Emerick (2009):

> Os programas de metas são uma consequência da reinvenção do capitalismo, e conduzem o ritmo de trabalho a níveis intoleráveis. Os trabalhadores são implantados em uma organização do trabalho dominada pela busca do rendimento máximo, absolutamente despreocupada com os problemas humanos. (EMERICK, 2009, p. 20).

E, ainda concorde Emerick (2009), nos tempos atuais de forte competitividade:

> A predominância da ideia de lucro e a prevalência de interesses econômicos criaram ambiente propício para a disseminação da estratégia empresarial de busca agressiva por resultados, não sendo tão raras as situações em que o empregador pressiona desmedidamente o empregado para alcançar as metas estabelecidas, em evidente extrapolação dos limites do poder diretivo. (EMERICK, 2009, p. 93).

Eberle e outros (2009), ao discorrerem sobre o assédio moral organizacional, assinalam tratar-se de:

> Processo contínuo de hostilidades, estruturado via política organizacional ou gerencial. Que tem como objetivo imediato aumentar a produtividade, diminuir custos, reforçar os espaços de controle, ou excluir trabalhadores que a empresa não deseja manter em seus quadros. Pode ser direcionado

para todo o grupo indiscriminadamente, ou para alvos em seus quadros determinados a partir de um perfil (ex.: todas as gestantes da empresa, ou todos os trabalhadores que a empresa deseja despedir, mas não quer arcar com os custos da dispensa sem justa causa). (EBERLE *et al.*, 2009, p. 19).

Ainda, para Eberle e outros (2009), nos casos de assédio moral organizacional:

> Os abusos são, geralmente, envoltos de um discurso organizacional capaz de justificar tais práticas como necessárias e úteis, em nome dos valores relevantes na empresa e da sobrevivência organizacional, com tendência à naturalização da violência. (EBERLE *et al.*, 2009, p. 23).

Adriane Araújo (2012), ao discorrer sobre o assédio moral organizacional, assevera:

> Compreende o conjunto de condutas abusivas, de qualquer natureza, exercido de forma sistemática durante certo tempo, em decorrência de uma relação de trabalho, e que resulte no vexame, humilhação ou constrangimento de uma ou mais vítimas com a finalidade de se obter o engajamento subjetivo de todo o grupo às políticas e metas da administração, por meio da ofensa a seus direitos fundamentais, podendo resultar em danos morais, físicos e/ou psíquicos. (ARAÚJO, A. R., 2012, p. 7).

O assédio moral organizacional tem como finalidade o engajamento subjetivo do grupo de trabalhadores (seu controle e disciplina) às metas de produção e regras de administração. Tanto o assédio moral individual quanto o organizacional violam os direitos da personalidade do trabalhador.

Conforme Adriane Araújo (2012), no que tange, especificamente, ao assédio moral organizacional:

> Pelo fato de envolver um feixe de indivíduos, ele prescinde da comprovação de dano físico ou psíquico das vítimas ou mesmo da situação de estresse. A relevância jurídica dessa prática se expressa no simples desrespeito reiterado e sistemático aos direitos fundamentais dos trabalhadores assediados, de maneira a gerar-lhes situações de vexame, humilhação e constrangimento. (ARAÚJO, A. R., 2012, p. 61).

Ainda de acordo com Adriane Araújo (2012, p. 85), o assédio moral organizacional não se restringe à modalidade de assédio moral vertical descendente, ele também pode se apresentar na forma de assédio moral horizontal e vertical ascendente. Relata a autora que essa situação decorre da pulverização do exercício do poder em todos os níveis da empresa. Os colaboradores, se colocados diante de um membro da equipe improdutivo ou de baixa produtividade, podem assumir condutas abusivas com a finalidade de pressionar o dissidente a atingir níveis de produção e de qualidade exigidos pela administração. Esse é o grande êxito dos círculos de Qualidade Total e da divisão do trabalho em equipes. O grupo de trabalhadores é levado a se colocar na posição do verdadeiro empreendedor, crendo-se realmente participante das decisões da empresa. Pelo mesmo motivo, pode-se originar um assédio moral vertical ascendente, em que a empresa omissa em relação ao problema nada mais faz do que se aliar aos subordinados agressores e pressionar o chefe imediato para que assuma o comprometimento por ela exigido, demonstrando liderança, mesmo que não tenha recebido qualquer treinamento para esse fim, e atingindo as metas da administração.

Um das moléstias que afetam o trabalhador como resultado desse assédio moral organizacional, que se dá através da exigência desequilibrada de metas no ambiente de trabalho, é a *Síndrome de Burnout*. Por meio do assédio moral organizacional, cria-se um terror psicológico capaz de gerar um esgotamento físico e mental ao empregado, influenciando, ainda, no aparecimento de outras enfermidades que poderão se cronificar.

A Síndrome de Burnout compreende uma espécie de exaustão emocional ou estresse, que pode ser considerada como doença do trabalho, capaz de acarretar a incapacidade temporária ou definitiva para a prestação de serviços.

Para melhor compreensão, apresenta-se a seguir o Quadro Sintomatológico concernente à Síndrome de Burnout (Quadro 1), proposto por Adilson Bassalho Pereira (2010, p. 44):

Quadro 1
SINTOMATOLOGIA DO BURNOUT

ASPECTOS FÍSICOS	ASPECTOS COMPORTAMENTAIS
Fadiga constante e progressiva	Negligência ou excesso de escrúpulos
Distúrbios do sono	Irritabilidade
Cefaleias, enxaquecas	Incapacidade para relaxar
Perturbações gastrintestinais	Dificuldade na aceitação de mudanças
Imunodeficiências	Perda de iniciativa
Transtornos cardiovasculares	Aumento do consumo de substâncias
Distúrbios respiratórios	Comportamento de alto risco
Disfunções sexuais	Suicídio
Alterações menstruais	
ASPECTOS PSÍQUICOS	ASPECTOS DEFENSIVOS
Falta de atenção e concentração	Tendências ao isolamento
Alterações de memória	Sentimento de onipotência
Lentidão do pensamento	Perda do interesse pelo trabalho
Sentimento de alienação	Absenteísmo

ASPECTOS PSÍQUICOS	ASPECTOS DEFENSIVOS
Impaciência	Ironia, cinismo
Sentimento de insuficiência	
Redução da autoestima	
Labilidade emocional	
Dificuldade de autoaceitação	
Astenia, desânimo, depressão	
Desconfiança, paranoia	

Fonte: PEREIRA, A. B., 2010.

De acordo com Candido (2011, p. 233), o termo Burnout deriva de uma composição gramatical originada de duas palavras inglesas, *burn* e *out* (*to burn out*), que significa "queimar por completo" e por justaposição *"burnout"*, que passou a ter uma interpretação como expressão idiomática por "não mais funcionar" ou "combustão completa". Nesse sentido:

> O Burnout é uma reação psíquica de caráter depressivo, precedida de esgotamento físico e mental crônico, resultante de dedicação excessiva e estressante ao trabalho. Suas principais características são a ausência de motivação e a insatisfação profissional. O perfil dessa síndrome é marcado por condutas negativas como, por exemplo, a perda de responsabilidade com as tarefas desenvolvidas e perda de motivação para realizar as atividades profissionais, ou, traduzindo de outra maneira, é uma reação ao estresse ocupacional crônico. O trabalhador perde o interesse pelo trabalho, não mais se sente realizado por intermédio do mesmo. É comum surgir um hábito de se ausentar do trabalho sem haver importância com o mesmo e uma inconstância nos empregos. São respostas diretas de esgotamento emocional, autoavaliação negativa, depressão e falta de sensibilidade para com as pessoas de um modo geral. (CANDIDO, 2011, p. 235).

Segundo Candido (2001), o que torna dissociado o Burnout[17] do assédio moral é que:

> O primeiro é resultante de estresse crônico proveniente da sobrecarga de responsabilidades do trabalho enquanto o segundo é resultante de um estresse causado por perseguição, por ofensas reiteradas. Ainda que completamente divergente do assédio moral, o Burnout também é uma doença psicológica resultante do estresse, porém, pelo grande esforço no trabalho,

---

(17) De acordo com a autora, a Síndrome de Burnout tem uma estreita relação com os profissionais dos quais é exigido um alto grau de responsabilidades. Em face disso, os profissionais tendem a se "esvaziar" com facilidade pelo esgotamento em vista do excesso de exigências.

pelo acúmulo de tarefas, ou seja, pelo desgaste em função de se dedicar ao extremo à profissão. (CANDIDO, 2011, p. 234).

Consoante ensina Dallegrave Neto (2009, p. 212), a expressão "burn-out" vem do inglês e significa "combustão completa", sinalizando para a sensação de explosão ou exaustão da pessoa acometida pelo estresse no ambiente de trabalho. Representa, portanto, esgotamento profissional provocado por constante tensão emocional no ambiente de trabalho.

Maslach, citada por Dallegrave Neto (2009) também assinala que a Síndrome de Bournout:

> É uma reação cumulativa a estresses ocupacionais contínuos e se caracteriza por cronicidade, ruptura de adaptação, desenvolvimento de atitudes negativas e comportamentos de redução da realização pessoal no trabalho. (DALLEGRAVE NETO, 2009, p. 212).

Relata Minardi (2008, p. 325) que a lista de profissionais propensos a desenvolver o Burnout é extensa e inclui médicos, fisioterapeutas, assistentes sociais, professores, controladores de tráfego aéreo e agentes penitenciários. Essa síndrome, não obstante, pode atingir qualquer pessoa, de qualquer profissão, principalmente aqueles trabalhadores muito dedicados, exigentes e com mania de perfeição, e é considerada uma reação ao estresse ocupacional crônico.

Consoante ensina Cataldi (2002), Burnout é uma síndrome caracterizada por três aspectos básicos:

> a) a exaustão emocional, quando o profissional está diante de uma intensa carga emocional. O profissional sente-se esgotado, com pouca energia para fazer frente ao dia seguinte de trabalho e a impressão que ele tem é que não terá como recuperar (reabastecer) as suas energias. Os profissionais passam a ser pessoas pouco tolerantes, facilmente irritáveis, e as suas relações com o trabalho e com a vida ficam insatisfatórias e pessimistas; b) a despersonalização também está presente. É o desenvolvimento do distanciamento emocional que se exacerba. Manifesta-se através da frieza, insensibilidade e postura desumanizada. Nessa fase, o profissional perde a capacidade de identificação e empatia com as outras pessoas, passando a ver cada questão relacionada ao trabalho como um transtorno; c) a redução da realização pessoal e profissional fica extremamente comprometida. Pode-se entender que surgiu outro tipo de pessoa, diferente, bem mais fria e descuidada, podendo acarretar a queda da autoestima, que às vezes chega à depressão. (CATALDI, 2002, p. 50).

Para Dallegrave Neto (2009, p. 212), não resta dúvida, portanto, de que o assédio, "seja ele moral, organizacional ou sexual, constitui-se na principal causa da contração da Síndrome de Burnout, uma enfermidade que vem afetando milhares de trabalhadores anualmente em nosso país".

Segundo Candido (2011):

> O resultado de uma Síndrome de Burnout no trabalhador se caracteriza por agressividade, irritabilidade, desinteresse, desmotivação, angústia pela autodesvalorização e depressão. O trabalhador com essa síndrome perde a noção de sua rentabilidade profissional e tal como uma vítima de assédio moral tem uma série de sensações como dores generalizadas, fibromialgias, insônia, dores de cabeça, falta de ar etc. Quando identificado quadro de Burnout é hora de reestruturar o ambiente de trabalho, remanejar as atividades a fim de prevenir o desgaste emocional e priorizar a saúde do trabalhador. Quando uma depressão se manifesta pela Síndrome de Burnout, a mesma não será por motivos relacionados à via pessoal do trabalhador, e, sim, a situações ligadas diretamente ao trabalho. (CANDIDO, 2011, p. 234).

Neste sentido, a Síndrome de Burnout não está vinculada ao trabalhador, e, sim, ao local de trabalho. Em se tratando, então, de assédio moral organizacional, tratar-se-á de um problema do ambiente laboral que deve ser readequado para que se consiga reverter o quadro de Burnout.

Para Benevides (2002, p. 31), é importante observar que fogem do assédio moral organizacional determinadas atividades que acarretam certo desgaste emocional, como, por exemplo, os serviços médicos. Estes não guardam nenhuma relação com as práticas de assédio moral, mas com as condições específicas de tais atividades, ou, ainda, com a forma de organização de trabalho.

No âmbito previdenciário, o Regulamento da Previdência Social, Decreto n. 3.048/99, em seu Anexo II, lista a Síndrome de Burnout como acidente do trabalho. Conforme se infere deste Anexo, no Quadro Transtornos Mentais e do Comportamento, estão relacionados com o trabalho (Grupo V da CID-10), *verbis*:

> Anexo II.
> XII. Sensação de estar acabado (Síndrome de Burnout, Síndrome do Esgotamento profissional) (Z73.0)
> 1. Ritmo de trabalho penoso (Z56.3)
> 2. Outras dificuldades físicas e mentais relacionadas com o trabalho (Z56.6)

Já o art. 118, da Lei n. 8.213/91, dispõe sobre a estabilidade em caso de acidente do trabalho, sendo aplicada ao caso da incidência da Síndrome de Burnout:

Art. 118. O segurado que sofreu acidente do trabalho tem garantida, pelo prazo mínimo de doze meses, a manutenção do seu contrato de trabalho na empresa, após a cessação do auxílio-doença acidentário, independentemente de percepção de auxílio--acidente.

Já decidiu o Tribunal Regional do Trabalho da 2ª Região:

SÍNDROME DE BURNOUT. ESTRESSE PROFISSIONAL COM EXAUSTÃO EMO-CIONAL. AVALIAÇÃO NEGATIVA DE SI MESMA. DEPRESSÃO. NEXO COM O TRABALHO. CABIMENTO DA ESTABILIDADE DO ART. 118 DA LEI 8213/91. Verificado que a depressão causa incapacidade laborativa e foi impulsionada pelas condições adversas de trabalho, faz jus a trabalhadora à estabilidade provisória do art. 118 da Lei 8213/91. Mesmo que se considere uma tendência fisiológica da pessoa à depressão, nesta hipótese, há ao menos concausa, que está expressamente prevista no art. 21, I da Lei 8213/91, no art. 133, I do Decreto 2.172 de 05/03/97 e no art. 141, I, do Decreto 357 de 17/12/91. Ao invés de dispensar a empregada, cabe ao empregador encaminhá-la para tratamento médico, providenciar seu afastamento junto ao INSS e transferi-la para setor que exija menos pressão psicológica. Nesse sentido, decisão do C. TST: AIRR-1214/2003-010-01-40.0, Min. Relator: Aloysio Corrêa da Veiga. AFASTAMENTO. DESNECESSIDADE. A concessão do benefício de auxílio--doença previdenciário não constitui requisito para a estabilidade provisória prevista no art. 118 da Lei 8213/91, conforme já pacificado com a Súmula 378, II, do C. TST. Ademais, cabe ao empregador comunicar ao INSS a existência de doença profissional, nos termos dos artigos 20 e 22 da Lei 8213/91, não podendo beneficiar-se com a sua omissão (art. 129 do Código Civil). Verificada, em perícia judicial, a existência de moléstia profissional, que tenha nexo causal com o trabalho e cause a incapacidade laborativa, faz jus o trabalhador à estabilidade provisória em questão. (SÃO PAULO, 2010d).

Nota-se, por meio da jurisprudência colacionada, que a responsabilidade do empregador vai além de pagar o salário para o trabalhador. O empregador possui a responsabilidade de absorver os riscos inerentes ao seu negócio e de zelar pela integridade física e psíquica do trabalhador no ambiente de trabalho.

Neste sentido, cabe às empresas concentrarem maior atenção nos ambientes onde são executados os trabalhos, de forma a buscar melhor adequação às novas tendências mundiais de desenvolvimento e de qualidade de vida.

Mesmo o empregador tendo o direito de estabelecer metas e estratégias para atingir seus resultados, ele não tem o direito de agir com desrespeito ao empregado em busca exclusiva de lucros e resultados, pois o seu direito de gerir a empresa não lhe dá o direito de lesar a dignidade da pessoa humana.

Ferem, portanto, a dignidade do trabalhador, as cobranças excessivas e humilhantes impostas pelo empregador, com o intuito de alcançar suas metas e resultados. O poder diretivo limita-se pelo princípio central da ordem jurídica hodierna, fundamento de validade de toda ação e de toda conduta com repercussões jurídicas — a dignidade da pessoa humana.

Concorde Engel (2003, p. 39), imperioso observar que o princípio da dignidade da pessoa humana "constitui o fundamento da humanização do trabalho, envolvendo o respeito à pessoa do trabalhador no ambiente de trabalho, com evidentes reflexos fora dele, sobretudo na vida familiar". Em razão disso:

> O princípio da dignidade da pessoa humana constitui limite eminentemente ético, impondo ao empregador o dever de respeitar e considerar o empregado nas suas qualidades de pessoa humana, dotada de vontade, sentimentos, necessidades, objetivos, valores, entre outros atributos, e não como mercadoria ou mero elemento de produção. (ENGEL, 2003, p. 137).

Como bem expressa Barbosa Júnior (2008, p. 107): "Sem dignidade não pode haver paz e sem paz jamais haverá bem-estar. Este estado de espírito é o objetivo natural da vida humana saudável".

É sob este contexto que também assinala Engel (2008) com assaz exatidão:

> O Direito do Trabalho destina ao empregador o dever de tratar o empregado com a devida consideração a sua dignidade humana. Trata-se o princípio da dignidade da pessoa humana de um dos deveres ético-morais de maior expressão no combate a uma concepção materialista do fenômeno laboral. A referida concepção associa-se à política neoliberal e globalizante que, desde o final do século passado, vem colocando em xeque aspectos da doutrina humanista que se formou ao longo dos anos, em torno das condições de vida e trabalho das pessoas. (ENGEL, 2003, p. 38).

De acordo com Emerick (2009, p. 131), é somente por meio de uma gestão democrática da mão de obra, preocupada com a valorização da dignidade da pessoa humana e atenta ao valor social do trabalho que as metas poderão ser utilizadas com a razoabilidade adequada e desejável, fazendo com que representem um efetivo incentivo e não firam os bens jurídicos mais caros do trabalhador.

Impõe-se ao empregador, assim, na azada visão de Salvador, citado por Dallegrave Neto (2009):

> A obrigação de assegurar ao empregado um ambiente de trabalho sadio, hígido e livre de qualquer abuso ou infortúnio. Vale dizer: o trabalhador, quando é despedido, deve estar em perfeito estado de saúde física, psíquica e emocional para o seu retorno ao mercado de trabalho, devendo ser indenizado quando tal não ocorrer. (DALLEGRAVE NETO, 2009, p. 213).

A ANAMATRA, o TST e a ENAMAT promoveram, em novembro de 2007, a 1ª Jornada de Direito Material e Processual na Justiça do Trabalho. Entre os 79 enunciados aprovados acerca de temas relevantes em Direito Material e Processual do Trabalho, destaca-se o enunciado n. 39, que possui a seguinte redação:

Súmula n. 39: Meio Ambiente de Trabalho. Saúde Metal. Dever do empregador. É dever do empregador e do tomador dos serviços zelar por um ambiente de trabalho saudável também do ponto de vista da saúde mental, coibindo práticas tendentes ou aptas a gerar danos de natureza moral ou emocional aos seus trabalhadores, passíveis de indenização.

Neste contexto, considerando-se a Síndrome de Burnout uma doença do trabalho, os casos de sua incidência deverão ser tratados de forma preventiva e repressiva igualmente a qualquer outra doença ocupacional que venha a denegrir o direito fundamental à saúde.

E umas das formas usuais do Estado de garantir a saúde do trabalhador é a fiscalização dos ambientes laborais, de forma a evitar os excessos por parte dos empregadores. Esta se caracteriza como uma forma preventiva de atuação Estatal, realizada pelos diversos órgãos ligados ao Ministério do Trabalho.

Outra forma de o Estado garantir a saúde no ambiente trabalhista é exercida por intermédio do Poder Judiciário, que julga as supostas ilegalidades a si trazidas pelo trabalhador, pelo Ministério Público do Trabalho ou até mesmos pelos Sindicatos.

6.9.1. Controle da utilização e do tempo de uso do toalete

O ato do empregador de proibir ou de limitar o tempo do uso do banheiro revela-se abusivo e violador da dignidade do empregado. Ir ao banheiro representa uma necessidade fisiológica de todo ser humano decorrente de seu metabolismo, que não possui hora certa e determinada para ocorrer.

Trata-se, portanto, de uma busca agressiva pelos resultados, que faz o empregador pressionar de forma desmedida o tempo do banheiro para que o empregado alcance as metas estabelecidas pela empresa, em flagrante desrespeito aos limites ao poder empregatício.

A limitação ao uso do banheiro é muito adotada por empresas que desenvolvem atividade de teleatendimento ou *telemarketing*. Nelas, os trabalhadores precisam atingir metas exageradas, tendo, com isso, o tempo de banheiro controlado, geralmente em 5 (cinco) minutos.

Ademais, consoante Eberle e outros (2009):

> Precisam seguir o manual quanto ao que deve ser dito ao cliente, normalmente com o oferecimento de produtos e serviços, sob pena de frequentes advertências e outras sanções disciplinares; não podem apresentar atestados médicos para não ficarem visados ou serem despedidos. (EBERLE *et al.*, 2009, p. 37).

Revelam Eberle e outros (2009) que o assédio moral organizacional, nas empresas de *telemarketing*:

> "é utilizado como estratégia para controle dos empregados, coibição da formação de demandas individuais e coletivas e, especialmente, aumento da produtividade, com controle do tempo de trabalho e do conteúdo das conversas com o cliente". (EBERLE *et al.*, 2009, p. 37).

Sendo assim, o ato patronal que limita a quantidade de vezes que o trabalhador poderá ir ao banheiro, bem como o período máximo que lá poderá permanecer além de ser considerado rigor excessivo, caracteriza-se em abuso do direito e prática de assédio moral organizacional.

O empregador que nega, portanto, a possibilidade de seus trabalhadores frequentarem o banheiro durante a jornada viola não só norma de proteção à saúde do empregado, mas também o dever de preservar a sua integridade física.

Mister registrar um trecho da decisão proferida pelo Juiz do Trabalho da 3ª Região Anemar Pereira Amaral:

> Não obstante seja compreensível que o empresário vise ao lucro, isso não lhe dá o direito de impor aos seus empregados limitações de ordem fisiológica, como no caso da utilização de sanitários, violando normas de proteção à saúde e impondo-lhe uma situação degradante e vexatória com o escopo de alcançar maior produtividade e, assim, deixando de respeitar os limites de cada um daqueles que coloca sob o seu comando hierárquico. Efetivamente, tanto a higidez física como a mental do ser humano são bens fundamentais de sua vida privada e pública, de sua intimidade, de sua autoestima e afirmação social, inquestionavelmente tutelados pela Lei Maior (art. 5º, incs. V e X). A violência psicológica sofrida implica lesão de um interesse extrapatrimonial, juridicamente protegido, gerando direito à reparação do dano moral. (MINAS GERAIS, 2005a).

Esse tipo de restrição imposta pelo empregador, como bem demonstra Pavelski (2009, p. 86), "não só atenta contra os fins econômicos do contrato como também contra os bons costumes e fere o dever de proteção (integridade física do empregado), decorrente da boa-fé".

Insta registrar as seguintes decisões a título de exemplificação:

> DANO MORAL. RESTRIÇÕES DE IR AO BANHEIRO E TOMAR ÁGUA. DEMORA NO AJUIZAMENTO DA AÇÃO. 1. O empregador, que detém o poder de dirigir a força de trabalho que lhe é colocada à disposição em face do contrato de trabalho, do qual deriva os poderes diretivo, regulamentar e disciplinar, deve exercê-lo nos limites da lei e sempre preservando o patrimônio moral do empregado. 2. Impondo regra no sentido de que o empregado não pode mais ir ao banheiro ou beber água e depois fazer mais os 15 minutos de lanche, determinando que "tudo deve ser realizado dentro dos 15 minutos ou dividir os 15 minutos durante o dia", extrapola o empregador

o seu poder diretivo, gerando constrangimentos e ferindo o direito à intimidade e à dignidade do empregado. Impedir ou constranger o trabalhador no atendimento de suas necessidades fisiológicas básicas, bem como pressupor que irá se valer delas para reduzir a produção, é reduzi-lo à condição de mero objeto, de instrumento, descaracterizando e desconsiderando a sua condição de ser humano. 3. O fato de o Reclamante ter ajuizado a ação mais de um ano após sua dispensa não tem o condão de afastar o dano moral, pois lhe é assegurado constitucionalmente buscar todo e qualquer direito que reputar violado no prazo prescricional previsto. Logo, uma vez observado esse prazo legal, o que no caso é incontroverso, não se pode reduzir, limitar ou excluir o direito apenas pelo tempo despendido até o exercício do direito de ação. (PARANÁ, 2009).

DANO MORAL. CONSTRANGIMENTO. ABUSO. A limitação do tempo para uso de banheiros, inclusive com rígida fiscalização sobre o tempo gasto pelo empregado causa inegável constrangimento. Trata-se de excessivo e rigoroso controle que constitui flagrante abuso do poder de direção do empreendimento. Também não se justifica que, ao final da jornada, os empregados devessem permanecer em serviço pelo tempo que despenderam nas idas ao banheiro. A situação ganha contornos ainda mais graves quando se constata que, além de fiscalizar e limitar a utilização dos banheiros, a empregadora elaborava e tornava públicas planilhas com anotações de horários e duração das idas ao banheiro de cada empregado, em atitude claramente abusiva que causou abalo moral passível de indenização. Recurso a que se dá provimento para condenar a ré ao pagamento de indenização por danos morais. (PARANÁ, 2008a).

Mauricio Godinho Delgado, Ministro do TST, também já proferiu decisão a respeito da limitação do uso de banheiro:

RECURSO DE REVISTA. DANOS MORAIS. LIMITAÇÃO DE USO DE BANHEIRO. A higidez física, mental e emocional do ser humano são bens fundamentais de sua vida privada e pública, de sua intimidade, de sua autoestima e afirmação social e, nessa medida, também de sua honra. São bens, portanto, inquestionavelmente tutelados, regra geral, pela Constituição Federal (artigo 5º, V e X). Agredidos em face de circunstância laborativa, passam a merecer tutela ainda mais forte e específica da Carta Magna, que se agrega à genérica anterior (artigo 7º, XXVIII, da CF/88). A empregadora, ao adotar um sistema de fiscalização que engloba inclusive a ida dos empregados ao banheiro, ultrapassa os limites de atuação do seu poder diretivo para atingir a liberdade do trabalhador de satisfazer suas necessidades fisiológicas, afrontando normas de proteção à saúde e impondo-lhe uma situação degradante e vexatória. Essa política de disciplina interna revela uma opressão desproposital, autorizando a condenação no pagamento de indenização por danos morais. Recurso de revista conhecido e provido no aspecto para restabelecer a sentença. (BRASIL, 2009b).

Sendo assim, ao empregador é vedado efetuar qualquer limitação de idas, bem como de tempo para o uso de banheiro por seus empregados, com nítido e único propósito de obtenção de lucratividade, por representar violação à saúde do trabalhador e, por consequência, à sua dignidade. Caso contrário restará configurada a prática de assédio moral organizacional.

6.10. ASSÉDIO SEXUAL

O assédio sexual pode ser conceituado como a conduta reiterada de caráter lascivo que tenha como objetivo cercear direta ou indiretamente a liberdade sexual da pessoa que está sendo constrangida. Esse cerceamento pode ocorrer tanto a partir de um superior hierárquico, quanto entre trabalhadores do mesmo nível hierárquico.

Segundo Pamplona Filho (2011, p. 37), o assédio sexual constitui, assim, violação ao princípio da liberdade sexual, haja vista importar no "cerceamento do direito individual de livre disposição do próprio corpo, caracterizando-se como uma conduta discriminatória vedada juridicamente".

A liberdade sexual compreende uma das expressões do direito à intimidade e à vida privada e, por isso, se relaciona diretamente com o direito à integridade física, este considerado como o direito à vida e direito ao próprio corpo. A lesão à liberdade sexual pode ocorrer tanto dentro do ambiente de trabalho, quanto fora dele, desde que com o intuito de favorecimento de natureza sexual.

Segundo Alves (2008):

> O assédio sexual é uma das mais horríveis demonstrações do abuso do poder de direção do empregador, abuso esse que, transformando a arte de sedução em chantagem, fere a liberdade do empregado e cerceia o direito inerente a todo ser humano de livremente dispor de seu corpo. (ALVES, 2008, p. 40).

De acordo com Belmonte (2009, p. 75), assediar constitui uma forma de interferência na liberdade de atuação de uma pessoa, que tem a sua autonomia pessoal usurpada ou turbada pela ação de outrem. Significa agir, de forma reiterada e sistemática, com a finalidade de constranger alguém. Importunar é a face mais branda do assédio, e a perseguição com insistência é a mais intensa. E ainda:

> A repressão ao assédio, nas relações laborais, decorre da humanização e valorização do trabalho, para efeito de dignificação do trabalhador como pessoa humana. Daí que a ofensa a esses valores constitui dano de natureza moral, atinge, antes de qualquer aspecto patrimonial, os decorrentes direitos da personalidade do trabalhador. (BELMONTE, 2009, p. 75).

Destaca Belmonte (2009, p. 75) que a ameaça meramente circunstancial, com motivos ligados diretamente ao emprego, por exemplo, quando o empregado chantageia a chefe ou o chefe pretendendo prática de ato sexual sob pena de contar à mulher ou ao marido, conforme o caso, que o chantageado está saindo com outro, não é assédio sexual. Isso não significa que o comportamento não possa vir a merecer composição por danos morais, sem prejuízo de outras reparações cabíveis. Não é assédio sexual porque o ofensor não está se valendo de sua posição hierárquica e também pelo fato de que o motivo não está relacionado ao trabalho. Alguém de fora poderia igualmente fazer a chantagem.

Relata Alkimin (2009, p. 143) que o assédio sexual compreende uma violência praticada na relação de trabalho, que denigre a personalidade e a dignidade da pessoa humana, atingindo "em cheio" os direitos fundamentais do trabalhador e vários direitos da personalidade da vítima, como a liberdade sexual, a intimidade e privacidade, a honra e a integridade psíquica da vítima.

Belmonte (2009, p. 91), ao discorrer sobre os bens jurídicos atingidos pelo assédio sexual, assevera que são os direitos da personalidade, em decorrência do tratamento respeitoso à liberdade sexual, esta especificada por meio do direito de livre disposição do próprio corpo e escolha dos parceiros. O constrangimento imposto tolhe a liberdade de escolha do parceiro e do momento, causando humilhação e ofensa à dignidade do trabalhador, afetando a produção e causando sequelas de natureza psicológica à vítima.

Sendo assim, conforme Belmonte (2009):

> Basta que o trabalhador repudie a ação do ofensor para que fique configurado o constrangimento e a submissão a uma ação indesejada, que atinge o direito ao tratamento respeitoso no ambiente de trabalho e "a liberdade sexual" do ofendido. (BELMONTE, 2009, p. 92).

O assédio sexual para Sônia Nascimento (2011):

> É toda conduta de natureza sexual não desejada que, embora repelida pelo destinatário, é continuamente reiterada, causando constrangimento à intimidade do assediado. O assédio sexual é ato de constranger alguém com gestos, palavras, ou com emprego de violência, prevalecendo-se de relações de confiança, de autoridade ou empregatícia, com o escopo de obter vantagem sexual. (NASCIMENTO, S. M., 2011, p. 82).

Segundo Pamplona Filho (2011, p. 45), o assédio sexual é "toda conduta de natureza sexual não desejada que, embora repelida pelo destinatário, é continuamente reiterada, cerceando-lhe a liberdade sexual".

Pertinente também trazer à baila o lapidar conceito de Alves (2008):

> Assédio sexual é toda tentativa, por parte do empregador ou de quem detenha poder hierárquico sobre o empregado, de obter dele favores sexuais, através de condutas reprováveis, indesejadas e rejeitadas, com o uso do poder que detém como forma de ameaça e condição de continuidade no emprego. (ALVES, 2008, p. 59).

O Código Penal brasileiro disciplinou, em seu art. 216-A, o assédio sexual (*por chantagem*), com a seguinte redação:

> Constranger alguém com o intuito de obter vantagem ou favorecimento sexual, prevalecendo-se o agente da sua condição de superior hierárquico ou ascendência inerentes ao exercício de emprego, cargo ou função.
>
> Pena — detenção, de um a dois anos.

Eluf (1999, p. 128), ao comentar o dispositivo penal acima suscitado, estatui que a importância da incriminação do assédio é reconhecida em todo o mundo civilizado. Trata-se de medida que pode evitar mal maior, pois muitos crimes de caráter sexual começam com o assédio e terminam com o estupro. Assim, a punição do agente deve ocorrer antes do agravamento da situação.

Portanto, a tipificação do assédio sexual por chantagem como delito foi um avanço que certamente irá contribuir para a sua prevenção e repressão no local de trabalho, bem como impulsionar o empregador a realizar medidas preventivas para evitar que o assédio ocorra no ambiente de trabalho.

No âmbito do Direito do Trabalho, a CLT ainda não trata especificamente sobre o assédio sexual. Pode o empregado assediado pleitear a rescisão indireta do contrato de trabalho, com base no art. 483, "*a*" ou "*e*", da CLT, se o agente for o empregador, sem prejuízo da indenização por danos morais:

> Art. 483. O empregado poderá considerar rescindido o contrato e pleitear a devida indenização quando:
>
> a) forem exigidos serviços superiores às suas forças, defesos por lei, contrários aos bons costumes, ou alheios ao contrato;
>
> [...]
>
> e) praticar o empregador ou seus prepostos, contra ele ou pessoas de sua família, ato lesivo da honra e boa fama;
>
> [...]

Para Barros (2011, p. 658), o assédio sexual resulta em sequelas de ordem psíquica, sendo também possível enquadrá-lo na hipótese do art. 483, "*c*", da CLT, que trata da rescisão indireta por ato patronal que coloca o empregado em perigo manifesto de mal considerável.

A Constituição Federal de 1988 trata bem a questão relativa à proteção da liberdade e da dignidade do trabalhador no âmbito das relações de trabalho, ao estabelecer em seu art. 5º, XIII, o seguinte:

> Art. 5º
>
> [...]
>
> XIII. É livre o exercício de qualquer trabalho, ofício ou profissão, sendo assegurado o respeito à liberdade e à dignidade do trabalhador.

O empregador, além de não poder assediar sexualmente o empregado, deve tomar todas as medidas necessárias no sentido de inibir que o empregado sofra qualquer tipo de constrangimento relativamente à sua liberdade sexual no local de trabalho. A violação deste dever por parte do empregador, que pode ocorrer por ação ou omissão, acarretará indenização por dano moral ao empregado, independentemente da sanção penal cabível ao infrator.

Conforme assegura Belmonte (2009, p. 103): "A repressão ao assédio, nas relações laborais, decorre da humanização e valorização do trabalho, para efeito de dignificação do trabalhador como pessoa humana".

Ainda para Belmonte (2009, p. 103): "Os assédios moral e sexual decorrem do modo abusivo de relacionamento no trabalho e terminam submetendo o trabalhador a atitudes, tratamento, exigências ou condições ofensivas de sua dignidade".

Neste sentido, vale registrar a seguinte decisão a respeito:

ASSÉDIO SEXUAL. INDENIZAÇÃO POR DANO MORAL. Tendo a autora comprovado que o dirigente da empresa onde laborava, valendo-se da circunstância de superior hierárquico, tentou obter dela favorecimento sexual, não há dúvida quanto à caracterização do assédio sexual, pelo que deve a ré arcar com o pagamento de indenização por danos morais, como forma de minorizar o prejuízo de ordem íntima sofrido pela vítima e de coibir condutas que atentam contra a dignidade e a integridade física ou moral da pessoa humana. (MINAS GERAIS, 2006b).

A mulher geralmente é a principal vítima do assédio sexual na relação de emprego, mas pode ocorrer também o assédio sexual que parte da mulher em relação ao homem e o assédio envolvendo pessoas do mesmo sexo.

Segundo Belmonte (2009, p. 76), em uma sociedade machista, o assédio sexual à mulher, nas relações de trabalho, supera a gravidade e a frequência do assédio ao homem, em virtude da discriminação que comumente a atinge nas relações de trabalho em comparação ao homem.

Informa Baracat (2003, p. 246) que, embora a mulher seja mais comumente vítima do atentado à liberdade sexual no ambiente de trabalho, o dever de cuidado do empregador para com o ambiente de trabalho deve se estender a todo trabalhador, independentemente do sexo, em decorrência das disposições contidas no art. 5º, I, e art. 7º, XXX, da Constituição Federal de 1988.

As razões que levam a mulher a ser a maior vítima da prática do assédio sexual são muito bem delineadas por Maria Aparecida Alkimin (2009, p. 144). Ensina a autora que a forma de organização da sociedade hodierna influenciou o modo de organização do trabalho. A liberdade sexual fez com que as mulheres evoluíssem e passassem a concorrer em igualdade de condições com a mão de obra masculina; elas ocupam os mais variados postos de trabalho que até então eram privativos dos homens, e, até mesmo pela cultura de que são dóceis e submissas, ficam mais vulneráveis a essa violência, que decorre, precisamente, de uma relação de poder típica da relação de trabalho, na maioria das vezes. Apesar disso, afirma a autora que, embora as mulheres sejam as maiores vítimas, não se descarta a possibilidade de o assédio sexual ser praticado contra homens, pelo fato de as mulheres estarem ocupando cargos de hierarquia, tanto no âmbito produtivo quanto no administrativo.

Por isso, conforme Alves (2008, p. 30), o assédio sexual é uma forma de discriminação no trabalho por motivo de sexo, "na medida em que condiciona a obtenção, manutenção e sucesso no emprego ao atendimento de favores sexuais por parte do superior hierárquico, principalmente".

A Convenção n. 111, aprovada pela Organização Internacional do Trabalho em 1958, ratificada pelo Brasil em 26 de novembro de 1965 e promulgada pelo Decreto n. 62.150, de 19 de janeiro de 1968, trata de medidas relativas à proibição de discriminação, em matéria de emprego e profissão, e assim conceitua discriminação:

> a) Toda a distinção, exclusão ou preferência fundada na raça, cor, sexo, religião, opinião política, ascendência nacional ou origem social, que tenha por efeito destruir ou alterar a igualdade de oportunidades ou de tratamento em matéria de emprego ou profissão; b) Toda e qualquer distinção, exclusão ou preferência que tenha por efeito destruir ou alterar a igualdade de oportunidades ou de tratamento em matéria de emprego ou profissão, que poderá ser especificada pelo Estado-membro interessado depois de consultadas as organizações representativas de patrões e trabalhadores, quando estas existam, e outros organismos adequados. (2) As distinções, exclusões ou preferências fundadas em qualificações exigidas para determinado emprego não são consideradas como discriminação. (3) Para fins da presente Convenção as palavras emprego e profissão incluem não só o acesso à formação profissional, ao emprego e às diferentes profissões, como também as condições de emprego.

Consoante ensina Nilson Nascimento (2009, p. 144), no âmbito do contrato de trabalho, a ocorrência do assédio sexual advém do dever de subordinação do empregado em relação ao poder diretivo do empregador. A conduta de assédio se consuma em razão de uma hierarquia de poder, pela qual uma pessoa, em causa de sua condição de superior hierárquico, constrange outra pessoa a adotar um procedimento sexual que esta não adotaria fora deste estado de dependência.

Nilson Nascimento (2009, p. 148) ainda relata que a prática do assédio sexual no trabalho acarreta graves e indesejáveis consequências para a vítima, para a empresa e para todo o ambiente de trabalho, deteriorando o relacionamento entre os colegas de trabalho, a imagem da empresa, além de prejudicar o ambiente de trabalho, que terá suas condições de normalidade degradadas.

Asseveram também Pastore e Robortella (1997, p. 43) que o assédio sexual se dá por meio de uma ação unilateral e assimétrica. Por meio dela, o assediador deseja obter, por chantagem, o que o assediado não quer proporcionar. O elemento da chantagem, portanto, é essencial. O simples flerte, os jogos recíprocos e a *cantada*, sem intenção de chantagear, não são considerados assédio sexual. Em vista disso, o uso do poder no assédio sexual assume as mais variadas formas e é o superior hierárquico que promete promoções ou ameaça despedir, em troca de favores sexuais, embora haja casos bem mais raros em que o subordinado procura chantagear o superior, fazendo uso de informações confidenciais.

Para Belmonte (2009, p. 93), não constituem assédio sexual o galanteio ou o comentário respeitoso, ou mesmo o olhar de admiração, exercidos sem qualquer tipo de pressão hierárquica.

Neste sentido, é necessário o empregado que julgue estar sendo assediado deixar bem explícito que não deseja essa conduta, pois a mínima concordância por parte do empregado descaracteriza o assédio sexual.

Sônia Nascimento (2011, p. 98) também desconsidera como assédio sexual, as *cantadas* sem violência e não constrangedoras, os bilhetes respeitosos e sem conotação sexual e os simples convites para sair.

Neste aspecto, azado pontuar os ensinamentos de Alves (2008):

> [...] surge uma questão extremamente difundida nos meios empresariais, onde é exigido cada vez mais dos empregados o trabalho conjunto, em equipe. Como lidar então com as conquistas, paqueras, o "flerte no escritório" que surge no ambiente de trabalho? Seriam ou não condutas reprováveis? Para responder a esta questão temos de enfrentar a situação sob duas perspectivas: primeiramente, por ser o ambiente de trabalho propício a conquistas e futuras uniões, tanto que pesquisas demonstram que a maioria dos empregados já teve algum tipo de relacionamento no ambiente de trabalho, e não seria possível coibir o amor; por outro lado, há um limite, visto que essas condutas passam a ser consideradas assédio sexual quando se tornam indesejáveis, insistentes e principalmente com o uso do cargo, do poder como forma de pressão. Portanto, as meras paqueras não são reprováveis, salvo quando interferem na produtividade. No entanto, quando essas se descaracterizam, principalmente com o uso do cargo como meio de chantagem, transformando-se assim em assédio sexual, passam a ser condutas reprováveis. (ALVES, 2008, p. 45).

Pertinente trazer à baila também o pensamento de Pamplona Filho (1998) a respeito do tema:

> Seja em função da longa duração diária da jornada de trabalho ou do contrato frequente imposto pelo desempenho das tarefas habituais, o certo é

que o ambiente de trabalho facilita sobremaneira a aproximação dos indivíduos. Nada impede que, nesse convívio diuturno, colegas de trabalho tenham, entre sim, um relacionamento amoroso, fruto de paixões espontâneas nascidas justamente pelo conhecimento do temperamento, personalidade e caráter do companheiro de labor. Enquanto esse relacionamento afetivo somente diz respeito à vontade livre do casal, não há que se falar em nenhuma implicação jurídica para a relação de emprego, sendo, somente, uma circunstância natural da vida privada e íntima do ser humano. Todavia, podem ocorrer hipóteses em que a paixão despertada em um não seja correspondida pelo outro, em que pese a insistência do primeiro. Caso essa circunstância se dê entre trabalhadores de nível hierárquico diferente e/ou entre empregador e empregado, em que uma das pessoas tem o poder de decidir sobre a permanência ou não da outra no emprego ou de influir nas promoções ou na carreira da mesma, caracterizado estará o assédio sexual, se a conduta do assediante se traduzir em pressões ou ameaças — explícitas ou implícitas — com o objetivo evidente de obter os favores sexuais do assediado. (PAMPLONA FILHO, 1998, p. 81).

Concorde Nilson Nascimento (2009):

A configuração do assédio sexual exige a prática de conduta reiterada do assediador, de coagir, insinuar, molestar, perseguir com insistência o assediado com intuito sexual. A conduta ofensiva deve ser resistida. O assédio pode se configurar por meio de atos ou palavras de conotação sexual que violem a dignidade do assediado. Portanto, os elementos caracterizados do ato ilícito são os seguintes: sujeitos, conduta de ordem sexual, resistência e reiteração da conduta. (NASCIMENTO, Nilson, 2009, p. 147).

De acordo com Pamplona Filho (1999, p. 41), o assédio sexual compreende toda conduta de natureza sexual não desejada que, embora repelida pelo destinatário, é continuamente reiterada, cerceando-lhe a liberdade sexual. Normalmente, o assédio sexual se dá na relação de poder entre assediante e assediado. Entretanto, este não constitui um requisito essencial, tendo em vista que o assédio sexual trabalhista poderá ocorrer também entre colegas de serviço, entre empregado e cliente da empresa e até mesmo entre empregado e empregador, figurando este último como vítima.

Conforme Alkimin (2009, p. 145), a conduta assediante, porém, "que parte do empregador ou de seu preposto tem conotação mais grave, pois, nitidamente, revela-se como abuso de poder".

Segundo Amauri Nascimento (2006, p. 115), o assédio sexual se configura mediante uma conduta reiterada, nem sempre muito clara, por palavras, gestos ou outros indicativos do propósito de constranger ou molestar alguém, contra a sua vontade, a corresponder ao desejo do assediador de efetivar uma relação de índole sexual com o assediado. Explicita-se como manifestação de intenção sexual sem receptividade do assediado, de modo que seja cerceada sua liberdade de escolha, a ponto de atingir a sua dignidade.

Neste contexto, oportuna é a lição de Amauri Nascimento (2006):

> Constrangimento é a base da sua configuração. Explicita-se como manifestação de intenção sexual sem receptividade do assediado, de modo a cercear a sua liberdade de escolha, a ponto de atingir a sua dignidade, o que difere de pessoa para pessoa, como, também, das circunstâncias de cada caso. Constrangimento significa a não aceitação. Se há consentimento do suposto ofendido, não há que se falar em assédio sexual. Quem concorda não está sendo constrangido. (NASCIMENTO, A. M., 2006, p. 503).

Depois de se conceituar o assédio sexual e esclarecer-lhe o significado à luz de valiosos ensinamentos trazidos à baila, é necessário verificar por quem ele eventualmente é praticado mais uma vez sob a égide do pensamento de egrégios autores na seara jurídica brasileira e da legislação trabalhista em comento.

O assédio sexual pode ser manifestado:

a) pelo empregador contra o subordinado (art. 483, *alíneas "d" e "e"*, da CLT);

b) pelo preposto do empregador contra o empregado, o que irá caracterizar em dispensa indireta por justa causa do empregador por ato lesivo da honra e boa fama do empregado (art. 483, *alínea "e"*, da CLT), além da indenização por danos morais;

c) pelo empregado contra colega ou clientes, o que irá ensejar em punição disciplinar por justa causa por incontinência de conduta ou mau procedimento (art. 482, *alínea "b"*, da CLT). Neste caso, a pessoa jurídica será responsável pelos atos que são praticados por seus prepostos, conforme preceitua o art. 1.521, III, e art. 1.522, do Código Civil. Trata-se de um aspecto que exige da empresa cuidados especiais, mediante a aplicação de medidas preventivas e de rigor na seleção e fiscalização dos empregados para não ser acusada por atos dos mesmos. Neste caso, é possível a empresa demandar o empregado assediador para ressarcir dos prejuízos por ele causados, através de uma ação própria ou da denunciação à lide (art. 70, III, CPC).

Concorde Teixeira Filho (1993), é preciso observar, entretanto:

> Se a denunciação não for efetuada, a parte, que a deveria ter realizado, não perderá o direito de exercitar, mais tarde, em processo autônomo, a ação regressiva para reembolsar-se do que teve de pagar, por força da sentença:

perderá, tão somente, o benefício legal de munir-se, no mesmo processo em que a intervenção de terceiro deveria ter ocorrido, de título executivo, materializado na sentença que compôs a lide (CPC, art. 76). (TEIXEIRA FILHO, 1993, p. 196).

d) pelo empregado sobre superior hierárquico, punível também como justa causa (art. 482, *alínea "b"*, da CLT) e reparação de ordem moral;
e) pelo empregado contra um cliente ou credor da empresa, ou até mesmo por um parente ou amigo do empregador, que frequente o ambiente de trabalho. Nesta situação, o empregador também irá se responsabilizar, porque possui o dever de impedir o assédio no ambiente de trabalho.

Neste sentido, conforme Pamplona Filho (2011):

> Se o empregador não diligencia meios de impedir ou coibir o assédio sexual no local de trabalho, o que ocorre até mesmo no meio residencial com trabalho doméstico, ele falha quanto à sua obrigação, em face dos empregados, de oferecer um ambiente laboral moralmente sadio. A condenação, nestes últimos casos, porém, deve ser imposta, por ser o empregador o titular do poder diretivo e assumir os riscos do empreendimento econômico, nos termos do art. 2º da CLT. (PAMPLONA FILHO, 2011, p. 112).

Logo, é dever do empregador, também consoante Pamplona Filho (2011):

> Zelar não só pela organização técnica, como também pela boa ordem na empresa, onde deverá existir um padrão mínimo de moralidade e de garantia pessoal, sendo o respeito à intimidade dos trabalhadores uma manifestação dessa garantia. (PAMPLONA FILHO, 2011, p. 112).

É mais comum o agente ser o empregador ou um colega de trabalho que atua como superior hierárquico da vítima.

Nesta hipótese, segundo Alves (2008), a prática de assédio sexual viola a boa-fé objetiva, tendo em vista que:

> O relacionamento humano deve ser regido pela boa-fé. O Direito como um todo a privilegia, e nas relações de trabalho, tanto o empregador como o empregado devem agir com boa-fé, pois, ao contrário, não há condições de o contrato se manter. (ALVES, 2008, p. 36).

Ainda de acordo com Alves (2008):

> Já que toda relação de emprego deve estar baseada na boa-fé, de plano, afirmamos que o assédio sexual passa a ser inadmissível, pois degrada toda

e qualquer relação de trabalho, no ponto em que qualquer conduta de assédio sexual cometida por um superior hierárquico para com seu subordinado está maculada da mais pura má-fé. (ALVES, 2008, p. 37).

Segundo Sônia Nascimento (2011, p. 93), cabe registrar que honra e boa fama não representam expressões sinônimas. A honra é o sentimento subjetivo de dignidade e de decoro, ao passo que a boa fama é a honra objetiva, ou seja, a reputação ou o conceito da pessoa perante a sociedade.

Como oportunamente defende Russomano (1995):

> Tudo quanto por gestos ou por palavras, importar em expor outrem ao desprezo de terceiros, será considerado lesivo da boa fama. Tudo quanto, por qualquer meio, magoá-lo em sua dignidade de pessoa, será ato contra a honra. (RUSSOMANO, 1955, p. 686).

Baracat (2003, p. 243) assinala que, independentemente do conceito que a lei, a jurisprudência e a doutrina venham a dar à expressão "assédio sexual", a liberdade sexual como manifestação do direito à liberdade, à intimidade e à vida privada do empregado, deve ser tutelada pelo empregador, em decorrência da relação de emprego, resultante do dever anexo de cuidado, expressão do princípio da boa-fé objetiva.

Em se tratando de assédio do superior hierárquico sobre o subordinado, este pode ocorrer durante a jornada de trabalho, ou após o seu término, quando a proposta de relacionamento sobrevier da relação de emprego.

Schiavi (2011, p. 154) entende que há necessidade de que o assediante tenha *status* funcional superior à(o) assediada(o), pois o assédio sexual traz implícita uma ameaça idônea de causar um mal à pessoa que o sofre. Para o autor, somente o superior hierárquico pode formular uma ameaça idônea (assédio por chantagem) ou causar intimidação à vítima (assédio por intimidação). Portanto, se não houver relação de hierarquia haverá dano moral, por violação de um direito da personalidade do empregado, mas não assédio sexual, sendo que a responsabilidade é objetiva pelo ato do assediante (art. 932, III, do CPC). Esta, contudo, conforme já visto alhures, não é a posição dominante no Direito do Trabalho.

Por isso, cabe ao empregador, preventivamente, garantir um meio ambiente de trabalho respeitoso, conforme a ementa que se segue:

> ASSÉDIO SEXUAL NO LOCAL DE TRABALHO. DANO MORAL. RESPONSABILIDADE DO EMPREGADOR. O empregador tem o dever de assegurar ao empregado, no ambiente de trabalho, a tranquilidade indispensável às suas atividades, prevenindo qualquer possibilidade de importunações ou agressões, principalmente as decorrentes da libido, pelo trauma resultante às vítimas. (SANTA CATARINA, 2001).

Entre os elementos caracterizadores do assédio sexual, destacam-se os seguintes:

a) Sujeitos: assediador e assediado, que tanto podem ser homem como mulher. Ambos podem figurar na posição de assediador como a de assediado;
b) Conduta de natureza sexual: palavras, gestos, piadas, insinuações, gracejos, ameaça física ou verbal, ou qualquer ato ou conduta que indique o propósito de constranger ou de molestar alguém com o intuito de obtenção de favores sexuais sem receptividade por parte da vítima;
c) Rejeição da conduta do assediador: a conduta deve ser repulsiva e ofensiva à vítima, apta a cercear sua liberdade de escolha e invadir a intimidade e a privacidade da vítima;
d) Reiteração da conduta: é um requisito híbrido, pois muitas vezes, um único ato, dada a imensa gravidade, poderá caracterizar o ilícito, independentemente de ter sido, ou não, reiterada a prática da investida de cunho sexual.

Quanto à reiteração da conduta do assediador, entende-se nesta propositura que uma única manifestação grave do agente assediador já é suficiente para atingir o íntimo do empregado e, por consequência, a sua liberdade sexual e dignidade no ambiente de trabalho, caracterizando, assim, a prática de assédio sexual.

Quanto à rejeição da conduta do assediador, segue-se aqui o pensamento de Belmonte (2009) que assinala:

> A aceitação, por si só, não descaracteriza a ofensa. A aceitação, quando decorre da impossibilidade de resistir às investidas de superior hierárquico, está viciada pela coação e a inexibilidade de conduta diversa das circunstâncias. Apesar da aceitação, se os constrangimentos direcionados à obtenção da conduta ficam caracterizados, bem como a impossibilidade, diante das circunstâncias, de resistir às investidas, a aceitação materializada em virtude das ameaças e não do desejo do trabalhador configurará o assédio. (BELMONTE, 2009, p. 93).

Imprescindível observar que o assédio pode ser praticado por chantagem ou por intimidação.

O assédio sexual por chantagem é aquele que se dá por meio de coação, com o propósito de obrigar a vítima a se submeter à vontade do assediador. Nesta espécie de assédio sexual, o assediador ameaça a vítima com a perda de benefícios ou até mesmo com a demissão para que se submeta a favores sexuais. Esta é a forma mais comum de manifestação do assédio sexual.

Alves (2008), ao discorrer sobre esta modalidade de assédio sexual no ambiente de trabalho, assinala:

> Pressupõe, necessariamente, abuso de poder por parte do empregador ou de preposto seu. É indispensável, pois, uma ascendência do agente sobre a vítima, decorrente de poderes derivados do contrato de trabalho. Envolve, assim, o uso ilegítimo do poder hierárquico, colocando a vítima em situação de grande constrangimento, uma vez que normalmente terá dificuldades de reagir em legítima defesa, em virtude do perigo de consequências negativas, inclusive a perda do próprio emprego. (ALVES, 2008, p. 51).

Schiavi (2011, p. 153), ao discorrer sobre o assédio moral por chantagem, cita o exemplo do gerente que exige que sua secretária vá trabalhar com roupas coladas para ficar observando-a.

Consoante Alves (2008, p. 51), tem-se, também, como exemplo, a situação do chefe que passa a realizar investidas de caráter sexual sobre a sua secretária, prometendo a esta um aumento, ou outro tipo de benefício, caso concorde em manter um relacionamento amoroso com ele. Ou quando a própria empregadora, pessoa física, ameaça o seu empregado com a despedida, caso este não passe a iniciar um "caso" com ela.

O assédio sexual por intimidação, também chamado de ambiental, é aquele que se dá por meio de insinuações de ordem sexual por parte do assediador, com a finalidade de criar um ambiente de trabalho hostil ou intolerável para a vítima, independentemente da condição hierárquica do assediante. São muito comuns nesta espécie de assédio sexual frases com conotação sexual, gestos, ou mesmo, insinuações sexuais, bem como exibição de material pornográfico. Trata-se, assim, de solicitações ou incitações sexuais inoportunas, sem a ameaça de um mal grave.

Schiavi (2011, p. 153) cita o exemplo do chefe que todo dia convida a subordinada para jantar, elogiando seus atributos físicos e criando, assim, um ambiente tenso e hostil de trabalho.

Pamplona Filho (2011, p. 49), ao discorrer sobre este tipo de assédio sexual, estatui que "o elemento 'poder hierárquico' é irrelevante, sendo o caso típico de assédio sexual praticado por companheiro de trabalho da vítima, ambos na mesma posição hierárquica na empresa".

Apesar disso, para Pamplona Filho (2011):

> Mesmo não havendo uma relação de desnível de poder hierárquico, muitas vezes a atuação do agressor contextualiza uma finalidade de exclusão, pela não aceitação da vítima à conduta de natureza sexual, o que pode caracterizar, em última análise, uma manipulação difusa de poder, em sentido amplo. (PAMPLONA FILHO, 2011, p. 50).

Pamplona Filho (2011, p. 68) destaca que, embora esta espécie de assédio sexual não esteja tipificada como crime no ordenamento jurídico brasileiro, sua ilicitude enquanto forma de violação à liberdade sexual é evidente, devendo ser combatida e reparada na esfera civil e trabalhista.

Ainda segundo Pamplona Filho (2011):

> O seu aspecto fundamental não é a exigência de ameaças ou chantagens, mas, sim, a violação ao seu "direito de dizer não", através da submissão da vítima a condutas que cerceiam sua liberdade sexual, criando um ambiente opressivo de constrangimento evidente. (PAMPLONA FILHO, 2011, p. 49).

No assédio sexual por intimidação, conforme Pamplona Filho (2011), incluem-se:

> Avanços repetidos, múltiplas blagues ou gestos sexistas (mesmo que sua recusa não seja seguida de represálias). Apontam-se, como caracterizadores, os seguintes atos: abuso verbal ou comentários sexistas sobre a aparência física do empregado; frases ofensivas ou de duplo sentido e alusões grosseiras, humilhantes ou embaraçosas; perguntas indiscretas sobre a vida privada do trabalhador; isolamento dos âmbitos próprios de trabalho para maior intimidade das conversas; condutas "sexistas" generalizadas, destacando persistentemente a sexualidade em todos os contextos; insinuações sexuais inconvenientes e ofensivas; solicitação de relações íntimas, mesmo sem exigência do coito, ou outro tipo de conduta de natureza sexual, mediante promessas de benefícios ou recompensas; exibição de material pornográfico, como revistas, fotografias ou outros objetos, assim como colocação nas paredes do local de trabalho de imagens de tal natureza; apalpadelas, fricções ou beliscões deliberados e ofensivos; qualquer exercício de violência física ou verbal. (PAMPLONA FILHO, 2011, p. 49).

Belmonte (2009, p. 94) esclarece que o assédio por intimidação não pretende obter favor sexual como condição de emprego. Por isso, classifica-o como hipótese de assédio moral, porque mais ligado ao desrespeito pintado com as tintas das referências sexuais, do que, propriamente, à obtenção de uma conduta sexual por parte do ofendido.

Para Belmonte (2009, p. 94): "No chamado assédio sexual ambiental, o sexo não é a finalidade da conduta ilícita e sim apenas pretexto para criar uma situação de constrangimento moral, destinada a diminuir ou desestabilizar uma pessoa".

Alves (2008, p. 52) ensina que tanto no assédio sexual por intimidação, como no assédio sexual por chantagem, os danos decorrentes do respectivo ato são imensuráveis. A agressão praticada contra a imagem profissional da vítima, a violação à integridade física e mental desta, os prejuízos materiais decorrentes da transgressão, os danos morais provocados pela, entre outras coisas, "rotulação" pela qual a vítima passa, são danos que, naturalmente, decorrem de uma conduta ilícita do agressor.

A fim de salientar as danosas consequências decorrentes da prática do assédio sexual, vale destacar o pensamento assaz oportuno de Pamplona Filho (2011, p. 107): "A própria interferência na relação de trabalho em si, gera, quase sempre, um evidente prejuízo no rendimento do trabalhador, pois cria um ambiente laboral inadequado, com sensível pressão psicológica".

Pamplona Filho (2001) ainda assinala:

> A divulgação do fato, ainda que de forma restrita ao âmbito da empresa, não deixa de afetar a intimidade da vítima, seja pelos comentários dos colegas do trabalho, seja através das investigações internas sobre o caso. Isto sem falar em eventuais represálias (também motivadoras de reparação por danos morais e matérias), como, por exemplo, recusa de promoções, transferência de função ou de locais de trabalho ou até a despedida direta. (PAMPLONA FILHO, 2011, p. 108)

De acordo com Nilson Nascimento (2009, p. 89), no plano profissional, o assédio sexual é capaz de acarretar uma alteração na sua conduta profissional, com a diminuição de rendimento e faltas injustificadas, como forma de o trabalhador se esquivar do problema. No plano pessoal, o assédio sexual pode ocorrer por meio de sequelas de ordem psicológica e física, podendo resultar em ansiedade e depressão à vítima e ainda, a divulgação do fato será capaz de gerar uma situação vexatória e constrangedora para a vítima nos âmbitos profissional, pessoal e familiar.

Destarte, o assédio sexual viola a preservação da dignidade da pessoa humana nas relações de trabalho e, por consequência, os direitos da personalidade do empregado, por gerar danos à integridade física e psíquica do funcionário. O assédio sexual ainda pode acontecer tanto dentro quanto fora do local de trabalho, conforme já se manifestou a jurisprudência trabalhista brasileira:

> ASSÉDIO SEXUAL. TIPIFICAÇÃO COMO INCONTINÊNCIA DE CONDUTA. REQUISITOS. O assédio sexual grosseiro, rude e desrespeitoso, concretizado em palavras ou gestos agressivos, já fere a civilidade mínima que o homem deve à mulher, principalmente em ambientes sociais de dinâmica rotineira e obrigatória e que nestes ambientes (trabalho, clube etc.) o constrangimento moral provocado é maior, por não poder a vítima desvencilhar-se definitivamente do agressor. (MINAS GERAIS, 1994).

Entre as lesões provocadas pelo assédio sexual, ressalta Pamplona Filho (2001, p. 108): "Tem-se observado que a maioria das pessoas ofendidas passou a padecer das formas mais graves de tensão, ansiedade, cansaço e depressão, com a necessidade médica de tratamentos, particularmente de natureza psicológica".

Em razão disso, informa Nilson Nascimento (2009, p. 149) que o empregador tem o dever de assegurar um ambiente de trabalho sadio e isento de vícios ou de agressões aos seus colaboradores, razão pela qual, quando a liberdade sexual é violada, resta caracterizada lesão à dignidade, à intimidade e à vida privada do trabalhador.

Por último, caso seja atingido o objetivo do assediante, com a consumação do ato sexual com a empregada, relata Manoel Jorge e Silva Neto (2005, p. 108) que "o fato abandona os domínios do assédio para tipificar abuso sexual. Abuso sexual, por seu turno, que continua integrado à esfera de responsabilização do empregador".

Manoel Jorge e Silva Neto (2005, p. 231), quanto à reparação por danos morais que é atribuída ao empregador pelo assédio sexual praticado por seus prepostos ou por empregados do mesmo nível, entende que o empresário não é o senhor absoluto dos desígnios e das condutas dos seus subordinados e também não é ele o domador dos ímpetos sexuais dos trabalhadores. Para o autor, o assédio sexual representa uma conduta humana que refoge à fiscalização empreendida pelo empregador, razão pela qual seria, assim, desarrazoado admitir a condenação da empresa por dano moral tão só à conta de consumado o assédio nos seus domínios. Para que houvesse a responsabilização da empresa, seria necessário o conhecimento do empregador quanto à ocorrência de assédio e a omissão a respeito de medidas destinadas a paralisar a iniciativa.

Destaca Manoel Jorge e Silva Neto (2005, p. 232), ainda, que o empregado deve provar a comunicação feita ao empregador, por escrito ou verbalmente, bem como a reiteração da conduta assediante após o fato ter sido levado à apreciação do empresário. Uma vez perpetrado o assédio e ultimada providência tendente a obstar a sua continuidade, inclusive com a adoção da medida extrema de dispensa com justa causa do elemento assediador, não há causa a legitimar a condenação da empresa.

Não se concorda aqui com o autor acima referenciado. Em se tratando de assédio sexual praticado por prepostos ou por empregados do mesmo nível, a empresa se responsabiliza independentemente da adoção de mecanismos de prevenção e de repressão ao assédio sexual no ambiente de trabalho. Tais mecanismos podem, apenas, mitigar a responsabilidade do empregador pelo evento danoso, em decorrência das medidas preventivas que são adotadas na empresa com regras claras e precisas a todos os empregados para afastar a ocorrência do assédio sexual no ambiente de trabalho. Isso se justifica em razão da disposição contida no art. 2º, da CLT, que transfere à empresa os riscos da atividade econômica. Pelo mesmo fundamento, também não se faz necessário o conhecimento prévio do assédio sexual à empresa pelo empregado e a sua omissão em adotar medidas para afastar o assédio sexual no local de trabalho para que seja responsabilizada.

Segundo Nilson Nascimento (2009, p. 154), é muito comum o assédio sexual se perfazer por condutas sub-reptícias e silenciosas, que não deixam rastros, razão pela qual, na maioria das vezes, a prática irregular não se torna pública no ambiente de trabalho e, muito menos, chega ao conhecimento do empregador.

Portanto, em posição contrária à de Nilson Nascimento (2009, p. 155), o empregado não tem o dever de provar que levou o fato ao conhecimento do empregador e que este, embora instado a respeito do assédio sexual, não adotou qualquer medida para resolver a questão, permitindo, com sua omissão, a reiteração da conduta do assediante e a perpetração de efeitos deletérios à vítima do assédio.

Como bem assevera Pamplona Filho (2001, p. 41), o empregador que não diligencia meios de impedir ou de coibir a prática do assédio sexual no local de trabalho, na verdade, falha quanto à sua obrigação, em face dos empregados, de oferecer um ambiente laboral moralmente sadio. Neste sentido, ressalta que a condenação deve ser imposta por ser o empregador o titular do poder diretivo e por assumir os riscos do empreendimento econômico, nos termos do art. 2º, da CLT. Em razão disso, deve zelar não só pela organização técnica, como também pela boa ordem na empresa, onde deverá existir um mínimo de moralidade e de garantia pessoal, sendo o respeito ao direito à intimidade dos trabalhadores uma manifestação desta garantia.

De todo modo, é preciso destacar que qualquer investigação praticada pelo empregador para fins de averiguação da ocorrência de assédio sexual no local de trabalho deve ser feita de forma sigilosa e não pública, de modo a preservar a imagem do possível assediador, de acordo com a ementa a respeito:

> DANO MORAL. EXPOSIÇÃO DO EMPREGADO A SITUAÇÃO VEXATÓRIA E HUMILHANTE. INDENIZAÇÃO DEVIDA. Não se nega à empresa o direito de apurar eventual prática de assédio sexual em suas dependências. Todavia, ao fazê-lo deve cercar-se de cautelas especiais, para preservar a imagem e direitos dos envolvidos, e bem assim, a imagem da própria instituição. *In casu*, ao indagar numa sessão pública com estagiários, de forma precipitada e até leviana, se algum deles já fora molestado pelo reclamante, o empregador maculou gravemente a imagem do autor, vez que sobre este passou a pairar, no mínimo, a sombra de uma grave desconfiança sobre a prática do crime de assédio sexual (Lei 10.224, de 15/05/01), ainda que nada tenha sido efetivamente apurado. Provada a exposição pública a situação humilhante e vexatória, indisfarçável o dano gravíssimo causado à sua integridade moral, imagem e personalidade do reclamante, de que resulta obrigação de reparar, à luz dos arts. 5, incisos V e X, da Constituição Federal, e 159 do Código Civil de 1916, vigente à época dos fatos (186 e 927 do C. Civil). Recurso do autor a que se dá provimento. (SÃO PAULO, 2006b).

6.11. O USO DO POLÍGRAFO

O polígrafo compreende um aparelho de registro de respostas, utilizado para comprovar a veracidade das informações colhidas de uma pessoa, visando a medir e a gravar registros de diversas variáveis fisiológicas enquanto essa pessoa é interrogada. A finalidade do equipamento é averiguar a possível ocorrência de mentiras da pessoa examinada em seu depoimento.

Segundo Barros (2011):

> O polígrafo, também conhecido como detector de mentiras, é uma invenção do século XX e consiste em um aparelho que mede e registra as atividades neurovegetativas, reproduzindo-as sob a forma gráfica, com o objetivo de aferir a veracidade das informações da pessoa que se submete ao teste por esse meio. O aparelho registra variações da pressão arterial, da respiração, das constrações musculares, dos movimentos oculares. Esse teste funda-se no princípio segundo o qual o fato de mentir acarreta alteração psicológica, gerada pelo temor. (BARROS, 2011, p. 586).

Barros (2011, p. 824) informa que existem três etapas no teste por meio de polígrafo. A primeira se refere a uma conversa preliminar entre o interrogado e o interrogador; a segunda, ao teste propriamente dito; e a terceira, à conclusão. No início do teste, é colocado um sensor em um dos braços da pessoa interrogada, para medição do pulso e da pressão arterial. Em seguida, um tubo flexível ajustado ao redor do tórax irá detectar o ritmo da sua respiração. Podem também ser inseridos dois eletrodos nas mãos ou nos braços da pessoa examinada para analisar as suas variações elétricas e um sensor de movimentos em suas pernas para analisar a contração involuntária de músculos.

O polígrafo visa, assim, a avaliar o comportamento e as possíveis reações fisiológicas da pessoa questionada durante a realização do teste. Essas mudanças fisiológicas possibilitarão detectar se a pessoa está ou não mentindo.

Durante o teste do polígrafo, caso sejam registradas alterações de extrema importância na condição física e emocional da pessoa examinada, a mesma, durante o interrogatório, poderá ser considerada mentirosa.

Desse modo, durante o procedimento para a execução do exame, quando a pessoa é questionada sobre um determinado acontecimento, o examinador irá analisar se os batimentos cardíacos, a pressão arterial, a frequência respiratória e a atividade eletrodérmica (suor dos dedos ou calafrios) da pessoa examinada se alteram em comparação aos níveis normais, pois, a cada resposta, os sensores registram as reações do interrogado em um gráfico. De acordo com tais reações, será possível determinar a veracidade de seu depoimento. É preciso destacar que as variações podem indicar se a pessoa está ou não mentindo, mas os resultados do exame estão abertos à interpretação do examinador.

6.11.1. O polígrafo no contrato de trabalho

O polígrafo é utilizado pelas empresas tanto na fase pré-contratual de trabalho para candidatos que concorrem à vaga de emprego quanto durante a fase de execução do contrato de trabalho, como forma de fiscalizar os empregados, sob a justificativa de que tal procedimento decorre do exercício do poder fiscalizatório do empregador.

A finalidade do equipamento polígrafo utilizado por algumas empresas é analisar se a pessoa examinada (pré-candidato ao emprego ou empregado) está mentindo ou não acerca de fatos relacionados à sua vida laboral passada, bem como sobre a sua conduta profissional durante a execução da sua prestação de serviços no ambiente de trabalho.

Convém ressaltar que o poder fiscalizatório ou poder de controle compreende um conjunto de prerrogativas que são deferidas ao empregador com o intuito de fiscalizar e de controlar a atividade desempenhada pelo empregado ao longo do contrato de trabalho. Trata-se do poder concedido ao empregador para acompanhar e monitorar a prestação de serviços realizada pelo empregado no espaço empresarial.

De acordo com Nilson Nascimento (2009):

> Através dessa faculdade, o empregador fiscaliza e controla os passos do empregado durante a jornada de trabalho, com vistas a aferir se as atividades estão sendo executadas conforme pactuado no contrato de trabalho e, ainda, se estão de acordo com os fins almejados pela empresa. (NASCIMENTO, Nilson, 2009, p. 72).

O poder fiscalizatório autoriza o empregador, dentro dos limites estabelecidos pelo ordenamento jurídico, verificar se os empregados estão respeitando as exigências e diretrizes estabelecidas para o desempenho da sua atividade laborativa.

Acontece que, em decorrência da proteção legal concedida aos direitos da personalidade do empregado, como, por exemplo, na *Constituição Federal de 1988 — art. 5º, incisos V e X, e no Código Civil Brasileiro — no Capítulo II, do Livro I*, o poder fiscalizatório não pode ser exercido de forma ilimitada, da mesma maneira que não é ilimitada a subordinação jurídica do trabalhador ao poder patronal.

Segundo Jair Reis (2007):

> [...] sendo o poder de controle da atividade laboral do trabalhador imanente ao próprio conceito de subordinação jurídica, elemento caracterizador essencial do contrato de trabalho, serão, todavia, proibidos os meios de vigilância e controle dessa atividade para os quais não exista uma razão objetiva, *v.g.* em função de exigências organizativas e/ou de segurança ou da necessidade de tutela do patrimônio do empregador, bem como as modalidades desse controle que (ao menos potencialmente) sejam lesivas da dignidade do trabalhador, máxime por revestir caráter vexatório. (REIS, J. T., 2007, p. 87).

Em razão disso, a utilização do polígrafo no ambiente de trabalho extrapola sobremaneira os limites do razoável no que tange ao exercício regular do poder fiscalizatório do empregador e, por consequência, a necessária observância aos direitos da personalidade do empregado. Tais direitos visam não só a estabelecer limitações ao exercício abusivo e irregular do poder empresarial no âmbito das relações trabalhistas como também a inviabilizar a perda das liberdades do empregado no ambiente de trabalho.

Os direitos da personalidade do empregado devem sobrepor-se aos poderes de comando do empregador, haja vista que o intuito maior do ordenamento jurídico brasileiro é proteger a dignidade da pessoa humana no âmbito das relações de trabalho.

Segundo Cogo (2006, p. 56), se o processo de gestão de pessoas utilizado pela empresa for levado a efeito sem os controles sociais e jurídicos necessários, os direitos e garantias individuais e sociais dos trabalhadores poderão ser dilapidados.

Para Branco (2007, p. 79), já se passaram quase vinte anos de vigência da Constituição Federal de 1988 e o princípio da dignidade humana, estampado no art. 1º, III, apesar de ser considerado o fundamento da República Federativa do Brasil e um valor supremo do Estado Democrático de Direito, ainda não atingiu de forma satisfatória o grau de eficácia normativa esperado, a ponto de ser reconhecido como o *status* de essência em relação aos demais princípios constitucionais. Para a autora, o princípio da dignidade da pessoa humana compreende a razão de ser do próprio Direito, que é tutelar o homem como bem maior em todas as dimensões de sua existência, inclusive, no que concerne aos direitos humanos fundamentais sociotrabalhistas.

Barros (2011, p. 589) ainda assevera que "é justamente na dignidade da pessoa humana como princípio fundamental que os direitos fundamentais encontram seu próprio fundamento".

Desse modo, o exame através do polígrafo representa um atentado aos direitos fundamentais da personalidade do empregado, pois agride a sua integridade física e moral e seus direitos fundamentais à intimidade e à vida privada. Trata-se de afronta à dignidade da pessoa humana, por não decorrer do exercício legítimo e regular do poder fiscalizatório do empregador.

Como bem expressa Cogo (2006):

> O pressuposto teleológico de todo o sistema normativo brasileiro, que é a dignidade da pessoa humana, seria suficiente, por si só, para fazer eclodir uma rede de proteção dos direitos da personalidade no âmbito da relação de emprego, impedindo-se que fossem perpetradas contra os empregados transgressões destinadas a limitar os direitos à intimidade, honra, vida privada, imagem. Por derradeiro, incolumidade física e psíquica. (COGO, 2006, p. 41).

À guisa de ilustração, vale registrar julgados nos quais a utilização do polígrafo foi repudiada pelo Judiciário:

> EMENTA: SELEÇÃO DE FUNCIONÁRIOS POR INTERMÉDIO DE POLÍGRAFO (DETECTOR DE MENTIRA). ILEGALIDADE. DANO MORAL. A submissão do empregado ao teste do polígrafo gera constrangimento, eis que expediente discriminatório e que viola a vida íntima do indivíduo, afrontando o art. 5º, X, da CF/88, assim como um dos fundamentos da República Federativa do Brasil, qual seja, a dignidade da pessoa humana, insculpido no inciso III do artigo 1º da CF/88. Recurso a que se dá provimento. (RIO GRANDE DO SUL, 2006).

No mesmo sentido:

> EMENTA: USO DE POLÍGRAFO, COMO INSTRUMENTO TÉCNICO DE AVALIAÇÃO, PARA FINS ADMISSIONAIS DE EMPREGO. CONFIGURAÇÃO DE DANO MORAL. Por certo que o uso de meios técnicos, para fins de avaliação da idoneidade da pessoa, como critério inadequado e evidentemente falho, só por si, acaba por representar um ato de constrangimento pessoal — ainda que desprezado, aqui, o *"modus procedendi"*, de acoplagem de aparelhos, capazes de identificar reações de sudorese, batimentos cardíacos e reações emocionais. Comprimido pela necessidade de um emprego, qualquer cidadão de melhor índole e sensibilidade, só pela certeza da falha desse critério e pelo receio de não vir a alcançar o objetivo perseguido, por certo que se encontra extremamente exposto a reações daquela ordem — sem que, nem por isso, as mesmas guardem qualquer relação com a meta da verdade perseguida. De tanto se pode concluir, pois, inequivocamente, tratar-se de método duplamente atentatório, contra a dignidade da pessoa: em si, como ato vexatório; e, quanto ao seu resultado, enquanto que eventualmente oposto à realidade examinada. A todos os títulos, portanto, afrontoso à privacidade da pessoa e que fere, frontalmente, a sua dignidade — substrato e fundamento do direito à reparação por "dano moral", melhor dito dano não patrimonial. (MINAS GERAIS, 2004h).

Portanto, por se tratar de agressão à saúde do empregado, é inadmissível sustentar a realização de determinado exame que possa gerar constrangimento, pressão e mal-estar físico e psicológico no decorrer da sua utilização. Além disso, é preciso pontuar que, durante o procedimento de tal exame, são formuladas perguntas ao empregado "entrevistado" que podem não ser divulgadas ao mesmo. Autorizar tal certame representa, de fato, retroceder aos preceitos fundamentais sociais assegurados pela Constituição Federal de 1988, que acentuam a importância do valor social do trabalho e da proteção à dignidade da pessoa humana nas relações de trabalho (arts. 3º e 170, da CF/88).

De acordo com Branco (2007):

> O princípio constitucional da dignidade da pessoa humana constitui, na verdade, a maior razão de ser dos direitos denominados como da personalidade, sendo, portanto, um corolário lógico que a proteção de tais bens

jurídicos tenha se dado em nosso ordenamento, para além de outros diplomas infraconstitucionais, ou seja, no próprio seio da Carta da República — conforme pode ser verificado por meio do inciso X do art. 5º — ante a relevância dos valores aos quais estão ligados, quais sejam: a intimidade, a vida privada, a honra e a imagem. (BRANCO, 2007, p. 71).

As medidas de segurança necessárias para a defesa do patrimônio, que compreendem a justificativa sustentada pelas empresas para salvaguardar a realização de tal exame, não são motivos suficientes para suplantar o caráter vexatório e sigiloso do exame, muito menos, o estresse físico e mental que acarreta ao trabalhador, restando clara, portanto, a constatação de abuso de direito do empregador.

Consoante ensina Amauri Nascimento (1984):

> O empregador tem o dever de assegurar aos trabalhadores o desenvolvimento de suas atividades em ambiente moral e rodeado de segurança e higiene, tendo a obrigação de prover aos trabalhadores um ambiente de trabalho sadio, com condições físicas e psicológicas ideais para o desenvolvimento das atividades laborais. (NASCIMENTO, A. M., 1984, p. 10).

Para Barros (2011, p. 589), o temor, a raiva e o constrangimento pelo fato de estarem se submetendo ao teste do polígrafo são fatores que geram estresse e que acarretam, consequentemente, alterações fisiológicas nas pessoas. A autora destaca que fatores emocionais como o cansaço, a angústia e, até mesmo, uma simples cefaleia poderão falsear os resultados obtidos pelo teste do polígrafo.

Explana Garcez (2001), em sua dissertação de mestrado, acerca da vida privada na relação de emprego:

> Podemos afirmar que o direito do empresário à administração adequada da empresa, bem como o direito constitucional à livre iniciativa, estão em patamar inferior ao direito do obreiro à intimidade, devendo prevalecer este, em caso de conflito. (GARCEZ, 2001, p. 268).

Neste sentido, submeter o empregado ao teste do polígrafo é adentrar na esfera íntima do trabalhador. Além do mais, trata-se de equipamento de eficácia duvidosa e, por conseguinte, passível de falhas, não correspondendo a cem por cento da verdade, uma vez que não há qualquer prova de que o polígrafo possa medir, de maneira inconteste, se o ser humano está mentindo ou sendo honesto.

Assim se manifestou a decisão proferida pelo Tribunal Regional do Trabalho da 2ª Região:

> EMENTA: CONTINUIDADE DA PRESTAÇÃO DE SERVIÇOS CONDICIONADA A RESULTADO OBTIDO ATRAVÉS DE TESTE DE POLÍGRAFO (DETECTOR DE MENTIRAS). VIOLAÇÃO À INTIMIDADE. DANO MORAL CONFIGURADO.

O polígrafo ou "detector de mentiras" (*lie detector*), máquina inventada no ano de 1921, foi introduzida no Brasil nos anos sessenta e banida uma década depois. Registra, de forma simultânea, mudanças nos processos fisiológicos, através da medição de batidas do coração, respiração e pressão arterial. Parte-se da premissa de que, enquanto mentimos, sofremos alterações fisiológicas. Contudo, é sabido que as indigitadas mudanças não derivam apenas de mentiras, mas também por causas diversas, como tristeza, timidez, angústia, entre outros. Fato concreto é que estudiosos do mundo todo são unânimes em asseverar que não há qualquer prova de que o polígrafo possa medir, de maneira inconteste, se o ser humano está mentindo ou sendo honesto, razão pela qual muitos países não têm admitido como meio de prova os resultados obtidos através de testes de polígrafos. Ademais, as perguntas formuladas pelo empregador não guardam qualquer relação com o vínculo empregatício mantido entre os litigantes e configuram notória violação aos termos expressamente consubstanciados pelo artigo 1º da Lei n. 9.029/95 e dispostos nos incisos do artigo 5º da Carta Magna vigente. Não se pode olvidar, outrossim, que a inserção da empregada no ambiente do trabalho não lhe retira os direitos da personalidade, dos quais o direito à intimidade constitui uma espécie. Portanto, não há dúvida de que o uso do polígrafo por parte da recorrente apresenta-se como ilegal e ao permitir essa lógica do mercado de aviação, é dizer, essa política equivocada de gerenciamento, estaríamos reduzindo a importância do Direito do Trabalho Brasileiro e a força normativa de seus princípios, restringindo o trabalhador à condição de objeto. O empregador deve exercer seu poder diretivo, e esse exercício não lhe autoriza jamais dirigir a vida do empregado. Configurado o ilícito praticado pela reclamada, para atender exigência da empresa aérea *American Airlines*, a condenação ao pagamento de indenização por danos morais é medida que se impõe. (RIO DE JANEIRO, 2005).

Barros (2011, p. 588) corrobora este entendimento ao sustentar que não deve ser admitida a hipótese de submissão do empregado ao teste de polígrafo, por se tratar de um instrumento duvidoso do ponto de vista científico e por implicar total violação à esfera privada do empregado. Desse modo, a utilização do polígrafo caracteriza abuso de direito do empregador, pois extrapola os limites de atuação do seu poder fiscalizatório, transgride a dignidade do empregado ao submetê-lo a constrangimento injustificado e expõe a sua intimidade e a sua privacidade no ambiente de trabalho. Destaca-se, então:

> A possibilidade de distinção ou exclusão infundada provocada pelo teste do polígrafo, uma vez que, para obter resultados, é necessário fazer indagações sobre temas discriminatórios. Para atingir os objetivos do teste, são abordadas questões muito pessoais a respeito de atuação política ou sindical do trabalhador e ainda a respeito do uso de drogas no passado. (LEFEBVRE *apud* BARROS, 2011, p. 587).

No direito comparado, Barros (2011, p. 588) assevera que a jurisprudência da Suprema Corte do Canadá considera o teste do polígrafo algo similar às perseguições abusivas e inconstitucionais, por não permitir a constatação de uma prova válida e por considerar o seu valor científico duvidoso. Além disso, essa mesma Corte considera que esse teste representa um sério e profundo atentado à privacidade dos empregados.

Ensina Barros (2011, p. 588) que, na França, o teste do polígrafo encontra obstáculo nos arts. 120-2 e 121-7 do Código do Trabalho, pois os mesmos vedam restrições aos direitos das pessoas e às liberdades coletivas que não sejam justificadas pela natureza das tarefas a executar, nem sejam proporcionais aos fins almejados. Por este motivo, o teste do polígrafo não é utilizado na França, e a doutrina francesa o considera uma técnica forçada de transparência.

6.11.2. *O polígrafo e o assédio moral vertical descendente*

É muito comum a imposição da realização do teste do polígrafo por empresas de aviação americana, como a *American Airlines*. Argumentam que, após o atentado terrorista de 11 de setembro nos Estados Unidos, suas aeronaves se tornaram potenciais alvos de atentado por parte do terrorismo internacional. Entendem que a submissão dos empregados ao exame por meio de polígrafo é uma medida preventiva de segurança em favor do bem-estar da comunidade, não ensejando, desse modo, a devida compensação por dano moral.

Em razão disso, a jurisprudência trabalhista brasileira já proferiu decisões favoráveis quanto ao uso do equipamento polígrafo no ambiente de trabalho:

DANO MORAL. AMBIENTE LABORAL. INTIMIDADE DO EMPREGADO PROTEGIDA. FUNÇÃO DE CONTROLE E SEGURANÇA, NORMAS ESPECÍFICAS E USO LEGÍTIMO DO "IUS VARIANDI". POLÍGRAFO. A relação de emprego, com as peculiaridades do ambiente de trabalho inerentes ao próprio poder diretivo do empregador, não pode amesquinhar intimidade e imagem do empregado. O exame através de polígrafo muito se aproxima do psicotécnico e, na ativação como segurança, era absolutamente necessário. Cuidando a espécie de medida preventiva a amparar a empresa e a comunidade envolvida, justifica-se o procedimento no qual se pautou o empregador. Não se denota, então, abuso do direito na formulação de perguntas, não divulgadas; tampouco o caráter vexatório do teste, causando tribulação ou dor íntima, restando claro o caráter sigiloso e impessoal do teste, sendo mesmo medida de segurança necessária. Dano moral não caracterizado. (MINAS GERAIS, 2004i).

DANO MORAL. SUBMISSÃO DE EMPREGADO DO SETOR DE SEGURANÇA A TESTE DO POLÍGRAFO. NORMAS AEROPORTUÁRIAS. TRATAMENTO A TRABALHADORES COM A MESMA FUNÇÃO DA AUTORA. PEDIDO NÃO VINCULADO A MODALIDADE DE DISPENSA DE EMPREGADO. OFENSA À HONRA E À PRIVACIDADE NÃO DEMONSTRADA. No caso dos autos, não há dúvida, diante da delimitação fática trazida, que a adoção do sistema de teste do polígrafo ao qual foi submetido a empregada, se deu como meio de segurança e não teve o objetivo de colocar o empregado em situação humilhante. Resta delimitado que o uso do polígrafo visa atender exigência do Governo norte-americano, mas que, todavia, não havia prova de que o uso de tal equipamento provocasse qualquer efeito prático punitivo em relação ao contrato de trabalho mantido entre as partes. Destaque-se que não se discute aqui a legalidade da utilização do sistema de detecção de mentiras, cujas oscilações e aplicações no meio penal não são incondicionalmente aceitos, com o fim de busca da verdade, mas se de sua utilização, nos moldes mencionados, traduz-se ofensa à honra, à dignidade, à intimidade do trabalhador a ele submetido, a amparar a indenização pretendida. Desvinculado o pedido de indenização a eventual dispensa do autor em razão da submissão a teste de polígrafo, não há se falar em ofensa à honra, à intimidade ou à privacidade, pois não há nexo de causalidade, nem dano pela adoção da medida, em face de regras de segurança aeroportuárias, a determinar reparação por dano moral, pois evidenciada tão-somente a preocupação com a segurança dos usuários de transporte aéreo, inclusive do trabalhador. Recurso de revista conhecido e provido, no tema, para excluir da condenação a indenização pelo dano moral. (BRASIL, 2009c).

Ocorre que a jurisprudência trabalhista prevalecente brasileira repudia, em suas decisões, a submissão de empregados a detectores de mentiras (polígrafo), mesmo por empresa aérea americana, veja-se:

> DANO MORAL. TESTE DO POLÍGRAFO (DETECTOR DE MENTIRAS). DIREITO À HONRA E À INTIMIDADE DO TRABALHADOR. O trabalhador, ao ingressar em uma empresa na qualidade de empregado, não se despe dos direitos e garantias fundamentais assegurados pela Constituição da República a todos os cidadãos, dentre os quais figura com destaque a inviolabilidade de sua intimidade, de sua honra e de sua imagem (artigo 5º, inciso X, do Texto Fundamental). Se é verdade que o empregador detém poderes de direção, fiscalização e disciplinamento em relação àqueles que lhe prestam serviços, não menos certo que o exercício desse direito potestativo encontra limite em tais direitos e garantias constitucionais. Quando o empregador obriga o seu empregado a se submeter ao teste do polígrafo, equipamento de eficácia duvidosa e não adotado no ordenamento jurídico pátrio, extrapola os limites de atuação do seu poder diretivo e atinge a dignidade desse trabalhador, expondo a honra e intimidade deste e submetendo-o a um constrangimento injustificado, apto a ensejar a reparação pelos danos morais causados por essa conduta. (MINAS GERAIS, 2004j).

A utilização do equipamento polígrafo pode ser considerada uma forma de abuso do direito praticado pelo empregador durante o exercício do seu poder fiscalizatório.

Como bem ensina Edilton Meireles (2005, p. 21), o abuso de direito é aquele que "excede manifestamente os limites impostos na lei, pelo seu fim econômico ou social, pela boa-fé e pelos bons costumes, decorrente de ato comissivo ou omissivo". Sendo assim:

> Toda vez que um direito ou um poder qualquer, mesmo discricionário, é concedido a uma autoridade ou a uma pessoa de direito privado, esse direito ou esse poder será censurado se for exigido de uma forma desarrazoada. Esse uso inadmissível do direito será qualificado tecnicamente de formas

variadas, como abuso do direito, como excesso ou desvio de poderes, como iniquidade ou má-fé, como aplicação ridícula ou inadequada de disposições legais, como contrário aos princípios gerais do direito comum a todos os povos civilizados. Pouco importam as categorias jurídicas invocadas. O que é essencial é que (*sic*), num Estado de Direito, quando um poder legítimo ou um direito qualquer é submetido ao controle judiciário, ele poderá ser censurado se for exercido de forma desarrazoada, portanto, inaceitável. (MEIRELES, E., 2005, p. 22).

Em razão disso, a realização do exame polígrafo caracteriza a prática do assédio moral vertical descendente, pois o seu uso pelo empregador fere os direitos da personalidade, bem como a dignidade do empregado.

É sabido que fatos isolados, ainda que ofensivos à integridade moral do empregado, não configuram o assédio moral. Isso porque o próprio termo "assédio" tem conotação de insistência impertinente, perseguição constante, estabelecimento de um cerco com a finalidade de exercer o domínio sobre a pessoa assediada. Ocorre que, dependendo da situação, o requisito da frequência ou continuidade não irá representar um requisito obrigatório para que seja caracterizado o assédio moral. Um único ato ou conduta isolada é plenamente capaz de engendrar uma situação de assédio moral, desde que a conduta do assediante acarrete uma gravidade insuperável. Trata-se do uso do equipamento polígrafo no ambiente de trabalho.

O assédio moral praticado por um superior hierárquico em face de um subordinado é conhecido como vertical descendente e compreende uma forma de exposição do trabalhador a situações humilhantes, vexatórias e constrangedoras. Com isso, o trabalhador se sente inferiorizado e menosprezado em relação aos demais colegas, tendo, por consequência, ofendida a sua honra, a sua dignidade e a sua convivência no seio social.

Conforme ensinamento de Zeno Simm (2007):

> Não obstante (e como mostram os estudos de Psicopatologia do Trabalho) no espaço das relações laborais são cada vez mais frequentes os casos de reiteradas e profundas agressões psicológicas contra o empregado, não raras vezes levando-o ao estresse, ao desequilíbrio mental e até mesmo ao suicídio, além de causar-lhe outros males psicossomáticos. A pressão psicológica, o acosso psíquico, a violência moral, a humilhação, o *burn out*, o vilipêndio, o *mobbing*, a cobrança exagerada de produção e de resultados, a discriminação, a crítica desmedida e várias outras formas de maltrato psicológico são, nos dias de hoje, formas de violência no trabalho que exigem uma resposta do Direito, um remédio jurídico de proteção às vítimas. (SIMM, 2007, p. 11).

O atual mundo competitivo e o aumento considerável do trabalho consagraram a concorrência desenfreada. O objetivo da atividade econômica é a intensa produtividade, com redução de custo a qualquer preço. Com as mudanças tecnológicas e de reestruturação produtiva, o ambiente de trabalho mostrou-se mais propício para práticas abusivas do poder de comando do empregador.

Segundo informa Gosdal (2009):

> Com a expansão dos mercados, com o aumento da competitividade entre as empresas e com a busca incessante pelo lucro, o poder empregatício conferido ao empregador passou a ser exercido de forma dissimulada e desproporcional. Tudo em decorrência das novas formas de organização e gestão estabelecidas pela empresa. [...] Em algumas situações, essas mudanças têm levado a excessos que transbordam o exercício regular do poder do empregador de gerir a atividade empresarial, até mesmo favorecendo a configuração de um ambiente propício a situações de assédio. (GOSDAL, 2009, p. 89).

Todos os fatores ora elencados criaram um ambiente laboral propenso à prática do assédio moral.

Faz-se necessário, portanto, indicar soluções a fim de que seja erradicada essa prática danosa no âmbito das relações trabalhistas para ser instaurado um ambiente tranquilo, sadio, harmonioso e garantidor de valores humanos. E uma dessas soluções é afastar definitivamente a realização do exame polígrafo, pois, no ambiente de trabalho, todo constrangimento e situação vexatória por que passa o trabalhador trazem a ele consequências muitas vezes irreversíveis, pois, além de afetarem sua saúde física, afetam ainda sua autoestima e o seu comportamento no seio da sociedade.

Novamente consoante ensina Zeno Simm (2008):

> A empresa contemporânea deverá estar preparada para não praticar ou para coibir a prática do terrorismo psicológico, vendo o trabalhador não apenas como um mero prestador de serviços ou um dos fatores de produção, mas, além disso e acima de tudo, um ser humano dotado de direitos e garantias inerentes a essa condição, como forma de assegurar-se a sua inclusão no conceito de cidadania. (SIMM, 2008, p. 19).

Assim se manifesta o art. 225, *caput*, da Constituição Federal de 1988:

> Todos têm direito ao meio ambiente ecologicamente equilibrado, bem de uso comum do povo e essencial à sadia qualidade de vida, impondo-se ao poder público e a coletividade o dever de defendê-lo e preservá-lo para as presentes e futuras gerações.

O empregador possui, então, o dever legal de assegurar um meio ambiente laboral saudável e equilibrado, pois é preciso proteger o homem trabalhador, enquanto ser vivo, das formas de degradação do meio ambiente onde exerce seu labor, por ser este fundamental à sua qualidade de vida. De tal forma, o uso do equipamento polígrafo enseja a reparação de danos morais pela Justiça do Trabalho, uma vez que, ante seu uso, ocorre não só a violação à dignidade e à integridade do trabalhador, como também, muitas vezes, a rescisão indireta do contrato de trabalho, nos moldes do art. 483, da CLT.

Neste contexto, direitos da personalidade e meio ambiente do trabalho se entrelaçam em caráter indissociável, uma vez que o respeito ao direito do meio ambiente do trabalho saudável e equilibrado implica prática defensiva do direito a uma saúde digna, que é o mais básico alicerce dos direitos fundamentais da pessoa humana. Inexorável se eleva o direito ao meio ambiente laboral equilibrado, como um direito fundamental, materialmente considerado e ligado ao direito à vida.

Logo, reconhece-se mundialmente o quanto é essencial a sadia qualidade de vida no aspecto que aqui se pretende em foco, destacando-se, com relevo, a harmonia no meio ambiente do trabalho. Esta se dogmatiza subjetiva e objetivamente na proteção dos direitos à dignidade da pessoa humana com fulcro no art. 1º, III, da CF/88. A Constituição Federal de 1988 estrutura a atividade econômica nos valores intrínsecos da dignidade da pessoa humana (art. 170, VI, CF/88), já que tal é o princípio-mãe para a edificação de uma ordem econômica e social lapidada na ética e na equidade.

Assim, pretende-se instaurar o sentimento universal do avanço à dignificação do trabalho, pois afirma Nilson Nascimento (2009):

> O primeiro e fundamental direito do homem, consagrado em todas as declarações internacionais, é o direito à vida, suporte para existência e gozo dos demais direitos. Entretanto, não basta declarar o direito à vida sem assegurar os seus pilares básicos de sustentação: o trabalho e a saúde. (NASCIMENTO, Nilson, 2009, p. 189).

O trabalhador busca, na atividade laboral, o acesso aos bens de consumo necessários para conservar sua vida. Por isso, não se pode ignorar a ressonância direta do labor com o processo vital, visto que, por óbvio, para que ocorra o exercício do trabalho, o homem não pode perder a saúde, sem a qual o direito à vida não se sustenta.

Cogo (2006, p. 57) ensina que é preciso encontrar soluções capazes de estruturar uma relação mais humana e ética entre aqueles que têm o papel social de produzir riquezas e aqueles que, na outra ponta desta relação, buscam sua inclusão no mercado de trabalho.

O Ministro do TST Mauricio Godinho Delgado já se manifestou de forma contrária acerca da utilização do equipamento polígrafo por empresa de transporte aéreo nacional e/ou internacional:

> RECURSO DE REVISTA. DANO MORAL DECORRENTE DE SUBMISSÃO DE EMPREGADA A TESTES DE POLÍGRAFO (DETECTOR DE MENTIRAS). A submissão de empregados a testes de polígrafo viola sua intimidade e sua vida privada, causando danos à sua honra e à sua imagem, uma vez que a utilização do polígrafo (detector de mentiras) extrapola o exercício do poder diretivo do empregador, por não ser reconhecido pelo ordenamento jurídico brasileiro o mencionado sistema. Assim, *in casu*, compreende-se que o uso do polígrafo não é indispensável à segurança da atividade aeroportuária, haja vista existirem outros meios, inclusive mais eficazes, de combate ao contrabando, ao terrorismo e à corrupção, não podendo o teste de polígrafo ser usado camufladamente sob o pretexto de realização de teste admissional rotineiro e adequado. Além disso, o uso do sistema de polígrafo assemelha-se aos métodos de investigação de crimes, que só poderiam ser usados pela polícia competente, uma vez que, no Brasil, o legítimo detentor do Poder de Polícia é unicamente o Estado. Recurso de Revista conhecido e parcialmente provido. (BRASIL, 2010d).

O Ministro Relator do processo esclarece que o teste de polígrafo utilizado pela empresa aérea não pode ser adotado em relação a empregados brasileiros aqui admitidos, pois estes têm como fonte de proteção as normas trabalhistas brasileiras, devendo ser respeitados os princípios basilares traçados pela Constituição Federal de 1988, quais sejam: o da dignidade da pessoa humana e o da inviolabilidade da intimidade e da honra subjetiva.

Em sua decisão, Mauricio Godinho Delgado, Ministro do TST, não considera o polígrafo um mecanismo legalmente previsto pelo ordenamento jurídico brasileiro e, além disso, entende que representa um instrumento de transgressão à intimidade dos submetidos ao exame, uma vez que sequer é eficaz como meio de prova contra os empregados. Esclarece também que se a medida fosse realmente indispensável já teria sido adotada pelas companhias de aviação de diversas nacionalidades. Chama a atenção o trecho de sua decisão:

> [...] o uso do polígrafo não é indispensável à segurança da atividade aeroportuária, haja vista existirem outros meios, inclusive mais eficazes, de combate ao contrabando, ao terrorismo e à corrupção, não podendo o teste de polígrafo ser usado camufladamente sob o pretexto de realização de teste admissional rotineiro e adequado. (BRASIL, 2010d).

Vejam-se também as indagações de cunho intimidativo feitas à recorrente nos autos em análise:

— Você já cometeu crimes ou já foi presa?
— Vende ou já vendeu narcóticos?

— Tem antecedentes de desonestidade?

— Cometeu violações de trânsito?

— Deve dinheiro para alguém? Quem? Quanto?

— Já roubou qualquer propriedade do local onde trabalha?

— Desde seu último teste, já usou drogas ilegais?

— Intencionalmente já permitiu que alguém viajasse com documentos falsos?

— Permitiu que alguém violasse os procedimentos de segurança?

— Já permitiu contrabando em alguma aeronave? (BRASIL, 2010d).

Finalmente, explana o Ministro Relator em tela que o uso do polígrafo acaba por expor a vida pessoal do empregado submetido ao exame, gerando inclusive uma não contratação de caráter discriminatório. Por isso, assevera em sua decisão que o uso do polígrafo não só viola a intimidade e a vida privada dos submetidos ao teste como também se destina, direta ou indiretamente, a fim discriminatório, o que vai de encontro aos objetivos da República Federativa do Brasil insculpidos no inciso IV, do art. 3º, da Constituição Federal de 1988, cujo fundamento principal é o respeito à dignidade da pessoa humana prevista no inciso III, do art. 1º, do mesmo diploma legal. Dessa maneira, comprova que o uso do detector de mentiras resulta em decisões que contrariam não só o inciso X, do art. 5º, como também o próprio *caput* do referido artigo, que estabelece o princípio da igualdade e veda as distinções legais de qualquer natureza. Ademais, o Ministro do TST considera que "o uso do sistema de polígrafo assemelha-se aos métodos de investigação de crimes, que só poderiam ser usados pela polícia competente, uma vez que, no Brasil, o legítimo detentor do Poder de Polícia é unicamente o Estado", não podendo, em hipótese alguma, ser usado por empresas privadas.

Vale destacar, ainda assevera o Relator Mauricio Godinho Delgado, como, que o uso do teste de polígrafo, como pretensa medida de segurança, viola a intimidade da pessoa humana e enseja a pretensão a prováveis danos materiais e morais, conforme a previsão disposta no art. 5º, X, da CF/88, que assim dispõe:

Art. 5º

[...]

X — são invioláveis a intimidade, a vida privada, a honra e a imagem das pessoas, assegurando o direito à indenização pelo dano material ou moral decorrente de sua violação.

Capítulo 7

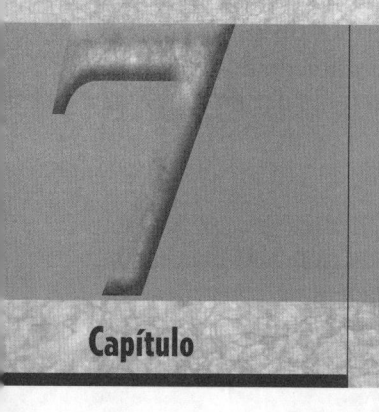

A Proteção aos Direitos da Personalidade do Trabalhador na Fase pós-Contratual

Na fase pós-contratual, os direitos da personalidade do trabalhador também devem ser respeitados, tendo em vista que os deveres contratuais de conduta, conexos ao pretérito contrato de trabalho, continuam produzindo efeitos após a extinção da relação jurídica de emprego. Logo, mesmo após o rompimento do contrato de trabalho, o ex-empregador possui o dever de não gerar lesão à honra e à imagem de seu ex-empregado.

7.1. OS PRINCÍPIOS CONSTITUCIONAIS DA VALORIZAÇÃO DO TRABALHO, EM ESPECIAL O REGULADO, E O DA DIGNIDADE DA PESSOA HUMANA APÓS A EXTINÇÃO DO CONTRATO DE TRABALHO

É sabido que os poderes do empregador devem ser exercidos em conformidade e nos limites dos dispositivos constitucionais e infraconstitucionais de proteção aos direitos da personalidade do trabalhador, mesmo depois de extinto o contrato de trabalho.

A Constituição Federal de 1988 alçou o trabalho humano à categoria de princípio, ao afirmar que a República Federativa do Brasil tem como um dos fundamentos a dignidade da pessoa humana e o valor social do trabalho, segundo dispõe o inciso IV, do art. 1º, da Carta Magna; e, como objetivos, a construção de uma sociedade livre, justa e solidária, a redução das desigualdades sociais, a erradicação da pobreza e da marginalização social, bem como a promoção do bem de todos (art. 3º, I, III e IV). Também a ordem econômica encontra-se fundada na valorização do trabalho, observada a busca do pleno emprego, nos termos do *caput* e inciso VIII, do art. 170, da CF. Já a ordem social tem como base o primado do trabalho e como objetivo o bem-estar e a justiça social (art. 193). Isso sem falar no art. 5º da CF, inciso XIII, e no art. 7º e seus incisos.

Conforme Accioly (2001):

> O trabalho não é meramente fonte de acumulação de riquezas, mas essencial para a inserção social do homem na comunidade e na construção de sua narrativa de vida, dignificando-o e elevando-o à condição de cidadão. (ACCIOLY, 2001, p. 446).

Assim, o valor social do trabalho, em especial, o regulado, além de fundamento da República Federativa do Brasil, é princípio básico da ordem econômica.

O Direito do Trabalho surgiu para exaltar a dignidade do trabalhador e como fonte de melhoramento da condição humana. Toda a humanidade necessita dos benefícios do trabalho regulado a partir do qual é mantida continuamente a vida humana.

De acordo com Lage (2010), "O trabalho é um dos pilares fundamentais do ordenamento jurídico brasileiro e, assim como todas as normas jurídicas constitucionais, deve ser interpretado sob o prisma da dignidade da pessoa humana". (LAGE, 2010, p. 185).

Marques (2007, p. 109), nesse entendimento, destaca que, em um modo de produção capitalista baseado no elemento econômico e ligado ao mercado, a forma de as pessoas adquirirem os bens necessários à sua subsistência e conforto acontece por meio do trabalho. Em razão disso, o trabalho é o elemento cerne de todo o modo de produção e o fundamento constitucional da República Federativa do Brasil.

Nos ensinamentos de Rafael Marques (2007):

> Ao lado da dignidade da pessoa humana, o trabalho, que tem um valor social de fundamento da República, deve ser o elemento principal de todo o Estado Democrático de Direito, devendo as ações de toda a comunidade se pautar tendo por norte, além da dignidade humana, o valor social do trabalho. (MARQUES, R. S., 2007, p. 144).

O trabalho constitui o fundamento sobre o qual o homem realiza os seus desejos pessoais, revela a sua criatividade, desenvolve a sua personalidade e torna possível a execução de uma tarefa voltada para o bem de toda a humanidade. Em tal sentido, o trabalho passa a ser uma atividade desenvolvida pelo homem com o fim último de atender as exigências básicas do ser humano, no plano da realidade material e espiritual, dando à pessoa humana garantia de vida e de subsistência, para que ao homem seja oferecido todo o imprescindível a uma vida digna e saudável.

Então, toda conduta praticada pelo empregador durante a fase pós-contratual que não esteja em consonância com os princípios constitucionais do Direito do Trabalho ora enumerados será passível de danos morais e materiais ao trabalhador, pela violação às garantias fundamentais da intimidade, vida privada, honra e imagem, direitos estes constitucionalmente assegurados através do inciso X, do art. 5º, da Constituição Federal de 1988.

Os princípios constitucionais da dignidade da pessoa humana e da valorização social do trabalho, em especial o regulado, representam limites a toda conduta praticada pelo empregador, quando este se encontra no exercício de seu poder empregatício durante todas as fases do contrato de trabalho (*pré-contratual, de execução e pós-contratual*).

Importante acrescentar as observações de Dallegrave Neto (2009):

> Encontram-se vivos e profundos os valores e princípios constitucionais da atual Constituição Dirigente. Nunca o Brasil precisou tanto que sua Carta Política saísse do papel e fosse efetivamente cumprida. Os princípios constitucionais de proteção ao trabalhador e do primado ao trabalho, bem como a cláusula geral da função social do contrato, devem ser abundantemente utilizados pelo operador jurídico. (DALLEGRAVE NETO, 2009, p. 384).

Em um modelo capitalista, como o do Brasil, que prioriza a geração de riqueza e a reprodução do seu valor, o sujeito (o homem) que a produz fica sempre relegado a um segundo plano.

Como bem expressa Barbosa Júnior (2008, p. 29): "A vida digna está intimamente relacionada ao princípio da valorização do trabalho humano".

E consoante Ledur (1998, p. 95): "A dignidade humana é inalcançável quando o trabalho humano não merecer valorização adequada".

De tal modo, as manifestações concretas dos princípios constitucionais da dignidade da pessoa humana e do valor social do trabalho devem acompanhar o trabalhador em todos os momentos distintos de seu contrato de trabalho, visto que limitam a atuação dos poderes econômicos do empregador, bem como do seu direito constitucional de propriedade e livre iniciativa, que os exercerá dentro dos parâmetros constitucionais já estabelecidos pela Constituição Federal de 1988.

A esse respeito leciona Lage (2010):

> O princípio do valor social do trabalho (regulado) traduz a ideia de valorização do trabalho da pessoa humana, no sentido de assegurar condições dignas de realização do trabalho e que esta seja capaz de assegurar a subsistência digna do trabalhador enquanto cidadão. (LAGE, 2010, p. 136).

E mais: "A valorização do trabalho é uma das facetas do princípio da dignidade humana, sendo também um valor fundamental, um dos pilares que norteiam o ordenamento jurídico brasileiro". (LAGE, 2010, p. 136).

Rafael Marques (2007, p. 111), confirmando essa ideia, defende que o trabalho não é apenas um elemento de produção, pelo contrário, representa algo que valoriza o ser humano e lhe traz dignidade, além do sustento. Por isso, destaca o autor que o trabalho deve ser visto, antes de tudo, como um elemento ligado de forma umbilical à dignidade da pessoa humana.

Em se tratando da proteção aos direitos da personalidade do trabalhador após a extinção do contrato de trabalho, todas as vezes que o empregador, na condição de ex-contratante, impedir o trabalhador de obter o livre acesso à relação de emprego, infringirá os princípios constitucionais da dignidade da pessoa humana e da valorização social do trabalho, em especial, o regulado.

Aliás, ensina Grau (2000) que a dignidade humana não é apenas o fundamento da República, mas também o fim ao qual se deve voltar a ordem econômica. Este autor, ao descrever a importância do princípio da dignidade humana no âmbito das relações sociais, assevera:

> Esse princípio compromete todo o exercício da atividade econômica, sujeitando os agentes econômicos, sobretudo as empresas, a se pautarem dentro dos limites impostos pelos direitos humanos. Qualquer atividade econômica que for desenvolvida no nosso país deverá se enquadrar no princípio mencionado. (GRAU, 2000, p. 221).

A propósito, reza o artigo XXIII, da Declaração dos Direitos do Homem de 1948: "Toda pessoa tem direito ao trabalho, à livre escolha do emprego, a condições justas e favoráveis de trabalho e à proteção contra o desemprego. Toda pessoa tem direito a organizar sindicatos e a neles ingressar".

Impedir o trabalhador de obter trabalho também representa uma garantia internacional do direito ao trabalho, inclusive para que o trabalhador assalariado e a sua família possam viver de forma digna.

Nas palavras de Lage (2010), "A valorização do trabalho é elemento imprescindível para a valorização do próprio ser humano enquanto cidadão". (LAGE, 2010, p. 143).

Rafael Marques (2007, p. 149), complementando tal ideia, afirma que o trabalho "é elemento de existência humana".

Nesta diretriz, é pertinente registrar os ensinamentos de Mauricio Delgado (2004) quanto à importância do trabalho, em especial, o regulado:

> Detectou a Constituição que o trabalho, em especial o regulado, assecuratório de certo patamar de garantias ao obreiro, é o mais importante veículo (senão o único) de afirmação comunitária da maioria dos seres humanos que compõem a atual sociedade capitalista, sendo, desse modo, um dos mais relevantes (senão o maior deles) instrumentos de afirmação da Democracia na vida social. (DELGADO, M. G., 2004, p. 33).

Assim, a realização pelo empregador de anotações desabonadoras na CTPS do empregado, bem como a comunicação de abandono de emprego do trabalhador em órgão de imprensa, a elaboração de listas sujas e a divulgação de fatos e de informações desabonadoras verídicas e inverídicas do ex-empregado para futuros possíveis empregadores representam condutas lesivas ao trabalhador que atuam em desconformidade com os critérios constitucionais de proteção ao direito social ao trabalho e ao emprego de todo indivíduo.

Mauricio Delgado (2006), sobre a importância do valor social do trabalho, em especial, o regulado, na vida pessoal e profissional do trabalhador, descreve:

> O emprego, regulado e protegido por normas jurídicas, desponta, desse modo, como o principal veículo de inserção do trabalhador na arena socioeconômica capitalista, visando a propiciar-lhe um patamar consistente de afirmação individual, familiar, social, econômica e, até mesmo, ética. É óbvio que não se trata do único veículo de afirmação econômico-social da pessoa física prestadora de serviços, uma vez que, como visto, o trabalho autônomo especializado e valorizado também tem esse caráter. Mas, sem dúvida, trata-se do principal e mais abrangente veículo de afirmação socioeconômica da ampla maioria das pessoas humanas na desigual sociedade capitalista. (DELGADO, M. G., 2006, p. 30).

Neste aspecto, os princípios constitucionais da dignidade da pessoa humana e da valorização social do trabalho, em especial o regulado, apenas serão plenamente assegurados após a extinção do contrato de trabalho se e enquanto viabilizado o acesso a todos os trabalhadores à relação de emprego, sem que haja a prática de qualquer conduta lesiva e discriminatória que restrinja o cidadão de obter o direito social ao pleno emprego.

Gabriela Delgado (2006, p. 86) assevera que o trabalho, "como elemento que concretiza a identidade social do homem, possibilitando-lhe autoconhecimento e plena socialização, é da essência humana".

Feliz, citado por Rafael Marques (2007, p. 112), corroborando tal entendimento, assinala que "o homem moderno não sabe e não pode viver sem o trabalho. Este é um fator de dignidade e de aceitação social".

Consoante Murari (2008):

> [...] qualquer ato patronal visando desvalorizar ou aviltar o trabalhador deverá ser repelido, em atenção aos direitos fundamentais e sociais, ao princípio da valorização do trabalho humano, que são concretizações do princípio da dignidade da pessoa humana. (MURARI, 2008, p. 44).

Ademais, o princípio da função social da empresa representa corolário dos princípios constitucionais da dignidade da pessoa humana, do valor social do trabalho, da valorização do trabalho humano, da existência digna a todos e da justiça social, além de constituir objetivo fundamental da República Federativa do Brasil que é o de "construir uma sociedade livre, justa e solidária" (arts. 1º, III; 3º, I; e 170, da Constituição Federal de 1988). Portanto, é preciso estar ciente de que o contrato de trabalho está subordinado não só aos princípios de Direito do Trabalho, mas também ao da boa-fé objetiva, durante todo o decorrer da relação jurídica contratual.

E, em tempos de desemprego estrutural, a função social da empresa deve ser representada pela política de geração de emprego (art. 170, VIII, da CR/88), na qual se pressupõe uma ordem econômica fundada na valorização do trabalho e na tutela do trabalho regulado.

Como bem ressalta Jorge Lôbo (2006):

> A função social da empresa deve incluir a criação de riquezas e de oportunidades de emprego, qualificação e diversidade da força de trabalho, estímulo ao desenvolvimento científico por intermédio de tecnologia, e melhoria da qualidade de vida por meio de ações educativas, culturais, assistenciais e de defesa do meio ambiente. (LÔBO, J., 2006, p. 29).

O empregador que não respeita os direitos da personalidade do trabalhador não age de acordo com a função social da empresa, pois desrespeita a sua dignidade.

Neste sentido, assegura Dallegrave Neto (2009):

> Ao produzir riqueza, o empresário está trazendo um resultado útil a toda a coletividade e, nessa medida, quanto maior sua função de agente criador de prosperidade econômica para a coletividade, mais se justifica um tratamento vantajoso por parte do ordenamento jurídico. Com efeito, a prosperidade coletiva (geração de empregos e riqueza) deve ser identificada como resultado natural da atividade do empresário [...]. (DALLEGRAVE NETO, 2009, p. 394).

Assim, como forma de combater o desemprego estrutural, a função social da empresa deve ser formulada na atuação para a concreção dos valores constitucionais do trabalho, a saber: o cumprimento integral dos direitos trabalhistas (art. 7º, CF/88), política de geração de pleno emprego (art. 170, VIII, CF/88) e procurando evitar, na medida do possível, a substituição do trabalhador pelos agentes de automação (art. 7º, XXVII, CF/88). (DALLEGRAVE NETO, 2009, p. 146).

Ao lado da função social da empresa há, ainda, a função social do contrato que está claramente determinada pela Constituição, ao fixar, como um dos fundamentos da República, o valor social da livre iniciativa, prevista no art. 1º, inciso IV, da CF/88. Contudo, essa disposição impõe ao jurista a proibição de ver o contrato como um átomo, ou seja, algo que somente interessa às partes, desvinculado de tudo o mais. O contrato, qualquer contrato, possui importância para toda a sociedade, e essa asserção, por força da Constituição, faz parte, hoje, do ordenamento positivo brasileiro. (SOUZA, 2008, p. 120).

Conforme Souza (2008, p. 186), são os princípios anteriormente mencionados que "fazem atuar como instrumentos da justiça social potencializada".

7.2. O PRINCÍPIO DA BOA-FÉ OBJETIVA NA FASE PÓS-CONTRATUAL

Mesmo após a cessação do contrato de trabalho, o trabalhador poderá ser lesado em seus direitos da personalidade. Existem várias situações que podem acarretar a violação a estes direitos fundamentais do ex-empregado e, por consequência, levar ao pagamento de indenização por dano moral e material após o rompimento do seu contrato de trabalho.

Mesmo na fase pós-contratual, os deveres contratuais de conduta, conexos ao pretérito contrato de trabalho, devem perdurar e surtir seus efeitos após a extinção da relação jurídica de emprego. A cláusula geral de boa-fé prevista no art. 422, do Código Civil, dispõe que os contratantes são obrigados a observar os princípios da probidade e da boa-fé em todas as fases contratuais. Por consequência, o art. 422, do Código Civil, exige lealdade e probidade aos sujeitos envolvidos no pacto laboral em todas as suas fases, a saber: pré-contratual, de cumprimento, de extinção e pós-contratual.

Conforme visto no decorrer deste trabalho, o princípio da boa-fé objetiva impõe deveres às partes que perduram durante todo o *iter* obrigacional, passando pela fase das negociações até a fase pós-contratual.

O princípio da boa-fé objetiva, segundo Baracat (2003):

> [...] irradia deveres às partes que perduram mesmo após a extinção da relação obrigacional, sendo que, se da observância dos mesmos decorrer dano, é passível de indenização pela contraparte que o causou. (BARACAT, 2003, p. 266).

O dano, seja ele material ou moral, é oriundo da violação aos deveres de lealdade, proteção e sigilo profissional anexos ao contrato de trabalho, que perduram mesmo depois de rompido o vínculo laboral entre os contratantes. Embora o empregador seja o detentor de sua atividade econômica de produção e o titular do seu poder empregatício (diretivo, regulamentar, fiscalizatório e disciplinar) na seara laboral, não se podem exercer tais prerrogativas em desconformidade com os princípios constitucionais que visam a tutelar os direitos da personalidade do empregado (dignidade, intimidade, vida privada, honra, imagem), mesmo que depois de extinto o seu contrato de trabalho.

Informa Enoque Santos (2009):

> O caráter abusivo da despedida imediata pode se referir às condições humilhantes e vexatórias em que ela se processou, de natureza a comprometer a reputação do empregado, não apenas no seio da organização, como da própria comunidade em que ele vive com sua família. (SANTOS, E. R., 2009, p. 136).

Desse modo, mesmo após o rompimento do contrato de trabalho, os sujeitos envolvidos na relação de emprego possuem o dever de atuar com probidade, lealdade, boa-fé e sigilo contratual.

A responsabilidade pós-contratual, fundada no princípio da boa-fé objetiva, subsiste para os ex-contratantes — *ex-empregado e ex-empregador* —, mesmo depois de extinto o contrato de trabalho.

Consoante ensina Baracat (2003, p. 264): "De acordo com o princípio da boa-fé objetiva existem deveres que nascem antes da relação obrigacional e perduram após sua extinção, que independem da vontade das partes ou de previsão legal".

Assim, quando o ex-empregador divulga fatos e informações desabonadoras (verídicas ou inverídicas) acerca do comportamento do seu ex-empregado para futuros empregadores que pretendem contratá-lo, dada a relação havida entre ambos quando da vigência da relação empregatícia, viola dever de conduta, pautado na boa-fé contratual (art. 442, CC).

Vale transcrever a ementa que descreve um caso de violação à reputação, à liberdade, à vida privada e à imagem de um trabalhador, após a extinção de seu contrato de trabalho:

> BOA-FÉ OBJETIVA. DEVER DE CUIDADO COM A IMAGEM DO EMPREGADO. INDENIZAÇÃO DEVIDA. Viola o dever de cuidado com a imagem do empregado decorrente do princípio da boa-fé objetiva, o empregador que divulga, via rádio de comunicação, para todos os demais empregados, que aquele empregado não pertence mais ao quadro da empresa, devendo ser tratado como pessoa suspeita. (PARANÁ, 2008b).

É importante destacar o quanto é danoso para o trabalhador quando a boa-fé objetiva é violada depois de rompido o seu contrato de trabalho, visto que, certamente, isso dificultará ou impedirá conseguir um novo posto de trabalho.

Dallegrave Neto (2009, p. 117) assevera que eventual calúnia emanada pelo empregador ao empregado, ainda que consumado o ato após a extinção do contrato, violará dever anexo de conduta, pautado na boa-fé contratual, já que os deveres de informação, proteção e lealdade não se limitam à execução do contrato. São deveres que persistem na fase pós-contratual, o que implica ao ex-empregador o dever de reparar o dano provocado ao ex-empregado.

Quanto a isso, vale transcrever um trecho de ementa proferida pelo Juiz do Trabalho Tarcísio Valente, do Tribunal Regional do Trabalho da 23ª Região:

> Ocorrerá a responsabilidade civil pós-contratual do empregador quando ele, ainda que tenha cumprido todos os deveres principais do contrato de trabalho, deixar de observar aqueles acessórios, decorrentes da boa-fé dos contratantes, ou seja, os deveres de lealdade, proteção e informação, previstos ou não em lei. (MATO GROSSO, 2009).

Em razão disso, os deveres de proteção, lealdade e sigilo profissional não se exaurem à execução do contrato, mas persistem na fase pós-contratual, implicando ao ex-empregador o dever de reparar eventual dano provocado ao trabalhador.

Como bem destaca Luiz Silva (2004):

> A imputação mentirosa que cause atentado à honra do empregado constituirá por esse fato uma falta caracterizada que compromete a responsabilidade do empregador que agiu com espírito de malícia ou pelo menos com uma leviandade censurável. (SILVA, L. P. P., 2004, p. 57).

Então, o empregador permanece vinculado ao cumprimento dos compromissos assumidos em relação ao empregado durante a contratualidade, devendo se abster de divulgar notícias ou fatos desabonadores que possam acarretar prejuízos morais ou materiais depois da sua dispensa.

Para Enoque Santos (2009, p. 136), quando o ato ilícito se perpetuar após o despedimento do obreiro por iniciativa do empregador, mesmo que seja no mesmo dia ou horas após este ter deixado seu local de trabalho, tem-se a figura da despedida injuriosa. A despedida injuriosa, nas palavras do autor referenciado, acontece quando vem "acompanhada de palavras ou atos ofensivos ou quando motivada por razões infundadas, que venham a causar o descrédito do trabalhador". Ensina ainda o autor que o empregado terá protegido não somente o seu direito de ação contra o empregador, mas também o de pleitear indenização por dano moral, conforme preceitua a Súmula n. 37, do STJ, que assim dispõe: "**Danos material e moral. Mesmo fato. Cumulação.** São cumuláveis as indenizações por dano material e dano moral oriundos do mesmo fato". (SANTOS, E. R., 2009, p. 136).

Conforme já dito, a proteção aos direitos da personalidade na fase pós-contratual no Direito do Trabalho é direcionada tanto ao ex-empregado quanto ao ex-empregador, pois ambos podem violar a integridade moral um do outro, o que irá ensejar, por consequência, a indenização compensatória.

Assim, quanto aos deveres que são atribuídos ao empregado após a extinção do contrato de trabalho, ensina Nilson Nascimento (2009, p. 167) que, apesar desse rompimento, o empregado continua vinculado à observância dos compromissos profissionais, éticos e morais assumidos durante a sua contratualidade, razão pela qual não pode divulgar fatos ou notícias desabonadoras que possam acarretar prejuízos morais ou materiais ao seu ex-empregador.

Enoque Santos (2009, p. 136) ensina que todas as vezes que o ex-empregado, por algum motivo ou desapontamento, logo após a extinção do contrato de trabalho, sair assacando falsas ou infundadas acusações que tisnem a moral, a dignidade, a boa fama e a reputação do ex-empregador, terá praticado um ilícito caracterizado pelo dano moral contra o empregador.

É sabido que a pessoa jurídica pode ser vítima de danos morais, uma vez que a aplicabilidade do art. 5º, X, da Constituição Federal de 1988, não mais restringe o seu alcance à pessoa física. O dano moral é invocado tanto a favor da pessoa física quanto da pessoa jurídica para resguardar as suas idoneidades, respeitabilidades e reputações na sociedade. Além disso, o art. 52, do Código Civil, concede a tutela dos direitos da personalidade como a imagem. Também a jurisprudência do Superior Tribunal de Justiça, por meio da Súmula n. 227, aduz que a pessoa jurídica pode sofrer dano moral.

Fujita (2007, p. 110) assevera que a empresa possui vida interna e que, em decorrência disso, a mesma deverá ser preservada, não podendo quem quer que seja devassar a sua privacidade. Segundo o autor, ao lado do direito à intimidade, surge também o direito ao sigilo. Este último diz respeito a notícias, informações ou dados sigilosos guardados pela pessoa jurídica; enquanto aquele se refere a fatos mais amplos da seara privada da pessoa jurídica, mais especificamente, da sua vida interna. Ao descrever o direito ao segredo assegurado à pessoa jurídica, o autor salienta que este se encontra ligado a fatos específicos, mantidos de maneira reservada, nos limites da pessoa jurídica, em decorrência de suas atividades. Trata-se, por exemplo, da divulgação não autorizada do conteúdo de livros fiscais ou comerciais, ou mesmo de segredos industriais da pessoa jurídica que, se revelados, configura dano moral em favor da mesma.

Adverte Carvalho, citado por Sanches (1997, p. 58) que, apesar de a pessoa jurídica não sentir dor, a sua lesão pode provocar um efeito negativo que também não seja patrimonial nem tenha reflexo material, mas consiste na ofensa à confiança, pois há pessoas jurídicas que incluem no seu patrimônio jurídico a confiança dos cidadãos sem qualquer repercussão econômica.

Vale registrar o pensamento de Ferrari e Martins (2011) no que tange à proteção ao direito de imagem da empresa, bem como sobre a sua reputação:

> A verdade é, se a empresa, ao longo da sua existência, constrói uma imagem que lhe valeu a ascensão econômica e confiança dos consumidores dos seus produtos ou serviços, é justo que ela tenha proteção dos seus direitos arduamente conquistados. É óbvio que, se depois dessa conquista vier a sofrer um abalo em virtude de atos praticados por seus empregados, de forma injusta e destruidora de sua imagem, surgirá para ela o direito de acionar o seu ofensor para a devida reparação, valendo registrar que, nesse caso, o risco será sempre maior do empreendedor ou do empresário, já que o trabalhador, salvo raras exceções, não terá patrimônio para responder pelos atos praticados. (FERRARI; MARTINS, 2011, p. 414).

Informa Manoel Jorge e Silva Neto (2005, p. 76) que, atualmente, gastam-se valores extraordinários com a finalidade de se manter e de se consolidar a imagem da empresa eficiente, que é responsável pela produção de bens ou prestação de serviços com qualidade. Assim, é cada vez mais crescente a preocupação dos grupos empresariais com a construção de uma boa imagem perante os consumidores.

Quanto ao direito de imagem da empresa, Assumpção, citado por Barbosa Viana (2002) ensina:

> A imagem constitui um dos fatores para o sucesso da empresa no mundo negocial e do próprio consumidor, diante dos quais forma-se um conceito abstrato, e não visual, da entidade, o qual pode ser repentinamente abalado por uma notícia errônea ou um ato doloso que imprima falsas declarações a direitos da pessoa jurídica ou um envolvimento em operações ilícitas. Inclusive, deve-se atentar ao fato de que nos meios de comunicação, em geral, não se divulga quem assinou o documento ou determinou a medida; o nome da empresa é que é exposto, abalando sua imagem. Dessa forma, a ofensa à imagem está ligada ao dano moral, na medida em que qualquer publicação ou palavra atentatória àquela tem como repercussão imediata a produção deste, podendo também atingir a pessoa jurídica, a qual tem direito à reparação com fulcro no art. 5º, V e X, da Constituição Federal. (ASSUMPÇÃO apud BARBOSA VIANA, 2002, p. 84).

Para Manoel Jorge e Silva Neto (2005, p. 76), a transgressão à imagem da empresa somente será suscetível de ocorrência se a informação e/ou fato divulgados não corresponderem à realidade. Este autor não considera direito de imagem da empresa o caso de determinada empresa do ramo alimentício que foi denunciada por órgão público em virtude de não ter adotado técnicas higiênicas para a manipulação dos alimentos por ela produzidos. No caso em tela, mais do que conveniente, tal informação à coletividade é impositiva, a fim de que os consumidores não tenham a sua saúde prejudicada. Portanto, a reparação à imagem da empresa apenas ocorrerá quando a notícia divulgada for inverídica.

Manoel Jorge e Silva Neto (2005, p. 76) cita dois exemplos de violação a este direito. O primeiro é quando o empregado que exerceu função de direção divulga fatos ou informações que obteve em razão do posto ocupado na unidade empresarial, que, por sua vez, atinge gravemente a imagem da empresa. O segundo exemplo é o do sindicato profissional que, a pretexto de pressionar a empresa em período anterior à celebração de acordo coletivo, veicula nos órgãos de imprensa, ou mesmo no boletim informativo do grêmio sindical, fatos inverídicos atentatórios à boa reputação empresarial.

Na verdade, existe um número incontável de situações ofensivas à imagem atributo da empresa no âmbito das relações de trabalho. O elenco das circunstâncias acima apontadas é meramente exemplificativo.

Mauro Schiavi (2007, p. 148), Juiz do Trabalho da 2ª Região, informa que, no ano de 2005, apreciou um processo no qual a ex-empregada, uma professora do ensino médio, postulava reparação por danos morais em face do seu ex-empregador, um conceituado colégio, sob a alegação de que o referido colégio a colocou numa lista suja e estava divulgando a outros empregadores que a autora havia sido dispensada por justa causa em razão de ter realizado uma rebelião no colégio. O reclamado ingressou com uma reconvenção, afirmando serem inverídicas as afirmações da inicial e que, em razão de tais acusações, e face à publicidade do processo, como tinha um nome e uma reputação a zelar, postulava reparação por danos morais. Durante a instrução processual, restou cabalmente comprovada a versão da reconvenção no sentido de que as acusações dirigidas ao reclamado não eram verdadeiras. Assim, condenou a professora, na reconvenção, a reparar os danos morais a favor do seu ex-empregador.

Entretanto, é preciso lembrar, conforme as palavras de Maria Celina Moraes (2003, p. 192), que o dano moral relativo a pessoas jurídicas não pode ser concebido na mesma medida que o dano relativo às pessoas físicas, uma vez que a tutela da dignidade constitucional somente visa a tutelar as pessoas humanas.

Quanto à divulgação de dados confidenciais da empresa pelo ex-empregado após o rompimento de seu contrato de trabalho, é necessário tecer considerações sobre a cláusula de confidencialidade que é inserida no contrato de trabalho do empregado com a finalidade de guardar sigilo empresarial, obrigando o empregado a não revelar dados confidenciais da empresa. No curso da relação de emprego, a revelação de segredo comercial configura motivo para dispensa por justa causa (art. 482, g, da CLT), passível, ainda, de responsabilização penal (crime de concorrência desleal, art. 195 da Lei n. 9.279/1996). Havendo violação da referida cláusula, após a extinção da relação de emprego, a hipótese será a de crime de concorrência desleal, conforme asseguram os incisos do já citado art. 195, da Lei n. 9.279/1996.

Edilton Meireles (2005, p. 137) assevera que, no Brasil, em razão dos amplos termos do inciso XI, do art. 195, da Lei n. 9.279/1996, a mera informação do segredo da empresa já constitui um ilícito propriamente dito praticado pelo empregado, *verbis*:

> Art. 195. Comete crime de concorrência desleal quem:
> [...]
> XI — divulga, explora ou utiliza-se, sem autorização, de conhecimentos, informações ou dados confidenciais, utilizáveis na indústria, comércio ou prestação de serviços, excluídos aqueles que sejam de conhecimento público ou que sejam evidentes para um técnico no assunto, a que teve acesso mediante relação contratual ou empregatícia, mesmo após o término do contrato.

Para o autor, a cláusula de confidencialidade só não será abusiva quando for estabelecida a sua duração bem como a devida compensação financeira para o trabalhador. Segundo ele: "Não se pode vedar o trabalhador de utilizar conhecimentos inerentes à sua profissão habitual". (MEIRELES, E., 2005, p. 137).

Giglio (2000, p. 195) entende que é inócua qualquer cláusula que preveja no pacto laboral obrigação do ex-empregado não violar segredos do seu ex-empregador, por ser sempre materialmente impossível punir seu ex-empregado. Para o autor: "O empregador também não possui a obrigação de avisar seus empregados do que é segredo, como regra, vez que a maioria dos subordinados tem discernimento suficiente para perceber aquilo que não deve ser revelado". E ainda:

> Àqueles trabalhadores cuja evolução mental não lhes propicie discernir o que é segredo de empresa, entretanto, deverá o empregador comunicar os atos, fatos ou coisas que deverão ser mantidos secretos. Se não o fizer, a revelação de tais fatos, atos ou coisas, por esses empregados, não configurará violação de segredo, por falta de intenção do revelador. Ao divulgá-los, tais empregados ignoravam sua natureza secreta. (GIGLIO, 2000, p. 195).

Não se comungam aqui as ideias dos dois referidos autores. Para que o empregado não seja dispensado por justa causa por ter violado segredo da empresa, é necessário que o empregador comunique de forma expressa, por intermédio da inserção da cláusula de confidencialidade no contrato de trabalho, a todos os empregados sobre o que representa ser segredo determinada informação. Nenhum empregado, independentemente de sua evolução mental de discernimento, tem a obrigação de adivinhar tudo o que é relevante à produção ou ao negócio do empreendimento empresarial. É a empresa que deve decidir e informar ao trabalhador, expressamente, o que é segredo para ela. Trata-se de uma obrigação contratual da empresa que se reveste no direito à informação do empregado que deve acontecer na fase da sua contratação.

Neste sentido, a cláusula de confidencialidade se insere no rol das obrigações do contrato de trabalho a serem observadas pelo trabalhador no momento do cumprimento do seu pacto laboral bem como após o seu rompimento.

Considera-se segredo, segundo Cassar (2011, p. 1.139), "todo elemento capaz de determinar a característica singular da produção da empresa, todos os fatos, atos ou coisas que dizem respeito ao empreendimento".

Conforme Giglio (2000, p. 182), os segredos da empresa podem ser de dois tipos: segredos de fábrica ou de produção, que se referem aos métodos, às fórmulas, aos inventos, aos melhoramentos introduzidos no produto; e segredos do negócio, que se referem à situação econômica ou financeira da firma, às suas transações e aos planos de transformação e de ampliação.

É indispensável, ainda, para configurar a justa causa em comento, que da revelação possa advir um prejuízo ou servir de base à concorrência desleal da empresa. Desse modo, quanto ao tempo de duração da cláusula de confidencialidade, a mesma deve continuar surtindo os seus efeitos mesmo depois de rompido o contrato de trabalho do empregado e por tempo indeterminado, uma vez que o ex-empregado possui a obrigação de guardar sigilo profissional sobre todo fato, ato ou coisa que possa acarretar prejuízo econômico ao seu ex-empregador. Trata-se de um dever, derivado do princípio da boa-fé objetiva, anexo ao contrato de trabalho, que deve perdurar durante toda a vida profissional do trabalhador.

O ex-empregado que infringe segredo da empresa viola a sua obrigação de lealdade e de sigilo profissional. Assim, mesmo após a extinção da relação de emprego, as regras de conduta devem continuar sendo respeitadas pelo ex-empregado, uma vez que qualquer transgressão quanto às referidas regras poderá acarretar redução de oportunidade de ganho e diminuição na reputação da empresa no mercado econômico frente a outras concorrentes. Apenas não haverá violação aos referidos deveres contratuais quando o ex-empregado fizer uso da experiência e dos conhecimentos obtidos na empresa para, em proveito próprio, exercer as suas funções profissionais sem caracterizar concorrência desleal com o seu ex-empregador.

Cruz e Tucci (2002, p. 105) assevera que existem inúmeros casos de empregados que, ao deixarem seus empregos, com o fim da relação trabalhista, transmitem informações sigilosas que obtiveram em razão do cargo que ocupavam a concorrentes do empregador. Estatui a autora que "ambos os contratantes devem se abster de transmitir a terceiros dados sigilosos da outra parte, dos quais tomaram conhecimento única e exclusivamente para o aperfeiçoamento do contrato já findo".

Nesse mesmo sentido, ensina Vieira, citado por Fabian (2002, p. 131) que as partes, também depois da extinção dos contratos, continuam obrigadas a, por ação ou omissão, velar pela não frustração do escopo perseguido pelo contrato, de modo a não provocar danos à esfera do outro ex-contratante.

Como bem aponta Los Mozos, citado por Baracat (2003):

> Os deveres propriamente pós-contratuais se encontram no sentido de que a boa-fé exige, segundo as circunstâncias, que os contratantes, após o término da relação contratual, omitam toda conduta mediante a qual a outra parte se veria despojada ou veria essencialmente reduzidas as vantagens oferecidas pelo contrato. (LOS MOZOS *apud* BARACAT, 2003, p. 263).

Também se considera válida a inserção no contrato de trabalho do empregado de cláusula ou pacto de não concorrência após a vigência do seu contrato de trabalho para que se comprometa a não praticar ação que acarrete desvio de clientela de seu ex-empregador, desde, contudo, que sejam atendidas determinadas condições. A referida cláusula implica a impossibilidade de o trabalhador desviar clientela de seu antigo empregador. Seu objetivo, portanto, é preservar a clientela do empresário.

Os efeitos da referida cláusula, após a extinção do contrato de trabalho do trabalhador, são muito bem traçados por Beltran (1998):

> Deverá haver limitação quanto ao objeto da restrição do exercício da atividade; impõe-se a limitação no tempo; torna-se necessária a fixação de limitação temporal e, finalmente, durante o período de abstenção, deverá o trabalhador receber indenização justa, previamente avençada. Em caso de violação do pacto, poderá responder por cláusula penal, se fixada, ou por perdas e danos. (BELTRAN, 1998, p. 67).

Também se entende aqui que a referida abstenção é válida desde que fixada de forma temporária no contrato de trabalho, mediante consenso e justa contraprestação de caráter indenizatório. Deve, portanto, ser limitada no tempo e abranger apenas a atividade fixada, especificamente, como capaz de, em tese, colocar em desvantagem o antigo empregador frente a concorrentes.

Como ainda relata Beltran (1998):

> Estará o empregado livre para o exercício de quaisquer atividades não constantes da limitação, ou seja, a vedação atinge — e não gratuitamente — apenas o não concorrer, durante certo tempo. Em suma, pactua-se uma espera remunerada. (BELTRAN, 1998, p. 67).

Portanto, consoante Edilton Meireles (2005):

> Fora desses limites e sem fixação de qualquer compensação, ainda que *in natura*, pode-se chegar à conclusão que (sic) a cláusula de não concorrência após a extinção contratual é abusiva, já que, além de transpor certos

parâmetros estabelecidos pela razoabilidade, não contempla qualquer contraprestação, desequilibrando a relação contratual. (MEIRELES, E., 2005, p. 133).

É preciso destacar, contudo, que tal situação não deve ser confundida com a prática de atos de concorrência que acontecem durante a vigência do contrato de trabalho do empregado, por constituir justa causa devidamente manifestada no art. 482, "c", da CLT, que, além de acarretar motivo de justa causa para a cessação do seu contrato de trabalho, acarreta a responsabilização civil em favor do empregador.

7.2.1. Dever de proteção

Foi em razão do aspecto socioeconômico atribuído ao Direito do Trabalho desde o seu nascimento — consequência direta da decorrente desigualdade econômica entre o proletariado e o patrão —, que este ramo projeta especial proteção jurídica ao trabalhador em sua absorção no processo econômico.

O dever de proteção deve ganhar dimensão em todas as fases do contrato de trabalho (pré-contratual, de cumprimento, de extinção e pós-contratual), visto ser ele que irá conferir valoração distinta à personalidade e à dignidade do trabalhador. Além disso, informará ao Direito do Trabalho o modo como devem ser exercidos os poderes econômicos (diretivo, regulamentar, fiscalizatório e disciplinar) atribuídos ao empregador no âmbito das relações de trabalho.

Conforme dito alhures, o referido princípio deve agir em defesa dos direitos da personalidade não só do ex-empregado, como também do ex-empregador na fase pós-contratual.

Baracat (2003, p. 264), ao demonstrar a importância da proteção aos contratantes na relação de emprego, assevera: "o dever de proteção significa que, após extinto o vínculo de emprego, continuam as partes vinculadas, em termos específicos, de forma a não provocarem danos mútuos nas pessoas e nos patrimônios uma da outra".

7.2.2. Dever de lealdade

Quanto ao dever de lealdade, atribuído aos contratantes na relação de emprego, Baracat (2003, p. 265) informa que, mesmo após o término da relação individual de trabalho, o dever de sigilo e de omissão devem permanecer intactos, no sentido de que aos contratantes é vedado divulgar a terceiros aspectos resultantes do vínculo empregatício estabelecido entre os mesmos.

Rocha e Cordeiro, citados por Baracat (2003, p. 265) estabelecem que, após a extinção da relação de emprego, permanece entre as partes o dever de não adotar determinada atitude que possa acarretar, em decorrência do aproveitamento da antiga posição contratual, a diminuição das vantagens para ambos os contratantes ou, até mesmo, infligir danos ao ex-parceiro. Dessa maneira, sobressaem-se do dever de lealdade, o de não concorrência e o de sigilo perante as informações obtidas durante a constância da relação contratual havida entre os ex-contratantes.

Após a extinção da relação de emprego, Baracat (2003, p. 266) afirma que a situação mais comum de inobservância do dever de lealdade atribuído ao ex--empregador em relação ao ex-empregado refere-se ao caso das listas sujas. Através delas, o ex-empregador presta informações desabonadoras acerca da conduta do seu ex-empregado a terceiros. Segundo o autor, as listas sujas se prestam não apenas a revelar informações relativas ao trabalho desenvolvido pelo ex-empregado, mas também a aspectos pertinentes a exames médicos realizados por este durante a época em que se encontrava juridicamente subordinado na relação de emprego. Observam-se, assim, inequívocos danos moral e patrimonial praticados pelo ex--empregador em desfavor do trabalhador:

> [...] No primeiro, porque há ofensa à honra do trabalhador, considerada objetivamente (a dignidade da pessoa humana refletida na consideração dos outros), no sentido de que sua reputação é violada. No segundo, se decorrente da informação prestada, o empregado deixa de obter emprego, e, consequentemente, deixa de auferir os meios materiais necessários para sua subsistência e de sua família. (BARACAT, 2003, p. 266).

Quanto ao dever de lealdade atribuído ao ex-empregado em favor de seu ex-empregador, aquele o viola quando, aproveitando-se de informações sigilosas deste, que obteve no curso do contrato de trabalho, vende-as a concorrente do ex-empregador após a extinção da relação empregatícia. Trata-se de um caso perfeitamente passível de indenização por dano causado pelo ex-empregado ao ex--empregador (BARACAT, 2003, p. 265).

Como se percebe, a proteção constitucional à imagem é atribuída a ambos os sujeitos do contrato individual de trabalho, pois, como observa Manoel Jorge e Silva Neto (2005, p. 76): "Se há outorga de proteção constitucional à imagem do empregado, é irrecusável reconhecer-se, por simetria, a possibilidade de tutela da imagem da empresa".

7.3. A PROTEÇÃO AOS DIREITOS DA PERSONALIDADE DO TRABALHADOR NA FASE PÓS-CONTRATUAL – SITUAÇÕES CONCRETAS RECORRENTES

No que tange à proteção aos direitos da personalidade do trabalhador na fase pós-contratual, há cinco situações capazes de acarretar a violação aos direitos fundamentais à honra e à imagem do ex-empregado e, por consequência, aos deveres oriundos do contrato de trabalho. São elas: anotações desabonadoras na CTPS do trabalhador; comunicação de abandono de emprego em órgão de imprensa; divulgação de fatos e informações desabonadoras e *inverídicas* sobre o ex-empregado; divulgação de fatos e informações desabonadoras e *verídicas* sobre o ex-empregado; elaboração das listas sujas.

7.3.1. Anotações desabonadoras na CTPS do trabalhador

A Consolidação das Leis do Trabalho dedicou um capítulo inteiro à Carteira de Trabalho e Previdência Social do trabalhador. No § 4º, do art. 29, em especial, estão dispostas as observações pertinentes às anotações que devem constar na CTPS de todo empregado:

> Art. 29. A Carteira de Trabalho e Previdência Social será obrigatoriamente apresentada, contra recibo, pelo trabalhador ao empregador que o admitir, o qual terá o prazo de 48 horas para anotar, especificadamente, a data de admissão, a remuneração e as condições especiais, se houver, sendo facultada a adoção de sistema manual, mecânico ou eletrônico, conforme instruções a serem expedidas pelo Ministério do Trabalho.
>
> [...]
>
> § 4º. É vedado ao empregador efetuar anotações desabonadoras à conduta do empregado em sua Carteira de Trabalho e Previdência Social.

O § 5º deste mesmo artigo ainda estipula que o descumprimento do disposto no § 4º submeterá o empregador à multa prevista no art. 52, da CLT.

Como a CTPS representa um retrato da vida profissional do trabalhador, nela somente será possível constar informações previstas em lei e ligadas ao contrato de trabalho, justamente para não dificultar o trabalhador a obter novo emprego.

Assim, o empregador não pode fazer constar na CTPS do trabalhador que a rescisão contratual se deu em decorrência de alguma das faltas graves previstas pela legislação trabalhista, caso contrário, caracterizado fica o dano moral pelo prejuízo que acarretará à honra e à imagem profissional do trabalhador.

Desse modo, o empregador não pode lançar nenhuma informação ou anotação desabonadora, seja ela verídica ou inverídica, na CTPS do trabalhador, sob pena de também gerar dano à honra e à imagem daquele.

A Portaria n. 41/2007 do Ministério do Trabalho e Emprego também fixa normas de anotação em Carteira do Trabalho e Previdência Social. Reza o art. 8º, da referida Portaria:

> O MINISTRO DE ESTADO DO TRABALHO E EMPREGO, no uso da competência que lhe confere o art. 87, parágrafo único, incisos I e II, da Constituição, resolve:
>
> Art. 8º É vedado ao empregador efetuar anotações que possam causar dano à imagem do trabalhador, especialmente referentes a sexo ou sexualidade, origem, raça, cor,

estado civil, situação familiar, idade, condição de autor em reclamações trabalhistas, saúde e desempenho profissional ou comportamento.

O objetivo do dispositivo em comentário é proteger o trabalhador, no sentido de afastar, após ter sido dispensado, a ocorrência de qualquer prática discriminatória que possa frustrá-lo de obter nova colocação no mercado de trabalho por um novo empregador.

A CTPS compreende um registro profissional público do trabalhador, além de ser uma forma de identificação do mesmo, mormente porque ela espelha o histórico funcional do empregado.

O Juiz do Trabalho Paulo Mauricio Ribeiro Pires, integrante da Turma Recursal de Juiz de Fora, do Tribunal do Trabalho de Minas Gerais, já proferiu uma decisão repudiando qualquer tipo de anotação na CTPS do trabalhador que possa dar margem à inclusão de seu nome em lista suja. Concorde o magistrado, no Recurso Ordinário n. 01225.2007.038.03.00.4: "O Judiciário não pode agir com ingenuidade e fechar os olhos ao que ordinariamente acontece, pois, via de regra, o trabalhador que se dirige à Justiça é notoriamente discriminado por outros empregadores". Segue a ementa:

> EMENTA: DANO MORAL. ALUSÃO A PROCESSO JUDICIAL EM ANOTAÇÃO APOSTA PELO EMPREGADOR NA CTPS DO EMPREGADO. Age abusivamente o empregador que faz constar da CTPS referência a demanda trabalhista que o empregado que lhe move. Está-se diante de conduta ilícita, pois extrapola o limite de informações que podem ser inseridas pelo empregador na Carteira de Trabalho de seu empregado (art. 29 da CLT). Nesse cenário, forçoso reconhecer que sofrimento, inegavelmente, houve, pois tal questão é estritamente subjetiva e, à vista disso, ninguém poderá dizer que a atitude patronal não tenha causado, no reclamante, sentimentos próprios dos ofendidos em sua honra, dignidade e reputação. Neste país de "listas negras", a postura de civilidade demonstrada por aquele que entrega ao Estado a missão de dirimir controvérsias não é facilmente aceita. O Judiciário não pode agir com ingenuidade e fechar os olhos ao que ordinariamente acontece, pois, via de regra, o trabalhador que se dirige à Justiça é notoriamente discriminado por outros empregadores. É importante ressaltar que o prejuízo moral decorrente da conduta do empregador se encerra no próprio ato de consignar na CTPS a existência de uma ação judicial movida pelo laborista. O dano se propaga internamente, sendo irrelevante procurar eventuais repercussões concretas dessa atitude na vida do autor. Se o prejuízo tivesse se concretizado, extrapolando o sofrimento íntimo provocado ao reclamante, estaria aberta a via para reparação cumulativa do dano material, consubstanciada na indenização pela perda de uma oportunidade de emprego, por exemplo. (MINAS GERAIS, 2008).

Assim, a conduta desonrosa tomada pelo empregador no sentido de anotar a conduta funcional do trabalhador em sua CTPS (motivação da rescisão do contrato de trabalho, de justa causa e da conduta reprovável do trabalhador) representa conduta lesiva.

Como bem assevera Nilson Nascimento (2009):

> A informação da conduta desabonadora, ainda que verídica, não pode ser anotada na CTPS do trabalhador, sob pena de dificultar a obtenção de um novo emprego e de ferir o princípio da liberdade de trabalho e o da dignidade da pessoa humana, além de criar dificuldade para recolocação profissional. (NASCIMENTO, Nilson, 2009, p. 167).

A esse respeito, é preciso destacar a decisão proferida pelo Desembargador José Mechando Antunes, do Tribunal Regional do Trabalho da 2ª Região, que concedeu indenização por danos morais a um trabalhador, porque seu ex-empregador anotou em sua CTPS a informação de que era insubordinado, veja-se:

> ANOTAÇÃO NA CARTEIRA DE TRABALHO DO EMPREGADO PELO EMPREGADOR COM ENTENDIMENTO DE QUE ELE ERA FALTOSO E INSUBORDINADO. DANO MORAL CONFIGURADO. Configura este malefício ao trabalhador o acinte deveras ignominioso do empregador, ao anotar na CTPS do demitido o seu entendimento de que era aquele faltoso e insubordinado. Tal audácia busca dificultar ao demitido a obtenção de novo emprego, sendo certo que a pecha ali aposta abusivamente pelo empregador será de conhecimento de todos os outros que vierem a manipular o documento pessoal do laborista, sendo inafastável a aplicação exemplar de indenização pelo dano moral a ele causado. (SÃO PAULO, 2004a).

Como se percebe, eventuais anotações desabonadoras na CTPS, além de dificultarem ao trabalhador alcançar nova colocação profissional no mercado de trabalho, atentam contra a sua honra, imagem e reputação profissional. Veja-se outro julgado que versa sobre o mesmo assunto:

> DANO MORAL. ANOTAÇÕES DESABONADORAS NA CARTEIRA DE TRABALHO E PREVIDÊNCIA SOCIAL. PREJUÍZO NA VIDA SOCIAL E PROFISSIONAL DO TRABALHADOR CARACTERIZADO. INTELIGÊNCIA DO § 4º DO ART. 29 DA CLT. A conduta desonrosa tomada pelo empregador, no sentido de anotar na CTPS que o contrato estava sendo rescindido em razão de improbidade, falta mais grave prevista na legislação trabalhista, representa um ato ilícito, uma vez que extremamente odiosa. Essa atitude gerou manifesto prejuízo, na medida em que a carteira de trabalho constitui um registro profissional público do trabalhador, além de uma forma de identificação do cidadão. (SÃO PAULO, 2004b).

A CTPS compreende documento de identidade ao seu portador. O empregador, ao lançar anotações de inúmeras faltas na CTPS do trabalhador, além de violar o preceito legal contido no § 4º, do art. 29, da CLT, macula a sua imagem profissional, mormente quando este procura obter nova colocação no mercado de trabalho.

Nas palavras de Ferrari e Martins (2011):

> Os empregadores e seus prepostos precisam estar conscientes de que os valores sociais do trabalho, a dignidade da pessoa humana, são bens assegurados pela Carta Magna e figuram como direitos fundamentais. A Carteira de Trabalho e Previdência Social com o seu portador não deixa de ser um prolongamento dos direitos supracitados. Ademais, naquele documento se tem uma breve imagem retratada da vida profissional e pessoal de seu titular, que, se maculada, pode atingir-lhe a dignidade, impondo-lhe empecilhos ao exercício de direitos trabalhistas e previdenciários, assinalando que o trabalho dignifica o homem e está intimamente ligado com a sua sobrevivência e a da respectiva família. (FERRARI; MARTINS, 2011, p. 103).

No que tange à proteção aos direitos da personalidade do trabalhador na fase pós-contratual, convém ressaltar que a jurisprudência trabalhista brasileira também vem se firmando em torno do cabimento de reparação por dano moral pela anotação registrada na CTPS do trabalhador que noticia o ajuizamento de ação trabalhista pelo ex-empregado.

Em que pese uma referência à reclamação trabalhista ajuizada pelo ex-empregado não ser considerada anotação desabonadora a que se refere o § 4º, do art. 29, da CLT, a anotação do contrato de trabalho em sua CTPS no campo das anotações gerais, com referência à reclamatória trabalhista na qual foi declarado o vínculo de emprego entre as partes, com a observância de que foi feita por determinação judicial, representa obstáculo à obtenção de nova colocação no mercado deste trabalhador como se depreende do julgado a seguir, veja-se:

> INDENIZAÇÃO POR DANO MORAL. ANOTAÇÃO NA CTPS. CONSIGNAÇÃO DE QUE O REGISTRO FOI EFETIVADO NO CURSO DE AÇÃO TRABALHISTA. ILICITUDE. PROCEDÊNCIA. 1. As anotações feitas na carteira profissional do trabalhador devem restringir-se aos elementos contratuais especificados em lei (CLT, art. 29). 2. A conduta empresarial de anotar na CTPS que o contrato de trabalho havido entre as partes foi registrado por determinação judicial violou direito e provocou dano, pois indiscutivelmente a referência ao ajuizamento de ação trabalhista representa real obstáculo à obtenção de nova colocação no mercado de trabalho. 3. Embora a busca da tutela jurisdicional se revele como um direito incontestável de todo trabalhador brasileiro, é inegável que a revelação pública do fato tem causado dificuldade para o laborista, pois muitas empresas utilizam tal informação como critério admissional decisivo. 4. Além de ilegal, o registro do fato na CTPS do obreiro perpetua uma informação que, para muitos potenciais empregadores, terá conotação desabonadora. 5. Dano moral caracterizado e indenização deferida. 6. Decisão unânime. (MATO GROSSO, 2004).

Desse modo, representa ato ilícito patronal a retificação realizada na CTPS do trabalhador com menção ao número do processo e à Vara do Trabalho onde tramitou a reclamação trabalhista ajuizada.

Como é sabido, circulam no mercado de trabalho listas discriminatórias de trabalhadores que ajuizaram ações trabalhistas contra seus antigos empregadores. Ante tal realidade, a referência à reclamatória trabalhista assinalada na CTPS do ex-empregado representa verdadeira contraindicação à sua contratação.

Assim, não convém o empregador lançar na CTPS do empregado que o registro de seu contrato de trabalho foi determinado judicialmente. Configura abuso de direito, capaz de justificar o pagamento de indenização por danos morais e materiais, a retificação efetivada na CTPS do trabalhador com menção ao número do processo e à vara do trabalho onde tramitou a sua reclamação trabalhista, mesmo porque existem empregadores que tendem a rejeitar trabalhadores que vão buscar o reconhecimento de seus direitos na Justiça do Trabalho.

Neste sentido, as anotações feitas na Carteira Profissional do trabalhador devem restringir-se aos elementos contratuais especificados em lei e à qualificação profissional do mesmo. Isso porque a anotação relativa ao ajuizamento de ação trabalhista desencadeia conduta discriminatória do empregador e, por consequência, um sofrimento ao trabalhador que se traduz no medo de ser discriminado ao apresentar sua CTPS a outro futuro empregador, visto que algumas empresas vinculam a admissão do candidato ao emprego à inexistência de reclamações trabalhistas.

A propósito, o art. 2º, da Portaria n. 41/2007, estabelece de forma detalhada as informações que devem constar na CTPS do trabalhador:

> Art. 2º O registro de empregados de que trata o art. 41 da CLT conterá as seguintes informações:
>
> I — nome do empregado, data de nascimento, filiação, nacionalidade e naturalidade;
>
> II — número e série da Carteira de Trabalho e Previdência Social — CTPS;
>
> III — número de identificação do cadastro no Programa de Integração Social — PIS ou Programa de Formação do Patrimônio do Serviço Público — PASEP;
>
> IV — data de admissão;
>
> V — cargo e função;
>
> VI — remuneração;
>
> VII — jornada de Trabalho;
>
> VIII — férias; e
>
> IX — acidente de trabalho e doenças profissionais, quando houver.

Ainda de acordo com o art. 5º, da referida Portaria, o empregador anotará na CTPS do empregado, no prazo de 48 horas contadas da sua admissão, os seguintes dados: a) data de admissão; b) remuneração; c) condições especiais do contrato de trabalho, caso existentes.

Consoante Ferrari e Martins (2011):

> A finalidade da Carteira de Trabalho e Previdência Social é vista sob duas óticas: a primeira, por ser um documento de identificação profissional; a segunda, por ser um meio de prova perante a Justiça do Trabalho, no caso, tempo de serviço, alteração de função, salário e férias; perante a Previdência Social, notadamente, as declarações de dependentes, tempo de serviço para efeito de aposentadoria e outras anotações relacionadas com acidentes de trabalho e moléstia profissional. (FERRARI; MARTINS, 2011, p. 100).

É inegável que a revelação pública do fato ocasiona dificuldades para o trabalhador alcançar um novo posto de trabalho, uma vez que muitas empresas utilizam tal informação como critério admissional do candidato que participa de um processo de seleção.

Desse modo, a anotação realizada na CTPS obreira noticiando número do processo e vara onde tramitou a reclamação instaurada pelo empregado não se encontra incluída na disposição contida no art. 29, § 4º, da CLT.

7.3.2. Comunicação de abandono de emprego em órgão de imprensa

Os elementos caracterizadores do abandono de emprego são: a ausência injustificada no emprego, o lapso temporal de 30 (trinta) dias e a intenção do empregado de não mais trabalhar.

Segundo Mauricio Delgado (2011, p. 1.142), o abandono de emprego "importa extinção do contrato por ato tácito de vontade do empregado".

Para que o abandono de emprego seja comprovado, não basta a ausência injustificada do empregado há pelo menos 30 (trinta) dias; é necessário, ainda, que faça sua convocação, para que se apresente ao local de trabalho, a fim de retomar as suas atividades em prazo razoável sob pena de caracterização de dispensa por justa causa.

Cassar (2011, p. 1.144) postula que, se o empregado não comunicar ao empregador o seu retorno ao trabalho, nos moldes da Súmula n. 32 do TST c/c art. 472, § 1º, c/c art. 474, da CLT, o abandono poderá ser aplicado, salvo se restar comprovado que o trabalhador não tinha como se comunicar por estar em coma ou inconsciente em um hospital.

Cassar (2011, p. 1.145) ainda assevera que, apesar de parte expressiva da doutrina entender que é possível aplicar a justa causa por abandono de emprego em prazo inferior aos 30 (trinta) dias fixados pela jurisprudência, se houver presunção da intenção de abandonar o trabalho, é necessário o patrão aguardar por 30 (trinta) dias para punir o empregado, pois o empregado que desaparece porque já está trabalhando em outro local, pode, em poucos dias, arrepender-se e retornar ao emprego, antes dos 30 (trinta) dias. Se isso vier a acontecer, o patrão, ainda assim, poderá despedi-lo por justa causa, mas terá que encontrar outro tipo para aplicar a justa causa ao mesmo.

Mauricio Delgado (2011, p. 928) também esclarece que o prazo geral de 30 (trinta) dias fixado pela Súmula n. 32 do TST e pelo art. 472, § 1º, da CLT pode ser significativamente reduzido, caso sejam evidenciadas outras circunstâncias concretas, como a intenção do obreiro de efetivamente romper o pacto laboral. O autor ilustra como exemplo a comprovação de que o obreiro ingressou em novo emprego em horário incompatível com o do antigo contrato. Dessa forma, a prova da intenção operária de resolver o contrato pode-se fazer, caso seja evidenciado o ingresso do trabalhador em novo emprego.

Consoante azado ensinamento de Barros (2011):

> A invocação de abandono de emprego, ainda que por meio de eufemismo, sob a forma "deixou o serviço", deverá ser comprovada pelo empregador de modo insofismável, a teor do art. 818 da CLT e art. 333, II, do CPC. (BARROS, 2011, p. 716).

E tal procedimento deve ser feito por meio de carta registrada, telegrama de confirmação de entrega, notificação judicial ou extrajudicial, bem como qualquer outro meio que demonstre a efetiva cientificação do abandono de seu posto de trabalho.

Sobre a forma de comunicação no abandono de emprego, Cassar (2011, p. 1.146) assevera que a publicação em jornal convocando o seu retorno é perfeitamente capaz de abalar a imagem do trabalhador, mesmo porque nem sempre o trabalhador terá acesso à informação publicizada.

A esse respeito, reza ainda o art. 17, do Código Civil: "O nome da pessoa não pode ser empregado por outrem em publicações ou representações que a exponham ao desprezo público, ainda quando não haja intenção difamatória".

Assim, o fato de o trabalhador não atender a comunicação publicada na imprensa pelo empregador solicitando o retorno ao serviço, sob pena de caracterização da justa causa, não revela o seu ânimo de abandonar o emprego.

A publicidade do abandono de emprego em jornais periódicos não comprova a efetiva cientificação do trabalhador, por não se saber o verdadeiro acesso deste a tal veículo de informação já que não possui obrigação de lê-lo, nem muitas das vezes dinheiro para comprá-lo.

Ensina Mauricio Delgado (2011, p. 1.142) que os avisos publicados em órgãos de imprensa representam uma espécie de notificação *ficta*, de raríssimo conhecimento pelo trabalhador. Então, o mais apropriado é o envio de telegrama pessoal à residência do obreiro, com aviso de recebimento, alertando-o sobre a sua potencial infração e convocando-o para o imediato retorno ao serviço.

Além disso, quando a publicação da nota em jornal for absolutamente desnecessária, a conduta do empregador será caracterizada como ilícita e, por consequência, passível de dano moral indenizável ao trabalhador, por ter havido exposição pública da imagem do empregado, hábil a abalar a sua reputação profissional.

A propósito, vale transcrever a ementa a seguir:

DANOS MORAIS. CONVOCAÇÃO DO EMPREGADO AO TRABALHO EM PUBLICAÇÃO DE JORNAL. CONFIGURAÇÃO. A publicação em jornal de solicitação de comparecimento à empresa, sob pena de configuração de abandono de emprego, causa mácula à imagem do trabalhador, pois pressupõe sua ausência injustificada ao trabalho, dispondo a empresa de outros meios para a comunicação com o empregado, sendo desnecessária a exposição pública. (SANTA CATARINA, 2006a).

Para Maria Celina Moraes (2003, p. 268): "Dano é considerado moral quando viola direitos da personalidade, originando, de forma presumida, angústia, dor, sofrimento, tristeza ou humilhação à vítima, trazendo-lhe sensações e emoções negativas".

O Juiz do Trabalho Wilson Carvalho Dias, do Tribunal Regional do Trabalho da 12ª Região, proferiu um acórdão n. 0000221-80.2010.5.04.0103, considerando abuso de direito a exposição do nome do trabalhador em jornal de grande circulação local. Nesta decisão, o referido magistrado entendeu a publicação de nota em jornal noticiando o abandono de emprego como uma atitude lesiva à imagem do trabalhador. Para ele, a exposição pública do nome do trabalhador em jornal de notícias por deixar de comparecer injustificadamente ao trabalho com a iminência de receber a punição máxima gera lesão de cunho moral, haja vista que a acusação pública de prática de faltas injustificadas ao trabalho, com risco de perda do emprego, caracteriza ato que atinge a honra e a imagem do trabalhador, por macular o seu nome publicamente e dificultar a sua reinserção ao trabalho regulado, veja-se:

INDENIZAÇÃO POR DANO MORAL. CONVOCAÇÃO DO EMPREGADO PARA RETORNAR AO TRABALHO OU JUSTIFICAR FALTAS, SOB PENA DE INCORRER EM ABANDONO DE EMPREGO. Caso em que a empregadora, mesmo sabedora dos motivos pelos quais o empregado não estava comparecendo ao trabalho, inclusive por já estar respondendo outra demanda judicial, publica em jornal de grande circulação local uma convocação para que o empregado retorne ao trabalho ou justifique faltas, sob pena de incorrer em justa causa de abandono de emprego. Publicação desnecessária e ofensiva à honra e à imagem do trabalhador, autorizando o deferimento de indenização por dano moral. Mantida a condenação constante da sentença, reduzindo-se, porém, o valor arbitrado à indenização atendidas as peculiaridades do caso. (SANTA CATARINA, 2011).

Entretanto, quando o empregado deixa de comparecer ao trabalho por se encontrar em local incerto e não sabido, a publicação de nota em jornal pelo empregador, fazendo as convocações para o comparecimento ao trabalho, torna-se necessária, principalmente quando o empregado não informa à empresa a possível mudança de endereço durante o curso do seu contrato de trabalho.

A esse respeito, orienta Barros (2011, p. 716) que, para o empregador comprovar em juízo a falta por abandono de emprego, é necessário juntar aos autos as convocações de retorno ao trabalho. Entretanto, convocação dirigida ao empregado por meio de publicação na imprensa é medida extrema e só servirá como prova quando direcionada a trabalhador com endereço incerto, indeterminado e desconhecido pelo empregador e, ainda assim, deverá ser ratificada pela prova testemunhal dado ao caráter unilateral do documento.

Estatui ainda a referida autora que "não se desincumbindo o empregador do encargo probatório, presume-se injusta a dispensa, porquanto o empregado tem a seu favor a presunção gerada pelo princípio da continuidade da relação de emprego" (BARROS, 2011, p. 716).

7.3.3. Divulgação de fatos e informações desabonadoras e inverídicas sobre o ex-empregado

Quando o trabalhador se candidata a um posto de trabalho, é muito comum o futuro empregador buscar informações a respeito das habilitações profissionais do candidato através de consultas junto aos seus antigos empregadores.

Também é comum se vislumbrar a situação em que o trabalhador, na condição de ex-empregado, ao procurar nova colocação no mercado de trabalho, é impedido de ser contratado em decorrência de informações desabonadoras e inverídicas divulgadas pelo seu antigo empregador para futuros empregadores que pretendem contratá-lo.

Segundo Dallegrave Neto (2009):

> Quando um ex-empregador difama ou calunia seu ex-empregado com informações distorcidas atinentes ao contrato de trabalho, assim está agindo não na condição de um sujeito qualquer que afronta a personalidade de outrem, mas especificamente de um sujeito investido na qualidade de contratante. O status jurídico do agente (ex-empregador) e da vítima (ex-empregado) é fundamental para a conclusão de que se trata de um direito relativo aos contratantes, ainda que já extinto o contrato. (DALLEGRAVE NETO, 2009, p. 118).

Florindo (1996, p. 51) relata que alguns maus empregadores prestam informações desabonadoras sobre seus ex-empregados para empresas onde estes buscam emprego com o nítido objetivo de não só prejudicá-los, mas também com o intuito de denegrir a sua imagem e a sua honra. O propósito desses maus empregadores é impedir futuras contratações em favor do trabalhador lesado, bem como impedir que o mesmo possa exercer livremente os seus próprios ofícios.

Consoante ensina Menezes (1996):

> Provoca ensejo à reparação por danos morais, o empregador que assaca acusações infundadas ao empregado, que provocam dano ao seu nome. O empregador que dá informações desabonatórias e inverídicas de seu ex-empregado à pessoa que pretende contratá-lo, pode ser condenado a indenizar por danos morais [...]. (MENEZES, 1996, p. 162).

Assim, caso o futuro empregador solicite carta de referência do candidato ao emprego durante a realização da seleção pessoal ao seu antigo empregador, bem como informações sobre a conduta profissional do ex-empregado no ambiente laboral, estas, além de serem as mais verdadeiras possíveis, devem pautar-se na boa-fé contratual e se limitarem somente às funções desempenhadas pelo ex-empregado durante o período de trabalho em que este esteve laborando para o seu ex-empregador.

Vale destacar a ementa adiante em destaque, proferida pelo Desembargador do Trabalho do Tribunal Regional do Trabalho da 3ª Região, Luiz Otávio Linhares Renault, que registra a situação de um trabalhador que obteve indenização por danos morais, porque seu antigo empregador o impediu de obter novo emprego por prestar más referências a possíveis futuros contratantes, veja-se:

> DANOS MORAIS. PROCEDÊNCIA. A prova do nexo causal entre a conduta dolosa ou culposa do empregador e o resultado danoso, que justifique a indenização por danos morais, é do empregado, nos termos do artigo 818 da CLT c/c art. 333, I, CPC. Comprovado, pelas provas dos autos, que a Autora sofreu ofensa à sua honra e dignidade, pela injusta conduta da Ré de impedi-la de obter novo emprego, por más referências, é de se imputar ao empregador a responsabilidade pelo dano causado na esfera moral da Reclamante e o consequente ressarcimento pecuniário, nos termos dos artigos 159 do antigo CCB e 186 e 927 do atual Código Civil Brasileiro. (MINAS GERAIS, 2004m).

Nilson Nascimento (2009, p. 170) esclarece que as informações prestadas pelo ex-empregador devem se limitar aos aspectos da vida profissional do trabalhador e às suas habilidades técnicas. Deve o antigo empregador se abster de divulgar ou insinuar fatos que estejam relacionados com a vida pessoal do empregado ou apresentar justificativas sobre os motivos que o levaram a rescindir o seu contrato de trabalho.

O autor em destaque adverte:

> Tendo em vista que as informações a serem prestadas pelo antigo empregador devem se limitar à divulgação de aspectos técnicos e funcionais da vida profissional do trabalhador, quaisquer outras informações acaso divulgadas caracterizam prática de abuso de poder diretivo e nítido propósito de

prejudicar o trabalhador e dificultar ou impedir o seu legítimo direito de trabalhar. (NASCIMENTO, Nilson, 2009, p. 170).

Nesse sentido, o antigo empregador não pode tecer qualquer comentário que esteja relacionado com os aspectos íntimos ou pessoais de seu ex-empregado, notadamente no que se refere a fatos ou a informações desabonadores, sob pena de caracterizar eventual lesão à honra e à imagem deste trabalhador. A esse respeito, convém destacar a seguinte ementa:

> DANO MORAL. INFORMAÇÕES DESABONADORAS. Informações desabonadoras contra ex-empregado acerca de sua conduta funcional e de pai omisso quanto filho deficiente, prestadas por subgerente a terceiros, constituem atos ilícitos que violam os direitos à pessoa, tais como a reputação, a liberdade, a vida privada, a imagem, a dignidade, acarretando-lhe prejuízo no âmbito de suas relações sociais. Condenação ao pagamento de indenização por dano moral que se mantém. (SANTA CATARINA, 2002b).

Como se vê, o ex-empregador, ao ser procurado para dar informações sobre ex-empregado, deve se ater apenas aos aspectos profissionais do contrato de trabalho. Qualquer menção desabonadora quanto à pessoa do trabalhador revela nítida intenção de prejudicá-lo, o que ensejará, por consequência, violação à sua honra, como também à sua imagem, por impedir o seu acesso à relação de emprego.

Pamplona Filho (1999) instrui:

> As informações prestadas pelo ex-empregador devem buscar refletir somente aspectos profissionais do trabalhador, sem elucubrações acerca de aspectos pessoais ou íntimos do ex-empregado, notadamente no que concerne a aspectos supostamente desabonadores, que não podem ser objeto de contraprova numa conversa telefônica entre os dois empregadores. (PAMPLONA FILHO, 1999, p. 99).

Concorde ensina Nilson Nascimento (2009, p. 170), não pode o empregador divulgar informações inverídicas, falsas, mentirosas, difamatórias, caluniosas ou distorcidas do verdadeiro status pessoal e profissional do ex-empregado com o fim de prejudicar ou de impedir o acesso do trabalhador ao mercado de trabalho. Como bem descreve o referido autor, tal prática "é abusiva e condenável e cerceia o empregado de trabalhar e de prover o sustento próprio e o de sua família".

Constituirá, assim, conduta discriminatória o empregador divulgar informações desabonadoras de seu ex-empregado com a finalidade de dificultar a sua recolocação profissional no mercado de trabalho. Tal conduta viola os princípios constitucionais da dignidade da pessoa humana e da valorização social do trabalho, em especial, o regulado.

Segundo Pedreira, citado por Nilson Nascimento (2009):

> A imputação mentirosa que cause atentado à honra do empregado constituirá por esse fato uma falta caracterizada que compromete a responsabilidade do empregador que agiu com espírito de malícia ou pelo menos com uma leviandade censurável. (PEDREIRA apud NASCIMENTO, Nilson, 2009, p. 171).

Neste sentido, caso o ex-empregador divulgue informações inverídicas sobre seu antigo empregado para o futuro empregador, dificultando-lhe a sua inclusão social ou o seu direito social ao pleno emprego, fará jus ao recebimento de indenização por danos morais e materiais, pelos prejuízos ocasionados em sua vida profissional e, por consequência, pessoal, decorrente de conduta ilícita praticada pelo seu antigo empregador.

Em consonância com decisão proferida pelo Juiz Paulo de Araújo, do Tribunal Regional do Trabalho da 3ª Região, uma trabalhadora doméstica obteve indenização por danos morais, porque seu ex-empregador prestou informações desabonadoras por telefone a prováveis novos empregadores. Segue a ementa:

DANOS MORAIS. INDENIZAÇÃO. EMPREGADA DOMÉSTICA. INFORMAÇÕES DESABONADORAS FORNECIDAS PELA RÉ, POR TELEFONE, A PROVÁVEIS NOVOS EMPREGADORES. PUBLICIDADE. FATO JURÍDICO CONCRETO. ATRAÇÃO DA NORMA LEGAL. O fornecimento de informações sobre pessoas, em especial ex-empregados, constitui hoje um campo extremamente nevrálgico, tormentoso e perigoso, tenha ou não o informante previamente se assegurado do sigilo, uma vez que envolve, a um só tempo, o direito de informar com fidelidade e exatidão; a obrigação de fazê-lo até sob possível risco de futura responsabilidade (a omissão de dados importantes pode redundar em reivindicações dos prejudicados) e o dever de não ultrapassar a linha, indefinida e sutil, entre o cumprimento da obrigação, o expedimento de opiniões próprias e a agressão sem causa à personalidade do outro. Sendo uma coisa fornecerem-se informações objetivas, exatas, precisas, comprovadas ou comprováveis sobre alguém, dando ao novo empregador os dados concretos existentes sobre a conduta de uma pessoa a fim de que tome decisões, e outra é transmitir a terceiros impressões subjetivas, dúvidas e desconfianças pessoais que a própria informante jamais buscou apurar devidamente ou se o fez guardou exclusivamente para si e nem mesmo preocupou-se em punir a empregada ou rescindir o contrato. Ou seja, se guardou para si as dúvidas, suspeitas ou certezas, mantendo tudo no seu íntimo, sem as medidas próprias para pôr cobro aos fatos ou trazê-los ao conhecimento das autoridades competentes, agindo conforme lhe era lícito fazer, pois cada um sabe como gerir e administrar os conflitos internos no seu lar, não pode mais utilizar disso (*sic*) para alertar terceiros ou lançar dúvida pública depois sobre o comportamento da ex-empregada. Enquanto o fato permaneceu no íntimo da Ré, dele não se ocupa o Direito, eis que território infenso à invasão por ele. Mas a partir do instante em que lhe deu publicidade e circulação, provocou fato jurídico concreto, hábil para atrair a norma legal e gerar direitos e obrigações. Deferindo-se à Autora, empregada doméstica, diante da prova produzida, a reparação do dano moral em razão de meras suspeitas desabonadoras, de eventuais pequenos furtos, nunca apurados, nem jamais antes sequer mencionadas à empregada, mas fornecidas a prováveis novos empregadores, impedindo que obtivesse os empregos. Indenização devida que é arbitrada em um ano de salário da prejudicada, incluída a gratificação de natal. (MINAS GERAIS, 2004n).

Manoel Jorge e Silva Neto (2005, p. 73) vislumbra como situação ensejadora de acarretar lesão à imagem do trabalhador e, por consequência, reparação por danos morais, a hipótese de um empregador, ao ser instado por outra empresa desejosa de contratar seu ex-empregado, enviar como resposta — falsa — a informação de que o trabalhador, apesar de ser excelente vendedor, não está preparado para exercer o cargo de gerência do setor de recursos humanos, quando, reconhecidamente, nos longos anos de prestação de trabalho, granjeou o trabalhador a admiração dos colegas de trabalho e o respeito do seu antigo empregador exatamente na função de gerente do setor de recursos humanos.

No caso em tela, assevera Manoel Jorge e Silva Neto (2005, p. 73) que nem de longe fora arranhada a honra do trabalhador; pelo contrário, este teve elogiada a sua atuação como vendedor na antiga empresa. Entretanto, destaca que a imagem-atributo deste trabalhador foi indiscutivelmente ofendida, já que o mesmo se notabilizou como gerente de recursos humanos, cargo para o qual obteve contraindicação do seu ex-empregador, fato que, além de conspurcar a garantia individual sob comento, corresponde à clara limitação à liberdade de ação profissional.

7.3.4. *Divulgação de fatos e informações desabonadoras e verídicas sobre o ex-empregado*

Outra questão importante sobre o tema da proteção aos direitos da personalidade do trabalhador após a extinção do contrato de trabalho é a que visa a tutelar os seus direitos fundamentais à honra e à imagem, quando o seu antigo empregador efetua a divulgação de fatos ou de informações desabonadoras verdadeiras quanto à sua conduta profissional para futuros possíveis empregadores.

Quanto à ocorrência deste fato, convém destacar a seguinte ementa:

EMENTA: INFORMAÇÃO DESABONADORA. AJUIZAMENTO DE AÇÃO PELO EMPREGADO. Do ponto de vista do ex-empregador, que presta informações desabonadoras, a conduta representa inegável descumprimento de obrigações derivadas da cláusula geral de boa-fé, que acompanham todo o desenvolvimento da relação jurídica contratual, projetando-se para além do término do contrato de trabalho. No caso em exame, restou comprovado que o proprietário da empresa ré afirmara expressamente a terceiro que lhe pedira informações sobre a reclamante que a ex-empregada havia dado um problema e que este somente se resolvera na Justiça, de forma flagrantemente desabonadora em relação à imagem e à dignidade da trabalhadora, caracterizando a chamada "lista negra" e dificultando injustamente a obtenção de novo emprego pela autora. Configurada a prática de conduta antijurídica apta a ensejar, no caso em apreço, a reparação ao dano moral pleiteada pela autora, nos moldes dos artigos 186 e 927 do Código Civil Brasileiro. (MINAS GERAIS, 2010c).

Segundo Nilson Nascimento (2009, p. 174), quando o antigo contratante divulga fatos e informações verídicas de seu ex-empregado instado pela empresa que está em vias de contratação do mesmo, o ordenamento jurídico, numa interpretação sistemática, veda a conduta patronal de prestar informações desabonadoras verídicas de forma ilimitada. Como bem expressa o autor em análise, o empresário que presta esse tipo de informação fora dos parâmetros da proporcionalidade comete abuso do direito de falar a verdade, numa atitude inescrupulosa que se esconde sob o manto de uma pseudo-legalidade. Destaca o autor que, quando o núcleo da informação desabonadora, embora verdadeiro, versar sobre as hipóteses de justa causa praticadas pelo empregado, o ex-empregador deve se abster de divulgar esse fato, em homenagem ao princípio constitucional da dignidade humana e do respeito ao direito ao trabalho.

Tal fato se justifica na medida em que a divulgação dos motivos da dispensa do empregado que cometeu justa causa dificulta ou até mesmo impede a contratação do mesmo por um futuro empregador. Essa situação irá privar o direito de trabalhar do trabalhador, tendo em vista que não se revela razoável o empregador, entre vários candidatos, escolher um candidato com histórico de dispensa por justa causa ou detentor de maus antecedentes profissionais reconhecidos e revelados pelo seu antigo empregador. (NASCIMENTO, Nilson, 2009, p. 174).

Comunga-se aqui a visão de Nilson Nascimento (2009) de que o empregador não pode prestar informação desabonadora quando o trabalhador é dispensado por justa causa, uma vez que o trabalho humano deve representar um valor social a ser respeitado pelo Estado e por particulares nas mais diversas dimensões de suas atividades sociais, com a finalidade de reconhecer importância e reverência ao princípio constitucional vetorial da Constituição Federal de 1988, que é o da dignidade da pessoa humana consoante lição de Branco (2007, p. 62).

Informa Nilson Nascimento (2009, p. 174) que a tendência do escasso mercado de trabalho é a de preterir o empregado que tiver sido dispensado por justa causa. Portanto, a atitude correta é o patrão se recusar a dar qualquer informação nessa situação, pois ninguém está obrigado por lei a fornecer carta de recomendação. Como assegura o autor:

> O empregado já foi punido e sofreu com a despedida, agora ser punido novamente, com uma informação desabonadora não é justo. Isto seria retirar-lhe o resgate de sua própria dignidade por meio do trabalho. Assim, o comportamento a ser universalizado é a abstenção, ou seja, que a informação não seja prestada. (NASCIMENTO, Nilson, 2009, p. 174).

A Juíza do Trabalho Marlene T. Fuverki Suguimatsu, do Tribunal Regional do Trabalho da 9ª Região, já proferiu uma decisão considerando abusiva a conduta do empregador que rompe com as obrigações pós-contratuais e, por consequência, com os deveres de boa-fé e sigilo profissional, ao divulgar, em matéria jornalística, que a dispensa de centenas de empregados se deu em decorrência de mau procedimento. A Juíza considerou em sua decisão que esse fato é perfeitamente capaz de dificultar a obtenção de novo emprego ao trabalhador, conforme se segue:

OBRIGAÇÕES PÓS-CONTRATUAIS. DEVER DE BOA-FÉ. DANO MORAL CONFIGURADO. DISPENSA SEM JUSTA CAUSA. DIREITO POTESTATIVO. ABUSO DE DIREITO. O direito potestativo de rescindir o contrato de trabalho — que, na verdade, existe para as duas partes — não deve ser compreendido como direito absoluto que se exerça sem quaisquer limites. Com a nova ordem constitucional, o valor social do trabalho, os princípios da dignidade humana e da valorização do trabalho não permitem que, a pretexto de exercitar a liberdade de iniciativa, o empregador aja com abuso de direito. Não se trata de afirmar que o art. 7, I, da Carta de 88 tenha criado mais uma hipótese de estabilidade no emprego. A ruptura unilateral do contrato de trabalho é permitida, desde que se faça em moldes capazes de acomodar todas as normas e princípios constitucionalmente conformadores. Se não há motivo real e sério para a dispensa, conclui-se que ela ocorreu em abuso de direito. Recurso provido para declarar a nulidade da dispensa, por abuso de direito. OBRIGAÇÕES PÓS-CONTRATUAIS. DEVER DE BOA-FÉ. DANO MORAL. Todo contrato é uma complexidade de obrigações e deveres pautados na ideia de que a relação deve se desenvolver numa ordem de cooperação. Mesmo depois de encerrado o contrato de trabalho, remanescem deveres autônomos em relação à obrigação principal e que se explicam no dever de boa-fé. Isso significa exigir a omissão de qualquer conduta que despoje ou reduza as vantagens que a outra parte possa auferir do contrato findo. A divulgação de matéria jornalística em que o empregador atribui a dispensa de centenas de empregados a mau desempenho caracteriza infringência a esse dever. Esse fato, capaz de dificultar a obtenção de novo emprego, tem efeito direto sobre os sentimentos íntimos do indivíduo, já que, sem justificativa, desabona sua conduta profissional. Recurso provido para reconhecer o dano moral e condenar a ré a indenizá-la. (PARANÁ, 2004).

Entretanto, a divulgação de fatos e de informações desabonadoras verídicas poderá ser prestada em algumas situações excepcionais.

Nilson Nascimento (2009, p. 174) destaca que a informação desabonadora verídica poderá ser revelada quando a integridade física ou psicológica do futuro contratante for colocada em risco. O autor menciona três exemplos: a) a babá que maltrata uma criança; b) o professor que sevicia seu aluno; c) a enfermeira que agride um idoso sob seus cuidados.

Desse modo, a divulgação de fatos e de informações desabonadoras e verídicas somente poderá ser revelada, *se a função a ser desenvolvida pelo trabalhador colocar em perigo a integridade física e moral do futuro contratante*; caso contrário, a informação desabonadora não irá se justificar.

Convém destacar, contudo, que o antigo empregador não poderá divulgar informações desabonadoras e verídicas, se o antigo empregado estiver procurando, por exemplo, um emprego como balconista no comércio ou como pedreiro na construção civil, porque, pelo tipo de trabalho a ser realizado, o labor do empregado não colocará em risco a integridade física e psicológica de seus colegas de trabalho ou do seu empregador.

Nilson Nascimento (2009) assevera:

> Somente em casos especiais, quando o princípio da liberdade de expressão do ex-empregador superar o princípio da dignidade humana, fica permitida a divulgação de informações desabonadoras sobre a conduta profissional do ex-empregado, com vistas a proteger a integridade física e psicológica de colegas de trabalho da empresa que está em vias de contratá-lo. (NASCIMENTO, Nilson, 2009, p. 175).

Portanto, a informação desabonadora da conduta profissional do ex-empregado somente poderá ser divulgada em situações excepcionais, tendo-se que invocar a regra da abstenção desse tipo de informações, sob pena de caracterização de prática abusiva, o que ensejará indenização por danos morais e materiais.

7.3.5. Elaboração das listas sujas

A lista suja compreende um cadastro secreto elaborado entre empregadores, na qual constam anotações desabonadoras sobre condutas de ex-empregados que ingressaram com ações trabalhistas em face de seus antigos empregadores.

A elaboração de listas sujas após a extinção do contrato de trabalho e a exigência de certidão negativa na fase pré-contratual ao candidato ao emprego como pré-requisito para a sua contratação compreendem atos abusivos praticados pelo empregador, por se tratar de violação à honra, à imagem e à vida privada do trabalhador. Por isso, representam uma forma ilegal de seleção de pessoal.

As listas sujas visam a discriminar e a restringir o acesso à relação de emprego quando o trabalhador participa de greve ou ajuíza ação trabalhista em face de seu antigo empregador.

Trata-se, portanto, de uma prática discriminatória exercida por alguns empregadores que consiste na inserção do nome de ex-empregados nas referidas listas sujas com a finalidade de restringir a recolocação profissional do trabalhador por outras empresas.

Conforme expressa Pamplona Filho (1999, p. 100), apesar de a difusão das listas sujas soar como uma espécie de paranoia conspiratória, já é comum se falar, em determinados setores da atividade econômica, na existência desse tipo de lista em que supostamente constariam nomes de empregados indesejáveis de tal modo a dificultar ou criar empecilhos para a sua contratação.

A propósito, Melo (2003, p. 221) informa que "há muito tempo os trabalhadores brasileiros vêm sendo vítimas de perversa forma de discriminação, no momento de sua procura de um emprego, por meio das chamadas listas negras". O referido autor adverte:

> A crueldade dessas formas de discriminação está na dificuldade — para não dizer impossibilidade — de materialização ou comprovação do ato, em muitos casos, o que impede que a matéria seja levada à apreciação do Poder Judiciário para a necessária reparação das lesões de direitos sofridas pelos trabalhadores discriminados, o que inviabiliza, também, a quantificação dos trabalhadores prejudicados. (MELO, 2003, p. 221).

Assim, a possibilidade de acesso ao mercado de trabalho, por intermédio da elaboração e da divulgação das listas sujas fica condicionada à inexistência de ações judiciais movidas pelos trabalhadores que concorrem a um posto de trabalho.

A elaboração dessa espécie de lista viola não só o direito de ação dos trabalhadores, constitucionalmente assegurado pelo art. 5º, inciso XXXV, da Constituição Federal de 1988, bem como ao próprio direito social ao trabalho, em especial, o regulado, previsto nos arts. 1º, inciso IV, 6º e 170, inciso VIII, da Constituição Federal de 1988.

Schiavi (2011, p. 186), ao esclarecer a finalidade dos dispositivos constitucionais supramencionados, ensina que a propositura de ação trabalhista para a defesa de direitos trabalhistas representa um direito fundamental da pessoa do trabalhador, conforme aduz o art. 5º, inciso XXXV, da Constituição Federal de 1988. Além disso, compreende uma garantia do exercício de sua cidadania, visando à proteção de sua dignidade. O Autor ainda destaca que a busca de novo emprego é um direito social constitucionalmente estampado no art. 6º da Constituição Federal de 1988. Neste sentido, o empregador ou a agência de empregadores que mantiver cadastro de listas negras sobre os empregados que propuseram ações trabalhistas atuarão em direta violação aos dispositivos constitucionais já mencionados.

Para Nilson Nascimento (2009, p. 175), a elaboração de listas sujas tem por objetivo não só identificar os ex-empregados que tenham ajuizado ação trabalhista contra o antigo empregador, mas também aqueles que tenham participado de movimento paredista, sendo a sua principal finalidade a de dificultar o acesso à relação de emprego, visto que a referida lista cria uma relação de trabalhadores indesejáveis que não devem ser recontratados por outras empresas. Trata-se, portanto, de prática abusiva que frustra direitos fundamentais dos trabalhadores.

Corroborando tal entendimento, ensina Pamplona Filho (1999):

> Esta lesão não está sendo perpetrada ao indivíduo enquanto empregado, mas sim ao cidadão, pois se estará tolhendo até mesmo a possibilidade

de sua própria subsistência e, por consequência, de sua família (dano patrimonial) e violentando sua honra e dignidade perante a sociedade (dano moral), ensejando seu legítimo interesse na reparação desses danos. (PAMPLONA FILHO, 1999, p. 100).

Leite e Rios (2008, p. 202) relatam que existem casos, ainda, em que o candidato é discriminado pelo simples fato de um parente (cônjuge, filhos, pai ou mãe) ter proposto ação na Justiça do Trabalho. Segundo as autoras, os empregadores que se utilizam das listas sujas adotam as seguintes práticas fraudulentas: busca de informações processuais disponibilizadas no sítio dos Tribunais Trabalhistas, com consulta formulada pelo nome da parte, quando possível; solicitação ou pedido aos candidatos ao emprego de certidões negativas aos distribuidores trabalhistas; formação de listas prontas confeccionadas por empresas especializadas no assunto; obtenção de informações nas empresas anteriores onde o candidato trabalhou; além de outras formas que não se conseguem detectar.

Como informam Leite e Rios (2008, p. 203-204), já foram emitidas recomendações aos Tribunais Regionais do Trabalho, por intermédio do Tribunal Superior do Trabalho para que fossem retiradas de suas páginas na internet a possibilidade de consulta processual pelo nome das partes. Nesse enleio, a consulta só pode ser realizada através do nome do advogado, pelo número da OAB, pelo número do processo, e, em alguns sítios, pelo nome da empresa reclamada. Quanto às certidões dos distribuidores, o então Presidente do Tribunal Superior do Trabalho também expediu recomendações aos Tribunais Regionais para que somente emitam tais certidões mediante expressa indicação do motivo para o qual se destinam.

De acordo com Paulo Oliveira (2010):

> É muito comum determinadas categorias de empregadores possuírem uma "lista negra" (geralmente localizadas nos sindicatos patronais), com os nomes de ex-empregados ou prestadores de serviços que, após o término do trabalho, moveram ações judiciais contra ex-empregadores ou que tiveram seus contratos rescindidos por justa acusa. (OLIVEIRA, P. E. V., 2010, p. 152).

Informa Edilton Meireles (2005, p. 195) que essa prática, atualmente, passou a atingir os parentes do trabalhador reclamante, já tendo sido noticiado em reportagem realizada pela Folha de São Paulo, no dia 8 de setembro de 2001, que um homem não teria obtido emprego porque sua esposa ajuizou uma ação trabalhista. A lógica é: se a mulher reclamou, o marido fará o mesmo.

Também nesta situação, o empregador estará agindo, no mínimo, em abuso do direito, ao querer investigar a vida privada do trabalhador. Está-se diante, pois, não só de um ilícito, pela violação ao direito à proteção da vida privada, mas também, no mínimo, de abuso do direito. (MEIRELES, 2005, p. 194).

Edilton Meireles (2005, p. 194) relata ainda que, em relação às consultas *"on-line"*, os Tribunais, para evitar os abusos, em verdadeiro retrocesso tecnológico, já deixaram de disponibilizar o serviço de consulta por meio do nome do reclamante.

Em razão disso, os Tribunais do Trabalho brasileiros modificaram o sistema de pesquisas pela internet, excluindo as consultas que utilizavam como parâmetros o nome do reclamante, justamente para evitar a prática das listas sujas. Entretanto, o autor assevera que a prática de perseguição ao trabalhador reclamante continua pela existência da certidão negativa. E, quanto a esta, infelizmente, os Tribunais nada podem fazer, pois representa direito fundamental a obtenção gratuita de certidão fornecida por repartição pública, conforme estabelece o art. 5º, incisos XXXIII e XXXIV, da Constituição Federal de 1988.

A propósito, a Portaria n. 41/2007 do MTE fixa normas de anotação em Carteira do Trabalho e Previdência Social. Assim, em seu art. 1º, proíbe a exigência abusiva ou não prevista em lei para contratação ou manutenção dos vínculos trabalhistas com os empregados, veja-se:

O MINISTRO DE ESTADO DO TRABALHO E EMPREGO, no uso da competência que lhe confere o art. 87, parágrafo único, incisos I e II, da Constituição, resolve:

Art. 1º Proibir ao empregador que, na contratação ou na manutenção do emprego do trabalhador, faça a exigência de quaisquer documentos discriminatórios ou obstativos para a contratação, **especialmente certidão negativa de reclamatória trabalhista**, teste, exame, perícia, laudo, atestado ou declaração relativos à esterilização ou a estado de gravidez. (grifo nosso).

Como se vê, todas as vezes que o nome do trabalhador figurar no cadastro de informação da empresa pelo fato de ter exercitado o seu direito de ação ao reclamar os seus direitos perante a Justiça do Trabalho, haverá danos materiais e morais em detrimento do trabalhador.

O Desembargador do Trabalho Gerson Paulo Taboada, do Tribunal Regional do Trabalho da 12ª Região, já proferiu uma decisão acerca de informação prestada por um antigo empregador sobre trabalhador que foi apontado como impróprio para o emprego por ter ajuizado reclamação trabalhista em face de seu antigo empregador, veja-se:

INFORMAÇÃO PRESTADA POR ANTIGO EMPREGADOR. TRABALHADOR APONTADO COMO IMPRÓPRIO PARA O EMPREGO POR TER AJUIZADO RECLAMAÇÃO TRABALHISTA. DANO MORAL DECORRENTE. A informação prestada por antigo empregador, no sentido de que determinada pessoa é imprópria para o trabalho em razão de contra ele ter movido ação trabalhista, equivale à "lista negra", prática assaz repudiada no âmbito desta Justiça Especializada. Ao sugerir fama de questionador e incapaz de prestar serviços àquele que busca judicialmente o reconhecimento de direitos que lhe foram sonegados, a par de constituir evidente tentativa de obstar a continuidade de sua existência de forma digna, atinge-se o trabalhador em algo básico para o exercício da cidadania: o direito ao livre acesso ao Poder Judiciário. Dá-se, por essa via, uma destinação à liberdade de informações contrária ao Estado Democrático de Direito. Inequívoco dano à imagem advindo de conduta claramente discriminatória, que atenta contra a dignidade da pessoa humana, situação suficiente para atrair a incidência do disposto no inciso X do artigo 5º da Constituição Federal não elidida pela posterior obtenção de nova relação empregatícia. (SANTA CATARINA, 2006).

Destarte, assevera Schiavi (2011, p. 186) que, além dos danos materiais pela perda do emprego, caso já contratado, ou pela não contratação, o trabalhador também irá sofrer danos de ordem moral por sua imagem ter sido violada, além do sentimento de angústia pela sua exclusão do mercado de trabalho, pela prática de conduta tipicamente discriminatória perpetrada pelo empregador ou por agência especializada na divulgação das listas sujas.

A indenização por danos morais é devida independentemente de o autor da ação ter sofrido eventuais prejuízos com a divulgação da denominada "lista suja", seja pela colocação no mercado de trabalho, seja pelo fato de a aludida listagem nem sequer ter sido divulgada nos meios de comunicação de massa.

De acordo com a decisão proferida pela Desembargadora do Trabalho Nair Maria Ramos Gubert, do Tribunal Regional do Trabalho da 9ª Região, a simples inclusão do trabalhador nas listas sujas gera direito ao recebimento de indenização por danos morais.

Neste sentido, vale destacar a referida ementa:

> DANO MORAL. INCLUSÃO DE NOME EM LISTA NEGRA DE TRABALHADORES. A manutenção e divulgação (mesmo que restrita a um grupo seleto de empresas) de listagens contendo dados tidos como desabonadores, que podem incidir em meio de inviabilização de colocação no mercado formal de trabalho, fere a dignidade e a imagem do trabalhador, expressamente asseguradas no artigo 1º, inciso III, e artigo 5º, inciso X, da Constituição Federal de 1988. A simples inclusão do obreiro nestas listagens gera direito ao recebimento de indenização por danos morais. (PARANÁ, 2005).

Como bem expressa Schiavi (2011):

> Esse cadastro secreto gera consequências desastrosas ao trabalhador que procura nova colocação no mercado de trabalho e, muitas vezes, não tem como se defender, pois não sabe por qual motivo não consegue outra colocação no mercado de trabalho. (SCHIAVI, 2011, p. 185).

Desse modo, o mero fato de o nome do trabalhador constar nas listas sujas já enseja o direito à reparação por danos morais, visto que já está caracterizado o ilícito patronal.

Ao conceituar o dano moral, o Ministro do STF Francisco Rezek, citado por Maria Celina Moraes (2003, p. 41), estabelece que não é necessária uma agressão à personalidade moral do ser humano para que se configure o dano moral, sobretudo porque a consequência a este dano representa apenas uma mera e prosaica indenização. Assevera o referido Ministro do STF que o dano moral é aquele dano que se pode depois neutralizar com uma indenização de índole civil, mesmo que a sua configuração não seja moral. Para isso, *basta que o referido dano seja capaz apenas de acarretar um mal evidente à vítima.*

É preciso enfatizar, na visão de Hoffmann (2003, p. 210), que, para haver a concretização da proteção ao trabalhador, os operadores do Direito do Trabalho devem pautar a sua conduta pela defesa da dignidade da pessoa humana, uma vez que tal princípio representa muito mais do que um princípio de direito constitucional ou um princípio jurídico. Trata-se do fundamento da República Federativa do Brasil constituída em Estado Democrático de Direito, conforme preconiza o art. 1º, inciso III, da Constituição Federal. E será por meio do trabalho que o homem encontrará sentido para a vida e para o seu desenvolvimento pessoal e moral, pois, sem trabalho, não há vida digna e saudável; e, sem vida, não há como falar no respeito à dignidade da pessoa humana.

Além disso, assinala Dallegrave Neto (2009):

> É preciso repersonalizar o sujeito de direito, reconhecendo o trabalhador como ser humano e, nessa dimensão, vendo-o como elemento principal e nuclear da nova ordem constitucional, a qual lhe assegura dignidade, bem estar e justiça social (art. 1º, III, arts. 170 e 193, da CF). (DALLEGRAVE NETO, 2009, p. 389).

Não é por outra razão que a Constituição de 1988 deu tratamento especial ao trabalho. O art. 1º, inciso IV, da CF/88 determina que o valor social do trabalho é fundamento da República. O seu art. 193 baseia a ordem social no primado do trabalho; e o art. 170 determina que a ordem econômica é fundada na valorização do trabalho.

Logo, o trabalho há que ser tutelado como valor supremo. Vale transcrever outros julgados acerca do tema em questão:

LISTAGEM ELABORADA PELA EMPRESA COM DADOS PESSOAIS DO EX--EMPREGADO. DIVULGAÇÃO. DANO MORAL INDEPENDE DE EVENTUAIS EFEITOS NA VIDA PROFISSIONAL DO TRABALHADOR. O Regional entendeu que há prejuízo à imagem, à intimidade e à dignidade do trabalhador cujos dados pessoais se encontram inseridos em um banco cadastral elaborado pela Reclamada, destinado à consulta por outras empresas em face de provável contratação, independentemente do resultado na vida funcional do mesmo. Diferentemente do que alegado pela Recorrente, não há no Acórdão Recorrido presunção de dano moral, mas simples afirmação da sua existência, diante do fato objetivo da inclusão do nome do autor em listagem que visava à consulta por outras empresas. A Corte concluiu que, independentemente do resultado sobre a vida funcional dos atingidos, a divulgação de dados pessoais dos trabalhadores entre as empresas constituía *per si* o fator gerador de irrecusável prejuízo. Violação de lei não configurada (art. 5º, II, XIV, XXXIX e LVII da Constituição Federal). Nenhum dos julgados trazidos à colação contém entendimento acerca de idêntica questão (Súmulas ns. 23 e 296/TST) [...]. Agravo de instrumento a que se nega provimento. (BRASIL, 1997).

O Tribunal Regional do Trabalho da 24ª Região também já se manifestou no mesmo sentido:

DANO MORAL. LISTAS NEGRAS. Restou incontroverso nos autos que a reclamada elaborava e atualizava, de tempos em tempos, a chamada lista negra, com o nome de todos os ex-funcionários que vieram a pleitear seus direitos no Poder Judiciário Trabalhista. No caso presente, a reclamada adotava procedimentos vis, não apenas discriminando ex-empregados que ajuizaram reclamações trabalhistas, quando do fornecimento de referência, mas também coagindo as empresas que lhe prestavam serviços para que não contratassem ou até mesmo demitissem tais pessoas. Se o fato de que a reclamada elaborar tal listagem e encaminhá-la a uma única firma já é motivo bastante para configurar o dano à pessoa da autora, quanto mais se considerarmos as centenas de empresas que lhes prestavam serviços ou comercializavam seus jornais. Recurso a que se dá provimento parcial (tão somente para reduzir o valor da indenização). (MATO GROSSO, 2003).

Leite e Rios (2008, p. 205) destacam a atuação do Ministério Público do Trabalho em todo o Brasil mediante a instauração de Inquéritos Civis para a apuração de denúncias e para a obtenção de termos de ajustamento de conduta por parte dos empregadores responsáveis na utilização das listas negras. Há o ajuizamento de Ações Civis Públicas com a finalidade de exigir o cumprimento de obrigação de não fazer e indenização coletiva genérica por danos materiais e morais, causados aos direitos e aos interesses difusos e coletivos no presente caso em tela.

O Ministério do Trabalho e do Emprego também vem trabalhando para coibir o comportamento de empresas que dificultam a inserção profissional do empregado no mercado de trabalho por outras empresas por ele ter ajuizado ação trabalhista em face de antigos empregadores.

Insta destacar que, em agosto de 2006, a 12ª Vara do Trabalho de Vitória recebeu denúncia em face da empresa Companhia Vale do Rio Doce, em ação civil pública ajuizada pelo Ministério Público do Trabalho da 17ª Região sobre a utilização de listas sujas. De acordo com a referida ação, a Companhia Vale do Rio Doce pressionava as empresas terceirizadas e contratadas a dispensar ou a não admitir empregados que haviam ajuizado reclamação trabalhista contra ela, criando assim uma "lista suja".

A conduta discriminatória praticada pela Companhia Vale do Rio Doce foi confirmada pelo juízo de primeiro grau, e a empresa foi condenada ao pagamento de uma indenização pelo dano causado aos trabalhadores no valor de R$ 800.000,00 (oitocentos mil reais). Após ter o recurso indeferido no Tribunal Regional do Trabalho da 17ª Região, a empresa recorreu à instância superior, e a condenação foi mantida por unanimidade pela quinta turma do TST, no dia 8 de junho de 2011. O ministro do TST Emmanoel Pereira, relator do Recurso de Revista n. 103600--95.2006.5.17.0012, interposto pela Companhia Vale do Rio Doce, salientou que o acórdão regional foi conclusivo ao afirmar que a Vale, de fato, praticava ato lesivo contra trabalhadores que reclamaram seus direitos na Justiça.

Diante das considerações supracitadas, os poderes do empregador e os princípios constitucionais de direito privado que visam a fundamentar o exercício do poder empregatício (art. 2º, CLT) — livre iniciativa e propriedade privada —, não podem ser exercidos de forma viezada de modo a afrontar o direito de trabalhar e o patrimônio moral do trabalhador; caso contrário, a sua responsabilização se estenderá mesmo após a extinção do contrato de trabalho, implicando o pagamento de indenização por danos morais e materiais em favor do trabalhador lesado.

Ora, não se pode esquecer, no escólio de Mauricio Delgado (2006, p. 241), de que é sob o prisma da dignidade do trabalho que o homem trabalhador revela a riqueza de sua identidade social, exercendo sua liberdade e consciência de si, além de realizar, em plenitude, seu dinamismo social, seja pelo desenvolvimento de suas potencialidades, de sua capacidade de mobilização ou do seu efetivo papel na lógica das relações sociais.

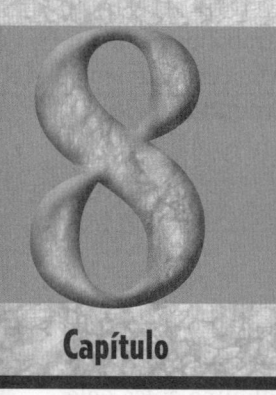

Capítulo 8
MECANISMOS EXTRACONTRATUAIS DE TUTELA DOS DIREITOS DA PERSONALIDADE DO TRABALHADOR

Estabelecida a proteção legal aos direitos da personalidade do trabalhador nos três grandes momentos da relação jurídica contratual, conforme examinado nos capítulos precedentes, resta saber como efetivar tais direitos quando a atuação patronal extrapolar os limites do poder empregatício.

Diante das violações aos direitos da personalidade dos trabalhadores, sejam elas cometidas na fase pré-contratual, de cumprimento do contrato de trabalho ou pós-contratual, é possível a utilização tanto da tutela individual quanto da coletiva, com a finalidade de salvaguardar a proteção a tais direitos na hipótese de sua eventual lesão.

Quanto à tutela jurisdicional, esta é invocada quando a lesão ou o dano já foram perpetrados. Assim, será verificada mediante a fixação de indenização por danos morais sofridos pelo trabalhador em decorrência da violação cometida pelo empregador quanto aos direitos da personalidade na seara laboral. Tanto a ação individual quanto a ação coletiva representam instrumentos jurídico-processuais aptos a esta tutela.

Em sede de ação civil pública, os sindicatos e o Ministério Público do Trabalho possuem legitimidade ativa para a sua propositura, com vistas à obtenção de provimento jurisdicional que imponha ao empregador obrigações de fazer ou não fazer com o propósito de obstar-se à existência de atos invasivos aos direitos da personalidade do trabalhador, sem prejuízo de adequada condenação pecuniária (obrigação de dar).

Note-se que a tutela jurisdicional pode ser buscada quer pela via individual, pessoalmente pelo trabalhador, quer pela via coletiva, seja pelos sindicatos, seja pelo Ministério Público do Trabalho.

Estas entidades (sindicatos e MPT), além da Auditoria Fiscal Trabalhista, atuam também extrajudicialmente, por meio de mecanismos que não necessariamente passam pela ou chegam à Justiça do Trabalho. Tal atuação extrajudicial desses entes é também importante mecanismo de tutela dos direitos da personalidade do trabalhador.

8.1. TUTELA JURISDICIONAL: DANO MORAL

De acordo com De Plácido Silva (2009, p. 238), a expressão dano deriva do latim *damnum* e significa todo mal ou ofensa que tenha uma pessoa causado a *outrem*, da qual possa resultar uma deterioração ou destruição à alguma coisa dele ou um prejuízo a seu patrimônio.

Para Sérgio Martins (2008), em sentido amplo, dano:

> É um prejuízo, ofensa, deterioração, estrago, perda. É o mal que se faz a uma pessoa. É a lesão ao bem jurídico de uma pessoa. O patrimônio jurídico da pessoa compreende bens materiais e imateriais (intimidade, honra etc.). (MARTINS, S., 2008, p. 18).

Os danos podem ser classificados em patrimoniais (materiais) e não patrimoniais ou moral (imateriais).

O dano moral consiste na lesão sofrida pela pessoa no tocante à sua personalidade. Envolve, portanto, um aspecto não econômico, não patrimonial, mas que atinge a pessoa no seu âmago.

Segundo Sérgio Martins (2008, p. 18), a pessoa, em razão do dano moral, passa a ter problemas psíquicos, que podem repercutir no seu organismo, trazendo prejuízos à sua atividade física e intelectual, inclusive no desenvolvimento do seu trabalho.

Para Cavalieri Filho (2005):

> O dano moral não mais se restringe à dor, tristeza e sofrimento, estendendo a sua tutela a todos os bens personalíssimos — os complexos de ordem ética —, razão pela qual revela-se mais apropriado chamá-lo de dano não patrimonial, como ocorre no Direito Português. Em razão dessa natureza imaterial, o dano moral é insusceptível de avaliação pecuniária, podendo apenas ser compensado com obrigação pecuniária imposta ao causador do dano, sendo esta mais uma satisfação do que uma indenização. (CAVALIERI FILHO, 2005, p. 102).

Concorde Caio Pereira (1996), o dano moral compreende:

> A ofensa a direitos de natureza extrapatrimonial — ofensas aos direitos integrantes da personalidade do indivíduo, como também ofensas à honra, ao decoro, à paz interior de cada um, às crenças íntimas, aos sentimentos afetivos de qualquer espécie, à liberdade, à vida, à integridade. (PEREIRA, C. M. S., 1996, p. 88).

A esse respeito, Diniz (2011) ensina que:

> É preciso esclarecer que o direito não repara a dor, a mágoa, o sofrimento ou a angústia, mas apenas aqueles danos que resultarem da privação de um bem sobre o qual o lesado teria interesse reconhecido juridicamente. O lesado pode pleitear uma indenização pecuniária em razão de dano moral, sem pedir um preço para sua dor, mas um lenitivo que atenue, em parte, as consequências do prejuízo sofrido, melhorando seu futuro, superando o déficit acarretado pelo dano. (DINIZ, 2011, p. 75).

Assim, o dano moral é aquele, que se refere à ofensa ou violação que não atinge os bens patrimoniais propriamente ditos de uma pessoa, mas os seus bens de ordem moral. Atinge, portanto, um bem psíquico. Tais bens são aqueles juridicamente tutelados, mas sem repercussão patrimonial. Seu espectro é amplo: pode ser a dor física, dor sensação, nascida de uma lesão material, ou, ainda, a dor moral, dor sentimento, ainda que originária de causa material. O dano moral é o que atinge, pois, a intimidade, a privacidade, a honra, a imagem e a dignidade das pessoas. Por essa razão são chamados de *danos extrapatrimoniais*. (BELTRAN, 2002, p. 236).

Pertinente trazer à baila o pensamento de Cahali (1998). Para o autor, dano moral é:

> A privação ou diminuição daqueles bens que têm um valor precípuo na vida do homem e que são a paz, a tranquilidade de espírito, a liberdade individual, a integridade individual, a integridade física, a honra e os demais sagrados afetos, classificando-se desse modo, em dano que afeta a parte social do patrimônio moral (honra, reputação etc.) e dano que molesta a parte afetiva do patrimônio moral (dor, tristeza, saudade etc.), dano moral que provoca direta ou indiretamente dano patrimonial (cicatriz deformante etc.) e dano moral puro (dor, tristeza etc.). (CAHALI, 1998, p. 21).

Consoante ensina Maria Celina Moraes (2002):

> Toda e qualquer circunstância que atinja o ser humano em sua condição humana, que (mesmo longinquamente) pretenda tê-la como objeto, que

negue a sua qualidade de pessoa, será automaticamente considerada violadora de sua personalidade e, se concretizada, causadora de dano moral a ser reparado. (MORAES, M. C. B., 2002, p. 188).

Assinala Sérgio Martins (2008, p. 32) que o dano moral só pode ser compensável, tendo em vista ser impossível eliminar o efeito do agravo ou sofrimento à pessoa por meio do pagamento em dinheiro, por não se poder restituir as partes ao *status quo ante*. O dinheiro a ser recebido irá minorar o sofrimento, mas não irá exatamente curar as feridas. Por isso, funcionará como lenitivo, ou seja, como espécie de conforto ao ofendido, que irá amenizar ou amortecer o sofrimento.

Imperioso observar que a reparação por danos morais possui dupla função. A primeira é em relação à vítima e a segunda é em relação ao ofensor. Em relação à vítima, ela é compensatória, ou seja, a vítima recebe um valor em pecúnia para abrandar o sofrimento. Sua finalidade é compensar a dor, a angústia, a humilhação do ofendido. Com relação ao ofensor, ela tem natureza sancionatória, ou seja, é uma sanção civil pecuniária ou *in natura* pelo ato ilícito praticado e também para que ele não volte a ser praticado, servindo-lhe de característica pedagógica ou de exemplo.

Assim já se manifestou a jurisprudência trabalhista brasileira:

INDENIZAÇÃO POR DANOS MORAIS. Tanto a higidez física como a mental, inclusive emocional, do ser humano são bens fundamentais de sua vida, privada e pública, de sua intimidade, de sua autoestima e afirmação social e, nessa medida, também de sua honra. São bens, portanto, inquestionavelmente tutelados, regra geral, pela Constituição (art. 5º, V e X). Agredidos em face de circunstâncias laborativas, passam a merecer tutela ainda mais forte e específica da Carta Magna, que se agrega à genérica anterior (art. 7º, XXVIII, da CF/88). A reparação do prejuízo subjetivo tem o escopo de amenizar o sofrimento causado ao empregado, bem como o pedagógico/punitivo ao agente causador do dano. (MINAS GERAIS, 2005).

Expressa Bittar (1994, p. 79) que a reparação em dinheiro é uma espécie de satisfação que se coaduna com os princípios morais, na medida em que propicia ao lesado lenitivos, confortos, prazeres e outras sensações, ou sentimentos aliviadores, que, através da moeda, podem ser obtidos, como os experimentados em viagens, terapias e tantas outras.

Consoante ensina Guilherme Bastos (2003):

No Brasil, com o advento da Constituição da República de 1988, valores como dignidade, respeito, decoro, prestígio, reputação, integridade psíquica, boa fama e demais elementos axiológicos que se referem à intimidade, à vida privada, à honra e à imagem das pessoas foram contemplados por um novo enfoque jurídico: o da exigibilidade da indenização por dano moral decorrente da violação de qualquer um desses bens juridicamente tutelados. (BASTOS, G. A. C., 2003, p. 41).

O dano moral, portanto, deve abranger todo dano que viole um direito da personalidade, bem como a dignidade da pessoa humana.

Como bem expressa Schiavi (2011, p. 67): "O dano moral é a violação a um direito da personalidade sem conteúdo econômico tendo por fundamento e finalidade última a proteção à dignidade da pessoa humana".

Há dano moral ou extrapatrimonial quando há ofensa a bens de caráter imaterial, desprovidos de conteúdo econômico e insusceptíveis de avaliação pecuniária. Sendo assim, toda lesão de natureza não patrimonial, seja ela, física, psíquica, moral ou intelectual, capaz de gerar lesão ao trabalhador, que cause consequências negativas no seu interior, como perda da sua autoestima, desequilíbrio, ausência de bem-estar, depressão, bloqueios, entre outros, é passível de reparação.

De acordo com Aluísio Ferreira (2011):

> A reparação por danos morais não faz cessar os efeitos da violação a direitos personalíssimos da pessoa, mas representa uma atenuação, pois, através da reparação pecuniária, objetiva-se conceder alguma forma de conforto ao lesado, como uma maneira de alento à sua dor. (FERREIRA, A. H., 2011, p. 111).

Como bem observa Guilherme Bastos (2003):

> Valores como o bom nome, a boa fama, a boa reputação e demais elementos axiológicos que integram a honra e a imagem das pessoas apresentam uma dimensão imaterial, preceituada por todos os povos, porquanto refletem as peculiaridades características do perfil espiritual da pessoa humana [...]. (BASTOS, G. A. C., 2003, p. 22).

Insta destacar que o pequeno incômodo ou os dissabores da vida social não são idôneos para gerar indenização por dano moral. Sendo assim, conforme Alkimin (2009):

> Deve-se aplicar o critério objetivo, ou seja, considerar a ofensa face ao *homem médio* e o potencial ofensivo, não se admitirá como dano moral o ato ou fato do cotidiano em relação ao homem extremamente sensível, nem em relação ao homem de nenhuma sensibilidade. (ALKIMIN, 2009, p. 176).

Como bem enfatiza Schiavi (2011), qualquer dissabor, sofrimento ou angústia não gera a reparabilidade do dano moral:

> Os aborrecimentos normais da vida não geram a reparação por danos morais, até mesmo porque o ser humano é suscetível de altos e baixos. Além

disso, certas pessoas têm maior fragilidade emocional, sendo mais suscetíveis de aborrecimentos e de estados depressivos. (SCHIAVI, 2011, p. 75).

No âmbito das relações de trabalho, Schiavi (2011, p. 75) cita o exemplo do empregado que tem um superior hierárquico mal-humorado, mas que não o ofende. Trata-se de uma situação que não é suficiente para gerar dano moral, embora não seja agradável a convivência. Neste sentido:

> O ato que gera o dano moral tem que ser potecialmente lesivo para violar um direito inerente à personalidade humana, considerando-se o padrão médio da sociedade, a razoabilidade, e também os fatores de tempo, lugar e o costume onde o ato fora praticado. Por exemplo, algumas brincadeiras mais ríspidas são admissíveis em determinado ambiente de trabalho, mas em outros não. (SCHIAVI, 2011, p. 77).

Quanto à caracterização do dano moral, Schiavi (2011, p. 73) assinala que não há necessidade de publicidade do fato, ou prova do sofrimento, porquanto a dor moral atinge o indivíduo na sua esfera íntima. Atesta, ainda, que não há como se demonstrarem os efetivos prejuízos morais sofridos com o ato lesivo. Por isso, a extensão dos prejuízos, quais sejam: a intensidade da dor, do sofrimento, da perda de uma chance, deve ser valorada para se fixar o *quantum* da reparação, mas não necessariamente para a eclosão do dano e do dever de reparação.

Dallegrave Neto (2009) também se manifesta no mesmo sentido:

> Particularmente, entendo que o dano moral se caracteriza pela simples violação do direito geral de personalidade, fato que enseja a dor, a tristeza ou desconforto emocional da vítima, sentimentos presumidos (presunção *hominis*) e que por isso não carecem de comprovação em juízo: na concepção moderna da reparação do dano moral, prevalece a orientação de que a responsabilidade do agente se opera por força do simples fato da violação, de modo a tornar-se desnecessária a prova do prejuízo em concreto. (DALLEGRAVE NETO, 2009, p. 185).

Com a promulgação da Constituição de 1988, a reparação do dano moral passou a estar disposta no art. 5º, V e X, assim redigidos:

Art. 5º Todos são iguais perante a lei, sem distinção de qualquer natureza, garantindo-se aos brasileiros e aos estrangeiros residentes no País a inviolabilidade do direito à vida, à liberdade, à igualdade, à segurança e à propriedade, nos termos seguintes:
[...]
V. é assegurado o direito de resposta, proporcional ao agravo, além da indenização por dano material, moral ou à imagem;

> [...]
> X. são invioláveis a intimidade, a vida privada, a honra e a imagem das pessoas, assegurado o direito a indenização pelo dano material ou moral decorrente de sua violação;
> [...]

Bulos (2005, p. 137) assevera que a indenização por dano moral foi inaugurada no Brasil, em sede constitucional, com a promulgação da Constituição Federal de 1988. Foi a partir dessa data que se findou a problemática a respeito de seu ressarcimento.

Schiavi (2011, p. 77), ao comentar os artigos constitucionais acima expostos, assevera que "com a Constituição, restou expressamente consagrada a ampla reparabilidade do dano moral, sem qualquer interdependência com o dano material, ou seja, o dano moral ouro, que existe por si só".

Além desses dispositivos constitucionais, há que se mencionar os arts. 186 e 927 do Código Civil, que consagram em sede infraconstitucional a reparabilidade do dano moral:

> Art. 186. Aquele que, por ação ou omissão voluntária, negligência ou imprudência, violar direito e causar dano a outrem, ainda que exclusivamente moral, comete ato ilícito.
>
> Art. 927. Aquele que, por ato ilícito (arts. 186 e 187), causar dano a outrem, fica obrigado a repará-lo.

Quanto à forma de arbitramento do dano moral, a sua fixação deve estar pautada no princípio da razoabilidade e no juízo de equidade, tendo em vista a inexistência de Lei específica que tarife o valor indenizatório no Ordenamento Jurídico brasileiro, de modo que não acarrete enriquecimento indevido à vítima. Desse modo, o julgador deve fixar o dano moral com base no art. 944 do Código Civil, que assim estipula:

> Art. 944. A indenização mede-se pela extensão do dano.
>
> Parágrafo único. Se houver excessiva desproporção entre a gravidade da culpa e o dano, poderá o juiz reduzir, equitativamente, a indenização.

Nessa ótica, imperioso destacar, na visão de Schiavi (2011), os requisitos para a reparabilidade do dano moral:

> a) a violação a um direito da personalidade que seja potencialmente lesivo e causar sofrimento, considerando-se não só as circunstâncias, mas também o padrão médio da sociedade. O sofrimento natural decorrente da violação a um dano patrimonial não é apto a gerar a reparação por danos

morais. Os aborrecimentos normais da vida não geram a reparação por danos morais; b) que haja nexo causal entre a ação ou omissão do causador e a violação do direito da personalidade; culpa (culpa *estricto sensu* ou dolo) do causador (art. 186 do CC) ou ausência de culpa nas hipóteses de responsabilidade objetiva do agente (art. 927, parágrafo único, do Código Civil); c) não há necessidade de prova da dor, da angústia e dos sentimentos negativos por parte da vítima; d) não há necessidade de publicidade do fato ou que outra pessoa tenha conhecimento da lesão, que não a vítima; e) mesmo as pessoas que são incapazes de entender o fato lesivo e de sentir os sofrimentos também fazem jus a reparação por danos morais. (SCHIAVI, 2011, p. 78).

Em relação aos critérios que devem ser observados pelo Juiz do Trabalho quanto à fixação do *quantum* relativo ao dano moral, Schiavi (2011) estabelece que é preciso:

a) reconhecer que o dano moral não pode ser valorado economicamente; b) valorar o dano no caso concreto, segundo as características de tempo e lugar onde ocorreu; c) analisar o perfil da vítima e do ofensor; d) analisar se a conduta do ofensor foi dolosa ou culposa, bem como a intensidade da culpa; e) considerar não só os danos atuais, mas também os prejuízos futuros, como a perda de uma chance; f) guiar-se o juiz pela razoabilidade, equidade e justiça; g) considerar a efetiva proteção à dignidade da pessoa humana; h) atender à função social do contrato de trabalho, da propriedade e função social da empresa; i) inibir que o ilícito se repita; j) chegar ao acertamento mais próximo da reparação, mesmo sabendo que é impossível conhecer a dimensão do dano. Por isso, deve apreciar não só os danos atuais como os futuros (perda de uma chance); k) considerar a situação do País e o custo de vida da região em que reside o lesado. (SCHIAVI, 2011, p. 279).

Carlos Roberto Gonçalves (2000) também elenca alguns fatores que devem ser observados para a fixação de uma indenização justa:

a) a condição social, educacional, profissional e econômica do lesado; b) a intensidade de seu sofrimento; c) a situação econômica do ofensor e os benefícios que obteve com o ilícito; d) a intensidade do dolo ou o grau de culpa; e) a gravidade e a repercussão da ofensa; e f) as peculiaridades e circunstâncias que envolverem o caso, atentando para o caráter antissocial da conduta lesiva. (GONÇALVES, C. R., 2000, p. 384).

Alkimin (2009) também traça os critérios para a fixação da indenização do dano moral. Para a autora, é preciso levar em consideração:

a) a intensidade do sofrimento da vítima, levando-se em conta sua personalidade e sensibilidade, seu conceito perante os colegas e a sociedade, além dos reflexos do dano na sua atividade profissional, bem como as expectativas frustradas; b) a gravidade e a natureza da lesão; c) a intensidade do dolo ou o grau de culpa do ofensor; d) a personalidade e a condição econômica do ofensor, devendo-se avaliar a sua personalidade, a sua índole e a reincidência ou não, sendo que a fixação do valor da reparação não pode ser tão irrisória a ponto de abandonar o caráter punitivo, sob pena de não intimidar o agente causador; e) o tempo de serviços prestados na empresa, ou seja, quanto maior o tempo de serviços, maior o valor da indenização; f) o cargo e a posição hierárquica ocupados na empresa, ou seja, a indenização deve ser fixada levando em conta o grau de responsabilidade, a competência do empregado e sua projeção no ambiente de trabalho; g) a permanência temporal dos efeitos do dano, ou seja, quanto maior o lapso temporal transcorrido, menor deve ser o valor da indenização. (ALKIMIN, 2009, p. 183).

Neste sentido, deferida certa indenização e havendo repetição da ofensa ao mesmo direito, em idênticas condições, deve-se elevar o valor da condenação, para que não se repita novamente a conduta. Também por isso lesões com características juridicamente iguais podem dar margem a indenizações com valores diversos, tendo em conta a distinta capacidade econômica dos ofensores. (MALLET, 2005, p. 41).

O objetivo é punir o ofensor, mas não a ponto de enriquecer a vítima. Nesse enleio, na fixação do dano moral, é preciso ser levadas em consideração não só as condições econômicas do agente causador do dano, mas também as condições econômicas da vítima. Tais critérios devem ser considerados pelo magistrado para que a indenização do dano moral não seja exorbitante, no sentido de acarretar enriquecimento sem causa. Portanto, deve ser estipulada com razoabilidade e bom senso.

Já o dano material é aquele que implica a perda ou o prejuízo que fere diretamente um bem patrimonial, seja diminuindo o seu valor, restringindo ou anulando a sua utilidade. (BELTRAN, 2002, p. 236).

Na perspectiva aqui adotada, o dano é patrimonial ou material quando gera efeitos econômicos ou prejuízo para a pessoa, ou seja, é suscetível de avaliação econômica e visa a restabelecer a reparação pecuniária, bem como o *status quo ante* pelo ressarcimento do dano emergente (aquilo que se perdeu) e o lucro cessante (aquilo que deixou de ganhar ou lucrar). Por isso, pode ser dividido em dano emergente e em lucro cessante. O dano emergente compreende o que a pessoa perdeu efetivamente por haver prejuízo com a diminuição de seu patrimônio. O lucro cessante, por sua vez, representa o que a pessoa deixou de ganhar em decorrência do evento. O pagamento de indenização por dano material visa a retornar à situação anterior para repor o patrimônio lesado.

Em razão disso, o dano material recai sobre um bem físico, ao passo que o dano moral compreende um aspecto psíquico da pessoa.

Consoante Sérgio Martins (2008, p. 24), na indenização por dano material, "o objetivo é repor o bem perdido ou parcialmente deteriorado. Na indenização por dano moral, visa-se compensar a dor sentida pelo ofendido".

O dano moral não visa atingir os bens da pessoa, mas a sua moral, seu âmago. Não fere bens de ordem patrimonial e, sim, os de ordem moral que invadem a esfera subjetiva e psíquica da personalidade do ofendido. O dano moral é o único ato capaz de atingir a esfera extrapatrimonial da vítima.

8.2. TUTELA EXTRAJUDICIAL SINDICAL

Os sindicatos, como associações profissionais, possuem legitimidade para agir na defesa dos interesses sociais, individuais homogêneos, difusos e coletivos, quando desrespeitados os direitos sociais constitucionalmente garantidos, sobretudo os direitos da personalidade do trabalhador. Quanto ao papel destes entes coletivos, reza o art. 8º, III, da Constituição Federal de 1988:

> Art. 8º É livre a associação profissional ou sindical, observado o seguinte:
> [...]
> III — ao sindicato cabe a defesa dos direitos e interesses coletivos ou individuais da categoria, inclusive em questões judiciais ou administrativas;
> [...]

Neste sentido, assinala Simón (2000):

> Os sindicatos podem atuar na fiscalização dos métodos de controle adotados pelos empregadores; podem auxiliá-los na utilização de tais métodos, por exemplo, acompanhando as revistas, sugerindo locais para a instalação de equipamentos audiovisuais, levando ao empregador denúncias sobre situações relacionadas com assédio sexual, viabilizando o acesso aos dados pessoais dos trabalhadores. A participação do sindicato demonstrará uma "democratização" do ambiente de trabalho, possibilitando maior participação dos trabalhadores, e poderá ser acertada através de negociação coletiva. (SIMÓN, 2000, p. 204).

Além da atuação extrajudicial, os sindicatos também possuem legitimação concorrente para a propositura de ação civil pública, com fundamento nos arts. 8º, III, e 129, III, da CF/88; art. 82, I e IV, da Lei n. 8.078/90; art. 5º, da Lei n. 7.347/85; e art. 83, III, da LC n. 75/1993.

O Código de Defesa do Consumidor, em seu art. 81, foi um bom instrumento para delinear o significado de direitos metaindividuais:

> Art. 81. A defesa dos interesses e direitos dos consumidores e das vítimas poderá ser exercida em juízo individualmente ou a título coletivo.

Parágrafo único. A defesa coletiva será exercida quando se tratar de:

I — interesses ou direitos difusos, assim entendidos, para efeitos deste Código, os transindividuais, de natureza indivisível, de que sejam titulares pessoas indeterminadas e ligadas por circunstâncias de fato;

II — interesses ou direitos coletivos, assim entendidos, para efeitos deste Código, os transindividuais de natureza indivisível de que seja titular grupo, categoria ou classe de pessoas ligadas entre si ou com a parte contrária por uma relação jurídica-base;

III — interesses ou direitos individuais homogêneos, assim entendidos os decorrentes de origem comum.

No que diz respeito à ação civil pública, os sindicatos têm legitimidade para propô-la, com base no art. 5º, da Lei n. 7.347/85. Em razão disso, podem pleitear, na qualidade de substitutos processuais, em nome próprio na defesa dos direitos metaindividuais.

Consoante ensina Adriana Pimenta (2011):

> É papel do sindicato exigir judicialmente do empregador, principalmente através das ações em que atua como substituto processual, conduta que propicie a real fruição dos direitos conquistados e consagrados na Norma Fundamental e na legislação infraconstitucional trabalhista. (PIMENTA, A. C. S. F., 2011, p. 28).

Esta mesma autora, ao discorrer sobre a substituição processual, assinala que, na defesa dos direitos metaindividuais, os sindicatos da categoria profissional garantem aos integrantes da categoria isonomia no acesso à justiça, na medida em que:

> Transforma uma igualdade processual formal em uma igualdade real (o ente coletivo sindicato está mais aparelhado e em melhores condições de discutir com o empregador administrativa ou judicialmente, sem sofrer as pressões tão comuns na ação individual, onde o Autor é aquele que depende economicamente do Réu), DEMOCRATIZANDO o acesso à justiça. (PIMENTA, A. C. S. F., 2011, p. 17).

Sendo assim:

> O sindicato pode pleitear melhores condições de trabalho sem que os empregados percam seus postos de trabalho, fazendo valer os princípios da proteção e da continuidade da relação de emprego, presentes no art. 7º da Constituição Federal de 1988, notadamente em seu inciso I. (PIMENTA, A. C. S. F., 2011, p. 17).

Restam, portanto, igualmente prestigiadas, a racionalização e a generalização da prestação da tutela jurisdicional, tendo em vista que estas diminuem as inúmeras reclamações individuais praticamente idênticas e aumentam o número de trabalhadores tutelados, já que nem todos ajuízam ações individuais. (PIMENTA, A. C. S. F., 2011, p. 18).

Desse modo, em se tratando de violação aos direitos da personalidade do trabalhador durante o cumprimento de seu contrato de trabalho, este não teme perder o seu posto de trabalho, quando é representado por seu sindicato, ao contrário de quando ajuíza uma ação individual durante o curso de seu contrato de trabalho que lhe trará como consequência a dispensa imotivada.

Nesta ótica, para Válio (2006), a extrapolação do poder empregatício:

> Gera a infração ao princípio da dignidade da pessoa humana, mas quase sempre não são postulados os direitos decorrentes dessa infração. O temor pelo perdimento do emprego é atualmente o inviabilizador para a propositura de ações, com pedidos de reparações de danos decorrentes da infração ao princípio da dignidade da pessoa humana. (VÁLIO, 2006, p. 39).

Segundo Dallegrave Neto (2009), esse temor oriundo da dispensa imotivada quando do ajuizamento de uma ação individual se dá porque a cultura do trabalho e do emprego no Brasil:

> Propicia uma situação cômoda de boa parte das empresas, que acaba por explorar a mão de obra, sem escrúpulos, já sabendo de antemão que o trabalhador assim irá se resignar, porque temente à perda do emprego e à fácil substituição de sua vaga por outro colega. Logo, se é certo que devemos evitar o modelo norte americano — exageradamente sensível à responsabilidade civil em manifesto fomento à "indústria do dano moral" — de outro lado não se pode ignorar a atual realidade brasileira, estigmatizada por uma alta taxa de desemprego e baixo valor salarial. (DALLEGRAVE NETO, 2009, p. 388).

Percebe-se, assim, que a ação civil pública rompeu com a tradição individualista de tutela jurisdicional ao implementar um processo coletivo que visa a garantir de forma efetiva a defesa dos direitos sociais de natureza transindividual.

Em razão disso, conforme Ronaldo Santos (2003), nos dias atuais, vislumbram-se:

> Interesses que não se limitam ao mero âmbito individual, mas apresentam-se como de natureza coletiva e a sua violação ou inobservância geram danos igualmente coletivos, uma vez que atingem vastos agrupamentos de pessoas. Podem, em razão das circunstâncias, alcançar número elevado e

indeterminado de sujeitos, de tal forma que o individual se dilui na esfera do coletivo que passa a ser a principal, senão a única dimensão, pela qual se pode observar a existência desses direitos. (SANTOS, Ronaldo, 2003, p. 63).

De acordo com Adriana Pimenta (2011), a ação civil pública representa um instrumento processual poderoso na tutela destes direitos, pois:

> A igualdade real entre as partes está muito mais presente quando o autor é um ente coletivo (como o sindicato) a litigar contra o empregador (detentor dos meios de produção, na maior parte das vezes) que quando reclama o próprio empregado (que, se já não era ex-empregado, provavelmente passará a ser). (PIMENTA, A. C. S. F., 2011, p. 135).

Ademais, enfatiza Almeida (2012):

> As transformações sociais, no sentido de uma sociedade de massa, exigem a criação de instrumentos jurídicos diferenciados, o que implica em exigências relacionadas com o acesso à justiça e com adequação do processo à natureza do direito deduzido em juízo, tudo isso permeado pela necessidade de realização prática dos direitos trabalhistas, em especial, dos direitos trabalhistas fundamentais. (ALMEIDA, 2012, p. 100).

Imperioso observar que há duas formas de tutelar os direitos da personalidade do empregado: a preventiva e a reparadora.

A primeira forma de proteção aos direitos da personalidade do empregado, a preventiva, materializa-se na chamada tutela inibitória (individual ou coletiva). Poderá haver tutela inibitória antecipada em ação civil pública para que a empresa se abstenha da prática de determinado ato. É o caso, por exemplo, do sindicato que ajuíza uma ação civil pública, determinando a retirada de aparelhos audiovisuais em lugares indevidos ou a cessação de escutas telefônicas em atividades não ligadas à segurança da empresa.

O fundamento da tutela inibitória reside no *caput* do art. 84, do Código de Defesa do Consumidor:

> Art. 84. Na ação que tenha por objeto o cumprimento da obrigação de fazer ou não fazer, o Juiz concederá a tutela específica da obrigação ou determinará providências que assegurem o resultado prático equivalente ao do adimplemento.

O art. 12, do Código Civil brasileiro, também prevê a possibilidade da cessão de ameaça ou da cessão a direito da personalidade, por meio da tutela inibitória e do ressarcimento pelos danos causados ao trabalhador:

Art. 12. Pode-se exigir que cesse a ameaça, ou a lesão, a direito da personalidade, e reclamar perdas e danos, sem prejuízo de outras sanções previstas em lei.

Parágrafo único. Em se tratando de morto, terá legitimação para requerer a medida prevista neste artigo o cônjuge sobrevivente, ou qualquer parente em linha reta, ou colateral até o quarto grau.

O referido dispositivo confere aos empregados a possibilidade de defesa de seus direitos da personalidade, tanto na forma preventiva, como na forma reparadora.

A tutela inibitória, além de fazer cessar o atentado atual e contínuo, removendo os efeitos danosos que são produzidos e que se protraem no tempo, possui natureza preventiva contra a possível prática de novos atentados pelo mesmo autor. Nela, não se espera a ocorrência do dano ou da lesão. Basta o perigo do dano ou da lesão, de difícil reparação ou não, ou a simples configuração do ato como contrário ao direito.

Segundo Pozzolo (2001, p. 201), a tutela inibitória "é aquela que visa à prevenção da prática da repetição ou da continuação de uma conduta antijurídica, ilícita ou danosa, positiva ou negativa, contratual ou extracontratual".

O Ministro do TST José Roberto Freire Pimenta (2004) assinala que a técnica processual da tutela inibitória viabiliza a proteção aos direitos da personalidade do empregado, que pode ocorrer na situação de comportamento abusivo do empregador quanto à instalação das câmeras audiovisuais no ambiente de trabalho.

Para o autor:

> Quando for necessário impedir a adoção pelo empregador de práticas e métodos de controle da atuação e conduta dos trabalhadores no serviço, ou na entrada e saída dos mesmos, que sejam ofensivos à sua honra, dignidade ou privacidade (através, por exemplo, de revistas pessoais e coletivas que tenham caráter vexatório ou da instalação de instrumentos visuais ou auditivos que impliquem no controle permanente ou periódico das atividades do empregado pelo empregador ou por seus prepostos). (PIMENTA, J. R. F., 2004, p. 374).

Neste sentido, a tutela preventiva trata-se de um instrumento plenamente capaz de impedir que os direitos não patrimoniais sejam transformados em pecúnia.

Segundo Marinoni (2003), tal mecanismo processual:

> [...] objetiva conservar a integridade do direito, assumindo importância não apenas porque alguns direitos não podem ser reparados e outros não podem ser adequadamente tutelados através da técnica ressarcitória, mas também porque é melhor prevenir do que ressarcir. (MARINONI, 2003, p. 29).

A tutela inibitória, portanto, volta-se para o futuro, com a finalidade de impedir a prática de um ato lesivo aos direitos da personalidade do trabalhador, seja ele oriundo da fase pré-contratual, de cumprimento do contrato de trabalho ou pós-contratual.

O art. 461, do CPC, ao dispor sobre a execução das obrigações de fazer e de não fazer, prevê, no § 4º, a possibilidade de o Juiz impor multa diária ao réu, tanto na antecipação da tutela como na própria sentença, *verbis*:

> Art. 461. Na ação que tenha por objeto o cumprimento de obrigação de fazer ou não fazer, o juiz concederá a tutela específica da obrigação ou, se procedente o pedido, determinará providências que assegurem o resultado prático equivalente ao do adimplemento.
>
> [...]
>
> § 4º. O juiz poderá, na hipótese do parágrafo anterior ou na sentença, impor multa diária ao réu, independentemente de pedido do autor, se for suficiente ou compatível com a obrigação, fixando-lhe prazo razoável para o cumprimento do preceito.

A tutela inibitória é propiciada pelo art. 461, do CPC. Assim, diante de qualquer ameaça de lesão a esses direitos, é possível que o Sindicato ou o Ministério Público do Trabalho tomem medidas para impedir que se concretize uma futura lesão aos trabalhadores. A sua finalidade é evitar que se concretize a ameaça ou mesmo que cesse a lesão aos direitos da personalidade do trabalhador, evitando que se prolongue no tempo até a concessão da tutela definitiva.

A segunda forma de tutela aos direitos da personalidade do trabalhador é a reparadora já bem traçada no item 8.1 deste capítulo. Esta espécie de tutela se destina àquele que já sofreu o atentado que se consumou requerer a reparação de danos morais extrapatrimoniais e, dependendo da situação, até de dano material.

Nesta situação, de acordo com Szaniawski (2005):

> A proteção ampla e completa da personalidade humana diante de sua violação, não tendo sido possível a tutela preventiva, somente se dará mediante plena adoção de uma reparação compensatória do dano moral, a ser paga à vitima em dinheiro. (SZANIAWSKI, 2005, p. 560).

Sabe-se que o trabalhador pode demandar na Justiça do Trabalho no curso da relação de emprego, podendo postular o cumprimento de uma obrigação de fazer ou de deixar de fazer (ou seja, abster-se ou cessar o ato lesivo) sob pena de imposição de cominação, que corresponde ao pagamento de multa pelo inadimplemento da obrigação de fazer ou de deixar de fazer.

Ocorre que, como bem atesta Simón (2000, p. 249), "na quase totalidade dos casos, o trabalhador só lança mão da tutela jurisdicional, quando o contrato de trabalho foi extinto e a lesão consumada".

Em razão disso, torna-se imperioso traçar a importância dos Sindicatos e do Ministério Público do Trabalho na proteção dos direitos metaindividuais, por meio do ajuizamento da ação civil pública, quando violados os direitos da personalidade do trabalhador.

Segundo José Roberto Pimenta (2009, p. 44), o emprego da tutela metaindividual pelo Ministério Público do Trabalho e pelas entidades sindicais contribui decisivamente para a construção de um relacionamento mais igualitário entre o empregador e o conjunto de seus empregados, ainda no curso de suas respectivas relações de emprego, bem como para a eliminação da sensação de relativa impunidade que cada empregador hoje tem, no curso da relação de emprego, ao praticar os atos de exercício de seu poder diretivo empresarial que, no mais das vezes, assumem a natureza de verdadeiros atos de autotutela.

Corroborando o entendimento acima, tem-se o de Alkimin (2009, p. 188), ao destacar que, na prática, a tutela individual não se revela eficaz quando o trabalhador ainda se mantém empregado ou quando está galgando uma colocação no mercado de trabalho, haja vista que uma exposição através do ajuizamento de uma reclamação trabalhista irá ensejar certamente a demissão e a consequente sujeição ao estado de desempregado e, também, dificuldade de acesso a uma nova colocação diante de informações desabonadoras de ex-empregadores que foram acionados judicialmente.

Na mesma diretriz, assinala Ronaldo Santos (2003):

> O sindicato que tenha conhecimento da exigência de exames específicos para a detecção do vírus HIV de empregados (periódicos) ou candidatos a emprego (admissionais) poderá ingressar com ação civil pública a fim de imputar ao empregador obrigação de não fazer, consistente na abstenção de exigir a realização dos aludidos exames. Ao individualmente prejudicado pelo ato, possibilita-se o aperfeiçoamento do pedido de danos morais e/ou materiais, reintegração ao emprego ou indenização compensatória. (SANTOS, Ronaldo, 2003, p. 157).

Este autor ainda relata que, no processo seletivo, muitos empregadores aproveitam a oportunidade para fazer perguntas invasivas da vida privada e da intimidade do candidato com intuitos discriminatórios. São questões a respeito de tendências políticas, convicções religiosas, orientação sexual, origens étnicas, atividades sindicais, proposituras de reclamações trabalhistas, tudo com o objetivo de obstar o acesso ao emprego daqueles que se diferenciem dos elementos admitidos como padrões pelo empregador ou que venham a garantir alguma tutela especial ao empregado no curso do contrato de trabalho. São também comuns perguntas sobre o estado de saúde do candidato ou estado civil das candidatas, sobre gravidez, muitas vezes com exigência de testes, e número de filhos. (SANTOS, Ronaldo, 2003, p. 135). Sendo assim:

Na hipótese de o empregador efetuar uma investigação durante a fase de contratação por meio de procedimento que invada a esfera da intimidade e da vida privada dos candidatos, poderá o sindicato da categoria ingressar com ação judicial para exigir a abstenção de tais procedimentos pelo empregador. A tutela transindividual desse direito torna-se o melhor caminho para a sua plena garantia, uma vez que o candidato ao emprego, em razão do grau de inferioridade em que se encontra, ao dispor apenas da sua força de trabalho e da necessidade do trabalho, não vê acolhida a via da tutela individual como a mais viável ou a mais eficaz para a sua proteção. (SANTOS, Ronaldo, 2003, p. 166).

Ainda cabe invocar a visão bem delineada por Ronaldo Santos (2003), quando aborda a questão relativa a determinado procedimento discriminatório do empregador atingir, concreta e diretamente, apenas um empregado. Tal situação, para o autor:

> Constituirá sempre uma lesão a direito difuso da sociedade, pois constitui fundamento desta a "dignidade da pessoa humana" (art. 1º, inciso I, da CF/88) e seu objetivo a erradicação da pobreza e da marginalização com a redução das desigualdades sociais e regionais, como também a promoção do "bem de todos sem preconceitos de origem, raça, sexo, cor, idade e quaisquer outras formas de discriminação" (art. 3º, incisos III e IV, da CF/88). (SANTOS, Ronaldo, 2003, p. 135).

Durante o curso do contrato de trabalho, o ato discriminatório pode incorrer em lesão a direitos coletivos ou a interesses individuais homogêneos de determinado grupo de trabalhadores de uma empresa.

De acordo com Ronaldo Santos (2003), se consumada, contudo, tal prática no momento do processo de seleção de candidatos ao emprego:

> Haverá ofensa a interesse difuso dos trabalhadores de um modo geral, ante à impossibilidade de delimitar, no universo do mercado de trabalho, aqueles que poderão ser vítimas da discriminação. Infere-se que, ocorrida no curso do contrato de trabalho ou mesmo antes da sua formalização, a atitude discriminatória sempre redundará em ofensa a interesse transindividual trabalhista. (SANTOS, Ronaldo, 2003, p. 136).

Dessa maneira, qualquer ato do empregado que viole interesses transindividuais dos trabalhadores possibilitará a utilização das ações coletivas pelo Ministério Público ou pelas entidades sindicais, com a finalidade de não só salvaguardar os direitos da personalidade do trabalhador, mas também a possibilidade de se pleitear a reparação do dano moral coletivo ou difuso.

8.2.1. Tutela extrajudicial

Os sindicatos se valem, cada vez mais, dos instrumentos judiciais disponíveis para o exercício de suas prerrogativas e funções. Porém, sua atuação vai muito além desse nível processual e jurisdicional, uma vez que os entes sindicais tratam da relação de emprego cotidianamente, por meio de instrumentos extrajudiciais de atuação.

De fato, os sindicatos, quanto mais bem estruturados, representativos e dinâmicos, agem em favor da tutela de interesses gerais de sua categoria e, até mesmo, individuais de seus representados, estabelecendo diálogos e pressões sobre as empresas.

Nesta atuação extrajudicial dentro das empresas, as Convenções ns. 98 e 135, da OIT, ratificadas pelo Brasil estipulam garantias ao exercício das prerrogativas de representação dos sindicalistas no estabelecimento e nas empresas. Contudo, lamentavelmente, não há ainda regra geral, no Brasil, sobre a criação de comitês ou representações sindicais internos no ambiente empregatício, de modo a tornar mais efetiva e rápida essa atuação e intervenção dos sindicatos na dinâmica prática dos contratos de trabalho. A regra do art. 11 da Constituição não supre essa falha, pois não se refere a representante *do sindicato*, podendo, na verdade, não produzir os efeitos civilizatórios objetivados pela Carta Magna.

O fato é que, de todo modo, a atuação cotidiana do sindicato dentro dos estabelecimentos empresariais pode, sem dúvida, minorar ou evitar inúmeras lesões ao patrimônio moral dos trabalhadores, por restringir o império inexpugnável das chefias patronais, induzindo à criação de formas mais democráticas e respeitosas de exercício do poder pelos empregadores.

A atuação extrajudicial dos sindicatos envolve também a crítica genérica no plano da sociedade, ao autoritarismo no exercício do poder empregatício, contribuindo, desse modo, para a criação de cultura mais moderna e humana de exercício do poder nas empresas.

No quadro da atuação extrajudicial dos sindicatos, desponta a negociação coletiva trabalhista (art. 8º, VI, CF). Nos documentos coletivos dela resultantes (convenções coletivas e acordos coletivos do trabalho), podem os sindicatos firmar regras de mais zelosa e eficiente tutela das diversas dimensões do patrimônio moral dos trabalhadores, sejam regras mais favoráveis de assistência médica e de prevenção de doenças e acidentes, sejam regras inibitórias do desrespeito empresarial à dignidade, privacidade e outros aspectos morais dos empregados envolvidos.

A atuação extrajudicial dos sindicatos, portanto, constitui notável mecanismo de auxílio à tutela do patrimônio moral dos trabalhadores.

Desponta também a greve como instrumento de tutela aos direitos da personalidade do trabalhador, tendo como protagonista, regra geral, também os sindicatos.

8.3. TUTELA EXTRAJUDICIAL ESTATAL

A tutela extrajudicial estatal possui o intuito de demonstrar o papel e as atribuições que são deferidas à auditoria fiscal do trabalho, bem como ao Ministério Público do Trabalho na defesa dos direitos da personalidade do trabalhador.

8.3.1. Auditoria fiscal trabalhista

O Ministério do Trabalho e Emprego é órgão do Poder Executivo e congrega auditores fiscais, responsáveis pela fiscalização do trabalho, que são as autoridades públicas que têm poder de exercer atos de natureza administrativa, como o de fiscalizar, autuar e multar as empresas que descumprem a legislação trabalhista. Sua finalidade é, portanto, a verificação da aplicação da legislação trabalhista na relação de emprego por parte das empresas.

Imperioso observar que a Convenção n. 81, da OIT, de 1947, ratificada pelo Brasil em 11 de outubro de 1989, ao tratar da inspeção no trabalho na indústria e no comércio, estabelece, em seu art. 3º, que o sistema de inspeção é encarregado de:

> a) zelar pelo cumprimento das disposições legais relativas às condições de trabalho e à proteção dos trabalhadores no exercício de sua profissão, tais como as disposições sobre horas de trabalho, salários, segurança, higiene e bem-estar, emprego de menores e demais disposições afins, na medida em que os inspetores do trabalho estejam encarregados de zelar pelo cumprimento de tais disposições; b) facilitar informação técnica e assessorar os empregadores e os trabalhadores sobre a maneira mais efetiva de cumprir as disposições legais; c) levar ao conhecimento da autoridade competente as deficiências ou os abusos que não estejam especificamente cobertos pelas disposições legais existentes. 2. Nenhuma outra função que seja encomendada aos inspetores do trabalho deverá dificultar o cumprimento efetivo de suas funções principais ou prejudicar, de forma alguma, a autoridade e imparcialidade que os inspetores necessitam nas suas relações com os empregadores e os trabalhadores.

De acordo com Garcia (2011, p. 1.101), a inspeção do trabalho tem por incumbência não apenas sancionar as violações das normas de proteção do trabalho, mas também orientar a respeito do cumprimento da legislação trabalhista.

Neste sentido:

> A natureza cogente de suas normas é confirmada quando se nota que a Administração Pública do Trabalho tem o dever de fiscalizar o seu cumprimento, sancionando, orientando e regularizando, quando possível, as condutas contrárias à legislação trabalhista. (GARCIA, 2011, p. 1.199).

Cumpre destacar, na visão de Hely Meirelles (2006, p. 131), que o poder de polícia "é a faculdade de que dispõe a Administração Pública para condicionar e restringir o uso e gozo de bens, atividades e direitos individuais, em benefício da coletividade ou do próprio Estado".

Sobre o tema, há ainda que mencionar a disposição contida no art. 78, do Código Tributário, o qual considera:

> Poder de polícia atividade da administração pública que, limitando ou disciplinando direito, interesse ou liberdade, regula a prática de ato ou abstenção de fato, em razão de interesse público concernente à segurança, à higiene, à ordem, aos costumes, à disciplina da produção e do mercado, ao exercício de atividades econômicas dependentes de concessão ou autorização do Poder Público, à tranquilidade ou ao respeito à propriedade e aos direitos individuais ou coletivos.

Os inspetores do trabalho exercem, assim, duas formas de atuação: a primeira, orientadora, que acontece por meio do exercício do poder de polícia preventivo, e a segunda, repressiva, que se dá com a atuação do poder de polícia repressivo. Desse modo, dependendo do ato praticado pela empresa, esta poderá se sujeitar tanto ao controle preventivo quanto ao repressivo.

Os poderes da fiscalização do trabalho estão no art. 12, da Convenção n. 81, da OIT:

> Art. 12.
>
> 1. Os inspetores do trabalho que comprovarem devidamente a sua identidade estarão autorizados: a) a entrar livremente e sem prévia notificação, a qualquer hora do dia ou da noite, em todo estabelecimento sujeito a inspeção; b) para entrar de dia em qualquer lugar, quando tiverem um motivo razoável para supor que está sujeito a inspeção; e c) para proceder a qualquer prova, investigação ou exame que considerarem necessário para terem certeza de que as disposições legais são observadas estritamente e, particularmente: i) para interrogar, sozinhos ou perante testemunhas, o empregador ou o pessoal da empresa sobre qualquer assunto relativo à aplicação das disposições legais; ii) para exigir a apresentação de livros, registros ou outros documentos que a legislação nacional relativa às condições de trabalho exigir, a fim de provar que estão de acordo com as disposições legais e para obter cópias ou extratos dos mesmos; iii) para requerer a colocação dos avisos que as disposições legais exigirem; iv) para tomar ou retirar amostras de substâncias e materiais utilizados ou manipulados no estabelecimento, com o propósito de analisá-los, sempre que seja notificado ao empregador ou a seu representante que as substâncias ou os materiais foram tomados ou retirados com tal propósito. 2. Ao efetuar uma visita de inspeção, o inspetor deverá notificar sua presença ao empregador ou a seu representante, a menos que considere que tal notificação possa prejudicar o sucesso de suas funções.

No Ordenamento Jurídico brasileiro, reza o art. 21, XXIV, da Constituição Federal de 1988, que compete à União organizar, manter e executar a inspeção do trabalho. A CLT também regula a fiscalização do trabalho, ao dispor em seu Título VII sobre o processo de multas administrativas, em seus arts. 626 a 642. Há que se mencionar, ainda, o Decreto n. 4.552, de 27 de dezembro de 2002, que trata do Regulamento de Inspeção do Trabalho.

Mannrich (1991), em estudo realizado sobre a inspeção no trabalho, relata:

> A moderna função do inspetor consiste basicamente no aconselhamento, advertência, discussão e persuasão. É o que se constata, de maneira incisiva, na Inglaterra, de preferência na área de saúde e segurança do trabalhador, sem perder de vista os interesses da comunidade. A autuação lá constitui o último recurso. Os inspetores mantêm contato permanente com os empregados e empregadores, com quem se reúnem, assim como os representantes de segurança, antes de iniciar a inspeção e logo após o seu término. (MANNRICH, 1991, p. 1.309).

Cumpre ressaltar que o Ministério do Trabalho não detém poderes para atuar judicialmente, ou para instaurar e conduzir o inquérito civil e outros procedimentos administrativos voltados à apuração de fatos que podem levar ao ajuizamento de demandas.

Nesta ótica, ensina Carrion (1998):

> A fiscalização do trabalho visa, administrativamente, o cumprimento da legislação laboral, paralelamente à atuação judiciária, que ao compor os litígios é como a mão comprida do legislador (*longa manu*, na expressão de Bindo Galli). Os direitos do trabalhador estão protegidos em dois níveis distintos: a inspeção ou fiscalização do trabalho, de natureza administrativa, e a proteção judicial, através dos tribunais da Justiça do Trabalho. (CARRION, 1998, p. 485).

Caso haja necessidade de acionar judicialmente uma empresa para fazer cessar a violação a quaisquer direitos da personalidade, terão legitimidade para tanto o Ministério Público do Trabalho e os Sindicatos.

Nesse sentido, destaca Renzo (2007):

> A inspeção do trabalho não é inerte como o Poder Judiciário que necessita da provocação das partes através do exercício do direito subjetivo de ação. O processo de inspeção fiscal, ao contrário, é dinâmico e pró-ativo, indo a campo buscar e averiguar o fiel cumprimento das normas trabalhistas através da orientação a empregados e empregadores sobre a correta aplicação das normas, a verificação *in loco* ou através de diligências indiretas do cumprimento das disposições legais e regulamentares de proteção ao trabalho

(inclusive aquelas relacionadas à segurança e saúde do trabalho), o encaminhamento de informações às autoridades competentes no que concerne às deficiências ou abusos que não estejam compreendidas nas disposições legais etc. (RENZO, 2007, p. 77).

Cabe à auditoria fiscal trabalhista fiscalizar os locais de trabalho que estejam sendo fontes de violação aos direitos da personalidade do trabalhador, bem como de doenças que possam gerar danos à saúde e à segurança do trabalhador no local de trabalho.

Por meio, assim, do Ministério do Trabalho e Emprego, o Estado intervém com o objetivo de atuar como um instrumento de efetivação do Direito do Trabalho.

A Inspeção do Trabalho, com suas prerrogativas, estruturas e procedimentos, não tem como fim apenas e tão somente penalizar o empregador, mas, sim, orientar em como a lei deve ser aplicada.

Neste contexto, assinala Sérgio Martins (2002) que o fiscal do trabalho:

> Não tem apenas a função de aplicador de multas ou fiel cumpridor das leis, mas também de orientador, no sentido de mostrar às empresas como a lei deve ser aplicada, principalmente em se tratando de legislação recente. Na verdade, o fiscal do trabalho vai mostrar os erros cometidos pela empresa para esta se enquadrar na legislação trabalhista, inclusive quanto à medicina e segurança do trabalho. Normalmente o fiscal do trabalho também tem a função de verificar condições de trabalho que ainda não foram regulamentadas pela legislação, mas que, posteriormente, possam ser objetos dessa regulamentação. (MARTINS, S. P., 2002, p. 651).

Assim, o papel dos fiscais do trabalho é de suma relevância, principalmente em se tratando de proteção aos direitos da personalidade do trabalhador ligados à área da saúde e higiene no trabalho, tendo em vista que a sua atuação inibe o não cumprimento das normas legais que visam a tutelar a integridade física do empregado no ambiente de trabalho.

8.3.1.1. Emenda Constitucional n. 45/2004: novos matizes

Os atos administrativos praticados pelos Auditores Fiscais do Trabalho, dentro do exercício de seu poder fiscalizatório, sempre tiveram sua jurisdicidade avaliada pelo Poder Judiciário, caso intentadas ações nessa linha pelos empregadores apenados. Com a Emenda Constitucional n. 45, publicada em 31.12.2004, a competência judicial para conhecer e julgar tais lides transferiu-se para a Justiça do Trabalho (art. 114, VII: *as ações relativas às penalidades administrativas impostas aos empregadores pelos órgãos de fiscalização das relações de trabalho*).

Curiosamente, com a nova competência judicial reabriu-se debate sobre os poderes da Auditoria Fiscal Trabalhista, relativamente à sua prerrogativa de aferir (ou não) a presença de condições degradantes de trabalho, de precarização e informalidade na contratação trabalhista, no cumprimento (ou não) da legislação do trabalho, seja quanto a registro de empregados, recolhimentos de FGTS, assinatura de CTPS e aspectos convergentes.

Felizmente, a jurisprudência pacificou-se no sentido das amplas atribuições fiscalizatórias da Auditoria Fiscal Trabalhista, por ser típica função do Estado, por meio da União (art. 21, XXIV, CF: *"organizar, manter e executar a inspeção do trabalho"*). A jurisprudência dominante bem compreendeu que a tutela de direitos fundamentais da pessoa humana trabalhadora não pode se restringir apenas à atuação jurisdicional, podendo ser efetivada por várias outras medidas e atividades mais prontas e imediatas do Estado, tal como a fiscalização trabalhista.

Observe-se o aresto abaixo, que expressa os fundamentos da jurisprudência dominante sobre a matéria:

RECURSO DE REVISTA. CONTRATO DE TRABALHO TEMPORÁRIO. AUTO DE INFRAÇÃO. AÇÃO ANULATÓRIA. O Poder Executivo tem a competência e o dever de assegurar a fiel execução das leis no País (art. 84, IV, CF), função que realiza, no âmbito juslaborativo, entre outras medidas e instituições, mediante a competência explícita da União para organizar, manter e executar a inspeção do trabalho (art. 21, XXIV, CF). O Auditor Fiscal do Trabalho, como qualquer autoridade de inspeção do Estado (inspeção do trabalho, inspeção fazendária, inspeção sanitária etc.) tem o poder e o dever de examinar os dados da situação concreta posta à sua análise, durante a inspeção, verificando se ali há (ou não) cumprimento ou descumprimento das respectivas leis federais imperativas. Na hipótese da atuação do Auditor Fiscal do Trabalho, este pode (e deve) examinar a presença (ou não) de relações jurídicas enquadradas nas leis trabalhistas e se estas leis estão (ou não) sendo cumpridas no caso concreto, aplicando as sanções pertinentes, respeitado o critério da dupla visita. Se o empregador mantém trabalhador irregular, na medida em que não observa os requisitos previstos na Lei n. 6.019/74 para a contratação do autor de trabalho temporário, ofende o artigo 41 da CLT referente à obrigatoriedade de mantença de registros de empregados. Analisar a situação fática e realizar seu enquadramento no Direito é tarefa de qualquer órgão fiscalizador do Estado, em sua atribuição constitucional de fazer cumprir as leis do País. Não há qualquer restrição na ordem jurídica quanto à impossibilidade de o órgão fiscalizador verificar a presença dos elementos caracterizadores da relação de emprego. No caso concreto, verifica-se que o Tribunal Regional manteve a sentença que declarou nulo o Auto de Infração n. 012852066, porquanto considerou que a ausência de comunicação do novo endereço pela empresa prestadora de serviços para o Departamento Nacional não constitui invalidade do registro, mas mera irregularidade passível de saneamento. Considerou, ainda, que o Auditor Fiscal do Trabalho não detém competência para afastar a contratação temporária e declarar o vínculo de emprego diretamente com o tomador de serviços (Chocolates Garoto S.A.). Nesse aspecto, ao revés da decisão recorrida, cabe ao Auditor Fiscal do Trabalho identificar a presença (ou não) de relações jurídicas enquadradas nas leis trabalhistas para, em caso de descumprimento, aplicar as sanções cabíveis, repise-se. O auto de infração lavrado detém presunção de legalidade e veracidade. Portanto, se o Auditor verificou a existência de vínculo de emprego entre a tomadora de serviços e os trabalhadores, por considerar inválida a contratação destes através de empresa de trabalho temporário, já que esta não se encontrava com registro válido perante o Ministério do Trabalho, não mais se presume a licitude do trabalho temporário. Cabia, então, à Autora comprovar, cabalmente, que o desempenho das atividades pelos prestadores de serviço em seu estabelecimento era legal e regular. Em não havendo tal prova nos autos, e diante da ilicitude constatada, a autuação da Autora está respaldada legalmente. Recurso de revista conhecido e provido. (BRASIL, 2012).

8.3.2. Ministério Público do Trabalho

A Constituição Federal de 1988, em seu art. 127, preceitua que o Ministério Público do Trabalho é instituição permanente, essencial à função jurisdicional do Estado, incumbindo-lhe a defesa da ordem jurídica, do regime democrático e dos interesses sociais e individuais indisponíveis. Trata-se, então, de um órgão do Estado, ao qual cabe zelar pelos interesses indisponíveis com abrangência social.

De acordo com Carlos Henrique Leite (2011):

> Somente a partir da Constituição Federal de 1988 é que o Ministério Público brasileiro alcançou seu crescimento maior, sendo atualmente reconhecida a sua independência e atuação em prol dos direitos humanos tanto em nível nacional quanto internacional. (LEITE, C. H. B., 2011, p. 33).

Neste sentido:

> O MP está constitucionalmente autorizado a atuar, judicial ou extrajudicialmente, em defesa de todos os direitos ou interesses sociais, que são, em linha de princípio, indisponíveis, e de todos os direitos ou interesses individuais indisponíveis. (LEITE, C. H. B., 2011, p. 40).

A Constituição Federal de 1988 tem como fundamento da República a dignidade da pessoa humana (art. 1º, III, CF/88), e como noção de justiça a promoção do bem de todos (art. 3º, IV, CF/88). Sendo assim, é natural que a Instituição que vela pela ordem jurídica, o Ministério Público, atue na defesa do ser humano e de seus direitos fundamentais.

Assim, o Ministério Público do Trabalho — MPT —, ramo do Ministério Público da União, possui a função de defender a ordem jurídica, o regime democrático e os direitos sociais no âmbito das relações de trabalho.

Segundo Brito Filho (2010):

> Nos últimos 15 anos, mais ou menos, houve um encaminhamento progressivo do MPT para a defesa dos direitos fundamentais, podendo ser dito, sem nenhuma chance de erro, que a Instituição está voltada para esse objetivo. (BRITO FILHO, 2010, p. 280).

O inciso III do art. 83, da Lei Complementar n. 75/93, elenca as principais atribuições do Ministério Público do Trabalho perante a Justiça Trabalhista:

> Art. 83. Compete ao Ministério Público do Trabalho o exercício das seguintes atribuições junto aos órgãos da Justiça do Trabalho:
>
> I — promover as ações que lhe sejam atribuídas pela Constituição Federal e pelas leis trabalhistas;
>
> II — manifestar-se em qualquer fase do processo trabalhista, acolhendo solicitação do juiz ou por sua iniciativa, quando entender existente interesse público que justifique a intervenção;
>
> III — promover a ação civil pública no âmbito da Justiça do Trabalho, para defesa de interesses coletivos, quando desrespeitados os direitos sociais constitucionalmente garantidos;
>
> IV — propor as ações cabíveis para declaração de nulidade de cláusula de contrato, acordo coletivo ou convenção coletiva que viole as liberdades individuais ou coletivas ou os direitos individuais indisponíveis dos trabalhadores;
>
> V — propor as ações necessárias à defesa dos direitos e interesses dos menores, incapazes e índios, decorrentes das relações de trabalho;
>
> VI — recorrer das decisões da Justiça do Trabalho, quando entender necessário, tanto nos processos em que for parte, como naqueles em que oficiar como fiscal da lei, bem como pedir revisão dos Enunciados da Súmula de Jurisprudência do Tribunal Superior do Trabalho;
>
> VII — funcionar nas sessões dos Tribunais Trabalhistas, manifestando-se verbalmente sobre a matéria em debate, sempre que entender necessário, sendo-lhe assegurado o direito de vista dos processos em julgamento, podendo solicitar as requisições e diligências que julgar conveniente;
>
> VIII — instaurar instância em caso de greve, quando a defesa da ordem jurídica ou o interesse público assim o exigir;
>
> IX — promover ou participar da instrução e conciliação em dissídios decorrentes da paralisação de serviços de qualquer natureza, oficiando obrigatoriamente nos processos, manifestando sua concordância ou discordância, em eventuais acordos firmados antes da homologação, resguardado o direito de recorrer em caso de violação à lei e à Constituição Federal;
>
> X — promover mandado de injunção, quando a competência for da Justiça do Trabalho;

XI — atuar como árbitro, se assim for solicitado pelas partes, nos dissídios de competência da Justiça do Trabalho;

XII — requerer as diligências que julgar convenientes para o correto andamento dos processos e para a melhor solução das lides trabalhistas;

XIII — intervir obrigatoriamente em todos os feitos nos segundo e terceiro graus de jurisdição da Justiça do Trabalho, quando a parte for pessoa jurídica de Direito Público, Estado estrangeiro ou organismo internacional.

É de suma importância destacar que, entre as funções institucionais do Ministério Público, inseridas no art. 129, da Constituição Federal de 1988, tem-se como destaque: a) promover o inquérito civil e a ação civil pública, para a proteção dos interesses difusos e coletivos dos trabalhadores (art. 129, III); b) expedir notificações nos procedimentos administrativos de sua competência, requisitando informações e documentos para instruí-los, na forma da Lei n. 75/93 (art. 129, VI); c) requisitar diligências investigatórias e instauração de inquérito policial (art. 129, VIII), entre outras funções.

O Ministério Público do Trabalho pode exercer suas atividades como órgão interveniente (*custos legis*) ou como órgão agente.

Como órgão interveniente (*custos legis*), o Ministério Público atua não como autor ou réu, mas como fiscal da Lei, emitindo pareceres nos processos em que haja interesse público.

Os já mencionados incisos II, VI, VII, IX e XII, do art. 83, da Lei Complementar n. 75/93, estabelecem as situações em que o Ministério Público do Trabalho atua como órgão interveniente.

Como órgão agente, há duas formas de atuação do Ministério Público do Trabalho na defesa dos direitos metaindividuais: judicial e extrajudicial (ou administrativa).

A atuação extrajudicial mais comum, no caso do Ministério Público do Trabalho, ocorre no *inquérito civil*, para assegurar a observância dos direitos sociais dos trabalhadores. O inquérito civil é instrumento instituído pelo art. 129, III, da Constituição Federal de 1988, e pelo art. 1º, da Lei n. 7.347/85. Posteriormente ao advento da Lei de Ação Civil Pública, a tutela coletiva foi complementada pelo Código de Defesa do Consumidor, por meio da Lei n. 8.078/90.

O inquérito civil nada mais é do que um procedimento administrativo, ou seja, um instrumento de investigação de natureza inquisitiva, instaurado e presidido exclusivamente pelo Ministério Público, conforme dispõe o art. 129, III, da Constituição Federal, e o art. 6º, VII, da Lei Complementar n. 75/9, que dispõem sobre as funções institucionais do Ministério Público, respectivamente, *verbis*:

Art. 129. São funções institucionais do Ministério Público:

[...]

III — promover o inquérito civil e a ação civil pública, para a proteção do patrimônio público e social, do meio ambiente e de outros interesses difusos e coletivos.

Art. 6º Compete ao Ministério Público da União:

[...]

VII — promover o inquérito civil e a ação civil pública para:

a) a proteção dos direitos constitucionais;

b) a proteção do patrimônio público e social, do meio ambiente, dos bens e direitos de valor artístico, estético, histórico, turístico e paisagístico;

c) a proteção dos interesses individuais indisponíveis, difusos e coletivos, relativos às comunidades indígenas, à família, à criança, ao adolescente, ao idoso, às minorias étnicas e ao consumidor;

d) outros interesses individuais indisponíveis, homogêneos, sociais, difusos e coletivos.

O inquérito possui, assim, caráter pré-processual e natureza inquisitiva, e sua finalidade é investigatória. Trata-se, portanto, de um procedimento administrativo destinado à investigação e à apuração dos fatos que possam representar lesão a direito coletivo, difuso ou individual homogêneo, de natureza trabalhista.

Havendo a possibilidade de ocorrência de lesão ao ordenamento jurídico laboral, em que o empregador desrespeita a dignidade do trabalhador, obrigando-o, por exemplo, à revista íntima, o Ministério Público do Trabalho há que apurar a veracidade dos fatos por meio da abertura do inquérito civil, servindo este como peça informativa.

Após investigação e constatação da ilicitude, compete ao Procurador do Trabalho que estiver dirigindo o inquérito civil recomendar o ajuizamento da Ação Civil Pública para a apuração dos fatos via judicial. Mas *poderá adotar outra postura, como a composição administrativa para a solução do litígio, que será formalizada mediante o termo de ajuste de conduta, no qual o inquérito se compromete a corrigir a ilegalidade e/ou reparar o dano causado.* Neste caso, a entidade subscrevente do termo de ajuste de conduta poderá até mesmo incorrer em multa a ser revertida ao Fundo de Amparo ao Trabalhador, pelo descumprimento da obrigação de fazer ou de não fazer, omitir-se de praticar atos que caracterizam a violação aos direitos da personalidade do trabalhador, bem como a obedecer, doravante, à legislação brasileira.

De acordo com Mazzilli (1999), o inquérito civil:

> É uma investigação administrativa prévia a cargo do Ministério Público, que se destina a colher elementos de convicção para que o próprio órgão ministerial possa identificar se ocorre circunstância que enseje eventual propositura de ação civil pública ou coletiva. (MAZZILLI, 1999, p. 130).

O objetivo do inquérito civil é impor obrigações de natureza reparatória ou obrigações de fazer e de não fazer à empresa, quando esta viola os direitos da personalidade do trabalhador, seja na fase pré-contratual, de cumprimento do contrato de trabalho ou pós-contratual. O inquérito atua, assim, com a finalidade de reparar, prevenir e reprimir.

O procedimento pode ser instaurado de ofício ou decorrer de uma denúncia, formulada diretamente nas sedes das Procuradorias, ou realizada por mensagem eletrônica. O art. 7º, da Lei n. 7.347/85, estabelece que Juízes e Tribunais devem remeter peças ao Ministério Público sempre que verificarem a existência de fatos que possam ensejar a sua atuação.

No inquérito, ainda pode ser firmado o *termo de ajuste de conduta*, compromisso que o interessado firma perante o Ministério Público para a regularização e adequação da sua conduta. O inquérito civil também possibilita ao Ministério Público a obtenção de subsídios e provas para ingressar com a ação civil pública, na hipótese de o interessado não se dispor a ajustar a conduta.

O objetivo do inquérito civil é a colheita de elementos para formação do convencimento do membro do *parquet* sobre a veracidade dos fatos narrados na representação que ensejou a sua instauração.

De posse dessas informações, o Ministério Público do Trabalho pode chamar o investigado para tentar a assinatura de compromisso de ajustamento de conduta ou propor uma ação civil pública.

No termo de compromisso firmado perante o Ministério Público do Trabalho, relata Carlos Henrique Leite (2011):

> Não há lugar para transação, porque o seu objeto é absolutamente restritivo: tomar do infrator o compromisso de ajustar sua conduta "às exigências legais", sendo certo que a lei utiliza a expressão "tomar do interessado o termo de compromisso de ajustamento de sua conduta às exigências legais", dando-lhe, portanto, caráter de impositividade ao órgão público legitimado, o que afasta a natureza de acordo ou transação do instituto ora fiscalizado. (LEITE, C. H. B., 2011, p. 292).

Para Melo (2004, p. 74), após a criação do termo de compromisso de ajustamento de conduta, o inquérito civil passou a ter dupla função. A primeira é a obtenção de elementos para o ajuizamento da ação civil pública. A segunda função é a busca de assinatura de ajuste de conduta, com rápido benefício para a coletividade.

Portanto, o Ministério Público do Trabalho atua no âmbito judicial, por meio das ações civis públicas, e no âmbito extrajudicial, quando visa a tutelar os direitos da personalidade do trabalhador por meio do termo de ajuste de conduta.

Pertinente trazer à baila o pensamento de Delgado, Nogueira e Rios (2007) quanto ao termo de ajustamento de conduta firmado pelo Ministério Público do Trabalho. Para as autoras, este termo:

> Visa impor ao denunciado obrigações de fazer e de não fazer [...], com a fixação de prazo para o cumprimento dos deveres impostos e previsão de penalidade a ser aplicada no caso de inobservância. Nesse sentido, o ajuste de conduta prevê a abstenção das irregularidades verificadas no caso concreto (tutela de natureza inibitória), bem como poderá estipular o pagamento de indenizações por dano moral coletivo (tutela de natureza reparatória). (DELGADO; NOGUEIRA; RIOS, 2007, p. 63).

O termo de ajustamento de conduta possui eficácia de título executivo extrajudicial. Desse modo:

> [...] amplia os horizontes do Ministério Público do Trabalho que passa a atuar de forma muito mais efetiva extrajudicialmente, uma vez que, a partir deste entendimento, o compromissado não descumprirá facilmente o termo de ajuste de conduta já que poderá se submeter à execução concretamente. (DELGADO; NOGUEIRA; RIOS, 2007, p. 62).

Logo, apenas na situação de não ser possível a celebração do ajuste, o Ministério Público do Trabalho ajuizará a ação civil pública trabalhista.

Em que pese a legitimidade concorrente entre o sindicato e o Ministério Público do Trabalho para o ajuizamento da ação civil pública, segue-se aqui a visão sempre assaz oportuna de Sebastião Oliveira (2002) ao destacar que:

> O Ministério Público do Trabalho está mais aparelhado para prover a ação civil pública, principalmente porque, diferentemente do sindicato, dispõe de prerrogativas de instaurar Inquérito Civil Público de natureza administrativa e inquisitorial e adotar outros procedimentos, munindo-se das provas necessárias para propor a ação. A Resolução MPT 24, de 28.02.1997, do Conselho Superior do Ministério Público do Trabalho regulamentou os procedimentos para instauração do Inquérito Civil Público, em face de representação ou de notícia da ocorrência de lesão a interesses difusos e coletivos ligados às relações de trabalho. (OLIVEIRA, S. G., 2002, p. 450).

A ação civil pública trabalhista compreende uma espécie de ação coletiva que visa a propiciar a tutela de direitos referentes a grupos de pessoas. Trata-se de uma ação de âmbito e repercussão coletivos, pois tem a finalidade de proteger os direitos e interesses metaindividuais — difusos, coletivos, individuais homogêneos — de ameaças e lesões.

Consoante ensina Lotto (2008):

> Essa ação permite a tutela de direito de massas, direitos estes fortemente atomizados, que não encontravam proteção nos mecanismos processuais individualistas, sujeitando o corpo social a agravos, sem outorgar-lhe meio adequado de defesa. (LOTTO, 2008, p. 91).

A ação civil pública trabalhista tem por escopo evitar ou reparar danos, determinando aos responsáveis pela ação lesiva ou omissão que se abstenham da prática dos atos danosos ou que pratiquem os atos que lhes competem no sentido de reparar as lesões já produzidas. Não resta dúvida de que a tutela jurisdicional prestada será a condenação em dinheiro ou cumprimento de obrigação de fazer ou de não fazer. Ademais, poderá o Juiz do Trabalho, se presente o *fumus boni júris* e o *periculum in mora*, conceder liminar prevenindo o dano e a sua propagação.

Como se não bastasse, ainda há a possibilidade de os direitos metaindividuais não se restringirem aos círculos dos direitos e bens materiais, abrangendo, com isso, os imateriais, como é o caso do dano moral.

Sendo assim, a ação civil pública representa o instrumento adequado para a correção de atos do empregador que violem a intimidade, a honra e a imagem de seus empregados, quando não existir possibilidade de solução extrajudicial, uma vez que tais atos abalam toda a coletividade de trabalhadores, causando-lhes prejuízo à sua dignidade.

As relações de trabalho constituem terreno fecundo para o florescer e o desabrochar dos interesses transindividuais. O trabalho prestado por vários indivíduos a um mesmo empregador nas relações uniformes com este formadas propicia a identidade de interesses dos trabalhadores e a configuração de um lugar originário comum. (SANTOS, Ronaldo, 2003, p. 230).

Visão também azada de Medeiros Neto (2007):

> É certo afirmar, assim, que os interesses ou direitos coletivos, em sentido lato, são típicos da sociedade contemporânea, que se voltou para perspectivas de caráter social e solidário, sob os postulados de uma justiça de essência distributiva, viabilizando-se, nesse contexto, o homem e a proteção a todas as esferas de alcance da sua dignidade, como imperativo à garantia da própria existência. (MEDEIROS NETO, 2007, p. 107).

O jurista Luiz Otávio Linhares Renault, em acórdão prolatado pelo Tribunal Regional do Trabalho da 3ª Região, já proferiu decisão favorável em ação civil pública trabalhista ajuizada pelo Ministério Público do Trabalho, em decorrência de conduta discriminatória praticada por empresa em relação a parentes de ex-empregados que ingressaram com ação trabalhista e também pelo fornecimento a outras empresas de informações desabonadoras sobre os ex-empregados, veja-se:

AÇÃO CIVIL PÚBLICA TRABALHISTA. DANOS MORAIS COLETIVOS. A prática adotada pela Reclamante de discriminar parentes de ex-empregados que ingressaram com reclamação trabalhista, bem como de fornecer informações desabonadoras de ex-empregados, dificultando-lhes a obtenção de nova colocação no mercado de trabalho, constituem ilícitos vedados pelo ordenamento jurídico. Tais condutas violam o direito à cidadania, à dignidade da pessoa humana, ao valor social do trabalho, à igualdade, à não discriminação, à inafastabilidade da tutela jurisdicional, à proteção ao emprego, dentre outros direitos constitucionalmente assegurados. Os danos decorrentes extrapolam a esfera individual dos sujeitos lesados, atentando também contra direitos difusos e coletivos, os quais são definidos do CDC (art. 81, parágrafo único, incisos I e II), como os transindividuais, de natureza indivisível. A evolução do instituto do dano moral em nosso sistema jurídico permite, atualmente, com base na Constituição Federal e nas Leis que regulamentam a tutela coletiva, a condenação do lesante à reparação dos danos morais coletivos. Busca-se com esta indenização oferecer à coletividade de trabalhadores uma compensação pelo dano sofrido, atenuando, em parte, as consequências da lesão, como também visa a aplicar uma sanção pelo ato ilícito praticado. A indenização a título de danos morais coletivos deve ser revertida ao Fundo de Amparo do Trabalhador (art. 13 da Lei n. 7.347/85), em razão deste ser destinado ao custeio de programas assistenciais dos trabalhadores. (MINAS GERAIS, 2004o).

Imperioso destacar que o inquérito civil não é indispensável para que o membro do Ministério Público promova a ação civil pública, pois, havendo provas suficientes sobre os fatos narrados na representação inicial, o caminho judicial pode ser escolhido sem a instauração do procedimento administrativo.

Segundo Melo (2002):

> O objeto principal do inquérito civil, como prescreve a doutrina, é a apuração sobre a existência de lesão ao ordenamento jurídico e a busca de elementos de convicção para o ajuizamento da ação civil pública correspondente, a fim de que o órgão ministerial evite o ajuizamento de ações infundadas. (MELO, 2002, p. 65).

O Ministério Público do Trabalho, portanto, atua extrajudicialmente quando a empresa se dispõe a regularizar a conduta por meio do termo de ajuste de conduta e a dar nova feição a sua gestão por meio da observância aos direitos da personalidade do trabalhador, seja na fase pré-contratual, de cumprimento do contrato de trabalho ou pós-contratual.

No âmbito judicial, o Ministério Público do Trabalho atua no ajuizamento da ação civil pública, quando não tenha o *parquet* sanado a irregularidade em sede de procedimento administrativo, nem tenha a parte ajustado sua conduta mediante termo de compromisso. E o objetivo do ajuizamento da ação civil pública é a condenação em dinheiro ou a imposição de uma obrigação de fazer ou de não fazer.

É sabido que, na maioria dos casos, a rescisão indireta do contrato de trabalho e a indenização por danos morais são pleiteadas depois que já houve a violação aos direitos da personalidade do trabalhador, e este se encontra desempregado. Assim, muitos trabalhadores somente ingressam na Justiça do Trabalho pedindo seus direitos ou pleiteando indenização por danos morais após findo o seu contrato de trabalho, pelo medo de sofrer represálias quando da vigência do mesmo.

Ensina de modo lapidar José Roberto Pimenta (2009):

> Assim como ocorreu em relação ao surgimento do Direito do Trabalho, foram as próprias condições materiais que decorreram da implantação e evolução do modelo econômico liberal e do Estado Liberal de Direito que, ao mesmo tempo em que favoreceram a construção de ordenamentos jurídicos tipicamente positivistas (pré-ordenados a assegurar a segurança jurídica e a igualdade meramente formal necessárias), também fizeram nascer novas forças sociais, novos problemas e novas necessidades — as quais, por sua vez, pela inadequação do individualismo do modelo processual clássico, exigiram a formulação de novas concepções e de novos modelos processuais. Em outras palavras, foram a implantação e o desenvolvimento do modo capitalista de produção que engendraram novas desigualdades e novos tipos de conflitos, que por sua vez passaram a exigir a constitucionalização dos direitos fundamentais sociais, o surgimento e a institucionalização do Direito do Trabalho e, mais recentemente, a construção de um modelo processual capaz de propiciar a tutela metaindividual dos direitos cujo descumprimento tenha relevância coletiva ou social. (PIMENTA, J. R. F., 2009, p. 13).

Assim, por meio da tutela jurisdicional coletiva, os direitos da personalidade do trabalhador também podem ser defendidos por meio da ação civil pública. O Ministério Público do Trabalho e os sindicatos exercem fundamental papel na proteção aos direitos da personalidade de forma a evitar práticas abusivas pelo empregador e não a simples reparação do dano sofrido.

A atuação do Ministério Público do Trabalho, por meio da ação civil pública, tem como justificativa a fragilidade do empregado na relação de emprego, relação em que há nítida desigualdade entre as partes.

A ação coletiva, concorde Almeida (2012):

> Tendo por consequência a instauração do processo, cria as condições necessárias para tutela também coletiva dos direitos. Entre os direitos passíveis de realização prática por meio do processo estão os direitos fundamentais trabalhistas. Os direitos fundamentais trabalhistas são reconhecidos para proteção e promoção da dignidade humana do trabalhador. (ALMEIDA, 2012, p. 102).

Para Almeida (2012, p. 127): "As ações coletivas permitem um maior equilíbrio de forças entre o autor da demanda e o réu, na medida em que, por meio delas, diminui a desigualdade substancial entre as partes (notadamente, no processo)".

Ainda de acordo com Almeida (2012, p. 127): "O empregado é um litigante eventual, ao passo que o empregador, principalmente as grandes empresas, são litigantes habituais, o que lhes confere melhores condições para a demanda".

Como bem adverte Renault (2009):

> [...] a tutela metaindividual trabalhista possui, portanto, algumas características muito marcantes: transcende a individualidade do empregado, traz para dentro do sistema judicial os empregados, cujos contratos ainda estão em vigor; e tem por meta a realização da justiça em massa, com alta dose de eficácia e a baixo custo. Seria como uma espécie de tutela plurisubjetiva, sem fronteiras, sem rostos, sem represamento, com irrigação multifacial, e com alta dose de eficácia, porque a sua força não estaria no indivíduo isolado, porém no grupo de trabalhadores unidos por idênticos interesses. (RENAULT, 2009, p. 64).

Então, o Ministério Público do Trabalho tem como incumbências: instaurar o inquérito civil, firmar o termo de ajustamento de conduta e ajuizar a ação civil pública na esfera da Justiça do Trabalho quando se tratar de direitos metaindividuais. Desse modo, é opção do Ministério Público do Trabalho iniciar o procedimento investigatório por meio do inquérito civil ou ingressar diretamente com a ação civil pública.

Consoante Simón (2000, p. 202), a atuação do Ministério Público do Trabalho não representa ingerência no direito de propriedade do empregador, uma vez que, nos termos do art. 5º, XXIII, e 170, III, da Constituição Federal de 1988, a propriedade deve observar a sua função social.

Simón (2000), ao discorrer sobre a atuação do Ministério Público do Trabalho no âmbito judicial, ensina que:

> A atuação do Ministério Público, através da ação civil pública ou de qualquer outro instrumento processual, não identifica o trabalhador atingido ou prestes a ser atingido por lesão, evitando que sofra consequências típicas, tais como a demissão e as "péssimas referências" (fornecimento de informações a esse respeito para possíveis futuros empregadores). Por tal motivo, faz-se necessária uma tutela coletiva dos direitos da personalidade dos empregados, para que eles tenham esses direitos assegurados, permanecendo no emprego, sem sofrer quaisquer tipos de pressões. (SIMÓN, 2000, p. 203).

A autora ainda destaca que a atuação do Ministério Público do Trabalho é incontestável, vez que a tutela que primordialmente objetiva a efetivação do direito e não a simples reparação do dano material ou moral, medida paliativa para "compensar" a lesão já consumada. O Ministério Público, no uso de suas atribuições, objetiva evitar a lesão, fazendo prevalecer o direito na sua plena configuração. (SIMÓN, 2000, p. 203).

É preciso ressaltar que a tutela judicial e extrajudicial do Ministério Público do Trabalho está focada para os direitos metaindividuais ou transindividuais. Direitos metaindividuais são aqueles que transcendem a esfera do direito meramente individual para alcançar a coletividade, podendo ser direitos coletivos, difusos ou individuais homogêneos. O conceito legal de tais direitos encontra-se no parágrafo único do art. 81 do Código de Defesa do Consumidor.

Como exemplos de violação aos direitos metaindividuais, têm-se as condutas discriminatórias praticadas pelo empregador, seja na fase de admissão do trabalhador para o emprego, seja durante o curso do contrato de trabalho. Trata-se da situação do assédio moral organizativo cometido pela empresa em face de um grupo de trabalhadores; do uso de aparelhos audiovisuais em locais impróprios; do controle das escutas telefônicas; da prática ilegal de revistas íntimas, entre outras. Nessas situações, tanto o Sindicato quanto o Ministério Público do Trabalho são partes legítimas para o ajuizamento da ação civil pública que vise à inibição da conduta discriminatória e do assédio moral organizativo no ambiente de trabalho, cometidos em relação a um grupo de trabalhadores, bem como a condenação por danos morais, que serão revertidos ao Fundo de Amparo ao Trabalhador (FAT), como forma de dar satisfação à comunidade atingida e reprimir o abuso.

Nesta ótica, assinala Carlos Henrique Leite (2011):

> O MPT tem legitimidade para combater as práticas discriminatórias na admissão no emprego, como é o caso de anúncios que exigem "empregado de boa aparência" ou das empresas que utilizam cadastros de informações ("lista negra") dos trabalhadores que exerceram o direito fundamental de petição (CF, art. 5º, XXXIV, a) ou de acesso à Justiça do Trabalho (CF, art. 5º, XXXV). (LEITE, C. H. B., 2011, p. 158).

Sendo assim, o Ministério Público do Trabalho pode ajuizar ação civil pública com a finalidade de estabelecer limites ao poder empregatício, quando este ofende os direitos da personalidade do trabalhador, ao inserir câmeras audiovisuais em locais que adentram na sua intimidade ou que os obrigam a passar pelas revistas íntimas.

O Direito do Trabalho se preocupa com todas as formas de discriminação que restringem o acesso ao emprego e que obstam à ascensão funcional, impossibilitam a manutenção do emprego ou afetam a integridade psicossomática do trabalhador. Trata-se de situações em que a ação discriminatória, por sua natureza ou por sua qualidade, potencial ou concretamente, atinge um grupo, classe ou categoria de pessoas. (SANTOS, Ronaldo, 2003, p. 135).

De tal forma, constitui grande instrumento a atuação do Ministério Público do Trabalho em defesa dos interesses dos trabalhadores, cujos contratos de trabalho permanecem em curso.

À guisa de arremate, pode-se dizer que o Ministério Público do Trabalho, como instituição permanente e essencial ao Estado Democrático de Direito, deve utilizar todos os meios judiciais e extrajudiciais para promover a defesa dos direitos da personalidade dos trabalhadores, destacando-se o inquérito civil e a ação civil pública como instrumentos de efetivação dos direitos ou interesses difusos, coletivos e individuais homogêneos e da ordem jurídico-trabalhista, contribuindo, assim, para a construção de uma sociedade mais justa, igual e fraterna.

Capítulo 9

Conclusão

A presente obra revelou a necessidade fulcral de proteção aos direitos da personalidade do trabalhador no Direito do Trabalho.

Os direitos da personalidade são direitos inatos e inerentes à pessoa humana, a ela ligados de maneira permanente. São direitos que nascem com a pessoa humana e a acompanham durante toda a sua existência, tendo como bem maior a ser tutelado pelo direito a dignidade da pessoa humana — *em todos os aspectos: físico, psíquico, moral e intelectual.*

O problema de se encontrar o fundamento de proteção para tais direitos foi equacionado com a aplicação do princípio constitucional da dignidade da pessoa humana, do princípio geral do Direito da boa-fé objetiva, dos princípios e regras específicos existentes no Direito do Trabalho, além do princípio constitucional da proporcionalidade.

Já o problema de se encontrarem os meios de efetivação desta proteção jurídica foi dirimido no espectro das várias instituições interventivas do contrato de trabalho, a saber: *os sindicatos dos trabalhadores; a auditoria Fiscal Trabalhista; o Ministério Público do Trabalho e a própria Justiça do Trabalho.*

Os direitos da personalidade do trabalhador encontram seu alicerce na dignidade da pessoa humana, e esta se consubstancia em princípio fundamental do ordenamento constitucional brasileiro, encartada de forma contígua ao direito à intimidade, à vida privada, à imagem e à honra, na classe dos princípios fundamentais.

A dignidade da pessoa humana emerge na realidade ontológica constitucional e, até mesmo, supraconstitucional, como um valor básico e supremo que fundamenta os Direitos Humanos. A dignidade da pessoa humana, inserida neste contexto, encontra-se no ápice do ordenamento jurídico e constitui a unidade dos direitos e garantias individuais e sociais, repelindo qualquer comportamento que atente contra a pessoa humana em tal dimensão. A dignidade de cada homem consiste em ser essencialmente uma pessoa natural, um ser cujo valor ético é superior a todos os demais valores.

Logo, a manifestação da dignidade se faz presente na incolumidade do direito à vida, à honra, à saúde física e mental, à integridade moral e intelectual, à intimidade e à garantia da afirmação social do trabalhador no mundo do trabalho. Esta proteção fundamental possui o intento de garantir ao trabalhador o bem-estar desejado no seio familiar e na sociedade civil, tendo em vista que a lógica fundante dos direitos da personalidade reside na tutela da dignidade da pessoa humana.

Os textos esculpidos no art. 1º, I a V, da Constituição Federal de 1988, são verdadeiros princípios normativos, luminares a espargir luzes com efeitos respeitantes para toda a ordem política, jurídica e social. Dos princípios fundamentais da República Brasileira, como indica a Carta Magna de 1988, em seu art. 1º, a *dignidade da pessoa humana*, como supremo valor, deve ser considerada o fundamento maior do ordenamento jurídico brasileiro. É a dignidade que revela os atributos inerentes e indissociáveis da pessoa humana.

Portanto, a dignidade da pessoa humana, inserida na Constituição de 1988, como fundamento da República Federativa do Brasil, passou a constituir-se em valor e garantia constitucionais com vistas a atrair a tutela para todas as situações que envolvem violações à pessoa, ainda que não previstas taxativamente, pois é bem clara — translúcida — a opção do Texto Máximo ao estatuir em seu art. 5º, § 2º: *"Os direitos e garantias expressos nesta Constituição não excluem outros decorrentes do regime e dos princípios por ela adotados, ou dos tratados internacionais em que a República Federativa do Brasil seja parte"*.

Entretanto, é inegável que, em decorrência dos poderes conferidos ao empregador, os direitos da personalidade possam ser violados, em vista de eventual exercício abusivo do poder empregatício. Por isso, esta obra buscou fixar, com clareza e sistematicidade, os limites quanto ao exercício do poder empregatício, a fim de que não se abalem os pilares de sustentação da dignidade da pessoa humana também, e especialmente, na condição de trabalhador.

O Direito do Trabalho nasceu impulsionado pela preocupação com os direitos sociais do trabalhador, especialmente numa fase em que, com o advento da Revolução Industrial, os novos meios de produção e a evolução do capitalismo chamaram o Estado ao dever de zelar pelo trabalhador, então normalmente ofendido em sua condição de ser humano. Assim, a incidência dos direitos fundamentais, em especial os de natureza não patrimonial na seara laboral, assenta-se na imprescindibilidade de assegurar o respeito à dignidade do trabalhador e de fixar limites ao exercício da prerrogativa empresarial. Trata-se de não mais do que uma necessária continuidade de ação e de atuação sob a égide dos marcos clássicos do Direito do Trabalho e da tutela jurídica por ele estruturada.

Então, o foco do Direito do Trabalho reside na permanente e contínua luta pelo reconhecimento e pelo aperfeiçoamento da condição humana no mercado laborativo. A noção de cidadania no ramo juslaboral se dá, portanto, em um sistema normativo que prioriza a dignidade humana do trabalhador em uma economia de mercado. Sem tal embate, o Direito do Trabalho perde a função de incluir a pessoa natural na esfera comunitária e de protegê-la em toda a sua magnitude. É preciso levar em conta que a análise a ser empreendida depende da conscientização relativa aos valores sociais universais e da formação de uma sociedade aberta para uma nova ordem ética, voltada para o desenvolvimento do bem-estar do trabalhador.

Conclui-se, pois, que os meios de produção orientados para o desenvolvimento econômico somente se justificam, se forem respeitados os direitos da personalidade do trabalhador *nas fases pré-contratual, de cumprimento do contrato de trabalho e pós-contratual*. Só se faz a efetiva justiça social (outro fundamento, objetivo e princípio constitucionais) mediante o reconhecimento, a defesa e a promoção desta dignidade fundamental do ser humano no Direito do Trabalho brasileiro.

REFERÊNCIAS BIBLIOGRÁFICAS

ABRANTES, José João. *Contrato de trabalho e direitos fundamentais*. Coimbra: Coimbra Editora, 2005.

ABREU, Lília Leonor. O direito à intimidade x revista pessoal do empregado. *Revista Bonijuris*, Paraná, Ano XVII, n. 509, p. 63-89, abril 2006.

ACCIOLY, Gustavo Tenório. Direito fundamental ao trabalho e implicações no plano processual: uma abordagem da competência material da justiça do trabalho sob a ótica do acesso à justiça. *Revista LTr*, São Paulo, v. 75, n. 04, p. 440-458, abril 2001.

ALKIMIN, Maria Aparecida. *Assédio moral na relação de trabalho*. 2. ed. Curitiba: Juruá, 2008.

_____. *Violência na relação de trabalho e a proteção à personalidade do trabalhador*. Curitiba: Juruá, 2009.

ALMEIDA, Wânia Guimarães Rabêllo de. *A relação entre ações coletivas e ações individuais no processo do trabalho*: litispendência e coisa julgada. São Paulo: LTr, 2012.

ALVES, Gabriel Alexandrino. *Assédio sexual*: um novo paradigma para o direito do trabalho. São Paulo: LTr, 2008.

AMARAL, Francisco. *Direito civil*: introdução. 5. ed. Rio de Janeiro: Renovar, 2003.

ANDRÉ, Caroline Franceschi. Princípio da proporcionalidade. In: BARACAT, Eduardo Milléo (Coord.). *Controle do empregado pelo empregador*: procedimentos lícitos e ilícitos. Curitiba: Juruá, 2008.

ARANTES, et al. *Psicologia, direitos humanos e sofrimento mental*. São Paulo: Casa do Psicólogo, 2000.

ARAÚJO, Adriane Reis de. *O assédio moral organizacional*. São Paulo: LTr, 2012.

ARAÚJO, Francisco Rossal de. *A boa-fé no contrato de emprego*. São Paulo: LTr, 1996.

BAHIA, Tribunal Regional do Trabalho. RO: 00730.2007.463.05.00.3. Relator: Des. Claudio Brandão, 2ª Turma, DEJT, *Bahia*, Salvador, 7 dez. 2009.

BARACAT, Eduardo Milléo. *A boa-fé no direito individual do trabalhador*. São Paulo: LTr, 2003.

_____. Poder de direção do empregador: fundamentos, natureza jurídica e manifestações. In: BARACAT, Eduardo Milléo (Coord.). *Controle do empregado pelo empregador*: procedimentos lícitos e ilícitos. Curitiba: Juruá, 2008.

_____ ; MANSUR, Rosane Maria Vieira. Controle extralaboral. In: BARACAT, Eduardo Milléo (Coord.). *Controle do empregado pelo empregador*: procedimentos lícitos e ilícitos. Curitiba: Juruá, 2008.

BARBOSA JÚNIOR, Floriano. *Direito à intimidade*: direito fundamental e humano na relação de emprego. São Paulo: LTr, 2008.

BARBOSA VIANA, Patrícia Guerrieri. *Dano moral à pessoa jurídica*. Rio de Janeiro, 2002.

BARBUGIANI, Luiz Henrique Sormani. *A inserção das normas internacionais de direitos humanos nos contratos individuais de trabalho*. São Paulo: LTr, 2008.

BARRETO, Margarida Maria Silveira. *Uma jornada de humilhações*. São Paulo: Saraiva, 2000.

BARROS, Alice Monteiro de. *Proteção à intimidade do empregado*. 2. ed. São Paulo: LTr, 2009.

_____. *Curso de direito do trabalho*. 7. ed. São Paulo: LTr, 2011.

BARROSO, Luís Roberto. Razoabilidade e isonomia no direito brasileiro. In: VIANA, Márcio Tulio; RENAULT, Luiz Otávio Linhares (Coord.). *Discriminação*. São Paulo: LTr, 2000.

_____. Razoabilidade e isonomia no Direito Brasileiro. In: VIANA, Márcio Túlio; RENAULT, Luiz Otávio Linhares (Coord.). *Discriminação*. São Paulo: LTr, 2000.

BASTOS, Celso Ribeiro. *Comentários à Constituição do Brasil*. v. 2. São Paulo: Saraiva, 1989.

BASTOS, Guilherme Augusto Caputo. *O dano moral no direito do trabalho*. São Paulo: LTr, 2003.

BELMONTE, Alexandre Agra. *O monitoramento da correspondência eletrônica nas relações de trabalho*. São Paulo: LTr. 2004.

_____. O assédio à mulher nas relações de trabalho. In: FRANCO FILHO, Georgenor de Sousa (Coord.). *Trabalho da mulher*. Homenagem a Alice Monteiro de Barros. São Paulo: LTr, 2009.

BELTRAN, Ari Possidonio. *Dilemas do trabalho e do emprego na atualidade*. São Paulo: LTr, 2001.

_____. *Direito do trabalho e direitos fundamentais*. São Paulo: LTr, 2002.

_____. A cláusula de não concorrência no direito do trabalho. *Revista AASP*, Associação dos Advogados de São Paulo, São Paulo, v. 3, n. 7, p. 61-82, dez. 1998.

BENEVIDES, Ana Maria T. *O estado da arte do burnout no Brasil*. Trabalho apresentado no Seminário internacional sobre estresse e burnout. Realizado em Curitiba, em 30-31 de agosto de 2002.

BERNARDES, Hugo Gueiros. *Direito do Trabalho*. v. 1, São Paulo: LTr, 1989.

BITTAR, Carlos Alberto. *Os direitos da personalidade*. 6. ed. Rio de Janeiro: Forense Universitária, 2003.

_____. *Reparação civil por danos morais*. 2. ed. São Paulo: RT, 1994.

BORGES, Celina. Tudo posso. Intérprete: Celina Borges. In: BORGES, Celina. *Tudo posso*. São Paulo: Som Livre, 2009. 1 CD. (4:56). Faixa 1 .

BORGES, Roxana Cardoso Brasileiro. *Disponibilidade dos direitos de personalidade e autonomia privada*. São Paulo: Saraiva, 2005.

BRANCO, Ana Paula Tauceda. *A colisão de princípios constitucionais no direito do trabalho*. São Paulo: LTr, 2007.

BRASIL, Tribunal Superior do Trabalho. RR 476346. Relator: Ministro Convocado Walmir Oliveira da Costa, 5ª Turma, DEJT, *Brasília*, 25 out. 2002a.

BRASIL, Superior Tribunal de Justiça. Resp. 60.033-2. Relator: Ministro Ruy Rosado, 4ª Turma, RSTJ 85/268-274, DEJT, *Brasília*, 25 nov. 2002b.

BRASIL, Tribunal Superior do Trabalho. RR 264100.25.2010.5.03.000. Relator: Ministro Alberto Luiz Bresciani de Fontan Pereira, 3ª Turma, DEJT, *Brasília*, 30 mar. 2011a.

BRASIL, Tribunal Superior do Trabalho. RR 9891800.65.2004.5.09.0014. Relator: Ministro Emmanoel Pereira, 5ª Turma, DEJT, *Brasília*, 18 jun. 2010a.

BRASIL, Tribunal Superior do Trabalho. RR 88400.17.2009.5.09.0513. Relator: Ministro Luiz Bresciani de Fontan Pereira, 3ª Tutma, DEJT, *Brasília*, 27 abr. 2011b.

BRASIL, Tribunal Superior do Trabalho. RR 9890900.82.2004.5.09.0014. Relator: Ministro João Batista Brito Pereira, 5ª Turma, DEJT, *Brasília*, 08 out. 2010b.

BRASIL, Tribunal Superior do Trabalho. RR 2195/1999.009.05.00. Relator: Ministro Relator João Oreste Dalazen, 1ª Turma, DEJT, *Brasília*, 09 jul. 2004.

BRASIL, Tribunal Superior do Trabalho. RR 39900.63.2009.5.24.0007. Relatora: Desembargadora Convocada Maria Doralice Novaes, 7ª Turma, DEJT, *Brasília*, 27 ago. 2010c.

BRASIL, Tribunal Superior do Trabalho. RR 19900.91.2008.5.05.0464. Relatora: Ministra Kátia Magalhães Arruda, 5ª Turma, DEJT, *Brasília*, 30 set. 2011a.

BRASIL, Tribunal Superior do Trabalho. RR 96000.50.2005.5.03.0011. Relator: Ministro Alberto Luiz Bresciani, 3ª Turma, DEJT, *Brasília*, 14 ago. 2009a.

BRASIL, Tribunal Superior do Trabalho. RR 28000.10.2009.5.11.0019. Relatora: Ministra Maria de Assis Calsing, 4ª Turma, DEJT, *Brasília*, 12 ago. 2011b.

BRASIL, Tribunal Superior do Trabalho. RR 1580800.02.2007.5.09.0007. Relator: Ministro Mauricio Godinho Delgado, DEJT, *Brasília*, 25 mar. 2011c.

BRASIL, Tribunal Superior do Trabalho. RR 1525400.16.2006.5.09.0014. Relator: Ministro Luiz Philipe Vieira de Mello Filho, 1ª Turma, DEJT, *Brasília*, 26 ago. 2011d.

BRASIL, Tribunal Superior do Trabalho. RR 7177/2001.003.09.00. Relatora: Ministra Maria Cristina Irigoyen Peduzzi, 8ª Turma, DEJT, *Brasília*, 18 set. 2009b.

BRASIL, Tribunal Superior do Trabalho. RR 131900.02.2005.5.09.0020, Relator: Ministro José Roberto Freire Pimenta, 2ª Turma, DEJT, *Brasília*, 28 out. 2011e.

BRASIL, Tribunal Superior do Trabalho. RR 56300.58.2007.5.15.0045, Relator: Ministro Mauricio Godinho Delgado, 6ª Turma, DEJT, *Brasília*, 02 out. 2011f.

BRASIL, Tribunal Superior do Trabalho. RR 613/007. Relator: Ministro João Oreste Dalazen, 1ª Turma, DEJT, *Brasília*, 10 jun. 2005a.

BRASIL, Tribunal Superior do Trabalho. AIRR 3058/2005.013.09.40.0, Relatora: Ministra Maria Cristina Irigoyen Peduzzi, 8ª Turma, DEJT, *Brasília*, 22 maio 2009a.

BRASIL. Tribunal Superior do Trabalho. AIRR 1830/2003.011.05.40, Relatora: Ministra Maria Cristina Irigoyen Peduzzi, 8ª Turma, DEJT, *Brasília*, 18 jun. 2003.

BRASIL. Tribunal Superior do Trabalho. AIRR 1926/2003.044.03.40.6. Relator: Des. Convocado Ricardo Machado, 3ª Turma, DEJT, *Brasília*, 22 abr. 2005b.

BRASIL, Tribunal Superior do Trabalho. AIRR 78/2004.103.03.40.1. Relator: Des. Luiz Antonio Lazarim, 4ª Turma, DEJT, *Brasília*, 14 de out. 2005c.

BRASIL, Tribunal Superior do Trabalho, RR 224700.65.2007.5.18.0008, Relator: Ministro Mauricio Godinho Delgado, 6ª Turma, DEJT, *Brasília*, 20 nov. 2009b.

BRASIL, Tribunal Superior do Trabalho, RR 317/2003.092.03.00. Relator: Ministro Aloysio Corrêa da Veiga, 6ª Turma, DEJT, *Brasília*, 15 maio 2009c.

BRASIL, Tribunal Superior do Trabalho, RR 28140.17.2004.5.03.0092. Relator: Ministro Mauricio Godinho Delgado, 6ª Turma, DEJT, *Brasília*, 7 maio 2010d.

BRASIL, Tribunal Superior do Trabalho, RR 558/2003.091.09.40.3. Relator: Des. Convocado José Ronald C. Soares, 2ª Turma, DEJT, *Brasília*, 23 mar. 1997.

BRASIL, Tribunal Superior do Trabalho, RR 9602300.40.2006.5.09.0001. Relator: Ministro Mauricio Godinho Delgado, 6ª Turma, DEJT, *Brasília*, 16 mar. 2012.

BRITO FILHO, José Claudio Monteiro de. Escravidão contemporânea: o Ministério Público do Trabalho e o combate do trabalho escravo. In: DELGADO, Gabriela Neves; NUNES, Raquel Portugal; SENA, Adriana Goulart de (Coord.) *Dignidade humana e inclusão social*. São Paulo: LTr, 2010.

BRITTO, Carlos Augusto Ayres. *Constitucionalismo fraterno e o direito do trabalho*. São Paulo: LTr, 2004.

BULOS, Uadi Lammêgo. *Constituição federal anotada*. 6. ed. São Paulo: Saraiva, 2005.

CAHALI, Yussef Said. *Dano moral*. 2. ed. São Paulo: Revista dos Tribunais, 1998.

CALVET, Otávio. Discriminação na admissão: direito à integração. In: DALLEGRAVE NETO, José Affonso (Org.). *Direito do Trabalho. Reflexões atuais*. 1. ed. Curitiba, Juruá, 2008.

CALVO, Adriana. O conflito entre o poder do empregador e a privacidade do empregado no ambiente de trabalho. *Boletim de Recursos Humanos*, São Paulo, v. 9, n. 12, p. 12-25, 2009a.

_____ . *Breves considerações sobre a decisão do TST relativa ao uso do correio eletrônico no ambiente de trabalho*. Disponível em: <http:www.calvo.pro.br>. Acesso em: 30 maio 2009b.

_____ . *O uso indevido do correio eletrônico no ambiente de trabalho*. Disponível em: <http:www.calvo.pro.br>. Acesso em: 03 abr. 2009c.

CANDIDO, Tchilla Helena. *Assédio moral*: acidente laboral. São Paulo: LTr, 2011.

CARDOSO, Sandro Geara; ZANCANELLA, Peterson. Na execução do contrato de trabalho: procedimentos de controle. In: BARACAT, Eduardo Milléo (Coord.). *Controle do empregado pelo empregador*: procedimentos lícitos e ilícitos. Curitiba: Juruá, 2008.

CARRION, Valentin. *Comentários à Consolidação das Leis do Trabalho*. 23. ed. São Paulo: Saraiva, 1998.

CASE, Thomas A. *Como conseguir emprego no Brasil do século XXI*. São Paulo: Catho, 2004.

CASSAR, Vólia Bomfim. *Princípios trabalhistas, novas profissões, globalização da economia e flexibilização das normas trabalhistas*. Rio de Janeiro: Impetus, 2010.

_____ . *Direito do trabalho*. 5. ed. Rio de Janeiro: Impetus, 2011.

CATALDI, Maria José Giannella. *O stress no meio ambiente de trabalho*. São Paulo: LTr, 2002.

CAVALCANTE, Jouberto de Quadros Pessoa; JORGE NETO, Francisco Ferreira. *O direito do trabalho e o assédio moral*. Disponível em: < www.calvo.pro.br>. Acesso em: 18 dez. 2011.

CAVALIERI FILHO, Sergio. *Programa de responsabilidade civil*. 6. ed. São Paulo: Malheiros, 2005.

CHARAN, Ram. *O que o presidente da sua empresa quer que você saiba*: como sua empresa funciona na prática. Tradução Marcelo Cândido de Melo. São Paulo: Negócio, 2001.

CHIAVENATO, Idalberto. *Recursos humanos*. São Paulo: Atlas, 1983.

CHINI NETO, Eugênio. Reflexões histórico-evolutivas sobre a constitucionalização do direito privado. In: SARLET, Ingo Wolfgang (Org.). *Constituição, direitos fundamentais e direito privado*. 2. ed. Porto Alegre: Livraria do Advogado, 2006.

CHOHFI, Thiago. *Subordinação nas relações de trabalho*. São Paulo: LTr, 2009.

COELHO, Luciano Augusto de Toledo. Testes psicológicos e o direito: uma aproximação à luz do princípio da dignidade da pessoa humana. *Revista Psicologia e Sociedade*, São Paulo, v. 16, n. 7, p. 20-45, maio, 2004.

_____. A precontratualidade na relação de emprego. *Revista do Tribunal Regional do Trabalho da 9ª Região*, Curitiba, v. 32, n. 58, p. 55-89, jan./jul. 2007.

_____. *Responsabilidade civil pré-contratual em direito do trabalho*. São Paulo: LTr, 2008.

COGO, Sandra Negri. *Gestão de pessoas e a integridade psicológica do trabalhador*. São Paulo: LTr, 2006.

COMPARATO, Fábio Konder. *A afirmação histórica dos direitos humanos*. São Paulo: Saraiva, 2003.

COSTA, Marcelo Freire Sampaio. *Eficácia dos direitos fundamentais entre particulares*: juízo de ponderação no processo do trabalho. São Paulo: LTr, 2010.

COUTINHO, Aldacy Rachid. *Poder punitivo trabalhista*. São Paulo: LTr, 1999.

CRETELLA JÚNIOR, José. *Comentários à Constituição Brasileira de 1988*. v. 1 Rio de Janeiro: Forense, 1989.

CRUZ E TUCCI, Cibele Pinheiro Marçal. Teoria geral da boa-fé objetiva. In: Novo Código Civil. Aspectos relevantes. *Revista do Advogado*, São Paulo, Ano XXII, n. 68, p. 100-128, dez. 2002.

DALAZEN, João Oreste. Aspectos do dano moral trabalhista. *Revista do Tribunal Superior do Trabalho*, São Paulo, v. 65, n. 1, p. 70-98, out./dez. 1999.

DALLEGRAVE NETO, José Affonso. *Responsabilidade civil no direito do trabalho*. 3. ed. São Paulo: LTr, 2009.

DE CUPIS, Adriano. *Os direitos da personalidade*. Tradução de Afonso Celso Furtado Rezende. Campinas: Romana, 2004.

DELGADO, Gabriela Neves. *Direito fundamental ao trabalho digno*. São Paulo: LTr, 2006.

DELGADO, Gabriela Neves; NOGUEIRA, Lílian Katiusca Melo; RIOS, Sâmara Eller. Trabalho escravo: instrumentos jurídico-institucionais para a erradicação no Brasil contemporâneo. *Revista Magister de Direito Trabalhista e Previdenciário*, São Paulo, v. 21, n. 12, p. 58-79, dez. 2007.

DELGADO, Mauricio Godinho. *O poder empregatício*. São Paulo: LTr, 1994.

_____. Direitos fundamentais na relação de trabalho. *Revista LTr*, São Paulo, Ano 70, n. 6, p. 660-673, jun. 2006.

_____. *Capitalismo, trabalho e emprego*. Entre o paradigma da destruição e os caminhos de reconstrução. São Paulo: LTr, 2008.

_____. *Curso de direito do trabalho*. 8. ed. São Paulo: LTr, 2009.

_____. _____. 9. ed. São Paulo: LTr, 2010a.

_____. Relação de emprego e relações de trabalho: a retomada do expansionismo do direito trabalhista. In: DELGADO, Gabriela Neves; NUNES, Raquel Nunes; SENA, Adriana Goulart de (Coord.). *Dignidade humana e inclusão social*. São Paulo: LTr, 2010b.

_____. *Princípios de direito individual e coletivo do trabalho*. 3. ed. São Paulo: LTr, 2010c.

_____. *Curso de direito do trabalho*. 11. ed. São Paulo: LTr, 2011.

DINIZ, Maria Helena. *Teoria geral do direito civil*. 2. ed., v. 1., São Paulo: Saraiva, 2004.

_____. *Código civil anotado*. 11. ed. São Paulo: Saraiva, 2005.

_____. _____.12. ed. São Paulo: Saraiva, 2006.

_____. *Manual de direito civil*. São Paulo: Saraiva, 2011.

DONEDA, Danilo. *Correio eletrônico (e-mail) e o direito à privacidade na internet*. 1999. 198f. Dissertação (Mestrado em Direito) — Universidade do Estado do Rio de Janeiro, Programa de Pós-Graduação em Direito, Rio de Janeiro.

EBERLE, André Davi et al. Assédio moral organizacional: esclarecimentos conceituais e repercussões. In: GOSDAL, Thereza Cristina; SOBOLL, Lis Andrea Pereira (Org.). *Assédio moral interpessoal e organizacional*. São Paulo: LTr, 2009.

ELUF, Luiza Nagib. *Crimes contra os costumes e assédio sexual*. São Paulo: Jurídica Brasileira, 1999.

EMERICK, Paula Cristina Hott. *Metas. Estratégia empresarial de busca agressiva por resultados. Incentivo ou constrangimento?* São Paulo: LTr, 2009.

ENGEL, Ricardo José. *O jus variandi no contrato individual de trabalho*. São Paulo: LTr, 2003.

ESPÍRITO SANTO, Tribunal Regional do Trabalho. RO 01689.2004.008.17.00-0. Relatora: Juíza Sônia das Dores Dionísio, DEJT, *Espírito Santo*, Vitória, 18 nov. 2005.

ESPÍRITO SANTO, Tribunal Regional do Trabalho. RO 1315.2000.00.17.00.1. Relatora: Juíza Sônia das Dores Dionízio, DEJT, *Espírito Santo*, Vitória, 20 ago. 2002.

FABIAN, Christoph. *O dever de informar no direito civil*. São Paulo: *Revista dos Tribunais*, 2002.

FARIAS, Edilsom Pereira de. *Colisão de direitos. A honra, a intimidade, a vida privada e a imagem versus a liberdade de expressão e informação*. Porto Alegre: Sérgio Antonio Fabris, 1996.

FERNANDES, Milton. *Os direitos da personalidade*. Estudos jurídicos em homenagem ao professor Caio Mário da Silva Pereira. Rio de Janeio: Forense, 1984.

FERRARI, Irany; MARTINS, Melchíades Rodrigues. *Dano moral*: múltiplos aspectos nas relações de trabalho. São Paulo: LTr, 2011.

FERRAZ JÚNIOR, Tércio Sampaio. Sigilo de dados: o direito à privacidade e os limites à função fiscalizadora do Estado. *Cadernos de Direitos Tributários e Finanças Públicas*. São Paulo, v. 1, n 15, p. 149-162, out./dez. 1992.

FERREIRA, Hádassa Dolores Bonilha. *Assédio moral nas relações de trabalho*. Campinas: Russel, 2004.

FERREIRA, Aluísio Henrique. *O poder diretivo do empregador e os direitos da personalidade do empregado*. São Paulo: LTr, 2011.

FERREIRA FILHO, Manuel Gonçalves. *Comentários à Constituição Brasileira de 1988*. São Paulo: Saraiva, 1997.

FIORILLO, Celso Antonio Pacheco. *Curso de direito ambiental brasileiro*. São Paulo: Saraiva, 2000.

FIUZA, Ricardo Ferreira. *Projeto de Lei n. 6.960/2002*. Disponível em: <www.camara.gov.br>. Acesso em: 24 jun. 2011.

FLORINDO, Valdir. *Dano moral e o direito do trabalho*. São Paulo: LTr, 1996.

FONTANA, Alessandra. Seu currículo on-line. *Revista Você S/A*, São Paulo, v. 2, n. 33, p. 27-32, abr. 2001.

FRANCO FILHO, Georgenor de Sousa. *Globalização do trabalho*: rua sem saída. São Paulo: LTr, 2001.

FRANÇA, Rubens Limongi. Manual de direito civil. *Doutrina geral do direito objetivo, doutrina geral dos direitos subjetivos, doutrina especial dos direitos privados da personalidade*. v. 1. São Paulo: Revista dos Tribunais, 1980.

_____. *Instituições de direito civil*. São Paulo: Saraiva, 1994.

FUJITA, Jorge Shiguemitsu. Pessoa jurídica e dano moral. *Revista do Iasp*, São Paulo, v. 11, n. 22, p. 108-117, jul./dez. 2011.

GAMBÁ, Juliane Caravieri Martins. Responsabilidade civil objetiva do empregador pelos danos à saúde do trabalhador: uma visão constitucional do meio ambiente do trabalho. *Revista de Direito Constitucional e Internacional*, São Paulo, Ano 18, v. 17, n. 3, p. 86-108, abr./jun. 2010.

GARCEZ, Maximiliano Nagi. *Vida privada e a relação de emprego*. 2001. 310 f. Dissertação (Mestrado em Direito) — Universidade Federal do Paraná, Programa de Pós-Graduação em Direito, Curitiba.

GARCIA, Gustavo Felipe Barbosa. *Curso de direito do trabalho*. 5. ed. São Paulo: Forense, 2011.

GEDIEL, José Antônio Peres. A irrenunciabilidade a direitos da personalidade pelo trabalhador. In: SARLET, Ingo Wolfgang (Org). *Constituição, direitos fundamentais e direito privado*. Porto Alegre: Livraria do Advogado, 2003.

GÊNOVA, Leonardo de. *O princípio da proteção no século XXI*. São Paulo: LTr, 2009.

GIANNATTASIO, Arthur Roberto Capella; PREBIANCA, Letícia. A reponsabilidade civil em razão do assédio moral: a função social da empresa como opção normativa regular acerca da colisão dos princípios da liberdade e da igualdade. In: FREITAS JÚNIOR, Antonio Rodrigues de (Coord.). BASTAZINE, Cleber Alves; BOUCINHAS FILHO, Jorge Cavalcante (Org.). *Responsabilidade civil nas relações de trabalho. Questões atuais e controvertidas*. São Paulo: LTr, 2011.

GIANNOTTI, Edoardo. *A tutela constitucional da intimidade*. Rio de Janeiro: Forense, 1987.

GIGLIO, Wagner. *Justa causa*. 4. ed. São Paulo: LTr, 1993.

GIL, Antônio Carlos. *Gestão de pessoas*: enfoque nos papéis profissionais. São Paulo: Atlas, 2001.

GODOY, Cláudio Luiz Bueno de. *Função social do contrato*: os novos princípios contratuais. São Paulo: Saraiva, 2004.

GOLEMAN, Daniel. *Trabalhando com inteligência emocional*. Rio de Janeiro: Objetiva, 1999.

GOMES, Orlando. *Obrigações*. Rio de Janeiro: Forense, 1999.

_____; GOTTSCHALK, Elson. *Curso de direito do trabalho*. v. 1. Rio de Janeiro: Forense, 2005.

GOMES, Rogério Zuel. *Teoria contratual contemporânea. Função social do contrato e boa-fé*. Rio de Janeiro: Forense, 2004.

GONÇALVES, Carlos Roberto. *Direito civil brasileiro*. Parte geral. v. 1. São Paulo: Saraiva, 2000.

GONÇALVES, Emílio. *O poder regulamentar do empregador*. São Paulo: LTr, 1985.

GONÇALVES, Simone Cruxên. *Limites do jus variando do empregador*. São Paulo: LTr, 1997.

GOSDAL, Theresa Cristina. Antecedentes criminais e discriminação no trabalho. *Revista do Tribunal Regional do Trabalho do Paraná*, Curitiba, v. 49, n. 1, p. 120-138, maio, 2003.

_____ . *Assédio moral interpessoal e organizacional*. São Paulo: LTr, 2009.

GRAU, Eros Roberto. *A ordem econômica na Constituição de 1988*. 5. ed. São Paulo: Malheiros, 2000.

GUEDES, Márcia Novaes. *Terror psicológico no trabalho*. São Paulo: LTr, 2003.

GURGEL, Yara Maria Pereira. *Direitos humanos, princípio da igualdade e não discriminação*. São Paulo: LTr, 2010.

HAINZENREDER JÚNIOR, Eugênio. *Direito à privacidade e poder diretivo do empregador*. São Paulo: Atlas, 2009.

HIRIGOYEN, Marie-Frande. *Mal-estar no trabalho*: redefinindo o assédio moral. Rio de Janeiro: Bertrand, 2002.

HOFFMANN, Fernando. *O princípio da proteção ao trabalhador e a atualidade brasileira*. São Paulo: LTr, 2003.

JABUR, Gilberto Haddad. *Liberdade de pensamento e direito à vida privada*: conflitos entre direitos da personalidade. São Paulo: Revista dos Tribunais, 2000.

KRAUSPENHAR, Rogério. *Os limites do poder disciplinar do empregador*. São Paulo: LTr, 2001.

LAGE, Rosilaine Chaves. *A importância da efetividade do princípio da valorização do trabalho regulado*. São Paulo: LTr, 2010.

LEDUR, José Felipe. *A realização do direito do trabalho*. Porto Alegre: Fabris, 1998.

LEITE, Carlos Henrique Bezerra. Os direitos da personalidade na perspectiva dos direitos humanos e do direito constitucional do trabalho. In: CALVO, Adriana; BRAMANTE, Ivani Contini (Org.). *Aspectos polêmicos e atuais do direito do trabalho*. São Paulo: LTr, 2007.

_____ . *Ministério público do trabalho. Doutrina, jurisprudência e prática*. 5. ed. São Paulo: LTr, 2011.

LEITE, Rafaela Corrêa; RIOS, Sílvia Carine Tramontin. Momentos do controle durante a contratação. In: BARACAT, Eduardo Milléo (Coord.). *Controle do empregado pelo empregador*. Procedimentos lícitos e ilícitos. Curitiba: Juruá, 2008.

LEWICKI, Bruno. *A privacidade da pessoa humana no ambiente de trabalho*. Rio de Janeiro: Renovar, 2003.

LIMA, Firmino Alves. *Mecanismos antidiscriminatórios nas relações de trabalho*. São Paulo: LTr, 2006.

LÔBO, Jorge. O princípio da função social da empresa. *Revista Jurídica Consulex*, Brasília, Ano X, n. 228, p. 22-39, jul. 2006.

LÔBO, Paulo Luiz Netto. Danos morais e direitos da personalidade. *Revista Jurídica Notadez*, Porto Alegre, Ano 49, n. 284, p. 56-70, jun. 2001.

LOBOS, Júlio. *Administração de recursos humanos*. São Paulo: Atlas, 1979.

LOTTO, Luciana Aparecida. *Ação civil pública trabalhista contra o trabalho escravo no Brasil*. São Paulo: LTr, 2008.

MACHADO, Sidnei. *A noção de subordinação jurídica*. São Paulo: LTr, 2009.

MAGANO, Octavio Bueno. *Do poder diretivo na empresa*. São Paulo: Saraiva, 1984.

MALLET, Estêvão. *Direito, trabalho e processo em transformação*. São Paulo: LTr, 2005.

MANNRICH, Nelson. *Inspeção do trabalho*. São Paulo: LTr, 1991.

MANTOVANI JUNIOR, Laert. *O direito constitucional à intimidade e à vida privada do empregado e o poder diretivo do empregador*. São Paulo: LTr, 2010.

MANUS, Pedro Paulo Teixeira. *Direito do trabalho*. 9. ed. São Paulo: Atlas, 2005.

MARINONI, Luiz Guilherme. *Tutela inibitória*: individual e coletiva. 3. ed. São Paulo: RT, 2003.

MARQUES, Christiane. *O contrato de trabalho e a discriminação estética*. São Paulo: LTr, 2002.

MARQUES, Claudia Lima. *Contratos no código de defesa do consumidor*. 3. ed. São Paulo: Revista dos Tribunais, 1999.

MARQUES, Rafael da Silva. *Valor social do trabalho na ordem econômica e na constituição brasileira de 1988*. São Paulo: LTr, 2007.

MARTINS, Flávio Alves. *A boa-fé objetiva e sua formalização no direito das obrigações brasileiro*. Rio de Janeiro: Lumen Juris, 2000.

MARTINS, Sérgio Pinto. *Dano moral decorrente do contrato de trabalho*. 2. ed. São Paulo: LTr, 2008.

_____ . *Comentários à CLT*. 5. ed. São Paulo: Atlas, 2002.

MASCHIETTO, Leonel. Revista íntima. Efetividade dos direitos fundamentais do empregado. Limites do poder de direção do empregador. In: CALVO, Adriana; ROCHA, Andrea Presas (Coord.). *Direitos fundamentais aplicados ao direito do trabalho*. São Paulo: LTr, 2010.

MATO GROSSO, Tribunal Regional do Trabalho. RO 00421.2008.002.23.00.3. Relator: Des. Tarcísio Valente, DEJT, *Mato Grosso*, Cuiabá, 12 dez. 2009.

MATO GROSSO, Tribunal Regional do Trabalho. RO 1.1346.2003.001.24.00.1. Juiz Amaury Rodrigues Pinto Júnior, DEJT, *Mato Grosso*, Cuiabá, 03 ago. 2004.

MATO GROSSO, Tribunal Regional do Trabalho. RO 452/2002. Relatora: Des. Dalma Diamante Gouveia, DEJT, *Mato Grosso*, Cuiabá, 16 maio 2003.

MAZZILLI, Hugo Nigro. *O inquérito civil*. São Paulo: Saraiva, 1999.

MEDEIROS NETO, Xisto Tiago de. *Dano moral coletivo*. 2. ed. São Paulo: LTr, 2007.

MEIRELES, Edilton. *Abuso do direito na relação de emprego*. São Paulo: LTr, 2005.

MEIRELLES, Hely Lopes. *Direito administrativo brasileiro*. 32. ed. São Paulo: Revista dos Tribunais, 2006.

MELHADO, Reginaldo. *Poder e sujeição. Os fundamentos da relação de poder entre capital e trabalho e o conceito de subordinação*. São Paulo: LTr, 2003.

MELO, Raimundo Simão de. Discriminação, lista negra e direito de ação. *Revista do Tribunal Regional do Trabalho da 15ª Região*, São Paulo, Ano 2, v. 12, n. 20, p. 218-234, maio, 2003.

_____ . *Ação civil pública na justiça do trabalho*. 2. ed. São Paulo: LTr, 2004.

MENEZES, Claudio Armando Couce de. *Direito processual do trabalho*. São Paulo: LTr, 1996.

_____ . Assédio moral e seus efeitos jurídicos. *Revista LTr*, São Paulo, Ano 8, n. 67, p. 289-302, maio 2008.

MESQUITA, Luiz José. *Direito disciplinar do trabalho*. São Paulo: LTr, 1991.

MILARÉ, Edis. Direito do ambiente: um direito adulto. *Revista de Direito Ambiental*, São Paulo, Ano 4, n. 15, p. 35-55, jul./set. 1999.

MINARDI, Fábio Freitas. A síndrome de burnout e os limites do poder do empregador na sociedade pós-moderna. In: BARACAT, Eduardo Milléo (Coord.). *Controle do empregado pelo empregador. Procedimentos lícitos e ilícitos*. Curitiba: Juruá, 2008.

MINAS GERAIS, Tribunal Regional do Trabalho. RO 00173.2007.073.03.00.6. Relator: Juiz Mauricio Godinho Delgado, 6ª Turma, DEJT, *Minas Gerais*, Belo Horizonte, 12 abr. 2006a.

MINAS GERAIS, Tribunal Regional do Trabalho. RO 01977/2005.003.24.00.5. Relator: Juiz João de Deus Gomes de Souza, DEJT, *Minas Gerais*, Belo Horizonte, 26 abr. 2007a.

MINAS GERAIS, Tribunal Regional do Trabalho. RO 374/2006.055.03.00.0. Relator: Juiz Paulo Mauricio R. Pires, 8ª Turma, DEJT, *Minas Gerais*, Belo Horizonte, 6 fev. 2007b.

MINAS GERAIS, Tribunal Regional do Trabalho. RO 1397.15.2010.5.03.0106. Relator: Des. Marcelo Lamego Pertence, 7ª Turma, DEJT, *Minas Gerais*, Belo Horizonte, 24 nov. 2011.

MINAS GERAIS, Tribunal Regional do Trabalho. RO 9371/01. Relator: Des. José Eduardo de Resende Chaves Júnior, 3ª Turma, DEJT, *Minas Gerais*, Belo Horizonte, 18 set. 2001.

MINAS GERAIS, Tribunal Regional do Trabalho. RO 01766.2003.005.03.00.8. Relator: Juiz Paulo Mauricio Ribeiro Pires, 8ª Turma, DEJT, *Minas Gerais*, Belo Horizonte, 24.7.2004a.

MINAS GERAIS, Tribunal Regional do Trabalho. RO 00298.2003.092.03.00.0. Relator: Des. Manuel Cândido Rodrigues, 6ª Turma, DEJT, *Minas Gerais*, Belo Horizonte, 30 abr. 2004b.

MINAS GERAIS, Tribunal Regional do Trabalho. RO 00749.2003.112.03.00.0. Relator: Des. Juiz José Roberto Freire Pimenta, 5ª Turma, DEJT, *Minas Gerais*, Belo Horizonte, 01 maio 2004c.

MINAS GERAIS, Tribunal Regional do Trabalho. RO 16.718/99. Relator: Des. Sebastião Geraldo de Oliveira, 5ª Turma, DEJT, *Minas Gerais*, Belo Horizonte, 09 set. 2000.

MINAS GERAIS, Tribunal Regional do Trabalho. RO 0069500.11.2009.5.03.0009, Relatora: Juíza Maristela Iris da Silva Malheiros, DEJT, *Minas Gerais*, Belo Horizonte, 24 mar. 2010a.

MINAS GERAIS, Tribunal Regional do Trabalho. RO 1220.2010.5.03.0013. Relatora: Des. Taísa Maria Macena de Lima, DEJT, *Minas Gerais*, Belo Horizonte, 16 nov. 2010b.

MINAS GERAIS, Tribunal Regional do Trabalho. RO 01288.2002.106.03.00. Relator: Des. José Maria Caldeira, 2ª Turma, DEJT, *Minas Gerais*, Belo Horizonte, 07 maio 2003.

MINAS GERAIS, Tribunal Regional do Trabalho. RO 00413.2004.103.03.00.7. Relator: Des. Fernando Luiz G Rios Neto, 4ª Turma, DEJT, *Minas Gerais*, Belo Horizonte, 18 dez. 2004d.

MINAS GERAIS, Tribunal Regional do Trabalho. RO 00117.2004.044.03.00.3. Relatora: Des. Alice Monteiro de Barros, 2ª Turma, DEJT, *Minas Gerais*, Belo Horizonte, 25 ago. 2004e.

MINAS GERAIS, Tribunal Regional do Trabalho. RO 00117.2004.044.03.00.3. Relatora: Des. Alice Monteiro de Barros, 2ª Turma, DEJT, *Minas Gerais*, Belo Horizonte, 25 ago. 2004f.

MINAS GERAIS, Tribunal Regional do Trabalho. RO 01508.2003.043.03.00. Relator: Des. José Roberto Freire Pimenta, 5ª Turma, DEJT, *Minas Gerais*, Belo Horizonte, 15 maio 2004g.

MINAS GERAIS, Tribunal Regional do Trabalho. RO 01068.2005.016.03.00.8. Relator: Des. Anemar Pereira Amaral, 2ª Turma, DEJT, *Minas Gerais*, Belo Horizonte, 09 set. 2005a.

MINAS GERAIS, Tribunal Regional do Trabalho. RO 00119. Relator: Juiz José Miguel de Campos, 8ª Turma, DEJT, *Minas Gerais*, Belo Horizonte, 10 mar. 2006b.

MINAS GERAIS, Tribunal Regional do Trabalho. RO 2211/94. Relator: Des. Mauricio Godinho Delgado, 6ª Turma, DEJT, *Minas Gerais*, Belo Horizonte, 23 abr. 1994.

MINAS GERAIS, Tribunal Regional do Trabalho. RO 00298.2003.0920.30.00. Relator: Des. Manoel Cândido Rodrigues, 6ª Turma, DEJT, *Minas Gerais*, Belo Horizonte, 30 abr. 2004h.

MINAS GERAIS, Tribunal Regional do Trabalho. RO 00316.2003.092.03.00.4. Relatora: Des. Emília Facchini, 3ª Turma, DEJT, *Minas Gerais*, Belo Horizonte, 03 jun. 2004i.

MINAS GERAIS, Tribunal Regional do Trabalho. RO 00317.2003.092.03.00.9. Relator: Des. José Roberto Freire Pimenta, 5ª Turma, DEJT, *Minas Gerais*, Belo Horizonte, 05 jun. 2004j.

MINAS GERAIS, Tribunal Regional do Trabalho. RO 01225.2007.038.03.00.4. Relator: Juiz Paulo Mauricio Ribeiro Pires, Turma Recursal de Juiz de Fora, DEJT, *Minas Gerais*, Belo Horizonte, 15 jul. 2008.

MINAS GERAIS, Tribunal Regional do Trabalho, RO 01.784.2003.112.03.00.6. Relator: Des. Luiz Otávio Linhares Renault, 4ª Turma, DEJT, *Minas Gerais*, Belo Horizonte, 22 jul. 2004m.

MINAS GERAIS, Tribunal Regional do Trabalho, RO 00290.2003.043.0300.4. Relator: Des. Paulo de Araújo, DEJT, *Minas Gerais*, Belo Horizonte, 13 jul. 2004n.

MINAS GERAIS, Tribunal Regional do Trabalho, RO 00298.2007.056.0100.0. Relator: Juiz Heriberto de Castro, DEJT, *Minas Gerais*, Belo Horizonte, 24 fev. 2010c.

MINAS GERAIS, Tribunal Regional do Trabalho. RO 559/2004.051.03.00-8. Relator: Des. Mauricio Godinho Delgado, 6ª Turma, DEJT, *Minas Gerais*, Belo Horizonte, 02 mar. 2005.

MINAS GERAIS, Tribunal Regional do Trabalho, RO 01107.2003.103.03.03.00.7. Relator: Des. Luiz Otávio Linhares Renault, 4ª Turma, DEJT, *Minas Gerais*, Belo Horizonte, 30 jun. 2004o.

MINICUCCI, Agostinho. *Administração de recursos humanos*: dinâmica de grupo em seleção de pessoal. Caderno vetor. Série Branca. São Paulo: Psico-Pedagógica, 1987.

MIRABETE, Júlio Fabbrini. *Manual de direito penal*. 10. ed., v. 2. São Paulo: Atlas, 1995.

MORAES, Alexandre de. *Direito constitucional*. 23. ed. São Paulo: Altas, 2008.

MORAES, Maria Celina Bodin de. *Danos à pessoa humana*: uma leitura civil-constitucional dos danos morais. Rio de Janeiro: Renovar, 2003.

MORAES FILHO, Evaristo de. *Pareceres de direito do trabalho*. v. 2. São Paulo: LTr, 1979.

MOREIRA, Teresa Alexandra Coelho. *Da esfera privada do trabalhador e o controle do empregador*. Coimbra: Coimbra, 2004.

MORI, Amaury Haruo. *O direito à privacidade do trabalhador no ordenamento jurídico português*. São Paulo: LTr, 2011.

MUÇOUÇAH, Renato de Almeida Oliveira. *Assédio moral coletivo nas relações de trabalho*. São Paulo: LTr, 2011.

MURARI, Marlon Marcelo. *Limites constitucionais ao poder de direção do empregador e os direitos fundamentais do empregado. O equilíbrio está na dignidade da pessoa humana*. São Paulo: LTr, 2008.

NASCIMENTO, Amauri Mascaro. *Iniciação ao direito do trabalho*. 14. ed. São Paulo: LTr, 1989.

_____. *Curso de direito do trabalho*. 21. ed. São Paulo: Saraiva, 2006.

NASCIMENTO, Nilson de Oliveira. *Manual do poder diretivo do empregador*. São Paulo: LTr, 2009.

NASCIMENTO, Sônia Mascaro. *Assédio moral*. 2. ed. São Paulo: Saraiva, 2011.

NORI, Amaury Haruo. *O direito à privacidade do trabalhador no ordenamento jurídico português*. São Paulo: LTr, 2011.

NUNES, Rosana Marques. *A revista íntima como cláusula restritiva de direitos fundmaentais no direito do trabalho*. São Paulo: LTr, 2011.

OLEA, Manuel Alonso. *Introdução do direito do trabalho*. Tradução de Carlos Alberto Barata Silva. 4. ed. São Paulo: LTr, 1984.

OLIVEIRA, Antonio Carlos Paula de. *Revista pessoal de empregado*. São Paulo: LTr, 2011.

OLIVEIRA, Christiana D'arc Damasceno. *(O) direito do trabalho contemporâneo*. São Paulo: LTr, 2010.

OLIVEIRA, Jean Marcel Mariano. *O Contrato de trabalho do atleta profissional de futebol*. São Paulo: LTr, 2009.

OLIVEIRA, Mauricio. Vale o que está escrito. *Revista Veja*, São Paulo, n. 1725, p. 128-129, abr. 2001.

OLIVEIRA, Paulo Eduardo V. *O dano pessoal no direito do trabalho*. 2. ed. São Paulo: LTr, 2010.

OLIVEIRA, Sebastião Geraldo. *Proteção jurídica à saúde do trabalhador*. 4. ed. São Paulo: LTr, 2002.

PAIM, Paulo. *Projeto de Lei n. 7.253/2002*. Disponível em: <www.senadorpaim.com.br>. Acesso em: 25 abr. 2010.

_____. *Projeto de Lei n. 5.566/91*. Disponível em: <www.senadorpaim.com.br>. Acesso em: 20 abr. 2011.

PAMPLONA FILHO, Rodolfo. *O Assédio sexual na relação de emprego*. 2. ed. São Paulo: LTr, 2001.

PARANÁ, Tribunal Regional do Trabalho. RO 4.166/97. Relator: Des. Antônio Lucio Zarantonello, 5ª Turma, DEJT, *Paraná*, Curitiba, 20 mar. 1998.

PARANÁ, Tribunal Regional do Trabalho. RO 03752.2005.872.09.00.5. Relator: Des. Arnor Lima Neto, 4ª Turma, DEJT, *Paraná*, Curitiba, 26 jun. 2007.

PARANÁ, Tribunal Regional do Trabalho. RO 03036.2004.664.09.00.6. Relatora: Des. Rosemarie Diedrichs Pimpão, DEJT, *Paraná*, Curitiba, 06 dez. 2005a.

PARANÁ, Tribunal Regional do Trabalho. RO 04496.2006.673.09.00.4. Relator: Des. Arion Mazurkevic, 5ª Turma, DEJT, *Paraná*, Curitiba, 17 fev. 2009.

PARANÁ, Tribunal Regional do Trabalho. RO 17023.2006.652.09.00.6. Relatora: Des. Marlene T. Fuverki Suguimatsu, 2ª Turma, DEJT, *Paraná*, Curitiba, 10 jun. 2008a.

PARANÁ, Tribunal Regional do Trabalho, RO 18781.2004.012.09.00.1. Relator: Juiz Eduardo Milléo Baracat, DEJT, *Paraná*, Curitiba, 04 abr. 2008b.

PARANÁ, Tribunal Regional do Trabalho, RO 05154.2002.003.09.00.8. Relatora: Juíza Marlene T. Fuverki Suguimatsu, DEJT, *Paraná*, Curitiba, 11 jun. 2004.

PARANÁ, Tribunal Regional do Trabalho, RO 00590.2003.091.09.00.4. Relatora: Des. Nair Maria Ramos Gubert, 5ª Turma, DEJT, *Paraná*, Curitiba, 17 jun. 2005.

PASQUALI, Luiz. *Psicometria*: teoria dos testes na psicologia e na educação. São Paulo: Vozes, 2003.

PASTORE, José. *Trabalho para ex-infratores*. São Paulo: Saraiva, 2011.

_____ ; ROBORTELLA, Luiz Carlos Amorim. Assédio sexual é crime? *O Jornal da Tarde*, São Paulo. 22 set. 1997. Caderno 9, p. 43.

PATRUNI, Patrícia Mauad. Tutela do interesse do empregador. In: BARACAT, Eduardo Milléo (Coord.). *Controle do empregado pelo empregador*: procedimentos lícitos e ilícitos. Curitiba: Juruá, 2008.

PAVELSKI, Ana Paula. *Os direitos da personalidade do empregado*. Curitiba: Juruá, 2009.

PEDREIRA DA SILVA, Luiz de Pinho. *A reparação do dano moral no direito do trabalho*. São Paulo: LTr, 2004.

PEDUZZI, Maria Cristina. Assédio moral. In: BRAMANTE, Ivani Contini; CALVO, Adriana (Org.). *Aspectos polêmicos e atuais do direito do trabalho*. Homenagem ao professor Renato Rua de Almeida. São Paulo: LTr, 2007.

PEREIRA, Adilson Bassalho. *A subordinação como objeto do contrato de emprego*. São Paulo: LTr, 1991.

PEREIRA, Ana Maria T. Benevides. *Burnout*: quando o trabalho ameaça o bem-estar do trabalhador. São Paulo: Casa do Psicólogo, 2010.

PEREIRA, Caio Mario da Silva. *Instituições de direito civil*. 11. ed. Rio de Janeiro: Forense, 1996a.

_____. *Responsabilidade civil*. 8. ed. Rio de Janeiro: Forense, 1996b.

PEREIRA, Jane Reis Gonçalves. *Interpretação constitucional e direitos fundamentais*: uma contribuição ao estudo das restrições aos direitos fundamentais na perspectiva da teoria dos princípios. Rio de Janeiro: Renovar, 2006.

PESQUISA sobre Recursos Humanos na Empresa. Disponível em: <www.cipo.org.br/rotadotrampo>. Acesso em: 20 jan.2011.

PIMENTA, Adriana Campos de Souza Freire. *Substituição processual sindical*. São Paulo: LTr, 2011.

PIMENTA, José Roberto Freire. A tutela metaindividual dos direitos trabalhistas: uma exigência constitucional. In: PIMENTA, José Roberto Freire; BARROS, Juliana Augusta Medeiros de; FERNANDES, Nadia Soraggi (Coord.). *Tutela metaindividual trabalhista*: a defesa coletiva dos direitos dos trabalhadores em juízo. São Paulo: LTr, 2009.

_____. Tutelas de urgência no processo do trabalho: o potencial transformador das relações trabalhistas das reformas do CPC Brasileiro. In: BORJA, Cristina Pessoa Pereira *et al.* (Coord.) *Direito do Trabalho*: evolução, crise, perspectivas. São Paulo: Ltr, 2004.

PIOVESAN, Flávia. *Temas de direitos humanos*. São Paulo: Max Limonad, 1998.

PONTES, Benedito Rodrigues. *Planejamento, recrutamento e seleção de pessoal*. São Paulo: LTr, 2008.

PORTO, Lorena Vasconcelos. *A subordinação no contrato de trabalho. Uma releitura necessária*. São Paulo: LTr, 2009.

POZZOLO, Paulo Ricardo. *A ação inibitória no processo do trabalho*. São Paulo: LTr, 2001.

PROPATO, Valéria. *As letras não mentem*. Disponível em: <http://ww.grafologia-sp.com.br>. Acesso em: 20 abr. 2011.

RAMALHO, Maria do Rosário Palma. *Direito do trabalho*. Parte II: situações laborais individuais. Coimbra: Almedina, 2006.

REALE, Miguel. *Filosofia do direito*. 10. ed. São Paulo: Saraiva, 1983.

REIS, Daniela Muradas. *O princípio da vedação do retrocesso no direito do trabalho*. São Paulo: LTr, 2010.

REIS, Jair Teixeira. *Subordinação jurídica e o trabalho à distância*. São Paulo: LTr, 2007.

REIS, Nélio. *Alteração do contrato de trabalho*. 4. ed. Rio de Janeiro: Freitas Bastos, 1968.

RENAULT, Luiz Otávio Linhares. Tutela metaindividual: Por quê? Por que não? In: PIMENTA, José Roberto Freire; BARROS, Juliana Augusta Medeiros de; FERNANDES, Nádia Soraggi (Coord.). *Tutela metaindividual trabalhista*: a defesa coletiva dos direitos dos trabalhadores em juízo. São Paulo: LTr, 2009.

RENZO, Rober. *Fiscalização do trabalho. Doutrina e prática*. São Paulo: LTr, 2007.

RIBEIRO, Lélia Guimarães Carvalho. *A monitoração audiovisual e eletrônica no ambiente de trabalho e seu valor probante*. São Paulo: LTr, 2008.

RIO DE JANEIRO, Tribunal Regional do Trabalho. RO 01275-2003-311-02-00-9. Relator: Des. Valdir Florindo, 6ª Turma, DEJT, *Rio de Janeiro*, Rio de Janeiro, 14 out. 2005.

RIO GRANDE DO NORTE, Tribunal Regional do Trabalho. RO 5.965/2000. Relator: Des. José Vasconcelos da Rocha, DEJT, *Rio Grande do Norte*, Natal, 01 out. 1998.

RIO GRANDE DO SUL, Tribunal Regional do Trabalho. RO 00990.002/96.6. Relator: Juiz João Ghisleni Filho, 6ª Turma, DEJT, *Rio Grande do Sul*, Porto Alegre, 22 ago. 2000.

RIO GRANDE DO SUL, Tribunal Regional do Trabalho. RO 1315.2002.312.02.00.8. Relatora: Des. Maria Inês M. S. A. Cunha, 1ª Turma, DEJT, *Rio Grande do Sul*, Porto Alegre, 14 mar. 2006.

ROBBINS, Stephen Paul. *Administração*: mudanças e perspectivas. Tradução de Cid Knipel Moreira. São Paulo: Paulistanajus, 2004.

ROBORTELLA, Luiz Carlos Amorim. *O moderno direito do trabalho*. São Paulo: LTr, 1994.

RODRIGUES, Silvio. *Direito civil*. 19. ed., v. 3. São Paulo: Saraiva, 2002.

ROMITA, Arion Sayão. *Direitos fundamentais nas relações de trabalho*. 3. ed. São Paulo: LTr, 2009.

_____. *A subordinação no contrato de trabalho*. São Paulo: Forense, 1979.

RUSSOMANO, Mozart Victor. *Comentários à Consolidação das Leis do Trabalho*. 3. ed., v. 2 Rio de Janeiro: Konfino, 1955.

SAAD, Eduardo Gabriel. *Consolidação das Leis do Trabalho comentada*. 33. ed. São Paulo: LTr, 2001.

SANCHES, Gislene A. *Dano moral e suas implicações no direito do trabalho*. São Paulo: LTr, 1997.

SANSEVERINO, Luiza Riva. *Curso de direito do trabalho*. São Paulo: LTr, 1976.

SANTA CATARINA, Tribunal Regional do Trabalho. RO 002125. Relator: Des. J. L. Moreira Cacciari, 2ª Turma, DEJT, *Santa Catarina*, Florianópolis, 11 abr. 2001.

SANTA CATARINA, Tribunal Regional do Trabalho. RO 00825.2001.008.12.00.9. Relatora: Des. Maria de Lourdes Leiria, 3ª Turma, DEJT, *Santa Catarina*, Florianópolis, 26 nov. 2002a.

SANTA CATARINA, Tribunal Regional do Trabalho. RO 06100/01. Relator: Des. C. A. Godoy Ilha. DEJT, *Santa Catarina*, Florianópolis, 09 abr. 2002b.

SANTA CATARINA, Tribunal Regional do Trabalho. RO 02255.2005.029.12.00.6. Relator: Des. Gerson Paulo Taboada Conrado, 3ª Turma, DEJT, *Santa Catarina*, Florianópolis, 26 set. 2006a

SANTA CATARINA, Tribunal Regional do Trabalho. RO 01009.2003.011.12.00.7. Relator: Des. Gerson Paulo Taboada Conrado, 3ª Turma. DEJT, *Santa Catarina*, Florianópolis, 31. mar. 2006b.

SANTA CATARINA, Tribunal Regional do Trabalho. RO 01103. 2007.035.12.00.0. Relator: Des. Gerson Paulo Taboada Conrado, 3ª Turma, DEJT, *Santa Catarina*, Florianópolis, 10 set. 2008.

SANTA CATARINA, Tribunal Regional do Trabalho. RO 00221.80.20010.5.04.0103. Relator: Des. Wilson Carvalho Dias. DEJT, *Santa Catarina*, Florianópolis, 03 set. 2011.

SANTOS, Enoque Ribeiro dos. *A função social do contrato, a solidariedade e o pilar da modernidade nas relações de trabalho de acordo com o novo código civil brasileiro*. São Paulo: LTr, 2003.

_____ . *O dano moral na dispensa do empregado*. São Paulo: LTr, 2009.

SANTOS, Oswaldo de Barros. *Psicologia aplicada à orientação e seleção de pessoal*. São Paulo: Livraria Pioneira, 1985.

SANTOS, Ronaldo Lima dos. *Sindicatos e ações coletivas*: acesso à justiça, jurisdição coletiva e tutela dos interesses difusos, coletivos e individuais homogêneos. São Paulo: LTr, 2003.

SÃO PAULO, Tribunal Regional do Trabalho, RO 00016.2007.093.15.00.0. Relator: Juiz José Antonio Pancotti, 5ª Turma, DEJT, *São Paulo*, Campinas, 16 jul. 2000a.

SÃO PAULO, Tribunal Regional do Trabalho, RO 00016.2007.093.15.00.0. Relator: Juiz José Antonio Pancotti, 5ª Turma, DEJT, *São Paulo*, São Paulo,16 jul. 2000b.

SÃO PAULO, Tribunal Regional do Trabalho, RO 0504/2002. Relator: Des. José Ribamar Oliveira Lima Júnior, 3ª Turma, DEJT, *São Paulo*, Campinas, 9 set. 2002a.

SÃO PAULO, Tribunal Regional do Trabalho, RO 0504/2002. Relator: Des. José Ribamar Oliveira Lima Júnior, 3ª Turma, DEJT, *São Paulo*, São Paulo, 09 set. 2002b.

SÃO PAULO, Tribunal Regional do Trabalho de São Paulo. RO 02980485394. Relator: Des. Juiz José Mechango Antunes. 5ª Turma, DEJT, *São Paulo*, São Paulo, 21 jan. 2004a.

SÃO PAULO, Tribunal Regional do Trabalho de São Paulo. RO 249/2002.016.12.00-7. Relator: Des. Gilmar Cavalheri, 4ª Turma, DEJT, *São Paulo*, São Paulo, 08 mar. 2004b.

SÃO PAULO, Tribunal Regional do Trabalho, RO 1359/2002.066.15.00.4. Relator: Ministro Francisco Alberto da Motta P. Giordani, 3ª Turma, DEJT, *São Paulo*, Campinas, 20 abr. 2006a

SÃO PAULO, Tribunal Regional do Trabalho, RO 1359/2002.066.15.00.4. Relator: Des. Francisco Alberto da Motta P. Giordani, 3ª Turma, DEJT, *São Paulo*, São Paulo, 20 abr. 2006b.

SÃO PAULO, Tribunal Regional do Trabalho. RO 01787.2000.060.02.00.8. Relator: Dese. Ricardo Artur Costa e Trigueiros, 2ª Turma, DEJT, *São Paulo*, São Paulo, 10 mar. 2006c.

SÃO PAULO, Tribunal Regional do Trabalho, RO 1318/2009.104.03.00-1. Relator: Juiz Jales Valadão Cardoso, 2ª Turma, DEJT, *São Paulo*, Campinas, 19 fev. 2010a.

SÃO PAULO, Tribunal Regional do Trabalho, RO 28000.86/2008.5.10.0014. Relator Desembargador Pedro Luiz Vicentin Foltran, 1ª Turma, DEJT, *São Paulo*, Campinas, 11 mar. 2010b.

SÃO PAULO, Tribunal Regional do Trabalho. RO 0048.60.054.2006.502.00.04. Relatora: Des. Ivani Contini Bramante, 4ª Turma, DEJT, *São Paulo*, São Paulo, 08 out. 2010c.

SÃO PAULO, Tribunal Regional do Trabalho, RO 1318/2009.104.03.00-1. Relator: Juiz Jales Valadão Cardoso, 2ª Turma, DEJT, *São Paulo*, São Paulo,19 fev. 2010d.

SÃO PAULO, Tribunal Regional do Trabalho, RO 28000.86/2008.5.10.0014. Relator: Des. Pedro Luiz Vicentin Foltran, 1ª Turma, DEJT, *São Paulo*, São Paulo, 11 mar. 2010e.

SARLET, Ingo Wolfgang. *A eficácia dos direitos fundamentais*. 6. ed. Porto Alegre: Livraria do Advogado, 2006a.

_____ . *Dignidade da pessoa humana e direitos fundamentais na Constituição Federal de 1988*. Porto Alegre: Livraria do Advogado, 2006b.

SCHIAVI, Mauro. *Ações de reparação por danos morais decorrentes da relação de trabalho*. 4. ed. São Paulo: LTr, 2011.

SENNET, Richard. *A corrosão do caráter*: consequências pessoais do trabalho novo no capitalismo. 7. ed. Rio de Janeiro: Record, 2003.

SILVA, De Plácido e. *Vocabulário jurídico*. 28. ed. Rio de Janeiro: Forense, 2009.

SILVA, Jorge Luiz de Oliveira da. *Assédio moral nas relações de trabalho*. Rio de Janeiro: 2005.

SILVA, José Afonso da. *Comentário contextual à constituição*. São Paulo: Malheiros, 2005.

_____ . *Curso de direito constitucional positivo*. 28. ed. São Paulo: Malheiros, 2006.

SILVA, Leda Maria Messias da. Monitoramento de e-mails e sites. Dano moral: direitos da personalidade e o poder diretivo do empregador. *Revista Jurídica Cesumar*, Paraná, Mestrado em Direito, v. 4, n.1, p. 245-278, maio 2005.

_____ . A intimidade do empregado e o poder de controle do empregador. Abrangência e limitações. *Revista Jurídica Cesumar*, Paraná, Mestrado em Direito, v. 5, n. 1, p. 87-98, dez. 2005.

_____ . Poder diretivo do empregador, emprego decente e direitos da personalidade. *Revista Jurídica Cesumar*, Paraná, Mestrado em Direito, v.6, n.1, p. 270-292, abr. 2006.

SILVA, Luiz de Pinho Pedreira da. *A reparação do dano moral no direito do trabalho*. São Paulo: LTr, 2004.

SILVA, Marilda Silva Farracioli. O uso do correio eletrônico na relação de emprego e sua proteção jurídica. In: DALLEGRAVE NETO, José Affonso; GUNTHER, Luiz Eduardo; POMBO, Sergio Luiz da Rocha (Coord.) *Direito do trabalho*: reflexões atuais. Curitiba: Juruá, 2007.

SILVA FILHO, José Carlos Moreira da. Hermenêutica filosófica e direito. *O exemplo da boa-fé objetiva no direito contratual*. Rio de Janeiro: Lumen Juris, 2003.

SILVA NETO, Manoel Jorge e. *Direitos fundamentais e o contrato de trabalho*. São Paulo: LTr, 2005.

_____ . Dignidade do trabalhador e exame grafológico. *Revista de Direito do Trabalho*, São Paulo, n. 116, p. 148-165, set. 2007.

SILVA NETO, Norberto Abreu; SANTOS, Ernesto. *A ética no uso dos testes psicológicos, na informatização e na pesquisa*. São Paulo: Casa do Psicólogo, 2000.

SILVEIRA, Alípio. *A boa-fé no direito civil*. São Paulo: Typ. Paulista, 1941.

SILVEIRA, Vivian de Melo. O direito à própria imagem, suas violações e respectivas reparações, *Revista Forense*, Rio de Janeiro, n. 351, v. 96, p. 102-119, maio 2000.

SIMM, Zeno. *Acosso psíquico no ambiente de trabalho*. São Paulo: LTr, 2008.

SIMÓN, Sandra Lia. *A proteção constitucional da intimidade e da vida privada do empregado*. São Paulo: LTr, 2000.

SOARES, Renata Domingues Balbino Munhoz. *A boa-fé objetiva e o inadimplemento do contrato*. São Paulo: LTr, 2008.

SOUZA, Rodrigo Trindade. *Função social do contrato de emprego*. São Paulo: LTr, 2008.

STADLER, Denise de Fátima. *Assédio moral. Uma análise da teoria do abuso de direito aplicado ao poder do empregador*. São Paulo: LTr, 2008.

SÜSSEKIND, Arnaldo. Tutela da personalidade do trabalhador. *Revista LTr*, São Paulo, v. 59, n. 5, p. 665-681, abril 1995.

_____ et al. *Instituições de direito do trabalho*. 20. ed., v. 1. São Paulo: LTr, 2002.

SWARTZMAN, Alberto. *Grafologia*: manual prático. Rio de Janeiro: Record, 1996.

SZANIAWSKI, Elimar. *Direitos de personalidade e sua tutela*. 2. ed. São Paulo: Revista dos Tribunais, 2005.

TEIXEIRA FILHO, Manoel Antonio. *Litisconsórcio, assistência e intervenção de terceiros no processo do trabalho*. 2. ed. São Paulo: LTr, 1993.

TEPEDINO, Gustavo. Cidadania e os direitos da personalidade. *Revista Jurídica Notadez*, Porto Alegre, Ano 51, n. 305, p. 30-42, mar. 2003.

_____ . *Temas de direito civil*. 3. ed. Rio de Janeiro: Renovar, 2004.

TOLEDO, Tallita Massucci. *A saúde mental do empregado como direito fundamental e sua eficácia na relação empregatícia*. São Paulo: LTr, 2011.

VÁLIO, Marcelo Roberto Bruno. *Os direitos da personalidade nas relações de trabalho*. São Paulo: LTr, 2006.

VELLOSO, Carlos Mário da Silva. Os direitos da personalidade no código civil português e no novo código civil brasileiro. In: ALVIM, Arruda; CÉSAR, Joaquim Pontes de Cerqueira; ROSAS, Roberto (Coord.). *Aspectos controvertidos do novo Código Civil*. Obra em homenagem ao ministro José Carlos Moreira Alves. São Paulo: Revista dos Tribunais, 2003.

VENOSA, Silvio de Salvo. *Direito civil*: parte geral. 5. ed. São Paulo: Atlas, 2005.

_____ . *Direito civil*: responsabilidade civil. 6. ed. v. 4 São Paulo: Atlas, 2006.

_____ . _____ . 7. ed. São Paulo: Atlas, 2007.

VIANA, Márcio Tulio. *Direito de resistência*. São Paulo: LTr, 1996.

_____ . *Acesso ao emprego e atestado de bons antecedentes*. Disponível em: <www.amatra23.org.br>. Acesso em: 12 ago. 2009.

_____ . A proteção trabalhista contra atos discriminatórios. In: RENAULT, Luiz Otávio Linhares; VIANA, Márcio Tulio (Coord.). *Discriminação*. São Paulo: LTr, 2010.

VILHENA, Paulo Emílio Ribeiro. *Relação de emprego*: estrutura legal e supostos. 3. ed. São Paulo: LTr, 2005.

WEINERT, Iduna E. O direito da personalidade como direito natural geral. *Revista de informação legislativa* — Senado Federal. Subsecretaria de Edições Técnicas, Brasília, Ano 27, n. 108, p. 50-69, out./dez. 1990.

Produção Gráfica e Editoração Eletrônica: GRAPHIEN DIAGRAMAÇÃO E ARTE
Design de Capa: FABIO GIGLIO
Impressão: ORGRAFIC GRÁFICA E EDITORA